Lebenserwartung, Morbidität und Gesundheitsausgaben

ALLOKATION IM MARKTWIRTSCHAFTLICHEN SYSTEM

Herausgegeben von
Heinz König (†), Hans-Heinrich Nachtkamp,
Ulrich Schlieper, Eberhard Wille

Band 56

PETER LANG
Frankfurt am Main · Berlin · Bern · Bruxelles · New York · Oxford · Wien

HOLGER CISCHINSKY

LEBENSERWARTUNG, MORBIDITÄT UND GESUNDHEITSAUSGABEN

PETER LANG
Europäischer Verlag der Wissenschaften

Bibliografische Information der Deutschen Nationalbibliothek
Die Deutsche Nationalbibliothek verzeichnet diese Publikation in der Deutschen Nationalbibliografie; detaillierte bibliografische Daten sind im Internet über <http://www.d-nb.de> abrufbar.

Zugl.: Mannheim, Univ., Diss., 2006

D 180
ISSN 0939-7228
ISBN 978-3-631-56165-2

www.peterlang.de

Vorwort

Die vorliegende Arbeit entstand während meiner Tätigkeit am Lehrstuhl für Volkswirtschaftslehre, insbesondere Planung und Verwaltung öffentlicher Wirtschaft, der Universität Mannheim. Sie wurde im Wintersemester 2006/2007 von der Fakultät für Rechtswissenschaft und Volkswirtschaftslehre, Abteilung Volkswirtschaftslehre, als Dissertation angenommen.

Mein ganz besonderer Dank gilt meinem Doktorvater Herrn Prof. Dr. Eberhard Wille, der diese Arbeit ermöglichte und ihr Voranschreiten stets mit großem Interesse verfolgte. Herzlich danken möchte ich auch Herrn Prof. Dr. Horst Stenger für die Übernahme des Zweitgutachtens sowie für wertvolle Hinweise, Anregungen und kritische Anmerkungen.
Hilfreiche fachliche Diskussionen führte ich auch mit Herrn Dr. Tilmann Deutler und Herrn Dr. Jochen Schmidt vom (ehemaligen) Seminar für Statistik der Universität Mannheim, wofür ich ihnen großen Dank schulde.
Der empirische Teil meiner Arbeit wäre ohne die bereitwillige und tatkräftige Unterstützung vieler Mitarbeiterinnen und Mitarbeiter des Statistischen Bundesamtes, des Statistischen Landesamtes Berlin, des Bundesversicherungsamtes sowie des Wissenschaftlichen Instituts der AOK (WIdO) nicht zustande gekommen. Hierfür möchte ich mich ausdrücklich und herzlich bedanken.
Dank sagen möchte ich auch meinen ehemaligen wissenschaftlichen Kolleginnen und Kollegen, den studentischen Hilfskräften und den Sekretärinnen am Lehrstuhl von Herrn Prof. Dr. Wille. Sie alle haben mich in vielfältiger Weise unterstützt.
Ein besonderer Dank gilt meinen Eltern, die meine Ausbildung ideell mitgetragen und finanziell ermöglicht haben. Mein Vater hat dankenswerterweise auch die gesamte Arbeit auf Rechtschreibung und Interpunktion Korrektur gelesen.
Last but not least danke ich meiner Frau Christiane und meiner Tochter Lena. Ohne ihr verständnisvolles Entgegenkommen, als ich gegen Ende der Arbeit zahlreiche Feiertage und Wochenenden an der Universität verbrachte, ohne ihre oftmals geübte Geduld und Gelassenheit, als ich zwar physisch zu Hause, in Gedanken aber bei meiner Arbeit war, und ohne ihre aufmunternden Worte und Gesten wäre die vorliegende Arbeit nicht möglich gewesen.

Mannheim, im Dezember 2006

Holger Cischinsky

Inhaltsverzeichnis

Abbildungsverzeichnis

Tabellenverzeichnis

Abkürzungsverzeichnis

ABAG	:	Arzneimittelbudget-Ablösungsgesetz
Abb.	:	Abbildung
absRgrad	:	absoluter Rektangularisierungsgrad
ADL	:	activities of daily living
al.	:	alteres
ALE	:	active life expectancy
AOK	:	Allgemeine Ortskrankenkasse
ARD	:	Arbeitsgemeinschaft der öffentlich-rechtlichen Rundfunkanstalten der Bundesrepublik Deutschland
Aufl.	:	Auflage
Ausg.	:	Ausgabe
Bd.	:	Band
BIP	:	Bruttoinlandsprodukt
bzw.	:	beziehungsweise
ca.	:	circa
CMHS	:	Continuous Medicare History Sample
COPD	:	chronisch-obstruktive Lungenerkrankung (chronic obstructive pulmonary disease)
c.p.	:	ceteris paribus
DALY	:	disability-adjusted life years
DDD	:	definierte Tagesdosis (defined daily dose)
DDR	:	Deutsche Demokratische Republik
DFLE	:	disability-free life expectancy
DGB	:	Deutscher Gewerkschaftsbund
d.h.	:	das heißt
DIMDI	:	Deutsche Institut für Medizinische Dokumentation und Information
DIW	:	Deutsches Institut für Wirtschaftsforschung
DKV	:	Deutsche Krankenversicherung
DNA	:	Desoxyribonukleinsäure (desoxyribonucleic acid)
DRG	:	diagnosis related groups
ed(s).	:	editor(s)
EStG	:	Einkommensteuergesetz
EU	:	Europäische Union
FN	:	Fußnote
GEK	:	Gmünder ErsatzKasse
GKV	:	gesetzliche Krankenversicherung
GMG	:	GKV-Modernisierungsgesetz
GPV	:	gesetzliche Pflegeversicherung
GRG	:	Gesundheitsreformgesetz
GSG	:	Gesundheitsstrukturgesetz
HLE	:	healthy life expectancy

Hrsg.	:	Herausgeber
HTA	:	Health Technology Assessment
ICD	:	International Classification of Diseases
i.d.R.	:	in der Regel
IGES	:	Institut für Gesundheits- und Sozialforschung
insbes.	:	insbesondere
Jg.	:	Jahrgang
KLVG	:	Gesetz zur Verbesserung von Leistungen in der gesetzlichen Krankenversicherung
LWD	:	life expectancy with disability
m.E.	:	meines Ermessens
mg	:	Milligramm
mm Hg	:	Millimeter Hydrargyrum (Quecksilber)
n. def.	:	nicht definiert
NHIS	:	National Health Interview Survey
NLTCS	:	National Long Term Care Surveys
no.	:	number
o.a.	:	oben angeführt
ORLS	:	Oxford Record Linkage Study
o.V.	:	ohne Verfasser
PAMC	:	Palo Alto Medical Clinic
pr.	:	print
PSID	:	Panel Study of Income Dynamics
QALY	:	quality-adjusted life year
relRgrad	:	relativer Rektangularisierungsgrad
rev.	:	revised
RSA	:	Risikostrukturausgleich
S.	:	Seite, Satz (bei Gesetzesangaben)
SchwbG	:	Schwerbehindertengesetz
SGB	:	Sozialgesetzbuch
s.o.	:	siehe oben
SOEP	:	Sozio-oekonomisches Panel
sog.	:	so genannt
SPV	:	soziale Pflegeversicherung
SVRBEiG	:	Sachverständigenrat zur Begutachtung der Entwicklung im Gesundheitswesen
SVRKAiG	:	Sachverständigenrat für die Konzertierte Aktion im Gesundheitswesen
u.a.	:	unter anderem
USA	:	United States of America
vgl.	:	vergleiche
vol.	:	volume
vs.	:	versus
WHO	:	Weltgesundheitsorganisation (World Health Organization)

WIdO	:	Wissenschaftlichen Institut der AOK
z.B.	:	zum Beispiel

1 Einleitung und Disposition

1.1 Mortalität und Morbidität während des epidemiologischen Übergangs

Gesellschaftlicher Wandel vollzieht sich auf vielfältige Weise – auch in Bezug auf Mortalität und Morbidität. Beschrieben und systematisiert wird das komplexe historische Veränderungsmuster dieser beiden Größen sowie die Interaktion mit demographischen, ökonomischen und anderen gesellschaftlichen Variablen durch die sog. Theorie des epidemiologischen Übergangs, als deren Begründer Abdel R. Omran mit seiner viel zitierten Veröffentlichung aus dem Jahre 1971 gilt.

Omran (vgl. 1971, S. 516-521) teilt die epidemiologische Entwicklung in den westlichen Industrieländern in drei Phasen ein. Die erste Phase, die er als Zeitalter von Pest und Hungersnot („The age of pestilence and famine") bezeichnet, erstreckte sich demnach bis zum Einsetzen der industriellen Revolution in der Mitte des 18. Jahrhunderts und war durch eine extrem hohe und stark fluktuierende Mortalität gekennzeichnet, für die vor allem Epidemien, Hungersnöte und Kriege verantwortlich zeichneten. Das höchste Sterberisiko hatten in dieser Zeit Säuglinge und Kinder, da diese besonders unter der verbreiteten Mangelernährung litten und aufgrund ihres noch nicht vollständig ausgebildeten Immunsystems Infektionskrankheiten und parasitären Erkrankungen wenig entgegensetzen konnten. Folglich erreichten zur damaligen Zeit nur wenige Kinder das Erwachsenenalter. Waren diese überlebenden Kinder Mädchen, hatten sie auch als Frauen in der reproduktiven Phase nicht zuletzt aufgrund der katastrophalen Hygienebedingungen während der Niederkunft einen hohen Blutzoll zu entrichten. Da die Lebenserwartung bei der Geburt maßgeblich durch die Sterblichkeitssituation in unteren Altersstufen beeinflusst wird, schwankte sie auf niedrigem Niveau ungerichtet zwischen 20 und 40 Jahren. Wie bereits angedeutet, stellten während dieser ersten Phase des epidemiologischen Übergangs akute Erkrankungen, zu denen insbesondere infektiöse und parasitäre Krankheiten zählen, die Hauptkrankheitslast dar, während chronische Krankheiten noch keine nennenswerte Rolle spielten[1].

Die industrielle Revolution leitete in der Mitte des 18. Jahrhunderts eine neue Ära in der Mortalitäts- und Morbiditätsgeschichte ein, die Omran das Zeitalter zurückweichender Pandemien („The age of receding pandemics") nennt. Die einsetzende Industrialisierung führte demnach über eine Verbesserung der hygienischen Bedingungen und der Ernährungssituation – der Einfluss medizinischer Faktoren war bis zum 20. Jahrhundert vernachlässigbar – zu anfänglich noch be-

---

[1] Für die Ausführungen dieses Abschnitt genügt das allgemeine Verständnis von akuten vs. chronischen Krankheiten, wonach Erstere plötzlich einsetzen und schnell verlaufen, während sich Letztere langsam entwickeln und von längerer Dauer sind. Im ersten Abschnitt des nächsten Kapitels werden diese groben Definitionen präzisiert.

scheidenen, später jedoch rascheren Mortalitätsabnahmen. Dank verbesserter Hygiene und Ernährung hatten insbesondere Säuglinge und Kinder als die Hauptleidtragenden in der ersten Phase des epidemiologischen Übergangs nunmehr höhere Überlebenschancen. Auch die Sterblichkeit von Frauen im reproduktiven Altersabschnitt wurde verhältnismäßig stark zurückgedrängt und glich sich an die der Männer an. Da Pandemien und Hungersnöte zunehmend an Bedeutung verloren, verschwanden im Zuge der kontinuierlichen Sterblichkeitsabnahmen auch die für die erste Phase des epidemiologischen Übergangs so charakteristischen Fluktuationen der Mortalität. Ihren Niederschlag fanden diese Mortalitätsentwicklungen in einer bis auf über 50 Jahre beständig angestiegenen Lebenserwartung Neugeborener. Immer mehr Individuen entkamen zwar der tödlichen Gefahr von infektiösen und parasitären Krankheiten und stießen daher in mittlere und höhere Altersstufen vor, waren dort allerdings mit chronischen Krankheiten konfrontiert. Während dieser Phase in der epidemiologischen Geschichte kam es somit zu einer allmählichen Substitution von akuter durch chronische Morbidität.

Während die zeitliche Abgrenzung zwischen den ersten beiden Phasen des epidemiologischen Übergangs durch den Beginn der industriellen Revolution als historisches Ereignis relativ präzise datiert werden kann, ist der Übergang von der zweiten zur dritten Phase, die Omran als das Zeitalter von degenerativen und von Menschenhand geschaffenen Krankheiten („The age of degenerative and man-made diseases") bezeichnet, eher fließender Natur, dürfte aber auf die ersten Jahre nach dem ersten Weltkrieg fallen[2]. Diese dritte Phase lässt sich wie die erste wiederum als eine Plateauphase charakterisieren, da eine spürbare Abschwächung der Sterberatenabnahmen über das gesamte Altersspektrum hinweg zu beobachten ist. Chronisch-degenerative Krankheiten dominierten das Morbiditätsgeschehen und haben sich als Haupttodesursachen etabliert. Die Lebenserwartung reichte zwar je nach Nation bis in das siebte Lebensjahrzehnt hinein, allerdings wurde um die Zeit der Veröffentlichung von Omran im Jahr 1971 mit Blick auf die seit einigen Jahrzehnten langsam auslaufenden Sterblichkeitsverbesserungen allgemein erwartet, dass es aufgrund von biologischen Schranken zukünftig nur noch geringfügige Lebenserwartungsgewinne geben kann und wird (vgl. Olshansky/Ault, 1986, S. 358).

In den 60er Jahren trat dann allerdings eine unerwartete und von Omran nicht mehr berücksichtigte Sterblichkeitsentwicklung in Gestalt schneller Sterberatenabnahmen bei den wichtigsten chronischen Krankheiten ein, die Olshansky und Ault (vgl. S. 1986, S. 358-361) dazu veranlasst, von einer vierten Phase des epidemiologischen Übergangs zu sprechen. Sie bezeichnen diese bis in die Gegenwart andauernde Phase als das Zeitalter hinausgezögerter degenerativer Krankheiten („The age of delayed degenerative diseases"). Im Gegensatz zur zweiten

---

[2] Auch wenn Omran selbst keine Datierung vornimmt, lässt sich dieser Zeitraum aus dem langfristigen Sterberatenverlauf von England und Wales, den Omran stellvertretend für die westlichen Industrieländer heranzieht, ableiten, denn um die zwanziger Jahre herum fand dort die langfristige Sterberatenabnahme ein Ende (vgl. ebenda, Abb. 2 auf S. 515).

Phase des epidemiologischen Übergangs, die zwar ebenfalls durch schnelle Mortalitätsabnahmen, aber im unteren Altersbereich und bei Frauen in den reproduktiven Lebensjahren, gekennzeichnet ist, beschränken sich die Sterberatenreduktionen in dieser vierten Phase vornehmlich auf mittlere und höhere Altersstufen – ein Umstand, der bewirkt, dass sich die Sterbealterverteilungen für chronische Krankheiten auf dem Altersspektrum kontinuierlich nach rechts verschieben. Die skizzierten Entwicklungen schlagen sich in einem ungebrochenen Lebenserwartungsanstieg nieder, der bei Frauen bereits zu Werten jenseits von 80 Jahren führt.
Olshansky und Ault zufolge (vgl. ebenda, S. 359/360) ist dieses neue Stadium in der epidemiologischen Geschichte auf verschiedene Umstände zurückzuführen, deren jeweilige Beiträge noch zu bestimmen seien. Zum einen sei bereits Mitte des 20. Jahrhunderts die Säuglings- und Kindersterblichkeit so stark abgesunken, dass die Akteure des Gesundheitswesens ihre Aufmerksamkeit zunehmend auf chronische Krankheiten und damit auf Erkrankungen lenkten, die vorzugsweise Ältere heimsuchten. Wesentlich begünstigt und verstärkt werde diese Schwerpunktverlagerung durch die fundamentale Veränderung der Altersstruktur weg von jungen Bevölkerungen hin zu solchen mit bedeutenden und ungebremst steigenden Anteilen älterer Menschen, wodurch sich ein völlig neues Bevölkerungssegment mit spezifischen Bedürfnissen nach Gesundheitsleistungen herausbilde, die in engem Zusammenhang mit chronischen Krankheiten und altersbedingten physiologischen Beeinträchtigungen stünden. Als weiteren wichtigen Grund für die sinkende Alterssterblichkeit führen die Autoren Reduktionen bei einigen Hauptrisikofaktoren für chronische Krankheiten wie beispielsweise Rauchen und ungesunde Ernährungsgewohnheiten an. Schließlich dürften zumindest in einigen westlichen Ländern auch staatliche Programme, die Ungleichheiten beim Zugang zu qualitativ hochwertigen Gesundheitsleistungen abschwächen, eine Rolle spielen[3].

Auch Deutschland befindet sich in dieser vierten Phase des epidemiologischen Übergangs: Wie im Rahmen dieser Arbeit (vgl. Abschnitt 3.3.3.3.1.1) dargelegt werden wird, sinkt die Alterssterblichkeit schon seit Dekaden und lässt die Lebenserwartung auf immer höhere Werte ansteigen. Durch welchen Mechanismus kommen diese Lebenserwartungssteigerungen nun zustande? Sind sie eher ein Resultat präventiver Anstrengungen und insbesondere gesünderer Lebensweisen oder eine Begleiterscheinung medizinischer Erfolge bei der Handhabung chronischer Erkrankungen, die i.d.R. den Alterssterbefällen vorausgehen? Werden wir immer gesünder und verbringen einen immer kleineren Abschnitt oder Anteil unseres Lebens im Zustand von Krankheit und Behinderung oder bezahlen wir für die Lebenserwartungssteigerungen mit einer Verlängerung der Krankheitsphase vor dem Tod, d.h. hält uns die moderne Medizin länger, aber auch länger

[3] Paradebeispiel hierfür ist die USA, die im Jahr 1965 mit Medicare und Medicaid zwei Programme auflegten, die hauptsächlich auf Ältere bzw. Ärmere ausgerichtet sind.

krank am Leben? Und wie lange sind Lebenserwartungssteigerungen überhaupt noch möglich bzw. wann läuft die vierte Phase des epidemiologischen Übergangs aus und macht Platz für eine fünfte Phase, in der Mortalitätssenkungen aufgrund etwaiger biologischer Schranken nicht mehr möglich sind? Zeichnen sich – wie einige Wissenschaftler behaupten – bereits heute Grenzen für die Lebenserwartung ab oder gibt es – wie andere behaupten – noch keine Anzeichen dafür? Und was bedeutet das Ganze für den Gesundheits- und Pflegesektor? Stehen wir möglicherweise vor einer „Explosion" der Ausgaben für Gesundheit und Pflege, weil wir immer länger leben und gleichzeitig immer kränker werden? Oder ist diese Angst doch unbegründet, da wir gerade deshalb älter werden, weil wir immer länger gesund bleiben?
Dies sind die zentralen Fragen, mit denen sich die vorliegende Arbeit beschäftigt und auf die sie eine Antwort zu finden versucht. Daneben streben die nachfolgenden Ausführungen an, die wissenschaftliche Diskussion, an der sich insbesondere Mediziner, Epidemiologen, Demographen und Gesundheitsökonomen beteiligen, auf ein solides theoretisches Fundament zu stellen, das die zwingend erforderliche Interdisziplinarität wahrt.

Die Aufklärung des Zusammenspiels zwischen der Lebenserwartung, der Morbidität und den Gesundheits- und Pflegeausgaben besitzt insbesondere für die nach dem Umlageverfahren arbeitenden gesetzliche Krankenversicherung (GKV) und soziale Pflegeversicherung (SPV)[4], bei denen die gesamten Leistungsausgaben eines Jahres durch die Beitragseinnahmen gedeckt werden, große Bedeutung. Denn eine nahezu unumstößliche Gewissheit hinsichtlich der zukünftigen Entwicklung gibt es, nämlich die demographische Alterung der Bevölkerung Deutschlands, d.h. die Verschiebung der Altersstruktur hin zu höheren Altersstufen. Da die Inanspruchnahmeraten von Gesundheits- und Pflegeleistungen und folglich auch die mit ihnen korrespondierenden Pro-Kopf-Ausgaben positiv mit dem Alter korrelieren und die Beitragszahlungen bei der gegenwärtigen Beitragsgestaltung mit dem Eintritt in die Rentenphase spürbar zurückgehen[5], kommen GKV und SPV aufgrund der demographischen Alterung zwangsläufig finanziell unter Druck. Dieser wird sich bei Beibehaltung der Anbindung der GKV- bzw. SPV-Beiträge an die Arbeitseinkommen auf die Lohnkosten übertragen und auf diese Weise die internationale Wettbewerbsfähigkeit der deutschen Volkswirtschaft gefährden. Wie stark diese zukünftige fiskalische Schieflage der beiden genannten sozialen Sicherungssysteme sein wird, hängt nun ent-

---

4 Die gesetzliche Pflegeversicherung (GPV) untergliedert sich in die soziale Pflegeversicherung (SPV), welche die fünfte Säule der Sozialversicherung bildet, und die private Pflegepflichtversicherung, in der vor allem privat krankenversicherte Personen versichert sind. Während die SPV nach dem Umlageverfahren organisiert ist, arbeitet die private Pflegepflichtversicherung nach dem Kapitaldeckungsverfahren.

5 Rentner beteiligen sich zwar auch an der Finanzierung von GKV und SPV, allerdings gehen die Beitragszahlungen mit dem Eintritt in die Rentenphase um etwa die Hälfte zurück (vgl. Knappe/Rubart, 2001, S. 98).

scheidend davon ab, wie künftige Lebenserwartungssteigerungen zustande kommen und insbesondere, ob sie zu einer Verlängerung der Krankheits- oder Pflegephase im Leben jedes einzelnen führen oder aber mit einer Verkürzung dieser Lebensphase einhergehen. Welches dieser beiden Szenarien eintritt, ist ebenso für eine angemessene Beitragskalkulation von kapitalgedeckten Versicherungsformen wie der privaten Kranken- bzw. Pflegepflichtversicherung von großer Bedeutung, auch wenn für diese Versicherungen jedwede Altersstrukturverschiebung und damit auch die demographische Alterung ohne direkte Folgen bleiben[6].

Eine Vorstellung vom zukünftigen Ausmaß der demographischen Alterung und vom alleine dadurch verursachten Druck auf die GKV und SPV veranschaulichen die anhand der Ergebnisse der 10. koordinierten Bevölkerungsvorausberechnung des Statistischen Bundesamtes berechneten Entwicklungen des Altenquotienten „65“ und des Altenquotienten „85“ (vgl. Abbildung 1.1 und Abbildung 1.2)[7]. Da diese Größen gemäß der üblichen und zweckmäßigen Definitionen den Anteil der 65jährigen und Älteren (Altenquotient „65“) bzw. den der 85jährigen und Älteren (Altenquotient „85“) in Beziehung zu den 20- bis unter 65jährigen setzen, geben sie zum einen Auskunft über das Ausmaß der projizierten Altersstrukturverschiebungen in der Zukunft. Zum anderen skizzieren sie die zukünftigen Abhängigkeitsverhältnisse in der GKV und der SPV, denn approximativ bilden die 20- bis unter 65jährigen die erwerbstätige Bevölkerung ab, die mit ihren Beiträgen die Leistungsinanspruchnahme Älterer größtenteils zu finanzieren hat. Der Altenquotient „85“ stellt dabei auf die besondere Situation in der Pflege ab, da dort die Inanspruchnahmeprofile der Leistungsempfänger verglichen mit der GKV erst ab einem deutlich höheren Alter, dann aber wesentlich stärker ansteigen (vgl. SVRBEiG, 2005, S. 422).
Da Umfang und Altersstruktur einer Bevölkerung von der Fertilität, der Mortalität und der Migration abhängen, ist jede Bevölkerungsvorausberechnung und damit auch die des Statistischen Bundesamtes auf Annahmen hinsichtlich der zukünftigen Entwicklung dieser drei demographischen Determinanten angewie-

---

[6] Da kapitalgedeckte Versicherungsformen im Gegensatz zu umlagefinanzierten Systemen demographieresistent sind, könnte man zur Abkopplung des Einflusses der demographischen Alterung auf die GKV und SPV prima vista einen Übergang dieser beiden Systeme weg vom Umlage- hin zum Kapitaldeckungsverfahren für geboten halten. Ein derartiger Systemwechsel ist politisch allerdings nicht bzw. nur sehr schwer durchsetzbar, da er intergenerativ auch Übergangsverlierer produziert und damit gegen das Pareto-Kriterium verstößt (ähnlich Breyer, 2000, S. 398, 401).

[7] Der Begriff der Bevölkerungs- bzw. demographischen Alterung kann auf vielfältige Weise verstanden werden, wie Dinkel (vgl. 1992, S. 62-66) im Rahmen eines fundierten Überblicks über verschiedene Definitionsmöglichkeiten aufzeigt. Mit Blick auf eines der Erkenntnisinteressen der vorliegenden Arbeit, das sich auf die zukünftige finanzielle Situation der GKV und SPV richtet, ist es hier am zweckmäßigsten, demographische Alterung als ein Ansteigen des Altenquotienten „65“ bzw. „85“ im Zeitablauf zu definieren.

Abbildung 1.1: Entwicklung des Altenquotienten „65" (Anzahl der 65jährigen und Älteren auf je 100 20- bis unter 65jährige) nach drei ausgewählten Varianten der 10. koordinierten Bevölkerungsvorausberechnung

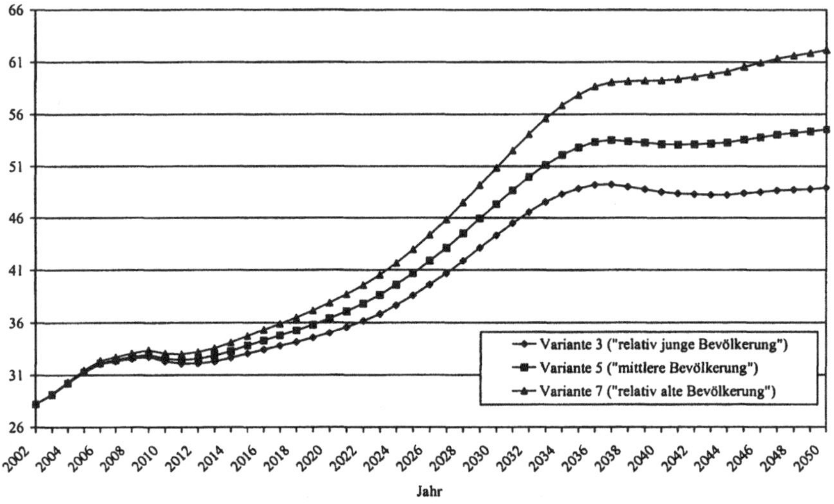

Quelle: Statistisches Bundesamt; eigene Berechnungen

sen[8]. Als relativ sicher kann dabei die künftige Entwicklung der Fertilität betrachtet werden: Aufgrund der Tatsache, dass in Deutschland die (zusammengefasste) Geburtenziffer[9] bereits seit längerer Zeit unterhalb des Bestandserhaltungsniveaus bei etwa 1,4 liegt, dürfte sie sich auch langfristig auf diesem Niveau stabilisieren, wodurch es keinen Grund gibt, bei der Bevölkerungsvorausberechnung alternative Fertilitätsszenarien durchzuspielen (vgl. Statistisches Bundesamt, 2003, S. 10-12). Wesentlich unsicherer sind dagegen das zukünftige Ausmaß der Abnahme der (Alters-) Mortalität und insbesondere die Entwicklung der Wanderungsbewegungen (konkret: die Größenordnung der sich verjüngend auswirkenden Nettozuwanderung), so dass das Statistische Bundesamt im Rahmen der Bevölkerungsvorausberechnung jeweils drei zukünftige Szenarien berücksichtigt. Durch Kombination der jeweiligen Annahmen zum Ausmaß der

[8] Die im Rahmen der 10. koordinierten Bevölkerungsvorausberechnung zugrunde gelegten Annahmen werden nachfolgend nur grob umrissen. Detaillierte Beschreibungen können aus der entsprechenden Veröffentlichung des Statistischen Bundesamts entnommen werden (vgl. 2003, S. 10-25).

[9] Die (zusammengefasste) Geburtenziffer eines Kalenderjahres gibt die Anzahl der Kinder an, die eine Frau im Laufe ihres Lebens bekäme, wenn sie sich während ihres reproduktiven Lebensabschnitts den im Kalenderjahr beobachtbaren altersspezifischen Geburtenraten gegenübersähe.

Abbildung 1.2: Entwicklung des Altenquotienten „85“ (Anzahl der 85jährigen und Älteren auf je 100 20- bis unter 65jährige) nach drei ausgewählten Varianten der 10. koordinierten Bevölkerungsvorausberechnung

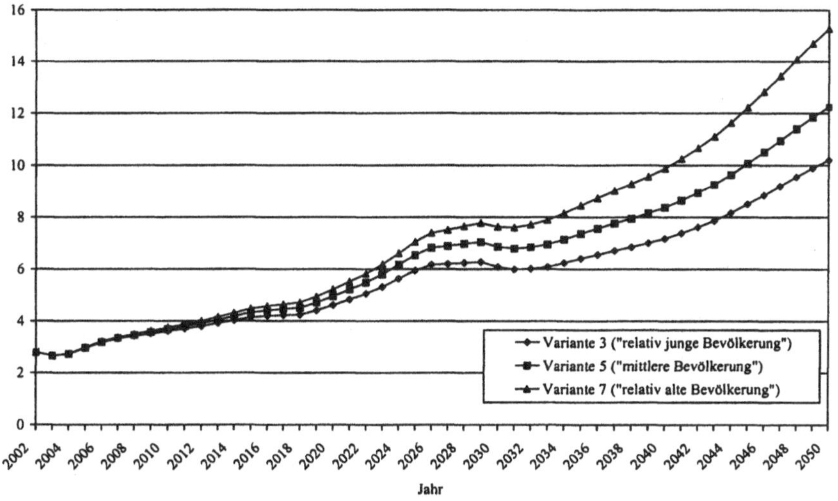

Quelle: Statistisches Bundesamt; eigene Berechnungen

zukünftigen Sterblichkeitsreduktion mit denen zum Migrationsgeschehen entstehen somit neun Varianten, innerhalb derer sich die tatsächliche Bevölkerungsentwicklung in Deutschland während der kommenden Jahrzehnte abspielen dürfte[10].

In den Abbildungen 1.1 und 1.2 ist die vorausberechnete zukünftige Entwicklung der beiden erwähnten Altenquotienten für drei dieser neun Varianten veranschaulicht. Variante 3 bildet dabei gewissermaßen die Untergrenze für die zukünftigen Entwicklungen, da sie sich auf eine relativ moderate Zunahme der Lebenserwartung und auf einen hohen positiven Wanderungssaldo stützt, während im Vergleich dazu Variante 7 eine niedrige Nettozuwanderung bei gleichzeitig hoher Lebenserwartungszunahme unterstellt und daher die Variante ist, die mit den stärksten Altersstrukturverschiebungen zugunsten Älterer einhergeht. Innerhalb dieser Bandbreite bewegen sich die projizierten Entwicklungen im Rahmen der anderen Varianten, wobei Variante 5 hinsichtlich der zukünftigen Lebenserwartungszunahme und des Wanderungssaldos eine Zwischenposition darstellt.

Abbildung 1.1 zufolge wird der Altenquotient „65“ bis etwa zum Jahr 2009 ansteigen, um danach einige Jahre zu stagnieren. Anschließend kommt es jedoch

[10] Daneben berechnet das Statistische Bundesamt noch eine sog. Variante „Status Quo“, die von Sterblichkeitsveränderungen und Wanderungsbewegungen absieht.

bei allen berücksichtigten Varianten bedingt durch das Vorrücken besetzungsstarker Geburtsjahrgänge in den Altersbereich ab dem 65. Lebensjahr zu einem ungebrochenen Wachstum dieses Quotienten, das bis in die zweite Hälfte der 30er Jahre des 21. Jahrhunderts andauern wird. Danach setzt sich der Anstieg des Altenquotienten „65" mit abgebremster Geschwindigkeit fort. Je nach Variante kommen im Jahr 2050 zwischen 49 (Variante 3) und 62 (Variante 7) 65jährige und Ältere auf je 100 Personen im Altersbereich von 20 bis unter 65 Jahre, was in etwa einer Verdoppelung des Jahresniveaus von 2002 (28) entspricht. Noch dramatischer fällt die projizierte Entwicklung des Altenquotienten „85" aus (vgl. Abbildung 1.2): Bei Gültigkeit der Annahmen von Variante 7 ist mit einer Zunahme um mehr als das Fünffache gegenüber dem Niveau von 2002 zu rechnen. Selbst unter der „günstigen" Variante 3 würden im Jahr 2050 auf 100 20- bis unter 65jährige knapp über zehn Personen mit einem Alter von mindestens 85 Jahren entfallen – im Jahr 2002 betrug dieses Verhältnis gerade einmal etwa 3:100. Anders als beim Altenquotienten „65" setzt der Hauptanstieg des Altenquotienten „85" jedoch erst nach 2030 ein, was darin begründet liegt, dass die geburtenstarken Jahrgänge der 50er und 60er Jahre des 20. Jahrhunderts die Altersgrenze von 85 Jahren entsprechend später überschreiten. Bei der Gegenüberstellung der projizierten Entwicklungen der beiden Altenquotienten fällt ferner auf, dass die relative Spannweite der projizierten Niveaus beim Altenquotienten „85" größer ist als beim Altenquotienten „65"[11]. Ursache hierfür ist, dass sich der Einfluss von Mortalitätsmodifikationen auf die Anzahl der noch lebenden Mitglieder eines Geburtsjahrgangs mit zunehmendem Alter vergrößert (ähnlich Dinkel, 1989, S. 278-281 sowie Manton, 1982, S. 229). Die in der vorliegenden Arbeit u.a. zu beantwortende Frage, ob es schon Anzeichen für eine auslaufende Abnahme der Alterssterblichkeit gibt, ist somit auch für das zukünftige Bevölkerungswachstum in höheren Altersklassen von entscheidender Bedeutung.

Wie sich die Mortalität und die Morbidität in Zukunft entwickeln, ist vor dem Hintergrund der demographischen Alterung eine zentrale Determinante für die zukünftige finanzielle Situation der umlagegedeckten GKV bzw. SPV und daher verständlicherweise Gegenstand unzähliger Diskussionen und Publikationen. In den Hintergrund tritt dabei allerdings der Umstand, dass die Entwicklung der Lebenserwartung und der Morbidität sowie insbesondere deren Zusammenspiel auch für das Wohlbefinden und die Lebensplanung eines jeden Individuums einen herausragenden Stellenwert besitzen: Kaum ein Mensch ist gerne krank, da Krankheiten in den meisten Fällen mit physischen und psychischen Beschwerden einhergehen und sich häufig nachhaltig und nachteilig auf die Lebensführung auswirken. Aber auch die psychologische Dimension der Frage, ob man nun die Aussicht auf ein langes, nahezu beschwerde- und krankheitsfreies Leben

[11] Beispielsweise führt Variante 7 im Jahr 2050 gegenüber Variante 3 zu einem 27% höheren Altenquotienten „65", aber zu einem um den Faktor 1,5 höheren Altenquotienten „85".

besitzt oder ob man mit einer hohen Wahrscheinlichkeit zwar lange, aber auch lange krank und pflegebedürftig lebt, darf nicht unterbewertet werden – insbesondere deshalb nicht, weil sie die Wohlfahrt des Einzelnen bereits dann beeinflussen kann, wenn noch überhaupt keine Krankheit oder Pflegebedürftigkeit besteht. Aufschlussreich sind in diesem Zusammenhang die Ergebnisse einer repräsentativen Stichprobe von 2.410 mindestens 14jährigen Deutschen aus dem Jahr 2003, die im Auftrag des R+V-Infocenters für Sicherheit und Vorsorge nach ihren Ängsten befragt wurden: 41% der Stichprobenteilnehmer gaben dabei an, nicht nur etwas, sondern sogar „große Angst“[12] vor Pflegebedürftigkeit im Alter zu haben. Vor einer schweren Erkrankung verspürte nur ein geringfügig kleinerer Anteil der Befragten (38%) „große Angst“. Andere persönliche Ängste wie die, arbeitslos oder Opfer einer Straftat zu werden, sowie die Furcht vor einem Zerbrechen der Partnerschaft spielten dagegen eine teilweise sogar deutlich geringere Rolle.

1.2 Aufbau der Arbeit

Die vorliegende Arbeit gliedert sich in einen Hauptteil, der einschließlich dieses Einleitungskapitels aus sechs Kapiteln besteht, und einen zwei Kapitel umfassenden Anhang.

Das zweite Kapitel beginnt mit einer Beschreibung der idealtypischen Eigenschaften von chronischer vs. akuter Morbidität. Anschließend folgt eine formale Abgrenzung der Begriffe der Morbiditätskompression und -expansion[13], die auf eine Ab- bzw. Zunahme der mittleren Krankheitsdauer in der Abfolge von Geburtsjahrgängen abstellen. Im Mittelpunkt dieses Kapitels stehen jedoch medizinisch bzw. epidemiologisch angelegte Theorien, die das Zustandekommen von Lebensverlängerungen bzw. von Veränderungen der Krankheitsdauer bei steigender Lebenserwartung zu erklären versuchen. Für alle vier in diesem Kapitel vorgestellten Theorien – so gegensätzlich sie auf den ersten Blick auch erscheinen mögen – lassen sich dabei durchaus medizinische bzw. epidemiologische Belege anführen, die dokumentieren, dass sich diese Theorien zur Beschreibung vergangener, aber möglicherweise auch zukünftiger Morbiditäts- und Mortalitätsentwicklungen eignen. Das Kapitel endet mit einem Exkurs zu der Frage, ob die in der Demographie bekannte und als reine Mortalitätstheorie konzipierte

---

[12] Die Befragten bewerteten ihre Angstintensität anhand einer siebenstufigen Skala, wobei die Leiter der Studie die beiden oberen Werte dieser Skala als „große Angst“ interpretieren.

[13] Im deutschen Sprachraum hat sich anstelle des Terminus „Morbiditätsexpansion“ der Begriff „Medikalisierung“ etabliert. Da aber Medikalisierung streng genommen „eine von der Ärzteschaft aktiv betriebene Ausweitung von Definitions- und Handlungsmacht der Medizin in gesellschaftliche Bereiche, die bisher außerhalb ihres Einflussbereichs lagen“ (Siegrist et al., 2003, S. 5), meint, ist der Ausdruck „Morbiditätsexpansion“ m.E. besser geeignet, eine Verlängerung der durchschnittlichen Krankheitsphase im Leben eines jeden anzuzeigen.

Theorie heterogener Populationen in der Lage ist, vertiefte Einblicke in das Verhältnis zwischen Morbidität und Mortalität zu gewähren, wobei die Theorie interessanterweise sowohl zur Stützung der Morbiditätskompressions- als auch der -expansionsthese herangezogen wird.
Wie sich im zweiten Kapitel bei der Vorstellung der Morbiditätskompressionsthese von Fries herausstellen wird, kommt im Rahmen seiner Theorie, die er weniger als Erklärungsversuch für Morbiditätsveränderungen in der Vergangenheit, sondern vielmehr als eine Option für die Zukunft versteht, dem Postulat einer biologisch determinierten Obergrenze für die Lebenserwartung bei der Geburt zentrale Bedeutung zu[14]. Wenn – wie Fries behauptet – diese Obergrenze tatsächlich nicht mehr weit entfernt ist, sollte sie bereits jetzt auf das Sterblichkeitsgeschehen einwirken und sich in einer sog. Mortalitätskompression niederschlagen, d.h. in einer im Zeitablauf zunehmenden Konzentration der Sterbefälle auf den höheren Altersbereich infolge einer alterskorrelierten Abschwächung von Sterblichkeitsfortschritten. Bevor auf die empirische Überprüfung dieser Mortalitätskompressionsthese eingegangen wird, kommen im dritten Kapitel zunächst Stimmen aus den Naturwissenschaften – insbesondere aus Biologie und Medizin – zu Wort, anhand derer sich auszugsweise die naturwissenschaftlichen Argumente für und gegen eine obere Schranke der menschlichen Lebenslänge skizzieren lassen. Des Weiteren werden teilweise konträre Ansichten von Vertretern dieser Disziplinen zur Wirksamkeit der sog. Anti-Aging-Medizin vorgestellt. Die Bedeutung des Beitrags der Naturwissenschaften zur Frage nach einer Lebenserwartungsobergrenze wird in der Demographie m.E. allerdings zu hoch eingestuft. Zunächst kann mathematisch bewiesen werden, dass selbst bei Fehlen einer fixen Obergrenze und damit bei einer potentiell unendlichen Lebensdauer jedes Individuums die Lebenserwartung bei der Geburt sehr wohl begrenzt sein kann. Ferner besitzt die These, wonach die Natur nur den äußeren Rahmen vorgibt, innerhalb dessen sich das tatsächliche Sterblichkeitsgeschehen abspielt, große Plausibilität. Wie nun dieses reale Mortalitätsgeschehen auf Kompressionstendenzen hin überprüft werden kann, soll durch die Gegenüberstellung geeigneter und in der Literatur verbreiteter Kennzahlen dargelegt werden. Darüber hinaus wird auch ein eigenes Kennzahlensystem vorgestellt, das – wie alle anderen Kennzahlen – spezifische Vor-, aber auch Nachteile aufweist. Bei der Erörterung des allgemeinen methodischen Vorgehens wird auch diskutiert, ob auf real existierende Sterbealterverteilungen zurückgegriffen werden sollte oder ob es angemessener ist, zunächst Sterbetafeln zu berechnen, auf die dann die Kennzahlen angewandt werden. Nach diesem theoretisch angelegten Teil steht ein methodisches Fundament zur Verfügung, um sich der Empirie zuzuwenden. Im Anschluss an die Vorstellung der Ergebnisse verschiedener ausländischer Stu-

---

[14] Darüber hinaus hat – wie bei den Ausführungen zur zukünftigen demographischen Alterung im vorangegangenen Abschnitt angedeutet – die Existenz von Lebenserwartungsschranken und deren Lage großen Einfluss auf das Ausmaß künftiger Reduktionen der Alterssterblichkeit und dadurch auf das zu erwartende Bevölkerungswachstum im Alterssegment der (häufig pflegebedürftigen) Hochbetagten.

dien wird überprüft, ob sich die Morbiditätskompressionsthese für das frühere Bundesgebiet (einschließlich West-Berlin)[15] bestätigen oder aber widerlegen lässt. Zuvor ist es jedoch erforderlich, die Qualität der in die sterbetafelbasierte Analyse eingehenden Bevölkerungs- und Sterbedaten kritisch zu begutachten. Da die amtlich veröffentlichten Bevölkerungszahlen für höhere Altersklassen Zweifel an der Datengüte aufkommen lassen, wird ein bestehendes Verfahren zur nachträglichen Rekonstruktion von Bevölkerungsbeständen erweitert, um qualitativ hochwertige Daten zu generieren, die bessere empirische Ergebnisse erwarten lassen. Den hauptsächlich kennzahlengestützten empirischen Teil ergänzt und beendet eine Analyse der Kohortensterblichkeit jenseits des Alters 100, die wertvolle und teils überraschende Erkenntnisse zur Sterblichkeitssituation und -entwicklung in diesem Altersbereich und damit zu etwaigen Obergrenzen des menschlichen Lebens liefert. Eine kritische Würdigung einiger Verfahren, anhand derer konkrete Grenzwerte für die Lebenserwartung abgeleitet werden, rundet das dritte Kapitel ab.
Gegenstand des vierten Kapitels ist die empirische Überprüfung auf kompressive oder expansive Tendenzen der Morbidität, wobei die Analyse auch hier auf das Gebiet des früheren Bundesgebiets beschränkt bleibt. Vor der empirischen Analyse ist es jedoch zunächst erforderlich, sich eingehend mit dem methodischen Vorgehen auseinanderzusetzen, insbesondere mit der Spezifizierung des unscharfen Morbiditätsbegriffs und mit den infrage kommenden Datentypen. In diesem Kontext stellt sich auch die Frage, ob reale Geburtsjahrgänge hinsichtlich ihrer Mortalitäts- und Morbiditätserfahrungen verglichen werden sollten oder ob es genügt, mittels Periodendaten konstruierte Erfahrungen hypothetischer Jahrgänge gegenüberzustellen. An eine Vorstellung der Ergebnisse einschlägiger Studien schließt sich die eigene empirische Analyse an, die für die Morbiditätsindikatoren „Selbsteinschätzung des Vorliegens einer Krankheit bzw. Unfallverletzung“, „Schwerbehinderung“ und „Arzneiverbrauch“ erfolgt.
Im Mittelpunkt des fünften Kapitels findet sich der sich durch besondere Eigenschaften auszeichnende Morbiditätsindikator „Gesundheitsausgaben“. Die Diskussion um eine Morbiditätskompression bzw. -expansion ist gerade für diesen Indikator von grundlegenden Missverständnissen geprägt und es gibt noch keine empirisch wie methodisch fundierten Ergebnisse hinsichtlich kompressiver bzw. expansiver Trends. Wie eine angemessene Vorgehensweise zur Aufdeckung derartiger Trends aussehen könnte, soll daher in diesem Kapitel diskutiert werden. Daneben untersucht dieses Kapitel die methodische Seite sog. rein demographischer Vorausberechnungen der Gesundheitsausgaben mit der Absicht aufzuzeigen, dass derartige Ausgabenprojektionen in aller Regel epidemiologische

---

[15] Die statistischen Auswertungen dieses sowie der nachfolgenden Kapitel konzentrieren sich auf das frühere Bundesgebiet, was weniger in der Vermutung, die Einbeziehung von Datenmaterial aus der früheren DDR bzw. den neuen Bundesländern verändere die grundlegenden Ergebnisse, sondern vielmehr an einer unvollständigen Datengrundlage in der DDR für die Zeit vor der Wiedervereinigung begründet liegt. Dies trifft insbesondere für Morbiditätsdaten zu, die im vierten Kapitel im Mittelpunkt stehen.

Annahmen implizieren und daher das Attribut „rein demographisch" irreführend ist. Abschließend geht ein Exkurs der Frage nach, ob es möglich und sinnvoll ist, die Kosten einer vorgegebenen Lebenserwartungszunahme ex ante zu beziffern.
Da am Ende jedes der Kapitel 2 bis 5 eine Zusammenfassung der wesentlichen Erkenntnisse und Ergebnisse sowie gegebenenfalls ein Ausblick auf wahrscheinliche zukünftige Entwicklungen zu finden ist, kann auf ein Gesamtfazit der vorliegenden Arbeit verzichtet werden. Stattdessen besteht das sechste und letzte Kapitel aus einer Diskussion und Bewertung einiger politischer Reformoptionen zum Erhalt der Finanzierbarkeit von Gesundheits- und Pflegeleistungen. Dieses Kapitel greift dabei auf die wesentlichen Ergebnisse und Erkenntnisse der vorangegangenen Kapitel zurück.

Dem Hauptteil sind zwei Anhänge beigefügt.
Im Anhang A werden bevölkerungsmathematische Zusammenhänge beschrieben, die den Ausführungen im Hauptteil zugrunde liegen, deren Einbettung dort allerdings stark zu Lasten der Lesbarkeit gegangen wäre. Dieser Anhang ist dabei als eigenständiger Text verfasst, der auf dem Gebiet der mathematischen Demographie einen Einstieg in die vorliegende Arbeit bietet. Zum Zwecke der besseren Nachvollziehbarkeit wurde durchgehend auf ausführliche Beweise Wert gelegt, die in der entsprechenden Fachliteratur – wenn überhaupt vorhanden – häufig nur angedeutet werden. Die beiden ersten Abschnitte dieses Anhangs, die sich dem grundlegenden Sterbetafelkonzept und seiner empirischen Umsetzung widmen, bauen aufeinander auf. Die speziellen Aspekte dieses Konzepts, die im dritten Abschnitt dieses Anhangs behandelt werden, stehen untereinander jedoch in keiner hierarchischen Ordnung.
Der Anhang B enthält schließlich Tabellen, auf deren Einbeziehung im Text verzichtet wurde.

2 Thesen zum Zusammenhang zwischen Mortalität und chronischer Morbidität

2.1 Merkmale chronischer Krankheiten

Im Einleitungskapitel wurde ausgeführt, dass chronische und damit nicht akute Krankheiten seit Jahrzehnten die Hauptmorbiditätslast in westlichen Industrieländern wie der Bundesrepublik Deutschland darstellen. Es wurde jedoch noch darauf verzichtet, zum einen eine medizinische Definition von einer Krankheit zu geben, zum anderen explizit auf die spezifischen Charakteristika von chronischen Krankheiten und ihre Abgrenzung von akuten Erkrankungen einzugehen.
Unter einer Krankheit im medizinischen Sinne versteht man das Vorliegen von Symptomen und/oder Befunden, die als Abweichung von einem physiologischen Gleichgewicht oder einer Regelgröße (Norm) interpretiert und auf definierte Ursachen innerer oder äußerer Schädigungen zurückgeführt werden können (vgl. Siegrist et al., 2003, S. 3).
Idealtypisch lassen sich die verschiedenen Krankheitsformen in akute und chronische Erkrankungen einteilen. Auch wenn eine medizinisch trennscharfe Unterscheidung grundsätzlich nicht möglich ist, weisen zumindest bedeutende chronische Krankheiten im Allgemeinen eine Reihe von spezifischen Merkmalen auf (vgl. Fries, 1983, S. 407/408; 1988, S. 411/412). So findet der eigentliche Krankheitsausbruch, der durch viele Ursachen und Risikofaktoren bedingt ist, bereits relativ früh im Leben statt. Allerdings liegt erst beim Überschreiten einer vorgegebenen Symptom- bzw. Befundschwelle[1] eine klinisch manifeste und damit eine Erkrankung im medizinischen Sinne vor. Chronische Krankheiten zeichnen sich darüber hinaus durch Universalität aus, d.h. jedes Individuum besitzt ein mehr oder weniger großes Risiko, eine entsprechende Erkrankung zu entwickeln. Die Unterschiede zwischen Individuen bestehen demnach nicht so sehr im (Nicht-) Vorhandensein einer Krankheitsveranlagung, sondern in der jeweiligen Rate, mit der die vorsymptomatische oder bereits klinisch manifeste Krankheit voranschreitet. Häufig ist der individuelle Krankheitsverlauf in jedem Stadium, d.h. auch schon vor dem Überschreiten der Symptomschwelle durch Verhaltens- bzw. Risikofaktormodifikationen und medizinische Interventionen beeinflussbar, auch wenn es krankheitsspezifische Unterschiede und bei bestimmten Erkrankungen Meinungsverschiedenheiten über das Ausmaß der jeweiligen Beeinflussbarkeit gibt.
Akute Krankheiten, zu denen man infektiöse und parasitäre Krankheiten zählt, stellen das Komplement zu chronischen Krankheiten dar und weisen daher ide-

[1] Die Symptom- bzw. Befundschwelle grenzt damit in gewisser Weise einen pathologischen Zustand von einem physiologischen Gleichgewicht bzw. einer Regelgröße (Norm) ab. In Anlehnung an Fries (vgl. 1983, S. 408; 1988, S. 412) wird im Folgenden nicht mehr länger von Symptom- bzw. Befundschwelle, sondern nur noch von Symptomschwelle gesprochen.

altypisch deren gerade vorgestellte Kennzeichen nicht auf. Trotzdem gibt es auch in dieser Kategorie Krankheiten, die eine chronische Verlaufsform annehmen können[2]. In derartigen Fällen bietet es sich an, auch von chronischer Morbidität zu sprechen. Umgekehrt gibt es einige Krankheitsformen wie beispielsweise multiple Sklerose, die kaum in das für chronische Krankheiten typische Merkmalsmuster passen, aber dennoch zu diesen und nicht zu den akuten Erkrankungen gezählt werden (vgl. ebenda, S. 408).
Darüber hinaus finden sich auch chronische Krankheitsformen, die grundsätzlich reversibel sind, wie beispielsweise viele Krebserkrankungen, sofern diese frühzeitig erkannt und erfolgreich behandelt werden.
Unter den akuten und chronischen Krankheiten gibt es sowohl potentiell tödlich verlaufende Erkrankungen als auch nicht-letale Krankheitsformen, wobei Erstere dann zum Tod führen, wenn die Krankheits- bzw. Symptomschwere ein bestimmtes Niveau – die sog. Todesschwelle – erreicht.

2.2 Formale Abgrenzung zwischen Morbiditätskompression und -expansion

Ein Individuum verbringt sein Leben idealtypisch in zwei sich einander ausschließenden Zuständen, im Zustand der Gesundheit und im Zustand der Krankheit bzw. Morbidität, wobei es an dieser Stelle zunächst einmal keine Rolle spielt, ob es sich hierbei um akute oder chronische sowie um reversible oder irreversible, bis ans Lebensende andauernde Morbidität handelt. Entsprechend lässt sich auch die mittlere Lebensdauer bzw. Lebenserwartung einer Kohorte – verstanden als Zusammenfassung aller zum gleichen Zeitpunkt bzw. im gleichen Zeitabschnitt geborenen Individuen – auf diese beiden Zustände aufteilen.
Im Laufe der Zeit und damit in der Abfolge von Kohorten kann es nun zu Verschiebungen zwischen diesen beiden Zuständen kommen, die sich wie folgt definieren lassen:
Von absoluter Morbiditätskompression spricht man, wenn die durchschnittliche Zeitdauer, die in Krankheit verbracht wird, im Zeitablauf absolut sinkt, d.h. wenn sich eine jüngere Kohorte im Vergleich zu einer älteren Kohorte im Mittel eine absolut kürzere Zeitdauer im Zustand der Morbidität befindet. Im umgekehrten Fall spricht man entsprechend von absoluter Morbiditätsexpansion. Ignoriert man den eher unwahrscheinlichen mittleren Fall, bei dem die durchschnittliche Morbiditätsdauer unverändert bleibt, decken die Begriffe der absoluten Morbiditätskompression vs. -expansion das gesamte Spektrum der Veränderungsmöglichkeiten ab.
Dieses Spektrum lässt sich – wiederum bis auf einen mittleren Fall – auch durch ein anderes Begriffspaar vollständig erfassen, nämlich durch die Termini „relative Morbiditätskompression vs. -expansion", die nicht auf die Veränderung der

2 Dazu zählen beispielsweise die Virusinfektionskrankheiten Hepatitis B, C, D und G, die in unterschiedlicher Häufigkeit chronischen verlaufen (vgl. Papke, 2004, S. 167).

absoluten, sondern der relativen Krankheitsdauer abstellen. Relative Morbiditätskompression entsteht folglich, wenn der Anteil der in Krankheit verbrachten Lebenszeit der jüngeren Kohorte geringer ist als derjenige der älteren Kohorte, andernfalls liegt relative Morbiditätsexpansion vor.
Formallogisch impliziert absolute Morbiditätskompression bei konstanter oder steigender Lebenserwartung zwingend die relative Variante, anders ausgedrückt stellt relative Morbiditätskompression eine notwendige, aber keine hinreichende Bedingung für eine absolute Kompression der Morbidität dar. Relative Morbiditätskompression kann folglich auch mit absoluter Morbiditätsexpansion einhergehen, wie das nachfolgende Beispiel verdeutlicht: Leben die Mitglieder einer Kohorte durchschnittlich 80 Jahre und davon 30 Jahre mit Krankheit(en), beträgt für diese Kohorte der Anteil der in Krankheit verbrachten Lebenszeit 37,5%. Hat eine nachfolgende Kohorte im Mittel 12 Lebensjahre mehr vor sich, ist allerdings durchschnittlich 2 Jahre länger und damit insgesamt 32 Jahre gesundheitlich angeschlagen, so liegt offensichtlich absolute Morbiditätsexpansion vor, gleichzeitig aber auch relative Morbiditätskompression, da bei der jüngeren Kohorte der morbiditätsbelastete Lebensabschnitt nur etwa 34,8% (≈ 32/92) der gesamten Lebenszeit einnimmt. Ähnlich überlegt man sich, dass – wiederum bei unterstellter nicht-fallender Lebenserwartung – aus relativer Morbiditätsexpansion zwingend die absolute Form folgt, dass aber Letztgenannte zwar eine notwendige, aber keine hinreichende Voraussetzung für die relative Variante ist. Abbildung 2.1 verdeutlicht die geschilderten Zusammenhänge.

Abbildung 2.1: Beziehungsgeflecht zwischen den absoluten und den relativen Varianten der Morbiditätskompression vs. -expansion bei nicht-fallender Lebenserwartung

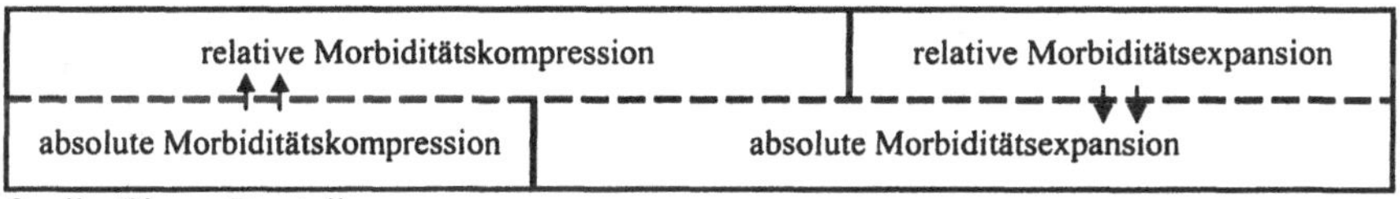

Quelle: Eigene Darstellung

Bisweilen wird nun behauptet, die (relative)[3] Morbiditätskompression impliziere, dass es sich „bei den zusätzlich gewonnenen Lebensjahren (...) überwiegend um gesund verbrachte Lebensjahre" handele (vgl. z.B. Ulrich, 2002, S. 68).
Wie ist nun diese Aussage zu bewerten?

3 Obwohl nicht explizit erwähnt, kann der genannte Autor nur die relative Variante gemeint haben, denn seine Aussage, wonach die gewonnenen Lebensjahre *überwiegend* in Gesundheit verbracht werden, impliziert, dass unter den gewonnenen auch eine geringere Zahl (d.h. weniger als die Hälfte) von kranken Lebensjahren sein muss. Wenn aber unter den gewonnenen Lebensjahren auch kranke Jahre sind, muss die Gesamtzahl der kranken Lebensjahre gestiegen sein, was absolute Morbiditäts*expansion* impliziert.

Zunächst einmal macht der auch von anderen Autoren (vgl. z.B. Crimmins et al., 1989, S. 244-247, 253, 255; Hof, 2001, S. 43) geäußerte Gedanke, man könne gerade die „zusätzlich gewonnenen Lebensjahre“ in gesunde und kranke aufteilen, insbesondere im Hinblick auf chronisch-irreversible Morbidität wenig Sinn, da die zusätzlichen Lebensjahre i.d.R. in Krankheit verbracht werden. Man stelle sich als hypothetisches Beispiel ein fiktives Individuum vor, das im Falle einer zeitlebens ungesunden Lebensweise im Alter von 70 Jahren chronisch erkranken und mit 80 Jahren versterben würde, während es im Falle eines lebenslang gesundheitsfördernden Lebensstils erst mit 75 Jahren krank und mit 82 Jahren aus dem Leben scheiden würde[4]. Im zweiten Fall würde das Individuum zwei zusätzliche Lebensjahre, nämlich im Altersintervall zwischen 80 und 82 Jahren, durchleben. Diese beiden zusätzlichen Lebensjahre würde es jedoch ausschließlich im kranken Zustand verbringen. Nichtsdestotrotz wäre es insgesamt nur sieben, im ersten Fall dagegen zeitlebens zehn Jahre krank, was daraus resultiert, dass das Individuum bei gesundem Lebensstil zwischen seinem 70. und seinem 75. Geburtstag noch gesund ist. Aus genau diesem Grund besteht in diesem hypothetischen Beispiel für das Individuum die Möglichkeit, durch einen gesunden Lebensstil verglichen mit einer ungesunden Lebensführung eine absolute Morbiditätskompression zu realisieren, auch wenn die „zusätzlich gewonnenen Lebensjahre“ zweifellos kranke sind.
In der Realität kommt beim Vergleich der Morbiditäts- und Mortalitätserfahrungen zweier (Geburts-) Kohorten ein praktisches Problem hinzu, von dem das hypothetische Beispiel abstrahiert: Durchlebt die eine Kohorte im Vergleich zur anderen mehr Lebensjahre, können diese zusätzlichen Lebensjahre freilich nicht als solche identifiziert, d.h. einer konkreten Person zugeschrieben, und folglich auch nicht in gesunde und kranke Lebensjahre aufgeteilt werden (vgl. Dinkel, 1999, S. 66/67).
Unter Berücksichtigung dieser Zusammenhänge sollte die oben zitierte Aussage zunächst wie folgt umformuliert werden: „Durchlebt ein jüngerer Geburtsjahrgang (ein später geborenes Individuum) verglichen mit einem älteren Geburtsjahrgang (einer früher geborenen Person) im Durchschnitt sowohl mehr gesunde als auch mehr kranke Lebensjahre und überwiegt die Zunahme der Zahl der gesunden Lebensjahre, handelt es sich um (relative) Morbiditätskompression“. Dass aber auch diese Aussage nicht generell zutreffen muss, verdeutlichen die nachfolgenden analytischen Ausführungen.
Mit K bzw. G sei im Folgenden die durchschnittliche Anzahl der kranken bzw. gesunden Lebensjahre von Mitgliedern einer Kohorte bezeichnet. Für den Anteil $f(K,G)$ der kranken an allen Lebensjahren (d.h. an der mittleren Lebenserwartung) der Kohorte gilt somit

[4] Es handelt sich hier um ein Beispiel für die absolute Morbiditätskompressionsthese von Fries, die in Abschnitt 2.3 genauer erläutert wird.

(2.1) $$f(K,G) = \frac{K}{K+G}.$$

Es lässt sich leicht zeigen, dass ein Anstieg der kranken Lebensjahre c.p. zu einer relativen (und absoluten) Morbiditätsexpansion führt:

(2.2) $$\frac{\partial f(K,G)}{\partial K} = \frac{G}{(K+G)^2} > 0.$$

Steigt dagegen die Zahl der gesunden Lebensjahre, kommt es c.p. zu relativer Morbiditätskompression[5]:

(2.3) $$\frac{\partial f(K,G)}{\partial G} = -\frac{K}{(K+G)^2} < 0.$$

Weder relative Morbiditätsexpansion noch -kompression liegt dagegen dann vor, wenn der Anteil der kranken Lebensjahre von Kohorte zu Kohorte konstant bleibt, d.h. wenn

(2.4) $$f(K,G) = \frac{K}{K+G} \equiv c, \qquad \text{wobei } c > 0$$

und wenn sich damit die gesunden und kranken Lebensjahre gemäß der Beziehung

(2.5) $$\Delta G = \frac{1-c}{c} \Delta K$$

zueinander verändern[6].
Ersetzt man das Gleichheitszeichen in Gleichung (2.5) dagegen durch ein „>"-Zeichen („<"-Zeichen), kommt es zu relativer Morbiditätskompression (-expansion).

In Abbildung 2.2 sind diese Zusammenhänge graphisch illustriert.

---

5 Man beachte, dass es jedoch nicht zu *absoluter* Morbiditätskompression kommt, da die Gesamtzahl der kranken Lebensjahre nicht sinkt, sondern konstant bleibt.

6 Ist sowohl ΔG als auch ΔK positiv, spricht man in der Literatur bisweilen von einem bimodalen Verteilungsmuster (vgl. z.B. Schramm, 1996, S. 24). Gemäß der Terminologie der vorliegenden Arbeit entspricht dieses Muster aufgrund der Zunahme der kranken Lebensjahre einer absoluten Morbiditätsexpansion, wobei jedoch offen bleibt, ob Letztere auch mit einer relativen Expansion oder aber mit einer relativen Kompression der Morbidität einhergeht.

Abbildung 2.2: Relative Morbiditätskompression bzw. -expansion bei Zunahme sowohl der gesunden als auch der kranken Lebensjahre

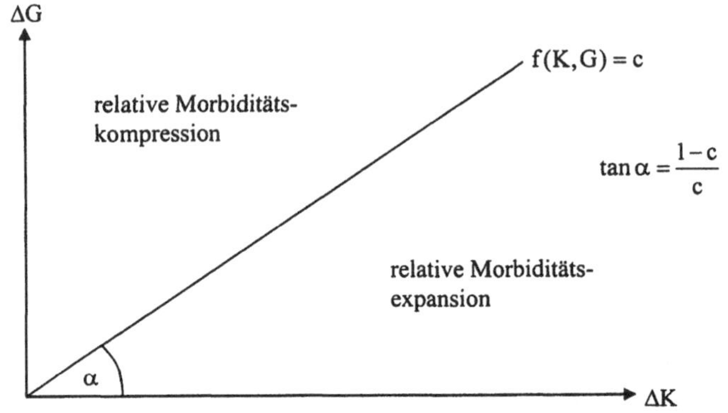

Quelle: Eigene Darstellung

Wenn nun c einen Wert größer als 0,5 annimmt und daher der Anteil der kranken Jahre in der Ausgangssituation, d.h. in der älteren Kohorte, 50% übersteigt[7], kann es sogar dann zu relativer Morbiditätskompression kommen, wenn die Zunahme der kranken Lebensjahre über der der gesunden Lebensjahre liegt. Umgekehrt garantiert eine stärkere Absolutzunahme der gesunden gegenüber den kranken Lebensjahren bei $c < 0{,}5$ noch keine relative Morbiditätskompression. Bei einem Überhang der zusätzlich gesunden gegenüber den zusätzlich kranken Lebensjahren lässt sich dagegen nur dann eindeutig auf relative Morbiditätskompression schließen, wenn die Mitglieder der älteren Kohorte mindestens die Hälfte ihrer Lebensjahre krank waren.

Ein Rückgriff auf das totale Differential liefert die (auch intuitiv ableitbare) Bedingung zur problemlosen Bestimmung, ob nun relative Morbiditätskompression oder -expansion vorliegt:
Für das totale Differential von $f(K,G)$ gilt:

(2.6) $$df(K,G) = \frac{\partial f(K,G)}{\partial K} dK + \frac{\partial f(K,G)}{\partial G} dG .$$

7 In diesem Fall hat die Ursprungsgerade in Abbildung 2.2 eine Steigung von kleiner als eins.

Weder relative Mortalitätskompression noch -expansion liegt vor, wenn $f(K,G)$ konstant bleibt und damit $df(K,G) = 0$, d.h. wenn

(2.7) $$\frac{dG}{dK} = -\frac{\partial f(K,G)/\partial K}{\partial f(K,G)/\partial G}.$$

Setzt man die Beziehungen (2.2) und (2.3) in Gleichung (2.7) ein, kürzt und formt entsprechend um, gelangt man schließlich zu

(2.8) $$\frac{dG}{G} = \frac{dK}{K},$$

d.h. nur wenn die Veränderungsrate der gesunden Jahre (dG/G) exakt der der kranken Jahre (dK/K) entspricht, liegt weder relative Morbiditätskompression noch -expansion vor. Ist die erstgenannte Veränderungsrate dagegen größer (kleiner) als die andere, kommt es zu relativer Morbiditätskompression (-expansion).

Wie bereits zu Beginn des Abschnitts angedeutet, gelten die bisherigen Ausführungen für alle Arten von Morbidität – gleich, ob es sich um akute oder chronische handelt und insbesondere, ob sich die Krankheitsphase bis ans Lebensende erstreckt oder nicht. Wird Morbidität dagegen als irreversible chronische Morbidität und damit als Zeitspanne zwischen dem Überschreiten der Symptomschwelle durch die erste chronisch-irreversible Erkrankung und dem Tod definiert, so lassen sich die relativen bzw. absoluten Erscheinungsformen von Morbiditätskompression bzw. -expansion bei unterstellter Zunahme der Lebenserwartung bei der Geburt von Kohorte zu Kohorte wie folgt voneinander unterscheiden (vgl. Fries, 1983, S. 407; 1984, S. 354; 1988, S. 408; 1989, S. 208/209): Absolute Morbiditätskompression entsteht dann, wenn das durchschnittliche Alter einer Kohorte beim Überschreiten dieser Symptomschwelle im Vergleich zu einer älteren Kohorte absolut um mehr zunimmt als die Lebenserwartung bei der Geburt. Im umgekehrten Fall liegt absolute Morbiditätsexpansion vor. Für die relative Variante der Morbiditätskompression genügt es dagegen, wenn die Wachstumsrate des mittleren Alters beim Überschreiten der Symptomschwelle größer ist als die Wachstumsrate der Lebenserwartung bei der Geburt, andernfalls handelt es sich um relative Morbiditätsexpansion.
Die nachfolgend vorgestellten Thesen bzw. Konzepte beschreiben nun Mechanismen, durch die es zu einer Kompression bzw. Expansion der Morbidität kommt bzw. kommen kann. Diese Thesen beschränken sich dabei auf die chronisch-irreversible Morbidität, da diese spätestens seit der dritten Phase des epidemiologischen Übergangs die Hauptkrankheitslast westlicher Industrieländer darstellt.

2.3 Die Morbiditätskompressionsthese von Fries

2.3.1 Voraussetzungen

Die erstmalig[8] 1980 aufgestellte und seitdem heftig debattierte These von Fries, wonach eine absolute oder zumindest relative Morbiditätskompression populationsweit zumindest in der Zukunft möglich, wenn nicht sogar wahrscheinlich ist, beruht auf zwei zentralen Annahmen.

Die erste Annahme besagt, dass das Überschreiten der Symptomschwelle vieler chronisch-irreversibler Krankheiten durch Prävention[9] hinausgezögert werden kann, wobei Fries vor allem auf individuelle Verhaltensmodifikationen und Risikofaktorvermeidung wie beispielsweise körperliche Betätigung, Gewichtsreduktion und den Verzicht auf Rauchen setzt (vgl. beispielsweise 1980, S. 133; 1983, S. 408-410; 1988, S. 412; 1990, S. 38). Für diese Annahme und damit für die grundsätzliche Wirksamkeit individueller präventiver Anstrengungen zumindest bei einigen chronischen Erkrankungen gibt es zahlreiche Belege[10]. Es kann daher als gesichert angesehen werden, dass durch verstärkte und zielgerichtete präventive Anstrengungen der Mitglieder einer Kohorte das Durchschnittsalter beim Ausbruch chronisch-irreversibler Morbidität angehoben werden kann.
Neben den von Fries erwähnten verhaltenspräventiven Maßnahmen seitens des Individuums können auch staatliche Maßnahmen im Rahmen der Verhältnisprävention die Exposition der Bürger gegenüber Risikofaktoren für chronische Erkrankungen günstig beeinflussen und so einen positiven Beitrag zur Erhöhung des Durchschnittsalters aufeinander folgender Kohorten beim Überschreiten der Symptomschwelle für chronisch-irreversible Morbidität leisten. Man denke beispielsweise an staatlich verordnete Höchstwerte für Emissionen bzw. Immissionen von gesundheitsschädigenden Verunreinigungen der Atemluft vor dem Hintergrund, dass diese Verunreinigungen mit bestimmten chronischen Erkrankungen in einem kausalen Zusammenhang stehen[11]. Darüber hinaus können auch Früherkennungs- oder allgemein Vorsorgeuntersuchungen gegebenenfalls frühzeitig Maßnahmen wie chirurgische Eingriffe, Bestrahlungen oder Medikation

---

8 Auch nachfolgende Veröffentlichungen von Fries, die im Literaturverzeichnis am Ende dieser Arbeit zu finden sind, haben die Morbiditätskompressionsthese zum Gegenstand.

9 Die in der Gesundheitsökonomie übliche Untergliederung der Prävention in verschiedene Unterarten und insbesondere die verbreitete Abgrenzung der Gesundheitsförderung von der Prävention bringt hier m.E. keinen Erkenntnisgewinn und ist darüber hinaus bei chronischen Krankheiten mit einer langen vorsymptomatischen Verlaufsphase auch sehr schwierig. Es genügt an dieser Stelle sowie für die weitere Arbeit, unter Prävention alle Maßnahmen zu subsumieren, die darauf abzielen, das Überschreiten der Symptomschwelle hinauszuzögern.

10 Derartige Belege und Beispiele finden sich in der einschlägigen Präventionsliteratur, vgl. z.B. Schwartz et al., 2000, S. 151-160 und SVRKAiG, 2000, S. 125-193.

11 Dieser Zusammenhang besteht beispielsweise bei chronischer Bronchitis oder Bronchialkarzinomen (vgl. Ludwig, 2004, S. 1761).

ermöglichen und so die klinische Manifestation einer Krankheit hinauszuzögern oder gänzlich zu verhindern helfen[12]. Schließlich stehen viele chronische Erkrankungen auch mit psychosozialen Stressoren und Lebensereignissen wie dem Tod Nahestehender nachweislich in Verbindung (ähnlich SVRKAiG, 1996, S. 155). Von einem verstärkten psychologischen oder seelsorgerischen Beistand in derartigen Situationen dürften somit ebenfalls positive Auswirkungen auf das Überschreiten der Symptomschwelle chronisch-irreversibler Erkrankungen ausgehen.
Zusammenfassend lässt sich somit der ersten Annahme von Fries, wonach durch Prävention das Überschreiten der Symptomschwelle der ersten chronisch-irreversiblen Erkrankung bei den meisten Individuen und damit im Durchschnitt hinausgezögert werden kann, wenig entgegensetzen. Dies gilt auch vor dem Hintergrund, dass man sich über die Wirksamkeit einzelner präventiver Maßnahmen selbstverständlich trefflich streiten sowie auch auf gesundheitliche Gefahren von Prävention hinweisen kann.

Ungleich strittiger[13] ist dagegen die zweite Annahme der Morbiditätskompressionsthese, der zufolge Prävention einen größeren absoluten bzw. relativen Einfluss auf das mittlere Alter beim Überschreiten der Symptomschwelle hat als auf die mittlere Lebenslänge und damit auf die Lebenserwartung bei der Geburt (vgl. 1980, S. 133; 1984, S. 354; 1988, S. 407; 1990, S. 37; Kane et al., 1990, S. 32), denn nur auf diese Weise kann es zu einer absoluten bzw. relativen Kompression der chronisch-irreversiblen Morbidität kommen. Fries stützt diese Annahme durch eine These, die zwar weder eine notwendige noch eine hinreichende Bedingung für eine Morbiditätskompression darstellt, sie jedoch wesentlich wahrscheinlicher macht (vgl. 1987, S. 56 sowie Nusselder/Mackenbach, 1996, S. 773, 781). Sie besagt, dass aufgrund der im Wesentlichen unstrittigen Existenz eines grundlegenden Alterungsprozesses eine biologisch vorgesehene und momentan nicht beeinflussbare Maximallebenslänge des Menschen vorhanden ist, die im Mittel bei bereits etwa 85 Jahren liegt und sich auch ohne vorausgegangene letale Erkrankung in Gestalt eines sog. „natürlichen" (im Sinne von krankheitsfreien) Todes äußert (vgl. Fries, 1980, S. 131/132, 134/135; 1983, S. 399/400, 405/406; 1988, S. 409-411; 1990, S. 36)[14]. Dadurch ist es Fries zufolge sogar möglich, dass präventive Anstrengungen das Alter beim Überschreiten der Symptomschwelle chronischer Morbidität so weit hinauszögern, dass diese

---

[12] Allgemein bezeichnet man alle Maßnahmen zur Entdeckung symptomloser Krankheitsfrühstadien als Sekundärprävention (vgl. Schwartz et al., 2000, S. 151/152).

[13] Vergleiche hierzu insbesondere die Ausführungen in den Abschnitten 2.4.2 und 2.4.3.

[14] Man beachte, dass der Ausdruck „natürlicher *Tod*" nichts mit dem im Rahmen der Todesursachenstatistik gebräuchlichen Terminus „natürliche *Todesursache*" zu tun hat, denn Letzterer stellt auf krankheitsbedingte Todesfälle ab und bildet das Gegenstück zu den „nicht-natürlichen Todesursachen", zu denen insbesondere Unfälle, Gewaltverbrechen und Suizide zählen. Das Konzept des „natürlichen Todes" findet in der amtlichen Todesursachenstatistik dagegen keine Berücksichtigung.

Schwelle zeitlebens gar nicht erreicht wird und das betreffende Individuum daher von chronisch-irreversiblen Krankheiten verschont bleibt (vgl. 1980, S. 133; 1983, S. 408). Da die Lebenserwartung bei der Geburt momentan bereits relativ nahe an das Alter 85 heranreicht, steigt somit bei Gültigkeit dieser These von Fries zum einen die Wahrscheinlichkeit eines natürlichen Todes ohne vorangegangene Krankheit, zum anderen sind weiteren Lebenserwartungssteigerungen, die Fries zufolge von einer zunehmenden Konzentration und damit einer sog. Kompression der Mortalität um das Alter 85 begleitet werden, ganz im Gegensatz zu Erhöhungen des mittleren Alters beim Überschreiten der Symptomschwelle von chronisch-irreversibler Morbidität enge Grenzen gesetzt (vgl. 1980, S. 130-132; 1983, S. 398-406; 1984, S. 356-358; 1987, S. 56/57; 1988, S. 408-411; 1989, S. 219-225; 1990, S. 43-45). Die These eines natürlichen Todes stützt im Falle ihrer Gültigkeit damit insbesondere die zukünftige Möglichkeit einer gesellschaftsweiten Morbiditätskompression in zweifacher Weise.
Ob das gegenwärtige Sterblichkeitsgeschehen tatsächlich unter der Einwirkung einer Lebenserwartungsobergrenze steht und ob die These eines natürlichen Todes allgemein akzeptiert wird und sich empirisch bestätigen lässt, ist Gegenstand des dritten Kapitels.

Bevor im nächsten Abschnitt medizinische bzw. epidemiologische Belege für die Möglichkeit einer Morbiditätskompression vorgestellt werden, stellt Abbildung 2.3 die absolute Variante der Morbiditätskompressionsthese für den Fall einer letalen chronischen Erkrankung graphisch dar.

Abbildung 2.3: Modellhafte Darstellung der absoluten Morbiditätskompressionsthese

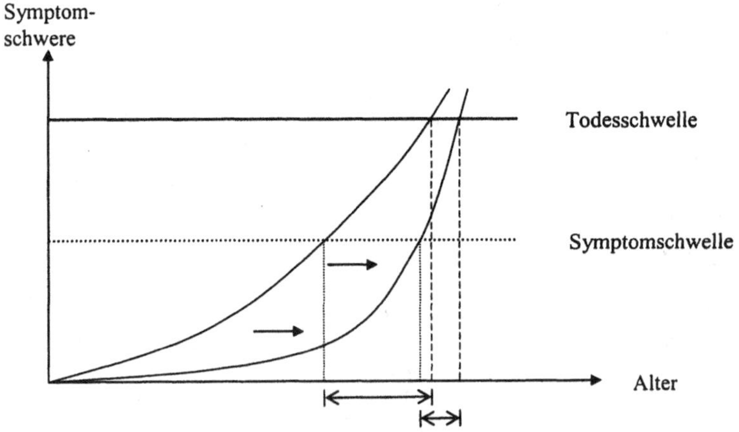

Quelle: Eigene Darstellung

Das Voranschreiten der Erkrankung wird in Abbildung 2.3 durch exponentiell ansteigende Kurven modellhaft veranschaulicht, wobei die beiden waagerechten Pfeile die Wirkung von präventiven Maßnahmen wie Übergewichtsreduktion oder Ausdauertraining auf den vorsymptomatischen Krankheitsverlaufs widerspiegeln. Dass der präventiv beeinflusste Krankheitspfad ab einer bestimmten Symptomschwere steiler als im Fall ohne Prävention wird und es damit zu einer leichten Konvergenz der beiden Kurven kommt, resultiert aus der zunehmenden Einwirkung des die allgemeine Konstitution schwächenden Alterungsprozesses auf den Krankheitsverlauf. Die unterschiedliche Länge der Doppelpfeile unterhalb der Abszisse deutet die präventionsbedingte Verkürzung der Zeitspanne zwischen dem Überschreiten der Symptom- und der Todesschwelle und damit die absolute Komprimierung des Zeitabschnitts an, der in chronischer Morbidität verbracht wird.

2.3.2 Medizinische bzw. epidemiologische Belege

Die überzeugendsten Belege für die Möglichkeit einer Kompression der Morbidität stammen idealerweise aus sog. „prospektiven“, „kontrollierten“, „randomisierten“ und (womöglich) „doppelblinden“ Studien zu den Auswirkungen bestimmter präventiver Maßnahmen auf Morbidität und Mortalität. Konkret werden hierzu Studienteilnehmer einer gesunden Untersuchungspopulation zwei Gruppen zugewiesen: einer „Versuchs- bzw. Interventionsgruppe“, bei der die präventive Maßnahme wie beispielsweise die Gabe eines (chemischen) Wirkstoffpräparats (z.B. Mineralstofflösung) zum Einsatz kommt, und einer „Kontrollgruppe“, bei der sie unterbleibt und deren Mitglieder stattdessen möglicherweise ein Placebo erhalten. Die Zuteilung der Versuchspersonen zu den beiden Gruppen erfolgt zur Ausschaltung systematischer Einflüsse anderer Faktoren idealerweise nach dem Zufallsprinzip („randomisiert“). Ist die jeweilige Gruppenzugehörigkeit weder den Studienteilnehmern noch dem behandelnden Arzt bekannt, spricht man von einer doppelblinden Studie. Verfolgt man die beiden Gruppen im Zeitablauf („prospektiv“), lässt sich die Wirksamkeit der präventiven Maßnahme zur Krankheitsvermeidung anhand des Vergleichs von Inzidenz-[15] und Sterberaten statistisch beurteilen.

Auch wenn es eine fast grenzenlose Zahl derartiger Präventionsstudien gibt, lassen die meisten keine Rückschlüsse auf die Morbiditätskompressionsthese zu, da sie als Indikatoren für die Wirksamkeit einer konkreten Präventionsmaßnahme entweder nur Morbiditäts- oder aber nur Mortalitätsmaße verwenden. Nichtsdestotrotz lassen sich auch vereinzelt Studien finden, bei denen beide Indikatoren zusammen zum Einsatz kommen. Decken solche Studien auf, dass durch Prävention die Erkrankungsrate in statistisch signifikanter Weise stärker relativ bzw. absolut abnimmt als die Sterberate, so ist dies unter den Annahmen einer in

[15] Unter der Inzidenzrate versteht man die Anzahl der Neuerkrankungsfälle innerhalb eines bestimmten Zeitraums im Verhältnis zur Anzahl der dem Erkrankungsrisiko ausgesetzten Personen.

der Versuchs- und Kontrollgruppe identischen Verteilung der Erkrankungs- und Sterbefälle über den Untersuchungszeitraum[16] und eines Ausbleibens von gegenläufigen Entwicklungen nach Ende der Beobachtungsphase als ein Beleg dafür zu werten, dass die konkrete Präventionsmaßnahme eine relative bzw. absolute Kompression der Morbidität bewirken kann. Nachfolgend sind zwei derartige Studien, welche zumindest die relative Variante der Morbiditätskompressionsthese stützen, exemplarisch aufgeführt[17]. Dabei ist zu beachten, dass die zweite Studie wie alle Untersuchungen zu den Auswirkungen gesundheitsrelevanter Verhaltensweisen aus nahe liegenden Gründen weder doppelblind noch randomisiert ist.

Im Rahmen der groß angelegten randomisierten, doppelblinden und placebokontrollierten „Physicians′ Health Study“ wurde der Einfluss der präventiven Einnahme von geringen Dosen Aspirin (325 mg täglich) auf die kardiovaskuläre Morbidität und die Gesamtmortalität untersucht (vgl. Steering Committee of the Physicians′ Health Study Research Group, 1989, S. 129-135). Die Betreuer der Studie teilten hierzu 22.071 anfänglich gesunde Ärzte nach dem Zufallsprinzip zu etwa gleichen Teilen auf die Versuchs- und Kontrollgruppe auf, wobei beide Gruppen hinsichtlich Altersstruktur und der Verteilung anderer Risikofaktoren für kardiovaskuläre Krankheiten wie beispielsweise Rauchverhalten, Blutdruck, Cholesterinwert und Body-Mass-Index erwartungsgemäß nahezu identisch waren. Nach Ablauf von 60,2 Monaten – der durchschnittlichen Teilnahmedauer – konnten in der Versuchsgruppe gegenüber der Kontrollgruppe zwar 4% weniger Sterbefälle beobachtet werden, dieser geringfügige Unterschied war allerdings nicht statistisch signifikant (p-Wert: 0,64). Dagegen wiesen die Mitglieder der Versuchsgruppe verglichen mit der Kontrollgruppe ein um 41% statistisch signifikant niedrigeres Risiko für einen nicht-tödlichen akuten Myokardinfarkt auf (p-Wert: < 0,00001).

Ebenfalls Unterstützung erfährt die Morbiditätskompressionsthese von einer prospektiven Untersuchung von LaCroix et al. (vgl. 1996, S. 113-120) zum Einfluss des Spazierengehens auf die allgemeine Sterbewahrscheinlichkeit sowie das Risiko, wegen einer kardiovaskulären Krankheit ins Krankenhaus eingewiesen zu werden. Die Autoren beobachteten hierbei 1.645 Personen eines Mindest-

---

[16] Die Annahme einer identischen Verteilung der Erkrankungs- und Sterbefälle in den beiden Gruppen ist erforderlich, da die meisten Studien nur die jeweiligen Inzidenz- und Sterberaten für den gesamten Beobachtungszeitraum angeben, nicht jedoch die genauen Zeitpunkte der Krankheits- bzw. Todeseintritte der Untersuchungsteilnehmer. Ist diese Annahme dagegen nicht erfüllt, kann die präventive Maßnahme selbst dann zu einer absoluten Morbiditätsexpansion führen, wenn sich Versuchs- und Kontrollgruppe bezüglich der Krankheitsinzidenz um mehr unterscheiden als bezüglich der Mortalität. Hierzu könnte es beispielsweise kommen, wenn bei identischer Größenordnung und Verteilung der Mortalität die geringere Zahl von Erkrankungsfällen in der Versuchsgruppe zu Beginn der Studie auftritt, die größere Zahl in der Kontrollgruppe jedoch unmittelbar vor dem Eintreten des Todes bzw. am Ende des Beobachtungshorizonts.

[17] Weitere Beispiele finden sich bei Fries (vgl. 1987, S. 60; 1988, S. 413-416; 1989, S. 214-217; 1990, S. 40-42).

alters von 65 Jahren, die frei von Herzkrankheiten und auch sonst gesundheitlich zumindest nicht schwer beeinträchtigt waren, über einen Zeitraum von vier bis fünf Jahren. Um die gesundheitsrelevanten Auswirkungen des Spazierengehens von anderen möglichen Einflussfaktoren wie beispielsweise Alter, Geschlecht, Alkoholkonsum und Body-Mass-Index zu isolieren, wurden die nachfolgend aufgeführten Wahrscheinlichkeiten multivariat standardisiert. Demnach hatten Personen, die mehr als vier Stunden in der Woche spazieren gingen, gegenüber anderen Personen, die wöchentlich unter einer Stunde zu Fuß unterwegs waren, ein um 27% statistisch signifikant (Signifikanzniveau: 5%) geringeres Risiko einer stationären Aufnahme aufgrund einer kardiovaskulären Erkrankung. Das allgemeine Sterberisiko der erstgenannten Gruppe war dagegen im Einklang mit der Morbiditätskompressionsthese nur um 9% und darüber hinaus statistisch nicht signifikant niedriger als das der Personen, die weniger als 60 Minuten in der Woche für Spazierengehen aufwendeten.

2.4 Morbiditätsexpansionsthesen

2.4.1 Die Morbiditätsexpansionsthese von Gruenberg[18]

Unter der treffenden und einprägsamen Überschrift „The Failures of Success" beschreibt Gruenberg in einer Veröffentlichung des Jahres 1977 den Mechanismus, der in den davor liegenden Jahren zu einer Zunahme der Prävalenzrate[19] chronischer Erkrankungen bei Konstanz der Inzidenzrate und damit zu einer absoluten Morbiditätsexpansion führte. Demnach ermöglichten bzw. verbesserten verschiedene medizinische Innovationen[20] die Handhabung der mit chronischen Krankheiten einhergehenden und zuvor häufig tödlich verlaufenen Komplikationen (z.B. Pneumonie), konnten jedoch das Voranschreiten der eigentlichen chronischen Krankheit nicht spürbar aufhalten (vgl. ebenda, S. 3-5, 17/18). Dank der medizinischen Erfolge gelangen somit zwar Lebenserwartungsverlängerungen, jedoch auf Kosten einer absoluten Verlängerung der Krankheitsdauer und einer zunehmenden Krankheitsschwere. Gruenberg denkt dabei weniger an verstärkte heroische Maßnahmen am Lebensende wie beispielsweise den Einsatz einer Herz-Lungen-Maschine bei bereits hirntoten Patienten, da derartige Fälle selten

---

[18] Die Morbiditätsexpansionsthese von Gruenberg sowie die im nächsten Abschnitt dargestellte These von Manton werden in der Literatur bisweilen auch mit einer Veröffentlichung von Verbrugge (vgl. 1984, S. 475-519) ursächlich in Verbindung gebracht (vgl. z.B. Krämer, 1992, S. 571; Hohmeier, 2000, S. 57). Die eigentlichen Urheber sind jedoch Gruenberg und Manton mit ihren früher erschienenen Veröffentlichungen und nicht Verbrugge, zumal Letztgenannte auf Gruenbergs bzw. Mantons Arbeit verweist (vgl. S. 513/514).

[19] Die Prävalenzrate gibt den Anteil der Erkrankten an der Gesamtpopulation zu einem bestimmten Zeitpunkt an.

[20] In der vorliegenden Arbeit wird nicht zwischen medizinischen und – als Teilmenge davon – medizinisch-technischen Innovationen bzw. zwischen medizinischem und medizinisch-technischem Fortschritt unterschieden.

und die erzielten Lebensverlängerungen typischerweise marginal sind (vgl. ebenda, S. 19). Vielmehr hat er diejenigen medizinischen Innovationen im Blick, die zu spürbaren Lebenserwartungssteigerungen führten.

Als wichtigstes Beispiel für eine derartige medizinische Innovation führt Gruenberg die Entdeckung der antibakteriellen Wirkung von Sulfanilamid im Jahr 1936 an, was die wirksame Bekämpfung von Infektionskrankheiten – allen voran der Pneumonie – erlaubte, die zuvor in vielen Fällen das Leben dafür anfälliger chronisch Kranker beendeten (vgl. ebenda, S. 3-5). Als weitere Beispiele nennt Gruenberg u.a. die Entdeckung von Insulin im Jahr 1922, das die Lebenserwartung von Diabetikern dramatisch erhöhte, ohne jedoch Diabetes ursächlich behandeln und damit heilen zu können (vgl. ebenda, S. 11/12), sowie die Entwicklung einer Operationstechnik im Jahr 1963, die es ermöglichte, Neugeborene mit extremen Formen von Spina bifida – eine Sammelbezeichnung für kongenitale Anomalien der Wirbelsäule – am Leben zu halten, auch wenn die so Geretteten ihr weiteres Leben häufig mit schweren körperlichen und geistigen Behinderungen verbringen mussten (vgl. ebenda, S. 12). Auch beim Down-Syndrom stieg die Lebenserwartung und damit die Krankheitsdauer beträchtlich an, weil es zunächst gelungen war, durch medikamentöse Maßnahmen zuvor tödliche Komplikationen wie Atemwegsinfektionen und später durch chirurgische Eingriffe angeborene Herzfehler besser in den Griff zu bekommen (vgl. ebenda, S. 5-7).

Die Vermutung, dass dieser Mechanismus bei vielen chronischen Erkrankungen wie beispielsweise Krebs auch nach 1977 – dem Jahr der Veröffentlichung von Gruenbergs Arbeit – am Werk war und ist, liegt nahe. Allerdings ist es aus zwei Gründen relativ schwierig, dafür eindeutige und nicht angreifbare Beispiele zu finden.

Zum einen muss die für viele chronische Krankheiten beobachtete Zunahme der mittleren Überlebensdauer nach dem Krankheitsausbruch noch kein stichhaltiger Beleg für eine absolute Morbiditätsexpansion darstellen, denn diese Zunahme kann paradoxerweise auch eine Begleiterscheinung der Morbiditätskompressionsthese und damit eine Folge von erfolgreicher Prävention sein. Man stelle sich hierzu beispielsweise vor, dass von einer bestimmten chronischen Krankheit ohne präventive Anstrengungen zwei Personengruppen betroffen sind, wobei die Angehörigen der einen Gruppe eine kürzere Überlebenszeit aufweisen als die der anderen. Kommen nun präventive Maßnahmen zum Einsatz und verhindern das Überschreiten der Symptomschwelle vorrangig bei den Personen mit kürzerer Überlebenszeit, während sie bei der anderen Personengruppe nahezu wirkungslos sind, lässt sich anschließend ein Anstieg der mittleren Überlebenszeit im Zustand der Morbidität feststellen, obwohl es für beide Personengruppen zusammen zu einer absoluten Kompression der Morbidität zumindest bei der berücksichtigten chronischen Erkrankung gekommen ist. Eine Zunahme der mittleren Überlebensdauer im Zustand der Erkrankung ist somit nur bei zeitlicher Konstanz der altersspezifischen Inzidenzraten, die ein von Kohorte zu Kohorte unverändertes Ausmaß präventiver Anstrengungen vermuten lassen, ein Beleg

für eine absolute Morbiditätsexpansion. Zeitreihen von altersspezifischen Inzidenzraten chronischer Erkrankungen sind jedoch zum einen allenfalls spärlich vorhanden, zum anderen ist bei vorliegenden Daten insofern Vorsicht geboten, als Verbesserungen in der Diagnostik c.p. einen scheinbaren Anstieg der altersspezifischen Inzidenz im Zeitablauf bewirken und somit etwaige Präventionserfolge verwischen können.
Zum anderen beschreibt Gruenberg eine spezielle Art der absoluten Morbiditätsexpansion, bei der der medizinische Fortschritt das eigentliche Voranschreiten der chronischen Erkrankung nicht beeinflusst, sondern nur die tödlichen Konsequenzen abmildert. Die durch diesen Mechanismus bewirkte zusätzliche Lebenszeit muss daher idealtypisch von einer weiteren Zunahme der Krankheits- bzw. Symptomschwere begleitet sein, d.h. das Individuum, dessen Leben durch diesen Mechanismus verlängert wird, muss im hinzugekommenen Lebensabschnitt eine Krankheitsschwere erfahren, die das anderweitig ohne die medizinische Innovation erfahrende Niveau noch übertrifft.
Als stellvertretendes Beispiel für das anhaltende Fortwirken von Gruenbergs Mechanismus ist somit idealerweise eine Erkrankung zu suchen, bei der einerseits Prävention keinen Einfluss auf den Krankheitsausbruch hat und folglich der Anstieg der Krankheitsdauer kein statistisches Artefakt im oben beschriebenen Sinne sein kann und bei der andererseits die dank des medizinischen Fortschritts neu hinzugekommene Lebenszeit in einem pathologisch betrachtet noch schlechteren Gesundheitszustand verbracht wird.
Eine Erkrankung, die den genannten Anforderungen m.E. in etwa entspricht und bei der es in den letzten Jahren zu deutlichen Lebenserwartungszunahmen kam, stellt die zystische Fibrose dar, die auch unter dem Begriff „Mukoviszidose" bekannt ist. Hierbei handelt es sich um eine autosomal-rezessiv vererbte und damit präventiv nicht beeinflussbare Stoffwechselkrankheit, die sich durch eine verstärkte Produktion und eine erhöhte Viskosität der Sekrete aller Schleim bildenden Drüsen manifestiert, im Mittel etwa einen von 2.000 Neugeborenen betrifft und häufig bereits im Säuglings- und Kleinkindalter mit einer Vielzahl von pulmonalen (z.B. Pneumonie, Asthma) und gastrointestinalen Erkrankungen (z.B. chronischer Durchfall, Anämie) einhergeht (vgl. Pschyrembel, 2004, S. 570; Reuter, 2004, S. 691/692)[21]. Noch 1980 betrug das mittlere Lebensalter der Er-

---

[21] Man beachte, dass sich Sterblichkeitsreduktionen bei Mukoviszidose nicht deshalb als Beleg für eine absolute Morbiditätsexpansion eignen, weil die jährlichen Inzidenzraten im Zeitablauf mehr oder weniger konstant sind. Entscheidend für diese Eignung ist allein der Umstand, dass der Krankheitsausbruch mit der Geburt zusammenfällt und präventive Ansätze daher zu spät kommen. Im übrigen gibt es auch andere bereits im Mutterleib angelegte unheilbare Krankheiten, bei denen die jährliche Inzidenzrate Schwankungen unterworfen sein kann. Beispielsweise korreliert die Wahrscheinlichkeit der Geburt eines Kindes mit Down-Syndrom mit dem Alter der Mutter (vgl. Reuter, 2004, S. 2160), so dass es bei im Zeitablauf variierender Altersstruktur der Mütter zu einer Veränderung der Inzidenzrate kommen kann. Auch Veränderungen in der Abtreibungsrate von Föten, bei denen im Rahmen der Pränataldiagnostik eine unheilbare Erkrankung festgestellt wurde, können Zu- oder Abnahmen der Inzidenzraten im Zeitablauf bewirken, ohne dass dies die Eignung von

krankten lediglich 8,3 Jahren, weniger als 2% der Patienten waren volljährig (vgl. Hirche et al., 2003, S. 264). Dank verbesserter Therapieanstrengungen kam es seitdem jedoch zu einem dramatischen Anstieg der Lebenserwartung, so dass im Jahr 2000 das Durchschnittsalter schon 16,8 Jahre betrug und bereits 43,6% der Erkrankten volljährig waren (vgl. ebenda, S. 264, 268). Da sich im Jugend- und Erwachsenenalter, in das somit immer mehr Patienten vorgestoßen sind, häufig noch weitere Erkrankungen wie Diabetes mellitus und biliäre (von den Gallengängen ausgehende) Zirrhose herausbilden (vgl. Reuter, 2004, S. 691/692, 2340), ist davon auszugehen, dass der Gewinn zusätzlicher Lebensjahre mit einer – pathologisch betrachtet – weiteren Verschlechterung des allgemeinen Gesundheitszustandes erkauft wurde. Mukoviszidose ist und bleibt auf absehbare Zeit unheilbar. Auch weiterhin ist nur eine symptomatische Therapie wie beispielsweise Inhalationsbehandlung zur Sekretmobilisierung und Antibiotikagabe bei Atemwegsinfektionen sowie gegebenenfalls eine Lungentransplantation im Endstadium der Krankheit möglich (vgl. ebenda, S. 691/692; Hirche et al., 2003, S. 270), so dass auch weitere Lebenserwartungssteigerungen – etwa durch eine verstärkte Vornahme von Lungentransplantationen und gleichzeitig durch eine bessere Beherrschung der Transplantationskomplikationen – in jedem Fall nur im Gleichschritt mit einer Zunahme der Krankheitsdauer möglich sein werden.

Abschließend sei in Abbildung 2.4 die Morbiditätsexpansionsthese von Gruenberg graphisch zusammengefasst. In Analogie zu Abbildung 2.3 beschreibt wiederum die hyperbelartige Kurve modellhaft das Voranschreiten einer beliebigen letalen chronischen Erkrankung, wobei das betroffene Individuum erst beim Überschreiten der Symptomschwelle klinisch krank ist[22]. Durch den medizinischen Fortschritt gelingt es zwar nicht, das Voranschreiten der Erkrankung aufzuhalten bzw. die Krankheit sogar zu heilen, wohl aber, die Todesschwelle anzuheben, wie durch die beiden nach oben zeigenden Pfeile angedeutet wird. Dadurch steigt das Sterbealter bei unverändertem Alter im Zeitpunkt des Überschreitens der Symptomschwelle und es kommt zu absoluter Morbiditätsexpansion.

Sterblichkeitsverbesserungen bei der jeweiligen Krankheit als Beleg für eine absolute Morbiditätsexpansion in Frage stellen würde.

[22] Bei der als Beispiel angeführten Erbkrankheit Mukoviszidose fällt die Symptomschwelle mit der Abszisse zusammen.

Abbildung 2.4: Modellhafte Darstellung der Morbiditätsexpansionsthese nach Gruenberg

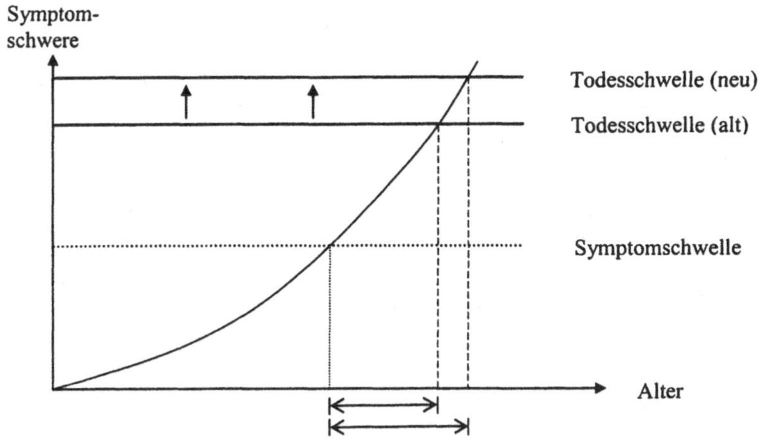

Quelle: Eigene Darstellung

2.4.2 Die Morbiditätsexpansionsthese von Manton

Eine Modifikation des von Gruenberg beschriebenen Mechanismus zur Entstehung einer absoluten Morbiditätsexpansion stellt das Konzept von Manton (vgl. 1982, insbes. S. 226-229) dar, das neuere Entwicklungen im Umgang mit chronischen Krankheiten wohl treffender abzubilden vermag. Während die Verlängerung der Krankheitsdauer und damit die Erhöhung der Lebensdauer bei Gruenberg durch die bessere Handhabung tödlicher Komplikationen ohne Beeinflussung des Voranschreitens der Grunderkrankung zustande kommt, entsteht sie Manton zufolge durch eine Verlangsamung des Voranschreitens der chronischen Erkrankung und damit durch eine Reduzierung der Krankheitsschwere. Manton lässt dabei offen, wodurch die Geschwindigkeit des Voranschreitens der jeweiligen Krankheit abgebremst wird[23] – infrage kommen allerdings sowohl individuelle Verhaltensmodifikationen wie Übergewichtsreduktion oder Ernährungsumstellung als auch medizinisch-therapeutische Ansätze wie beispielsweise Medikation oder Bestrahlungen[24]. Im Unterschied zu Gruenberg ist der Morbiditätsexpansionsmechanismus von Manton somit nicht zwingend auf anhaltenden medizinischen Fortschritt bzw. den verbesserten Zugang für breite Bevölke-

[23] Manton spricht lediglich von „disease management efforts" bzw. „treatment" (vgl. ebenda, S. 227).

[24] Alle Maßnahmen, die darauf abzielen, bei einer bereits symptomatisch gewordenen Erkrankung eine Verschlimmerung zu verhüten oder zu verzögern, fasst man bisweilen unter dem Begriff der Tertiärprävention zusammen (vgl. SVRKAiG, 2000, S. 126).

rungsschichten zu medizinischen Errungenschaften angewiesen, sondern kann stattdessen allein durch verbesserte Lebensstile und daher ohne Zutun der Medizin zustande kommen. Diese im Folgenden exemplarisch belegte Möglichkeit stellt übrigens einen Kritikpunkt an der in absoluter Hinsicht verstandenen Morbiditätskompressionsthese von Fries dar: Eine zeitlebens gesundheitsbewusste Lebensweise mag zwar im Sinne von Fries das Alter beim Überschreiten der Symptomschwelle chronisch-irreversibler Morbidität hinauszögern, verlängert aber womöglich auch die Krankheitsphase. Verglichen mit Personen, die ungesunde Lebensstile pflegen, besteht somit die Möglichkeit, dass Individuen, die aufgrund einer gesundheitsbewussten Lebensführung länger leben, bis zum Zeitpunkt der Manifestation der chronischen Morbidität mehr gesunde, aber danach möglicherweise auch mehr kranke Lebensjahre erfahren[25].

Zur Möglichkeit, den weiteren Verlauf einer bereits klinisch manifesten chronischen Erkrankung durch bestimmte Verhaltensweisen, aber auch durch medizinische Therapieansätze günstig zu beeinflussen und damit die weiteren Überlebensaussichten zu verbessern, finden sich in der Literatur unzählige Belege.

Besteht beispielsweise bereits eine Koronarsklerose (d.h. eine Arteriosklerose der Koronargefäße), zu deren wichtigsten Komplikationen u.a. der Myokardinfarkt, Herz- und Niereninsuffizienz sowie Schlaganfälle zählen, sind Rauchstopp, eine gesunde Ernährung, vermehrte Bewegung und Stressmanagement probate Therapiemittel (vgl. Wirth, 2004, S. 1745; Brix/Altrock, 2004, S. 68). Einen empirischen Beleg hierfür liefert unter anderem eine an der Universitätsklinik Heidelberg durchgeführte Studie, deren Ziel es ist, die langfristigen Auswirkungen physischer Aktivität (tägliches 30minütiges Ergometertraining und zwei- bis viermal wöchentliches Gruppentraining von je einer Stunde) sowie einer fettreduzierten Ernährung auf das Voranschreiten einer bereits vorliegenden koronaren Herzkrankheit[26] abzuschätzen (vgl. Niebauer et al., 1997, S. 2534-2541). In den sechs Beobachtungsjahren schritt die Koronarstenose[27] in der Interventionsgruppe verglichen mit der Kontrollgruppe mit einer statistisch signifikant geringeren Rate voran (p-Wert: < 0,0001), was die Autoren vor allem phy-

---

25 An dieser Stelle wird wiederum die Bedeutung einer biologisch determinierten und nicht mehr weit entfernten Lebenserwartungsobergrenze für die Argumentation von Fries deutlich (vgl. 2.3.1): Sollte eine Lebenserwartungsschranke tatsächlich existieren und bei bereits 85 Jahren – dem von Fries propagierten Wert – liegen, dürfte die oben skizzierte Möglichkeit einer lebensstilbedingten Verlangsamung des Voranschreitens manifester chronischer Erkrankungen dann eingeschränkt und gegebenenfalls nur eine geringfügige Verlängerung der Krankheitsphase erreichbar sein, wenn die gleichen gesunden Lebensstile den Krankheitsausbruch in einen Altersbereich verlagern, in dem die allgemeine, biologisch hervorgerufene Schwächung des Körpers bereits stark fortgeschritten ist (ähnlich Fries, 1989, S. 224/225).

26 Die koronare Herzkrankheit entwickelt sich fast immer auf dem Boden einer arteriosklerotisch bedingten Plaquebildung (vgl. Brix/Altrock, 2004, S. 29).

27 Als Koronarstenose bezeichnet man die meist durch sklerotische Prozesse bedingte Einengung der Herzkranzgefäße (vgl. Reuter, 2004, S. 1180).

sischer Aktivität zuschreiben[28]. Die Frage, ob sich das verlangsamte Voranschreiten der Krankheit auch auf die durchschnittliche Lebenslänge der Mitglieder der Interventionsgruppe ausgewirkt hat oder auswirken wird, kann aufgrund der relativ geringen Zahl von verstorbenen Studienteilnehmern, des zu kurzen Beobachtungszeitraums und des relativ jungen Datums der Studie noch nicht abschließend beurteilt werden. Eine positive Antwort liegt jedoch nahe, so dass die zitierte Studie die Möglichkeit des von Manton beschriebenen Morbiditätsexpansionsmechanismus bestätigt.
Dass das Voranschreiten der koronaren Herzkrankheit (und damit letztlich der Arteriosklerose bzw. der Koronarsklerose) nicht nur durch Lebensstilveränderungen, sondern auch medikamentös verlangsamt werden kann, belegt beispielsweise die auf fünf Jahre prospektiv angelegte, placebo-kontrollierte, randomisierte und doppelblinde Studie von Sacks et al. (vgl. 1996, S. 1001-1009), welche die Auswirkungen einer täglichen Einnahme von 40 mg Pravastatin[29] bei Patienten mit koronarer Herzkrankheit untersucht, die zwischen drei und zwanzig Monaten vor Untersuchungsbeginn einen akuten Myokardinfarkt erlitten. Im Vergleich zur Kontrollgruppe hatten die Mitglieder der mit Pravastatin behandelten Interventionsgruppe ein um 24% niedrigeres Risiko, an der koronaren Herzkrankheit zu sterben oder einen (weiteren) nicht-tödlichen Myokardinfarkt zu bekommen (p-Wert: 0,003). Daneben war in dieser Gruppe die Wahrscheinlichkeit einer Bypass-Operation um 26% (p-Wert: 0,005), die einer Angioplastie[30] um 23% (p-Wert: 0,01) geringer.

Abbildung 2.5 veranschaulicht den von Manton beschriebenen idealtypischen Mechanismus zur Generierung einer absoluten Morbiditätsexpansion. Durch eine bessere Handhabung bereits manifester chronischer Erkrankungen lässt sich das Voranschreiten der jeweiligen Erkrankung abschwächen und damit das Überschreiten der Todesschwelle nach hinten verlagern, so dass die Dauer der dem späteren Tod vorausgehenden Morbiditätsphase absolut zunimmt.

---

[28] Die Patienten in der Versuchsgruppe wurden zwar regelmäßig darin unterrichtet, wie sie ihr Ernährungsverhalten durch Fettreduzierung verbessern konnten, eine Kontrolle der Einhaltung dieser Empfehlungen erfolgte jedoch im Gegensatz zur Einhaltung des Trainingsplanes nicht, so dass kein gesicherter Zusammenhang zwischen einer fettarmen Ernährung und dem Voranschreiten der Koronarstenose hergestellt werden kann.

[29] Bei Pravastatin handelt es sich um einen Lipidsenker, genauer genommen um einen HMG-CoA-Reduktasehemmer (vgl. Pschyrembel, 2004, S. 1056). In der Biosynthese von Cholesterin ist das 3-Hydroxy-3-methylglutaryl-Coenzym-A-Reduktase (HMG-CoA-Reduktase) ein Schlüsselenzym, dessen Bekämpfung die Cholesterinsynthese hemmt, so zu einem Absinken der intrazellulären Cholesterinkonzentration führt und damit der Arteriosklerose entgegenwirkt (vgl. ebenda, S. 780; Reuter, 2004, S. 931).

[30] Angioplastie ist ein Verfahren zur Aufdehnung verengter Gefäßabschnitte, z.B. mit einem Ballonkatheder (vgl. Reuter, 2004, S. 111).

Abbildung 2.5: Modellhafte Darstellung der Morbiditätsexpansionsthese nach Manton

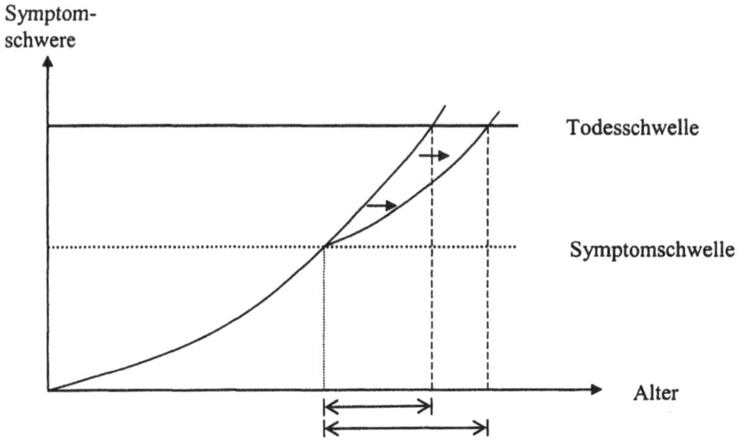

Quelle: Eigene Darstellung

2.4.3 Die Morbiditätsexpansionsthese von Verbrugge bzw. Olshansky et al.

Der dritte hier vorgestellte Mechanismus, der zu einer absoluten Expansion der Morbidität führen kann, ist erst im Jahr 1991 von Olshansky et al. (vgl. S. 205-211) explizit beschrieben und als solcher bezeichnet worden, wurde aber streng genommen schon 1984 von Verbrugge (vgl. S. 515) skizziert. Die absolute Morbiditätsexpansion ist demnach im Gegensatz zu den beiden anderen Konzepten von Gruenberg und Manton nicht eine Begleiterscheinung abnehmender Sterblichkeit und folglich längeren Lebens mit letalen chronischen Krankheiten. Sie entsteht vielmehr durch alterstypische nicht-tödliche chronische Krankheiten, deren Manifestation im Lebensverlauf dank anderweitig erzielter Lebenserwartungssteigerungen erst ermöglicht wird. Der Mechanismus von Verbrugge bzw. Olshansky et al. kann somit im Gegensatz zu den drei anderen bisher erläuterten Mechanismen von Fries, Gruenberg und Manton nicht das Zustandekommen von Lebenserwartungssteigerungen erklären. Er ist aber auf diese angewiesen, da nur durch sie Personen in Altersbereiche vorstoßen, in denen das Erkrankungsrisiko an nicht-tödlichen chronischen Erkrankungen hoch ist.
Olshansky et al. (vgl. 1991, S. 205-211) haben diese nicht-tödlichen chronischen Krankheiten näher spezifiziert und als „nicht-tödliche Alternskrankheiten" bezeichnet, zu denen sie u.a. Arthrose und Alzheimer zählen. Diese Erkrankungen zeichnen sich den Autoren zufolge i.d.R. dadurch aus, dass sie mit dem fundamentalen Alterungsprozess in Verbindung stehen. Ihre exakte Ätiologie sei je-

doch unbekannt und es gebe keine klinischen Belege zur Wirksamkeit von präventiven Maßnahmen, sondern nur palliative Therapieansätze. Somit könne das Voranschreiten dieser Erkrankungen idealtypisch in keinem Stadium gestoppt werden (vgl. ebenda, S. 206-208, 210, 212).
Olshansky et al. zielen dabei letztlich auf die Unterscheidung zwischen altersabhängigen („age-dependent") und altersbegleitenden („age-related") chronischen Krankheiten ab, die Brody und Schneider (vgl. 1986, S. 871-876) zum Zwecke der Einordnung von Präventions- und Therapiestrategien vorgeschlagen haben: Altersabhängige und altersbegleitende Krankheiten unterscheiden sich demnach hinsichtlich ihres Zusammenhangs mit dem Alterungsprozess, denn im Gegensatz zu altersbegleitenden Krankheiten stehe die Pathogenese von altersabhängigen Erkrankungen direkt mit der Alterung des Individuums in Verbindung (vgl. ebenda, S. 871/872). Während altersbegleitende Krankheiten für präventive und therapeutische Maßnahmen zugänglich seien, bestehe bei altersabhängigen Erkrankungen diesbezüglich noch Aufklärungsbedarf, wobei von einer Erforschung des grundlegenden Alterungsprozesses vielversprechende Erkenntnisse zu erwarten seien (vgl. ebenda, S. 873/ 874).
Die Unterscheidung zwischen altersabhängigen und altersbegleitenden Krankheiten gilt inzwischen jedoch als überholt, zumindest aber als wenig zweckmäßig und erkenntnisfördernd. Generell ist bei alterskorrelierten Krankheitsprozessen die Tendenz zu beobachten, dass im Zuge der Generierung weiterer Informationen und der Identifizierung von Interventionsmöglichkeiten mehr und mehr Erkrankungen, die früher als altersabhängig eingestuft wurden, nun eher als altersbegleitend betrachtet werden (vgl. Manton, 1990, S. 70). Ein typisches Beispiel hierfür ist Alzheimer-Demenz: Das vermutete Vorhandensein von genetischen Faktoren und Umweltkomponenten stellt die ursprüngliche Einordnung von Alzheimer als altersabhängige Krankheit in Frage und legt es stattdessen nahe, diese Erkrankung eher als altersbegleitend einzustufen (vgl. ebenda). Gestützt wird diese Haltung durch den Umstand, dass sich inzwischen einige Risikofaktoren wie beispielsweise übermäßiger Alkoholgenuss, körperliche und geistige Inaktivität sowie Übergewicht herauszuschälen scheinen, so dass es mehr und mehr Hinweise auf Erfolg versprechende Präventionsmaßnahmen gibt (vgl. Bickel, 2003, S. 31-35; Füsgen, 2003, S. 12/13). Ein anderes Beispiel ist Arthrose: Das Risiko, daran zu erkranken, lässt sich nachweislich reduzieren, wobei als wichtigste Vorbeugemaßnahmen die Vermeidung von Gelenkverletzungen, eine gute Bewegungskoordination sowie die Reduzierung oder am besten Vermeidung von Übergewicht genannt werden (vgl. Hoffmann, 2002, S. 578; Hauner, 1996, S. 3408).

Vor dem Hintergrund dieser Ausführungen ist damit der Auffassung von Olshansky et al., wonach „nicht-tödlichen Alternskrankheiten" grundsätzlich nicht präventiv begegnet werden kann, nicht (mehr) zuzustimmen, auch wenn die Informationslage bezüglich Risikofaktoren und entsprechenden Interventionsstrategien verglichen mit letalen chronischen Krankheiten wie Krebs oder arteriosklerotisch bedingten Herzkrankheiten schlechter ist (vgl. Manton, 1989, S. 77/ 78, 81; 1990, S. 68). Ebenso erscheint der Terminus „Alternskrankheiten", in dem sich die Vorstellung einer ursächlichen Verbindung der Krankheitsentstehung zum Alterungsprozess widerspiegelt, wenig adäquat. Schließlich ist gerade auch die Einordnung von Alzheimer als nicht-tödliche Krankheit angreifbar, denn die Alzheimer-Demenz verkürzt erwiesenermaßen die Lebenserwartung, auch wenn sie selbst nicht tödlich ist und die Betroffenen an Begleiterscheinungen wie beispielsweise Lungenentzündung, Harnwegsinfekten und Lungenembolie sterben (vgl. Larson et al., 2004, S. 501, 504-506; Jellinger, 2003, S. 36).

Auch wenn die von Olshansky et al. vorgenommene Charakterisierung des für diesen Morbiditätsexpansionsmechanismus typischen Krankheitstyps somit ebenso wenig überzeugend ist wie die Einstufung von Alzheimer als nicht-tödliche Verlaufsform, stellt das Konzept von Verbrugge bzw. Olshansky et al. eine insbesondere für die Zukunft realistische dritte Möglichkeit für eine absolute Morbiditätsexpansion dar. Diese kommt durch chronische Krankheiten zustande, deren entscheidendes Merkmal neben der starken Korrelation der Prävalenzrate mit dem Alter die grundsätzliche Nicht-Letalität ist. Aufgrund des Fehlens einer Todesschwelle, deren Überschreitung die Krankheitsphase beenden könnte, schreiten derartige chronische Erkrankungen wie insbesondere Arthrose bzw. funktionelle Einschränkungen[31] (z.B. Altersschwerhörigkeit, nachlassende Sehschärfe und senile Demenz) dagegen häufig ungehindert fort, bis schließlich eine andere, allerdings letale Krankheit chronischer oder akuter Art (oder eine nicht-natürliche Todesursache wie ein Unfall) dem Leben und damit der nicht-tödlichen Erkrankung ein Ende setzt.
Insofern mag beispielsweise der von Fries beschriebene Mechanismus einer absoluten Morbiditätskompression und damit eine durch Prävention bewirkte Lebensverlängerung bei bestimmten chronischen Erkrankungen durchaus realistisch sein. Gleichwohl ist es vorstellbar, dass gerade eine erfolgreiche Präventionsstrategie, die beispielsweise eine anderweitig im mittleren Altersbereich entstehende und innerhalb weniger Jahre schließlich tödlich verlaufende Krebserkrankung erst im höheren Alter mit vergleichsweise kürzerer Leidenszeit zum Ausbruch kommen lässt, Raum für das Entstehen von nicht-tödlichen chronischen Erkrankungen wie Arthrose schafft. Diese ziehen sich dann über einen

[31] Bei altersphysiologischen funktionellen Einschränkungen wie den genannten Beispielen ist die Einordnung als chronische Krankheiten strittig. Während in der Medizin derartige Erscheinungen eher als Krankheiten bezeichnet werden und als solche in gängigen Fachlexika zu finden sind (vgl. z.B. Pschyrembel, 2004, S. 54; Reuter, 2004, S. 80), plädiert beispielsweise der Sachverständigenrat für die Konzertierte Aktion im Gesundheitswesen (vgl. 1990, S. 74) dafür, diese als systemische Manifestationen des natürlichen Alterns und nicht als Krankheiten zu betrachten. Ungeachtet dieser Meinungsverschiedenheiten dürften altersbedingte funktionelle Einschränkungen von den Betroffenen i.d.R. wie eine Erkrankung empfunden werden und begründen ferner häufig eine Pflegebedürftigkeit, so dass sie im Rahmen dieser Arbeit trotz der terminologischen Grauzone zu den chronischen Krankheiten gezählt werden.

Zeitraum von vielen Jahren bis zum Tod des Individuums hin – eine grundsätzliche Möglichkeit, die sogar Fries (vgl. 1988, S. 420-423; 1989, S. 225) einräumt. In Abbildung 2.6 ist dieses Beispiel graphisch veranschaulicht. Durch Krebsprävention kommt es zu einem Aufschub des Todeszeitpunktes und im Sinne von Fries zu einer absoluten Kompression der Krebsmorbidität. Gleichzeitig ermöglicht die Verhinderung des Überschreitens der Symptomschwelle und des darauf folgenden Todes im mittleren Altersbereich jedoch das Entstehen von nicht-letaler chronischer Morbidität (gekennzeichnet durch den schraffierten Bereich der Abszisse[32]), die bis zum Sterbezeitpunkt infolge der in den höheren Altersbereich verlagerten Krebserkrankung anhält. Resultat der erfolgreichen (Krebs-) Prävention ist somit eine absolute Zunahme der Dauer des morbiditätsbelasteten Lebensabschnitts (vgl. Länge des unteren Doppelpfeils).

Abbildung 2.6: Modell- und beispielhafte Darstellung der Morbiditätsexpansionsthese nach Verbrugge bzw. Olshansky et al.

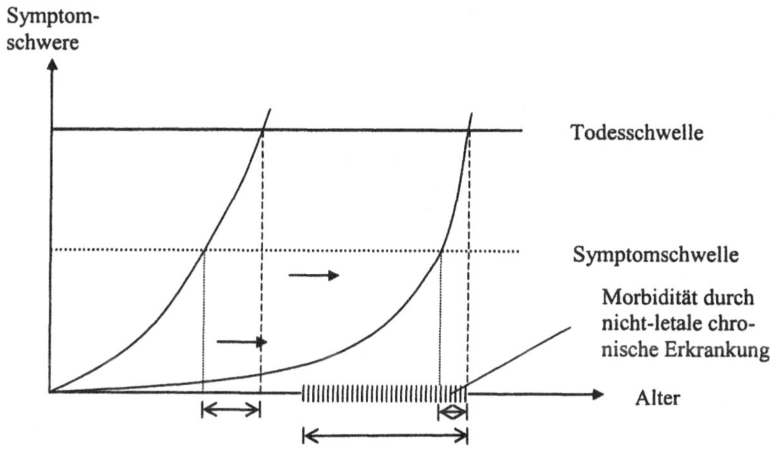

Quelle: Eigene Darstellung

2.5 Kritische Würdigung der Morbiditätskompressions- und -expansionsthesen

Sowohl bei der Morbiditätskompressionsthese von Fries als auch bei den Morbiditätsexpansionsthesen von Gruenberg, Manton und Verbrugge bzw. Olshansky

---

[32] Die an der Ordinate abgezeichnete Symptomschwere bezieht sich ausschließlich auf die letale (Krebs-) Erkrankung. Die Symptomschwere im Krankheitsverlauf der nicht-letalen chronischen Erkrankung ist der Abbildung dagegen nicht zu entnehmen.

et al. handelt es sich um Modelle und damit um vereinfachte Abbilder der Realität. Dieser Modellcharakter manifestiert sich in mehrerlei Hinsicht.

So besteht eine gemeinsame Annahme aller vier Modelle in der Unterstellung einer stetig ansteigenden Symptomschwere, die davon abstrahiert, dass das Auftreten symptomatischer Ereignisse beim einzelnen Individuum durchaus sehr unregelmäßig sein kann (vgl. Fries, 1987, S. 58; 1988, S. 420).

Ferner stellen alle vier Theorien ausschließlich auf diejenige Morbidität ab, die bis ans Lebensende andauert und die i.d.R. den größten Anteil des krank verbrachten Lebensabschnitts ausmacht. Viele allgemein als chronisch bezeichnete und möglicherweise über Jahre andauernde Krankheiten sind jedoch ursächlich heilbar. Hierzu zählen beispielsweise zahlreiche Krebserkrankungen im Falle einer frühzeitigen Diagnose und Therapie, aber auch Bandscheibenprobleme, die durch konservative Behandlungsansätze wie Krankengymnastik und Medikamentierung oder gegebenenfalls durch eine Operation erfolgreich bekämpft werden können. In beiden Fällen stellt die Morbidität somit „nur" eine Episode im Lebensverlauf dar, die aber möglicherweise eine längere Zeitspanne in Anspruch nimmt als die Morbidität, die bis ans Lebensende andauert.

Allen vier Konzepten ist darüber hinaus gemeinsam, dass sie idealtypische Mechanismen zur Entstehung von Morbiditätskompression bzw. -expansion beschreiben, die so in der Realität nicht vorzufinden sind, wobei insbesondere die von Gruenberg und Manton beschriebenen Mechanismen in der Praxis kaum voneinander zu trennen sind[33].
Als Beispiel für das Zusammenspielen der Mechanismen von Fries, Gruenberg und Manton bietet sich die arteriosklerotisch bedingte, koronare Herzkrankheit an: Durch gesunde Lebensstile wie physische Aktivitäten oder fettarme Ernährung lässt sich das Überschreiten der Symptomschwelle im Sinne von Fries präventiv hinauszögern. Wird diese dann dennoch überschritten, können dieselben Verhaltensweisen entweder allein oder in Verbindung mit einer medikamentösen Behandlung das Voranschreiten der Erkrankung gemäß Manton abbremsen (vgl. die in Abschnitt 2.4.2 aufgeführten Studien). Schließlich können Maßnahmen wie Bypassoperationen oder Ballondilatationen auch eine Anhebung der Todesschwelle im Sinne von Gruenberg bewirken. Ergebnis ist somit eine durch alle drei Mechanismen bewirkte Verlängerung des Lebens, die mit einer absoluten Morbiditätsexpansion einhergeht.
Auch die Fokussierung von Verbrugge bzw. Olshansky et al. auf nicht-letale chronische Erkrankungen ist eine zu starke Einschränkung, weil sie viele „schwach letale" Krankheiten ausschließt, die zwar direkt oder indirekt (über die Auslösung tödlicher Komplikationen) zum Tode führen können, denen aber in

---

[33] So dürfte die dem Mechanismus von Gruenberg zugeschriebene Lebenserwartungssteigerung bei Mukoviszidose-Kranken auch durch eine Abbremsung des Voranschreitens dieser Krankheit bewirkt worden sein.

der Regel eine „stärker letale" Krankheit zuvorkommt. Ein Beispiel hierfür ist Osteoporose – eine Skeletterkrankung mit Abbau der Knochenmasse und dadurch erhöhter Knochenbrüchigkeit, insbesondere des Oberschenkels (vgl. Reuter, 2004, S. 679, 1596). Es wird geschätzt, dass 50 % aller mindestens 70jähriger eine Osteoporose haben (vgl. ebenda, S. 1596). Verglichen mit diesem Prozentsatz stirbt allerdings nur ein kleiner Teil der Erkrankten an den mit Osteoporose einhergehenden Komplikationen, die vor allem in tödlich verlaufenden Pneumonien im Anschluss an einen Oberschenkelhalsbruch bestehen[34].

Schließlich ist zu beachten, dass die Mechanismen von Fries, Gruenberg und Manton nicht das gesamte Spektrum der Möglichkeiten für Lebenserwartungssteigerungen abdecken. Letztere können auch durch die Absenkung der Sterblichkeit infolge nicht-natürlicher Todesursachen – beispielsweise durch erhöhte Fahrzeugsicherheit bei Kraftfahrzeugen – zustande kommen. Sie können aber auch ein Resultat medizinischer Erfolge bei der Heilung von akuten oder chronischen Krankheiten sein – man denke beispielsweise an die eingangs erwähnten Krebserkrankungen, bei denen sich die Heilungsaussichten im Laufe der vergangenen Jahrzehnte spürbar verbessert haben.

Zusammenfassend beschreiben alle vier vorgestellten Ansätze somit modellhaft und daher vereinfachend mögliche Mechanismen zur Entstehung einer (absoluten) Morbiditätskompression bzw. -expansion in einer Phase der epidemiologischen Entwicklung, die von chronischen Krankheiten dominiert wird. Mit Ausnahme der These von Verbrugge bzw. Olshansky et al. geben diese Konzepte darüber hinaus Möglichkeiten an, wie Lebensdauerzunahmen von chronisch Kranken zustande kommen können. Alle vier Ansätze sind für sich genommen plausibel und lassen sich durch empirische Belege oder medizinische Studien stützen. Die Frage ist vielmehr, welche Mechanismen während des vierten Stadiums des epidemiologischen Übergangs dominieren, welche dagegen eher eine untergeordnete Rolle spielen und ob es im Verlauf dieser bis heute andauernden Phase in der epidemiologischen Geschichte Verschiebungen zwischen diesen Mechanismen gab – eine Frage, die letztlich nur empirisch beantwortet werden

[34] Beispielsweise meldet das Statistische Bundesamt für das Jahr 2003 617.957 Sterbefälle im Altersbereich von 70 Jahren und älter, darunter allerdings „nur" 3.942 Verstorbene mit einer Verletzung der Hüfte oder des Oberschenkels (ICD 10: S70-S79). Dabei ist davon auszugehen, dass ein Großteil dieser Personen an Osteoporose litt. Selbst wenn man unterstellt, dass viele aufgrund dieser Ursache Verstorbenen fälschlicherweise (als Todesursache ist auf dem Leichenschauschein streng genommen das jeweilige Grundleiden, nicht jedoch tödliche Komplikationen anzugeben) unter der Todesursachenkategorie „Grippe und Pneumonie" (ICD 10: J10-J18) zu finden sind und man mangels weiterer Informationen unterstellt, dass alle (!) in dieser Kategorie aufgeführten Personen letztlich osteoporosebedingt starben, hätte man insgesamt (ICD 10: S70-S79 + J10-J18) 23.276 aufgrund von Osteoporose verstorbene 70jährige und Ältere. Dies entspricht „lediglich" knapp 3,8% aller in diesem Altersbereich verstorbenen Personen, womit dieser Prozentsatz deutlich unter der geschätzten Osteoporoseprävalenz von 50% liegt.

kann. A priori lässt sich dagegen keines der Konzepte ablehnen, insbesondere nicht die Morbiditätskompressionsthese von Fries, auch wenn gerade Fries mit Verweis auf die vergangenen Morbiditätsentwicklungen in den USA immer wieder der Vorwurf gemacht wurde, er beschreibe ein populationsweit unrealistisches Szenario (vgl. z.B. Schneider/Brody, 1983, S. 855). Dabei hat Fries als Reaktion auf diese Kritik mehrfach eingeräumt, dass die Morbiditätsentwicklung in den 60ern und 70ern und damit vor der Veröffentlichung seiner Aufsätze in den 80ern mit einer absoluten Morbiditätsexpansion einherging, was vor dem Hintergrund einer gegen Ende der 70er langsam auslaufenden weil nahezu abgeschlossenen Substitution von Todesursachen infolge akuter Krankheiten durch solche infolge chronischer Morbidität einleuchtend ist (vgl. Fries, 1984, S. 355; 1987, S. 55; 1988, S. 408; 1989, S. 210; 1990, S. 36). Darüber hinaus macht Fries wiederholt deutlich, dass die absolute Morbiditätskompression lediglich eine Option für die Zeit nach seinen Veröffentlichungen der 80er ist und insbesondere nicht automatisch zustande kommt. Vielmehr sei eine absolute Morbiditätskompression auf eine von ihm eindringlich geforderte Abkehr von der hauptsächlich kurativ orientierten Medizin und Gesundheitspolitik hin zu einer mehr präventiv ausgerichteten Sichtweise sowie auf eine entsprechende Reallokation von Forschungsressourcen angewiesen und erfordere darüber hinaus die Mitwirkung der Bevölkerung (vgl. 1980, S. 133-135; 1983, S. 414/415; 1984, S. 354, 359; 1987, S. 54/55, 62; 1988, S. 425; 1989, S. 226/227; 1990, S. 46) – übrigens Forderungen, die auch Gruenberg unterstützt (vgl. 1977, S. 17, 20-22)[35]. In diesem Zusammenhang realisiert Fries übrigens auch, dass es Krankheiten gibt, auf die präventive Anstrengungen keinerlei Auswirkungen haben und die deshalb nicht Gegenstand der Morbiditätskompressionsthese sind (vgl. 1989, S. 213, 225; 1990, S. 38). Ob nun das störende Gewicht dieser präventiv nicht beeinflussbaren Morbidität hinreichend gering ist, ob die geforderte Schwerpunktverlagerung weg von der Kuration hin zur Prävention und das dazu erforderliche gesellschaftliche Umdenken möglich ist und ob damit tatsächlich eine Morbiditätskompression zustande kommt bzw. kommen kann, sind freilich andere Fragen.

Bevor im vierten Kapitel der Versuch unternommen wird, die Morbiditätsentwicklung im früheren Bundesgebiet in den letzten Jahrzehnten zu analysieren und damit abzuschätzen, welcher Mechanismus dominierte, beschäftigt sich das nachfolgende Kapitel mit der von Fries angestoßenen Mortalitätskompressionsthese, da im Falle einer bereits auf das Sterblichkeitsgeschehen einwirkenden Lebenserwartungsobergrenze auch die Bestätigung der Morbiditätskompressi-

[35] Insofern sind Fries und Gruenberg auch nicht die großen Gegenspieler, als die sie auf den ersten Blick erscheinen mögen. Denn während Gruenbergs Mechanismus vergangene Entwicklungen beschreibt und dafür auf Zustimmung von Fries stößt, eröffnet Letztgenannter mit der Morbiditätskompressionsthese eine Perspektive bzw. Möglichkeit für die Zukunft. Ihr würde wohl auch Gruenberg zustimmen, sofern man dies aus seinem zeitlich vor dem ersten Aufsatz von Fries veröffentlichten Beitrag und dem darin enthaltenen Aufruf nach mehr Prävention ableiten kann.

onsthese begünstigt wird. Zunächst setzt sich der nachfolgende Exkurs jedoch mit der sog. Theorie heterogener Populationen auseinander, aus der diverse Autoren sowohl Unterstützung für die Morbiditätskompressions- als auch für die -expansionsthese(n) ableiten.

2.6 Exkurs: Liefert die Theorie heterogener Populationen einen Erklärungsbeitrag?

Wissenschaftliche Arbeiten, die sich mit der Morbiditätskompressions- bzw. -expansionsthese beschäftigen, greifen bisweilen auf die Theorie heterogener Populationen in der Modellierung nach Vaupel et al.[36] (vgl. 1979, S. 439-454) zurück, weil sie sich von den Aussagen und Ergebnissen dieser Theorie einen zusätzlichen Erkenntnisgewinn versprechen.
Da die Theorie heterogener Populationen in Abschnitt A.3.5 des Anhangs A im hier benötigten Umfang formal hinreichend ausführlich dargestellt ist, erfolgt hier ein hauptsächlich verbal orientierter Abriss der grundlegenden Annahmen und Ergebnisse.
Im Mittelpunkt dieser Theorie steht die plausible Annahme, dass sich Individuen in der Veranlagung für Langlebigkeit unterscheiden. Konkret manifestiert sich diese Annahme in der nachfolgenden Gleichung, wonach

$$\mu(x,z) = z\mu(x) \qquad \text{mit } z > 0. \tag{2.9}$$

Die individuellen Sterberaten[37] hängen demnach nicht mehr nur vom Alter x (und möglicherweise weiteren beobachtbaren Mortalitätsdeterminanten wie beispielsweise dem Geschlecht oder der sozialen Schicht) ab, sondern darüber hinaus von einer nicht direkt beobachtbaren Variable z, die in der Heterogenitätstheorie gemeinhin als Gebrechlichkeit bezeichnet wird. Jedes Individuum wird dabei mit einem bestimmten z-Wert, d.h. mit einem spezifischen Gebrechlichkeitsniveau geboren und behält dieses Niveau zeitlebens. Gleichaltrige und deshalb der gleichen Geburtskohorte angehörige Individuen mit identischer Gebrechlichkeit unterscheiden sich hinsichtlich ihres altersspezifischen Sterberisikos und damit hinsichtlich ihrer Lebenserwartung somit nicht[38], wohl aber Indi-

[36] Neben dem Modellansatz von Vaupel et al. gibt es auch alternative Modellierungen. Zu erwähnen sind vor allem die Arbeiten von Keyfitz und Littman (vgl. 1979, S. 333-342) sowie von Shepard und Zeckhauser (vgl. 1980, S. 413-433).

[37] Man beachte, dass eine Sterberate über das landläufige Verständnis einer Bevölkerungsmaßzahl hinaus in der Demographie auch in Bezug auf ein einzelnes Individuum definiert sein kann. Als solche gibt sie entsprechend der in Abschnitt A.1 im Anhang A enthaltenen Formeln (A.2), (A.3) und (A.4) für ein exaktes Alter x die nicht-negativ definierte Schrumpfungsrate der (unbedingten) Überlebenswahrscheinlichkeit an.

[38] Diese Aussage bedeutet freilich nicht, dass gleichaltrige Individuen derselben Gebrechlichkeit noch die exakt gleiche Zahl von Lebensjahren vor sich haben, sondern nur, dass sie mit derselben Wahrscheinlichkeit in jedem beliebigen Alter versterben.

viduen desselben Alters mit unterschiedlichen z-Werten, wobei das Ausmaß dieser Unterscheidung durch Gleichung (2.9) gegeben ist. Referenzpunkt ist dabei der Alterspfad der Sterberaten eines sog. Standardindividuums ($\mu(x)$), eines im Grunde genommen beliebig auswählbaren Mitglieds der (Geburts-) Kohorte. Entsprechend (2.9) sind die Sterberaten aller anderen Kohortenmitglieder ($\mu(x,z)$) relativ zu denen dieses Standardindividuums definiert, wobei das jeweilige Gebrechlichkeitsniveau z angibt, um welchen Faktor sich die Sterberaten des betreffenden Kohortenmitglieds von denen des Standardindividuums unterscheiden. Aufgrund dieser Definition von z muss das Gebrechlichkeitsniveau des Standardindividuums den Wert 1 annehmen, denn dies ist – mathematisch gesprochen – der Faktor, um den sich die Sterberaten des Standardindividuums von sich selbst unterscheiden.
Im Laufe des Ablebens der Kohorte bewirkt nun die Mortalität, dass gebrechlichere Individuen, d.h. Personen mit höherem z-Wert, tendenziell früher aus der Kohorte ausscheiden als weniger gebrechliche Personen und daher die durchschnittliche Gebrechlichkeit der Kohorte im Gegensatz zu den individuellen, annahmegemäß konstant bleibenden Gebrechlichkeitsniveaus altersbedingt sinkt. Diese systematische Selektion schlechter Risiken durch die Mortalität hat aber zur Folge, dass der beobachtbare und messbare Verlauf der Kohortensterberate von den Verläufen für die Kohortenmitglieder abweicht und der übliche altersabhängige Anstieg der Kohortensterberate langsamer verläuft als der der Sterberaten der einzelnen Kohortenmitglieder. Mathematisch ausgedrückt wird diese Schlussfolgerung durch das sog. fundamentale Theorem der Heterogenitätstheorie, demzufolge

$$(2.10) \qquad \bar{\mu}(x) = \mu(x)\bar{z}(x);$$

$\bar{\mu}(x)$ steht dabei für die beobachtbare Kohortensterberate, während $\bar{z}(x)$ die durchschnittliche Gebrechlichkeit der das Alter x erreichenden Kohortenmitglieder angibt. Gleichung (2.10) stellt somit für jedes beliebige Alter eine Verbindung zwischen der beobachtbaren Sterberate der Kohorte und der aller Kohortenmitglieder dar[39], wobei die mittlere Gebrechlichkeit der Kohorte das Verbindungsstück zwischen beiden Sterberaten ist.
In Abbildung 2.7 ist dieser Zusammenhang für ausgewählte Gebrechlichkeitsniveaus graphisch veranschaulicht. Dabei wurde unterstellt, dass die Kohortensterberate dem sog. Gompertz-Gesetz folgt, das einen exponentiellen Anstieg der Sterberate mit dem Alter postuliert, was dem in der Realität beobachtbaren Verlauf sehr nahe kommt[40]:

[39] Genau genommen bildet (2.10) nur die Verbindung zwischen dem Verlauf der Kohortensterberate und dem der Sterberate des Standardindividuums ab. Unter Rückgriff auf (2.9) kommt man jedoch unschwer an die Sterberaten aller anderen Individuen.

[40] Das Gompertz-Gesetz gilt mit Ausnahme der ersten Lebensjahre zumindest bis etwa zum Alter 100 (vgl. Abschnitt 3.3.3.3.2)

(2.11) $\bar{\mu}(x) = ae^{bx}$ mit $a, b > 0$.

Um über Gleichung (2.10) den Alterspfad der Sterberaten für das Standardindividuum zu ermitteln, sind neben der bereits erfolgten Spezifikation der Kohortensterberaten auch Annahmen über die Verteilung der Gebrechlichkeit bei der Geburt erforderlich, wobei sich die Unterstellung einer Gamma-Verteilung mit dem Mittelwert 1 analytisch als vorteilhaft erwiesen hat und auch hier zum Zuge kam[41]. Wie in Abschnitt A.3.5. im Anhang A gezeigt, lässt sich unter diesen Voraussetzungen der Alterszusammenhang der Sterberaten des Standardindividuums durch die Funktion

$$(2.12) \qquad \mu(x) = a \exp\left[bx + \frac{a}{kb}\left(e^{bx} - 1\right)\right] \qquad \text{mit } k > 0$$

beschreiben, wobei k den festzulegenden Parameter der Gamma-Verteilung bezeichnet.
Zur graphischen Veranschaulichung wurden für a und b die Werte 0,0001 und 0,085 herangezogen, die zu einer mittleren Lebenserwartung der Geburtskohorte von ca. 73,16 Jahren führen. Der Parameter k wurde gleich 1 gesetzt, was eine breite Streuung der Gebrechlichkeitsniveaus zum Zeitpunkt der Geburt und damit ein großes Maß an Heterogenität hinsichtlich der Veranlagung für Langlebigkeit bedeutet. Da Sterbewahrscheinlichkeiten generell eingängiger sind als Sterberaten, wurden Letztere in Erstere mittels der im Anhang A vorgestellten Formel (A.18) umgerechnet[42].

Abbildung 2.7 verdeutlicht graphisch nochmals die fundamentale Erkenntnis der Theorie heterogener Populationen, wonach bei Vorliegen von Heterogenität der altersbedingte Anstieg der Sterberaten bzw. -wahrscheinlichkeiten für die Kohorte verglichen mit den individuellen bzw. gebrechlichkeitsspezifischen Anstiegen weniger stark ausgeprägt ist bzw. – plakativ ausgedrückt – wonach Individuen schneller altern als Kohorten (vgl. Vaupel et al., 1979, S. 441).

Manton (vgl. S. 1982, S. 204/205) interpretiert die Ergebnisse der Heterogenitätstheorie als Unterstützung für die Morbiditätskompressionsthese: Unter der Annahme, dass Altern (im Sinne von ansteigenden Sterbewahrscheinlichkeiten

---

41 Als Standardindividuum, dessen Gebrechlichkeitsniveau definitionsgemäß den Wert 1 annimmt, wählt man somit das Individuum, dessen Sterberate im Alter 0 der Kohortensterberate entspricht, denn diese Wahl führt wegen Gleichung (2.10) automatisch zu einem mittleren Gebrechlichkeitsniveau der Kohorte bei der Geburt von 1. Man beachte, dass durch diese Festlegung die beiden Parameter der Gamma-Verteilung denselben Wert annehmen (vgl. Abschnitt A.3.5 im Anhang A).

42 Die angegebene Formel basiert auf der Annahme, dass die Sterberate innerhalb eines jeden Altersjahres konstant ist (vgl. Abschnitt A.2 im Anhang A).

Abbildung 2.7: Sterbewahrscheinlichkeiten für Individuen mit unterschiedlichen Gebrechlichkeitsniveaus (z = 0,1; 1; 4; 10) sowie für die (Gesamt-) Kohorte bei gamma-verteilter Gebrechlichkeit bei der Geburt (k = 1)

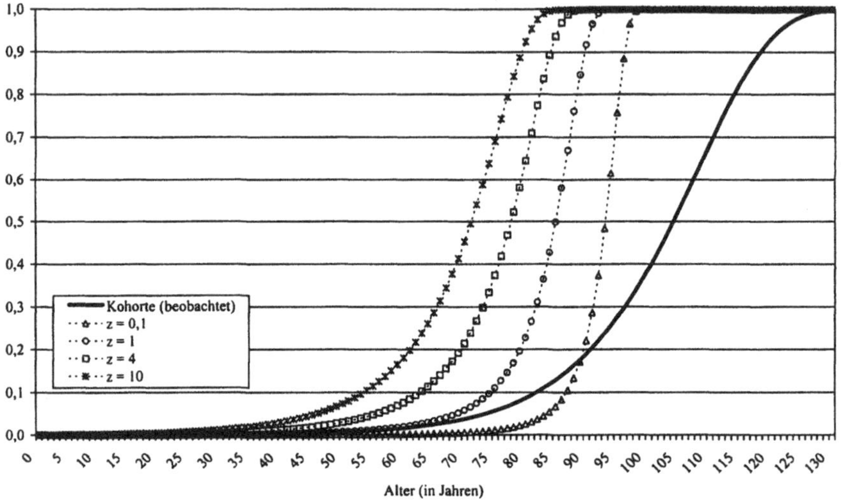

Quelle: Eigene Berechnung und Darstellung

ausgesetzt sein) letztlich im Verlust der Organreservekapazität und folglich in der steigenden Unfähigkeit des Organismus bestünde, die Homöostase[43] aufrecht zu erhalten und damit potentiell tödlichen Insulten zu widerstehen, implizierten die gebrechlichkeitsspezifischen Sterbewahrscheinlichkeitspfade in Abbildung 2.7 starke homöostatische Kräfte in jungen Jahren. Diese Kräfte blieben sehr lange erhalten, verschlechterten sich dann allerdings in einem vergleichsweise engen Altersbereich sehr rasch – ein Umstand, den der mess- und beobachtbare Verlauf der Kohortensterberate verschleiere. Bei einer Reduzierung der Sterblichkeit komme es somit anstelle einer Verlängerung der Krankheitsphase vor dem Tod zu einer Zunahme des produktiven Lebensabschnitts, in dem analeptische Kräfte die physische Funktionalität aufrecht erhielten (vgl. ebenda, S. 205)[44].

---

[43] Unter Homöostase versteht man das Aufrechterhalten eines inneren Gleichgewichts im Organismus (vgl. Pschyrembel, 2004, S. 788).

[44] Man vergleiche hierzu beispielsweise die individuellen Sterbewahrscheinlichkeitspfade von Individuen mit einem Gebrechlichkeitsniveau von 10 und 0,1 in Abbildung 2.7. Bei den im Mittel länger lebenden Personen des Gebrechlichkeitsniveaus 0,1 ist der Altersbereich, in den der rasche Verlust der homöostatischen Kräfte fällt, kleiner als bei Individuen mit dem Gebrechlichkeitsniveau von 10.

Die auf den ersten Blick plausible Argumentation von Manton ist m.E. jedoch nicht haltbar. Dabei ist weniger die Interpretation des altersabhängigen Anstiegs der gebrechlichkeitsspezifischen Sterberaten bzw. -wahrscheinlichkeiten als Spiegelbild zum Verlust der Organreservekapazität der mit dem jeweiligen Gebrechlichkeitsniveau geborenen Individuen kritikwürdig, sondern vielmehr die Schlussfolgerung, dass – vereinfacht gesprochen – bei Lebenserwartungszunahmen anstelle des kranken der gesunde Lebensabschnitt verlängert wird. Der Irrtum von Manton besteht darin, dass er bei dieser Schlussfolgerung letztlich die Ordinatenbeschriftung „Sterbewahrscheinlichkeit" in Abbildung 2.7 gedanklich durch „Symptomschwere" substituiert und damit gebrechlichkeitsspezifische Sterbewahrscheinlichkeitsverläufe gedanklich als individuelle Krankheitspfade interpretiert. Dadurch wird Abbildung 2.7 mit Abbildung 2.3, welche die Morbiditätskompressionsthese in ihrer absoluten Variante veranschaulicht, praktisch deckungsgleich, denn in beiden Schaubildern bleiben die Verläufe für später versterbende Individuen längere Zeit sehr flach und steigen danach verglichen mit früher versterbenden Personen umso steiler an. Während jedoch die Kurven in Abbildung 2.3 die – zugegebenermaßen idealtypischen – Krankheitsverläufe für ein einzelnes Individuum im Falle mit bzw. ohne präventive Anstrengungen beschreiben und dieses einzelne Individuum auf dem jeweiligen Pfad bis zur „Todesschwelle" verbleibt, stellen die Kurven für ausgewählte unterschiedliche Gebrechlichkeitsniveaus in Abbildung 2.7 keine Pfade dar, die ein einzelnes Individuum mit bestimmter Gebrechlichkeit bis zur Sterbewahrscheinlichkeit von 1 durchschreitet. Vielmehr beschreiben diese Kurven letztlich Verläufe, die eine durch dasselbe Gebrechlichkeitsniveau definierte Subkohorte von Personen bis zur völligen Auslöschung durchschreitet. Während das Individuum in Abbildung 2.3 daher mit Gewissheit die Todesschwelle irgendwann erreicht, bleibt es dagegen nur einem verschwindend kleinen Anteil der Subkohortenmitglieder in Abbildung 2.7 vorbehalten, den subkohortenspezifischen Pfad des Verlustes an homöostatischen Kräften „bis zum Ende", d.h. bis zur Sterbewahrscheinlichkeit von 1, zu verfolgen. Beispielsweise erreichen nur etwa 30% der Standardindividuen[45] bei Gültigkeit der in Abbildung 2.7 enthaltenen Annahmen bzw. Parameterspezifikationen ein Alter von 77 Jahren und damit eine Sterbewahrscheinlichkeit von knapp 0,15. Mit einer Sterbewahrscheinlichkeit von 0,5, die etwa im Alter 85 relevant wird, sind sogar nur etwas über 2% der mit einem Gebrechlichkeitsniveau von 1 geborenen Individuen konfrontiert.

Abgesehen von der m.E. nicht zulässigen Uminterpretation einer Ordinate, an der Sterbewahrscheinlichkeiten abgetragen sind, in eine, welche die Symptomschwere des Krankheitsverlaufs eines bestimmten Individuum kennzeichnet, dürfte die oben dargelegte Schlussfolgerung von Manton darüber hinaus auch in der Praxis kaum aufrecht zu halten sein: Es müssten dann Mitglieder eines belie-

[45] Man beachte, dass sich dieser Prozentsatz (sowie der im nachfolgenden Satz ausgeführte) nicht direkt aus Abbildung 2.7 ablesen lässt, sondern einer gebrechlichkeitsspezifischen Sterbetafel entnommen ist, die mithilfe der entsprechenden Sterbewahrscheinlichkeiten aus Abbildung 2.7 erstellt wurde.

bigen Geburtsjahrgangs einen umso kürzeren Krankheitsabschnitt vor dem Tod aufweisen, je später sie versterben – eine Vorstellung, für die sich keine stichhaltigen empirischen Belege finden.
Schlussendlich beschreibt Mantons an sich vertretbare Annahme, wonach der gebrechlichkeitsspezifische Sterbewahrscheinlichkeitsanstieg die Abnahme der Organreservekapazität von Individuen mit dieser Gebrechlichkeit widerspiegelt, definitionsgemäß nur den Verlust an der Art von homöostatischen Kräften, die benötigt werden, um einem tödlichen, finalen Insult zu widerstehen, nicht jedoch, um dem Ausbruch einer chronischen Erkrankung entgegenzutreten. Um auch die Widerstandsfähigkeit des Organismus gegen den Ausbruch chronischer Morbidität lange vor einem späteren Tod abzubilden, müsste der Modellrahmen der Theorie heterogener Populationen aber um Kurven für Morbiditätsrisiken entsprechend erweitert werden.

Eine andere Argumentationslinie verfolgt Dinkel (vgl. 1992a, S. 86/87; 1999, S. 78/79), demzufolge die Theorie heterogener Populationen in der eingangs vorgestellten Modellierung nach Vaupel et al. die Vorstellung von einer absoluten Morbiditätsexpansion[46] stützt. Dinkel begründet seine Sichtweise mit der Feststellung, dass jüngere Kohorten mit einer höheren mittleren Lebenserwartung bei der Geburt in jedem Alter eine höhere durchschnittliche Gebrechlichkeit und daher eine weniger günstige Risikostruktur aufweisen als ältere Geburtsjahrgänge. Ursächlich hierfür ist, dass bei Letzteren die tendenziell höhere altersspezifische Mortalität stärker selektierend wirkt und somit eine höhere Hürde für den Zustrom schlechter Risiken in die verschiedenen Altersklassen bildet.
Gegen diese Feststellung allein ist nichts einzuwenden. Sie ist vollkommen konform mit der Theorie heterogener Populationen, denn wie im Abschnitt A.3.5 im Anhang A gezeigt wird, gilt unter der Annahme, dass die Gebrechlichkeit bei der Geburt mit dem Mittelwert 1 gamma-verteilt ist, für die durchschnittliche Gebrechlichkeit einer Kohorte im Alter x:

$$(2.13) \qquad \bar{z}(x) = \left[\bar{l}(x)\right]^{1/k},$$

wobei $\bar{l}(x)$ dem Anteil aller Geburtskohortenmitglieder entspricht, die das Alter x erreichen. Je höher dieser Anteil ist und damit je günstiger die Sterblichkeitsverhältnisse für eine Kohorte sind, desto größer ist c.p. die mittlere Gebrechlichkeit der bis ins Alter x vorstoßenden Kohortenmitglieder.

---

[46] Da Dinkel zufolge die Theorie heterogener Populationen nahe legt, dass von Kohorte zu Kohorte „der Anteil der nicht im Zustand der Gesundheit verbrachten Jahre (...)“ ansteigt (vgl. 1992a, S. 87), bezieht er sich streng genommen auf die relative Variante der Morbiditätsexpansion. Allerdings folgt aus der relativen Morbiditätsexpansion bei nicht-fallender Lebenserwartung automatisch die absolute (vgl. Abschnitt 2.2, insbes. Abbildung 2.1).

Zu kritisieren ist allerdings die von Dinkel implizit vorgenommene und m.E. nicht zulässige Umdeutung des Gebrechlichkeitsniveaus z als Indikator für den Gesundheitszustand eines Individuums.
Zunächst einmal würde diese Umdeutung die Schlussfolgerung implizieren, dass eine Kohorte bei der Geburt im Mittel noch sehr krank ist, im Zeitablauf und folglich mit steigendem Alter jedoch zunehmend gesünder wird, denn schließlich ist das durchschnittliche Gebrechlichkeitsniveau der Kohorte ($\bar{z}(x)$) eine fallende Funktion des Alters. Empirisch beobachtet man jedoch genau das Gegenteil, also eine Verschlechterung des Kohortengesundheitszustands mit steigendem Alter.
Da jedes Individuum das Gebrechlichkeitsniveau bei der Geburt lebenslang behält, würde diese Umdeutung darüber hinaus darauf hinauslaufen, dass es im Leben eines Individuums auch keine Veränderung des Gesundheitszustandes geben kann – eine Konsequenz, die allen Erfahrungen entgegenläuft und die insbesondere nicht im Einklang mit den in diesem Kapitel vorgestellten Morbiditätskompressions- bzw. -expansionsthesen steht, denn dort verschlechtert sich der Gesundheitszustand mit zunehmender Nähe zum späteren Tod bzw. manifestiert sich die Morbidität erst in den letzten Lebensjahren. Mit Blick auf diesen Zusammenhang zwischen Morbidität und Restlebenszeit kann unter der Annahme, dass zwei Kohorten dieselbe Verteilung der Gebrechlichkeit bei der Geburt aufweisen, sogar der Fall eintreten, dass in einem bestimmten Alter ein Individuum einer jüngeren Kohorte trotz eines höheren Gebrechlichkeitsniveaus dennoch eine deutlich höhere Restlebenserwartung und deshalb möglicherweise einen besseren Gesundheitszustand aufweist als ein weniger „gebrechliches" Mitglied einer älteren Kohorte im gleichen Alter. Denn letztlich ist das Gebrechlichkeitsniveau im Sinne von Vaupel et al. lediglich eine relative Größe und gibt als solche nur an, um welchen (konstanten) Faktor sich die Sterberaten eines Individuums von denen eines beliebigen Referenzindividuums (des sog. Standardindividuums), das definitionsgemäß ein Gebrechlichkeitsniveau von 1 haben muss, zeitlebens unterscheiden. Das Gebrechlichkeitsniveau ist damit unter keinen Umständen ein Morbiditätsmarker, auch wenn der vielleicht etwas unglücklich gewählte Terminus „Gebrechlichkeit" (bzw. im Englischen „frailty") möglicherweise eine Verbindung zum Gesundheitszustand suggeriert.

Zusammenfassend bleibt festzuhalten, dass die Theorie heterogener Populationen als eine reine Mortalitätstheorie konzipiert und deshalb nicht in der Lage ist, eine Brücke zur Morbidität zu schlagen, auch wenn die Versuchung dazu groß sein mag. Insbesondere eignet sich diese Theorie weder zur Unterstützung der Morbiditätskompressionsthese noch zu jener der verschiedenen Morbiditätsexpansionsthesen.

2.7 Zusammenfassung

Eine (nachfolgend unterstellte) steigende Lebenserwartung einer (Geburts-) Kohorte wird im Allgemeinen von Veränderungen der durchschnittlichen Anzahl bzw. des mittleren Anteils von Lebensjahren begleitet sein, welche die Kohortenmitglieder im Zustand der Morbidität verbringen. Bei steigender durchschnittlicher *Anzahl* von kranken Lebensjahren spricht man dabei von *absoluter* Morbiditätsexpansion, andernfalls von absoluter Morbiditätskompression. Nimmt dagegen der *Anteil* der krank verbrachten Lebensjahre an allen Lebensjahren im Durchschnitt zu bzw. ab, liegt *relative* Morbiditätsexpansion bzw. -kompression vor. Absolute Morbiditätskompression impliziert dabei relative, nicht aber umgekehrt, d.h. relative Morbiditätskompression kann durchaus auch mit absoluter Morbiditätsexpansion einhergehen. Allerdings folgt aus relativer Morbiditätsexpansion zwingend die absolute Variante. Ferner ist zu beachten, dass relative Morbiditätskompression (-expansion) dann und nur dann eintritt, wenn die Wachstumsrate der gesunden Lebensjahre größer (kleiner) ist als die der kranken Lebensjahre. Verbringen Kohortenmitglieder in der Ausgangssituation im Mittel mehr als die Hälfte des Lebens mit Krankheiten, kann bei steigender Lebenserwartung eine relative Morbiditätskompression daher auch dann eintreten, wenn die Zahl der kranken Lebensjahre absolut um mehr steigt als die der gesunden.

Im vorliegenden Kapitel wurden vier idealtypische Mechanismen erläutert, die zu einer solchen (absoluten) Kompression bzw. Expansion der Morbidität führen können. Mit drei der vier Mechanismen lässt sich darüber hinaus auch das Zustandekommen von Lebenserwartungszunahmen erklären. Gemeinsam ist allen vier Mechanismen, dass sie sich auf die chronische, bis ans Lebensende andauernde Morbidität beziehen.
Das wohl bekannteste der vier Konzepte stellt die sowohl in absoluter als auch relativer Hinsicht definierte Morbiditätskompressionsthese von Fries dar, die auf zwei zentralen Annahmen beruht. Die erste und gemeinhin akzeptierte Annahme besagt, dass Präventionsstrategien dazu in der Lage sind, das Überschreiten der Symptomschwelle vieler chronischer Krankheiten hinauszuzögern, während entsprechend der zweiten, stark umstrittenen Annahme Präventionsmaßnahmen einen stärkeren absoluten bzw. relativen Einfluss auf den jeweiligen Krankheitsausbruch als auf den späteren Todeszeitpunkt haben. Fries begründet die zweite Annahme mit der These, wonach die menschliche Lebensspanne bei durchschnittlich bereits 85 Jahren biologisch fest fixiert sei, so dass zum einen weiteren Lebenserwartungssteigerungen enge Grenzen gesetzt seien und zum anderen auch ein Tod ohne vorangegangene letale Krankheit und damit im Idealfall sogar ein gänzlich krankheitsfreies Leben möglich sei. Auf die Frage, ob es wirklich Anzeichen für eine derartige Lebenserwartungsobergrenze gibt, geht das nachfolgende dritte Kapitel ein.

Während Fries' These eher eine ihm zufolge erreichbare Möglichkeit für die Zukunft (genauer genommen für die Zeit nach seinen Veröffentlichungen in den 80ern) darstellt, dienen die drei anderen Konzepte vorrangig dazu, diejenigen Mechanismen zu beschreiben, die bis in die 70er Jahre hinein zu einer unstrittigen absoluten Expansion der Morbidität in den meisten westlichen Industrieländern führten, die jedoch auch in der Zukunft wirksam bleiben können.
Nach dem von Gruenberg beschriebenen Mechanismus entstanden bzw. entstehen Lebenserwartungssteigerungen durch die bessere Handhabung tödlicher Krankheitskomplikationen ohne Beeinflussung des Voranschreitens der (chronischen) Grunderkrankung, so dass die Zunahme der Lebenserwartung mit einer Verlängerung des in Krankheit vor dem Tod verbrachten Lebensabschnitts einhergeht. Demgegenüber kommt die Zunahme der Lebenserwartung und der krank verbrachten Lebensjahre nach Manton durch eine Verlangsamung des Voranschreitens der chronischen Morbidität und damit durch eine Reduzierung der Krankheitsschwere zustande. Schließlich beschreiben Verbrugge bzw. Olshansky et al. einen dritten Mechanismus für eine absolute Morbiditätsexpansion, wonach bei wie auch immer bewirkten Lebenserwartungssteigerungen Individuen in Altersbereiche gelangten, in denen das Risiko für die Entstehung nicht-letaler chronischer Erkrankungen sehr hoch und durch Prävention möglicherweise nur begrenzt absenkbar sei. Wegen der grundsätzlichen Nicht-Letalität dieser stark alterskorrelierten Krankheiten vermag dieses Konzept im Gegensatz zu den drei anderen allerdings nicht das Entstehen von Lebenserwartungssteigerungen zu erklären, ist aber auf diese angewiesen.
Alle drei Morbiditätsexpansionsmechanismen zeigen somit, dass zunehmende Morbidität und abnehmende Mortalität sowohl im Leben jedes Einzelnen als auch populationsweit keine widersprüchlichen Phänomene sein müssen (ähnlich Verbrugge, 1984, S. 511).
Auch wenn alle vier Ansätze Modelle und folglich vereinfachte Abbilder der Realität sind, lassen sich näherungsweise dennoch medizinische Beispiele anführen, welche die grundsätzliche Plausibilität jedes der vier Konzepte unterstreichen. Welcher Mechanismus dann allerdings in der Wirklichkeit dominiert, kann nur eine empirische Untersuchung zeigen, die im vierten Kapitel folgt.
In einem Exkurs wurde schließlich dargelegt, dass die Theorie heterogener Populationen keine der Morbiditätskompressions- bzw. -expansionsthesen stützt.

3 Die Mortalitätskompressionsthese – Argumente, Methoden und Empirie

3.1 Die Idee der Mortalitätskompression

Mit der Vorhersage einer Mortalitätskompression im Rahmen seines bereits in Abschnitt 2.3.1 angesprochenen und im Jahre 1980 veröffentlichten Aufsatzes löste Fries (vgl. S. 130-132) eine Debatte aus, die bis in die Gegenwart fortdauert. Wie in dem erwähnten Abschnitt bereits angedeutet, ist die Idee, die hinter diesem Konzept steht, die einer biologisch determinierten Obergrenze für die Lebenserwartung bei der Geburt, die Fries auf etwa 85 Jahre beziffert und die ihm zufolge bereits im ausgehenden 20. Jahrhundert auf das Sterblichkeitsgeschehen in entwickelten Industrienationen einwirkt. Diese Obergrenze äußere sich demnach darin, dass bedingt durch anhaltende Erfolge bei der Verhinderung „biologisch vorzeitiger" Sterbefälle im unteren und mittleren Altersbereich immer mehr Menschen ihre biologisch festgelegte Lebenslänge ausschöpfen könnten und es damit zu einer Konzentration bzw. Kompression der Sterbefälle im höheren Altersbereich komme. Seinen Abschluss finde diese Entwicklung dann, wenn die Lebenserwartungsobergrenze bei etwa 85 Jahren erreicht sei und die verbleibende Streuung des Sterbealters nur noch interindividuelle Unterschiede bezüglich der genetisch determinierten Lebensdauer widerspiegele.
In Abbildung 3.1 ist das Konzept der Mortalitätskompression graphisch dargestellt: Von Geburtsjahrgang zu Geburtsjahrgang verschiebt sich die Sterbealterverteilung d(x) immer mehr nach rechts und wird gleichzeitig immer mehr zusammengestaucht.
Überführt man die Sterbealterverteilungen in Abbildung 3.1 in sog. Überlebenskurven, die das Absterbeverhalten eines normierten Ausgangsbestands der Überlebenden mit dem Alter dokumentieren, gelangt man zu Abbildung 3.2, bei der l(x) für den Anteil der Individuen steht, die das Alter x erleben.
Die Tatsache, dass die Überlebenskurven in Abbildung 3.2 zunehmend rechtwinklig werden, macht nachvollziehbar, warum neben dem Begriff der Mortalitätskompression ebenso häufig der Fachterminus „Rektangularisierung" synonym Verwendung findet[1].
Wie in Abschnitt 2.3.1 ausgeführt, stellt das Vorliegen einer Mortalitätskompression bzw. die Existenz einer nahen, biologisch bedingten Lebenserwartungsobergrenze zwar weder eine notwendige noch eine hinreichende Bedingung für eine Komprimierung der Morbidität im Sinne von Fries dar. Sie macht Letztere

[1] Einzelne Autoren unterscheiden zwischen Mortalitätskompression und Rektangularisierung (vgl. beispielsweise Nusselder/Mackenbach, 1996, S. 774). Dagegen verwendet die vorliegende Arbeit wie auch weite Teile der Literatur diese Begriffe aufgrund des umkehrbar eindeutigen Zusammenhangs zwischen Sterbealterverteilung und Überlebenskurve synonym.

Abbildung 3.1: Graphische Veranschaulichung der Idee der Mortalitätskompression

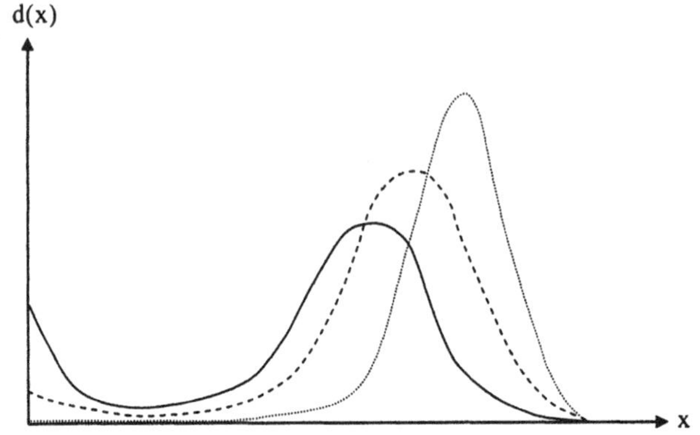

Quelle: Eigene Darstellung

Abbildung 3.2: Rektangularisierung der Überlebenskurven

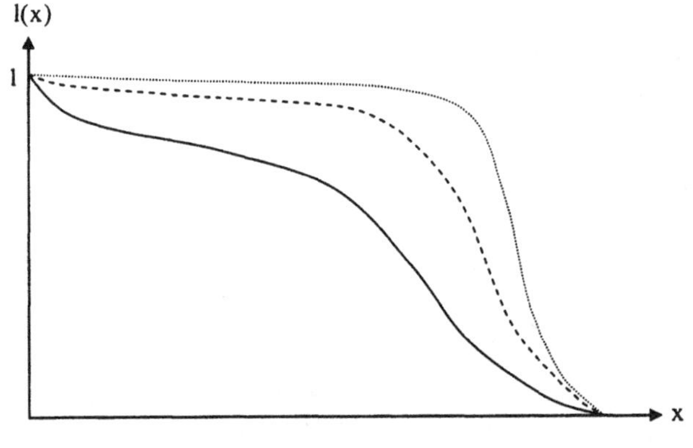

Quelle: Eigene Darstellung

aber wesentlich wahrscheinlicher[2] – ein Umstand, der das hohe und erst nach dem 1980er Aufsatz von Fries einsetzende wissenschaftliche Interesse daran zu einem guten Teil erklärt, auch wenn sich das Konzept der Mortalitätskompression bzw. der Rektangularisierung bis ins Jahr 1923 zurückverfolgen lässt (vgl. Myers/Manton, 1984a, S. 346). Darüber hinaus ist die Existenz einer Mortalitätskompression bzw. -expansion und damit die Unmöglichkeit oder Möglichkeit weiterer spürbarer Mortalitätsreduktionen auch für das Ausmaß des zukünftigen Bevölkerungswachstums im oberen Altersbereich von großer Bedeutung (vgl. Abschnitt 1.1).

3.2 Die Diskussion um die Grenzen des Lebens

Einleitend seien zunächst die Begriffe der Lebensspanne und der Lebenserwartung bei der Geburt voneinander abgegrenzt. Aus Gründen der Einfachheit wird dabei von interindividueller Heterogenität in der Veranlagung für Langlebigkeit abgesehen und stattdessen unterstellt, dass alle Individuen in jedem Alter denselben Sterbewahrscheinlichkeiten ausgesetzt sind.
Mit (menschlicher) Lebensspanne wird im Folgenden die biologisch determinierte Zeitdauer bezeichnet, die ein Mensch unter „optimalen Mortalitätsbedingungen" leben kann (vgl. Olshansky et al., 1990, S. 635; Kane et al., 1990, S. 34). Da nicht geklärt ist, wie optimale Mortalitätsbedingungen konkret aussehen, handelt es sich bei der Lebensspanne um ein theoretisches Konstrukt. Demgegenüber ist die empirisch messbare Lebenserwartung bei der Geburt ein Maßstab für die realen Mortalitätsbedingungen. Sie gibt in wahrscheinlichkeitstheoretischer Hinsicht die erwartete Anzahl der Lebensjahre eines Individuums und damit den Erwartungswert der individuellen Lebenslänge an, während sie in populationsbezogener Hinsicht die durchschnittliche Lebenslänge einer Gruppe von Neugeborenen bezeichnet. Diese zweite Interpretation von Lebenserwartung als mittlerer Lebensdauer einer Kohorte ist die gemeinhin verwendete und entspricht dem allgemeinen Verständnis von Lebenserwartung. Sofern gesonderte Hinweise fehlen, wird diese Interpretation auch in dieser Arbeit zugrunde gelegt.

Ohne Rücksichtnahme auf die weiter unten skizzierte, insbesondere von Medizinern und Biologen geführte Debatte um die Existenz und Modifizierbarkeit eines biologischen Alterungsprozesses, der schließlich im Tod mündet, lässt sich rein formallogisch der in Abbildung 3.3 dargestellte Zusammenhang zwischen der Lebensspanne und der Obergrenze für die Lebenserwartung bei der Geburt ableiten.

Der linke Ast in Abbildung 3.3 beschreibt einen trivialen Zusammenhang: Im Falle einer begrenzten Lebensspanne, d.h. einer von der Natur fest vorgegebe-

[2] Vor diesem Hintergrund verwundert es auch nicht, dass Fries in allen seinen Veröffentlichungen über die Morbiditätskompressionsthese große Anstrengungen unternimmt, auch eine Mortalitätskompression nachzuweisen.

Abbildung 3.3: Formallogischer Zusammenhang zwischen der Lebensspanne und der Lebenserwartung bei der Geburt

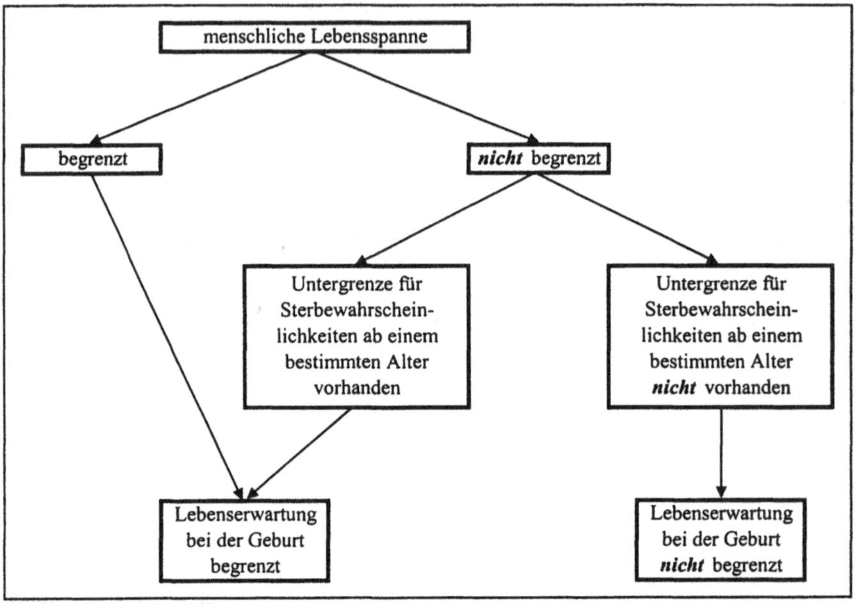

Quelle: Eigene Darstellung

nen, maximalen menschlichen Lebenslänge ist auch die Lebenserwartung bei der Geburt begrenzt, nämlich bei unterstellter interindividueller Homogenität exakt in Höhe der menschlichen Lebensspanne. Genau auf diese Kausalkette stützen sich die Vertreter einer Obergrenze für die Lebenserwartung bei der Geburt, indem sie auf einschlägige naturwissenschaftliche Belege für einen biologisch vorprogrammierten Tod verweisen. Übersehen wird dabei allerdings, dass die Lebenserwartung bei der Geburt auch dann begrenzt bzw. der Erwartungswert der Lebenslänge auch dann endlich sein kann, wenn die Natur keine fixe Lebensspanne vorgesehen hat und der Mensch – zumindest theoretisch – unsterblich ist. Wie der nachfolgende Beweis zeigt, ist dies dann der Fall, wenn die altersspezifischen Sterbewahrscheinlichkeiten einerseits nie den Wert 1 annehmen und damit einem beliebigen Individuum stets mit einer positiven Wahrscheinlichkeit den Eintritt in die nächst höhere Altersstufe ermöglichen und wenn sie andererseits aber ab einem bestimmten Alter einen positiven Grenzwert nicht unterschreiten.

Beweis: Können ab einem bestimmten Alter x die altersspezifischen Sterbewahrscheinlichkeiten einen biologisch vorgegebenen und konstanten Wert zwischen 0 und 1 nicht unterschreiten, sind wegen Gleichung (A.28) (vgl. Anhang A) auch die altersspezifischen Ster-

beraten jenseits dieses Alters konstant und positiv, d.h. $\mu(t) = \mu > 0$ $\forall t \geq x$, wobei μ die biologische Untergrenze darstellt.
Lebt somit eine Kohorte bzw. ein Individuum am biologischen Limit, gelangt man in Anlehnung an (A.6) für $t \geq x$ zu
$l(t) = l(x)\exp\left[-\int_x^t \mu \, dy\right] = l(x)\, e^{-\mu(t-x)}$.
Wegen (A.14) und (A.15) bekommt man für die fernere Lebenserwartung im Alter x: $e(x) = [l(x)]^{-1} \int_x^\infty l(x)\, e^{-\mu(t-x)}\, dt$.
Nach Auflösen des Integrals und entsprechendem Kürzen erhält man schließlich $e(x) = e_x = \mu^{-1}$.
Gibt es vor dem Alter x keine Sterblichkeitsuntergrenze, gilt für die biologische Obergrenze der Lebenserwartung bei der Geburt: $e(0) = e_0 = x + \mu^{-1}$.
Unterstellt man beispielsweise, dass bis zum Alter 100 die biologische Untergrenze für die Sterbewahrscheinlichkeiten 0 und ab dann 0,1 beträgt, liegt die biologisch determinierte Obergrenze für die Lebenserwartung bei der Geburt bei etwa 109,5 Jahren.

Die Lebenserwartung bei der Geburt ist somit nur dann nicht nach oben begrenzt, wenn es auf biologischer Ebene keine Untergrenze für die Sterbewahrscheinlichkeiten ab einem bestimmten Alter gibt, d.h. wenn ein biologisch determinierter, sterblichkeitsrelevanter Alterungsprozess de facto nicht existiert (vgl. Abbildung 3.3). Andernfalls wäre die Lebenserwartung eines Neugeborenen nur dann unbegrenzt, wenn es gelänge, diesen Alterungsprozess durch geeignete Maßnahmen zu verhindern bzw. umzukehren – unabhängig davon, ob dieser nun mit einer fixen Lebensspanne oder aber mit einem endlichen Erwartungswert der Lebenspanne bei gleichzeitiger potentieller Unsterblichkeit einhergeht.
Abbildung 3.3 steckt somit zunächst einmal rein formal alle Möglichkeiten ab, welche die Natur für die menschliche Lebensspanne festgelegt haben kann. Für welche Möglichkeit hat sich die Natur nun konkret entschieden bzw. welche Möglichkeit favorisieren Biologen und Mediziner?
Da die Existenz eines grundlegenden Alterungsprozesses in den beiden genannten Disziplinen überwiegend bejaht wird, kann davon ausgegangen werden, dass es eine biologisch determinierte Obergrenze für die Lebenserwartung bei der Geburt gibt – wo auch immer sie liegen mag. Eine kontrovers geführte Debatte dreht sich dagegen um zwei Problemkreise, nämlich zum einen darum, ob die menschliche Lebensspanne fest fixiert ist und wenn ja, auf welchem Niveau, und zum anderen darum, ob es mittels geeigneter Eingriffe schon heute oder in naher Zukunft möglich ist, den Alterungsprozess zu stoppen oder sogar gänzlich auszuschalten.
Die Befürworter einer biologisch fest fixierten Lebensspanne – insbesondere Fries (vgl. 1980, S. 130; 1988, S. 409) – berufen sich vor allem auf die schon

vor einigen Jahrzehnten erzielten Ergebnisse von Hayflick (vgl. z.B. 1965, S. 614-636), der im Rahmen eines in vitro-Experiments zeigte, dass bestimme menschliche Zellarten nur das Potential für eine begrenzte Anzahl von Zellteilungen haben. Kritiker ziehen jedoch insbesondere die Zulässigkeit der Übertragung dieser Ergebnisse und damit des Verhaltens von Zellen in einer Zellkultur auf einen lebenden Organismus in Zweifel (vgl. Manton, 1982, S. 190; Strehler, 1977, S. 42; Schneider/Brody, 1983, S. 854). Ferner besitze der Mensch auch Zelltypen, deren Reproduktionsfähigkeit nicht durch die von Hayflick beobachtete Grenze beschränkt werde (vgl. Strehler, 1977, S. 44, 55). Darüber hinaus wird angemerkt, dass selbst bei einer uneingeschränkten Übertragbarkeit der Ergebnisse von Hayflick auf den Menschen bei einem geschätzten Potential von 40 bis 60 Zellteilungen und einer Dauer von etwa 100 Jahren für 20 Zellteilungen die Lebensspanne jenseits aller momentan beobachteter Sterbealter liege und dass damit das gegenwärtige Sterblichkeitsgeschehen noch nicht unter dem dominierenden Einfluss biologischer Grenzen stehen könne (vgl. Manton, 1982, S. 190).

Von medizinischer Seite wird als Beleg für eine feste biologisch determinierte Obergrenze des Lebens die altersbedingte Abnahme der Organreservekapazität und damit die zunehmende Unfähigkeit des menschlichen Organismus angeführt, die Homöostase aufrecht zu erhalten (vgl. Strehler/Mildvan, 1960, S. 14-16; Fries, 1980, S. 130/131; 1983, S. 399, 403; 1988, S. 409). Konsequenz dieser Unfähigkeit sei demnach die Existenz eines „natürlichen Todes“ ohne konkrete Todesursache, der dann eintrete, wenn die Organreservekapazität unterhalb eines bestimmten Schwellenwerts falle (vgl. Fries, 1980, S. 131, 134/135; 1983, S. 399/400, 403, 405/406; 1988, S. 409-411; 1990, S. 36; Olshansky et al., 1991, S. 200; SVRKAiG, 1990, S. 75)[3]. Von anderer Seite wird dagegen die Möglichkeit eines natürlichen Todes ohne Krankheit angezweifelt (vgl. Schneider/Brody, 1983, S. 854; Manton, 1982, S. 191). Demnach sei selbst im sehr hohen Alter kein Organ in seiner Funktionalität so stark eingeschränkt, dass es zu einem natürlichen Tod ohne Krankheit komme, d.h. auch die beeinträchtigte Physiologie Älterer erfordere ein bestimmtes pathologisches Ereignis, um gänzlich zusammenzubrechen. Einen wichtigen Beitrag zu dieser Kontroverse liefert eine Untersuchung von Kohn (vgl. 1992, S. 2795-2797), die in gewisser Weise beiden Seiten Recht gibt. Nach Durchsicht von 200 Autopsieberichten von Personen, die zwischen Juli 1967 und Juli 1980 frühestens mit 85 Jahren in Universitätskliniken in Cleveland verstarben, kommt Kohn zum Ergebnis, dass bei einem Großteil der Verstorbenen zwar ein pathologisches Ereignis und damit eine Todesursache festgestellt werden konnte, dieses Ereignis bei einer jüngeren Person aber kaum zum Tod geführt hätte. Mit Ausnahme von nicht-natürlichen Todesursachen wie Unfällen oder Tötungsdelikten ist den Ergebnissen dieser Studie

---

3 Man beachte, dass ein „natürlicher“ im Sinne von krankheitsfreier Tod zwar eine feste Lebensspanne bedingt, nicht aber umgekehrt. Zum Konzept des „natürlichen Todes“ und seiner Bedeutung für die Morbiditätskompression vgl. auch die Ausführungen in Abschnitt 2.3.1.

zufolge somit auch im Alter ein Tod ohne vorangegangene letale Krankheit nicht möglich, andererseits bedarf es pathologisch betrachtet nicht „viel“, um das Leben eines Hochbetagten zu beenden.
Die aufgeführten Argumente können hinsichtlich ihrer Relevanz an dieser Stelle nicht beurteilt werden und geben nur auszugsweise die Diskussion in der Biologie und der Medizin wieder. Dennoch machen sie die in den beiden genannten Disziplinen vorherrschende Meinung verständlich, wonach Altern ein komplexes Phänomen, das von Veränderungen bei einer Vielzahl von Zellen, bei Geweben und bei Organen begleitet wird, sowie ein „gefahrgeneigter“ Prozess ist, auf den sich sehr leicht Krankheiten setzen (vgl. Holliday, 2004, S. 568, 571; Schramm, 1996, S. 13/14) – unabhängig davon, ob dieser Alterungsprozess bereits alleine zum Tod führt und damit eine feste Lebensspanne hervorruft oder ob die Lebensspanne stochastischer Natur ist.
Eine andere offene Frage ist, ob dieser Prozess modifiziert werden kann. Zwar ist die sog. Plastizität des Alterns und damit die Tatsache unstrittig, dass ein jeder durch Maßnahmen wie beispielsweise angemessene körperliche Betätigung und ausgewogene Ernährung innerhalb der von der Biologie vorgegebenen Grenzen viele Erscheinungen des individuellen Alterns wie verminderte physische und psychische Leistungsfähigkeit beeinflussen kann (vgl. Fries, 1980, S. 133/134; 1983, S. 410-414; 1988, S. 412/413, 423/424; 1989, S. 217/ 218; 1990, S. 37/38; Baltes/Baltes, 1992, S. 14-16; Robert Koch-Institut, 2002, S. 8). Strittig ist dagegen, ob die biologische Fundierung des Alterungsprozesses genetisch und/oder anderweitig (z.B. durch die Einnahme von Vitaminen, Hormonen und Antioxidationsmitteln[4]) modifizierbar ist und damit, ob es eine wirksame Anti-Aging-Medizin gibt oder wenigstens in absehbarer Zukunft geben wird. Gemeinhin wird zwar die Wirksamkeit der gegenwärtigen Interventionen im Rahmen der Anti-Aging-Medizin als nicht-evidenzbasiert angezweifelt (vgl. z.B. Butler et al., 2002, S. 333; Fries, 1983, S. 398), es gibt aber auch Stimmen, die das Gegenteil behaupten (vgl. z.B. Bergamini, 2003, S. 483; Giampapa, 1996, S. 235; Wilson, 1996, S. 352). Auch was die Möglichkeiten in der näheren Zukunft betrifft, reicht das Spektrum von extrem positiven bis zu eher zurückhaltenden Voraussagen. So geht beispielsweise Klatz (vgl. 1996, S. xvi, xviii) davon aus, dass der Alterungsprozess innerhalb der nächsten 50 Jahre durch geeignete Maßnahmen der Medizin und der Humangenetik und -biologie unterbunden werden kann, andere dagegen sind diesbezüglich angesichts der Komplexität des Alterungsprozesses mehr als skeptisch (vgl. Holliday, 2004, S. 571).

Welche Faktoren den Alterungsprozess auch immer auslösen mögen, wie auch immer er konkret abläuft, ob er eine feste oder eine stochastische Lebensspannenobergrenze bewirkt und ob er tatsächlich modifiziert, gestoppt oder sogar

---

[4] Beispielsweise kommt einer Alterungstheorie zufolge die Alterung hauptsächlich durch Zell- und DNA-Schädigungen aufgrund freier Radikale zustande, die ein „normales“ biochemisches Abfallprodukt des Zellstoffwechsels sind und die man mittels der Gabe von Antioxidationsmitteln zu bekämpfen versucht (vgl. Giampapa, 1996, S. 236).

gänzlich verhindert werden kann – wie mit Blick auf die unstrittige Plastizität des Alterns gerade angedeutet, gibt die Natur und eine möglicherweise (irgendwann) wirksame Anti-Aging-Medizin in jedem Fall nur den äußeren Rahmen vor, innerhalb dessen sich das tatsächliche Mortalitätsgeschehen abspielt. Selbst bei einer unbegrenzten Lebensspanne erscheint es mehr als fraglich, ob Individuen aufgrund des Vorhandenseins sterblichkeitsrelevanter Umweltbedingungen das biologisch vorgegebene Potential ausschöpfen können oder wollen (ähnlich Manton/Stallard, 1996, S. 362).

Diese (im weitesten Sinne verstandenen) Umweltbedingungen lassen sich in ihrer Mortalitätswirkung idealtypisch dahingehend unterscheiden, ob sie sich gezielt und unmittelbar tödlich auswirken, dafür i.d.R. aber nur einen Teil der Menschen betreffen, oder ob sie langfristig akkumulativ in Form von sog. Risikofaktoren auf jedes Individuum mehr oder weniger stark sterblichkeitsfördernd einwirken. Der erstgenannte Typus von mortalitätsrelevanten Umweltfaktoren steht in enger Beziehung zu den meisten nicht-natürlichen Todesursachen wie Unfällen und Tötungsdelikten[5], er kann sich aber auch in Form von parasitären oder infektiösen Krankheiten zeigen, bei denen eine Möglichkeit für einen letalen Ausgang gegeben ist. Entscheidendes Merkmal dieser Art von Umweltfaktoren ist die Tatsache, dass Individuen, die ihnen bisher entkommen sind, keine mortalitätsrelevanten Schädigungen akkumuliert haben[6].

Davon zu trennen ist der andere Typus von Umweltfaktoren, der in Form von Risikofaktoren auftritt, auf ein Individuum möglicherweise lebenslang einwirkt und insbesondere mit chronischer Morbidität in Zusammenhang steht. Wie bereits in Abschnitt 2.3.1 aufgeführt, sind hier vor allem physikalische und chemische Umweltfaktoren (z.B. Elektrosmog, Insektizide), Verhaltensweisen (z.B. Rauchen) und psychosoziale Stressoren bzw. Lebensereignisse (z.B. Tod Nahestehender, soziale Isolation) zu nennen (vgl. SVRKAiG, 1996, S. 154/155). Kritisches Kennzeichen dieser Art von Umweltfaktoren ist der Umstand, dass sie nicht sofort tödlich wirken, sondern dass es stattdessen zeitlebens zu einer Risikofaktorakkumulation kommt, wobei die Wahrscheinlichkeit letaler Erkrankungen und damit die Überlebenschancen mit dem Ausmaß bzw. der Intensität dieser Akkumulation i.d.R. negativ korreliert sind[7].

---

5 Man beachte, dass einige der nicht-natürlichen Todesursachen nicht nur ausschließlich eine externe, sondern eine zumindest mitwirkende biologische, insbesondere genetische Determinierung haben. Beispielsweise spricht bei manisch-depressiven Psychosen, welche die Betroffenen zum Suizid verleiten können, vieles für eine erbliche Veranlagung, auch wenn die genaue Ätiologie dieser Krankheitsform noch unbekannt ist (vgl. Abdolvahab-Emminger, 2004, S. 1416).

6 Beispielsweise haben Individuen mit einem in der Vergangenheit erhöhten Risiko, einem Gewaltverbrechen zum Opfer zu fallen, gegenüber anderen Personen allein aufgrund dieses Umstandes keine ungünstigeren Überlebensaussichten in der Zukunft.

7 Zumindest theoretisch ist es denkbar, dass das Altern von Individuen – beispielsweise in Gestalt einer Abnahme der Homöostase – ausschließlich durch die lebenslange Risikofaktorakkumulation bzw. -exposition und damit überhaupt nicht biologisch verursacht wird.

Bis zu einem gewissen Ausmaß können sich Individuen der Konfrontation mit diesen zwei Arten von Umweltbedingungen nicht entziehen, sei es, weil es physisch unmöglich ist (z.B. ständig gegebene Gefahr von Naturkatastrophen, permanente Exposition von Verunreinigungen der Atemluft), sei es aus Unkenntnis über die Mortalitätsrelevanz der Umweltbedingungen (z.B. Nahrungsbestandteile, deren Toxizität noch nicht entdeckt bzw. nachgewiesen oder aber Individuen mangels gesundheitlicher Bildung unbekannt ist) oder sei es aufgrund fehlender finanzieller Möglichkeiten (z.B. Wegzug aus einem stark schadstoffbelasteten Wohngebiet)[8].

Allerdings haben Individuen über dieses von ihnen nicht modifizierbare Ausmaß der Exposition mit sterblichkeitsrelevanten Umweltbedingungen hinaus in weiten Grenzen einen großen Einfluss auf die wahre Risiko(faktor)exposition und die damit verbundenen Sterberisiken – eine Tatsache, an der u.a. die Morbiditätskompressionsthese von Fries ansetzt (vgl. Abschnitt 2.3.1). Denn jedes Individuum trifft unter Abwägung von Nutzen einerseits und Kosten in Form von negativer Beeinflussung der Überlebenschancen andererseits während seines gesamten Lebens bewusst Entscheidungen über Art und Intensität der Einwirkung von sterblichkeitsrelevanten Umweltbedingungen, aber auch über Maßnahmen, welche die Überlebenschancen positiv beeinflussen. Dem Risiko, beispielsweise Opfer eines Autounfalls oder einer vor allem verhaltensbedingten Todesursache wie Lungenkrebs zu werden, setzen sich Menschen bewusst aus. Dass Sport im Allgemeinen gesund und Bewegungsmangel sowie Übergewicht ungesund im Sinne von das Mortalitätsrisiko erhöhend sind, dürfte auch allgemein bekannt sein, nichtsdestotrotz ist beispielsweise Übergewicht in westlichen Ländern ein weit verbreitetes Phänomen. Es erscheint mithin mehr als fraglich, ob Individuen die gegebenenfalls von der Natur vorgegebenen Langlebigkeitsgrenzen tatsächlich ausnutzen wollen, wenn ihnen dafür Entscheidungen wie beispielsweise der Verzicht auf Autoverfahren, Zigaretten und leibliche Genüsse abverlangt werden, die ihre Wohlfahrt einschränken.

In diesem Sinne argumentiert auch das Humankapitalmodell von Grossman, wonach Gesundheit als ein langlebiger Bestandteil des Humankapitalstocks zu betrachten ist, auf dessen Höhe das nutzenmaximierende, intertemporal agierende Individuum mittels erfolgter oder unterlassener Investitionen in Form von nachgefragten kurativen Leistungen oder in Gestalt von eigenen präventiven Anstrengungen innerhalb gewisser Grenzen selbst Einfluss nehmen kann (vgl. Grossman, 1972, S. 225/226; 2000, S. 348, 350, 352; Breyer et al., 2002, S. 75). Auf diese Weise bestimmt demnach das Individuum durch eigene Entscheidungen seine Lebenslänge innerhalb eines bestimmten Rahmens selbst, da der als endogene Variable definierte Todeszeitpunkt definitionsgemäß dann erreicht ist,

8 Man beachte, dass das einzelne Individuum alleine an diesem Zustand nichts ändern kann. Gleichwohl hat beispielsweise der Gesetzgeber bei den meisten dieser Umweltbedingungen Einfluss auf das Ausmaß der Einwirkung, zum Beispiel durch verhältnispräventive Maßnahmen wie Gesundheitsbildung oder höhere Emissions- bzw. Immissionsgrenzwerte zur Eindämmung der Luftverschmutzung (vgl. auch Abschnitt 2.3.1).

wenn der Gesundheitskapitalstock unter ein bestimmtes Niveau fällt (vgl. Grossman, 2000, S. 352). Auch wenn auf das Modell von Grossman, seine Stärken und Schwächen und seine empirische Relevanz hier nicht näher eingegangen werden kann, genügt die Feststellung, dass dieses Modell die Vorstellung stützt, wonach Individuen bewusst Entscheidungen treffen, die sich negativ auf ihre Gesundheit und Lebenslänge auswirken, und wonach die Ausschöpfung des von der Natur vorgegebenen Langlebigkeitspotentials nicht unbedingt dem Nutzenkalkül eines rationalen Individuums entsprechen muss.

Die Tatsache, dass die Lebenslänge und damit das beobachtete und dokumentierte Sterbealter eines jeden Individuums nicht nur dessen biologische Veranlagung für Langlebigkeit widerspiegelt, sondern maßgeblich durch Umweltbedingungen und deren Interaktion mit der biologischen Prädisposition beeinflusst wird und man das Ausmaß dieser Beeinflussung nicht bzw. nicht exakt kennt, macht es von vornherein unmöglich, allein mittels Mortalitätsdaten die Existenz biologisch determinierter Lebensspannen oder Lebenserwartungsobergrenzen nachzuweisen (vgl. Myers/Manton, 1984b, S. 574)[9]. Selbst wenn man weit über die verbreiteten gesundheitspolitischen Forderungen nach einer Stärkung der Prävention hinaus danach streben würde, alle bekannten mortalitätsrelevanten Umweltbedingungen gänzlich auszuschalten und damit quasi Laborbedingungen herzustellen, wüsste man bei Unterstellung einer fixen Lebensspanne allein schon wegen wahrscheinlicher interindividueller Heterogenität in der biologischen Veranlagung für Langlebigkeit nie mit abschließender Sicherheit, ob die verbleibende Streuung des Sterbealters diese Heterogenität widerspiegelt oder aber daher kommt, dass man nicht alle sterblichkeitsrelevanten Umweltbedingungen identifiziert bzw. kontrolliert hat (ähnlich ebenda).

Damit soll jedoch nicht der Eindruck erweckt werden, dass real beobachtete Mortalitätsdaten für alle Fragestellungen im Zusammenhang mit Obergrenzen des menschlichen Lebens unbrauchbar sind. Was Mortalitätsdaten insbesondere im Rahmen einer Rektangularisierungsanalyse leisten können und was die empirische Untersuchung für das frühere Bundesgebiet (vgl. Abschnitt 3.3.3) anstrebt, ist zu überprüfen, ob es bereits Anhaltspunkte für das Einwirken von wie auch immer verursachten Lebenserwartungsobergrenzen gibt: Sollten sich in einer empirischen Rektangularisierungsanalyse eindeutig expansive Tendenzen zeigen, lässt sich zumindest die These widerlegen, dass der Großteil des Sterblichkeitsgeschehens während des Untersuchungszeitraums unter dem Einfluss von biologischen oder anderweitig hervorgerufenen Obergrenzen des menschli-

---

[9] Zu den Wissenschaftlern, die dies dennoch versuchen, gehört auch Fries, der zum einen zum Eintreten seiner Morbiditätskompressionsthese immer wieder verstärkte präventive Anstrengungen fordert (vgl. 1980, S. 134; 1983, S. 415; 1984, S. 359; 1987, S. 55, 62; 1988, S. 425; 1989, S. S. 226/227; 1990, S. 45/46), zum anderen aber nicht davor zurückscheut, aus Mortalitätsdaten und damit auch aus Sterbedaten von Personen mit zeitlebens nicht ausgeschöpftem präventivem Potential eine biologisch determinierte Lebenserwartungsobergrenze von etwa 85 Jahren abzuleiten (zu diesem Verfahren und seinen weiteren Schwächen vgl. Abschnitt 3.4).

chen Lebens stand. Lassen sich dagegen Kompressionsentwicklungen aufdecken, kann das Einwirken derartiger Obergrenzen nicht ausgeschlossen werden. In jedem Falle sollte eine Rektangularisierungsanalyse immer geschlechtsspezifisch erfolgen. Wenn es tatsächlich eine Obergrenze für die Lebenserwartung bei der Geburt gibt, dürfte sie für Männer anders aussehen als für Frauen. Bereits heute erfreuen sich nämlich Frauen in Industrieländern einer um einige Jahre höheren Lebenserwartung bei der Geburt, wofür sowohl biologische Gründe als auch Unterschiede hinsichtlich der Exposition gegenüber sterblichkeitsrelevanten Umweltbedingungen verantwortlich gemacht werden. Die Vermutung einer biologischen Benachteiligung des männlichen Geschlechts wird dabei durch die Tatsache gestützt, dass die männliche Übersterblichkeit bereits vor der Geburt und damit vor der Möglichkeit des differenzierenden Einflusses unterschiedlicher Umweltbedingungen zu beobachten ist (vgl. Dinkel, 1992a, S. 75)[10]. Die Bedeutung von Umweltfaktoren belegt dagegen die männliche Übersterblichkeit an (stark) verhaltensabhängigen Todesursachen wie Verkehrsunfällen oder Lungenkrebs (vgl. ebenda, S. 75/76), was darauf hindeutet, dass Männer allgemein eine geringere „Nachfrage nach Leben" haben dürften. Auch wenn somit alles auf geschlechtsspezifische Unterschiede von Lebenserwartungsobergrenzen hindeutet, gehen einige Autoren dennoch vom Gegenteil aus. Dies belegt der von ihnen geführte Disput um eine vermeintliche Konvergenz der geschlechtsspezifischen Lebenserwartungen, der vor dem Hintergrund der Vorstellung geführt wird, dass im Falle der Existenz einer Obergrenze die höhere Lebenserwartung der Frauen näher an diesem Grenzwert sein muss und folglich im Zeitablauf langsamer ansteigen müsse als die der Männer (vgl. Myers/ Manton, 1984b, S. 572)[11].

3.3 Empirische Überprüfung der Mortalitätskompressionsthese

3.3.1 Kennzahlen zur Messung von Mortalitätskompression

Fries (vgl. 1980, S. 131; 1983, S. 401/402; 1984, S. 356; 1988, S. 409) verlässt sich zur Untermauerung der Rektangularisierungsthese weitgehend auf eine visuelle Überprüfung von Überlebenskurven. Diese Vorgehensweise kann jedoch keine objektive Antwort auf die Frage nach tatsächlichen Rektangularisierungstrends geben (vgl. Nusselder/Mackenbach, 1996, S. 775; Myers/Manton, 1984a,

---

[10] Dies belegen die amtlichen Daten zu den Totgeborenen. So liegt die Totgeborenenrate (definiert als der Anteil der Totgeborenen an allen Tot- und Lebendgeborenen zusammen) der Männer beispielsweise für den Zeitraum von 1990 bis 2000 im früheren Bundesgebiet (einschließlich West-Berlin) regelmäßig über derjenigen der Frauen.

[11] An dieser Debatte beteiligen sich beispielsweise Fries (vgl. 1980, S. 131; 1984, S. 356; 1987, S. 57; 1989, S. 210, 219-221, 224; 1990, S. 37, 43/44) sowie Myers und Manton (vgl. 1984b, S. 572/573). Einen weiteren Kritikpunkt an dieser Debatte greift FN 97 in diesem Kapitel auf.

S. 352). Aus diesem Grund greifen wissenschaftliche Analysen auf verschiedene Kennzahlen zurück, die datengestützte Aussagen ermöglichen.
Nachfolgend wird der Versuch unternommen, die wichtigsten und weit verbreiteten Kennzahlenkonzepte zu kategorisieren. Um die empirische Analyse noch stärker zu objektivieren und präzisieren, berücksichtigt diese Kategorisierung einen bisher kaum beachteten Vorschlag von Nusselder und Mackenbach (vgl. 1996, S. 774), die zwischen zwei Arten der Mortalitätskompression bzw. der Rektangularisierung unterscheiden, nämlich zwischen einer schärferen, sog. absoluten Form und einer schwächeren Art, welche die Autoren als relative Mortalitätskompression bzw. Rektangularisierung bezeichnen. In völliger Analogie zur Definition von relativer vs. absoluter Morbiditätskompression (vgl. Abschnitt 2.2) impliziert auch hier die absolute Variante bei nicht-fallender Lebenserwartung die relative, nicht aber umgekehrt (vgl. ebenda, S. 779). Dagegen folgt aus der relativen Mortalitätsexpansion zwingend auch die absolute.
Die verschiedenen Kennzahlenkonzepte lassen sich zunächst dahingehend unterscheiden, ob sie sich auf eine Sterbetafel und insbesondere auf die durch sie generierte Absterbeordnung oder Sterbealterverteilung stützen.

3.3.1.1 Sterbetafelbasierte Kennzahlen

3.3.1.1.1 Vorbemerkung: Sterbetafelkonzepte und ihre Eignung zur Überprüfung der Mortalitätskompressionsthese

Eine Sterbetafel beschreibt das Absterbeverhalten einer Ausgangsgesamtheit von Individuen. Handelt es sich hierbei um einen realen (Geburts-) Jahrgang, spricht man von einer Kohortensterbetafel oder kurz: Kohortentafel[12]. Überträgt man dagegen das in einer kurzen Zeitspanne, i.d.R. einem Kalenderjahr, beobachtete und nach Alter und Geschlecht differenzierte Sterbegeschehen auf eine fiktive Kohorte (beispielsweise von Neugeborenen), erhält man eine Perioden(sterbe)tafel. Beide Tafeltypen weisen als wichtigste Kennzahl die (mittlere) Lebenserwartung bei der Geburt bzw. in einer anderen Altersstufe aus. Während einer Kohortensterbetafel jedoch die tatsächliche Lebenserwartung der Ausgangskohorte entnommen werden kann, ist die in einer Periodensterbetafel für eine bestimmte Altersstufe ausgewiesene Lebenserwartung nur dann für die real existierenden Angehörigen dieses Alters maßgebend, wenn diese während ihres weiteren Lebens den im Zeitraum der Tafelerstellung für darüber liegende Altersstufen vorgefundenen Sterblichkeitsverhältnissen ausgesetzt sein werden[13]. Bei im Zeitablauf fallender altersspezifischer Mortalität kommt es beim letztgenannten Sterbetafeltyp somit zu einer systematischen Lebenserwartungsunter-

[12] Synonyme hierfür sind Generations(sterbe)tafel, Längsschnitt(sterbe)tafel sowie longitudinale (Sterbe-) Tafel.

[13] Bei einer aktuellen und den gesamten Altersbereich überspannenden Periodensterbetafel impliziert diese Annahme beispielsweise, dass sich die heute Neugeborenen in 80 Jahren den Sterbeverhältnissen der heute 80jährigen gegenübersehen werden.

schätzung (vgl. Dinkel, 1984, S. 481; Klein, 1988, S. 56/57). So weist beispielsweise Dinkel (vgl. 1984, insbes. S. 483-488) in einer näherungsweisen Berechnung von Kohortensterbetafeln für die frühere Bundesrepublik nach, dass die von ihm berücksichtigten Kohorten in der Vergangenheit tatsächlich deutlich länger lebten als bei der Geburt in der jeweiligen Periodentafel vorausgesagt.
Darüber hinaus besteht bei Periodensterbetafeln die grundsätzliche Gefahr einer Verzerrung ihrer Aussagefähigkeit durch sog. Perioden- und Kohorteneffekte. Periodeneffekte sind sterblichkeitsrelevante Ereignisse, deren direkte Auswirkungen sich auf bestimmte Perioden beschränken, in diesem Zeitraum jedoch alle Altersgruppen betreffen. Beispielsweise erhöht eine Epidemie in der Zeit ihres Auftretens mehr oder weniger alle altersspezifischen Sterberaten und geht damit in die Lebenserwartung auf Basis von Periodendaten vervielfachend ein, obwohl jeder Geburtsjahrgang nur in einem begrenzten Altersbereich von diesem Ereignis getroffen wird (vgl. ebenda, S. 481). Bedingt durch Periodeneffekte unterliegen daher mittels Periodentafeln abgeleitete Lebenserwartungswerte grundsätzlich stärkeren Schwankungen als solche von aufeinander folgenden Kohorten (vgl. ebenda).
Im Gegensatz zu Periodeneffekten versteht man unter Kohorteneffekten sterblichkeitsrelevante Erfahrungen, die sich auf bestimmte Kohorten beschränken und die für nachfolgende Jahrgänge daher keine Relevanz besitzen. Kohorteneffekte lassen sich m.E. am besten auf Grundlage der Theorie heterogener Populationen verstehen. Da diese Theorie in der Modellierung nach Vaupel et al. (vgl. 1979, S. 329-454) bereits in Abschnitt 2.6 beschrieben wurde, genügt an dieser Stelle der Hinweis, dass sich diesem Ansatz zufolge eine Kohorte von Individuen aus unterschiedlichen Risiken in Bezug auf die Veranlagung für Langlebigkeit zusammensetzt, wobei diese Veranlagung durch das sog. Gebrechlichkeitsniveau gemessen wird. Da durch die natürliche Risikoselektion in Gestalt der Mortalität schlechtere Risiken, d.h. Personen mit höherer Gebrechlichkeit, mortalitätsbedingt tendenziell früher aus der Kohorte ausscheiden als bessere Risiken, verschieben sich die Kohortenanteile mit zunehmenden Alter der Kohorte zugunsten der guten Risiken. Wird diese natürliche Risikoselektion in irgendeiner Weise verstärkt oder anderweitig gestört, kann es zu erheblichen Verzerrungen in Periodentafeln kommen.
Ein Kohorteneffekt, der durch eine verstärkte Risikoselektion bewirkt wird, kann beispielsweise durch eine ungewöhnlich hohe Säuglingssterblichkeit in Kriegsjahren aufgrund fehlender oder mangelhafter medizinischer Versorgung, Ernährungsengpässe oder katastrophaler Hygieneverhältnisse zustande kommen. Als Folge dieser widrigen Umstände überlebt nur ein verhältnismäßig kleiner Teil der in dieses Zeitfenster fallenden Geburtsjahrgänge die ersten Lebensjahre. Dieser Personenkreis dürfte sich eher aus guten Risiken in Bezug auf die Langlebigkeitsveranlagung zusammensetzen, so dass Kriegskohorten – unter der Annahme, dass die Gebrechlichkeit bei der Geburt von Kohorte zu Kohorte identisch verteilt ist – in jedem Alter eine günstigere Risikozusammensetzung und damit eine geringere durchschnittliche Gebrechlichkeit haben als Nachkriegsko-

horten, denen die geschilderten Kriegserfahrungen erspart blieben (vgl. die Ausführungen in Abschnitt 2.6, insbes. die zu Gleichung (2.13)). Dadurch kann es passieren, dass Nachkriegskohorten in jedem Alter höhere Sterbewahrscheinlichkeiten aufweisen als Kriegskohorten, obwohl sich Erstgenannte in jedem Alter besseren Sterblichkeitsbedingungen gegenübersahen bzw. -sehen (ähnlich ebenda, S. 450/451)[14].
Ein Krieg – um bei diesem Beispiel zu bleiben – kann jedoch bei Männern auch negativ selektierend wirken (vgl. Dinkel, 1984, S. 493-495; Gruenberg, 1977, S. 19): Sind schlechte Risiken (in Bezug auf die Langlebigkeit) von der Wehrpflicht ausgenommen, unterliegen sie im Gegensatz zu den wehrdiensttauglichen guten Risiken nicht dem Sterberisiko an der Front oder in der Gefangenschaft. Nach Kriegsende können sich somit die Anteile in den Altersklassen, die aktiv am Krieg teilnahmen, zugunsten der schlechten Risiken verschoben haben. Für diese Altersstufen werden in den Nachkriegs-Periodentafeln folglich deutlich höhere Sterbewahrscheinlichkeiten ausgewiesen, als für nachfolgende Generationen ohne entsprechende aktive Kriegserfahrungen relevant sein werden[15].

Aus den genannten Gründen ist folglich die Aussagefähigkeit des Indikators „Lebenserwartung auf Basis von Periodentafeln" beschränkt – letztlich handelt es sich dabei um einen Maßstab für die Sterblichkeitsverhältnisse der jeweiligen Periode, der jedoch in Kohortenlogik interpretiert wird.

Die Mortalitätskompressionsthese sowie das Postulat einer vermeintlichen Lebenserwartungsobergrenze als Konzepte, die sich auf konkrete Kohorten beziehen, können somit streng genommen nur mithilfe von Kohortendaten und damit auf Basis von Kohortensterbetafeln überprüft werden. Die Konstruktionsart dieses Sterbetafeltyps bringt es allerdings mit sich, dass eine Fertigstellung erst nach Ableben des letzten Kohortenmitglieds und damit möglicherweise erst nach Ablauf von 115 oder mehr Jahren seit dem Geburtsjahr der Kohorte möglich ist. Vollständige Kohortentafeln können daher nur für Kohorten erstellt werden, von denen erwartungsgemäß alle Mitglieder verstorben sind. Für Kohorten

---

[14] Man stelle sich hierzu vor, dass Nachkriegskohorten für alle Gebrechlichkeitsniveaus geringfügig günstigere Sterberatenverläufe als Kriegskohorten aufweisen, in jedem Alter die mittlere Gebrechlichkeit von Nachkriegskohorten allerdings um so viel ungünstiger ist als die der Kriegskohorten, dass die Sterblichkeitsverbesserungen auf individuellem, d.h. gebrechlichkeitsspezifischem Niveau überdeckt werden.

[15] Zur mathematischen Formulierung dieses Beispiels eignet sich der Modellierungsansatz nach Vaupel et al. (vgl. 1976, S. 439-454) nicht, da dieser implizit unterstellt, dass von Sterblichkeitsreduktionen schlechte Risiken überproportional profitieren. Im vorliegenden Beispiel nutzt die Sterblichkeitsverbesserung in Gestalt des Wegfalls des Sterberisikos „Tod an der Front oder in der Gefangenschaft" vor allem jedoch denjenigen Individuen, die in Bezug auf die Chancen, ohne Kriegsteilnahme lange zu leben, gute Risiken sind. Modellansätze, die auch dieses Beispiel formal abzubilden vermögen, sind die von Shepard und Zeckhauser (vgl. 1980, insbes. S. 420-423) sowie von Keyfitz und Littman (vgl. 1979, insbes. S. 339-342).

mit heute noch lebenden Mitgliedern, wozu alle Geburtsjahrgänge des 20. Jahrhunderts zählen, müssten dagegen Annahmen über deren zukünftige Sterbeentwicklung getroffen werden (vgl. Nusselder/Mackenbach, 1996, S. 780), wodurch in die empirische Analyse von etwaigen Rektangularisierungstendenzen jedoch ein willkürliches Element gelangt, das eine fundierte Überprüfung unterbindet[16]. Selbst wenn man die Analyse auf tatsächlich „ausgestorbene" Geburtsjahrgänge beschränken wollte, wird man in westlichen Industrieländern in aller Regel auf vor allem weltkriegsbedingte Datenlücken stoßen, welche die Erstellung von einigermaßen präzisen Kohortentafeln zumindest stark erschweren, wenn nicht sogar gänzlich unmöglich machen[17]. Angesichts dieser Problematik verwundert es nicht, dass alle empirischen Untersuchungen zur Überprüfung der Mortalitätskompressionsthese – ebenso wie auch die in dieser Arbeit für das frühere Bundesgebiet angestrebte – auf Periodendaten zurückgreifen und diese in Kohortenlogik interpretieren. Nichtsdestotrotz sind die Ergebnisse dieser empirischen Analysen trotz der geschilderten immanenten Schwächen von Periodentafeln m.E. aus zwei Gründen dennoch nicht wertlos.

Zunächst einmal gibt es keinen stichhaltigen Grund dafür, warum sich in ausreichend präzisen Periodentafeln abzeichnende Rektangularisierungstendenzen nicht auch entlang der Kohortenebene zeigen sollten: Stößt die mittels Periodendaten berechnete Lebenserwartung an Obergrenzen, so ist zu erwarten, dass auch die tatsächliche und noch unbekannte Lebenserwartung heute lebender Kohorten nach oben hin begrenzt sein sollte – es sei denn, in der Zukunft gibt es bahnbrechende medizinische Fortschritte auf molekularer und genetischer Ebene, welche die Überlebensverhältnisse der Spezies Mensch nachhaltig verbessern. Sind Rektangularisierungstrends und damit Lebenserwartungsschranken auf Periodenbasis dagegen nicht nachweisbar, so gibt es abgesehen von momentan nicht vorhersehbaren Naturkatastrophen größeren Ausmaßes, Pandemien und Kriegseinwirkungen gegenwärtig keinen Grund anzunehmen, das zukünftige Ableben heute lebender Kohorten werde von Rektangularisierungsentwicklungen begleitet.

Darüber hinaus ist der Rückgriff auf Periodendaten auch im Hinblick auf den eigentlichen Zweck der Rektangularisierungsanalyse vertretbar. Denn dieser besteht darin, auf statistischem Wege zu überprüfen, ob das gegenwärtige Sterb-

---

[16] Zwar werden im Rahmen der in Abschnitt 3.3.3.1.2.1 vorgestellten und in der vorliegenden Arbeit angewandten Methode der „Extinct Generations", mittels der sich Bevölkerungsbestände zum Jahresende allein anhand von Sterbedaten rekonstruieren lassen, auch Annahmen über das Absterbeverhalten von am Ende des Jahres 2003 noch nicht ausgelöschten Kohorten getroffen. Diese Annahmen betreffen zum einen jedoch nur Kohorten, die Ende 2003 mindestens ein Alter von 91 Jahren vollendet haben, zum anderen sind sie erforderlich, um überhaupt altersspezifische Sterbewahrscheinlichkeiten für Hochbetagte berechnen zu können.

[17] Vor allem in Deutschland ist die Datenlage zur Erstellung von Kohortentafeln historisch bedingt besonders schlecht. Beispielsweise kam die Sterbefallerfassung während des zweiten Weltkriegs fast vollständig zum Erliegen (vgl. Dinkel, 1984, S. 483; 1992, S. 100-102; 1996, S. 29/30).

lichkeitsgeschehen bereits unter dem Einfluss von Langlebigkeitsschranken steht. Insofern bildet die empirische Rektangularisierungsanalyse nur ein Mittel zu diesem Zweck. Letztlich ist von Lebenserwartungsobergrenzen dann auszugehen, wenn im berücksichtigten Untersuchungszeitraum lediglich die Sterberaten bzw. -wahrscheinlichkeiten unterer Altersstufen fallen, die in oberen Altersstufen dagegen auf ihrem jeweiligen Niveau verharren. Aufgrund der Vielzahl der zu berücksichtigenden Altersstufen spricht nichts dagegen, mittels altersspezifischer Sterberaten bzw. -wahrscheinlichkeiten Periodensterbetafeln zu erstellen und Letztere mithilfe von geeigneten Kennziffern, welche die gewünschten Informationen in einer einzigen Zahl aggregieren, auf etwaige Rektangularisierungstendenzen hin zu überprüfen. Die Anordnung altersspezifischer Sterblichkeitsinformationen einer Periode in Kohortenlogik und damit ihre Verwendung zur Erstellung einer Periodensterbetafel ist in gewisser Weise zwar willkürlich, auf der anderen Seite gibt es – wie in den nachfolgenden Ausführungen dargelegt – verschiedene Kennzahlensysteme, die hinsichtlich des Vorliegens von Mortalitätskompressionstendenzen für ein und dieselbe Abfolge von Sterbealterverteilungen zu unterschiedlichen Schlussfolgerungen gelangen. Daher ist die Entscheidung für ein bestimmtes Kennzahlenkonzept letztlich ebenfalls subjektiv und daher in Grenzen willkürlich, auch wenn ein einmal festgelegtes Kennzahlensystem dann objektive Schlussfolgerungen zulässt. Aufgrund dieses großen Interpretationsspielraums ist die Diskussion um eine etwaige Mortalitätskompression somit teilweise eine Glaubensfrage – und sie bleibt dies auch, wenn anstelle von Perioden- Kohortensterbetafeln verwendet werden.

3.3.1.1.2 Auf der Standardabweichung basierende Kennziffern

Eine nahe liegende Implikation der absoluten Rektangularisierungsthese ist das Postulat eines inversen Zusammenhangs zwischen der Lebenserwartung als mittlerem Sterbealter der Ausgangskohorte und der Streuung der Sterbefälle um diesen Mittelwert: Eine Zunahme des mittleren Sterbealters sollte einhergehen mit einer sinkenden Standardabweichung (vgl. Myers/Manton, 1984a, S. 347)[18]. Von relativer Mortalitätskompression spricht man dagegen zweckmäßigerweise dann, wenn der Variationskoeffizient des Sterbealters und damit der Quotient aus Standardabweichung und mittlerer Lebenserwartung bei im Zeitablauf steigender Lebenserwartung fällt (vgl. Nusselder/Mackenbach, 1996, S. 774).

Die Mortalitätskompressionsthese bezieht sich grundsätzlich auf den gesamten Altersbereich. Am Beispiel der Standardabweichung, die weit vom Mittelwert entfernt liegende Merkmalsausprägungen besonders stark gewichtet, lässt sich allerdings zeigen, dass es im Rahmen einer empirischen Rektangularisierungsanalyse sinnvoll sein kann, den berücksichtigten Altersbereich durch sukzessive Entfernung unterer Altersstufen einzugrenzen:

---

[18] Zur Berechnung der Standardabweichung des Sterbealters vgl. Abschnitt A.3.1 im Anhang A.

Die grundlegende Idee einer sich über den gesamten Altersbereich erstreckenden Sterbetafel ist es, eine reale oder fiktive Geburtskohorte ausgehend vom Alter 0 den Sterbewahrscheinlichkeiten aller nachfolgenden Altersstufen Schritt für Schritt auszusetzen, bis kein Geburtskohortenmitglied mehr am Leben ist. Dadurch, dass die Geburtskohorte mit fortschreitendem Alter immer stärker dezimiert wird und damit der Bestand an Personen, die dem jeweiligen altersspezifischen Sterberisiko ausgesetzt sind, immer weiter schrumpft, verursacht eine beliebige Sterbewahrscheinlichkeit um so mehr Gestorbene, je niedriger die Altersstufe ist, auf der sie greift. Vor diesem Hintergrund sowie der Tatsache, dass die Sterbewahrscheinlichkeit im ersten Lebensjahr gewöhnlich ein Vielfaches derjenigen von nachfolgenden Altersstufen ist, verwundert es nicht, dass aktuelle Sterbealterverteilungen empirischer Sterbetafeln zwei mehr oder weniger gleich hohe Gipfel aufweisen – einen im Alter 0 und einen im Altersbereich um 80 Jahre. Sinkt nun die Säuglingssterblichkeit um einen bestimmten Prozentsatz, so sinkt die Absolutzahl der Sterbefälle im Säuglingsalter besonders nachhaltig. Da die vom Tod geretteten Säuglinge bei Konstanz aller anderen altersspezifischen Sterbewahrscheinlichkeiten darüber hinaus die fernere Lebenserwartung von Einjährigen und damit ein mittleres Sterbealter knapp über der Lebenserwartung bei der Geburt als Mittelwert der gesamten Sterbealterverteilung haben, erklärt sich, warum eine abnehmende Sterblichkeit im unteren Altersbereich und vor allem im Säuglingsalter die Standardabweichung des Sterbealters in besonderem Maße absenkt. Da nun die Säuglingssterblichkeit während der letzten Jahrzehnte in westlichen Industrieländern stark abnahm und dadurch die Standardabweichung des Sterbealters c.p. beträchtlich reduzierte, werden etwaige Mortalitätsexpansionstendenzen im mittleren und/oder oberen Altersbereich womöglich dann überdeckt, wenn ausschließlich den gesamten Altersbereich überspannende sterbetafelbasierte Sterbealterverteilungen auf die zeitliche Entwicklung der Standardabweichung hin analysiert werden. Die geschilderte Problematik betrifft jedoch nicht nur Sterbetafeln, die das gesamte Altersspektrum und damit auch das erste Lebensjahr abdecken, sondern – wenn auch in abgeschwächter Form – jede Sterbetafel mit beliebigem Startalter: Das Sterblichkeitsgeschehen im jeweils unteren Altersbereich beeinflusst die Streuung des Sterbealters besonders stark.

Um Erkenntnisse über Kompressions- bzw. Expansionstendenzen im oberen Altersbereich zu gewinnen, bietet es sich deshalb an, ausgehend von einer alle Altersstufen umfassenden Sterbetafel das Startalter schrittweise zu erhöhen und jeweils eine neue Sterbetafel zu berechnen, so dass der übergroße Einfluss des Sterbegeschehens im jeweils unteren Sterbetafel-Altersbereich auf die Standardabweichung sukzessive zurückgedrängt wird[19].

[19] Anstelle der Neuberechnung von Sterbetafeln mit sukzessiv höherem Startalter kann man auch die sich über alle Altersstufen erstreckende Sterbealterverteilung, die sich von einer Sterbetafel mit dem Startalter 0 ableitet, sukzessive linksseitig stutzen und für die gestutzten Verteilungen die Standardabweichung bzw. den Variationskoeffizienten ermitteln.

Gegen diese Vorgehensweise mag man einwenden, dass der vorrangige Zweck der empirischen Überprüfung der Mortalitätskompressionsthese darin besteht, Hinweise über das Vorhandensein von Obergrenzen der Lebenserwartung eben bei der Geburt und nicht in einem anderen Alter abzuleiten. Zudem werde diese Größe nun einmal besonders stark durch die Sterblichkeitssituation im unteren Altersbereich geprägt, während von der Alterssterblichkeit und damit der Frage, ob ein Hochbetagter nun ein oder zwei Jahre länger lebe, ein vergleichsweise geringer Einfluss ausgehe. Folglich verbiete es sich, den für die Lebenserwartung bei der Geburt so wichtigen unteren Altersbereich aus der Analyse auszuklammern.
Diese auf den ersten Blick plausible Argumentationslinie übersieht jedoch die Tatsache, dass die Mortalitätskompressionsdebatte eindeutig zukunftsgerichtet geführt wird: Selbst die stärksten Befürworter einer Lebenserwartungsobergrenze unterstreichen, dass diese ihrer Ansicht nach zwar bereits heute das Sterbegeschehen beeinflusst, allerdings erst in der näheren bis mittleren Zukunft erreicht wird. Das zukünftige Sterblichkeitsgeschehen wird sich aber grundlegend von dem der letzten Dekaden unterscheiden müssen: Die historische Zunahme der Lebenserwartung bei der Geburt kam durch ein epochales Absinken der Säuglings- und Kindersterblichkeit zustande und auch in den letzten Jahrzehnten war der Einfluss dieser Entwicklung auf die Zunahme der Lebenserwartung eines Neugeborenen groß (vgl. die Ausführungen zu Tabelle 3.6 in Abschnitt 3.3.3.3.1.1). Inzwischen ist die Sterblichkeit im unteren Bereich des Altersspektrums aber so niedrig, dass selbst bei einer mit gleicher prozentualer Geschwindigkeit sich fortsetzenden Sterberatenreduktion absolut nur noch wenige Neugeborene von einem frühen Tod im Kindesalter verschont bleiben würden. Zukünftige Lebenserwartungssteigerungen müssen somit durch Sterblichkeitsreduktionen im mittleren und insbesondere im oberen Altersbereich zustande kommen (ähnlich Olshansky, 1990, S. 634). Weist nun eine Analyse auf Rektangularisierungstendenzen – beispielsweise auf Basis der Standardabweichung bzw. des Variationskoeffizienten – während des Untersuchungszeitraums über den gesamten Altersbereich eine Mortalitätskompression nach, deckt aber im höheren Altersbereich expansive Tendenzen auf, so bedeutet dies für die Zukunft, dass bei Fortsetzung der vergangenen Sterblichkeitsentwicklungen die Lebenserwartungszuwächse absolut zwar kleiner werden als in der Vergangenheit, aber dennoch vorhanden sind und zumindest gegenwärtig keine das Sterblichkeitsgeschehen beeinflussende Lebenserwartungsobergrenze in Sicht ist.
Aber auch im Falle einer vorhandenen und sich bereits auswirkenden Lebenserwartungsobergrenze kann eine sich ausschließlich auf den gesamten Altersbereich konzentrierende Analyse auf Basis der Standardabweichung zu falschen Schlussfolgerungen führen. Abbildung 3.4 verdeutlicht diese Möglichkeit graphisch.

Abbildung 3.4: Illustration der Möglichkeit einer zunehmenden Standardabweichung des Sterbealters bei gleichzeitig fester Lebensspanne

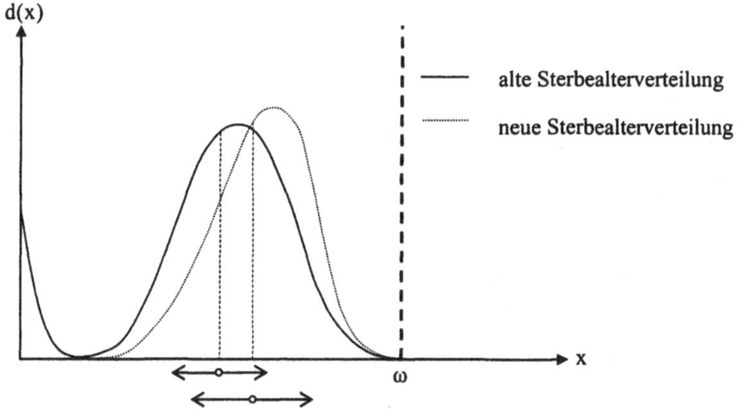

Quelle: Eigene Darstellung

In Abbildung 3.4 bezeichnet ω die maximale individuelle Lebensspanne[20]. Daneben sei die Sterblichkeit in den unteren Altersstufen annahmegemäß bereits so niedrig, dass sie nicht mehr weiter gesenkt werden kann, was für die Zukunft eine nicht unrealistische Annahme darstellt. Kommt es nun infolge von Sterblichkeitsreduktionen im mittleren und oberen Altersbereich zu der in der Abbildung dargestellten Veränderung der Sterbealterverteilung und damit zu einer zunehmenden Linksschiefe der Verteilung, ist es möglich, dass aufgrund des gestiegenen Mittelwerts in Verbindung mit dem zunehmenden Abstand vom unveränderten linken Abschnitt der Sterbealterverteilung die Streuung um die Lebenserwartung bei der Geburt und damit die Standardabweichung zunimmt. Die in der Abbildung angedeutete Zunahme der Standardabweichung zeigt folglich absolute Mortalitätsexpansion an, obwohl das tatsächliche Sterblichkeitsgeschehen im oberen Altersbereich bereits unter dem Einfluss der unterstellten Lebenserwartungsobergrenze steht. Wählt man als Startalter der Sterbetafel dagegen eine höhere Altersstufe, beobachtet man eine abnehmende Standardabweichung, die das Einwirken der unterstellten Lebensspannenobergrenze signalisiert.

[20] Beim Vorliegen von interindividuell unterschiedlichen Lebensspannen und damit der Tatsache, dass ω nur wenigen Menschen vorbehalten ist, läge die Obergrenze für die mittlere Lebenserwartung bei der Geburt unterhalb von ω.

In der Literatur stößt man auf eine weitere Rechtfertigung für die sukzessive Eliminierung des unteren Altersbereichs aus der Analyse (vgl. Myers/Manton, 1984a, S. 347/348; Manton/Singer, 1994, S. 23/24). Demnach vermische eine Untersuchung, die sich auf den gesamten Altersbereich erstrecke, verschiedene Mortalitätsarten bzw. Todesursachen, die für bestimmte Altersbereiche charakteristisch seien: Während Säuglings- und Kindersterblichkeit vor allem dadurch zustande komme, dass der Körper im Zustand noch nicht ausgereifter Homöostase einem Insult beispielsweise in Form einer schwereren Infektion noch nichts entgegenzusetzen habe, sei die Sterblichkeit im Jugend- und unteren Erwachsenenalter häufig durch nicht-natürliche Todesursachen wie Unfälle, Drogenmissbrauch und Suizide bedingt. Erst in höheren Altersklassen, in denen chronische Krankheiten bzw. allgemein die Morbidität das Sterblichkeitsgeschehen dominierten, wirke sich der biologisch determinierte Alterungsprozess aus. Indem man sukzessive das Startalter der Sterbetafel erhöhe, konzentriere sich dieser Argumentation zufolge die Analyse zunehmend auf die biologisch bzw. genetisch determinierte Mortalität und vermöge somit treffender Auskunft über biologische Schranken der Langlebigkeit Auskunft zu geben.
Da es jedoch den Ausführungen in Abschnitt 3.2 zufolge unmöglich ist, mittels beobachteter Mortalitätsdaten Aussagen über ausschließlich biologische Lebenserwartungsobergrenzen abzuleiten, überzeugt diese Rechtfertigung für eine schrittweise Anhebung des Startalters der Sterbetafel nicht.

3.3.1.1.3 Die Perzentilmethode

Obwohl eine Rektangularisierungsanalyse auf der Grundlage der zeitlichen Veränderung von Perzentilen der Sterbealterverteilung[21] in empirischen Arbeiten vorrangig für nicht-sterbetafelgestützte und damit für real beobachtete Sterbealterverteilungen zum Einsatz kommt (vgl. Abschnitt 3.3.1.2.3), kann dieses Vorgehen m.E. auch für Sterbealterverteilungen, die sich aus zuvor berechneten Sterbetafeln ableiten, gewinnbringend sein und soll deshalb an dieser Stelle erläutert werden.
Die Idee dieser Vorgehensweise besteht darin, bestimmte Anteile der Sterbealterverteilung vorzugeben und die zeitliche Veränderung der entsprechenden Perzentile auf Konvergenztendenzen hin zu überprüfen (vgl. z.B. Rothenberg et al., 1991, S. 67/68). Im Sinne von Nusselder und Mackenbach (vgl. 1996, S. 774), die diese Methode allerdings selbst nicht berücksichtigen, bietet es sich an, von absoluter Rektangularisierung zu sprechen, wenn bei steigender Lebenserwartung die absolute Zunahme des jeweiligen Perzentilsterbealters im Untersuchungszeitraum mit steigender Perzentilgröße kleiner wird und somit eine Abso-

[21] Ein Perzentil(sterbealter) ist im vorliegenden Kontext ein Alter, unterhalb dessen sich $\alpha \cdot 100\%$ der Sterbefälle ereignen ($\alpha \in [0,1]$), das also nur $(1-\alpha) \cdot 100\%$ der Neugeborenen erlebt. α wird nachfolgend als Perzentilgröße bezeichnet. Zur mathematischen Bestimmung eines Perzentils im Falle einer Sterbealterverteilung vgl. Abschnitt A.3.1 im Anhang A.

lutannäherung der Perzentile zu beobachten ist. Nimmt dagegen die relative Zunahme des jeweiligen Perzentilsterbealters mit steigender Perzentilgröße ab, nähern sich die Perzentile relativ an und begründen eine relative Rektangularisierung.

Die Perzentilmethode hat zunächst den Vorteil, dass die starke Gewichtung von Ausreißern entfällt, die dem Konzept der Standardabweichung innewohnt. Dadurch wird insbesondere der Einfluss des unteren Altersbereichs merklich zurückgedrängt[22].
Darüber hinaus ist es bei der Wahl einer entsprechend großen Zahl von Perzentilen möglich, eine hinreichend genaue Vorstellung vom konkreten Aussehen einer Sterbealterverteilung zu bekommen. Insbesondere die zeitliche Entwicklung des rechten Schweifs dieser Verteilung, die wertvolle Hinweise über eventuelle Lebenserwartungsschranken geben kann, lässt sich detailliert beschreiben. Demgegenüber bekommt man durch die bloße Angabe des Mittelwerts und der Standardabweichung keine genaue Vorstellung vom Aussehen der Sterbealterverteilung. Letztlich ist dieser Umstand auch ein Grund dafür, warum bei einer Rektangularisierungsanalyse auf Basis von Standardabweichung bzw. Variationskoeffizient das Startalter der Sterbetafel sukzessive erhöht werden sollte (vgl. die Ausführungen im vorangegangenen Abschnitt). Genau dies ist bei der Perzentilmethode jedoch nicht nötig: Wählt man eine entsprechend große Zahl von Perzentilen, genügt die Analyse der Veränderung der gesamten, alle Altersstufen umfassenden Sterbealterverteilung. Eine Rektangularisierungsanalyse auf Basis der Entwicklung von Perzentilen hätte beispielsweise bei dem in Abbildung 3.4 illustrierten Szenario zumindest bei den oberen Perzentilen eine absolute Konvergenz festgestellt, folglich absolute Rektangularisierungstendenzen aufgedeckt und damit richtigerweise auf die Einwirkung einer Lebenserwartungsobergrenze hingedeutet.
Der angesprochene Vorteil, wonach mit steigender Zahl der berücksichtigten Perzentile das Aussehen und die zeitliche Entwicklung der Sterbealterverteilung zunehmend detailliert beschrieben werden kann, wird jedoch durch einen potentiellen und nicht zu unterschätzenden Nachteil erkauft, der bei den anderen hier berücksichtigten Kennzahlenkonzepten nicht in dieser Form auftreten kann: Letztere verdichten allesamt das Sterblichkeitsgeschehen einer Sterbetafel in einer einzigen Zahl und ermöglichen daher unmittelbar Vergleiche zwischen zwei Kalenderjahren bzw. Sterbetafeln und folglich Aussagen über kompressive bzw. expansive Mortalitätstendenzen. Selbst wenn man – wie empfohlen – das Startalter der Sterbetafel sukzessive erhöht, bleibt die Zahl der Ergebnisse (d.h. stei-

[22] Ausreißer kann es aber auch im oberen Altersabschnitt geben – möglicherweise aufgrund des Fehlens einer Lebensspannenobergrenze. Während die Standardabweichung diese Ausreißer berücksichtigt und darüber hinaus stark gewichtet, bleiben diese selbst bei hohen Perzentilen wie beispielsweise dem 95%- oder 99%-Perzentil unberücksichtigt. Deshalb sollten bei der Perzentilmethode immer auch sehr hohe Perzentile analysiert werden, etwa das 99,99%-Perzentil bzw. sogar das 100%-Perzentil.

gende bzw. fallende Kennzahl) überschaubar. Bei der Perzentilmethode treten dagegen dann Interpretationsschwierigkeiten auf, wenn im Zeitablauf zwischen einigen Perzentilen absolute bzw. relative Konvergenztendenzen auftreten, zwischen anderen dagegen nicht und wenn damit der Fall eintritt, dass die absoluten bzw. relativen Zuwächse mit zunehmender Perzentilgröße weder regelmäßig größer noch kleiner werden. In einer derartigen Situation müssen die sich im Zeitablauf einstellenden Veränderungen der Perzentile paarweise miteinander verglichen werden. Für die Zahl der Vergleichsmöglichkeiten gilt hierbei:

$$(3.1) \qquad \text{Anzahl der Vergleichsmöglichkeiten} = \binom{n}{2},$$

wobei n für die Zahl der berücksichtigten Perzentile steht. Entscheidet man sich für eine geringe Zahl von Perzentilen, sind die Vergleichsmöglichkeiten noch beherrschbar. Dies ist jedoch nicht der Fall, wenn man die Sterbealterverteilung genauer beschreiben möchte: Wählt man beispielsweise zehn Perzentile aus – eine Zahl, die eine hinreichend genaue Beschreibung der Sterbealterverteilung erwarten lässt – hat man bereits 45 Vergleichsmöglichkeiten.

3.3.1.1.4 Auf Keyfitz′ H aufbauende Kennziffern

Eine verbreitete sterbetafelbasierte Kennziffer zur Messung des Ausmaßes der Mortalitätskompression bzw. der Rektangularisierung ist das sog. Keyfitz′ H. Hierbei handelt es sich um eine nicht-negativ definierte Größe, die zunächst angibt, wie sich eine gleichgerichtete einprozentige Veränderung aller altersspezifischen Sterberaten prozentual auf die Lebenserwartung bei der Geburt auswirkt, und die nach der Formel

$$(3.2) \qquad H(0) = -\frac{\int_0^\omega l(x)\ln l(x)dx}{\int_0^\omega l(x)dx}$$

bzw. äquivalent dazu

$$(3.3) \qquad H(0) = \frac{\int_0^\omega d(x)e(x)dx}{\int_0^\omega l(x)dx}$$

berechnet werden kann[23]. Im Zähler von Gleichung (3.2) steht dabei die absolute

[23] Der Herleitung dieser Formeln sowie empirisch messbarer Ausdrücke davon widmet sich Abschnitt A.3.2 im Anhang A.

Veränderung der Lebenserwartung infolge einer einprozentigen Veränderung aller altersspezifischen Sterberaten, während der Nenner wegen

$$(3.4) \qquad \int_0^{\omega} l(x)dx = e(0) = e_0$$

die Lebenserwartung bei der Geburt in der Ausgangssituation angibt (vgl. Anhang A, Formeln (A.17) und (A.26)).
Dass mithilfe von Keyfitz' H neben der erwähnten und darüber hinaus noch weiteren Interpretationsmöglichkeiten[24] auch eine Aussage über den Rektangularisierungsgrad einer Überlebenskurve möglich ist, macht man sich am Beispiel einer vollkommen rektangularisierten Überlebenskurve klar, d.h. einer Überlebenskurve, die zunächst waagerecht verläuft, um dann im Alter ω, auf der sich das gesamte Mortalitätsgeschehen abspielt, senkrecht abzustürzen. Da in diesem Fall $l(x) = 1$ und damit $\ln l(x) = 0 \;\; \forall x < \omega$ ist, nimmt der Zähler von Gleichung (3.2) und damit der gesamte Ausdruck den Wert 0 an (vgl. Keyfitz, 1985, S. 64/ 65). Ist die Überlebenskurve dagegen eine fallende Gerade, ist $H(0) = 0{,}5$ (vgl. ebenda; ein Beweis findet sich in Abschnitt A.3.2 im Anhang A). Die beiden genannten Werte stecken dabei den Bereich ab, in den Überlebenskurven fallen, die sich aus Periodensterbetafeln westlicher Industrieländer ableiten (vgl. ebenda, S. 64)[25].
Da Keyfitz' H als Quotient eine relative Größe darstellt, zeigt ein im Zeitablauf fallender Wert eine relative Rektangularisierung bzw. Mortalitätskompression an (vgl. Nusselder/ Mackenbach, 1996, S. 774). Um Informationen über absolute Rektangularisierungstendenzen zu erhalten, greift man stattdessen auf den Zähler von Keyfitz' H zurück, dessen Absinken bei im Zeitablauf steigender Lebenserwartung andeutet, dass eine einprozentige Abnahme aller altersspezifischer Sterberaten immer kleinere absolute Lebenserwartungszuwächse produziert, und damit absolute Rektangularisierung begründet (vgl. ebenda, S. 774/ 775). Steigt der Zähler von Keyfitz' H dagegen im Zeitverlauf, kann trotz absoluter Derektangularisierung Keyfitz' H sinken und damit relative Rektangularisierung anzeigen, nämlich dann, wenn die Lebenserwartung im Nenner von Keyfitz' H prozentual schneller als der Zähler steigt.

Auf Keyfitz' H aufbauende Rektangularisierungsmaße weisen gegenüber den auf der Standardabweichung basierenden Kennziffern eine Reihe von Vorteilen auf. Als ein wichtiger Vorzug wird dabei die größere Ausgewogenheit bei der Gewichtung der Sterbefälle genannt, denn Ausreißern wird nicht ein so hohes Gewicht zugewiesen, wie dies bei der Standardabweichung bzw. dem Variati-

---

24 Ein Überblick über die verschiedenen Interpretationsmöglichkeiten von Keyfitz' H findet sich bei Nusselder/Mackenbach, 1996, S. 774.

25 In Entwicklungsländern wurden dagegen auch schon hyperbelartige Überlebenskurven beobachtet, deren Keyfitz' H-Werte den Wert 1 übersteigen (vgl. Goldman/Lord, 1986, S. 278-280).

onskoeffizienten der Fall ist (vgl. ebenda, S. 780)[26]. Ferner stellt Keyfitz' H – wie eingangs erwähnt – neben der Aussage über etwaige Rektangularisierungstendenzen zusätzlich Informationen über das Potential weiterer Lebenserwartungszuwächse bei einer proportional gleichmäßigen Reduktion aller altersspezifischen Sterberaten bereit (vgl. ebenda). Und schließlich lässt sich Keyfitz' H (bzw. der Zähler davon) sehr leicht nach dem Alter zerlegen, da im Zuge der empirischen Berechnung von Keyfitz' H (bzw. von dessen Zähler) altersspezifische Beiträge ohnehin bestimmt werden müssen (vgl. ebenda, Formel (3.3) sowie Abschnitt 3.2 im Anhang A). Dadurch ist es ohne nennenswerten Aufwand möglich, den (positiven oder negativen) Beitrag einzelner Altersstufen bzw. -klassen zu etwaigen Rektangularisierungs- bzw. Derektangularisierungstendenzen der gesamten Überlebenskurve zu quantifizieren – eine Möglichkeit, von der im Rahmen der nachfolgenden empirischen Analyse Gebrauch gemacht wird (vgl. Abschnitt 3.3.3.3.1.4). Im Gegensatz dazu ist eine Zerlegung der Varianz (als quadrierter Standardabweichung) nach Altersklassen und damit die Ermittlung altersgruppenspezifischer Beiträge zu zeitlichen Veränderungen der Varianz rechenaufwendiger. Ursache hierfür ist, dass sich die Gesamtvarianz des Sterbealters aus der Summe der Varianzen innerhalb der Altersklassen sowie den quadrierten Abweichungen der altersklassenspezifischen Mittelwerte vom Mittelwert der gesamten Sterbealterverteilung und damit der Lebenserwartung zusammensetzt. Dabei sind die altersklassenspezifischen Varianzen und Mittelwerte noch mit dem jeweiligen Anteil der in ihnen erfassten Verstorbenen an allen Verstorbenen zu gewichten (ähnlich Stenger, 1986, S. 17/18).

Aus den gleichen Gründen wie bei der Rektangularisierungsüberprüfung mittels Standardabweichung und Variationskoeffizient ist es auch bei einer Analyse mittels Keyfitz' H sowie dessen Zähler sinnvoll, diese Größen nicht nur für Überlebenskurven zu berechnen, die den gesamten Altersbereich überspannen, sondern auch für solche, die in zunehmend höheren Altersstufen beginnen[27].

3.3.1.1.5 Ein alternatives Kennzahlenkonzept

Neben den bisher erwähnten und im Rahmen der wissenschaftlichen Diskussion berücksichtigten Kennzahlen wird im Rahmen der nachfolgenden empirischen

[26] Diesen Vorzug kann man jedoch auch als Nachteil und damit als Vorteil der Standardabweichung werten, denn es sind gerade die Sterbefälle am rechten Rand des Altersspektrums, die in vielen Untersuchungen (vgl. beispielsweise Manton/Stallard, 1996, S. 363/364 sowie Abschnitt 3.3.3.3.2) eine besondere Berücksichtigung finden, da ihre Analyse wertvolle Informationen über Lebensspannenobergrenzen erwarten lässt.

[27] Dies verdeutlicht Formel (3.3): Vor dem Hintergrund, dass auf der untersten Altersstufe die Zahl der Gestorbenen aufgrund der Konstruktionsweise einer Sterbetafel sehr hoch ist und im Falle einer isolierten Reduktion der Säuglingssterblichkeit die vom Tod Geretteten im Mittel noch viele Lebensjahre vor sich haben (vgl. Abschnitt 3.3.1.1.2), verwundert es nicht, dass ein sehr großer wenn nicht sogar der größte altersspezifische Einzelbeitrag zum Zähler von Keyfitz' H vom ersten Lebensjahr stammt (vgl. auch Abschnitt 3.3.3.3.1.4).

Analyse ein alternatives Kennzahlenkonzept zur Messung des Rektangularisierungsgrades der Überlebenskurve benutzt, dem eine einfache graphische Intuition zugrunde liegt und das wiederum eine Unterscheidung zwischen relativer und absoluter Rektangularisierung ermöglicht. Die Idee dieses Konzepts wurzelt im Umstand, dass sich im Zuge zunehmender Rektangularisierung die Fläche unterhalb der beobachteten Überlebenskurve, die in Abbildung 3.5 schraffiert ist, immer mehr an die in derselben Abbildung grau hinterlegte Fläche unter einer vollkommen rektangularisierten Überlebenskurve annähert, bei der jedes Kohortenmitglied bis zum Maximalsterbealter ω lebt.

Abbildung 3.5: Illustration des alternativen Kennzahlenkonzepts zur Messung des Rektangularisierungsgrads einer Überlebenskurve

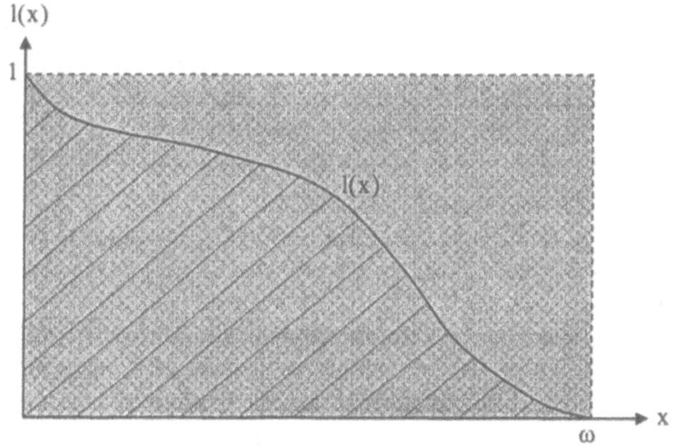

Quelle: Eigene Darstellung

Setzt man nun den erstgenannten (schraffierten) Flächeninhalt ins Verhältnis zum (grau hinterlegten) Flächeninhalt unter der vollkommen rektangularisierten Überlebenskurve, gibt der resultierende Quotient den bisher erreichten, relativen Rektangularisierungsgrad wieder. Im Falle von zunehmender relativer Rektangularisierung sollte sich dieser Quotient im Zeitablauf dem Wert 1 nähern, denn diesen Wert nimmt er im Grenzfall einer vollständig rechtwinkligen Überlebenskurve ein. Da der Flächeninhalt unter der Überlebenskurve wegen Formel (3.4) der Lebenserwartung bei der Geburt und der Flächeninhalt unter der vollständig rektangularisierten Überlebenskurve der Fläche eines Rechtecks mit den Seitenlängen 1 und ω entspricht, lässt sich der im Folgenden als relativer Rektangularisierungsgrad „relRgrad“ bezeichnete Quotient sehr einfach nach der Formel

(3.5) $$\text{relRgrad}(0) = \frac{e(0)}{\omega}$$

berechnen. Formel (3.5) entsprechend kommt es somit zu relativer Rektangularisierung, wenn die Lebenserwartung bei der Geburt im Zeitablauf schneller wächst als das höchste beobachtete Sterbealter ω, das die Sterbetafel abschließt. Da letztgenannte Größe von Jahr zu Jahr und damit von Periodensterbetafel zu Periodensterbetafel stark schwankt, bietet es sich bei einer empirischen Analyse an, stellvertretend dafür ein hohes Perzentilsterbealter wie beispielsweise das Alter zu nehmen, bis zu dem 99,99% der fiktiven Geburtskohorte der jeweiligen Periodensterbetafel verstorben sind und das damit nur einer von 10.000 Neugeborenen erreicht.

Da – wie bereits in Abschnitt 3.3.1.1.2 erwähnt – aufgrund der Konstruktionsweise einer Sterbetafel eine beliebige Sterbewahrscheinlichkeit um so mehr Gestorbene generiert, je niedriger die Altersstufe ist, auf der sie Anwendung findet, übt die Sterblichkeit im Bereich des Startalters der Sterbetafel auch bei diesem Kennzahlenkonzept einen starker Einfluss aus. Um diesen Effekt zurückzudrängen, erhöht man deshalb auch hier sukzessive das Startalter der Sterbetafel. Für eine in einem beliebigen Alter x beginnende Sterbetafel hat man somit

(3.6) $$\text{relRgrad}(x) = \frac{e(x)}{\omega - x},$$

wobei zu beachten ist, dass im Nenner die Anzahl der Jahre steht, die das am längsten lebende Mitglied der Ausgangskohorte ausgehend vom Alter x noch vor sich hat. Für empirische Schätzungen ist das als Ersatzwert für ω gewählte Perzentilsterbealter folglich noch um x zu reduzieren.

Bei der absoluten Variante dieses Kennzahlenkonzepts berechnet man dagegen die Differenz zwischen dem Flächeninhalt unter der vollständig rektangularisierten und der tatsächlichen Überlebenskurve. In Abbildung 3.5 entspricht dies der grau hinterlegten, nicht schraffierten Fläche. In Analogie zu den Ausführungen zur relativen Variante lässt sich der absolute Rektangularisierungsgrad „absRgrad" formelmäßig als

(3.7) $$\text{absRgrad}(0) = \omega - e(0)$$

definieren, der bei zunehmender absoluter Rektangularisierung immer weiter absinkt, um im Zustand einer vollständigen Rektangularisierung, bei dem $e(0) = \omega$ ist, den Wert 0 anzunehmen.

Für Überlebenskurven mit dem Startalter x hat man entsprechend

(3.8) $$\text{absRgrad}(x) = (\omega - x) - e(x),$$

wobei man bei empirischen Anwendungen ω in beiden Fällen wiederum durch ein entsprechend hohes Perzentilsterbealter substituiert.
Die Tatsache, dass auch bei diesem Kennzahlenkonzept relative Rektangularisierung nicht notwendigerweise absolute impliziert, lässt sich an einem Beispiel graphisch leicht veranschaulichen: Man stelle sich hierzu vor, dass sich die Überlebenskurve in Abbildung 3.5 auf der Abszisse nach rechts verschiebt, was dadurch zustande kommt, dass sich die altersspezifischen Sterberaten gleichmäßig in höhere Altersstufen verschieben und in den untersten Altersjahren der Sterbetafel zunächst überhaupt niemand stirbt. Unter diesen neuen Sterbeverhältnissen ist der relative Rektangularisierungsgrad „relRgrad" höher als in der Ausgangssituation, da sich die Fläche unter der nach rechts verschobenen Überlebenskurve und damit die neue Lebenserwartung im Startalter der Sterbetafel relativ an die Fläche unter der vollständig rektangularisierten Überlebenskurve und damit an die neue Zahl derjenigen Lebensjahre angenähert hat, die das am längsten lebende Mitglied der Ausgangskohorte ausgehend vom Startalter erwarten kann. Die steigende Kennzahl „relRgrad" verweist somit auf relative Rektangularisierung. Die absolute Differenz zwischen der Fläche unter der vollständig rektangularisierten und der beobachteten Überlebenskurve hat sich dagegen nicht verändert, da im Zuge der unterstellten Mortalitätsveränderung sowohl die Lebenserwartung im Startalter als auch die Lebenslänge der langlebigsten Person um denselben absoluten Betrag gestiegen ist. Folglich bleibt die Kennzahl „absRgrad" unverändert, was auf das Ausbleiben von absoluter Rektangularisierung hindeutet.

Ein m.E. unbestreitbarer Vorteil dieses Kennzahlenkonzepts liegt in seiner unmittelbaren graphischen Intuition. Darüber hinaus sind die entsprechenden Kennzahlen mathematisch einfach strukturiert und lassen sich daher schnell berechnen. Schlussendlich fließen in die Formeln (3.5) bis (3.8) nur Werte ein, die – wie die Lebenserwartung bei der Geburt oder in einem bestimmten Alter – entweder von amtlicher Seite standardmäßig veröffentlicht werden oder die – wie das höchste Sterbealter eines Kalenderjahres – problemlos recherchiert werden können. Damit kann die zeitraubende eigene Erstellung einer Sterbetafel ebenso unterbleiben wie die Berechnung von Größen wie die Standardabweichung des Sterbealters oder Keyfitz′ H, was insbesondere dann von Vorteil ist, wenn – wie etwa bei internationalen Vergleichen – die Beschaffung der zur Sterbetafelberechnung erforderlichen alters- und geschlechtsspezifischen Verstorbenen- und Bevölkerungszahlen mit hohen Kosten bzw. mit hohem Aufwand verbunden ist.
Mit Problemen ist dagegen die Festlegung eines Schätzwertes für das Maximalsterbealter ω behaftet. Je höher die gewählte Perzentilgröße, desto eher werden auch Ausreißer miterfasst, desto stärker sind allerdings auch die zufallsbedingten Schwankungen im Zeitablauf. Das in der vorliegende Arbeit gewählte 99,99%-Perzentil dürfte diesbezüglich einen Kompromiss darstellen.

3.3.1.2 Nicht-sterbetafelbasierte Kennzahlen

3.3.1.2.1 Vorbemerkung: Die Eignung der tatsächlichen Sterbealterverteilung zur Überprüfung der Mortalitätskompressionsthese

Nicht-sterbetafelbasierte Kennzahlen stützen sich auf die tatsächlich beobachtete Sterbealterverteilung einer Periode und überprüfen deren zeitliche Veränderung auf Kompressions- vs. Expansionstendenzen.

Die Vorteile einer direkten Überprüfung der Sterbealterverteilung liegen auf der Hand. Zunächst einmal entfällt die zeit- und rechenaufwendige Erstellung einer eigenen (Perioden-) Sterbetafel, was möglicherweise erklärt, warum die meisten Untersuchungen nicht sterbetafelgestützt sind.
Darüber hinaus ist bei einer direkten Analyse der Sterbealterverteilung nur ein einziger Datentyp erforderlich, nämlich nach Alter und Geschlecht aufgeschlüsselte Sterbedaten, während die Berechnung von Sterbewahrscheinlichkeiten, die der wichtigste Bestandteil einer Sterbetafel sind, neben Sterbedaten auch nach Alter und Geschlecht differenzierte Bevölkerungszahlen und folglich Datenmaterial aus zwei verschiedenen Quellen erfordert (vgl. Myers/Manton, 1984a, S. 348; Paccaud et al., 1998, S. 414)[28]. Wie in den Abschnitten 3.3.2 und 3.3.3.1 ausgeführt werden wird, sind Bevölkerungsdaten i.d.R allerdings von schlechterer Qualität als Sterbedaten, die relativ einfach erhoben werden können und deren Güte alles in allem als hoch eingestuft wird. Verbesserungswürdige Bevölkerungsdaten beeinträchtigen somit die Qualität und Exaktheit einer Sterbetafel und die durch sie künstlich erzeugte Sterbealterverteilung, so dass insbesondere in Ländern mit mangelhafter oder sogar fehlender Bevölkerungsstatistik die direkte Analyse der tatsächlichen Sterbealterverteilung häufig die einzige (sinnvolle) Möglichkeit darstellt.
Myers und Manton (vgl. 1984a, S. 348) führen als weiteren Vorzug an, dass die beobachtbare Altersverteilung der Sterbefälle, die im Gegensatz zu der auf Basis einer Sterbetafel künstlich erstellten das tatsächliche Mortalitätsgeschehen einer Bevölkerung beschreibt, für die Abschätzung des Bedarfs Älterer nach Gesundheitsleistungen sachdienlicher ist – ein Argument, das jedoch dann wenig überzeugt, wenn die empirische Analyse vorrangig das Vorhandensein und Einwirken von Lebenserwartungsobergrenzen überprüfen soll.

Trotz dieser echten oder vermeintlichen Vorzüge überwiegen m.E. allerdings die Nachteile einer sich ausschließlich auf die zeitliche Entwicklung der konkreten Sterbealterverteilung stützenden Analyse bei weitem. Alle Kritikpunkte gründen

[28] Allerdings lassen sich die erforderlichen Bevölkerungsdaten insbesondere in den obersten Altersstufen durch die Methode der „Extinct Generations" wiederum anhand von Mortalitätsdaten rekonstruieren – ein Verfahren, das u.a. aufgrund der schlechten Qualität von Bevölkerungsdaten in höheren Altersstufen zu empfehlen ist und in Abschnitt 3.3.3.1.2.1 näher erläutert wird.

dabei letztlich auf dem Umstand, dass eine reale Sterbealterverteilung einer Periode nicht nur aus dem Sterbegeschehen in dieser Periode resultiert, sondern auch nachhaltig von der konkreten Alterszusammensetzung der Untersuchungspopulation geprägt wird.
So hängt das mittlere Sterbealter maßgeblich davon ab, ob eine Bevölkerung eher einen jüngeren Altersaufbau hat oder aber ob höhere Altersstufen relativ stark besetzt sind. Der Durchschnittswert des Sterbealters alleine lässt folglich keine isolierten Rückschlüsse auf die Sterblichkeitsverhältnisse in der betreffenden Bevölkerung zu und muss insbesondere nicht der allein aus einer Sterbetafel ableitbaren Lebenserwartung bei der Geburt entsprechen. Wenn die Lebenserwartung aber eine sterbetafelbasierte Größe ist, bedingt jede empirische Überprüfung ihrer eventuellen Obergrenze und damit jede Analyse von etwaigen Mortalitätskompressionstendenzen zwingend die vorausgehende Berechnung einer Sterbetafel.
Doch davon abgesehen entsteht bei nicht-sterbetafelgestützten Analysen ein weiteres erhebliches Problem im Zusammenhang mit der konkreten Altersstruktur einer Bevölkerung: Im Zeitablauf weisen reale Bevölkerungen Verschiebungen im Altersaufbau auf. Die viel zitierte demographische Alterung beispielsweise, die insbesondere westliche Industrieländer wie Deutschland in den kommenden Jahren verstärkt spüren werden (vgl. Abschnitt 1.1), manifestiert sich in der Veränderung des Bevölkerungsaufbaus weg von einer Pyramiden- hin zu einer Pilzform und damit in einer Verschiebung von Bevölkerungsanteilen hin zu den oberen Altersklassen. Bei einer Analyse von Sterbealterverteilungen im Zeitablauf weiß man somit nie, ob eine vermeintliche Mortalitätskompression oder -expansion ausschließlich die Sterblichkeitsentwicklung widerspiegelt oder aber einen Reflex von Altersstrukturverschiebungen darstellt (vgl. Nusselder/ Mackenbach, 1996, S. 779; Paccaud et al., 1998, S. 414; Go et al., 1995, S. 325). Ist zum Beispiel die altersspezifische Mortalität im Zeitablauf konstant, weil jedes Individuum sein biologisches Lebensspannenpotential ausschöpft, würde eine Analyse auf Basis der realen Altersstruktur fälschlicherweise dann Expansionstendenzen aufdecken, wenn im Zeitablauf das relative Bevölkerungsgewicht des obersten Altersbereichs steigt. Nichtsdestotrotz ist Myers und Manton (vgl. 1984a, S. 348) zufolge eine Analyse der tatsächlichen Altersverteilung der Sterbefälle für kurze Zeiträume problemadäquat, da kurzfristig die Altersstruktur relativ konstant ist. Da aber selbst eine kurzfristige Analyse zur Aufdeckung verlässlicher Trends einige Kalenderjahre umfassen muss und in derartigen empirischen Arbeiten schon bei relativ schwachen Tendenzen die Mortalitätskompressionsthese verworfen wird oder nicht, ist dieser Sichtweise m.E. nicht zuzustimmen. Im Gegensatz zu einer tatsächlichen ist eine sterbetafelbasierte Sterbealterverteilung dagegen bereits aufgrund der Konstruktionsweise der Sterbetafel altersstandardisiert (vgl. Dinkel, 1996, S. 27) und beschreibt folglich das reine Sterblichkeitsgeschehen losgelöst von der konkreten Altersstruktur der zugrunde liegenden Bevölkerung. Entscheidet man sich dennoch für eine Analyse der tatsächlichen Sterbealterverteilung, ist eine Altersstandardisierung der Sterbealter-

verteilung durch Zugrundelegung einer sinnvoll zu wählenden Standardbevölkerung m.E. dringend geboten, um den störenden Einfluss der Altersstruktur herauszuhalten[29]. Allerdings sehen einschlägige Untersuchungen wie die in Abschnitt 3.3.2 berücksichtigten von einer Altersstandardisierung ab[30].
Schließlich unterbindet eine Analyse auf Basis real beobachtbarer Sterbealterverteilungen auch Vergleiche mit anderen Untersuchungen – egal, ob diese sterbetafelgestützt sind oder nicht. Und selbst im Falle einer Altersstandardisierung wäre eine Vergleichbarkeit zwischen verschiedenen nicht-sterbetafelgestützten Studien nur dann gegeben, wenn alle dieselbe Standardbevölkerung verwenden würden. Demgegenüber lassen sich die Ergebnisse von empirischen Untersuchungen, die auf zuvor berechneten Sterbetafeln beruhen, relativ problemlos miteinander vergleichen (vgl. Nusselder/Mackenbach, 1996, S. 779).

Empirische Untersuchungen, die sich trotz der geschilderten Bedenken auf eine Analyse realer Sterbealterverteilungen verlassen, verwenden hauptsächlich zwei Kennzahlensysteme, die bereits aus den Ausführungen zum sterbetafelgestützten Vorgehen bekannt sind, nämlich auf der Standardabweichung basierende Kennziffern sowie die Perzentilmethode.

3.3.1.2.2 Auf der Standardabweichung basierende Kennziffern

In völliger Analogie zur sterbetafelbasierten Vorgehensweise (vgl. Abschnitt 3.3.1.1.2) spricht man auch bei einer nicht-sterbetafelgestützten Analyse bei einem im Zeitablauf steigenden Mittelwert der tatsächlichen Sterbealterverteilung dann von absoluter Mortalitätskompression, wenn die Standardabweichung sinkt. Relative Mortalitätskompression liegt dagegen bereits dann vor, wenn der Variationskoeffizient im Laufe der Zeit abnimmt.
Wie bei einer sterbetafelbasierten Vorgehensweise ist es aus den gleichen Gründen auch hier sinnvoll, die Sterbealterverteilung sukzessive linksseitig zu stutzen, denn auch in realen Bevölkerungen sind untere Altersstufen i.d.R. absolut stark besetzt, während die höchsten Altersstufen mortalitätsbedingt zunehmend ausdünnen[31]. Wenn jedoch schon auf eine Altersstandardisierung verzichtet wird, sollte – wie in Abschnitt 3.3.2 anhand eines konkreten Falles ausgeführt werden wird – nicht ein bestimmtes Alter als Stutzungsstelle fungieren, sondern stattdessen ein festes Perzentil der Sterbealterverteilung analysiert werden.

---

[29] Eine formelmäßige Beschreibung des Verfahrens zur Vornahme einer Altersstandardisierung findet sich beispielsweise bei Brückner, 1993, S. 259-261.

[30] Die Problematik im Zusammenhang mit fehlender Altersstandardisierung wird bei der Vorstellung der Ergebnisse anderer empirischer Analysen in Abschnitt 3.3.2 nochmals aufgegriffen.

[31] Im Unterschied zu einer sog. Sterbetafelpopulation muss der tatsächliche altersspezifische Bevölkerungsbestand wanderungsbedingt und aufgrund unterschiedlicher Geburtskohortengrößen allerdings nicht mit zunehmendem Alter fortlaufend kleiner werden.

3.3.1.2.3 Die Perzentilmethode

Gerade im Rahmen von nicht-sterbetafelgestützten Analysen ist die Perzentilmethode ein beliebtes Verfahren. Entsprechend den Ausführungen zu Abschnitt 3.3.1.1.3 und in Anlehnung an Nusselder und Mackenbach (vgl. 1996, S. 774) spricht man von absoluter (relativer) Mortalitätskompression, wenn sich die absolute (relative) Zunahme der Perzentile im Untersuchungszeitraum mit zunehmender Perzentilgröße abschwächt.

3.3.2 Ergebnisse anderer empirischer Untersuchungen

Bei den nachfolgend vorgestellten empirischen Studien werden nur die Ergebnisse erwähnt, welche die jeweiligen Autoren unter Rückgriff auf die in Abschnitt 3.3.1 behandelten Kennzahlen erzielen. Daher unterbleibt eine Präsentation der Ergebnisse von Fries als dem wohl glühendsten Verfechter der Mortalitätskompressionsthese, da sich dieser – wie bereits in Abschnitt 3.3.1 erwähnt – fast ausschließlich mit einer visuellen Begutachtung von Überlebenskurven begnügt. Darüber hinaus basieren diese Überlebenskurven häufig auf relativ früh mit einer nach oben offenen Altersklasse abbrechenden Sterbetafeln, wodurch sich der Schnittpunkt der Überlebenskurve im Zeitablauf nicht verändern kann und damit die Wahrnehmung von Rektangularisierungstendenzen begünstigt wird (vgl. Myers/Manton, 1984a, S. 348). Außerdem konzentriert sich Fries in seinen Arbeiten stark auf einen Vergleich geschlechtsspezifischer Lebenserwartungen und wertet eine (vermeintliche) Konvergenz der Lebenserwartungen von Männern und Frauen als Zeichen für die Unterstützung der Mortalitätskompressionsthese. Dies macht jedoch nur unter der bereits in Abschnitt 3.2 angezweifelten Prämisse Sinn, dass im Falle eines Vorhandenseins einer Lebenserwartungsobergrenze diese für Männer und Frauen identisch ist.

Nusselder und Mackenbach (vgl. 1996, S. 773-782) untersuchen im Rahmen eines fundierten, sterbetafelgestützten Ansatzes mit Hilfe von Kennziffern, die auf der Standardabweichung bzw. auf Keyfitz′ H basieren, ob es zwischen 1950 und 1992 in den Niederlanden Anzeichen für absolute vs. relative Rektangularisierung gibt[32]. Bezogen auf den gesamten Altersbereich lässt sich demnach während fast des gesamten Untersuchungszeitraums absolute und damit auch relative Mortalitätskompression feststellen. Liegt das Startalter dagegen höher, sind die Ergebnisse nicht mehr so eindeutig, sondern variieren nach Geschlecht, Zeitabschnitt und nach der zugrunde gelegten Definition von Rektangularisierung (absolut vs. relativ): Bei den über 60jährigen beispielsweise ist bei beiden Geschlechtern erst ab 1980 eine absolute und damit auch eine relative Rektangula-

[32] Die Autoren unterscheiden dabei zwischen Rektangularisierung und Mortalitätskompression – eine Unterscheidung, die hier keine Berücksichtigung findet (vgl. auch FN 1 dieses Kapitels).

risierung feststellbar[33]. Eine Fortsetzung dieser jüngsten Rektangularisierungstrends in höheren Altersstufen könnte den Autoren nach folgerichtig ein Zeichen dafür sein, dass sich die Lebenserwartung in den Niederlanden einer Obergrenze nähert.

Die Arbeit von Myers und Manton (vgl. 1984a, S. 346-353) weist im Wesentlichen zwei Teile auf. Im ersten Teil (vgl. S. 347/348) überprüfen die beiden Autoren visuell die zeitliche Veränderung der Überlebenskurven von US-amerikanischen Frauen für die Periodensterbetafeln 1900, 1960 und 1980, wobei die letztgenannte Sterbetafel ausschließlich mit als qualitativ hochwertig eingestuften Medicare-Daten erstellt wurde. Demnach lassen sich Rektangularisierungstrends nur für den gesamten Altersbereich feststellen, jedoch nicht bzw. kaum, wenn man als Startalter der Sterbetafel das Alter 60 wählt. Auch die Beobachtung, dass das Mediansterbealter und der Schnittpunkt der Überlebenskurve mit der Abszisse als Schätzwert für das höchste beobachtete Sterbealter im Zeitablauf stieg, deutet kaum auf Behinderungen von Lebenserwartungssteigerungen in höheren Altersklassen durch Obergrenzen hin.
Im zweiten Teil der Arbeit (vgl. S. 348-351) untersuchen die Autoren die tatsächlichen Sterbealterverteilungen für den Zeitraum von 1962 bis 1979 anhand der Entwicklung von mittlerem Sterbealter und Standardabweichung. Werden alle Sterbefälle berücksichtigt, so ist bei beiden Geschlechtern eine Zunahme des mittleren Sterbealters bei gleichzeitiger Abnahme der Standardabweichung zu beobachten, was auf (absolute) Mortalitätskompression hindeutet. Bei Ausschluss aller Sterbefälle, die sich unterhalb des Alters 60 ereigneten, deutet ein im Zeitablauf steigendes mittleres Sterbealter in Verbindung mit einer ebenfalls zunehmenden Standardabweichung jedoch auf expansive Tendenzen in höheren Altersstufen hin[34].
Die von Myers und Manton vorgenommene linksseitige Stutzung der Sterbealterverteilung im Alter 60 ist von Fries (vgl. 1984, S. 357/358) kritisiert worden. Demnach begünstige diese Art der Stutzung aufgrund des Zusammenwirkens der zwei nachfolgend beschriebenen Umstände eine Zunahme der Standardab-

---

[33] In einer weiteren Analyse im Anschluss an die zitierte Arbeit untersuchen die beiden Autoren mittels einer eigenständig entwickelten Zerlegungstechnik den Beitrag ausgewählter Todesursachen an den absoluten Rektangularisierungstrends bei den über 60jährigen ab den 80ern (vgl. ebenda, 1997, S. 145-154): Demnach kommt die Mortalitätskompression vor allem durch Sterblichkeitsreduktionen bei ischämischen Herzkrankheiten, zerebrovaskulären Krankheiten und – bei den Männern – Lungenkrebs in unteren Altersstufen (nahe dem Alter 60) sowie durch Sterblichkeitsanstiege insbesondere infolge COPD (Männer) und Demenz (Frauen) in höheren Altersstufen zustande.

[34] Im Wesentlichen gleiche Entwicklungen finden die genannten Autoren auch bei fünf ausgewählten bedeutenden Todesursachen (Krebs, Diabetes mellitus, Herzkrankheit, Schlaganfall, chronisch-obstruktive Lungenkrankheit), wobei es gleichgültig ist, ob die betreffende Krankheit als eine von mehreren Todesursachen oder als Haupttodesursache auf dem Leichenschauschein aufgeführt ist. Die expansiven Tendenzen bei den über 60jährigen über alle Todesursachen werden somit nicht durch eine bestimmte Todesursache bewirkt.

weichung im Untersuchungszeitraum und damit die Feststellung einer Mortalitätsexpansion. Zunächst sei von 1962 an der Anteil der Sterbefälle ab dem Alter 60 kontinuierlich von 68,9% bis auf 75,0% im Jahr 1979 angestiegen (vgl. Myers/Manton, 1984a, Tab. 2 auf S. 349), wodurch es zu einer Altersstrukturverschiebung zugunsten der unteren Altersstufen nahe dem Alter 60 gekommen sein dürfte – eine Entwicklung, welche die Standardabweichung des Sterbealters c.p. erhöhe. Verstärkt werde dieser Effekt durch die Tatsache, dass bei der kontinuierlichen Zunahme des mittleren Sterbealters der linksseitig gestutzten Sterbealterverteilung während des Untersuchungszeitraums die feste Stutzungsgrenze im Alter von 60 Jahren einen immer weniger begrenzenden Einfluss auf die Standardabweichung des Sterbealters ausübe. Der von Myers und Manton festgestellte Anstieg der Standardabweichung zwischen 1962 und 1979 ist Fries zufolge somit ein statistisches Artefakt, zu dessen Verhinderung er vorschlägt, anstelle eines festen Alters als Stutzungsgrenze ein bestimmtes Perzentil auszuwählen und auf diese Weise einen im Zeitablauf unveränderlichen Prozentsatz aller Sterbefälle in die Analyse einzuschließen.
Der Argumentation von Fries ist zwar grundsätzlich zuzustimmen, trotzdem kann auch eine Stutzung der Sterbealterverteilung entlang eines bestimmten Perzentils Altersstrukturverschiebungen innerhalb des dann berücksichtigten Altersbereichs sowie die dadurch möglicherweise ausgelösten Verzerrungen nicht verhindern. Dies vermag allein die in Abschnitt 3.3.1.2.1 propagierte Altersstandardisierung der Sterbealterverteilung. An dieser Stelle wird einmal mehr der Vorteil einer sterbetafelbasierten Vorgehensweise deutlich, denn bei einer Sterbetafel ist unabhängig vom Startalter die Anzahl der eingeschlossenen Sterbefälle konstruktionsbedingt normiert und der störende Einfluss potentieller Altersstrukturverschiebungen in der zugrunde liegenden Bevölkerung ausgeschlossen (vgl. Nusselder/Mackenbach, 1996, S. 779).
In einer verfeinerten Analyse kommen Myers und Manton (vgl. 1984b, S. 572-575) der Forderung von Fries bezüglich einer Stutzung der Sterbealterverteilungen entlang von Perzentilen anstelle von festen Altersstufen übrigens nach. Demnach ist in allen berücksichtigten Perzentilen (25%, 33,3%, 50%, 66,6% sowie 75%) im Untersuchungszeitraum von 1962 bis 1979 das mittlere Sterbealter gestiegen. Die Abnahme der Standardabweichung, die für untere Perzentile noch wahrnehmbar ist, nivelliert sich jedoch mit zunehmender Perzentilgröße, was darauf hindeutet, dass der rechte Schweif der Sterbealterverteilung nahezu konstant geblieben ist und sich lediglich in höhere Altersstufen vorgeschoben hat. Vor diesem Hintergrund sehen Myers und Manton keine Veranlassung, die Schlussfolgerungen ihrer vorangegangenen Studie zu korrigieren.

Reale Sterbealterverteilungen der US-Bevölkerung sind auch Untersuchungsgegenstand einer Arbeit von Rothenberg et al. (vgl. 1991, S. 66-70). Da darüber hinaus der Untersuchungszeitraum von 1962 bis 1984 dem von Myers und Manton sehr ähnlich ist, verwundert es nicht, dass auch die Ergebnisse von Rothenberg et al. eher auf Mortalitätsexpansion im oberen Altersbereich und auf (absolute) Mortalitätskompression bei Berücksichtigung des gesamten Altersspektrums hindeuten. Das letztgenannte Resultat ergibt sich aus der Beobachtung, dass die Steigungen der Trendgeraden an die berücksichtigten Perzentile (1%, 5%, 10%, 25%, 50%, 75%, 90%, 95%, 99% und 99,9%) der 23 Beobachtungsjahre mit steigender Perzentilgröße kleiner werden. Expansive Tendenzen in höheren Altersstufen leiten die Autoren dagegen von den Ergebnissen einer multiplen Regression ab, bei welcher der logarithmierte Variationskoeffizient der jeweiligen Sterbealterverteilung die abhängige Variable darstellt, die durch das Kalenderjahr, das Perzentil und einen als Produkt aus Kalenderjahr und Perzentil definierten Interaktionsterm erklärt werden soll. Letztgenannte Variable untersucht dabei, ob der Einfluss des Kalenderjahres auf die abhängige Variable über alle Perzentile identisch ist und umgekehrt[35]. Erwartungsgemäß sind die Regressionskoeffizienten für das Kalenderjahr und das Perzentilsterbealter signifikant negativ (p-Wert: jeweils 0,0001). Dagegen weist der Interaktionsterm ein signifikant positives Vorzeichen auf (p-Wert: 0,01), was bedeutet, dass es für höhere Perzentile bezüglich des Sterbealters im Zeitablauf relativ mehr Variabilität gibt als für niedrigere – ein Ergebnis, das mit der Vorstellung der Kompressionsthese nicht vereinbar ist.

Auch Manton und Singer (vgl. 1994, S. 21-30) können in den USA zumindest bei Frauen – Männer werden in der Analyse nicht berücksichtigt – keine Rektangularisierungstrends in höheren Altersstufen feststellen. Die durch die Periodensterbetafeln 1900, 1940, 1960 und 1992 generierten Sterbealterverteilungen mit einem Startalter von 55 Jahren verschieben sich lediglich nach rechts: Die absolute Zunahme des 95%-Perzentilsterbealters beispielsweise entspricht exakt der des 99%-Perzentilsterbealters[36].

Eine neuere Veröffentlichung aus dem Jahre 1996 von Manton und Stallard (vgl. S. 362-375) widmet sich u.a. der Analyse von zeitlichen Veränderungen der Sterbealterverteilungen weißer US-Amerikaner jenseits des Alters 65 im Zeitraum von 1960 bis 1990. Auch diese Analyse deckt keine (absoluten) Rektangularisierungstrends auf, da die absoluten Zunahmen der berücksichtigten Perzentile (25%, 50%, 75%, 90%, 95%, 99%, 99,5%, 99,9% und 99,99%) im Zeitablauf vergleichbar sind. Dies deutet darauf hin, dass sich die Sterbealterverteilung im Zeitablauf in nahezu unveränderter Form sukzessive nach rechts verschoben hat. Ein Vergleich der Sterbealterverteilungen 85jähriger und älterer Weißer für die jeweils dreijährigen Zeiträume 1960-1962 und 1988-1990 bringt hervor, dass die jüngere der beiden Sterbealterverteilungen gegenüber der älteren einen höhe-

---

35 Da der Untersuchungszeitraum 23 Kalenderjahre umfasst und die Autoren zehn Perzentile berücksichtigen, stützt sich die Regressionsanalyse somit auf 230 Beobachtungen.

36 Den Ausführungen in Abschnitt 3.3.1.1.3 entsprechend läge hier trotz des Fehlens von absoluten Kompressionstendenzen eine relative Mortalitätskompression vor, da die relative Zunahme des Perzentilsterbealters mit zunehmender Perzentilgröße kleiner wird.

ren Mittelwert und eine höhere Standardabweichung aufweist, was ebenfalls gegen eine (absolute) Mortalitätskompression im höheren Altersbereich spricht[37].

Zwar ist es vorrangiges Ziel einer Studie von Go et al. (vgl. 1995, S. 318-326) aufzudecken, ob sich in Kalifornien über die Jahre 1970, 1980 und 1990 ethnische Unterschiede im Hinblick auf Rektangularisierungstrends nachweisen lassen, nachfolgend werden aber nur die hier interessierenden Ergebnisse für die gesamte kalifornische Bevölkerung wiedergegeben. Eine visuelle Überprüfung der aus entsprechenden Periodensterbetafeln abgeleiteten Überlebenskurven deutet demnach zwar bei beiden Geschlechtern auf Rektangularisierungstendenzen hin, die Analyse der tatsächlichen Sterbealterverteilungen anhand der Entwicklung von mittlerem Sterbealter und Standardabweichung liefert allerdings insbesondere für den Zeitraum von 1980 bis 1990 ein uneinheitliches Bild[38]. Während über beide Dekaden, bei allen herangezogenen Perzentilen (0%, 25%, 50% und 75%) und bei beiden Geschlechtern das mittlere Sterbealter steigt und darüber hinaus in der ersten Dekade des Untersuchungszeitraums die Standardabweichung fällt, lassen sich von 1980 bis 1990 bei den Männern erstaunlicherweise expansive Tendenzen ableiten, wenn man alle Sterbefälle berücksichtigt bzw. nur das untere Viertel der Sterbealterverteilung ausschließt. Stutzt man die Sterbealterverteilung dagegen beim 50%- bzw. 75%-Perzentil, deutet die abnehmende Standardabweichung auf Kompressionstendenzen hin. Bei den Frauen dagegen finden sich Kompressionstendenzen über den gesamten Altersbereich sowie bei ausschließlicher Betrachtung der letzten 25% der Sterbefälle. Für die beiden mittleren Perzentilen ist jedoch eine zunehmende (25%-Perzentil) bzw. eine konstante (50%-Perzentil) Standardabweichung festzustellen.

Abschließend sollen die wichtigsten Ergebnisse einer nicht-sterbetafelgestützten Untersuchung schweizerischer Sterbefälle im Altersbereich von 50 Jahren und älter für den Untersuchungszeitraum von 1969 bis 1994 vorgestellt werden (vgl. Paccaud et al., 1998, S. 412-415). Demnach verflachen Regressionsgeraden an die berücksichtigten Perzentilsterbealter (50%, 75%, 90% und 95%) mit steigender Perzentilgröße, was auf (absolute) Rektangularisierung schließen lässt. Die Tatsache, dass alle Perzentilsterbealter jedoch nahezu linear ansteigen und sich daran auch gegen Ende des Untersuchungszeitraums nichts ändert, werten die

---

[37] Auch die entsprechenden Sterbealterverteilungen von acht berücksichtigten Todesursachen folgen diesem Muster, wobei allerdings die Größenordnung der Zunahme von mittlerem Sterbealter und Standardabweichung beträchtlich variiert.

[38] Go et al. sprechen erst dann von Rektangularisierung, wenn die Standardabweichung in einer Untersuchungsdekade um mindestens 0,1 fällt (vgl. S. 320, 324). Da dieser Wert jedoch völlig willkürlich und theoretisch unbegründet ist, wird davon bei der nachfolgenden Darstellung der Untersuchungsergebnisse abgesehen und der allgemeinen Konvention zufolge bereits dann von (absoluter) Rektangularisierung gesprochen, wenn die Standardabweichung fällt. Die nachfolgende Ergebnisdarstellung und -interpretation kann somit von derjenigen der Autoren abweichen.

Autoren als Beleg dafür, dass trotz der Anzeichen für eine Mortalitätskompression das maximale durchschnittliche Sterbealter mit Sicherheit höher ist als der von Fries favorisierte Wert von 85 Jahren.

Ein zusammenfassendes Fazit der Ergebnisse der vorgestellten Untersuchungen ist nicht einfach. Auch wenn die zitierten Studien über den gesamten Altersbereich fast ausnahmslos mehr oder weniger starke Kompressionstendenzen nachweisen, zeichnen sie im oberen Altersbereich ein durchaus uneinheitliches Bild. Dies dürfte neben tatsächlichen Abweichungen auch in Unterschieden hinsichtlich der Art und Qualität der Datengrundlage sowie in methodischen Diskrepanzen in Bezug sowohl auf die verwendeten Kennzahlen als auch die Frage begründet liegen, ob sich die analysierten Sterbealterverteilungen aus einer Sterbetafel ableiten (vgl. Nusselder/Mackenbach, 1996, S. 780).
Bezüglich der Datenqualität ist hierbei insbesondere die USA ein Negativbeispiel, da dort nicht nur Bevölkerungsdaten, sondern auch Sterbealtersangaben als unsicher anzusehen sind. Vor allem die tendenziell als übertrieben angesehenen Altersangaben verstorbener Hochbetagter (vgl. beispielsweise Rosenwaike, 1968, S. 36) werfen die Frage auf, ob eine seriöse Überprüfung der Mortalitätskompressionsthese anhand US-amerikanischer Daten überhaupt möglich ist. Andererseits hat sich das Ausmaß von Altersübertreibungen in den USA in der jüngeren Vergangenheit nach herrschender Meinung reduziert und sich damit die Genauigkeit von Altersangaben verbessert, wodurch die Identifizierung von Rektangularisierungstendenzen begünstigt werden sollte (vgl. Myers/Manton, 1984b, S. 574; Manton/Stallard, 1996, S. 362). Da US-Studien im höheren Altersbereich jedoch fast durchweg Mortalitätsexpansionstendenzen nachweisen, scheinen diese vor dem Hintergrund der vermuteten Abnahme von Altersübertreibungen auf Sterbeurkunden in ihrer Größenordnung eher unterschätzt zu werden.
Abgesehen von der Datenqualität sind die Ergebnisse von Untersuchungen, die ausschließlich unstandardisierte, tatsächliche Sterbealterverteilungen analysieren, ohnehin mit großer Vorsicht zu interpretieren, da man nicht das Ausmaß kennt, in dem die erzielten Ergebnisse durch Altersstrukturverschiebungen im jeweiligen Untersuchungszeitraum beeinträchtigt sind (vgl. hierzu die Diskussion in Abschnitt 3.3.1.2.1). Darüber hinaus sind direkte Vergleiche zwischen derartigen Studien auch bereits deshalb schwierig, weil die untersuchten Bevölkerungen i.d.R. unterschiedliche Altersstrukturen aufweisen.
Doch trotz der geschilderten datentechnischen und methodischen Vergleichsschwierigkeiten lässt sich bei Begutachtung der Ergebnisse aller hier zitierten Untersuchungen ein – wohl reales – Muster erkennen, wonach neuere Untersuchungen für höhere Altersstufen eher kompressive Tendenzen ausweisen als ältere Studien. Ebenso scheinen Länder in einem weiter vorangeschrittenen Mortalitätsstadium wie die Niederlande und die Schweiz deutlichere Anzeichen für eine Mortalitätskompression in höheren Altersstufen aufzuweisen als Nationen wie die USA, die hinsichtlich ihrer Mortalitätssituation nicht zur Weltspitze zäh-

len (vgl. Paccaud et al., 1998, S. 415). Nichtsdestotrotz besteht in jedem Fall ein Bedarf an weiteren hinreichend exakten Untersuchungen, zu dessen Befriedigung die nachfolgende empirische Analyse beitragen soll.

3.3.3 Überprüfung der Mortalitätskompressionsthese für das frühere Bundesgebiet im Zeitraum 1964-2003

Im Folgenden wird die Mortalitätskompressionsthese für das frühere Bundesgebiet (einschließlich West-Berlin) mittels der in den Abschnitten 3.3.1.1.2 bis 3.3.1.1.5 vorgestellten sterbetafelbasierten Kennzahlen empirisch überprüft. Das erste Kalenderjahr des Untersuchungszeitraums bildet dabei das Jahr 1964, da ab diesem Kalenderjahr für (fast) alle Gestorbenen eines Jahres neben dem Geschlecht sowohl das Geburtsjahr als auch das Sterbealter bekannt sind[39]. Der Untersuchungszeitraum endet im Jahr 2003 und umfasst somit vierzig Kalenderjahre – eine Zeitspanne, die lange genug sein sollte, um langfristig wirksame Trends aufzudecken und somit gesicherte Schlussfolgerungen zuzulassen.

3.3.3.1 Datengrundlage

Wie bereits an anderer Stelle erwähnt (vgl. Abschnitt 3.3.1.2.1), fließen in die Berechnung von Sterbewahrscheinlichkeiten, welche die Grundlage jeder Sterbetafelberechnung bilden, mit Sterbe- und Bevölkerungsdaten zwei Datentypen von unterschiedlicher Qualität ein. Da die nachfolgende Analyse insbesondere eine verlässliche Darstellung der Sterblichkeit im Bereich der Hochbetagten erfordert, ist eine kritische Auseinandersetzung mit den von der amtlichen Statistik bereitgestellten Rohdaten sowie eine gegebenenfalls erforderliche Datenkorrektur für diesen Altersbereich unumgänglich.
Zuvor sei jedoch noch auf einen Umstand hingewiesen, der die Erstellung von Zeitreihen amtlicher Daten für das frühere Bundesgebiet über das Jahr 2000 hinaus erschwert, denn von 2001 an unterscheidet die amtliche Statistik bei der geographischen Zuordnung von Daten nicht mehr zwischen West- und Ost-Berlin. Eine isolierte Datenanalyse für das frühere Bundesgebiet (einschließlich des Westteils von Berlin) ist daher ab diesem Zeitpunkt streng genommen nicht mehr möglich. Um die Sterblichkeitsanalyse für das frühere Bundesgebiet dennoch bis zum Jahr 2003 fortführen zu können, sind Annahmen zur Aufteilung des Berliner Datenmaterials auf West- und Ost-Berlin erforderlich: Zur Schätzung der durchschnittlichen altersspezifischen Bevölkerung West-Berlins in den Jahren 2001 bis 2003 wird in dieser Arbeit unterstellt, dass sich das altersspezifische Bevölkerungsgewicht der West-Berliner an allen Berlinern im Jahr 2000 in den drei Folgejahren um jeweils ein Altersjahr sukzessive nach oben ver-

[39] Für die Vorjahre fasst die amtliche Statistik die in einem Alter von mindestens 102 Jahren Gestorbenen noch in einer gemeinsamen, nach oben offenen Altersklasse zusammen und verhindert damit eine detaillierte Sterblichkeitsuntersuchung dieser Gruppe von Gestorbenen.

schiebt[40]. Eine analoge Vorgehensweise erfolgt zur Schätzung der altersspezifischen Jahresendbevölkerung West-Berlins in den Jahren 2001 bis 2003. Zur Aufteilung der alters- und kohortenspezifischen Berliner Sterbefälle ab 2001 werden ebenfalls die für das Jahresende 2000 berechneten alters- und damit kohortenspezifischen[41] Bevölkerungsanteile von West-Berlinern an allen Einwohnern Berlins verwendet. Alles in allem dürften von dieser datentechnischen Vorgehensweise keine systematischen Verzerrungen auf die Sterblichkeitsanalyse für das frühere Bundesgebiet ausgehen.

3.3.3.1.1 Sterbedaten

Die Erfassung der in einem Kalenderjahr verstorbenen Bundesbürger durch die amtliche Statistik dürfte nahezu lückenlos sein. Auch die vorgenommene Aufteilung der Verstorbenen nach Geschlecht, Alter und Geburtsjahr gilt aufgrund der obligatorischen standesamtlichen Ausstellung von Sterbeurkunden als sehr verlässlich. Nichtsdestotrotz gibt es auch bei amtlichen Sterbedaten kleinere Qualitätseinbußen zu konstatieren.

Zu nennen ist hierbei insbesondere der Umstand, dass es vor allem in den ersten beiden Dekaden des Untersuchungszeitraums eine – i.d.R. sehr kleine – Zahl von Gestorbenen gibt, deren Sterbealter und Geburtsjahrgang unbekannt sind. Ab Mitte der 80er Jahre bleibt die entsprechende Kategorie dagegen praktisch unbesetzt – eine Ausnahme bildet jedoch das Jahr 2003, das mit knapp 100 nicht zuordenbaren Gestorbenen an der Spitze aller vierzig Untersuchungsjahre liegt. Die Gruppe dieser Verstorbenen muss in der nachfolgenden Analyse notgedrungen unberücksichtigt bleiben, dürfte aber angesichts ihres sehr geringen Gewichts keine spürbaren Auswirkungen auf das Mortalitätsgeschehen im Untersuchungszeitraum haben.

Ein relativ leicht behebbarer Datenaufbereitungsfehler liegt dagegen bei den im Zeitraum von 1969 bzw. 1968 bis 1982 im Alter von 99 Jahren verstorbenen Männern bzw. Frauen vor: In all diesen Jahren und im Gegensatz zu nahezu allen anderen Jahren des Untersuchungszeitraums liegt die Zahl der gestorbenen 100jährigen, die im Kalenderjahr der Vollendung des Alters 100 starben, in den Originaldaten teilweise deutlich über der Zahl der 99jährigen Gestorbenen desselben Geburtsjahrgangs, die in einigen Jahren sogar gegen Null geht. Die nahe liegende Vermutung, dass das geschilderte Phänomen die Folge einer irrtümlichen Zuordnung von tatsächlich im Alter von 99 Jahren Verstorbenen zu den 100jährigen Verstorbenen desselben Geburtsjahrgangs ist, wird allerdings nicht durch die langfristig sehr stetige Entwicklung der Zahl der im Alter von 100

---

[40] Um die West-Berliner Durchschnittsbevölkerung „Nulljähriger" des Jahres 2001, Null- und Einjähriger des Jahres 2002 sowie Null- bis unter Dreijähriger des Jahres 2003 zu schätzen, wird das bekannte anteilige Gewicht von nulljährigen West-Berlinern des Jahres 2000 zugrunde gelegt.

[41] Alle Personen, die am Jahresende gleich alt sind, gehören zwingend demselben Geburtsjahrgang an.

Jahren Gestorbenen des jeweils jüngeren der beiden infrage kommenden Geburtsjahrgänge gestützt. Dagegen gibt es bei den 99jährigen Gestorbenen, die dem älteren der beiden jeweils möglichen Geburtsjahrgänge angehören, von 1967 auf 1968 (Männer) bzw. von 1968 auf 1969 (Frauen) einen auffallenden Sprung nach unten und von 1982 auf 1983 wiederum nach oben. Dies legt nahe, dass die zwischen 1968 bzw. 1969 und 1982 verstorbenen 99jährigen aus heute vom Statistischen Bundesamt nicht mehr nachvollziehbaren Gründen zu einem übergroßen Anteil jeweils dem jüngeren der beiden in Frage kommenden Geburtsjahrgänge zugeordnet wurden. Auch wenn die Geburtsjahrgangszugehörigkeit von Gestorbenen für die nachfolgend berechneten Periodensterbetafeln grundsätzlich unerheblich und dagegen nur das Sterbealter wichtig ist, so verlangt dieser offensichtlich datentechnische Zuordnungsfehler dennoch zwingend eine Korrektur, da – wie im übernächsten Abschnitt ausgeführt – der ebenfalls zur Erstellung von Periodensterbetafeln erforderliche mittlere Bevölkerungsbestand der 99jährigen mittels eines auf Kohortensterbedaten beruhenden Verfahrens rückwirkend geschätzt wird. Berichtigt wird der vermutete Zuordnungsfehler dadurch, dass die im fraglichen Zeitraum verstorbenen 99jährigen zu gleichen Teilen auf die beiden jeweils möglichen Geburtsjahrgängen aufgeteilt werden – eine prozentuale Aufteilung, wie sie auch in allen anderen Jahren im Mittel zu beobachten ist.

Auch in den höchsten Altersstufen, in denen im Untersuchungszeitraum in den amtlichen Tabellen Gestorbene nachgewiesen werden, gibt es in einzelnen Kalenderjahren auffallend starke Besetzungen[42]. Auf eine Korrektur wird im Rahmen dieser Arbeit bis auf eine besonders auffällige Ausnahme (vgl. Abschnitt 3.3.3.3.2) jedoch verzichtet, um nicht noch mehr modifizierend in die Originaldaten einzugreifen. Abgesehen davon wirken sich diese Datenauffälligkeiten weder nennenswert auf Periodensterbetafeln (vgl. Abschnitt 3.3.3.3.1) noch auf die Analyse der Kohortensterblichkeit ab dem Alter 100 (vgl. Abschnitt 3.3.3.3.2) aus, da im ersten Fall der Einfluss potentiell falscher Sterbedaten in den obersten Altersstufen auf die fernere Lebenserwartung selbst in höheren Altersstufen (z.B. dem Alter 90) vernachlässigbar ist und im zweiten Fall durch die Zusammenfassung entsprechend vieler Jahrgänge die Auswirkungen derartiger Datenauffälligkeiten zumindest stark eingedämmt werden.

Abschließend sei noch erwähnt, dass die amtliche Statistik in einzelnen Kalenderjahren die ältesten Verstorbenen in einer nach oben offenen Altersklasse zusammenfasst. In derartigen Fällen werden die Verstorbenen für die nachfolgende Analyse der jeweils untersten Altersstufe bzw. dem jüngsten in Frage kommenden Geburtsjahrgang zugeordnet[43].

---

42 Beispielsweise weist die amtliche Statistik für das Jahr 1990 19 gestorbene 109jährige Frauen aus – ein Wert, der mit Blick auf die umliegenden Altersstufen und Kalenderjahre viel zu hoch erscheint.

43 So werden z.B. im Jahr 1975 ein verstorbener Mann und zwei verstorbene Frauen in den amtlichen Tabellen der Altersklasse 105 Jahre und älter zugewiesen. Bei diesen drei Personen wird im Weiteren unterstellt, dass sie als Angehörige des Jahrgangs 1870 im Alter von

3.3.3.1.2 Bevölkerungsdaten

Allgemein gelangt die amtliche Statistik zum Bevölkerungsbestand in einem Zeitpunkt t_1, indem sie den Bevölkerungsbestand zu einem früheren Zeitpunkt t_0 um die in der Zwischenzeit erfolgten Bevölkerungszu- und -abgänge in Gestalt von Geburten und Zuwanderungen einerseits sowie von Sterbefällen und Abwanderungen andererseits korrigiert[44]. Während Sterbefälle den Ausführungen des vorangegangenen Abschnitts zufolge nahezu lückenlos erfasst werden und auch die Geburtenregistrierung sehr verlässlich arbeitet, stellen Wanderungsbewegungen und hier insbesondere nicht registrierte Abwanderungen eine nicht zu unterschätzende Fehlerquelle im Rahmen der Fortschreibung dar. Aus diesem Grund ist in gewissen Zeitabständen eine Vollerhebung der Bevölkerung im Rahmen einer Volkszählung, in der neben anderen Personenmerkmalen das Geburtsdatum sowie das Geschlecht ermittelt werden, zur Korrektur des fortgeschriebenen Bestandes unumgänglich.
Allerdings ist selbst eine Volkszählung nicht imstande, den Bevölkerungsbestand exakt zu bestimmen: Neben dem generellen Problem der tendenziellen Bevölkerungsuntererfassung sind insbesondere falsche Geburtsdatums- und damit Altersangaben zu erwähnen (vgl. Dinkel, 1989, S. 15/16), denn im Gegensatz zur Geburtsdatumsangabe durch den den Leichenschauschein ausfüllenden Arzt, die ein Standesbeamter auf ihre Richtigkeit hin überprüft, verlässt man sich in Volkszählungen auf die Angaben der befragten Personen bzw. deren Angehörigen. Besonders bei Hochbetagten dürften die Altersangaben jedoch nicht an die Genauigkeit derjenigen von Personen jüngeren bis mittleren Alters heranreichen, da bei Erstgenannten die entsprechenden Angaben häufig von Angehörigen gemacht werden müssen (vgl. Vincent, 1951, S. 188). Vor diesem Hintergrund verwundert es auch nicht, dass die Angabe runder Geburtsdaten insbesondere bei Hochbetagten verbreitet ist, was zu entsprechenden Altersanhäufungen führt (vgl. ebenda). Dass letztgenannter Umstand sowie eine andere Tendenz, nämlich Hochbetagte noch älter zu machen, als sie ohnehin schon sind, insbesondere mit dem sozialen Status und dem Bildungsniveau der die Angaben machenden Person zusammenhängen dürfte, legen u.a. Untersuchungen zur Güte von US-Zensusdaten nahe, die insbesondere bei hochbetagten, vorzugsweise farbigen Personengruppen auf Altersübertreibungen hinweisen – ein Phänomen, das in enger Verbindung zur Analphabetenrate zu stehen scheint (vgl. Rosenwaike, 1968, S. 37/38; 1979, S. 283, 285/286)[45]. Inwieweit die dargestellten

105 Jahren gestorben sind.

[44] Auf analoge Weise erhält man den altersspezifischen Bevölkerungsbestand, wobei in diesem Fall die Geburten durch die Anzahl der Personen, die während des Fortschreibungszeitraums in die betreffende Altersklasse vorstoßen, zu ersetzen sind.

[45] Beispielsweise liegt in allen im Zehnjahresrhythmus durchgeführten US-Volkszählungen zwischen 1910 und 1960 der Anteil mindestens 100jähriger Farbiger an allen mindestens 85jährigen Farbigen deutlich über dem jeweiligen Anteil bei weißen Bürgern. Allerdings baut sich dieses Missverhältnis zwischen 1910 und 1960 und damit im Zuge einer vermut-

Phänomene für die in den Untersuchungszeitraum fallenden deutschen Volkszählungen der Jahre 1970 und 1987 relevant sind, kann an dieser Stelle (noch) nicht beurteilt werden – in jedem Fall dürften jedoch auch diese Vollerhebungen insbesondere im oberen Altersbereich nicht die Exaktheit haben, die man ihnen bisweilen zuschreibt (vgl. hierzu die Ausführungen zu Abbildung 3.6 im nächsten Abschnitt). Überschätzt jedoch bereits die Volkszählung der Tendenz nach den tatsächlichen Bevölkerungsbestand Hochbetagter, ist dieser Fehler notwendigerweise auch bei der Bevölkerungsfortschreibung im Anschluss an den jeweiligen Zensus enthalten.

Darüber hinaus dürfte die Qualität der fortgeschriebenen Bevölkerungsdaten durch das bereits erwähnte Erfassungsproblem nicht registrierter Abwanderungen spürbar beeinträchtigt werden. Verließ beispielsweise direkt im Anschluss an die letzte deutsche Volkszählung im Jahr 1987 ein Angehöriger des Geburtsjahrgangs 1907 das frühere Bundesgebiet ohne ordnungsgemäße Abmeldung beim zuständigen Einwohnermeldeamt in Richtung Ausland, um dort seine letzten Lebensjahre zu verbringen, wird er im Rahmen der Bevölkerungsfortschreibung am Ende des Jahres 2003 als inzwischen 96jähriger aufgeführt, obwohl er mit großer Wahrscheinlichkeit überhaupt nicht mehr lebt – zumindest nicht mehr im früheren Bundesgebiet.

Aufgrund der geschilderten enormen Unsicherheit von Angaben zur Besetzungsstärke in den höchsten Altersstufen verzichtet die amtliche Statistik folgerichtig auch auf eine Aufgliederung des Bevölkerungsbestands ab dem Alter 95 nach Einzelaltersstufen oder nach entsprechenden Geburtsjahrgängen. Stattdessen fasst sie die betreffenden Personen in der nach oben offenen Altersklasse der 95-jährigen und Älteren zusammen. Damit unterbindet sie in diesem Altersbereich jedoch von vornherein die Berechnung von alters- bzw. kohortenspezifischen Sterbewahrscheinlichkeiten, die zur seriösen Überprüfung der Rektangularisierungsthese dringend geboten sind. Ferner dürften auch die veröffentlichten altersspezifischen Bevölkerungsbestände in den Einzelaltersstufen unmittelbar unter dem Alter 95 die tatsächlichen spürbar überschätzen und somit eine entsprechende Unterschätzung von alterspezifischen Sterberaten und -wahrscheinlichkeiten nach sich ziehen[46]. Erforderlich ist folglich ein Verfahren, das zum einen eine Schätzung des Bevölkerungsbestands nach Einzelaltersstufen oberhalb des Alters 95 erlaubt. Zum anderen sollte es die geschilderten Probleme im Zusammenhang mit falschen Altersangaben bei Volkszählungen und systematischen

---

lich gestiegenen Alphabetisierungsrate Farbiger kontinuierlich und spürbar ab (vgl. ebenda, 1968, Tab. 6, S. 38).

[46] Generell ist aufgrund der geschilderten Erfassungsproblematik im Zusammenhang mit Abwanderungen mit zunehmendem zeitlichen Abstand der Fortschreibung von der letzten Volkszählung eine sich auf alle Altersstufen erstreckende Bevölkerungsübererfassung zu erwarten (vgl. Dinkel, 1989, S. 16), wodurch alle altersspezifischen Sterberaten und damit -wahrscheinlichkeiten tendenziell unterschätzt würden. Allerdings dürfte das relative Ausmaß dieser Verzerrungen mit Ausnahme des höchsten Altersbereichs nicht allzu gravierend sein.

Fortschreibungsfehlern aufgrund nicht registrierter (Aus-) Wanderungen vermeiden und so möglichst exakte altersspezifische Bevölkerungsdaten generieren bzw. veröffentlichte Angaben zu den Einzelaltersstufen unmittelbar unterhalb des 95. Lebensjahres gegebenenfalls korrigieren.
Ein Verfahren, das den genannten Anforderungen genügt, ist die von Vincent (vgl. 1951, S. 188-191) vorgeschlagene Methode der „Extinct Generations", die für die vorliegende Arbeit – teilweise in erweiterter Form – zum Einsatz kommt und deshalb nachfolgend erläutert wird.

3.3.3.1.2.1 Die Methode der „Extinct Generations" – Idee und Weiterentwicklung

Die Methode der „Extinct Generations" basiert auf der Tatsache, dass der altersspezifische Bevölkerungsbestand am Jahresende und damit die Anzahl der am Ende eines Kalenderjahres noch lebenden Angehörigen eines bestimmten Geburtsjahrgangs der Summe aller Sterbefälle entsprechen, die diese Generation in den nachfolgenden Kalenderjahren bis hin zur vollständigen Auslöschung erleidet[47]. Um somit nachträglich Jahresendbevölkerungsbestände bereits ausgelöschter Kohorten zu rekonstruieren, sind demnach lediglich nach Geburts- und Kalenderjahr aufgegliederte Mortalitätsdaten erforderlich, welche die amtliche Statistik der Bundesrepublik zur Verfügung stellt und deren Qualität den Ausführungen des Abschnitts 3.3.3.1.1 zufolge auch in den höchsten Altersstufen als alles in allem sehr gut bezeichnet werden kann.
Tabelle 3.1 skizziert die entsprechende Vorgehensweise am Beispiel der Rekonstruktion der weiblichen Jahresendbevölkerung nach Einzelaltersstufen ab dem Alter 91 für das Jahr 1990 anhand der ab 1991 gestorbenen Frauen der Jahrgänge 1877 bis 1899.
Personen, die am Jahresende 1990 beispielsweise 107 Jahre alt waren, gehören allesamt dem Geburtsjahrgang 1883 an und sind in den Folgejahren sukzessive verstorben. Die 10 (= 5 + 2 + 2 + 1) Sterbefälle, die diese Kohorte ab 1991 hinnehmen musste, bilden somit den Schätzwert für den Bevölkerungsbestand 107-jährigen Frauen am Jahresende 1990.

Wie bereits an diesem Beispiel klar wird, ist die Methode der „Extinct Generations" nicht ohne Nachteile bzw. erfordert nicht-überprüfbare Annahmen. Abgesehen von der grundsätzlichen, m.E. allerdings vernachlässigbaren Möglichkeit falscher Altersangaben auf Sterbeurkunden ist als Nachteil zunächst einmal die Ignorierung sämtlicher tatsächlich erfolgter Außenwanderungsbewegungen zu nennen (vgl. Dinkel, 1996, S. 35). So werden beispielsweise alle ab 1991 ins

---

[47] Da Sterbefallzahlen üblicherweise auf Kalenderjahresbasis tabelliert vorliegen, bezieht sich der mittels der Methode der „Extinct Generations" rekonstruierte Bevölkerungsbestand automatisch auf das Ende (bzw. den Anfang) eines Kalenderjahres. Um Bevölkerungsbestände zur Jahresmitte zu erhalten, welche die Berechnung von Sterbewahrscheinlichkeiten auf Periodenbasis erfordert, sind die Jahresendbestände zweier umliegender Kalenderjahre noch zu mitteln (vgl. Rosenwaike, 1979, S. 281; 1981, S. 258).

Tabelle 3.1: Illustration der Methode der „Extinct Generations“ am Beispiel der Rekonstruktion der Jahresendbevölkerung 1990 der Frauen

Alter am Jahresende 1990	Jahrgang	1991	1992	1993	1994	1995	1996	1997	1998	1999	2000	2001	2002	2003	Anzahl der zwischen 1991 und 2003 Gestorbenen	Schätzung der am 1.1.2004 noch Lebenden nach Rosenwaike	Jahresendbevölkerung 1990
91	1899	8.195	6.836	5.873	4.636	3.770	2.818	2.085	1.529	1.020	715	448	299	177	38.401	189	38.590
92	1898	6.765	5.401	4.547	3.482	2.792	1.964	1.420	1.071	657	434	307	201	83	29.124	106	29.230
93	1897	5.251	4.205	3.307	2.564	1.788	1.312	950	620	395	276	147	96	56	20.967	50	21.017
94	1896	4.056	3.143	2.483	1.740	1.254	949	636	357	244	129	85	38	23	15.137	27	15.164
95	1895	2.968	2.037	1.648	1.153	858	552	335	241	120	60	47	25	16	10.060	11	10.071
96	1894	2.075	1.485	1.106	810	515	352	217	117	72	42	22	5	4	6.822	7	6.829
97	1893	1.420	937	786	450	291	185	125	64	27	16	6	6	4	4.317	3	4.320
98	1892	876	685	434	285	158	105	69	30	23	8	3	0	2	2.678	1	2.679
99	1891	694	399	290	147	106	53	35	22	16	2	1	2	0	1.767	1	1.768
100	1890	354	252	143	97	41	31	14	21	21	3	0	0	0	977	1	978
101	1889	193	118	78	50	17	16	6	3	2	1	1	1	1	487	0	487
102	1888	104	42	49	16	13	7	2	1	0	0	0	0	0	234	0	234
103	1887	73	23	25	16	8	1	0	0	0	0	0	0	0	146	0	146
104	1886	40	18	13	8	4	4	0	0	0	0	0	0	0	87	0	87
105	1885	22	14	4	2	0	3	0	0	0	0	0	0	0	45	0	45
106	1884	9	4	2	1	0	0	1	0	0	0	0	0	0	17	0	17
107	1883	5	2	2	1	0	0	0	0	0	0	0	0	0	10	0	10
108	1882	2	5	0	0	0	0	0	0	0	0	0	0	0	7	0	7
109	1881	1	2	1	0	0	0	0	0	0	0	0	0	0	4	0	4
110	1880	0	0	0	0	0	0	0	0	0	0	0	0	0	0	0	0
111	1879	0	0	0	0	0	0	0	0	0	0	0	0	0	0	0	0
112	1878	0	0	0	0	0	0	0	0	0	0	0	0	0	0	0	0
113	1877	0	0	0	0	0	0	0	0	0	0	0	0	0	0	0	0

Quelle: Statistisches Bundesamt; eigene Berechnungen

frühere Bundesgebiet zugewanderten und zwischenzeitlich verstorbenen Personen bei der Ermittlung der jeweiligen Jahresendbestände für das Jahr 1990 explizit berücksichtigt, obwohl diese Zugewanderten zu diesem Zeitpunkt noch nicht im früheren Bundesgebiet lebten. Umgekehrt erfasst die Methode der „Extinct Generations" Personen, die nach 1990 aus dem früheren Bundesgebiet ausgewandert sind, bei der Rekonstruktion der jeweiligen Bevölkerungsbestände am Ende des Jahres 1990 fälschlicherweise nicht. Während somit eine unberücksichtigte Zuwanderung nach 1990 zu einer Übererfassung der jeweiligen altersspezifischen Jahresendbevölkerung 1990 führt und die wahre Sterblichkeitssituation des Jahrgangs des Zugewanderten bis zum Zeitpunkt der (nicht berücksichtigten) Zuwanderung unterschätzt wird (vgl. ebenda), resultiert eine Abwanderung nach 1990 in einer Unterschätzung des tatsächlichen Jahresendbestands 1990 des Jahrgang des Abgewanderten und damit in einer Überschätzung des Sterblichkeitsgeschehens des betroffenen Jahrgangs bis zum Zeitpunkt der Abwanderung. Da die quantitative Bedeutung grenzüberschreitender Wanderungen von Hochbetagten jedoch vernachlässigbar gering sein dürfte und eine im Rahmen der Methode der „Extinct Generations" durchaus mögliche Berücksichtigung dieser Wanderungsbewegungen durch die Erfassungsmängel der amtlichen Statistik insbesondere im Hinblick auf Abwanderungen beeinträchtigt wäre, dürfte die geschilderte Nichterfassung von Außenwanderungen keinen allzu gewichtigen Nachteil darstellen.

Eine erforderliche Annahme vor der Anwendung der Methode der „Extinct Generations" betrifft das Alter, ab dem eine Kohorte als „ausgelöscht" anzusehen ist. Da die amtliche Statistik während des gesamten Untersuchungszeitraums von 1964 bis 2003 keinen Sterbefall oberhalb des Alters 113 ausweist, bildet dieses Alter im Rahmen der vorliegenden Arbeit annahmegemäß die Obergrenze. Erreicht eine Kohorte demnach das Alter 114, wird sie als ausgelöscht betrachtet. In Tabelle 3.1 kennzeichnen grau hinterlegte Felder Kalenderjahre, in denen die jeweiligen Kohorten dieses Alter erreicht haben.

Ein unterstelltes Sterbealterlimit von 113 Jahren bedeutet allerdings auch, dass alle Geburtsjahrgänge, die am Ende des Beobachtungszeitraums im Jahr 2003 zwar das Alter 91, dagegen noch nicht das Alter 114 erreicht haben (dies trifft auf die Jahrgänge 1890 bis 1912 zu), noch nicht als vollständig ausgelöscht betrachtet werden können. Beispielsweise würde der Geburtsjahrgang 1899 erst am Ende des Jahres 2013 sein letztes Mitglied verloren haben.

Um das weitere Ableben und damit den Bestand der am Ende des Untersuchungszeitraums noch lebenden Mitglieder einer Kohorte zu schätzen, schlägt Rosenwaike (vgl. 1968, S. 30/ 31; 1979, S. 281) vor, als Schätzwert für die Anzahl der im ersten Kalenderjahr nach Ende des Beobachtungszeitraums Gestorbenen der interessierenden Kohorte die Zahl der im letzten Beobachtungsjahr Gestorbenen des unmittelbar vorangegangenen Jahrgangs zu verwenden. Für die geschätzte Zahl der Gestorbenen jedes weiteren Kalenderjahres wird in analoger Weise die Anzahl der im letzten Beobachtungsjahr Gestorbenen des jeweils nächst älteren Jahrgangs herangezogen. Der Gesamtbestand der zum Ende des

Beobachtungszeitraums noch nicht „ausgelöschten" Mitglieder der interessierenden Kohorte wird somit durch die Summe der Sterbefälle aller älteren Kohorten geschätzt, die sich im letzten Jahr des Beobachtungszeitraums ereigneten. Für den Jahrgang 1899 beispielsweise sind diesem Schätzverfahren zufolge zu Beginn des Jahres 2004 noch 189 (= 83 + 56 + 23 + 16 + 4 + 4 + 2 + 0 + 0 + 1) Personen am Leben (vgl. Tabelle 3.1). Implizit unterstellt damit die von Rosenwaike propagierte Schätzmethode Stationarität der zugrunde liegenden Bevölkerung[48] – eine Annahme, die in der Realität allerdings kaum erfüllt sein dürfte, was beispielsweise der Umstand eindrucksvoll belegt, dass sich der amtlich veröffentlichte Jahresendbestand 91jähriger Frauen im früheren Bundesgebiet von 1963 bis 2003 nahezu verzehnfacht hat. Eine andere Möglichkeit, um zum einen die Zweifelhaftigkeit dieser Stationaritätsannahme zu belegen und zum anderen zu vernünftigeren Schätzungen des Absterbeverhaltens von am Ende des Untersuchungszeitraums noch nicht ausgelöschten Kohorten zu gelangen, besteht darin, das Ausmaß zu ermittelt, in dem das von Rosenwaike vorgestellte Schätzverfahren im Mittel zu falschen Schätzungen gelangt wäre, wenn es bereits innerhalb des Untersuchungszeitraums Anwendung gefunden hätte. Da das dazu erforderliche Verfahren eigens für die Zwecke des empirischen Teils der vorliegenden Arbeit entwickelt wurde, soll es im Folgenden anhand von Beispielen hinreichend detailliert erläutert werden.

Die Idee dieses Verfahrens besteht darin, für alle Kohorten, die vom Ende des Jahres 1963 an bis hin zum Ende des Jahres 2002 die Altersstufen ab dem Alter 91 nach und nach durchschritten haben, das tatsächliche Absterbeverhalten nach der Vollendung jedes Alters mit demjenigen Absterbeverhalten zu vergleichen, das auf Basis der von Rosenwaike propagierten Methode zu erwarten gewesen wäre. Wäre das letzte Beobachtungsjahr beispielsweise das Jahr 1991 gewesen, hätte das Rosenwaike-Verfahren als Schätzwert für die im Jahr 1992 verstorbenen Mitglieder des Jahrgangs 1899 die bekannte Anzahl der im Jahr 1991 Verstorbenen des nächst höheren Geburtsjahrgangs, d.h. des Jahrgangs 1898 verwendet. Der entsprechende Schätzwert wäre somit 6.765 gewesen (vgl. Tabelle 3.1). Die tatsächliche Zahl der im Jahr 1992 verstorbenen Mitglieder des Jahrgangs 1899 liegt jedoch bei 6.836 Verstorbenen (vgl. Tabelle 3.1) und damit in etwa um den Faktor 1,01 (≈ 6.836/6.765) über dem Rosenwaike-Schätzwert. Für die im Jahr 2003 verstorbenen Mitglieder des Jahrgangs 1899 würden dem Rosenwaike-Verfahren zufolge dagegen die im Jahr 1991 Verstorbenen des Geburtsjahrgangs 1887 den Ersatzwert stellen (vgl. Tabelle 3.1). Der Quotient aus der tatsächlichen Zahl der im Jahr 2003 Verstorbenen des Geburtsjahrgangs 1899 (177 Verstorbene) und dem Schätzwert nach Rosenwaike (73 Verstorbene) beträgt in diesem Fall ca. 2,42, womit sich andeutet, dass die Schätzwerte des

[48] Eine stationäre Bevölkerung ist gekennzeichnet durch eine jährlich konstante Zahl von Geburten, durch im Zeitablauf konstante altersspezifische Sterberaten sowie durch Abwesenheit von Zu- und Abwanderungen. Diese Vorgaben generieren eine Population mit im Zeitablauf konstanter Altersstruktur und -besetzung und damit konstanter Gesamtgröße (vgl. Shryock/Siegel, 1976, S. 7, 142; Namboodiri/ Suchindran, 1987, S. 6/7).

Rosenwaike-Verfahrens der Tendenz nach proportional um so mehr von den tatsächlichen Werten abweichen, je weiter entfernt vom letzten Jahr des jeweiligen Untersuchungszeitraums das Kalenderjahr ist, für das die Zahl der Verstorbenen eines Jahrgangs zu schätzen ist.

Führt man die geschilderte Quotientenberechnung für Frauen durch, indem man den Beobachtungszeitraum vom Jahr 1964 an sukzessive bis zum Jahr 2002 verlängert und jeweils die tatsächlichen Gestorbenenzahlen ins Verhältnis zu den korrespondierenden Rosenwaike-Schätzwerten setzt, und ordnet die berechneten Quotienten nach erfolgter Durchschnittsbildung entsprechend an, erhält man Tabelle 3.2. Der obere Wert jeder Tabellenzelle gibt dabei an, um welchen Faktor die jeweils tatsächliche Zahl von Gestorbenen die unter Rückgriff auf die Rosenwaike-Methode geschätzte Zahl im Mittel übersteigt[49].
Die Gegenüberstellung des tatsächlichen, zwischen 1965 bis 2003 beobachtbaren Absterbehaltens von weiblichen Kohorten in den Kalenderjahren nach der Vollendung ihres 91. Lebensjahres mit den Schätzwerten nach Rosenwaike findet sich beispielsweise in der ersten Tabellenzeile. Die Rosenwaike-Schätzwerte stammen dabei jeweils aus demjenigen Kalenderjahr, das auf die Vollendung des 91. Lebensjahres durch diejenige Kohorte folgt, deren Absterbeverhalten mit den Rosenwaike-Schätzwerten verglichen wird. Demnach liegt zum Beispiel die tatsächliche Anzahl der Gestorbenen, deren Tod im Kalenderjahr unmittelbar nach der Vollendung des 91. Lebensjahres (und damit im Kalenderjahr der Vollendung des Alters 92) eintrat, im Durchschnitt um ca. 5% über dem jeweiligen Schätzwert nach Rosenwaike (vgl. oberer Wert in der ersten Zeile und der ersten Spalte der Tabelle 3.2), wobei der entsprechende Quotient eine Standardabweichung von 0,05 aufweist (vgl. mittlerer Wert in derselben Tabellenzelle). Die Berechnung des Durchschnittswerts und der Standardabweichung stützt sich dabei auf 39 Beobachtungen (vgl. unterer Wert), da von 39 Kohorten – nämlich von den Kohorten 1873 bis 1911 – zwischen 1965 und 2003 Angaben zu den im Kalenderjahr nach der Vollendung des 91. Lebensjahres Gestorbenen vorliegen, die mit den entsprechenden Schätzwerten des Rosenwaike-Verfahrens konfrontiert werden können[50]. Dagegen besagt beispielsweise der obere Wert in der ersten Zeile und der zehnten Spalte von Tabelle 3.2 (2,37), dass die tatsächliche Zahl der im Kalenderjahr nach der Vollendung des 100. Lebensjahres gestorbe-

[49] Die entsprechende Tabelle für Männer findet sich im Anhang B, Tabelle B.1.

[50] Der älteste Jahrgang, der innerhalb des Untersuchungszeitraums das Alter 91 vollendete, ist der Geburtsjahrgang 1873. Dieser erreichte das Alter 91 im Jahr 1964, so dass die Anzahl der im Folgejahr 1965 Gestorbenen dieses Jahrgangs (2.145 Gestorbene) mit dem entsprechenden Rosenwaike-Schätzwert (1.819 im Jahr 1964 Gestorbene des Jahrgangs 1872) verglichen werden kann. Den 39. Jahrgang, für den dieser Vergleich möglich ist, bildet die Kohorte 1911, deren noch lebende Mitglieder das Alter 91 im Jahr 2002 vollendeten. Die Anzahl der im Anschlussjahr 2003 Gestorbenen dieses Jahrgangs (13.556 Personen) lässt sich wiederum dem Schätzwert nach Rosenwaike gegenüberstellen, den die im Jahr 2002 Gestorbenen des Jahrgangs 1910 (13.292 Personen) bilden.

Tabelle 3.2: Mittlere Quotienten aus der jeweiligen Anzahl der tatsächlich gestorbenen Frauen und dem korrespondierenden Rosenwaike-Schätzwert

letztes vollendetes Alter der jeweiligen Kohorte	Mittlerer Quotient aus der Anzahl der tatsächlich Gestorbenen und dem nach Rosenwaike geschätzten Wert im Kalenderjahr nach der Vollendung des																					
	91.	92.	93.	94.	95.	96.	97.	98.	99.	100.	101.	102.	103.	104.	105.	106.	107.	108.	109.	110.	111.	112.	113.
	Lebensjahres (oberer, fett gedruckter Wert) (mittlerer Wert: Standardabweichung; unterer Wert: Anzahl der Beobachtungen)																						
91	**1,05** 0,05 39	**1,12** 0,07 38	**1,20** 0,10 37	**1,29** 0,11 36	**1,39** 0,12 35	**1,52** 0,15 34	**1,67** 0,16 33	**1,85** 0,13 32	**1,99** 0,28 31	**2,37** 0,36 30	**2,79** 0,50 29	**3,32** 0,92 28	**4,10** 2,17 27	**5,18** 2,25 25	**4,94** 2,83 20	**10,02** 7,25 14	**8,30** 6,80 7	**2,33** 1,25 3	**1,21** 1,62 4	**n. def.** n. def. 0	**0,00** 0,00 1	**n. def.** n. def. 0	**n. def.** n. def. 0
92		**1,06** 0,06 39	**1,13** 0,07 38	**1,21** 0,09 37	**1,31** 0,12 36	**1,42** 0,13 35	**1,56** 0,16 34	**1,72** 0,14 33	**1,83** 0,26 32	**2,18** 0,35 31	**2,55** 0,49 30	**2,98** 0,76 29	**3,58** 1,71 28	**4,60** 2,33 26	**4,52** 2,58 21	**8,48** 6,52 15	**6,69** 5,73 8	**9,22** 8,61 3	**0,13** 0,14 4	**n. def.** n. def. 0	**0,00** 0,00 1	**n. def.** n. def. 0	**n. def.** n. def. 0
93			**1,07** 0,06 39	**1,14** 0,07 38	**1,22** 0,08 37	**1,33** 0,10 36	**1,44** 0,14 35	**1,59** 0,13 34	**1,70** 0,24 33	**1,98** 0,30 32	**2,31** 0,47 31	**2,67** 0,63 30	**3,26** 1,50 29	**4,27** 2,40 27	**4,12** 2,66 22	**7,46** 4,44 16	**4,21** 2,00 9	**2,58** 1,36 4	**1,03** 1,53 5	**n. def.** n. def. 0	**0,00** 0,00 1	**n. def.** n. def. 0	**n. def.** n. def. 0
94				**1,07** 0,06 39	**1,15** 0,09 38	**1,24** 0,08 37	**1,35** 0,14 36	**1,46** 0,11 35	**1,57** 0,21 34	**1,82** 0,26 33	**2,11** 0,43 32	**2,46** 0,69 31	**3,00** 1,44 30	**3,78** 2,09 28	**3,68** 2,22 23	**6,89** 5,94 17	**4,14** 2,53 10	**3,07** 1,72 5	**2,11** 2,22 6	**n. def.** n. def. 0	**0,00** 0,00 1	**n. def.** n. def. 0	**n. def.** n. def. 0
95					**1,08** 0,08 39	**1,16** 0,08 38	**1,25** 0,11 37	**1,36** 0,10 36	**1,45** 0,17 35	**1,66** 0,26 34	**1,91** 0,30 33	**2,25** 0,62 32	**2,67** 1,16 31	**3,33** 1,60 29	**3,27** 1,67 24	**5,92** 5,16 18	**5,45** 4,42 11	**5,37** 7,24 6	**2,11** 2,44 6	**n. def.** n. def. 0	**0,00** 0,00 1	**n. def.** n. def. 0	**n. def.** n. def. 0
96						**1,08** 0,06 39	**1,16** 0,12 38	**1,26** 0,10 37	**1,34** 0,15 36	**1,53** 0,22 35	**1,73** 0,33 34	**2,01** 0,57 33	**2,45** 1,28 32	**2,99** 1,56 30	**2,88** 1,61 25	**5,62** 4,38 19	**3,26** 2,09 12	**2,12** 1,16 7	**0,86** 1,05 6	**n. def.** n. def. 0	**0,00** 0,00 1	**n. def.** n. def. 0	**n. def.** n. def. 0
97							**1,08** 0,09 39	**1,17** 0,10 38	**1,26** 0,14 37	**1,41** 0,19 36	**1,59** 0,29 35	**1,79** 0,38 34	**2,14** 1,09 33	**2,57** 1,01 31	**2,66** 1,45 26	**4,34** 4,05 20	**3,39** 1,35 13	**4,01** 6,45 8	**3,81** 7,10 7	**n. def.** n. def. 0	**0,00** 0,00 1	**n. def.** n. def. 0	**n. def.** n. def. 0
98								**1,09** 0,08 39	**1,17** 0,12 38	**1,30** 0,19 37	**1,47** 0,29 36	**1,61** 0,36 35	**1,93** 0,86 34	**2,38** 1,16 32	**2,62** 1,68 27	**4,09** 3,60 21	**3,30** 1,96 14	**3,77** 6,16 9	**1,15** 1,24 8	**n. def.** n. def. 0	**1,00** 0,00 1	**n. def.** n. def. 0	**n. def.** n. def. 0
99									**1,08** 0,10 39	**1,19** 0,14 38	**1,36** 0,31 37	**1,47** 0,36 36	**1,74** 0,71 35	**2,05** 1,01 33	**2,09** 1,36 28	**3,40** 3,40 22	**3,26** 3,69 15	**2,22** 0,98 10	**0,32** 0,40 9	**n. def.** n. def. 0	**0,00** 0,00 1	**n. def.** n. def. 0	**n. def.** n. def. 0
100										**1,10** 0,18 39	**1,24** 0,30 38	**1,35** 0,41 37	**1,67** 0,96 36	**1,88** 0,91 34	**1,88** 1,04 29	**2,80** 2,65 23	**3,12** 4,73 16	**2,21** 1,66 11	**1,18** 1,43 10	**1,00** 0,00 1	**0,00** 0,00 1	**n. def.** n. def. 0	**n. def.** n. def. 0
101											**1,11** 0,21 39	**1,23** 0,32 38	**1,50** 0,71 37	**1,77** 1,01 35	**1,87** 1,28 30	**2,78** 3,00 24	**2,32** 1,67 17	**2,38** 2,68 12	**1,44** 1,70 11	**1,00** 0,00 1	**0,00** 0,00 1	**n. def.** n. def. 0	**n. def.** n. def. 0
102												**1,12** 0,29 39	**1,36** 0,79 38	**1,61** 0,96 36	**1,62** 0,88 31	**2,02** 1,70 25	**2,33** 1,88 18	**2,78** 2,87 13	**0,38** 0,61 11	**1,00** 1,00 2	**0,00** 0,00 2	**n. def.** n. def. 0	**n. def.** n. def. 0
103													**1,26** 0,76 39	**1,43** 0,75 37	**1,47** 0,67 32	**1,98** 1,86 26	**2,10** 1,93 19	**2,19** 2,69 14	**0,67** 0,65 12	**1,25** 0,75 2	**0,00** 0,00 2	**n. def.** n. def. 0	**n. def.** n. def. 0
104														**1,28** 0,66 38	**1,44** 0,87 33	**1,63** 1,36 27	**1,72** 1,68 20	**2,09** 2,43 15	**0,98** 1,52 12	**0,22** 0,31 3	**0,50** 0,50 2	**n. def.** n. def. 0	**n. def.** n. def. 0
105															**1,20** 0,64 34	**1,34** 0,81 28	**1,38** 0,98 21	**1,74** 1,84 16	**1,30** 1,76 13	**0,56** 0,42 3	**0,00** 0,00 2	**n. def.** n. def. 0	**n. def.** n. def. 0
106																**1,48** 1,65 29	**1,34** 1,12 22	**2,26** 4,74 17	**2,33** 5,40 14	**0,00** 0,00 3	**0,00** 0,00 2	**n. def.** n. def. 0	**n. def.** n. def. 0
107																	**1,32** 1,23 23	**2,00** 2,63 18	**2,20** 5,25 15	**0,61** 0,64 3	**0,00** 0,00 2	**0,00** 0,00 1	**n. def.** n. def. 0
108																		**1,53** 1,99 19	**0,89** 1,43 16	**0,50** 0,87 4	**0,00** 0,00 2	**1,00** 0,00 1	**n. def.** n. def. 0
109																			**0,74** 1,25 16	**1,38** 1,19 4	**0,00** 0,00 2	**0,00** 0,00 1	**n. def.** n. def. 0
110																				**0,20** 0,40 5	**0,00** 0,00 3	**0,00** 0,00 1	**n. def.** n. def. 0
111																					**0,00** 0,00 3	**0,00** 0,00 1	**n. def.** n. def. 0
112																						**0,00** 0,00 2	**n. def.** n. def. 0
113																							**n. def.** n. def. 0

Quelle: Statistisches Bundesamt; eigene Berechnungen

nen Kohortenmitglieder (die somit im Alter 100 oder101 starben) im Mittel um den Faktor 2,37 über den entsprechenden Rosenwaike-Schätzwerten liegen. Diese Schätzwerte stammen dabei wie alle Schätzwerte aus Zeile 1 aus den Kalenderjahren, in denen die Kohorten, deren weiteres Absterbeverhalten nach der Vollendung des Alters 91 abzuschätzen ist, eben dieses Alter erreichten. Der erwähnte Faktor 2,37 sowie die Standardabweichung (0,36) basieren dabei auf 30

Beobachtungen[51]. Die übrigen Eintragungen von Tabelle 3.2 sind in ähnlicher Weise zu interpretieren.
Ignoriert man zunächst einmal die grau hinterlegten Felder in Tabelle 3.2, so fällt auf, dass die mittleren Quotienten jeweils größer 1 sind und die Rosenwaike-Schätzwerte demnach die tatsächlichen Verstorbenenzahlen unterschätzen. Ferner ist Tabelle 3.2 zu entnehmen, dass in jeder Tabellenzeile die Quotienten tendenziell zunehmen, je weiter man sich in der Tabelle von der Hauptdiagonalen nach rechts bewegt. Die Rosenwaike-Schätzwerte unterschätzen im Untersuchungszeitraum somit umso mehr die tatsächliche Zahl der Verstorbenen, je größer der Abstand zwischen der Kohorte, aus der die tatsächlich Verstorbenen kommen, und der Kohorte ist, welche die Schätzwerte liefert. Entlang einer Zeile nimmt ebenso die Streuung der Quotienten der Tendenz nach zu. Die Quotienten steigen tendenziell auch, wenn man sich entlang einer Diagonalen von links oben nach rechts unten bewegt, was darauf hindeutet, dass die Rosenwaike-Schätzwerte die wahren Verstorbenenanzahlen umso mehr unterschätzen, je höher das vollendete Alter ist, jenseits dessen das Absterbeverhalten entsprechender Kohorten zu schätzen ist. Gleichzeitig steigt entlang der angesprochenen Diagonalen in der Tendenz auch die anhand der Standardabweichung gemessene Unzuverlässigkeit der berechneten Quotienten.

Tabelle 3.2 belegt jedoch nicht nur das jeweilige Ausmaß der Unterschätzung der wahren Gestorbenenzahlen durch die Rosenwaike-Methode, sondern ermöglicht auch eine bessere Schätzung des Absterbeverhaltens von Kohorten, die erwartungsgemäß erst in den Jahren nach 2003 und damit nach Ende des Untersuchungszeitraums vollständig ausgelöscht werden. Denn wenn Tabelle 3.2 zufolge beispielsweise die tatsächliche Zahl der jeweils im Kalenderjahr nach der Vollendung des Alters 91 gestorbenen Kohortenmitglieder in der Vergangenheit im Durchschnitt um 5% über der Anzahl der im Vorjahr gestorbenen Personen der jeweils vorangegangenen Kohorte, aus welcher der Rosenwaike-Schätzwert kommt, lag, bietet es sich an, auf diesen Faktor zur Schätzung der Zahl der im Jahr 2004 vermutlich Sterbenden des Jahrgangs 1912 zurückgreifen: Da dieser Jahrgang das Alter 91 im Jahr 2003 vollendete, würde dem Rosenwaike-Verfah-

[51] Wie bereits in der vorangegangenen Fußnote ausgeführt, ist der Jahrgang 1873 der älteste, der innerhalb des Untersuchungszeitraums das Alter 91 erreichte. Die Sterbefälle, die dieser Jahrgang im Kalenderjahr nach der Vollendung des Alters 100 und damit im Jahr 1974 erfuhr (78 Personen), wären dem Rosenwaike-Verfahren zufolge durch die Anzahl der im Jahr 1964 Gestorbenen des Jahrgangs 1863 (34 Personen) zu schätzen, da der Jahrgang 1863 im Jahr 1964 altersmäßig mit dem Jahrgang 1873 im Jahr 1974 übereinstimmt. Der Jahrgang 1902 ist der 30. und letzte Jahrgang, für den diese Gegenüberstellung durchführbar ist. Dieser Jahrgang erreichte das Alter 91 im Jahr 1993 und das Alter 100 im Jahr 2002. Wäre das letzte Beobachtungsjahr das Jahr 1993 gewesen, wären für die Schätzung der Zahl der im Jahr 2003 Gestorbenen dieses Jahrgangs (die sich tatsächlich auf 956 Personen beläuft) die im Jahr 1993 Gestorbenen herangezogen worden, die sich damals ebenfalls im Kalenderjahr nach der Vollendung des 100. Lebensjahres befanden (dies wären die im Jahr 1993 verstorbenen 434 Personen des Jahrgangs 1892 gewesen).

ren zufolge die bekannte Zahl der im Jahr 2003 Verstorbenen des Jahrgangs 1911 (13.556 Gestorbene) als Schätzwert infrage kommen. Da dieser Schätzwert aber – zumindest in dem durch die Tabelle abgebildeten Zeitraum – im Mittel um ca. 4,8% ($\approx 1-(1/1{,}05)$) unter der tatsächlichen Zahl von Gestorbenen lag, bietet es sich an, ihn mit 1,05 zu multiplizieren[52]. Die Zahl der im Jahr 2004 gestorbenen Personen des Jahrgangs 1912 wird somit auf 14.291 Personen geschätzt.
Von dieser Korrektur der Rosenwaike-Schätzwerte wird im Rahmen der vorliegenden Analyse allerdings in einigen Fällen Abstand genommen. Stattdessen wird der jeweilige Rosenwaike-Schätzwert direkt verwendet und damit die in diesem Schätzwert implizit enthaltene Stationaritätsannahme zugrunde gelegt. Dazu kommt es zum einen, wenn die Standardabweichung eines Quotienten seinen Mittelwert übertrifft bzw. – anders ausgedrückt – wenn der Variationskoeffizient eines Quotienten den Wert 1 übersteigt, denn in diesen Fällen ist die Streuung um den Mittelwert m.E. unvertretbar groß, so dass die Güte des Mittelwerts für Prognosezwecke zu schlecht ist. Auch Quotienten, die sich auf nur zehn Beobachtungen oder weniger stützen, bleiben unberücksichtigt. Schließlich werden auch Quotienten mit einem unter 1 liegenden Mittelwert verworfen, da derartige Werte unplausibel sind[53]. Diese drei Ausnahmen, die in Tabelle 3.2 durch graue Hinterlegung gekennzeichnet sind, treten fast ausnahmslos und häufig gleichzeitig in den höchsten Altersstufen auf, in denen viele Kohorten überhaupt keine Sterbefälle mehr aufweisen und deshalb die Gegenüberstellung von tatsächlich Gestorbenen zu den Rosenwaike-Schätzwerten nur in Ausnahmefällen möglich ist, die dann allerdings einen großen Einfluss auf den jeweiligen Wert des Quotienten ausüben.
Das Verfahren zur Schätzung des weiteren Absterbeverhaltens noch nicht ausgelöschter Kohorten lässt sich mithilfe der Matrixschreibweise auch analytisch darstellen. Hierzu schreibt man die Quotienten aus Tabelle 3.2 in eine (23×23)-Matrix, wobei grau hinterlegte Quotienten durch den Wert 1 ersetzt werden. Diese Matrix multipliziert man sodann mit einer (23×23)-Diagonalmatrix, de-

---

[52] Man beachte in diesem Zusammenhang, dass die in der Tabelle aufgeführten Quotienten gerundet sind. Zur Schätzung des Absterbeverhalten von im Jahr 2003 noch nicht ausgelöschten Kohorten wird jedoch auf die exakten, d.h. ungerundeten Faktoren zurückgegriffen.

[53] Die Tatsache, dass dieses Phänomen nur im höchsten Altersbereich zu beobachten ist, hängt letztlich damit zusammen, dass Kohorten in diesem Altersbereich häufig überhaupt keine Gestorbene aufweisen und die Quotienten damit entweder Null oder aber überhaupt nicht definiert sind. Der erste Fall tritt dann ein, wenn es zwar einen von Null verschiedenen Rosenwaike-Schätzwert, aber keine gegenübergestellten tatsächlich Gestorbenen gibt. Zum zweiten Fall kommt es dagegen dann, wenn der korrespondierende Rosenwaike-Schätzwert Null und der entsprechende Quotient damit nicht definiert ist. Während aber ein Quotient von Null in die Berechnung des mittleren Quotienten eingeht und diesen nach unten zieht, scheiden nicht-definierte Quotienten bei der Mittelwertbildung naturgemäß aus. Dies erklärt auch, warum sich die mittleren Quotienten für die höchsten Altersstufen häufig auf nur sehr wenige Beobachtungen stützen bzw. überhaupt nicht definiert sind.

ren Hauptdiagonalelemente die im Jahr 2003 Gestorbenen der 23 Jahrgänge von 1911 abwärts bis zur Kohorte 1889 bilden. Als Ergebnis erhält man eine obere Dreiecksmatrix der Ordnung (23×23), in deren Zeilen das prognostizierte Absterbeverhalten der Jahrgänge 1912 bis hinunter zum Jahrgang 1890 dokumentiert ist. Das so prognostizierte Absterbeverhalten von Frauen der Jahrgänge 1890 bis 1912 findet sich in Tabelle 3.3, das der Männer ist in Tabelle B.2 im Anhang B aufgeführt[54].

Tabelle 3.3 entnimmt man beispielsweise, dass der Schätzwert für die Zahl der ab 2004 Versterbenden des Jahrgangs 1912 85.122 Personen beträgt (vgl. erste Zeile und letzte Spalte von Tabelle 3.3), was somit dem geschätzten Bevölkerungsbestand der 91jährigen am Ende des Jahres 2003 entspricht. Entsprechend wird der Bevölkerungsbestand 100jähriger am Jahresende 2003 auf 2.824 Personen geschätzt, da dies dem Schätzwert für die Zahl derjenigen Sterbefälle entspricht, die dem Jahrgang 1903 ab 2004 zustoßen werden. Möchte man dagegen den Bevölkerungsendbestand 99jähriger des Jahres 2002 ermitteln, ist zu diesen geschätzten 2.824 nach dem Jahr 2003 Gestorbenen des Jahrgangs 1903 noch die bekannte Anzahl der im Jahr 2003 gestorbenen Jahrgangsmitglieder (1.411 Personen) zu addieren[55].

Wie bereits erwähnt, entsprechen die Schätzwerte für die ältesten Verstorbenen in Tabelle 3.3 aufgrund der beträchtlichen Unschärfe und häufig auch aufgrund der Unplausibilität der mittleren Quotienten in Tabelle 3.2 den Rosenwaike-Schätzwerten und beruhen damit auf der Stationaritätsannahme[56]. Nichtsdestotrotz dürfte diese Annahme auch in den höchsten Altersstufen nicht erfüllt sein. Stattdessen ist zu erwarten, dass die entsprechenden Rosenwaike-Schätzwerte die sich in der Zukunft herausstellenden tatsächlichen Verstorbenenzahlen der Kohorten 1890 bis 1912 tendenziell unterschätzen. Allerdings beeinflusst diese potentielle Unterschätzung aufgrund ihrer Beschränktheit auf die höchsten Altersstufen, in denen ohnehin nur wenige Verstorbene zu finden sind, kaum die geschätzten Jahresendbestände für die Altersstufen im Altersbereich 91 bis etwa 104 oder 105 Jahre. Erst für darüber liegende Altersstufen gewinnen die erwähnten Rosenwaike-Schätzwerte, die zur Prognose des Absterbeverhaltens der Kohorten 1890 bis 1912 im Altersbereich ab etwa dem 108. Lebensjahr zum Ein-

---

[54] Alle in den beiden genannten Tabellen aufgeführten Gestorbenenzahlen sind gerundet. Da jedoch mit ungerundeten Werten gerechnet wird, ergeben sich bisweilen kleinere Diskrepanzen bei den Summen in der jeweils rechten Spalte der beiden Tabellen.

[55] Man beachte in diesem Zusammenhang, dass sich die Felder unterhalb der Hauptdiagonalen auf Kalenderjahre beziehen, die innerhalb des Untersuchungszeitraums liegen und für die daher die tatsächliche Zahl der Gestorbenen – wie beispielsweise für den Jahrgang 1903 im Jahr 2003 – bekannt ist. Die leeren Eintragungen unterhalb der Hauptdiagonalen signalisieren somit nur das Fehlen von entsprechenden – redundanten – Schätzwerten.

[56] Die Rosenwaike-Schätzwerte in Tabelle 3.3 sind grau hinterlegt. Ab dem Kalenderjahr, das auf die jeweilige Vollendung des 109. Lebensjahres folgt, entspricht somit das prognostizierte Absterbeverhalten aller in Tabelle 3.3 aufgeführten Kohorten exakt dem der Kohorten 1889 bis 1893 im Jahr 2003, da diese Kohorten die entsprechenden Rosenwaike-Schätzwerte liefern.

Tabelle 3.3: Geschätzte Zahl der in den Kalenderjahren nach 2003 versterbenden Frauen der Kohorten 1890 bis 1912

Alter am Jahresende 2003 (in Klammern: dazugehöriger Jahrgang)	Geschätzte Zahl der Gestorbenen im Kalenderjahr nach der Vollendung des																							Schätzung der nach 2003 noch Lebenden
	91.	92.	93.	94.	95.	96.	97.	98.	99.	100.	101.	102.	103.	104.	105.	106.	107.	108.	109.	110.	111.	112.	113.	
	Lebensjahres																							
91 (1912)	14.291	13.465	12.282	10.374	8.885	7.025	5.276	4.165	2.802	2.266	1.575	1.028	726	432	278	226	16	4	4	2	0	0	1	85.122
92 (1911)	0	12.743	11.580	9.768	8.353	6.568	4.912	3.869	2.590	2.082	1.437	922	633	383	254	191	16	4	4	2	0	0	1	66.311
93 (1910)	0	0	10.882	9.163	7.801	6.124	4.554	3.579	2.397	1.888	1.305	828	577	356	232	168	16	4	4	2	0	0	1	49.882
94 (1909)	0	0	0	8.608	7.328	5.719	4.255	3.301	2.220	1.741	1.190	762	530	315	207	156	16	4	4	2	0	0	1	36.359
95 (1908)	0	0	0	0	6.872	5.348	3.952	3.066	2.044	1.588	1.076	696	473	278	184	134	86	4	4	2	0	0	1	25.808
96 (1907)	0	0	0	0	0	4.975	3.676	2.847	1.897	1.463	976	623	433	250	162	127	51	4	4	2	0	0	1	17.491
97 (1906)	0	0	0	0	0	0	3.413	2.639	1.773	1.343	898	553	378	214	150	98	53	4	4	2	0	0	1	11.526
98 (1905)	0	0	0	0	0	0	0	2.449	1.647	1.240	831	499	342	199	148	92	52	4	4	2	0	0	1	7.510
99 (1904)	0	0	0	0	0	0	0	0	1.526	1.136	765	456	308	171	118	77	16	4	4	2	0	0	1	4.582
100 (1903)	0	0	0	0	0	0	0	0	0	1.055	697	420	296	157	106	63	16	9	4	2	0	0	1	2.824
101 (1902)	0	0	0	0	0	0	0	0	0	0	627	380	266	148	105	63	37	4	4	2	0	0	1	1.636
102 (1901)	0	0	0	0	0	0	0	0	0	0	0	347	240	134	91	45	37	4	4	2	0	0	1	906
103 (1900)	0	0	0	0	0	0	0	0	0	0	0	0	223	120	83	45	33	4	4	2	0	0	1	514
104 (1899)	0	0	0	0	0	0	0	0	0	0	0	0	0	106	81	37	27	4	4	2	0	0	1	262
105 (1898)	0	0	0	0	0	0	0	0	0	0	0	0	0	0	68	30	22	4	4	2	0	0	1	130
106 (1897)	0	0	0	0	0	0	0	0	0	0	0	0	0	0	0	33	21	4	4	2	0	0	1	65
107 (1896)	0	0	0	0	0	0	0	0	0	0	0	0	0	0	0	0	21	4	4	2	0	0	1	32
108 (1895)	0	0	0	0	0	0	0	0	0	0	0	0	0	0	0	0	0	4	4	2	0	0	1	11
109 (1894)	0	0	0	0	0	0	0	0	0	0	0	0	0	0	0	0	0	0	4	2	0	0	1	7
110 (1893)	0	0	0	0	0	0	0	0	0	0	0	0	0	0	0	0	0	0	0	2	0	0	1	3
111 (1892)	0	0	0	0	0	0	0	0	0	0	0	0	0	0	0	0	0	0	0	0	0	0	1	1
112 (1891)	0	0	0	0	0	0	0	0	0	0	0	0	0	0	0	0	0	0	0	0	0	0	1	1
113 (1890)	0	0	0	0	0	0	0	0	0	0	0	0	0	0	0	0	0	0	0	0	0	0	1	1

Quelle: Statistisches Bundesamt; eigene Berechnungen

satz kommen (vgl. graue Hinterlegung der entsprechenden Schätzwerte in Tabelle 3.3), bei der Ermittlung der jeweiligen Jahresendbevölkerung zunehmend an Bedeutung. Es ist somit zu erwarten, dass die geschätzten Jahresendbevölkerungen ab etwa dem Alter 104 tendenziell unter den tatsächlichen liegen und damit die wahre Sterblichkeitssituation in diesem Altersbereich – gemessen anhand von Sterberaten und -wahrscheinlichkeiten – eher zu schlecht dargestellt wird. Allerdings tritt dieses Problem frühestens 1994 auf, da in den Vorjahren die altersspezifischen Jahresendbevölkerungen ab dem Alter 104 ausschließlich auf tatsächlich beobachteten Verstorbenenzahlen beruhen[57]. Darüber hinaus wirkt sich selbst diese potentielle Sterblichkeitsüberschätzung in den höchsten Altersstufen kaum auf die nachfolgend berechneten Periodentafeln ab 1994 und auf die damit berechneten Kenngrößen wie die Lebenserwartung bei der Geburt aus, da das Gewicht der Sterblichkeit in derart hohen Altersstufen ohnehin kaum Einfluss auf die verschiedenen Kennziffern einer Periodensterbetafel hat. Selbst der Wert für die fernere Lebenserwartung im Alter 90 dürfte von dem geschilderten Problem kaum beeinträchtigt sein[58]. Auch die Analyse der Kohortensterblichkeit ab dem Alter 100 (vgl. Abschnitt 3.3.3.3.2) wird von diesem Problem nicht tangiert, da sie sich ausschließlich auf spätestens im Jahr 2003 ausgelöschte Kohorten stützt.

In welcher prozentualen Größenordnung sich die amtlich veröffentlichten von den rekonstruierten Jahresendbeständen abheben, verdeutlicht Abbildung 3.6 am Beispiel des Jahresendbestands 95jähriger und älterer Männer und Frauen im Untersuchungszeitraum.
Zunächst einmal fällt auf, dass die amtlich veröffentlichten Jahresendbestände – bis auf wenige Ausnahmen in den 60ern – regelmäßig über denen der für die Zwecke der nachfolgenden Sterblichkeitsanalyse rekonstruierten Jahresendbevölkerungen liegen. Besonders gravierend ist die Abweichung bei den Männern, bei denen die amtliche Statistik verglichen mit den Ergebnissen der Methode der „Extinct Generations" teilweise zu mehr als doppelt so hohen Schätzwerten kommt.
Deutlich wird auch der vermutete Fortschreibungsfehler der amtlichen Statistik infolge der Nichterfassung von nicht registrierten Abwanderungen: Mit zunehmendem zeitlichem Abstand von der Volkszählung 1970 nimmt der prozentuale

[57] In die Rekonstruktion des Jahresendbestands 104jähriger gehen erstmalig am Jahresende 1994 Rosenwaike-Schätzwerte ein, denn die am Jahresende 1994 104jährigen gehören der Kohorte 1890 an und damit dem ältesten Jahrgang, der am Ende von 2003 annahmegemäß noch nicht vollständig ausgelöscht ist (vgl. Tabelle 3.3: Vom Jahrgang 1890 ist nach 2003 annahmegemäß noch eine Person am Leben). Da die am Ende des Jahres 1995 und damit ein Kalenderjahr später noch Lebenden des genannten Jahrgangs allesamt 105 Jahre alt sind, fließen Rosenwaike-Schätzwerte in die Ermittlung des Jahresendbestands 105jähriger zum ersten Mal im Jahr 1995 ein. Der Jahresendbestand 106jähriger wird somit erst ab dem Jahr 1996 von Rosenwaike-Schätzwerten beeinflusst, usw..

[58] Im Rahmen der Rektangularisierungsanalyse auf Basis von Periodensterbetafeln (vgl. Abschnitt 3.3.3.3.1) ist das Alter 90 das höchste herangezogene Sterbetafel-Startalter.

Abbildung 3.6: Prozentsatz, um den die amtlichen Jahresendbestände 95jähriger und älterer Männer und Frauen die mittels der Methode der „Extinct Generations" geschätzten Endbestände übersteigen (1963-2003)

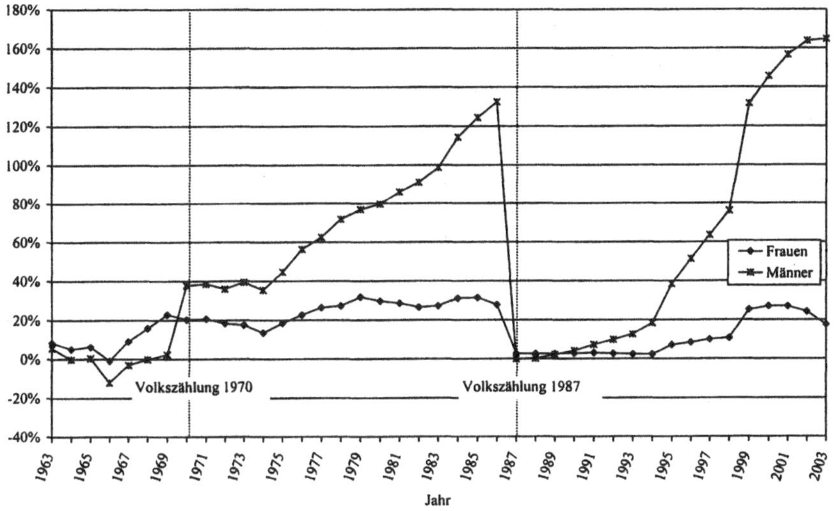

Quelle: Statistisches Bundesamt; eigene Berechnungen

Abstand zwischen den amtlichen und den durch die Methode der „Extinct Generations" generierten Daten zu, um im Jahr 1987, in dem die letzte Volkszählung in Deutschland stattfand, wieder auf fast 0% zurückzufallen. Danach setzt sich das bereits zwischen 1970 und 1987 beobachtete Muster der zunehmenden prozentualen Entfernung der amtlich ausgewiesenen von den rekonstruierten Beständen insbesondere bei den Männern fort, bei denen das Problem von im Zuge der Fortschreibung nicht berücksichtigten weil nicht gemeldeten Abwanderungen wesentlich gravierender zu sein scheint als bei den Frauen.
Die skizzierte prozentuale Abweichung der amtlichen Daten ist natürlich noch kein eindeutiger Beleg für die Größenordnung des Fortschreibungsfehlers, denn auch die mittels der Methode der „Extinct Generations" ermittelten Bestände basieren auf teilweise nicht überprüfbaren Annahmen. Hier ist insbesondere die Schätzung des Absterbeverhaltens von Kohorten zu nennen, die am Ende des Untersuchungszeitraums noch nicht ausgelöscht waren. Für den Jahresendbestand der 95jährigen und Älteren werden diese Schätzwerte allerdings erst gegen Ende des Untersuchungszeitraums quantitativ bedeutsam: Der Jahresendbestand 95jähriger und Älterer des Jahres 2002 beispielsweise setzt sich bei den Frauen zu etwa 30% aus im Folgejahr beobachteten Sterbefälle und zu ca. 70% aus nicht beobachteten und daher geschätzten Sterbefällen für die Kalenderjahre nach 2003 zusammen – bei den Männern beträgt die Aufteilung 35% zu 65%.

Die Jahresendbevölkerung 2003 dagegen basiert notgedrungen ausschließlich auf für die Zeit nach Ende des Untersuchungszeitraums prognostizierten Gestorbenenzahlen. Möglicherweise beruht somit die ab 2002 abknickende Kurve bei den Frauen sowie der nicht anhaltende Anstieg der Kurve der Männer auf dem Umstand, dass die gerade erwähnten Schätzwerte für am Ende 2003 noch lebende Kohortenmitglieder tendenziell zu hoch sind. Bis in die 90er Jahre hinein dürften die mittels der Methode der „Extinct Generations“ rekonstruierten Jahresendbestände den tatsächlichen jedoch sehr nahe kommen – zum einen, da bis dahin das Gewicht der zur Rekonstruktion benötigten Schätzwerte für die Sterbefallzahlen nach 2003 vernachlässigbar gering ist bzw. überhaupt keine Schätzwerte benötigt werden[59], zum anderen, weil sich die von der Methode der „Extinct Generations“ nicht erfassten tatsächlichen Außenwanderungsbewegungen jenseits des 95. Lebensjahres im Allgemeinen in sehr engen Grenzen halten dürften. Vor diesem Hintergrund lässt sich auch die Exaktheit der beiden in den Untersuchungszeitraum fallenden Volkszählungen beurteilen: Während der amtliche Jahresendbestand 95jähriger und älterer im Volkszählungsjahr 1987 fast deckungsgleich mit dem mittels der Methode der „Extinct Generations“ rekonstruierten Bestand ist, scheint die Volkszählung 1970 den tatsächlichen Jahresendbestand dieses Volkszählungsjahres bei den Männern um etwa 40% und bei den Frauen um ca. 20% überschätzt zu haben (vgl. Abbildung 3.6)[60] – ein Indiz dafür, dass das bereits angedeutete Problem von Altersübertreibungen bei Volkszählungen zumindest 1970 Relevanz besessen haben dürfte.

Das geschilderte Vorgehen zur Rekonstruktion von Jahresendbevölkerungsbeständen wirft die Frage auf, warum es im Rahmen der vorliegenden Arbeit nicht auch für Altersstufen unterhalb des Alters 91 zum Einsatz kommt. Tatsächlich wurden altersspezifische Bevölkerungsendbestände probeweise bis zum Alter 85 geschätzt. Je geringer allerdings das Alter, desto unsystematischer schwankt der rekonstruierte altersspezifische Jahresendbestand um den jeweiligen Wert der amtlichen Statistik, auch wenn die amtlichen Bestände tendenziell über den rekonstruierten liegen. Die Nachteile und Einschränkungen des Verfahrens zur Rekonstruktion von Bevölkerungsbeständen am Jahresende – insbesondere die Nicht-Berücksichtigung tatsächlicher Außenwanderungsbewegungen sowie die Schätzung des weiteren Absterbeverhaltens von Kohorten, die Ende 2003 noch

---

59 Bis einschließlich 1984 beruhen die mittels der Methode der „Extinct Generations“ ermittelten Jahresendbestände 95jähriger und Älterer ausschließlich auf tatsächlich beobachteten Sterbefallzahlen, denn selbst der Jahrgang 1889, dessen Ende 1984 noch lebende Mitglieder den Jahresendbestand 95jähriger bilden, ist bis spätestens 2003 annahmegemäß ausgelöscht.

60 Da die beiden genannten Volkszählungen jeweils unterjährig stattfanden (die 1970er Volkszählung am 27. und die 1987er Volkszählung am 25. Mai des betreffenden Jahres), entsprechen die in Abbildung 3.6 enthaltenen amtlichen Jahresendbestände 1970 und 1987 streng genommen nicht den Volkszählungsbeständen. Allerdings dürften etwaige Fortschreibungsfehler in den etwa sieben Monaten zwischen dem jeweiligen Zensustermin und dem Jahresende keine nennenswerten quantitativen Auswirkungen haben.

nicht als ausgelöscht betrachtet werden können – fallen offensichtlich umso mehr ins Gewicht, je niedriger die Altersstufe ist, für die Bevölkerungsendbestände zu ermitteln sind. Um diesem Umstand Rechnung zu tragen und um scharfe Kanten in der Bevölkerungsstruktur zu vermeiden, wird der zur nachfolgenden Sterblichkeitsanalyse herangezogene jährliche Jahresendbestand der 91- bis 94jährigen auch nicht ausschließlich mittels der Methode der „Extinct Generations" ermittelt. Stattdessen wird ein langsamer und stetiger Übergang geschaffen, indem sich der endgültige Jahresendbestand beginnend mit der Altersstufe 91 Jahre nur zu 20% aus rekonstruierten Bevölkerungsbeständen (und damit zu 80% aus amtlichen Daten) zusammensetzt und dieser Prozentsatz mit jedem Altersjahr in 20%-Schritten steigt. Dies hat zur Folge, dass ab dem 95. Lebensjahr überhaupt keine amtlichen Bevölkerungsdaten mehr in die nachfolgende empirische Analyse einfließen.

3.3.3.2 Methodisches Vorgehen

Da sich die empirischen Analysen in Abschnitt 3.3.3.3.1 auf die durch Periodensterbetafeln generierten Sterbealterverteilungen bzw. Absterbeordnungen stützen, kommt der Berechnung von Sterbetafeln eine zentrale Bedeutung zu. Die mathematische und empirische Vorgehensweise der Sterbetafelerstellung ist in Anhang A in den Abschnitten A.1 und A.2 hinreichend detailliert erläutert, so dass in diesem Abschnitt auf eine entsprechende Erörterung verzichtet werden kann. Auf einige wesentliche Aspekte sei an dieser Stelle allerdings nochmals verwiesen, da sie wichtige Unterschiede zur gewöhnlichen Vorgehensweise bei der Erstellung von Periodensterbetafeln darstellen.

Einer dieser Aspekte betrifft die bei weitem schwierigste Aufgabe im Rahmen einer empirischen Berechnung von Periodentafeln, nämlich die Ermittlung von altersspezifischen Sterbewahrscheinlichkeiten (q_x) – definiert als die Wahrscheinlichkeit, ausgehend von einem exakten Alter x vor Erreichen des nächst höheren Alters $x+1$ zu versterben. Die Schwierigkeit der empirischen Berechnung von Sterbewahrscheinlichkeiten liegt dabei u.a. im Umstand begründet, dass Individuen gewöhnlich nicht an ihrem Geburtstag sterben, die amtliche Statistik über das exakte Sterbealter jedoch keine Angaben macht und stattdessen die Verstorbenen nur nach ihrem Alter beim letzten Geburtstag erfasst. Folglich sind Annahmen über die Zeitdauer erforderlich, welche die Verstorbenen in ihrem letzten Altersjahr verbringen. Unter verschiedenen Voraussetzungen und der üblichen Annahme einer Gleichverteilung der Sterbefälle im letzten Altersjahr, d.h. der Annahme, dass die Verstorbenen im Mittel ein halbes Jahr nach ihrem letzten Geburtstag sterben, gelangt man zu

$$q_x = \frac{2M_x}{2+M_x}, \qquad (3.9)$$

wobei M_x die Sterberate[61] für das Alter x bezeichnet (vgl. Keyfitz/Flieger, 1971, S. 134/ 135; Spiegelman, 1970, S. 120/121).
Die in Formel (3.9) implizit enthaltene Gleichverteilungsannahme der Sterbefälle im Altersjahr x dürfte mit Ausnahme des ersten Lebensjahres und insbesondere der höchsten Altersstufen approximativ erfüllt ein[62]. Am oberen Ende des Altersspektrums mit gewöhnlich sehr hoher Sterblichkeit ist dagegen zu erwarten, dass mehr als 50% der Sterbefälle auf das erste Halbjahr nach dem jeweiligen letzten Geburtstag fallen (vgl. Vincent, 1951, S. 196).
Im Hinblick auf das Hauptziel der meisten empirischen Sterbetafelberechnungen, nämlich der Bestimmung der mittleren Lebenserwartung bei der Geburt, mag man mit der Problematik der Gleichverteilungsannahme am oberen Ende des Altersspektrums leben können, da ohnehin nur ein verschwindend geringer Anteil der Ausgangskohorte bis in diese Altersbereiche vorstößt. Da sich das Hauptaugenmerk der nachfolgenden Analyse jedoch gerade auf diesen Altersbereich richtet, ist die Gleichverteilungsannahme nicht mehr länger haltbar. Angemessener erscheint stattdessen die Unterstellung einer konstanten Sterblichkeitsintensität innerhalb jedes Altersjahres, die zu

$$(3.10) \qquad q(x, x+1) = q_x = 1 - e^{-\mu_x}$$

führt[63], wobei μ_x durch die jeweilige altersspezifische Sterberate M_x geschätzt wird[64].
Wie im Anhang A in Abschnitt A.2 gezeigt wird, lässt sich ausgehend von (3.10) und damit ausgehend von der Annahme einer konstanten altersspezifischen Sterbeintensität die durchschnittliche Lebensdauer im Altersjahr des Todes nach der Formel

$$(3.11) \qquad k_x = \frac{1}{\mu_x} - \frac{1-q_x}{q_x} \qquad \text{für endliches } \mu_x > 0$$

berechnen[65]. Wie ebenfalls in Abschnitt A.2 gezeigt wird, ist k_x eine fallende Funktion von μ_x bzw. q_x und nimmt Werte kleiner als 0,5 an. Für eine Sterbewahrscheinlichkeit von beispielsweise 0,01, die im Untersuchungszeitraum – je nach Geschlecht und Untersuchungsjahr – im Altersbereich von 50 bis 70 Jahren beobachtet wird, gilt $k_x \approx 0{,}499$ und somit approximativ die Gleichverteilungs-

61 Zur Definition und Messung einer altersspezifischen Sterberate vgl. Abschnitt A.2 im Anhang A.
62 Zur Abschätzung der mittleren Lebensdauer im ersten Lebensjahr vgl. vorletzter Absatz des Abschnitts A.2 im Anhang A.
63 Formel (3.10) entspricht Formel (A.18) im Anhang A.
64 Zur Motivation der Schätzung von μ_x durch M_x vgl. Abschnitt A.2 im Anhang A.
65 Formel (3.11) entspricht Formel (A.23) im Anhang A.

annahme. Ist dagegen auf einer Altersstufe $q_x = 0{,}4$ – ein Wert, der i.d.R. im Altersbereich oberhalb von 100 Jahren vorzufinden ist – verbringen die in diesem Alter Gestorbenen im Mittel nur noch $k_x \approx 0{,}458$ Jahre nach ihrem letzten Geburtstag bis zum späteren Tod.

Neben diesem wesentlichen Unterschied zu gewöhnlichen Sterbetafelberechnungen weist die hier gewählte Vorgehensweise noch die nachfolgend geschilderten Besonderheiten auf:
Im Zuge der Berechnung von Sterbewahrscheinlichkeiten kann es aufgrund der sehr geringen Fallzahlen in den höchsten Altersstufen vorkommen, dass während eines Kalenderjahres auf einer Altersstufe überhaupt keine Personen und damit auch keine Gestorbenen zu finden sind, auf darüber liegenden Altersstufen dagegen schon. Für eine unbesetzte Altersstufe lässt sich allerdings keine altersspezifische Sterberate und damit keine Sterbewahrscheinlichkeit berechnen. In einem solchen Fall wird in dieser Arbeit die Sterbewahrscheinlichkeit der nächst höheren Altersstufe verwendet. Da es im Untersuchungszeitraum keinen Sterbefall oberhalb des Alters 113 gibt, enden die Sterbetafeln spätestens im exakten Alter 114, womit $q_{114} = 1$[66].

Schließlich sei noch kurz auf die Frage eingegangen, ob eine Glättung der Periodensterbetafeln zur Erzeugung eines „glatten" Anstiegs der altersspezifischen Sterbewahrscheinlichkeiten erfolgen sollte. Die Rechtfertigung der Glättung von Periodentafeln beruht zum einen auf der Annahme, dass die beobachtete Sterblichkeit ein stochastischer Prozess ist, bei dem die tatsächliche Zahl der Sterbefälle in einem Alter nur eine unter mehreren möglichen Ausprägungen des gleichen zugrunde liegenden Gesetzes darstellt (vgl. Dinkel, 1992b, S. 104). Zum anderen dient die Glättung dazu, auf Messfehlern beruhende Unregelmäßigkeiten zwischen benachbarten Altersstufen zu beseitigen (vgl. ebenda). Da durch die Wahl des Glättungsverfahrens jedoch unweigerlich ein willkürliches Element in die Analyse gelangt, wird hierauf verzichtet. Stattdessen werden die Ir-

[66] Dies bedeutet, dass spätestens im exakten Alter 114 jedes Mitglied der fiktiven Ausgangskohorte verstirbt und auf der Altersstufe 114 damit keine noch so kleine Zeitdauer durchlebt wird. An dieser Stelle mag man die berechtigte Frage stellen, warum nicht $q_{113} = 1$ gesetzt wird und man stattdessen noch Personen im (exakten) Alter 114 „versterben lässt", obwohl dieses Alter doch nie als Sterbealter beobachtet wurde. Ursache hierfür ist, dass andernfalls, d.h. im Fall von $q_{113} = 1$ μ_{113} und damit k_{113} nicht definiert wären und man somit Annahmen über die Zeitdauer treffen müsste, die Personen mit einem Sterbealter von 113 Jahren im Altersintervall $[113,114)$ verbringen.
Versterben in einem Kalenderjahr beispielsweise vier Personen im Alter 113 und beträgt der Bevölkerungsbestand zur Jahresmitte zwei, so ist M_{113} und damit $\mu_{113} = 2$ und nach Formel (3.10) $q_{113} = 0{,}865$, d.h. insbesondere nicht $q_{113} = 1$. Diese vier Personen haben auf der Altersstufe 113 nach Formel (3.11) folglich noch durchschnittlich 0,343 Jahre gelebt.

regularitäten der Originaldaten in Kauf genommen[67]. Aus diesem Grund finden in der nachfolgenden Analyse auch keine in Volkszählungsjahren amtlich veröffentlichten Periodentafeln Beachtung, denn dort wird ein exponentieller Anstieg der Sterberaten in den höchsten Altersstufen künstlich erzeugt (vgl. Dinkel, 1996, S. 34), wodurch die Gefahr einer voreiligen Bestätigung der Mortalitätskompressionsthese gegeben ist[68].

In Abschnitt 3.3.3.3.1.1 wird zunächst die Entwicklung der auf Periodenbasis berechneten Lebenserwartung bei der Geburt und in höheren Altersstufen während des Untersuchungszeitraums näher analysiert. Daran schließt sich eine kennzahlengestützte Überprüfung der Rektangularisierungsthese auf Basis der durch die Periodensterbetafeln von 1964 bis 2003 erzeugten Sterbealterverteilungen bzw. Absterbeordnungen an. Da die auf Periodenbasis berechneten Sterbewahrscheinlichkeiten in den höchsten Altersstufen aufgrund der geringen Besetzungszahlen starken erratischen Schwankungen ausgesetzt und daher einer eigenständigen Analyse nicht zugänglich sind, werden in Abschnitt 3.3.3.3.2 mehrere Geburtsjahrgänge zusammengefasst und „echte" Sterbewahrscheinlichkeiten auf Kohortenbasis ab dem Alter 100 berechnet[69]. Mithilfe dieser Analyse soll zweierlei überprüft werden – zum einen, ob es in diesem Altersbereich während des Untersuchungszeitraums Sterblichkeitsverbesserungen gab, zum anderen, ob die Sterberaten einen häufig vermuteten und unterstellten exponentiellen Anstieg aufweisen.

3.3.3.3 Ergebnisse

3.3.3.3.1 Analyse von Periodensterbetafeln

3.3.3.3.1.1 Vorbemerkung: Entwicklung der Lebenserwartung in ausgewählten Altersstufen im Untersuchungszeitraum

Im Zeitraum von 1964 bis 2003 stieg die Lebenserwartung bei der Geburt im früheren Bundesgebiet bei den Männern um 8,36 Jahre von 67,60 auf 75,96 Jahre an, während bei den Frauen der Zuwachs mit 7,96 Jahren knapp darunter liegt. Allerdings ist bei den Frauen das Ausgangsniveau um knapp sechs Jahre höher: 1964 lag die Lebenserwartung eines neugeborenen Mädchens bereits bei 73,53 Jahre.

---

[67] Zu dieser Respektierung der Irregularitäten gehört folgerichtig auch, dass im Falle einer von einer Altersstufe zur nächsten fallenden Sterbewahrscheinlichkeit entsprechend Formel (3.11) unterstellt wird, dass die Gestorbenen der niedrigeren Altersstufe in ihrem letzten Altersjahr im Mittel schneller nach ihrem letzten Geburtstag versterben als die Gestorbenen der darüber liegenden Altersstufe (ähnlich Vincent, 1951, S. 197).

[68] Wie darüber hinaus in Abschnitt 3.3.3.3.2 gezeigt wird, ist die Erzeugung eines altersbedingten exponentiellen Anstiegs der Sterberaten zumindest ab dem Alter 100 unbegründet.

[69] Zur Berechnung altersspezifischer Sterbewahrscheinlichkeiten für Kohorten vgl. Abschnitt A.2 im Anhang A, insbes. Formel (A.29).

Abbildung 3.7: Entwicklung der Lebenserwartung bei der Geburt und in ausgewählten Altersstufen von 1964 bis 2003 (Männer)

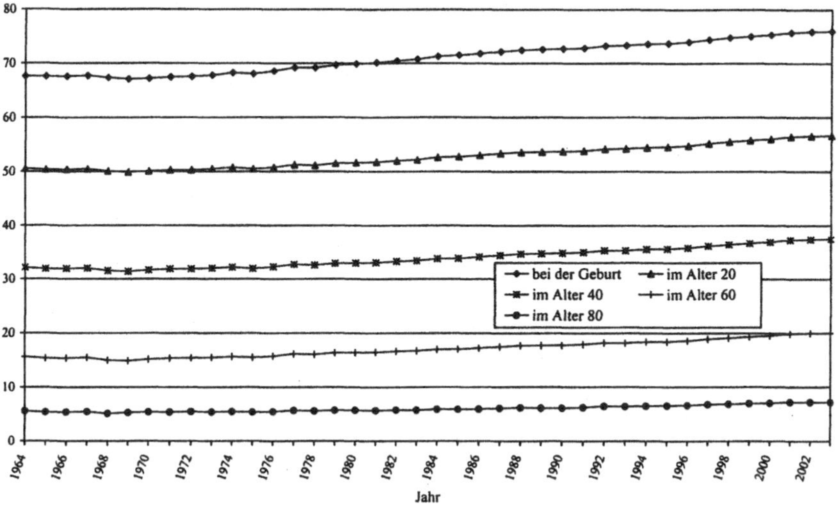

Quelle: Statistisches Bundesamt; eigene Berechnungen

Abbildung 3.8: Entwicklung der Lebenserwartung bei der Geburt und in ausgewählten Altersstufen von 1964 bis 2003 (Frauen)

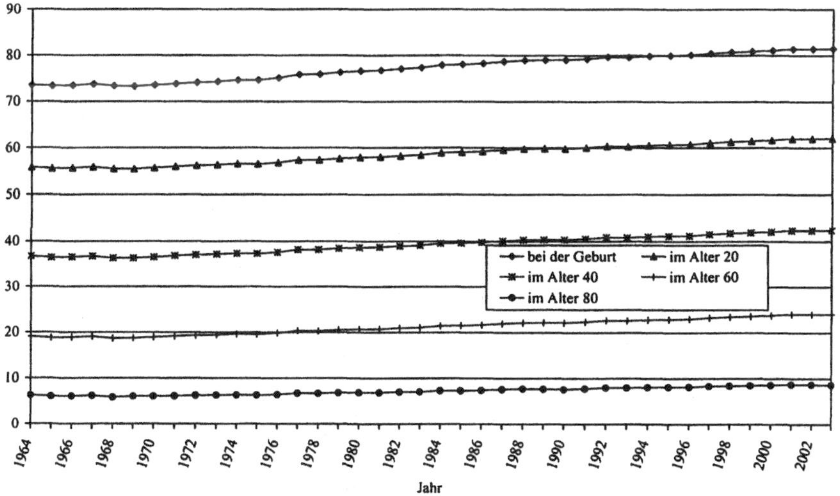

Quelle: Statistisches Bundesamt; eigene Berechnungen

Tabelle 3.4: Steigungen und Bestimmtheitsmaße von Regressionsgeraden an die (ferneren) Lebenserwartungswerte ausgewählter Altersstufen für den Zeitraum von 1964 bis 2003 nach Geschlecht

		Alter (in Jahren)									
		0	10	20	30	40	50	60	70	80	90
Männer	Steigung	0,25	0,19	0,18	0,17	0,16	0,15	0,13	0,09	0,05	0,02
	Bestimmtheitsmaß	0,97	0,96	0,95	0,95	0,95	0,96	0,95	0,92	0,91	0,91
Frauen	Steigung	0,24	0,19	0,19	0,18	0,17	0,16	0,15	0,12	0,08	0,03
	Bestimmtheitsmaß	0,98	0,98	0,98	0,99	0,98	0,98	0,98	0,98	0,97	0,93

Quelle: Statistisches Bundesamt; eigene Berechnungen

Wie aus Abbildung 3.7 und Abbildung 3.8 hervorgeht, ist die Zunahme der Lebenserwartung bei der Geburt bei beiden Geschlechtern erst ab den 70ern relativ gleichmäßig, die 60er (zumindest ab 1964) dagegen bilden eine Stagnationsphase. Mit Blick auf dieses Veränderungsmuster lässt sich somit die Ablösung der dritten durch die vierte Phase des epidemiologischen Übergangs im früheren Bundesgebiet auf den Beginn der 70er Jahre datieren (vgl. Abschnitt 1.1).
Aus den beiden genannten Abbildungen geht auch hervor, dass sich die ferneren Lebenserwartungen in den berücksichtigten Altersstufen ähnlich wie die bei der Geburt entwickelten, allerdings werden die Zunahmen mit steigendem Alter absolut kleiner. Diesen Sachverhalt verdeutlicht Tabelle 3.4, in der die Steigungen von Regressionsgeraden an die (ferneren) Lebenserwartungswerte der 40 Untersuchungsjahre ausgehend vom Alter 0 in Zehnjahresschritten bis zum Alter 90 dargestellt sind[70].
Auffällig ist auch, dass die Anpassung der Regressionsgeraden an die Datenreihen trotz der Plateauphase zu Beginn des Untersuchungszeitraums als sehr gut bezeichnet werden kann: Das Bestimmtheitsmaß unterschreitet selbst in den stärkeren stochastischen Schwankungen ausgesetzten höheren Altersstufen nicht den Wert 0,91.
Dass die absoluten Zunahmen der ferneren Lebenserwartungen mit zunehmendem Alter kleiner werden, verwundert insoweit nicht, als die fernere Lebenserwartung mit zunehmendem Alter i.d.R. kontinuierlich fällt (vgl. Abbildung 3.7 und Abbildung 3.8)[71]. Insofern stehen diese sich mit steigendem Alter abschwä-

70 In den genannten sowie den ähnlich aufgebauten nachfolgenden Abbildungen sind immer nur die Altersstufen 0, 20, 40, 60 und 80 Jahre herausgegriffen, während die Tabellen, welche die Entwicklungen quantitativ verdeutlichen, beginnend mit dem Alter 0 alle runden Altersangaben bis zum Alter 90 berücksichtigen. Die Lebenserwartungswerte sowie die nachfolgenden Kennzahlen, auf denen die jeweiligen Abbildungen und Tabellen beruhen, finden sich im Anhang B, Tabelle B.3 bis Tabelle B.20.

71 Man beachte, dass die fernere Lebenserwartung nicht zwingend mit dem Alter fällt – insbesondere bei sehr hoher Säuglings- und Kindersterblichkeit kann die Lebenserwartung bei der Geburt oder im frühen Kindesalter niedriger sein als in nachfolgenden Altersstufen

chenden Absolutzunahmen auch nicht im Widerspruch zur Theorie des epidemiologischen Übergangs, der zufolge sich das vierte Stadium des epidemiologischen Übergangs vor allem durch eine abnehmende Alterssterblichkeit auszeichnet (vgl. Abschnitt 1.1). Denn vergleicht man anstelle der absoluten die relativen Zunahmen der (ferneren) Lebenserwartungen, ergibt sich ein anderes Bild (vgl. Tabelle 3.5). Die Berechnung der relativen Zunahmen erfolgt hierbei durch Division der Steigungsparameter in Tabelle 3.4 durch den jeweiligen Mittelwert der (ferneren) Lebenserwartung über alle 40 Beobachtungsjahre. Zur übersichtlicheren Ergebnisdarstellung sind die Quotienten in Tabelle 3.5 mit 100 multipliziert.

Tabelle 3.5: Relative Zunahmen der (ferneren) Lebenserwartungswerte ausgewählter Altersstufen im Untersuchungszeitraum nach Geschlecht

	Alter (in Jahren)									
	0	10	20	30	40	50	60	70	80	90
Männer	0,35	0,30	0,34	0,39	0,47	0,59	0,77	0,89	0,85	0,64
Frauen	0,31	0,28	0,32	0,37	0,44	0,55	0,71	0,92	1,06	0,81

Quelle: Statistisches Bundesamt; eigene Berechnungen

Demnach ist bei beiden Geschlechtern die relative Zunahme der ferneren Lebenserwartung zumindest für die betrachteten runden Altersstufen vom Alter 10 an bis zum Alter 70 (Männer) bzw. 80 (Frauen) kontinuierlich gestiegen, was in völligem Einklang zur Theorie des epidemiologischen Übergangs steht. Für darüber liegende Altersstufen deutet Tabelle 3.5 allerdings auf eine Abschwächung der relativen Lebenserwartungszunahmen hin.

Einen Eindruck von den Beiträgen einzelner Altersklassen zur Zunahme der Lebenserwartung bei der Geburt vermittelt Tabelle 3.6[72]. Um stabile Ergebnisse zu erhalten, werden hierzu vier im Abstand von je neun Jahren aufeinander folgende und jeweils vier Kalenderjahre umfassende Sterbetafeln berechnet.
Bei beiden Geschlechtern lässt sich demnach ein ähnliches Muster erkennen: Zu Beginn des Untersuchungszeitraums kommt der mit Abstand größte absolute wie relative Beitrag zur Erhöhung der Lebenserwartung noch von Sterblichkeitsreduktionen im untersten Altersbereich. Der anteilige Beitrag der Erfolge bei der Bekämpfung der Kinder- und insbesondere der Säuglingssterblichkeit schwächt sich im Laufe der Zeit allerdings fortlaufend zugunsten der Altersbereiche 50-79

(vgl. Feichtinger, 1973, S. 70/71). Beispielsweise war 1964 die Lebenserwartung eines neugeborenen Jungen mit 67,60 Jahren niedriger als die eines einjährigen (68,56 Jahre).

72 Das Verfahren zur Berechnung dieser Beiträge ist in Abschnitt A.3.3 im Anhang A näher erläutert.

Jahre (Männer) bzw. 60-89 Jahre (Frauen) ab. Auch der absolute Beitrag der untersten Altersklasse zur Erhöhung der Lebenserwartung zwischen 1988/91 und 2000/03 beträgt bei beiden Geschlechtern nur noch rund ein Drittel des Beitrags zur Lebenserwartungszunahme zwischen 1964/67 und 1976/79. Die größten Beiträge zu den Lebenserwartungssteigerungen zwischen 1988/91 und 2000/03 kommen dagegen aus den Altersbereichen 60-69 Jahre (Männer) bzw. 70-79 Jahre (Frauen).

Tabelle 3.6: Prozentuale (in Klammern: absolute) Beiträge einzelner Altersklassen zur Erhöhung der Lebenserwartung bei der Geburt im Untersuchungszeitraum nach Geschlecht

		Altersklasse										
		0-9	10-19	20-29	30-39	40-49	50-59	60-69	70-79	80-89	90-99	100+	gesamt
1964/67-1976/79	Männer	54,0	1,4	3,5	3,1	-2,8	9,8	26,4	2,0	2,1	0,4	0,0	100,0
		(0,83)	(0,02)	(0,05)	(0,05)	(-0,04)	(0,15)	(0,40)	(0,03)	(0,03)	(0,01)	(0,00)	(1,53)
	Frauen	31,7	0,1	1,1	4,0	5,5	7,0	19,8	21,3	8,9	0,4	0,0	100,0
		(0,71)	(0,00)	(0,03)	(0,09)	(0,12)	(0,16)	(0,44)	(0,48)	(0,20)	(0,01)	(0,00)	(2,23)
1976/79-1988/91	Männer	23,8	6,3	6,1	4,5	9,3	10,9	15,7	18,9	4,2	0,2	0,0	100,0
		(0,83)	(0,22)	(0,21)	(0,16)	(0,33)	(0,38)	(0,55)	(0,66)	(0,15)	(0,01)	(0,00)	(3,48)
	Frauen	21,0	3,4	3,3	3,1	5,9	10,4	13,3	24,5	13,8	1,3	0,0	100,0
		(0,69)	(0,11)	(0,11)	(0,10)	(0,19)	(0,34)	(0,43)	(0,80)	(0,45)	(0,04)	(0,00)	(3,27)
1988/91-2000/03	Männer	11,0	2,1	4,1	6,2	6,0	13,8	23,8	21,6	10,8	0,6	0,0	100,0
		(0,34)	(0,06)	(0,13)	(0,19)	(0,18)	(0,43)	(0,73)	(0,66)	(0,33)	(0,02)	(0,00)	(3,08)
	Frauen	10,9	1,1	2,5	4,7	4,3	5,9	19,8	27,1	20,9	2,7	0,1	100,0
		(0,25)	(0,03)	(0,06)	(0,11)	(0,10)	(0,14)	(0,46)	(0,62)	(0,48)	(0,06)	(0,00)	(2,30)
1964/67-2000/03	Männer	25,8	3,9	5,0	5,0	5,8	12,3	21,6	15,4	4,9	0,3	0,0	100,0
		(2,09)	(0,31)	(0,41)	(0,40)	(0,47)	(1,00)	(1,74)	(1,25)	(0,40)	(0,02)	(0,00)	(8,09)
	Frauen	21,8	1,8	2,5	4,0	5,5	8,6	18,1	24,6	12,2	0,9	0,0	100,0
		(1,70)	(0,14)	(0,20)	(0,31)	(0,43)	(0,67)	(1,41)	(1,92)	(0,95)	(0,07)	(0,00)	(7,80)

Quelle: Statistisches Bundesamt; eigene Berechnungen

Die Beiträge des Altersbereichs von 10 bis 49 Jahre sind dagegen in allen drei Zeiträumen gering. Noch schwächer ist der Einfluss von Sterblichkeitsverbesserungen ab etwa dem Alter 90 – Veränderungen des Sterblichkeitsgeschehens bei den 100jährigen und älteren haben sogar (fast) überhaupt keinen Einfluss auf die Lebenserwartung im Untersuchungszeitraum.

Angesichts der geringen Beiträge der gerade genannten Altersbereiche könnte man zunächst vermuten, dass sich in diesen Altersstufen die Sterblichkeit während des Untersuchungszeitraums allenfalls sehr wenig verbessert hat, während im mittleren bis oberen Altersbereich deutliche Verbesserungen aufgetreten sind. Entsprechend dieser Denkweise sollten sich auch die Sterblichkeitsverbesserungen in der untersten Altersstufe während des Untersuchungszeitraums abgeschwächt haben.

Dass diese Vermutungen jedoch zumindest voreilig, wenn nicht sogar falsch sind, beweist Tabelle 3.7.

Tabelle 3.7: Prozentuale „Geschwindigkeiten" altersklassenspezifischer Mortalitätsveränderungen im Untersuchungszeitraum nach Geschlecht

		Altersklasse										
		0-9	10-19	20-29	30-39	40-49	50-59	60-69	70-79	80-89	90-99	100+
1964/67-1976/79	Männer	35,5	15,4	4,9	8,3	-2,8	5,0	14,1	1,5	1,8	2,2	-1,5
	Frauen	36,3	9,2	4,9	17,2	15,5	11,0	18,9	14,9	8,1	1,7	0,7
1976/79-1988/91	Männer	51,8	46,9	34,1	20,4	25,4	19,0	16,1	20,4	8,8	2,5	0,1
	Frauen	52,0	47,2	34,2	24,9	21,9	25,0	19,6	24,2	15,7	5,5	1,9
1988/91-2000/03	Männer	40,7	26,7	22,1	32,7	18,3	20,1	24,8	19,1	15,0	4,0	2,2
	Frauen	36,5	19,3	25,1	32,8	17,1	9,6	23,1	20,9	15,3	5,1	1,4
1964/67-2000/03	Männer	81,5	67,1	51,2	50,9	37,3	38,6	45,8	36,6	23,8	8,5	0,1
	Frauen	80,6	61,3	53,1	58,2	45,3	39,7	49,8	49,0	34,4	11,7	3,9

Quelle: Statistisches Bundesamt; eigene Berechnungen

Tabelle 3.7 enthält Angaben zur prozentualen „Geschwindigkeit" altersgruppenspezifischer Mortalitätsveränderungen zwischen den Vierjahreszeiträumen 1964/67, 1976/79, 1988/91 und 2000/03 – definiert als die beobachtete Veränderung der temporären Lebenserwartung[73] während des jeweils interessierenden Zeitraums in Relation zur maximal möglichen Zunahme dieser Größe.
Das der Tabelle 3.7 zu entnehmende Muster ist zwar nicht eindeutig, trotzdem lassen sich gewisse Tendenzaussagen treffen. Demnach finden sich in allen drei berücksichtigten Zeiträumen die höchsten „Geschwindigkeiten" bei der Mortalitätsreduktion in der untersten Altersklasse – ein Ergebnis, das angesichts der idealtypischen Merkmale der vierten Phase des epidemiologischen Übergangs nicht zu erwarten gewesen wäre. Interessant ist ferner, dass in dieser Altersklasse bei beiden Geschlechtern die „Geschwindigkeit" im ersten Zeitraum von 1964/67 bis 1976/79 am niedrigsten ist, obwohl diese Altersklasse im gleichen Zeitintervall verglichen mit den beiden anderen Zeiträumen mit 0,83 (Männer) bzw. 0,71 Jahren (Frauen) den größten absoluten Beitrag zur Erhöhung der Lebenserwartung bei der Geburt beisteuert (vgl. Tabelle 3.6). Umgekehrt tragen Sterblichkeitsverbesserungen zwischen 1988/91 und 2000/03 im Vergleich zum Zeitraum 1964/67 bis 1976/79 trotz der Tatsache, dass die „Geschwindigkeit" der Mortalitätsabnahme im Zeitraum 1988/91 und 2000/03 höher ist (40,7% vs. 35,5% bei den Männern; 36,5% vs. 36,3% bei den Frauen), bei beiden Geschlechtern zu deutlich niedrigeren Lebenserwartungszunahmen bei (vgl. Tabelle 3.6). Ursache für diese scheinbar widersprüchliche Beobachtung ist der Umstand, dass durch das Absinken der Sterblichkeit in dieser untersten Altersgruppe und vor allem durch das Fallen der Säuglingssterblichkeit die absoluten Sterblichkeitsabnahmen im Zeitablauf sukzessive kleiner wurden und eine immer kleinere Zahl zusätzlicher Neugeborener von einem Tod in den ersten zehn Lebensjahren verschont blieb. Ähnlich lässt sich auch die Diskrepanz zwischen den sehr niedrigen Beiträgen im Altersbereich 10-49 Jahren zu Lebenserwartungssteigerungen (vgl. Tabelle 3.6) und den relativ hohen „Geschwindigkeiten" der Mortalitätsabnahmen in diesen Altersklassen erklären: Die Sterblichkeit im genannten Altersbereich war bereits 1964/67 so niedrig, dass von weiteren Mortalitätsreduktionen im Untersuchungszeitraum – so hoch sie auch waren – absolut nur wenige Personen profitierten. Eliminiert man beispielsweise auf Basis der Sterbetafel 2000/03 die gesamte (!) Sterblichkeit zwischen den Alterstufen 10 und 49, so würde die Lebenserwartung eines neugeborenen Jungen bzw. Mädchens unter sonst gleichen Bedingungen gerade einmal um 1,95 bzw. 1,12 Jahre ansteigen. Würde man dagegen auf Basis derselben Sterbetafel alle Sterbefälle im nur zehn Altersjahre umfassenden Altersbereich von 60 bis 69 Jahren verhindern, wären die Lebenserwartungszunahmen mit 2,48 (Männer) bzw. 1,53 Jahren (Frauen) spürbar größer. Insofern verwundert es auch nicht, dass der Gesamtbeitrag der Altersklassen von 50 bis 89 Jahren zu Lebenserwartungssteige-

[73] Zur Definition der temporären Lebenserwartung und zur Messung der „Geschwindigkeit" altersgruppenspezifischer Mortalitätsveränderungen vgl. die Abschnitte A.3.3 und A.3.4 im Anhang A.

rungen in den beiden Zeiträumen von 1976/79 über 1988/91 bis 2000/03 bei beiden Geschlechtern bis auf eine Ausnahme (Männer, 1976/ 79 bis 1988/91) deutlich größer ist als der aller anderen Altersklassen zusammen (vgl. Tabelle 3.6), die „Geschwindigkeiten" der Mortalitätsabnahmen bei den 50- bis 89jährigen i.d.R. jedoch unter denen bei den 10- bis 49jährigen liegen.
Lediglich am oberen Ende des Altersbereichs ab etwa dem Alter 90 sind die beiden Tabellen in gewisser Hinsicht „deckungsgleich": Die Beiträge zu Lebenserwartungssteigerungen sind relativ gering und auch die „Geschwindigkeit" der Mortalitätsreduktionen bleiben hinter denen jüngerer Altersstufen zurück.
Als Fazit lässt sich somit festhalten, dass die Lebenserwartungssteigerungen von Neugeborenen im gesamten Untersuchungszeitraum hauptsächlich durch Sterblichkeitsreduktionen am unteren Rand des Altersspektrums und in der Altersgruppe 50 bis 79 (Männer) bzw. 60 bis 89 Jahre (Frauen) zustande kamen (vgl. Tabelle 3.6, unterer Abschnitt). Untergliedert man den Untersuchungszeitraum in Teilabschnitte, ist allerdings entsprechend der Thesen der Theorie des epidemiologischen Übergangs eine eindeutige Schwerpunktverlagerung hin zu mittleren bis höheren Altersklassen nicht zu übersehen. Ähnliches gilt auch für die „Geschwindigkeit" der Mortalitätsabnahme (vgl. Tabelle 3.7, unterer Abschnitt), auch wenn hier in allen drei Zeitabschnitten eine tendenziell mit dem Alter abnehmende „Geschwindigkeit" zu beobachten ist.

3.3.3.3.1.2 Standardabweichung und Variationskoeffizient

Bei beiden Geschlechtern ist die Standardabweichung des Sterbealters bei Berücksichtigung aller Sterbefälle während des Untersuchungszeitraums gesunken, was auf absolute Mortalitätskompression schließen lässt (vgl. Abbildung 3.9, Abbildung 3.10 und Tabelle 3.8).
Mit zunehmendem Startalter der Sterbetafel wird die Abnahme der Standardabweichung im Untersuchungszeitraum jedoch absolut kleiner. Ab einem Sterbetafel-Startalter von 30 (Männer) bzw. 40 Jahren (Frauen) ist sogar eine Zunahme der Standardabweichung zwischen 1964 und 2003 zu beobachten, die – wenn auch auf relativ geringem Niveau – mit sukzessivem Ausschluss unterer Altersgruppen größer wird und erst ab einem Startalter von 80 (Männer) bzw. 90 Jahren (Frauen) wieder leicht fällt. Für den höheren Altersbereich lassen sich somit eindeutig absolute Mortalitätsexpansionstendenzen nachweisen, die allerdings bei einer Analyse aller Sterbefälle durch den starken Einfluss des Absinkens der Kinder- und vor allem der Säuglingssterblichkeit auf die Standardabweichung des Sterbealters nicht zum Vorschein kommen (vgl. hierzu die Ausführungen in Abschnitt 3.3.1.1.2).

Abbildung 3.9: Entwicklung der Standardabweichung des Sterbealters von 1964 bis 2003 bei sukzessivem Ausschluss unterer Altersgruppen (Männer)

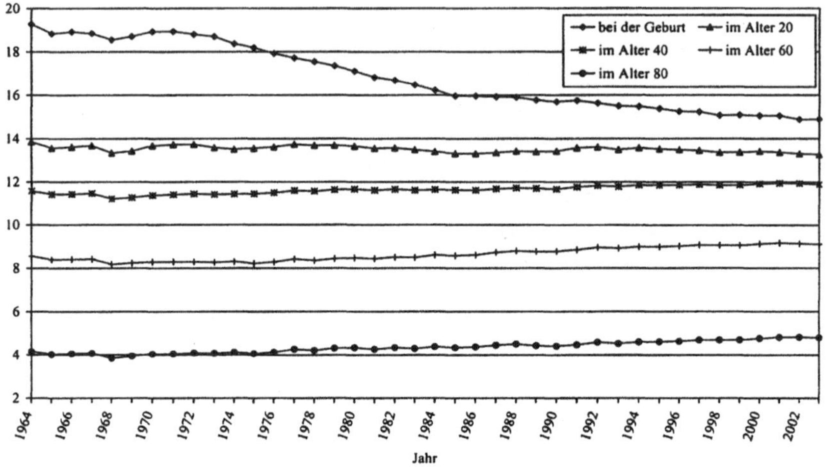

Quelle: Statistisches Bundesamt; eigene Berechnungen

Abbildung 3.10: Entwicklung der Standardabweichung des Sterbealters von 1964 bis 2003 bei sukzessivem Ausschluss unterer Altersgruppen (Frauen)

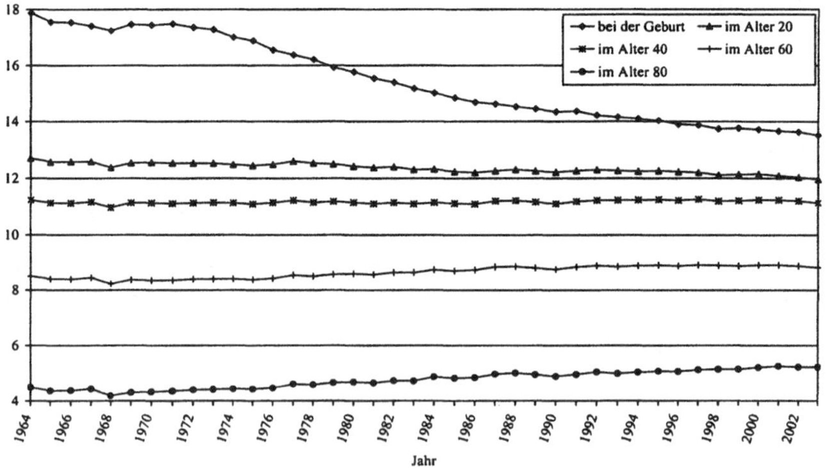

Quelle: Statistisches Bundesamt; eigene Berechnungen

Tabelle 3.8: Steigungen und Bestimmtheitsmaße von Regressionsgeraden an die Standardabweichungen des Sterbealters für den Zeitraum von 1964 bis 2003 bei sukzessivem Ausschluss unterer Altersgruppen nach Geschlecht

		Startalter der Sterbetafel (in Jahren)									
		0	10	20	30	40	50	60	70	80	90
Männer	Steigung	-0,13	-0,02	-0,01	0,01	0,02	0,02	0,02	0,03	0,02	0,01
	Bestimmtheitsmaß	0,95	0,78	0,38	0,44	0,87	0,87	0,86	0,92	0,94	0,80
Frauen	Steigung	-0,12	-0,02	-0,01	-0,01	+0,00	0,01	0,02	0,02	0,03	0,02
	Bestimmtheitsmaß	0,96	0,90	0,87	0,62	0,30	0,85	0,87	0,94	0,94	0,90

Quelle: Statistisches Bundesamt; eigene Berechnungen

Die Analyse des Variationskoeffizienten als relatives Maß für kompressive bzw. expansive Mortalitätsentwicklungen fördert ein ähnliches Bild zutage (vgl. Abbildung 3.11, Abbildung 3.12 und Tabelle 3.9): Relative Mortalitätskompression lässt sich bis zu einem Startalter der Sterbetafel von 40 (Männer) bzw. 50 Jahren (Frauen) erkennen, danach dominieren expansive Tendenzen.

Abbildung 3.11: Entwicklung des Variationskoeffizienten des Sterbealters von 1964 bis 2003 bei sukzessivem Ausschluss unterer Altersgruppen (Männer)

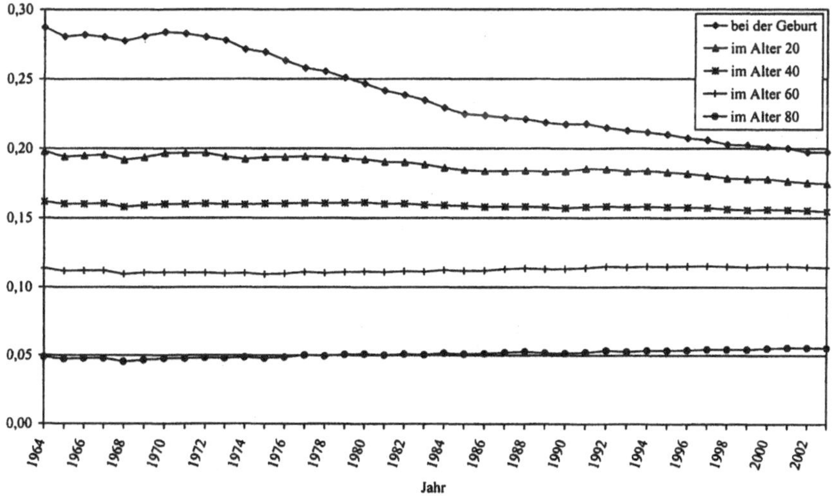

Quelle: Statistisches Bundesamt; eigene Berechnungen

Abbildung 3.12: Entwicklung des Variationskoeffizienten des Sterbealters von 1964 bis 2003 bei sukzessivem Ausschluss unterer Altersgruppen (Frauen)

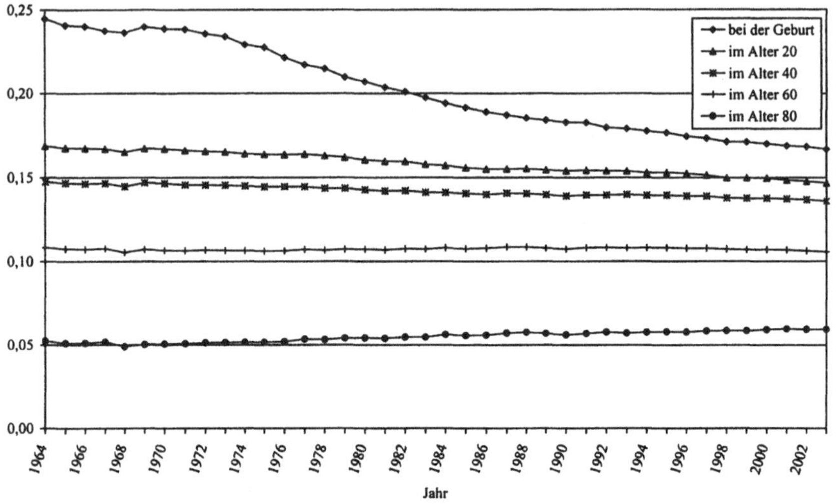

Quelle: Statistisches Bundesamt; eigene Berechnungen

Tabelle 3.9: Steigungen und Bestimmtheitsmaße[74] von Regressionsgeraden an die Variationskoeffizienten des Sterbealters für den Zeitraum von 1964 bis 2003 bei sukzessivem Ausschluss unterer Altersgruppen nach Geschlecht

		Startalter der Sterbetafel (in Jahren)									
		0	10	20	30	40	50	60	70	80	90
Männer	Steigung (x 100)	-0,26	-0,08	-0,06	-0,03	-0,01	+0,00	0,01	0,02	0,02	0,01
	Bestimmtheitsmaß	0,96	0,93	0,91	0,87	0,73	0,01	0,64	0,91	0,93	0,79
Frauen	Steigung (x 100)	-0,22	-0,07	-0,06	-0,04	-0,03	-0,01	+0,00	0,02	0,03	0,02
	Bestimmtheitsmaß	0,96	0,97	0,98	0,98	0,96	0,93	0,04	0,90	0,93	0,89

Quelle: Statistisches Bundesamt; eigene Berechnungen

[74] Die auffallend niedrigen Werte für das Bestimmtheitsmaß in den Fällen, in denen die Regressionsgeraden nahezu waagerecht verlaufen (Männer: Alter 50, Frauen: Alter 60), resultieren daher, dass die unabhängige Variable (Jahr) die Streuung der abhängigen Variable (Variationskoeffizient) praktisch nicht erklärt. Der Anteil der durch die Regressionsfunktion erklärten Varianz an der Gesamtvarianz der abhängigen Variable, den das Bestimmtheitsmaß wiedergibt, ist daher sehr gering.

Zusammenfassend lässt sich festhalten, dass dem in diesem Abschnitt verwendeten Kennzahlenkonzept zufolge sowohl absolute als auch relative Mortalitätskompression empirisch dann festgestellt werden kann, wenn man alle Sterbefälle berücksichtigt bzw. die Sterbealterverteilung sukzessive linksseitig bis zum Alter von 20 (Männer) bzw. 30 Jahren (Frauen) stutzt. Sterbealterverteilungen auf Basis von Sterbetafeln, die im Alter 30 (Männer) bzw. 40 (Frauen) beginnen, weisen absolute Mortalitätsexpansion, aber (noch) relative Kompression der Sterblichkeit auf. Klammert man schließlich alle Sterbefälle mit einem Sterbealter von unter 50 (Männer) bzw. 60 Jahren (Frauen) aus der Analyse aus, lässt sich absolute wie relative Mortalitätsexpansion konstatieren.

3.3.3.3.1.3 Perzentilmethode

Mit Blick auf die in Abschnitt 3.3.1.1.3 dargestellte Problematik des sich bei steigender Zahl der berücksichtigten Perzentile verschärfenden Zielkonflikts zwischen zunehmender Detailliertheit bei der Beschreibung der Sterbealterverteilung auf der einen und der steigenden Zahl von paarweisen Vergleichsmöglichkeiten auf der anderen Seite konzentriert sich die nachfolgende Analyse nur auf den rechten Schweif der Sterbealterverteilung. Dieser wird darüber hinaus lediglich mittels zweier Perzentile (90%- und 99%-Perzentil) analysiert, wodurch es nur einen paarweisen Vergleich gibt. Die ausschließliche Fokussierung auf den rechten auslaufenden Ast der Sterbealterverteilung ist insofern ausreichend, als bereits die anderen Kennzahlenkonzepte, die sich nicht selektiv auf einen derartig engen Abschnitt der Sterbealterverteilung beschränken, ein umfassendes Bild über etwaige Kompressions- bzw. Expansionstendenzen liefern. Um die Entwicklung des Schweifs dennoch genau zu beschreiben, wird im Folgenden anstelle der Berücksichtigung mehrerer Perzentile das Startalter der Sterbetafel wie schon im vorangegangenen Abschnitt und den beiden nachfolgenden Abschnitten von 0 Jahren in Zehnjahresschritten sukzessive bis zum Alter 90 erhöht. Mit jedem Zehnjahresschritt bewegt sich der analysierte Schweifbereich der den gesamten Altersbereich umspannenden Sterbealterverteilung somit schrittweise nach rechts. Diese Vorgehensweise stellt im Hinblick auf den o.a. Zielkonflikt einen brauchbaren Kompromiss dar, weil das Schweifverhalten hinreichend genau beschrieben wird, die Ergebnisse in ihrer Zahl aber dennoch überschaubar bleiben, und ergänzt darüber hinaus die Resultate der umliegenden Abschnitte um zusätzliche Informationen.
In Tabelle 3.10 sind die Steigungsparameter von Regressionsgeraden an die je 40 Beobachtungswerte des 90%- bzw. des 99%-Perzentilsterbealters aufgeführt. Dass die Regressionsgeraden die tatsächlichen zeitlichen Trends der jeweiligen Perzentilsterbealter gut abbilden, belegen die hohen Werte des Bestimmtheitsmaßes, die allerdings mit steigendem Startalter der Sterbetafel erwartungsgemäß sinken.

Tabelle 3.10: Steigungen und Bestimmtheitsmaße (in Klammern) von Regressionsgeraden an das 90%- bzw. 99%-Perzentilsterbealter für den Zeitraum von 1964 bis 2003 bei sukzessivem Ausschluss unterer Altersgruppen nach Geschlecht

Startalter der Sterbetafel (in Jahren)	Männer		Frauen	
	90%-Perzentil	99%-Perzentil	90%-Perzentil	99%-Perzentil
0	0,16 (0,94)	0,13 (0,95)	0,16 (0,98)	0,14 (0,96)
10	0,16 (0,94)	0,13 (0,95)	0,16 (0,98)	0,14 (0,96)
20	0,16 (0,94)	0,13 (0,95)	0,16 (0,98)	0,14 (0,96)
30	0,16 (0,94)	0,13 (0,95)	0,16 (0,98)	0,14 (0,96)
40	0,16 (0,94)	0,13 (0,95)	0,16 (0,98)	0,14 (0,96)
50	0,15 (0,94)	0,12 (0,95)	0,16 (0,98)	0,14 (0,96)
60	0,14 (0,93)	0,12 (0,95)	0,15 (0,98)	0,13 (0,95)
70	0,12 (0,92)	0,11 (0,94)	0,14 (0,97)	0,13 (0,95)
80	0,08 (0,93)	0,08 (0,92)	0,11 (0,96)	0,11 (0,93)
90	0,04 (0,87)	0,05 (0,73)	0,05 (0,91)	0,07 (0,87)

Quelle: Statistisches Bundesamt; eigene Berechnungen

Tabelle 3.10 zufolge ist demnach bis zu einem Startalter der Sterbetafel von 70 Jahren bei beiden Geschlechtern eine absolute Annäherung der beiden Perzentile im Untersuchungszeitraum zu erkennen. Spätestens bei einem Ausschluss aller Sterbefälle unterhalb von 90 Jahren driften die Perzentile im Zeitablauf jedoch auseinander und deuten eine absolute Mortalitätsexpansion zwischen dem 90%- und dem 99%-Perzentil an.

Um Aussagen über relative Tendenzen machen zu können, sind in Tabelle 3.11 die Steigungen aus Tabelle 3.10 durch das jeweilige mittlere Perzentilsterbealter im Untersuchungszeitraum dividiert und die daraus resultierenden Quotienten zur besseren Veranschaulichung anschließend mit 100 multipliziert worden[75].

Da absolute Annäherung der beiden berücksichtigten Perzentile im Zeitablauf zwingend relative Konvergenz impliziert, ist Letztere in Tabelle 3.11 bei den Startaltersstufen bis zum Alter 70 und darüber hinaus sogar bei den Sterbetafeln für mindestens 80jährige Männer und Frauen auszumachen. Berücksichtigt man

[75] Das Vorgehen entspricht somit dem zur Bestimmung der relativen Lebenserwartungszunahmen im Untersuchungszeitraum (vgl. Tabelle 3.5).

Tabelle 3.11: Relative Zunahmen der 90%- und 99%-Perzentilsterbealter im Untersuchungszeitraum bei sukzessivem Ausschluss unterer Altersgruppen nach Geschlecht

Startalter der Sterbetafel (in Jahren)	Männer		Frauen	
	90%-Perzentil	99%-Perzentil	90%-Perzentil	99%-Perzentil
0	0,188	0,136	0,177	0,143
10	0,182	0,134	0,174	0,141
20	0,181	0,133	0,174	0,141
30	0,179	0,132	0,173	0,141
40	0,177	0,131	0,172	0,140
50	0,173	0,129	0,170	0,139
60	0,163	0,124	0,165	0,137
70	0,135	0,110	0,152	0,129
80	0,088	0,082	0,114	0,106
90	0,039	0,045	0,055	0,071

Quelle: Statistisches Bundesamt; eigene Berechnungen

dagegen ausschließlich den Altersbereich ab dem 90. Lebensjahr, ist zwischen dem 90%- und dem 99%-Perzentil bei beiden Geschlechtern nicht nur eine absolute, sondern sogar eine relative Mortalitätsexpansion zu beobachten.
Je weiter man entlang des rechten Schweifs der Sterbealterverteilung den analysierten Altersbereich nach rechts verschiebt, desto eher werden somit expansive Tendenzen sichtbar. Bei dieser Schlussfolgerung ist jedoch zu beachten, dass das Sterblichkeitsgeschehen in den höchsten Altersstufen, in denen im Untersuchungszeitraum Gestorbene zu finden waren, keine Berücksichtigung findet. Beispielsweise liegt selbst im letzten Jahr des Untersuchungszeitraums das 99%-Perzentilsterbealter der Frauen bei einer ausschließlichen Beschränkung auf die Sterbefälle jenseits des 90. Lebensjahres mit 103,8 Jahren deutlich unter dem Alter 113 als dem höchsten im Jahr 2003 beobachteten Sterbealter. Da im Rahmen einer Analyse der Sterblichkeit jenseits des Alters 100, die in Abschnitt 3.3.3.3.2 erfolgt, gerade diese am weitesten außen liegenden Sterbefälle näher betrachtet werden, erübrigt sich die an dieser Stelle möglicherweise auftretende Frage, warum anstellte des 99%-Perzentils nicht ein höheres Perzentil – womöglich sogar das 100%-Perzentil – ausgewählt wurde (vgl. in diesem Zusammenhang auch FN 22)[76].

[76] Darüber hinaus schwankt das 100%-Perzentil und damit das höchste beobachtete Sterbealter von Kalenderjahr zu Kalenderjahr sehr stark, während sich das 99%-Perzentil selbst bei

3.3.3.3.1.4 Auf Keyfitz' H aufbauende Kennziffern

Die zeitliche Entwicklung des Zählers von Keyfitz' H als ein Maß für absolute Kompressions- bzw. Expansionstendenzen weist in Abhängigkeit vom Startalter der Sterbetafel ein ähnliches Muster wie die Standardabweichung auf: Mit zunehmendem Sterbetafel-Startalter schwächt sich die negative Steigung der Trendgerade an die beobachteten Werte im Untersuchungszeitraum immer mehr ab und verändert spätestens ab einem Startalter von 40 (Männer) bzw. 60 Jahren (Frauen) ihr Vorzeichen (vgl. Abbildung 3.13, Abbildung 3.14 und Tabelle 3.12).

Bei sukzessivem Ausschluss unterer Altersgruppen zeigen sich somit immer stärkere absolute Mortalitätsexpansionstendenzen, die zuvor verdeckt wurden.

Abbildung 3.13: Entwicklung des Zählers von Keyfitz' H von 1964 bis 2003 bei sukzessivem Ausschluss unterer Altersgruppen (Männer)

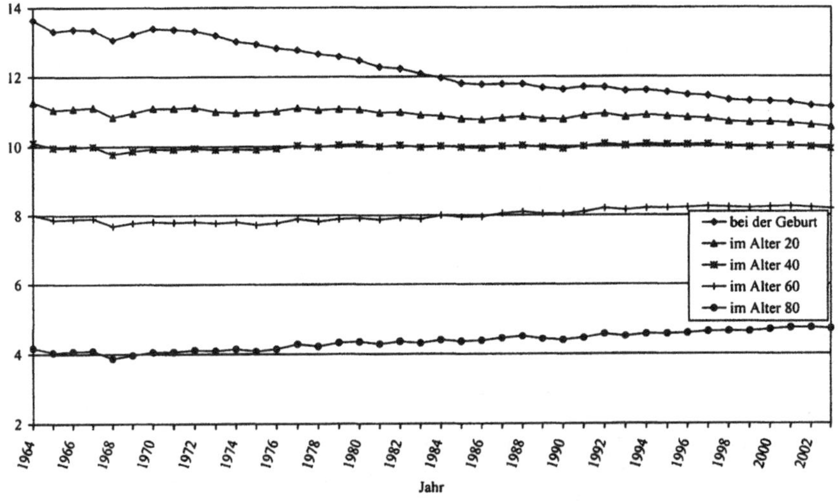

Quelle: Statistisches Bundesamt; eigene Berechnungen

Sterbetafeln, die erst im Alter 90 beginnen, im Zeitablauf noch ziemlich gleichmäßig verändert (vgl. die relativ hohen Bestimmtheitsmaße bei Männern und Frauen in Tabelle 3.10).

Abbildung 3.14: Entwicklung des Zählers von Keyfitz' H von 1964 bis 2003 bei sukzessivem Ausschluss unterer Altersgruppen (Frauen)

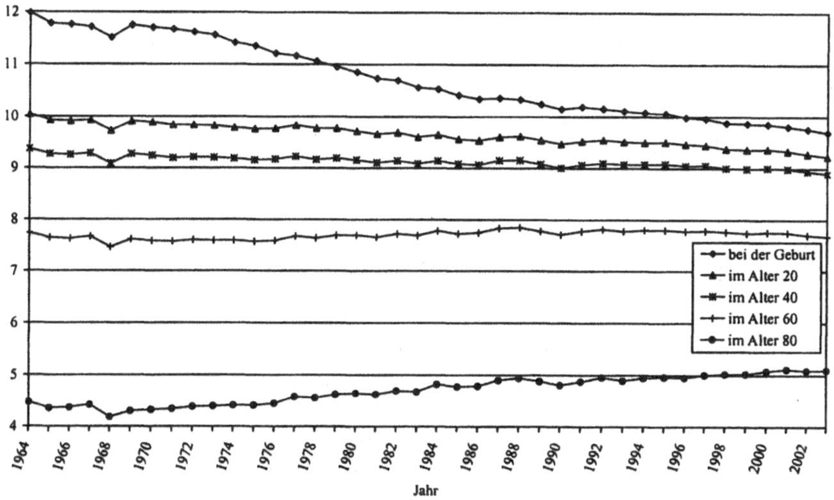

Quelle: Statistisches Bundesamt; eigene Berechnungen

Tabelle 3.12: Steigungen und Bestimmtheitsmaße von Regressionsgeraden an den Zähler von Keyfitz' H für den Zeitraum von 1964 bis 2003 bei sukzessivem Ausschluss unterer Altersgruppen nach Geschlecht

		Startalter der Sterbetafel (in Jahren)									
		0	10	20	30	40	50	60	70	80	90
Männer	Steigung	-0,07	-0,02	-0,01	-0,00	+0,00	0,01	0,01	0,02	0,02	0,01
	Bestimmtheitsmaß	0,96	0,85	0,73	0,33	0,11	0,58	0,78	0,92	0,93	0,81
Frauen	Steigung	-0,06	-0,02	-0,02	-0,01	-0,01	-0,00	0,01	0,02	0,02	0,02
	Bestimmtheitsmaß	0,97	0,95	0,94	0,91	0,81	0,18	0,48	0,89	0,93	0,90

Quelle: Statistisches Bundesamt; eigene Berechnungen

Abbildung 3.15 vermittelt eine Vorstellung davon, welche Altersklassen für das bei der Berücksichtigung des gesamten Altersspektrums vergleichsweise starke Absinken des Zählers von Keyfitz' H im Untersuchungszeitraum verantwortlich zeichnen.

Hierzu wurden für die Sterbetafeln 1964/67 und 2000/03 zunächst die altersspezifischen Beiträge für den Zähler von Keyfitz' H berechnet, der für die Sterbetafel 1964/67 den Wert 13,42 (Männer) bzw. 11,81 (Frauen) und für die Sterbeta-

Abbildung 3.15: Altersspezifische Beiträge für das Absinken des Zählers von Keyfitz' H zwischen 1964/67 und 2000/03 nach Geschlecht

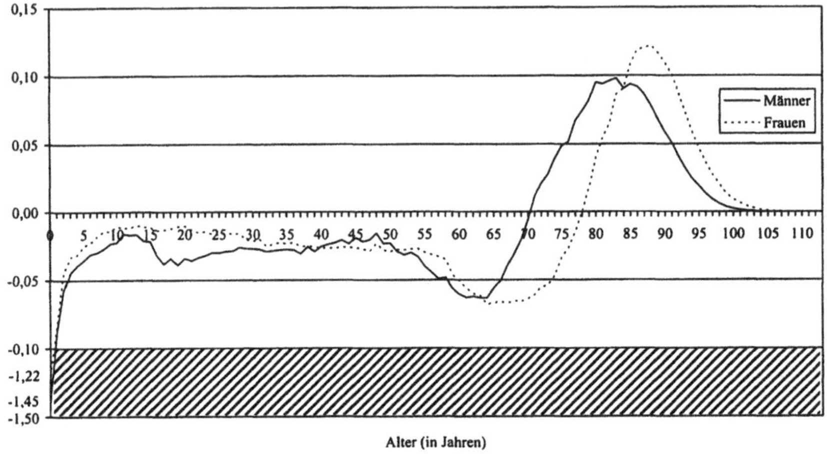

Quelle: Statistisches Bundesamt; eigene Berechnungen

fel 2000/03 den Wert 11,21 (Männer) bzw. 9,78 (Frauen) annimmt. Anschließend wurden die altersspezifischen Beiträge für 1964/67 von denen für 2000/03 subtrahiert.

Für das Absinken des Zählers von Keyfitz' H in Höhe von 2,21 (Männer) bzw. 2,03 (Frauen) zeichnen demnach vor allem die Ausreißerwerte in der untersten Altersstufe (-1,45 bei den Männern und -1,22 bei den Frauen) verantwortlich, was wiederum eine Folge der im Untersuchungszeitraum stark gesunkenen Säuglingssterblichkeit ist: Im Falle der Verhinderung aller Säuglingssterbefälle wäre 1964/67 die Lebenserwartung bei der Geburt c.p. noch um 1,81 (Männer) bzw. um 1,53 Jahre (Frauen) gestiegen[77]. 2000/03 dagegen hätte eine vollständige Eliminierung der Säuglingssterblichkeit c.p. nur zu Lebenserwartungssteigerungen von 0,36 (Männer) bzw. 0,32 Jahren (Frauen) und damit zu einer um 1,45 (Männer) bzw. 1,22 Jahre (Frauen) niedrigeren Lebenserwartungssteigerung geführt, obwohl die Sterblichkeitssituation in 2000/03 oberhalb des ersten Lebensjahres deutlich besser war als 1964/67[78].

---

77 Diese hypothetischen Zunahmen entsprechen dem jeweiligen Beitrag der untersten Altersklasse zum Wert des Zählers von Keyfitz' H (vgl. FN 17 im Anhang A).

78 Ein 1964/67 vom Tod geretteter Säugling hätte im Mittel 68,47 (Männer) bzw. 74,12 Lebensjahre (Frauen) gewonnen. 2000/03 betrug die fernere Lebenserwartung im Alter 1 und damit die fernere Lebenserwartung eines vom Tod geretteten Säuglings dagegen 75,07 (Männer) bzw. 80,68 Jahre (Frauen).

Abbildung 3.15 zeigt auch, dass ab dem Alter 71 (Männer) bzw. 78 (Frauen) die altersspezifischen Differenzen positiv sind und ein Maximum im Alter 83 (Männer) bzw. 88 (Frauen) annehmen, um danach zu fallen und sich der Abszisse anzunähern[79]. Allerdings sind diese positiven Differenzen zu gering, um die negativen Differenzen in den darunter liegenden Altersklassen und insbesondere die negative Differenz in der untersten Altersstufe zu kompensieren, die gemeinsam dafür sorgen, dass der Zähler von Keyfitz' H für die Sterbetafel 1964/67 bei beiden Geschlechtern dann doch spürbar größer als für die 2000/03er Sterbetafel ist.
Die Abnahme des Zählers von Keyfitz' H bei Einschluss aller Altersstufen geht übrigens einher mit einer – zumindest ab den 70ern – nahezu linearen Zunahme der Lebenserwartung Neugeborener (vgl. Abbildung 3.7, Abbildung 3.8 und Tabelle 3.4). Dieser im Zeitablauf konstante Absolutanstieg verdeckt somit die Tatsache, dass ein Aufrechterhalten desselben in der Zukunft immer größere prozentuale Sterberatenreduktionen erfordert[80]. Es ist deshalb wahrscheinlich, dass sich der Anstieg der Lebenserwartung bei der Geburt in den kommenden Jahren abschwächen wird, ohne jedoch angesichts der festgestellten absoluten Mortalitätsexpansion für den höheren Altersbereich ganz auszulaufen (vgl. auch die Abschnitte 3.3.1.1.2 und 3.5).

Die Steigungen der Regressionsgeraden an die Ausprägungen von Keyfitz' H erlauben eine Aussage über relative Kompressions- bzw. Expansionstendenzen. Da alle hier berücksichtigten Trendlinien unabhängig vom Startalter der Sterbetafel negative Steigungen haben, signalisieren sie unabhängig davon, wie stark der untere Altersbereich aus der Analyse ausgeschlossen wird, relative Mortalitätskompression (vgl. Abbildung 3.16, Abbildung 3.17 und Tabelle 3.13). Dies gilt insbesondere auch für den oberen Altersbereich, für den die Entwicklung des Zählers von Keyfitz' H auf absolute Mortalitätsexpansion hindeutet.
Beim direkten Vergleich dieser Ergebnisse mit den in Abschnitt 3.3.3.3.1.2 mittels Standardabweichung und Variationskoeffizienten erzielten fällt auf, dass die beiden letztgenannten Kennzahlen sensitiver auf expansive Entwicklungen reagieren als das Kennzahlenkonzept dieses Abschnitts: Auf Basis der Standardabweichung lassen sich expansive Tendenzen bereits bei einem Sterbetafel-Startalter von 30 (Männer) bzw. 40 Jahren (Frauen) nachweisen (vgl. Tabelle 3.8), während gemäß dem Zähler von Keyfitz' H diese erst ab einem Startalter von 40 (Männer) bzw. 60 Jahren (Frauen) vorliegen. Verwendet man den Variationskoeffizienten als Maß für relative Kompressions- bzw. Expansionsentwick-

---

[79] Diese positiven altersspezifischen Differenzen bedeuten, dass eine ausschließliche Verhinderung aller Sterbefälle auf einer beliebigen Altersstufe ab dem Alter 71 (Männer) bzw. 78 (Frauen) die Lebenserwartung bei der Geburt 2000/03 absolut um mehr erhöht hätte als 1964/67.

[80] Wie in Abschnitt 3.3.1.1.4 bereits erwähnt, gibt der Zähler von Keyfitz' H u.a. an, um wie viele Jahre die Lebenserwartung bei einer einprozentigen Abnahme aller altersspezifischer Sterberaten ansteigt.

Abbildung 3.16: Entwicklung von Keyfitz' H von 1964 bis 2003 bei sukzessivem Ausschluss unterer Altersgruppen (Männer)

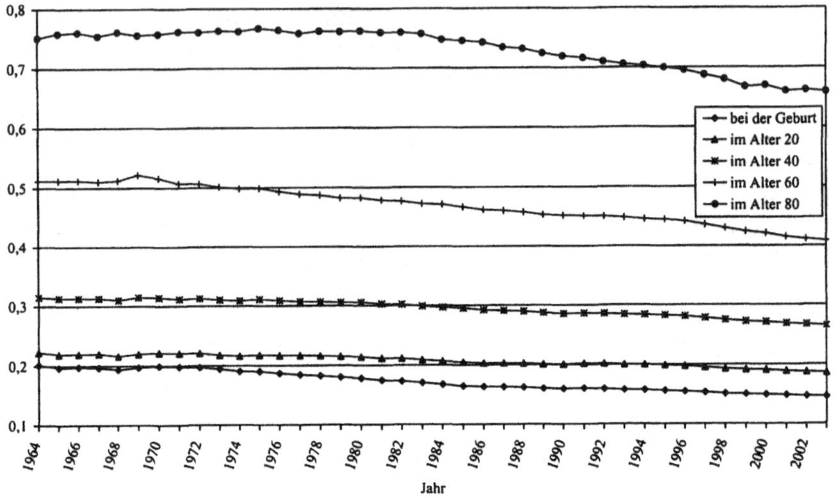

Quelle: Statistisches Bundesamt; eigene Berechnungen

Abbildung 3.17: Entwicklung von Keyfitz' H von 1964 bis 2003 bei sukzessivem Ausschluss unterer Altersgruppen (Frauen)

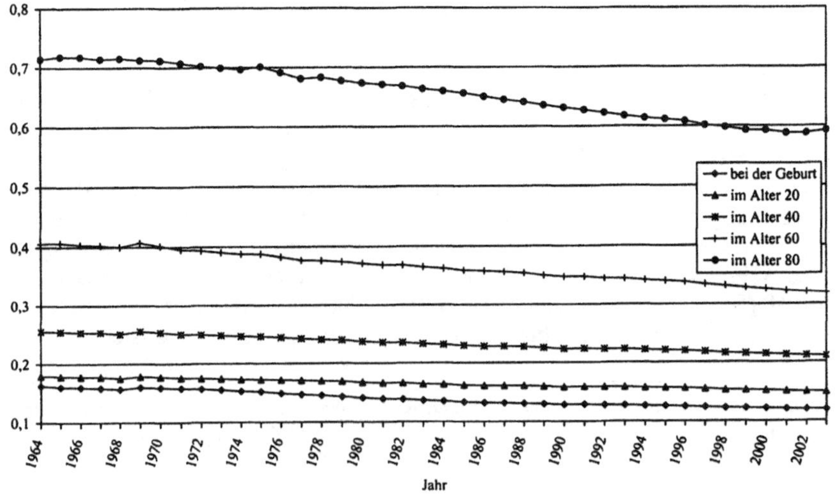

Quelle: Statistisches Bundesamt; eigene Berechnungen

Tabelle 3.13: Steigungen und Bestimmtheitsmaße von Regressionsgeraden an Keyfitz' H für den Zeitraum von 1964 bis 2003 bei sukzessivem Ausschluss unterer Altersgruppen nach Geschlecht

		Startalter der Sterbetafel (in Jahren)									
		0	10	20	30	40	50	60	70	80	90
Männer	Steigung (x 100)	-0,15	-0,08	-0,09	-0,10	-0,13	-0,19	-0,28	-0,33	-0,27	-0,17
	Bestimmtheitsmaß	0,97	0,95	0,95	0,95	0,96	0,98	0,98	0,91	0,80	0,78
Frauen	Steigung (x 100)	-0,12	-0,07	-0,08	-0,10	-0,12	-0,16	-0,23	-0,33	-0,38	-0,18
	Bestimmtheitsmaß	0,97	0,98	0,99	0,99	0,99	0,99	0,99	0,99	0,99	0,87

Quelle: Statistisches Bundesamt; eigene Berechnungen

lungen, ist spätestens ab einem Startalter der Sterbetafel von 50 (Männer) bzw. 60 Jahren (Frauen) relative Mortalitätsexpansion feststellbar (vgl. Tabelle 3.9), während auf Basis von Keyfitz' H überhaupt keine relativen expansiven Tendenzen ableitbar sind. Die beobachtete höhere Reagibilität von Standardabweichung und Variationskoeffizient auf expansive Entwicklungen erklärt sich vor allem durch das Zusammenwirken zweier Tatsachen, nämlich der Zunahme von Sterbefällen am rechten Rand des Altersspektrums (vgl. die in Tabelle 3.10 abgebildeten Absolutzunahmen des 90%- bzw. des 99%-Perzentilsterbealters während des Untersuchungszeitraums) und des Umstands, dass die genannten Kennzahlen diesen Sterbefällen ein größeres Gewicht beimessen als dies auf Keyfitz' H aufbauende Kennzahlen tun.

3.3.3.3.1.5 Alternatives Kennzahlenkonzept

Der absolute Rektangularisierungsgrad „absRgrad" ist bei der Berücksichtigung der gesamten Überlebenskurve im Untersuchungszeitraum bei beiden Geschlechtern vergleichsweise deutlich gesunken, was auf absolute Mortalitätskompression hindeutet (vgl. Abbildung 3.18, Abbildung 3.19 und Tabelle 3.14). Schließt man jedoch die jeweils zehn untersten Altersstufen nach und nach aus der Analyse aus, verflachen die Steigungen der Trendgeraden immer stärker, um spätestens ab einem Startalter der Überlebenskurve von 70 Jahren bei beiden Geschlechtern positive Werte an zunehmen[81]. Bei sukzessivem Ausschluss unterer Altersgruppen schwächen sich damit die absoluten Rektangularisierungstendenzen immer mehr ab, um schließlich in Derektangularisierungstrends umzuschwenken.

[81] Streng genommen ist die Steigung der Regressionsgeraden bei einem Sterbetafel-Startalter von 90 Jahren bei den Männern wieder sehr schwach negativ (vgl. Tabelle 3.14).

Abbildung 3.18: Entwicklung des absoluten Rektangularisierungsgrads „absRgrad" von 1964 bis 2003 bei sukzessivem Ausschluss unterer Altersgruppen (Männer)

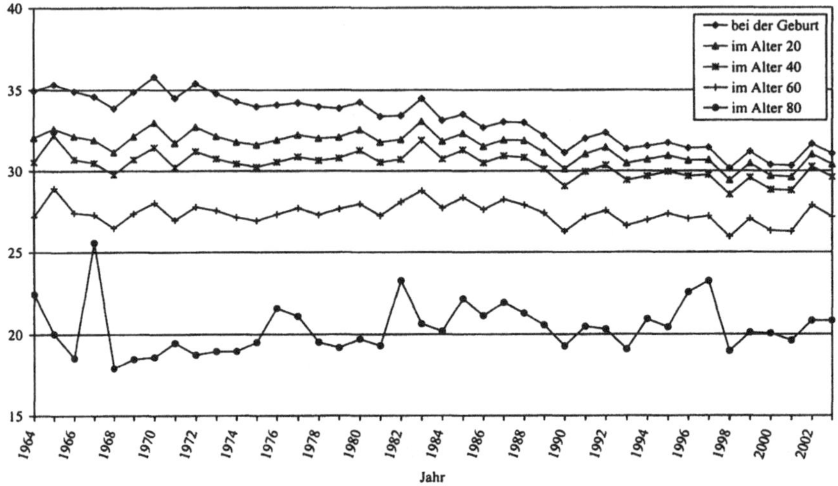

Quelle: Statistisches Bundesamt; eigene Berechnungen

Abbildung 3.19: Entwicklung des absoluten Rektangularisierungsgrads „absRgrad" von 1964 bis 2003 bei sukzessivem Ausschluss unterer Altersgruppen (Frauen)

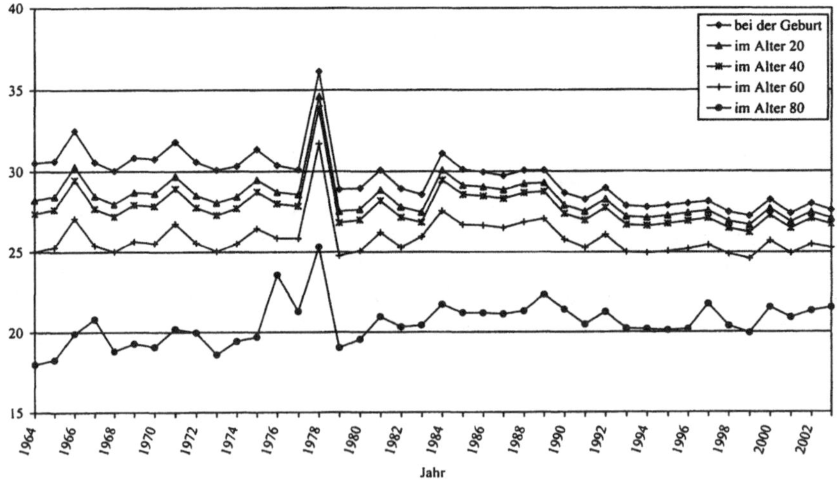

Quelle: Statistisches Bundesamt; eigene Berechnungen

Tabelle 3.14: Steigungen und Bestimmtheitsmaße von Regressionsgeraden an den absoluten Rektangularisierungsgrad „absRgrad" für den Zeitraum von 1964 bis 2003 bei sukzessivem Ausschluss unterer Altersgruppen nach Geschlecht

		Startalter der Sterbetafel (in Jahren)									
		0	10	20	30	40	50	60	70	80	90
Männer	Steigung	-0,13	-0,07	-0,06	-0,05	-0,04	-0,03	-0,02	0,01	0,02	-0,00
	Bestimmtheitsmaß	0,88	0,64	0,58	0,50	0,41	0,29	0,10	0,02	0,02	0,00
Frauen	Steigung	-0,10	-0,06	-0,05	-0,05	-0,04	-0,03	-0,02	0,01	0,04	0,10
	Bestimmtheitsmaß	0,51	0,23	0,20	0,17	0,13	0,08	0,03	0,01	0,15	0,50

Quelle: Statistisches Bundesamt; eigene Berechnungen

Diese absoluten expansiven Entwicklungen bei der Konzentration der Analyse auf höhere Altersstufen werden jedoch nicht von relativen Derektangularisierungstrends begleitet: Unabhängig vom Startalter der Sterbetafel ist die Kennzahl „relRgrad" bei Männern und Frauen während des Untersuchungszeitraums gestiegen und damit dem Wert 1 näher gekommen – ein Signal für relative Mortalitätskompression (Abbildung 3.20, Abbildung 3.21 und Tabelle 3.15).

Abbildung 3.20: Entwicklung des relativen Rektangularisierungsgrads „relRgrad" von 1964 bis 2003 bei sukzessivem Ausschluss unterer Altersgruppen (Männer)

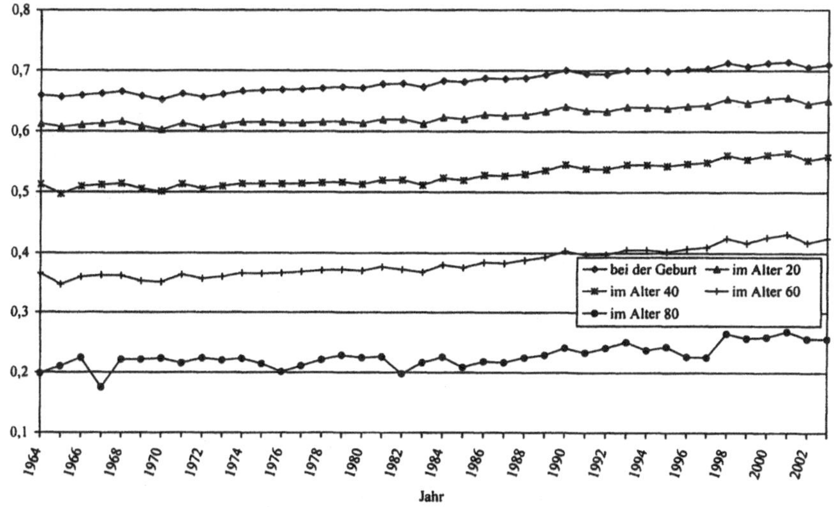

Quelle: Statistisches Bundesamt; eigene Berechnungen

Abbildung 3.21: Entwicklung des relativen Rektangularisierungsgrads „relRgrad" von 1964 bis 2003 bei sukzessivem Ausschluss unterer Altersgruppen (Frauen)

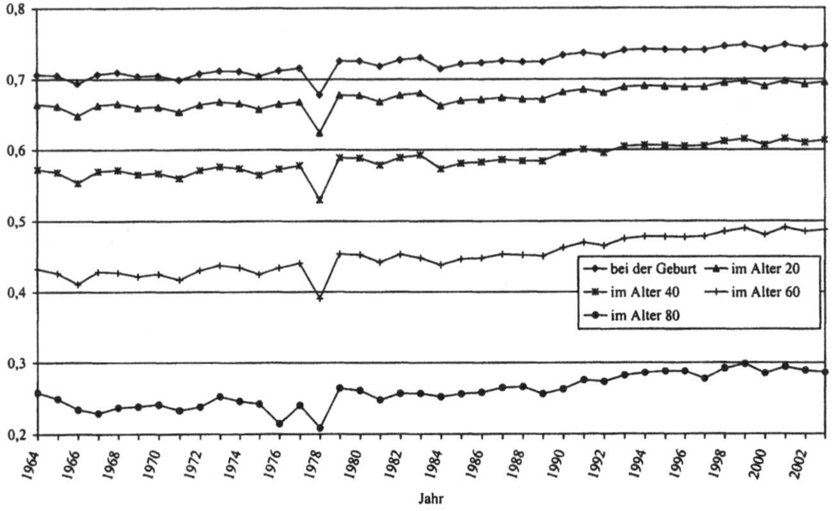

Quelle: Statistisches Bundesamt; eigene Berechnungen

Tabelle 3.15: Steigungen und Bestimmtheitsmaße von Regressionsgeraden an den relativen Rektangularisierungsgrad „relRgrad" für den Zeitraum von 1964 bis 2003 bei sukzessivem Ausschluss unterer Altersgruppen nach Geschlecht

		Startalter der Sterbetafel (in Jahren)									
		0	10	20	30	40	50	60	70	80	90
Männer	Steigung (x 100)	0,16	0,12	0,12	0,13	0,15	0,18	0,20	0,18	0,13	0,09
	Bestimmtheitsmaß	0,95	0,88	0,88	0,88	0,89	0,90	0,91	0,78	0,59	0,30
Frauen	Steigung (x 100)	0,13	0,10	0,11	0,12	0,14	0,16	0,19	0,20	0,16	0,01
	Bestimmtheitsmaß	0,80	0,64	0,67	0,70	0,73	0,77	0,81	0,83	0,71	0,02

Quelle: Statistisches Bundesamt; eigene Berechnungen

Im Unterschied zu den Entwicklungen, die mithilfe der Standardabweichung und des Variationskoeffizienten auf der einen und den auf Keyfitz' H aufbauenden Kennzahlen auf der anderen Seite aufgedeckt wurden, sind die vorliegenden zeitlichen Trends allerdings weniger stabil, was darin begründet liegt, dass das 99,99%-Perzentilsterbealter, das als Schätzwert für das extremen Fluktuationen

unterworfene Maximalsterbealter ω Verwendung findet, immer noch verhältnismäßig stark und ungerichtet schwankt.
Vergleicht man abgesehen davon die mithilfe des vorliegenden Kennzahlenkonzepts erzielten Resultate mit denen, die unter Rückgriff auf den Zähler von Keyfitz' H bzw. Keyfitz' H selbst zustande kommen (vgl. Abschnitt 3.3.3.3.1.4), so gelangt man zu der Schlussfolgerung, dass das vorliegende Kennzahlenkonzept weniger sensitiv auf expansive Mortalitätstendenzen zu reagieren scheint. Während der Zähler von Keyfitz' H bereits bei einem Sterbetafel-Startalter von 40 (Männer) bzw. 60 Jahren (Frauen) absolute Expansionstrends während des Untersuchungszeitraums andeutet (vgl. Tabelle 3.12), manifestieren sich diese gemäß der Kennzahl „absRgrad" erst bei einer ausschließlichen Betrachtung der Sterbefälle ab dem 70. Lebensjahr (vgl. Tabelle 3.14). Da die auf Keyfitz' H aufbauenden Kennzahlen ihrerseits wiederum zurückhaltender auf expansive Entwicklungen reagieren als die Maßzahlen, die auf der Standardabweichung basieren (vgl. Abschnitt 3.3.3.3.1.4), lassen sich die in dieser Arbeit verwendeten Kennzahlenkonzepte hinsichtlich ihrer Sensitivität auf expansive Sterblichkeitsentwicklungen in eine Reihenfolge bringen[82]: Demnach reagiert eine Analyse auf Basis der Standardabweichung bzw. des Variationskoeffizienten am sensibelsten auf expansive Tendenzen, gefolgt von den auf Keyfitz' H aufbauenden Kennzahlen und dem in dieser Arbeit eingeführten alternativen Kennzahlenkonzept.
Eine Reihenfolge hinsichtlich der Eignung der berücksichtigten Kennzahlenkonzepte zur Überprüfung der Mortalitätskompressionsthese lässt sich dagegen nicht bilden. Jedes Kennzahlenkonzept hat spezifische Vor- und Nachteile, die bereits an anderer Stelle ausführlich diskutiert wurden (vgl. Abschnitt 3.3.1.1).

3.3.3.3.2 Analyse der Kohortensterblichkeit im Altersbereich von 100 Jahren und älter

Das Sterblichkeitsgeschehen am oberen Rand des Altersbereichs ist für die Beantwortung der Frage nach Lebenserwartungs- und Lebensspannenobergrenzen von nicht zu unterschätzender Bedeutung. Die bisherige kennzahlengestützte Überprüfung der Mortalitätskompressionsthese unter Rückgriff auf die von Periodensterbetafeln generierten Sterbealterverteilungen bzw. Überlebenskurven deckt zwar bei der Nichtberücksichtigung unterer Altersklassen expansive Tendenzen während des Untersuchungszeitraums auf und findet damit für sich genommen keine Unterstützung weder für die Existenz noch für das Einwirken von Lebenserwartungsobergrenzen während des Untersuchungszeitraums. Trotzdem schließt dieses Ergebnis jenseits des Alters 100 stark ansteigende und zeitinvariante Sterbewahrscheinlichkeiten nicht aus, deren quantitatives Gewicht jedoch selbst bei einem Sterbetafel-Startalter von 90 Jahren zur Zeit noch zu ge-

[82] Die Perzentilmethode bleibt hierbei aufgrund ihrer in Abschnitt 3.3.1.1.3 diskutierten spezifischen Eigenschaften außen vor.

ring ist, um die angesprochenen expansiven Tendenzen zu kompensieren[83]. Die Berechnung von Periodensterbetafeln mit einem Startalter von 100 Jahren oder mehr und die anschließende kennzahlengestützte Überprüfung der Sterbealterverteilungen auf Kompressionstendenzen hin ist jedoch aufgrund der starken erratischen Schwankungen der Sterbewahrscheinlichkeiten in diesem Alterssegment nicht mehr sinnvoll und unterblieb in den vorangegangenen Abschnitten folgerichtig[84]. Denn neben Zufallsschwankungen aufgrund geringer Sterbefallzahlen, die den Zähler der Sterberaten betreffen, sind auch die mittleren Bevölkerungsbestände im Nenner der Sterberaten zumindest dann sehr unsicher, wenn diese unter Rückgriff auf die geschätzten Jahresendbestände von am Ende des Untersuchungszeitraums noch nicht vollständig ausgelöschten Kohorten berechnet werden müssen.

Um dennoch eine verlässliche Vorstellung von der Sterblichkeitssituation jenseits des Alters 100 und deren Veränderung im Zeitablauf zu bekommen, werden im Folgenden die Mortalitätserfahrungen mehrerer *realer* Geburtsjahrgänge zusammengefasst. Dabei kommen nur Kohorten zum Zuge, deren Mitglieder spätestens während des Jahres 2003 ein Alter von 114 Jahren erreichten bzw. erreicht hätten und die somit als ausgelöscht betrachtet werden können, denn nur für diese Kohorten lassen sich die jeweiligen Jahresendbestände der noch Lebenden, die zur Berechnung alters- und kohortenspezifischer Sterbewahrscheinlichkeiten erforderlich sind, mittels der Methode der „Extinct Generations" exakt[85] angeben. Konkret sind dies die Geburtsjahrgänge bis 1889, wobei der älteste berücksichtigte Jahrgang der des Jahres 1864 ist, da dessen Mitglieder im Jahr 1964 und damit im ersten Jahr des Untersuchungszeitraums 100 Jahre alt wurden. Somit stehen 26 Kohorten zur Verfügung, deren tatsächliches Absterben bis vor dem Erreichen des Alters 114 genau nachgezeichnet werden kann.

Von diesen 26 Kohorten werden jeweils 13 zusammengefasst. Zur Eingrenzung erratischer Fluktuationen trägt auch der Verzicht auf eine geschlechtsspezifische

---

[83] Bei stark ansteigenden und zeitinvarianten Sterbewahrscheinlichkeiten jenseits des Alters 100 würden diese expansiven Tendenzen irgendwann in der Zukunft abebben und in einer Mortalitätskompression münden, da bei weiteren künftigen Abnahmen der Sterblichkeit vor dem 100. Lebensjahr das Mortalitätsgeschehen jenseits dieses Alters ein wachsendes Gewicht bekäme.

[84] Selbst bei einem Startalter der Sterbetafel von 90 Jahren – dem höchsten in der vorangegangenen Analyse – sind die zeitlichen Entwicklungen nicht mehr so stabil wie bei niedrigeren Startaltersstufen (vgl. beispielsweise das Absinken der Bestimmtheitsmaße in Tabelle 3.8 bzw. Tabelle 3.9).

[85] Es ist zwar grundsätzlich nicht auszuschließen, dass Angehörige der berücksichtigten und als ausgelöscht betrachteten jüngeren Jahrgänge noch über das Jahr 2003 hinaus leben. Wenn überhaupt, dann dürfte es sich dabei allerdings um Einzelfälle handeln, die praktisch ohne Einfluss auf die mittels der Methode der „Extinct Generations" rekonstruierten Jahresendbestände und damit auf die nachfolgend präsentierten Ergebnisse sind. Ungenauigkeiten bei der retrospektiven Ermittlung von Jahresendbeständen könnten bei allen Kohorten dagegen theoretisch durch Außenwanderungen entstehen. Letztere dürften im Altersbereich der über 100jährigen jedoch bedeutungslos sein.

Analyse bei. Dieser Verzicht ist insofern gerechtfertigt, als die Sterbewahrscheinlichkeiten der Männer ab dem Alter 100 nur noch geringfügig über denen der Frauen liegen – ein auch in anderen Untersuchungen beobachtetes Phänomen (vgl. Vincent, 1951, S. 193; Rosenwaike, 1981, S. 263).
Die auf die geschilderte Weise berechneten und zusammengefassten Sterbewahrscheinlichkeiten finden sich in Tabelle 3.16, in der auch die für ihre Berechnung verwendeten Überlebenden- und Gestorbenenzahlen aufgeführt sind[86].

Tabelle 3.16: Tatsächliche altersspezifische Sterbewahrscheinlichkeiten ab dem Alter 100 für die spätestens im Jahr 2003 ausgelöschten Geburtsjahrgänge 1864 bis 1889

Alter	Jahrgänge 1864-1876			Jahrgänge 1877-1889		
	Überlebende	Gestorbene	Sterbewahrscheinlichkeit	Überlebende	Gestorbene	Sterbewahrscheinlichkeit
100	3.628	1.753	0,48	10.517	4.373	0,42
101	1.875	845	0,45	6.144	2.578	0,42
102	1.030	491	0,48	3.566	1.521	0,43
103	539	246	0,46	2.045	861	0,42
104	293	133	0,45	1.184	500	0,42
105	160	89	0,56	684	291	0,43
106	71	27	0,38	393	164	0,42
107	44	13	0,30	229	89	0,39
108	31	4	0,13	140	66	0,47
109	27	26	0,96	74	51	0,69
110	1	0	0,00	23	14	0,61
111	1	1	1,00	9	5	0,56
112	0	0	1,00	4	3	0,75
113	0	0	1,00	1	1	1,00

Quelle: Statistisches Bundesamt; eigene Berechnungen

Beim Vergleich der Sterbewahrscheinlichkeiten zwischen den beiden Gruppen von Geburtsjahrgängen fällt zunächst auf, dass sich die Jahrgänge 1877 bis 1889 zumindest bis zum Alter 105 besseren Überlebensverhältnissen gegenübersahen als die 13 älteren Jahrgänge. Für höhere Altersstufen lassen sich zwar keine eindeutigen Aussagen ableiten, was vor allem eine Folge der trotz der Zusammenfassung mehrerer Kohorten und beider Geschlechter sich zunehmend manifestierenden Zufallsschwankungen aufgrund geringer Fallzahlen sein dürfte. Nichtsdestotrotz spricht nichts gegen die These von Sterblichkeitsverbesserungen jenseits des Alters 100. Insbesondere vor dem Hintergrund der Theorie heterogener Populationen sind diese Mortalitätsreduktionen trotz ihres vergleichsweise geringen Umfangs als beachtlich einzustufen, denn dieser Theorie zufolge wirkt

[86] Überlebende eines Alters sind hierbei Personen, die das entsprechende Alter erreicht haben. Beispielsweise konnten 10.517 Personen der Jahrgänge 1877 bis 1889 den 100. Geburtstag feiern, 4.373 davon verstarben jedoch vor Erreichen des Alters 101.

der hauptsächlich durch Sterblichkeitsreduktionen in unteren Altersstufen hervorgerufene Zustrom schlechter Risiken in die Gruppe der mindestens 100jährigen als Bremse für Sterblichkeitsreduktionen in dieser Altersgruppe (ähnlich Vaupel et al., 1979, S. 447; Vaupel/Yashin, 1983, S. 14-17).
Ein ebenfalls wichtiges Ergebnis aus Tabelle 3.16 ist der Umstand, dass ein ungebrochener Anstieg der Sterbewahrscheinlichkeiten mit dem Alter in diesem Alterssegment nicht zu beobachten ist. Von den Anhängern der Mortalitätskompressionsthese und insbesondere von der These einer Obergrenze der menschlichen Lebensspanne wird als Beleg immer wieder die angebliche Gültigkeit des Gompertz-Gesetzes der Sterblichkeit angeführt (vgl. beispielsweise Fries, 1980, S. 131; 1983, S. 398/399, 402; 1988, S. 409; Vincent, 1951, S. 193/194), wonach die Sterberate mit einer konstanten prozentualen Rate altersbedingt wächst und damit einem exponentiellen Verlauf folgt. Dieser führt nämlich sehr schnell zu einer Sterbewahrscheinlichkeit von 1 und damit zu einer festen Obergrenze für das menschliche Leben[87]. Im Gegensatz dazu bewegen sich die altersspezifischen Sterbewahrscheinlichkeiten der Kohorten 1877 bis 1889 jedoch bis zu einem Alter von 108 Jahren nahezu konstant zwischen 0,4 und 0,5 und gelangen erst danach auf ein höheres Niveau. Aber auch dann verharren die Sterbewahrscheinlichkeiten, so dass sich kein exponentieller Anstieg der Sterberaten und damit auch keine feste obere Lebensspannengrenze herauskristallisiert, die sich auf eine verlässliche Zahl von Beobachtungen stützen könnte[88]. Dieses Ergebnis befindet sich damit in Einklang mit Untersuchungen für die USA, die ebenfalls für das Gompertz-Gesetz keine Unterstützung finden (vgl. Manton/Singer, 1994, S. 27; Manton/Stallard, 1996, S. 363, 373).
Angenommen, die nahezu konstanten Sterbewahrscheinlichkeiten jenseits des Alters 100 in Tabelle 3.16 würden ausschließlich die biologisch determinierte Sterblichkeit der Kohorten frei von anderen Einflüssen widerspiegeln. Würde dann diese Konstanz bedeuten, dass jenseits des Alters 100 der individuelle Alterungsprozess zu einem Stillstand kommt, dass also ein bestimmtes Individuum, das den 100. Geburtstag feiert, von diesem Zeitpunkt an mit zwar hohen, aber eben mit keinen ansteigenden Sterbewahrscheinlichkeiten konfrontiert wird? Im Sinne der bereits in Abschnitt 2.6 besprochenen Theorie heterogener Populationen in der Modellierung von Vaupel et al. (vgl. 1979, S. 439-454) wäre diese Schlussfolgerung dann falsch, wenn sich auch Hundertjährige in ihrer weiteren Veranlagung für Langlebigkeit voneinander unterscheiden. Denn dann kann es durchaus möglich sein, dass die Mortalitätsselektion eine konstante Sterberate und damit -wahrscheinlichkeit auf Kohortenebene bewirkt, obwohl die Sterberaten für jeden einzelnen Hundertjährigen dennoch dem Gompertz-

[87] Streng mathematisch gesprochen führt eine exponentiell ansteigende Sterberate wegen des in Gleichung (A.18) (vgl. Abschnitt A.2 im Anhang A) wiedergegebenen Zusammenhangs zwischen der Sterberate und der Sterbewahrscheinlichkeit nicht zu einer Sterbewahrscheinlichkeit von 1, sondern zu einem Grenzwert für die Sterbewahrscheinlichkeit von 1.

[88] Zwar nimmt die Sterbewahrscheinlichkeit im Alter 113 den Wert 1 an, allerdings basiert dieser auf nur einer Beobachtung.

Gesetz folgen und damit seine individuelle Lebensspanne faktisch begrenzt ist: Wie in Abschnitt A.3.5 im Anhang A gezeigt, impliziert eine konstante, altersunabhängige Kohortensterberate

$$(3.12) \qquad \bar{\mu}(x) = a \qquad \text{mit } a > 0 \text{ und } x \geq 100$$

unter der Annahme einer mit dem Mittelwert $\bar{z}(100) = 1$ Gamma-verteilten Gebrechlichkeit im Alter 100, dass die nicht beobachtbare Sterberate des Standardindividuums und damit die jedes Hundertjährigen dem im Rahmen des Gompertz-Gesetzes postulierten Anstieg folgt, d.h. dass

$$(3.13) \qquad \mu(x) = ae^{bx} \qquad \text{mit } b = a / k,$$

wobei k der das unterstellte Ausmaß der Heterogenität wiedergebende Parameter der Gamma-Verteilung ist (vgl. Vaupel/Yashin, 1983, S. 11).
In Abbildung 3.22 ist dieser Zusammenhang graphisch veranschaulicht. Für k wird dabei der Wert 1 gesetzt, während für a der Wert 0,54 vorgegeben wird, was wegen Gleichung (A.18) (vgl. Abschnitt A.2. im Anhang A) einer konstanten Sterbewahrscheinlichkeit jenseits des Alters 100 von 0,42 – dem Durchschnittswert der Jahrgänge 1877-1889 bis zum Alter von 108 Jahren – entspricht.
Aus der Beobachtung einer konstanten (Kohorten-) Sterbewahrscheinlichkeit und damit -rate jenseits des 100. Lebensjahres kann somit nicht auf ein Ende des Fortschreitens der individuellen Alterungsprozesse und damit auf eine potentiell unbegrenzte Lebensspanne für jeden Hundertjährigen geschlossen werden. Vielmehr besteht die Möglichkeit, dass sich auch ab dem Alter 100 die Alterungsprozesse für Individuen fortsetzen, allerdings durch eine selektionsbedingt konstante Kohortensterbewahrscheinlichkeit verdeckt werden. Beim Vorliegen von Heterogenität hätten dann die meisten 100jährigen wegen des für sie gültigen Gompertz-Gesetzes grundsätzlich eine konstante Lebensspanne, und nur Individuen, deren Gebrechlichkeit gegen Null strebt, könnten – mathematisch gesprochen – eine gegen unendlich gehenden Lebensspanne aufweisen, für die kein mathematischer Grenzwert existiert. Da man Heterogenität im Sinne der Theorie heterogener Populationen jedoch nicht beobachten und damit auch nicht aus den veröffentlichten Sterbedaten das Gebrechlichkeitsniveau eines bestimmten Individuums ableiten kann, muss man dennoch bei jedem der Hundertjährigen davon ausgehen, dass er sich fortan konstanten Sterbewahrscheinlichkeiten gegenübersehen wird und er damit eine fernere Lebenserwartung im Alter von 100 hat, die dem Kehrwert der (konstanten) Sterberate jenseits dieses Alters entspricht (vgl. den entsprechenden Beweis in Abschnitt 3.2).

Da sich in Tabelle 3.16 keine auf eine ausreichend große Zahl von Beobachtungen gestützte Sterbewahrscheinlichkeit von 1 herauskristallisiert und sich damit keine feste obere Schranke für das menschliche Leben abzeichnet, könnte es

Abbildung 3.22: Sterbewahrscheinlichkeiten ab dem Alter 100 für Individuen mit unterschiedlichen Gebrechlichkeitsniveaus (z = 0,0001; 0,05, 1; 4) sowie für die (Gesamt-) Kohorte bei Gamma-verteilter Gebrechlichkeit im Alter 100 (k = 1)

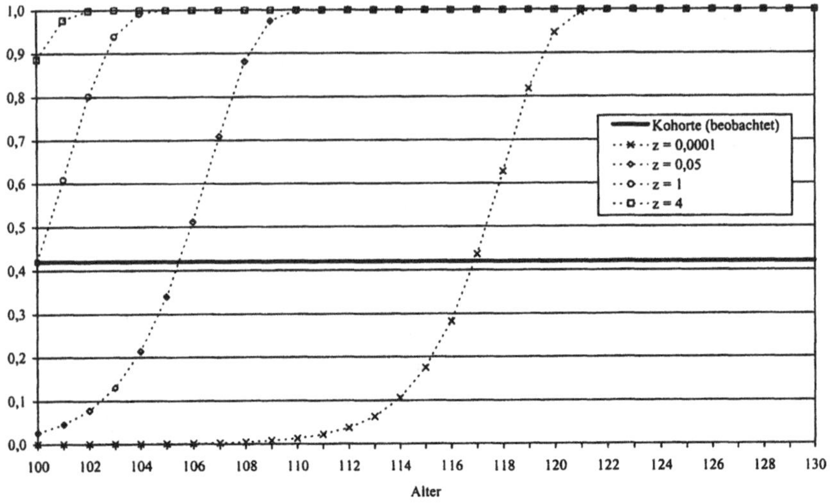

Quelle: Statistisches Bundesamt; eigene Berechnungen

dennoch eine „probabilistische Grenze" geben, die zweckmäßigerweise als das Alter definiert wird, ab dem die mittlere fernere Lebenserwartung weniger als ein Jahr beträgt (vgl. Manton/Stallard, 1996, S. 363). Dazu dürften die Sterbewahrscheinlichkeiten ab diesem Alter den Wert 0,632 nicht unterschreiten (vgl. ebenda), was nachfolgend bewiesen wird[89].

Beweis: Bei konstanter Sterblichkeit jenseits des Alters x, d.h. bei $\mu(t) = \mu$ $\forall t \geq x$, gilt für die fernere Lebenserwartung im Alter x: $e_x = \mu^{-1}$ (vgl. Abschnitt 3.2). Wegen (A.28) muss im Falle einer probabilistischen Obergrenze der Lebenserwartung somit gelten:

$$e_x^{-1} = \mu = \ln\frac{1}{1-q} > 1.$$

Damit hat man $\frac{1}{1-q} > e$ und schließlich $q > 0{,}632$.

Von den Jahrgängen von 1877 bis 1889 wird dieser Schwellenwert in drei Altersstufen überschritten, nämlich im Alter 109 ($q_{109} = 0{,}69$), 112 ($q_{112} = 0{,}75$)

[89] Manton und Stallard (vgl. ebenda) verzichten auf einen entsprechenden Beweis.

und 113 ($q_{113} = 1$), wobei nur die altersspezifische Sterbewahrscheinlichkeit im Alter 109 auf einer relativ großen Zahl von Beobachtungen beruht (vgl. Tabelle 3.16). Geht man allerdings in die Ausgangssterbedaten zurück, so fällt unmittelbar auf, dass ein einzelner Geburtsjahrgang, nämlich der Jahrgang 1880, q_{109} maßgeblich beeinflusst. Diese Kohorte weist den amtlich veröffentlichten Daten zufolge bei den Männern sieben und bei den Frauen sogar 23 im Alter von 109 Jahren Gestorbene auf und damit Werte, die im Vergleich zu den Gestorbenenzahlen vor- und nachgelagerter Altersstufen derselben Kohorte und denen umliegender Geburtsjahrgänge deutliche Ausreißer darstellen und folglich vermutlich auf einem Kodierungs- bzw. Verarbeitungsfehler beruhen. Nimmt man den Jahrgang 1880 aus der Berechnung der Sterbewahrscheinlichkeiten heraus, so beträgt q_{109} nur noch 0,53, während es bei den anderen altersspezifischen Sterbewahrscheinlichkeiten im Allgemeinen nur geringfügige Verschiebungen gibt[90].

Wie gerade angedeutet, basieren die Sterbewahrscheinlichkeiten im Alter 112 und 113 auf so geringen Fallzahlen, dass sie als wenig aussagekräftig betrachtet werden müssen und daher das Fehlen einer probabilistischen Lebensspannenobergrenze nicht widerlegen (vgl. auch FN 88). Wie unsicher beispielsweise die Zahl der das Alter 112 Erlebenden im Gegensatz zu derjenigen Anzahl von Personen ist, die darunter liegende Altersstufen erreichen, verdeutlicht die nachfolgende Überlegung:

Der Einfachheit halber sei unterstellt, dass die für die Kohorten 1877 bis 1889 in Tabelle 3.16 dargestellten Sterbewahrscheinlichkeiten bis zum Alter 111 nichtstochastisch sowie für jeden Hundertjährigen gleichermaßen maßgebend sind, d.h. dass es keine Heterogenität in Bezug auf die Sterblichkeit gibt. Nimmt man darüber hinaus vernünftigerweise an, dass die im Folgenden mit X_i ($i = 1, 2, \ldots, 10.517$) bezeichneten individuellen Indikatorvariablen, die den Wert 1 im Falle des Erreichens des Alters 112 und andernfalls den Wert 0 annehmen, voneinander unabhängig sind, lassen sich Letztere als eine Stichprobe aus einer Bernoulli-Verteilung mit dem Parameter $\theta = 4/10.517 = 0{,}00038$ auffassen. Jedes Individuum erreicht folglich mit einer Wahrscheinlichkeit von 0,00038 das Alter 112. Die Stichprobensumme $X = \sum X_i$, d.h. die Zahl der Personen, die das Alter 112 erleben, ist damit binomialverteilt mit den Parametern $n = 10.517$ und $\theta = 0{,}00038$ und hat somit einen Erwartungswert $EX = n\theta = 4$ bei einer Standardabweichung von $\sqrt{\operatorname{var} X} = \sqrt{n\theta(1-\theta)} \approx 2$. Der Variationskoeffizient beträgt daher 0,5.

---

90 Man beachte, dass die Herausnahme des Jahrgangs 1880, dessen letzte Mitglieder im Alter von 110 Jahren verstarben, eine Veränderung nicht nur der Gestorbenenzahlen (fast) aller Altersstufen bis zum Alter 110, sondern dadurch auch der mittels der Methode der „Extinct Generations" rekonstruierten, altersspezifischen Überlebendenzahlen bis zu diesem Alter bewirkt. Nichtsdestotrotz ändern sich die anderen altersspezifischen Sterbewahrscheinlichkeiten nur leicht und bleiben in jedem Fall unter dem Schwellenwert von 0,632.

Stellen die X_i's dagegen auf das Erreichen des Alters 101 ab, ist $X = \sum X_i$ binomialverteilt mit $n = 10.517$ und $\theta = 6.144/10.517 = 0{,}584$, womit man EX $= 6.144$, $\sqrt{\text{var}X} \approx 51$ und damit einen wesentlich geringeren Variationskoeffizienten von etwa 0,008 hat. Da die Anzahl der das Alter 101 Erlebenden und damit X verteilungskonvergent gegen eine $(n\theta = 6.144; \sqrt{n\theta(1-\theta)} = 51)$-Normalverteilung ist und der zu einer befriedigenden Approximation erforderliche Mindeststichprobenumfang übertroffen wird (vgl. Anderson et al., 1997, S, 109/110), lässt sich für X mit $[6.044; 6.244]$ auch ein Konfidenzintervall zum Sicherheitsgrad 0,95 angeben, das ebenfalls dokumentiert, wie wenig die Zahl der das Alter 101 Erlebenden streut[91].

Selbstverständlich sind aufgrund fehlender Beobachtungen auch keine Aussagen zur Sterblichkeit und zu festen oder probabilistischen Lebensspannenschranken in Altersstufen jenseits des Alters 113 möglich. Allerdings ist die Frage, ob es nun derartige Grenzen gibt, zumindest für die kommenden Jahrzehnte allenfalls theoretisch interessant, praktisch jedoch bedeutungslos. Denn selbst wenn ein exponentieller Anstieg der Sterbewahrscheinlichkeiten ab dem Alter 100 generell, d.h. für *alle* darüber liegenden Altersstufen ausbleiben und sich alle Sterbewahrscheinlichkeiten oberhalb des Alters 100 auf mehr oder weniger konstantem Niveau bewegen sollten, so wirkt die hohe Sterblichkeit in den ersten Altersjahren jenseits des Alters 100 dennoch als faktische Schranke für das Vorstoßen einer spürbaren Zahl von Personen in immer höhere Altersstufen.
Unterstellt man mit Blick auf die Werte für die Jahrgänge 1877 bis 1889 in Tabelle 3.16 beispielsweise eine konstante Sterbewahrscheinlichkeit von 0,45 ab dem Alter 100, so würde rein rechnerisch von 155.864 Hundertjährigen im Mittel nur eine Person ein Alter von 120 Jahren erreichen[92]. Damit eine Person ihren 130. Geburtstag erlebt, wäre sogar die jenseits aller realistischer Vorstellungen liegende Zahl von 61.534.591 Personen „erforderlich", die bis ins Alter 100 vorstoßen müssen. Selbst wenn sich die in Tabelle 3.16 dargestellten Sterblichkeitsverbesserungen im Altersbereich oberhalb des Alters 100 fortsetzen sollten und die Sterbewahrscheinlichkeiten einen momentan noch in weiter Ferne liegenden, konstanten Wert von beispielsweise 0,35 annehmen würden, hätte dennoch im Durchschnitt nur einer von 409.826 Hundertjährigen die Aussicht, den 130. Geburtstag feiern zu dürfen. Vor dem Hintergrund dieser Zahlenspiele verwundert es nicht, dass man auch heute keine exzessive Langlebigkeit feststellen kann. Beispielsweise beträgt das höchste beobachtete und als authentisch eingestufte Sterbealter „lediglich" 122 Jahre und 164 Tage – das exakte Sterbealter einer am 4.8.1997 verstorbenen Französin (vgl. Guinness World Records Ltd,

---

91 Für die Anzahl der das Alter 112 Erlebenden lässt sich kein derartig konstruiertes Konfidenzintervall angeben, da der Mindeststichprobenumfang von $9/(\theta(1-\theta)) = 23.672$, der für eine befriedigende Approximation der Anzahl der das Alter 112 Erlebenden durch eine Normalverteilung erforderlich ist (vgl. ebenda), mit $n = 10.517$ nicht erreicht wird.

92 $155.864 \cdot (1-0{,}45)^{20} = 1$

2006, S. 54). Die momentan ältesten lebenden Personen sind vom Erreichen dieses Alters dagegen noch ein deutliches Stück entfernt (vgl. ebenda, S. 54/55). Auch wenn ein Blick in die Zukunft der Sterblichkeitsentwicklung und insbesondere der Entwicklung von Langlebigkeitsrekorden naturgemäß hoch spekulativ ist, verdeutlichen die gerade angestellten Überlegungen zumindest einen Sachverhalt: Womöglich in den kommenden Jahrzehnten aufgestellte neue Sterbealterrekorde können auch ohne Sterblichkeitsfortschritte in den höchsten Altersstufen zustande kommen, sondern lediglich dadurch, dass ausschließlich bedingt durch das Wachstum der Weltbevölkerung und durch Reduktionen der Sterblichkeit im unteren und mittleren Altersbereich immer mehr Personen in sehr hohe Altersstufen vorrücken (vgl. Vincent, 1951, 182/183; Manton/Stallard, 1996, S. 371-373; Olshansky et al., 1990, S. 635). Daneben entlarven die obigen Zahlenspiele auch ein auf den ersten Blick plausibles Argument für die Existenz von Langlebigkeitsgrenzen als wahrscheinlichkeitstheoretisch anfechtbar. Demnach beweise der Umstand, wonach bei einer Beobachtungsmenge von Milliarden von Menschen in der Menschheitsgeschichte keiner nachweislich ein Alter von 120 Jahren deutlich überschritten hat, die Tatsache, dass die menschliche Lebensspanne grundsätzlich begrenzt sein müsse und bei etwa diesem Alter liegen dürfte; denn in einer derart großen Beobachtungsmenge müsse es Personen gegeben haben, die zum einen genetisch begünstigt waren und sich zum anderen während ihres Lebens idealen Umweltbedingungen gegenübersahen (vgl. Fries, 1980, S. 130; 1990, S. 44; Dinkel, 1992a, S. 78). Von diesen Milliarden von Menschen dürften angesichts der erst in den letzten Dekaden deutlich gesunkenen Sterbewahrscheinlichkeiten im unteren und mittleren Altersbereich allerdings bestenfalls wenige Hunderttausend Personen ein Alter von 100 erreicht haben. Dies stellt jedoch angesichts der selbst in der jüngsten Vergangenheit noch sehr hohen Sterbewahrscheinlichkeiten jenseits des 100. Lebensjahres eine viel zu geringe Ausgangsmenge dar, um daraus eine maximale Lebensspanne im Bereich von 120 Jahren ableiten zu können. Darüber hinaus ist die These, wonach zumindest einige von Milliarden von Menschen sowohl genetisch begünstigt als auch mit optimalen Umweltbedingungen konfrontiert (gewesen) sein müssen, im Hinblick auf die inzwischen allgemein akzeptierte Komplexität des Alterungsprozesses sowie dessen Interaktion mit Umweltbedingungen angreifbar: Vor dem Hintergrund, dass die Anzahl der in den Alterungsprozess involvierten Gene sehr groß sein dürfte (vgl. Holliday, 2004, S. 570), genügen einfache kombinatorische Überlegungen, um zur Feststellung zu gelangen, dass es sehr unwahrscheinlich ist, in der Menschheitsgeschichte einen Menschen mit „optimaler" genetischer Ausstattung zu finden. Und selbst wenn es ein solches Individuum tatsächlich gibt bzw. gegeben hat, ist es vermutlich noch viel unwahrscheinlicher, dass es angesichts der vielen Risikofaktoren zeitlebens von jeglicher Risikofaktoreinwirkung verschont geblieben ist. Die bereits in Abschnitt 3.2 aufgestellte These, wonach sich anhand konkreter Sterbedaten keine rein biologisch determinierten Lebenserwartungs- bzw. Lebensspannenobergrenzen ableiten lassen, bleibt somit bestehen.

Zusammenfassend bringt die Analyse der Kohortensterblichkeit zwei wichtige Ergebnisse hervor. Zum einen gibt es – zumindest für ausreichend besetzte Altersklassen bis etwa zum 108. oder 109. Lebensjahr – keine Anzeichen für eine feste oder stochastische Lebensspannenobergrenze; insbesondere findet sich kein Beleg für die Gültigkeit des Gompertz-Gesetzes[93]. Vielmehr deuten die Ergebnisse auf zwar hohe, aber altersunabhängige Sterbewahrscheinlichkeiten hin. Sollten diese auch für die Altersstufen oberhalb eines Alters von 108 oder 109 Jahren Gültigkeit haben, so impliziert dieser Umstand für sich genommen aber noch nicht, dass es gleichzeitig auch keine Obergrenze für die mittlere Lebenserwartung bei der Geburt gibt: Wie in Abschnitt 3.2 gezeigt, ist die Abwesenheit von fixen Lebensspannenobergrenzen und damit die prinzipielle Unsterblichkeit des Menschen zwar eine notwendige, aber noch keine hinreichende Bedingung für das Fehlen von Obergrenzen für die Lebenserwartung bei der Geburt. Letztere wäre vielmehr nur dann unbegrenzt, wenn es gelänge, alle altersspezifischen Sterbewahrscheinlichkeiten auf Null zu drücken und damit den Tod aus dem Leben der Menschen zu verbannen. Auch wenn diese Vorstellung abwegig ist, kann sie mittels der gerade angestellten Analyse der Kohortensterblichkeit ab dem Alter 100 statistisch nicht widerlegt werden, denn dem zweiten wichtigen Ergebnis dieser Analyse zufolge lassen sich zwischen den Jahrgängen 1864 bis 1876 auf der einen und 1877 bis 1889 auf der anderen Seite wenn auch kleine, aber dennoch spürbare Verbesserungen der Sterblichkeit jenseits des 100. Lebensjahres konstatieren. Dies deutet darauf hin, dass auch in diesem Altersbereich die Sterbewahrscheinlichkeiten nicht zeitinvariant zu sein scheinen. Insofern liefert diese Analyse zumindest auf empirischer Ebene keinen Hinweis auf eine Obergrenze für die Lebenserwartung bei der Geburt. Allerdings sind die Sterbewahrscheinlichkeiten oberhalb des Alters 100 nach wie vor so hoch, dass es schon extremer Sterblichkeitsverbesserungen bedarf, damit die Lebenserwartung bei der Geburt – sollte sie tatsächlich in ferner Zukunft den dreistelligen Altersbereich erreichen – von da an noch spürbar weiter wächst.

3.4 Konzeptionelle Schwächen von empirischen Verfahren zur Bestimmung von Lebenserwartungsobergrenzen

Bei der Überprüfung der Mortalitätskompressionsthese für das frühere Bundesgebiet konnten zwar expansive Tendenzen im oberen Altersbereich festgestellt werden, die andeuten, dass das Mortalitätsgeschehen im Untersuchungszeitraum nicht bzw. noch nicht unter dem Einfluss potentieller Lebensspannen- und/oder Lebenserwartungsobergrenzen stand. Trotzdem zeigen die Ausführungen des letzten Abschnitts, dass auch ohne derartige Grenzen die sehr hohen Sterbewahrscheinlichkeiten jenseits des Alters 100 zumindest in den kommenden Jahrzehnten als faktische Hürde für eine ungebremste Zunahme der Lebenserwar-

[93] Gleichwohl kann das Gesetz von Gompertz bei Vorliegen von Heterogenität auf individueller Ebene sehr wohl gültig sein und damit auch jenseits des Alters 100 der individuelle Alterungsprozess voranschreiten.

tung fungieren werden. Vor diesem Hintergrund mag die Versuchung groß sein, einen wenigstens für die nächsten Dekaden gültigen und „brauchbaren"[94] Grenzwert für die mittlere Lebenserwartung bei der Geburt anzugeben. Wie nachfolgend beispielhaft[95] anhand von einigen in der Literatur zu findenden Konzepten zur Festlegung eines solchen Werts gezeigt wird, sind derartige Verfahren und folglich auch die damit berechneten Grenzen – seien sie lediglich für die nächsten Jahrzehnte oder aber uneingeschränkt gültig – allerdings konzeptionell angreifbar.

Wie bereits mehrfach erwähnt, liegt Fries zufolge die Obergrenze für die mittlere Lebenserwartung von neugeborenen Mädchen und Jungen bei etwa 85 Jahren, denn diesen Wert erhält er als Schnittpunkt des linear in die Zukunft fortgeschriebenen mittleren Sterbealters von Neugeborenen mit dem ebenfalls linear extrapolierten mittleren Sterbealter von 65 Jahre alten Personen (vgl. 1980, S. 131/132; 1983, S. 398, 404; 1989, S. 222-224)[96]. In Abbildung 3.23 ist dieses Verfahren graphisch dargestellt, wobei das mittlere Sterbealter von Neugeborenen der Lebenserwartung bei der Geburt und das von 65jährigen Personen der Summe aus ihrer ferneren Lebenserwartung und der Zahl 65 entspricht.
Diesem Verfahren liegen somit drei Annahmen zugrunde (vgl. ebenda, 1989, S. 222/223): Erstens sind alle Sterbefälle vor dem 65. Lebensjahr in dem Sinne verfrüht, dass sie verhindert werden könnten. Zweitens unterstellt Fries, dass zu dem Zeitpunkt, in dem alle vorzeitigen Sterbefälle vor dem 65. Lebensjahr eliminiert sein werden, auch alle vorzeitigen Sterbefälle jenseits dieses Alters verhindert sind, und dass damit die Obergrenze für die Lebenserwartung bei der Geburt erreicht ist. Die dritte Annahme betrifft schließlich die Eignung der linearen Fortschreibung des mittleren Sterbealters von Neugeborenen bzw. 65jährigen als vernünftige Approximation der zukünftigen Entwicklungen.
Gegen alle drei Annahmen lassen sich jedoch gewichtige Argumente finden, welche die Eignung dieses Verfahrens zur Bestimmung einer (zumindest für die kommenden Jahrzehnte gültigen) Lebenserwartungsobergrenze eines Neugeborenen infrage stellen.

Die Kritik an der ersten Annahme, wonach alle Sterbefälle bis zum Alter 65 grundsätzlich verhinderbar sind, ist offensichtlich: Selbst bei weiteren rasanten medizinischen Fortschritten und optimierter Gesundheitsförderung bzw. Präven-

---

[94] Ein „brauchbarer" Grenzwert wird hier verstanden als eine Schranke für die Lebenserwartung bei der Geburt, an welche die tatsächlichen Werte sehr nahe herankommen, die sie aber bestenfalls nur marginal überschreiten. Realistisch, aber nicht „brauchbar" wäre beispielsweise ein Grenzwert von 150 Jahren für die nächsten Jahrzehnte.

[95] Ein umfassender und strukturierter Überblick über derartige Verfahren findet sich bei Manton et al., 1991, S. 605-613.

[96] Fries zufolge ist diese Grenze biologisch determiniert – eine Schlussfolgerung, die gemäß den Ausführungen in Abschnitt 3.2 (vgl. insbes. FN 9 dieses Kapitels) aus realen Mortalitätsdaten freilich nicht abgeleitet werden kann.

Abbildung 3.23: Verfahren von Fries zur Abschätzung der Obergrenze für die Lebenserwartung bei der Geburt

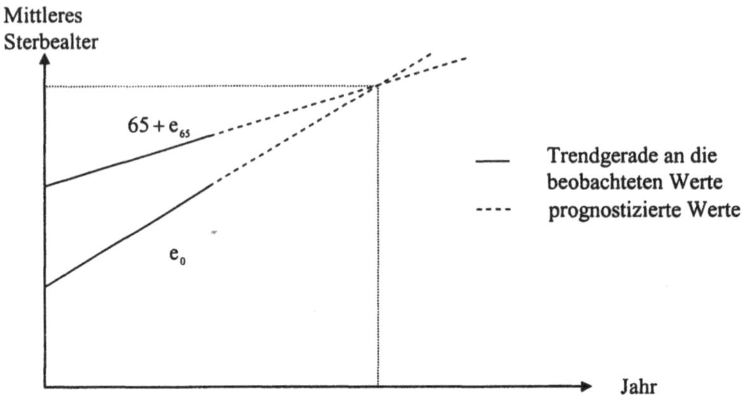

Quelle: Eigene Darstellung

tion wird es immer Sterbefälle unterhalb dieses Alters geben – seien sie nun natürlicher (z.B. kongenitale Anomalien von Neugeborenen) oder nichtnatürlicher Art (z.B. Unfälle, Tötungsdelikte, Drogenmissbrauch) (ähnlich Olshansky et al., 2001, S. 1492). Allerdings begegnet Fries diesem Argument mit dem Eingeständnis, dass sich die beiden Kurven in Abbildung 3.23 eben aus den genannten Gründen niemals schneiden würden (was im Falle einer vollständigen Elimination aller Sterbefälle unterhalb des Alters 65 der Fall wäre) und dass damit das mittlere Sterbealter von Neugeborenen immer unter dem von 65jährigen liege (vgl. ebenda, 1980, S. 132; 1989, S. 223/224). Vielmehr nähere sich die Lebenserwartung bei der Geburt und damit das mittlere Sterbealter von Neugeborenen unmittelbar vor Erreichen der Lebenserwartungsschranke asymptotisch der Trendgeraden an das mittlere Sterbealter 65jähriger an. Offen bleibt dagegen weiterhin, warum Fries ausgerechnet das Alter 65 als die Altersgrenze herausgreift, unter der (nahezu) alle Sterbefälle als verfrüht zu betrachten sind.
Auch die dritte Annahme von Fries, d.h. die Eignung der (linearen) Fortschreibung von vergangenen Lebenserwartungswerten in die Zukunft, ist sehr kritisch zu bewerten: In die Berechnung der Lebenserwartung eines bestimmten Alters fließen alle Sterbewahrscheinlichkeiten oberhalb dieses Alters ein, wobei – wie bereits mehrfach erwähnt – insbesondere die Sterblichkeit in der untersten Altersstufe einen nachhaltigen Einfluss auf das Niveau und damit auch auf die Entwicklung der Lebenserwartung ausübt. Auch ohne genaue Kenntnis der von Fries verwendeten US-amerikanischen Daten dürfte die von ihm beobachtete Zunahme der Lebenserwartung bei der Geburt insbesondere durch das starke

Absinken der Säuglingssterblichkeit zustande gekommen sein. Da aber die zukünftigen, von der Reduktion der Säuglingssterblichkeit kommenden Absolutbeiträge aufgrund des bereits erreichten niedrigen Niveaus zwingend kleiner als in der Vergangenheit sein müssen, besteht bei einer Fortschreibung der Lebenserwartung bei der Geburt – selbst wenn diese in der Vergangenheit linear zunahm – die Gefahr, implizit einen weiteren Rückgang der Sterblichkeit im ersten Lebensjahr bzw. allgemein im Kindesalter zu unterstellen, der nicht nur praktisch, sondern auch theoretisch nicht mehr möglich ist und der zu einer systematischen Überschätzung zukünftiger Lebenserwartungssteigerungen führt. Sollten die Sterbewahrscheinlichkeiten bis in den mittleren Altersbereich hinein in den nächsten Jahren an Untergrenzen stoßen und sich lediglich die Sterblichkeitssituation im oberen Altersbereich weiterhin spürbar verbessern, ist es sogar denkbar, dass der absolute Abstand zwischen dem Durchschnittssterbealter Neugeborener und dem 65jähriger konstant bleibt oder sogar größer wird, zumindest aber keine absolute Annäherung zu beobachten ist. Wenn überhaupt, dann sollten Prognosen der Lebenserwartung bei der Geburt und auch in anderen Altersstufen immer durch die Extrapolation vergangener alterspezifischer Sterbewahrscheinlichkeiten in die Zukunft und die anschließende Berechnung der daraus resultierenden Lebenserwartung erfolgen.

Der Haupteinwand am Vorgehen von Fries betrifft jedoch seine zweite Annahme. Selbst wenn man alle bisherigen Einwände außen vor lässt, ist es nicht einsichtig, warum gerade in dem Zeitpunkt, in dem alle Sterbefälle vor dem 65. Lebensjahr eliminiert sind und die beiden Trendgeraden sich schneiden, auch die bis dato lineare Zunahme des durchschnittlichen Sterbealters 65jähriger abrupt zum Stillstand kommen soll[97].

Ein anderer Vorschlag zur Bestimmung einer Lebenserwartungsobergrenze kommt von Shryock et al. (vgl. 1976, S. 253). Diese schlagen als operablen Grenzwert das 99,9%-Perzentil vor, also das Alter, das nur 0,1% der Neugeborenen erreichen. Da diese Grenze jedoch theoretisch unbegründet und auch prak-

[97] Aus genau diesem Grund ist auch die altersabhängige Abnahme von absoluten Lebenserwartungsgewinnen dann kein Beleg für die Existenz und das bereits spürbare Einwirken von Lebenserwartungsobergrenzen, wenn es nicht ab einem Alter Nullgewinne gibt (anders vgl. Fries 1980, S. 131; 1983, S. 400/401; 1987, S. 57). In Wirklichkeit sind mit dem Alter abnehmende, aber dennoch positive Lebenserwartungsgewinne während eines bestimmten Zeitraums bestenfalls ein Anzeichen dafür, dass die zukünftigen Zunahmen der Lebenserwartung bei der Geburt kleiner sein werden als in der Vergangenheit. Ähnlich verhält es sich auch mit der häufig als Beleg für die Existenz einer Lebenserwartungsobergrenze ins Feld geführten Annäherung der Lebenserwartung neugeborener Jungen an die von Mädchen (vgl. Abschnitt 3.2 und insbes. FN 11). Selbst wenn man unterstellt, dass es im Falle dieser Existenz einen gemeinsamen Wert für beide Geschlechter gibt – eine Annahme, die vor dem Hintergrund der Ausführungen in Abschnitt 3.2 mehr als fraglich erscheint – , und selbst wenn die höhere Lebenserwartung der Frauen tatsächlich langsamer ansteigt als die der Männer, legt dies nur nahe, in der Zukunft auch von langsameren, aber dennoch beobachtbaren Anstiegen der Lebenserwartung der Männer auszugehen.

tisch in jeder Hinsicht willkürlich ist, disqualifiziert sich dieses Verfahren von selbst und muss an dieser Stelle nicht mehr weiter diskutiert werden.

Manton et al. (vgl. 1991, S. 619-628) schätzen ausgehend von einem Risikofaktormodell, das für elf Risikofaktoren – u.a. Blutdruck, Cholesterinwert, Blutzuckerspiegel – einen empirischen Zusammenhang zu Sterberaten herstellt, die Auswirkungen, die eine „optimale Einstellung der Risikofaktoren" bei der Gesamtbevölkerung auf die Lebenserwartung bei der Geburt hätte. Dieses Verfahren greift damit zwar eine grundsätzliche Schwäche anderer Ansätze auf, welche die sterblichkeitsrelevanten Auswirkungen von Risikofaktormodifikationen nicht berücksichtigen (vgl. Olshansky et al., 1990, S. 636), ist aber trotzdem nicht frei von jeglichen Kritikpunkten. So dürfte die Festlegung von „optimalen" Risikofaktorwerten, für welche die Autoren ungefähr die bei 30jähren vorzufindenden Durchschnittswerte heranziehen, sehr problematisch sein. Auch die Anzahl von nur elf berücksichtigten sterblichkeitsrelevanten Risikofaktoren dürfte viel zu niedrig sein. So verweisen die Autoren selbst auf bereits absehbare Fortschritte bei der Identifikation weiterer Risikofaktoren und auf zu erwartende künftige Fortschritte auf dem Gebiet der Kuration hin, deren Sterblichkeitsauswirkungen momentan noch nicht exakt quantifizierbar seien (vgl. Manton et al., 1991, S. 629-631).

Abschließend sei noch die Vorgehensweise von Olshansky et al. (vgl. 1990, S. 636-638; 2001, S. 1491) beschrieben. Diese drehen die Ausgangsfrage anderer Untersuchungen um, nämlich welche Auswirkungen bestimmte Mortalitätsänderungen – seien sie nun die Fortsetzung vergangener Entwicklungen oder das Resultat einer bevölkerungsweiten Verbesserung der Risikofaktorexposition – auf die Lebenserwartung bei der Geburt haben. Stattdessen geben Olshansky et al. Lebenserwartungsziele vor, identifizieren die dazu erforderlichen Sterberatenreduktionen und beurteilen abschließend, ob durch Todesursacheneliminationen oder entsprechende Risikofaktormodifikationen diese Reduktionen vernünftigerweise erreichbar sind. Gerade bei dieser abschließenden Beurteilung liegt jedoch das willkürliche Element und damit auch die Hauptschwäche dieses Verfahrens: Bei entsprechend hohen Zielvorgaben, beispielsweise einer Lebenserwartung bei der Geburt von 130 Jahren in den nächsten 40 Jahren, mag man die dazu notwendigen Sterberatenabnahmen noch in großer Einmütigkeit als unrealistisch verwerfen. Je niedrigerer man das Lebenserwartungsziel allerdings setzt und je näher man an eine „brauchbare" Lebenserwartungsobergrenze herankommt, desto schwieriger und willkürlicher wird die Plausibilitätsbeurteilung.

Die generelle Angreifbarkeit von Verfahren zur Bestimmung von Lebenserwartungsobergrenzen sowie die Unzuverlässigkeit der mit diesen Verfahren bestimmten Grenzwerte belegt eindrucksvoll die Arbeit von Oeppen und Vaupel (vgl. 2002, S. 1029-1031). Die beiden Autoren haben für die letzten 160 Jahre (ab 1840) diejenigen Länder ermittelt, aus denen jeweils die weltweit höchsten

Lebenserwartungswerte gemeldet wurden, und anschließend die zeitliche Entwicklung dieser Rekordwerte analysiert. Demnach stiegen die Rekordwerte der Lebenserwartung bei der Geburt um jährlich durchschnittlich 0,222 (Männer) bzw. 0,243 (Frauen) Monate linear an, wobei ein sehr hohes Bestimmtheitsmaß von 0,980 (Männer) bzw. 0,992 (Frauen) die Güte der linearen Kurvenapproximation bestätigt. Die Autoren werten diesen anhaltenden Anstieg der Rekordlebenserwartung als Beleg dafür, dass sich die Lebenserwartung noch nicht nahe eines Maximums befindet, denn dann hätte sich der geschilderte Anstieg abschwächen müssen. Ferner zeigen die Autoren, dass im Laufe dieser 160 Jahre mehrere angebliche Obergrenzen für die Lebenserwartung bei der Geburt nach und nach durchbrochen wurden, dass diese Tatsache Forscher aufgrund ihres blinden Glaubens an das Vorhandensein derartiger Obergrenzen aber dennoch nicht davon abhielt, immer neue Obergrenzen zu postulieren, von denen einige bereits wieder überschritten sind.
Die Arbeit von Oeppen und Vaupel zeigt m.E. eindrucksvoll, dass das Festsetzen von als uneingeschränkt und für alle Zeiten gültigen Lebenserwartungsobergrenzen wissenschaftlich unseriös ist und deshalb unterbleiben sollte. Nichtsdestotrotz geht von dieser Arbeit auch eine Gefahr aus, denn den Autoren zufolge besteht eine vernünftige Annahme darin, die beobachtete lineare Entwicklung in die Zukunft zu extrapolieren und damit zu unterstellen, der lineare Anstieg der Rekordlebenserwartungswerte setze sich ungehindert fort. Ob die so abgeleiteten Grenzwerte jedoch „brauchbar" und insbesondere nicht viel zu hoch gegriffen sind, ist mehr als fraglich. Denn was bereits im Rahmen der Kritik am Verfahren von Fries festgehalten wurde, gilt auch hier: Eine implizite oder explizite Fortschreibung von Lebenserwartungswerten in die Zukunft sollte unterbleiben, auch wenn diese wie bei Fries, im Falle der Rekordlebenserwartungswerte oder auch wie im früheren Bundesgebiet in den letzten vier Jahrzehnten (vgl. Abbildung 3.7, Abbildung 3.8 und Tabelle 3.4 in Abschnitt 3.3.3.3.1.1) in der Vergangenheit einem stabilen (linearen) Trend folgten.

3.5 Zusammenfassung und Ausblick

Die Mortalitätskompressionsthese sowie die hinter ihr stehende Idee einer nahen und sich bereits manifestierenden biologisch determinierten Lebenserwartungsobergrenze ist in populationsbezogener Hinsicht aus mindestens zwei Gründen von besonderem Interesse. Zum einen macht sie im Falle ihres Eintretens eine Kompression der Morbidität wesentlich wahrscheinlicher, auch wenn sie hierzu weder eine notwendige noch eine hinreichende Bedingung darstellt. Zum anderen hängt das zukünftige Bevölkerungswachstum im oberen Alterssegment, das die sozialen Sicherungssysteme – insbesondere die Renten-, gesetzliche Kranken- und soziale Pflegeversicherung – in besonders intensiver Weise in Anspruch nimmt, ohne jedoch einen adäquaten Finanzierungsbeitrag zu leisten, entscheidend davon ab, ob anhaltende bedeutende Mortalitätsabnahmen zu erwarten sind.

Die naturwissenschaftlichen Disziplinen, vornehmlich Biologie und Medizin, können momentan noch keine eindeutige Antwort auf die Frage geben, ob das menschliche Leben fest begrenzt ist oder ob der Mensch zumindest theoretisch unendlich lange leben kann. Trotz des Gelehrtenstreits dominiert jedoch die Auffassung, dass es einen sterblichkeitsrelevanten und derzeit noch nicht entscheidend beeinflussbaren Alterungsprozess gibt, dass also in jedem Fall biologisch determinierte altersspezifische Untergrenzen vorhanden sind, unter welche die Sterbewahrscheinlichkeiten nicht fallen können. Da dann aber die Lebenserwartung bei der Geburt bzw. in einem beliebig anderen Alter zwingend nach oben begrenzt sein muss, ist die Frage, ob die menschliche Lebensspanne nun – möglicherweise interindividuell auf unterschiedlichem Niveau – fix ist oder nicht, zumindest in populationsbezogener Hinsicht zweitrangig. Darüber hinaus gibt die Natur in jedem Fall nur den Rahmen vor, in dem sich das tatsächliche Sterblichkeitsgeschehen abspielt, denn dieses wird entscheidend auch von mortalitätsrelevanten Umweltbedingungen beeinflusst, denen die Menschen zum einen unausweichlich gegenüberstehen, die sie aber auch bewusst in Kauf nehmen. Schon allein aufgrund der Existenz nicht entrinnbarer mortalitätsrelevanter Umweltbedingungen, welche in jeder Altersstufe eine positive Sterbewahrscheinlichkeit bewirken, muss die Lebenserwartung in jedem Alter und damit auch bei der Geburt endlich sein. Eine Antwort auf die Frage, ob die zwingend vorhandene Obergrenze der Lebenserwartung bereits jetzt sichtbar ist und das gegenwärtige Mortalitätsgeschehen beeinflusst, sollte wegen des eigenständigen Einflusses sterblichkeitsrelevanter Umweltbedingungen deshalb weniger von den Naturwissenschaften erwartet werden, als vielmehr von einer empirischen Untersuchung realer Mortalitätsentwicklungen auf kompressive oder expansive Tendenzen im Zeitablauf bzw. in der Abfolge von Geburtsjahrgängen.

In der Literatur haben sich hierzu einige Kennzahlen etabliert, die idealerweise auf eine sterbetafelgestützte Sterbealterverteilung angewandt werden sollten. Allerdings verzichten die meisten Studien wohl vor allem aus Bequemlichkeit auf eine Berechnung von Sterbetafeln und analysieren stattdessen reale und möglicherweise durch zeitliche Altersstrukturverschiebungen beeinträchtigte Sterbealterverteilungen. Zusätzlich zu diesen bekannten Kennzahlen wurde im vorliegenden Kapitel auch ein eigenes Kennzahlensystem entwickelt und in der empirischen Untersuchung eingesetzt. Wie alle anderen Kennzahlensysteme weist auch dieses eine Reihe spezifischer Vor-, aber auch Nachteile auf.

Bisherige empirische Überprüfungen der Mortalitätskompressionsthese deuten bei Berücksichtigung des gesamten Altersspektrums zwar einmütig auf kompressive Entwicklungen hin, zeichnen aber insbesondere für den oberen Altersbereich ein heterogenes Bild. Obwohl diese Studien aufgrund methodischer Unterschiede, aber auch wegen unterschiedlicher Qualität der herangezogenen Daten nicht unmittelbar vergleichbar sind, lässt sich nichtsdestotrotz die Tendenz beobachten, dass in Bevölkerungen in einem weiter vorangeschrittenen Mortalitätsstadium auch in höheren Altersstufen kompressive Entwicklungen auftreten, während in anderen Populationen (noch) expansive Tendenzen vorherrschen.

Umso erstaunlicher ist, dass eine eigene Analyse der Mortalitätsentwicklung von 1964 bis 2003 im früheren Bundesgebiet, in der unter anderem ein weiterentwickeltes Verfahren zur Rekonstruktion verlässlicher Bevölkerungsdaten für höhere Altersgruppen zum Einsatz kam, trotz der ebenfalls kompressiven Entwicklungen über das gesamte Altersspektrum hinweg auch für den höheren Altersbereich bei beiden Geschlechtern eine absolute Mortalitätsexpansion aufdeckt – und das, obwohl der Untersuchungszeitraum im Gegensatz zu den anderen in dieser Arbeit zitierten Studien bis (fast) in die Gegenwart reicht.
Dass sich eine Lebenserwartungsobergrenze momentan noch nicht abzeichnet, bekräftigen auch die Ergebnisse einer Analyse der Kohortensterblichkeit jenseits des Alters 100. Zum einen lässt sich ab dem Alter 100 kein exponentieller Anstieg der Sterbewahrscheinlichkeiten feststellen, der auf eine für alle Menschen fixe menschliche Lebensspanne nahe des Alters 100 deuten würde, zum anderen lassen sich im Ablauf der Kohorten auch spürbare Sterblichkeitsverbesserungen beobachten, welche die Vorstellung von nicht beeinflussbaren Mortalitätsbedingungen in diesem Alterssegment widerlegen.

Was bedeuten diese Ergebnisse nun für die zukünftige Sterblichkeitsentwicklung im früheren Bundesgebiet? Zunächst einmal ist aufgrund der im Untersuchungszeitraum sich manifestierenden absoluten wie relativen Mortalitätskompression bei Berücksichtigung aller Sterbefälle davon auszugehen, dass sich die in den vergangenen Dekaden nahezu konstante Zunahme der Lebenserwartung bei der Geburt so nicht fortsetzen wird: Die Sterblichkeit im unteren Altersbereich, insbesondere bei Säuglingen, ist im Laufe der letzten Jahrzehnte nochmals so deutlich abgesunken, dass weitere Abnahmen in der Zukunft zwar noch möglich sind, in ihrem Umfang jedoch bescheiden bleiben müssen. Da aber das Mortalitätsgeschehen im oberen Altersbereich durch expansive Tendenzen gekennzeichnet ist, spricht nichts gegen anhaltende Zunahmen der Lebenserwartung bei der Geburt, auch wenn die absoluten Zuwächse der kommenden Dekaden erwartungsgemäß kleiner sein dürften als in der Vergangenheit. In jedem Fall dürfte die von Fries propagierte Lebenserwartungsobergrenze von 85 Jahren in einigen Jahren von der weiblichen Bevölkerung des früheren Bundesgebiets durchbrochen werden. Was jedoch die Aussicht auf exzessive Langlebigkeit angeht, sind die Ergebnisse dieses Kapitels eher ernüchternd, sofern man Lebenslängen von deutlich mehr als 100 Jahren als wünschenswert erachtet. Denn obwohl auch jenseits des Alters 100 Mortalitätsreduktionen zu verzeichnen sind, bewegen sich die Sterbewahrscheinlichkeiten in diesem Altersbereich immer noch auf einem so hohen Niveau, dass es auch in den vor uns liegenden Jahrzehnten bestenfalls einer sehr geringen Zahl von Menschen vorbehalten bleiben dürfte, ein Alter von 130 Jahren oder mehr zu erreichen.

Zusammenfassend ist somit in den kommenden Jahren mit einem ungebremsten Wachstum der Zahl hochbetagter Menschen zu rechnen, das bisherige Bevölkerungsprojektionen möglicherweise sogar unterschätzen. Aus den Mortalitätsentwicklungen im Untersuchungszeitraum lässt sich darüber hinaus keine zusätzliche Unterstützung für die Vorstellung einer Morbiditätskompression in den letzten 40 Jahren ableiten. Ob trotzdem eine Kompression der Morbidität stattgefunden hat, ist Gegenstand des nächsten Kapitels.

4 Empirische Umsetzung und Ergebnisse: Morbiditätskompression oder -expansion?

4.1 Empirische Umsetzung

4.1.1 Morbiditätsmessung

Den im zweiten Kapitel vorgestellten Thesen zum Zusammenhang zwischen Mortalität und chronischer Morbidität liegt ein medizinischer Krankheitsbegriff zugrunde (zur genauen Definition vgl. Abschnitt 2.1). Dieser zeichnet sich grundsätzlich[1] durch ein hohes Maß an Objektivierbarkeit aus, auch wenn die Festlegung einer Norm oder die Definition der Eigenschaften eines physiologischen Gleichgewichts häufig willkürlich bzw. umstritten sind und daher auf unterschiedliche Art und Weise erfolgen sowie auch zeitlichen Schwankungen unterworfen sind[2].

Trotz dieser definitorischen Abgrenzungsvielfalt und -problematik in der Medizin und trotz unvermeidlicher Mess- und Diagnosefehler ließe sich bei Vorgabe fester Grenzwerte und Definitionen – so strittig sie auch sein mögen – zweifelsfrei feststellen, ob es in der Abfolge von Kohorten zu einer Morbiditätsexpansion oder -kompression kommt. Im ersten Falle könnte man bei einer expliziten Berücksichtigung von Schweregraden sowie Krankheitsdiagnosen – insbesondere, ob es sich um grundsätzlich letale oder nicht-letale Krankheitsformen handelt – sogar noch zwischen den drei Morbiditätsexpansionsthesen von Gruenberg, Manton und Verbrugge bzw. Olshansky et al. differenzieren.

Dass ein derartiges Vorhaben bevölkerungsweit jedoch mangels entsprechender Diagnosedaten zum Scheitern verurteilt ist, liegt auf der Hand und muss nicht weiter ausgeführt werden. Aber auch abgesehen davon dient die Verwendung eines medizinischen Krankheitsbegriffs nicht unbedingt immer dem Erkenntnisin-

---

1 Eine Ausnahme bilden psychische Störungen, wo man auf die Interpretation der Verhaltensweisen einer Person angewiesen ist und es somit keine absolut objektive Diagnose geben kann (vgl. Zimbardo/Gerrig, 1999, S. 604, 631).

2 Ein Beispiel für diesen definitorischen Spielraum bildet die arterielle Hypertonie: Früher ermittelte man die individuelle obere Normgrenze für den systolischen Blutdruck nach der Abschätzungsformel „100 + Lebensalter". Seit geraumer Zeit lehnen Mediziner diese Faustregel allerdings ab und legen strengere Kriterien an (vgl. Jahnecke, 1974, S. 56). Nichtsdestotrotz gibt es auch heute noch Diskrepanzen hinsichtlich der Frage, ab wann Hypertonie vorliegt. So spricht beispielsweise die WHO ab einem Blutdruck von 160/95 mm Hg (systolisch/diastolisch) von einer manifesten Hypertonie, während das „Joint National Committee on Detection, Evaluation and Treatment of High Blood Pressure" die Grenze bereits bei 140/90 mm Hg zieht (vgl. Reuter, 2004, S. 979).
Ein weiteres Beispiel ist die Abgrenzung zwischen Gesundheit und chronischer Krankheit im Alter, wo insbesondere der Übergang zwischen diesen beiden Zuständen nicht immer leicht zu definieren ist und es zeitlich und inhaltlich eine gewisse Grauzone gibt (vgl. Schramm, 1996, S. 19 sowie FN 31 im zweiten Kapitel).

teresse, das bei einer empirischen Überprüfung auf Kompressions- bzw. Expansionstendenzen im Vordergrund steht. Denn häufig interessiert man sich weniger für die bloße An- oder Abwesenheit von Krankheiten im medizinischen Sinne, sondern vielmehr für die krankheitsbedingten Konsequenzen bzw. Begleiterscheinungen, wozu insbesondere die Inanspruchnahme von Gesundheitsleistungen, das subjektiv wahrgenommene Krankheitsleid sowie die Auswirkungen der Krankheit auf die allgemeine Lebensführung – vor allem auf die Fähigkeit, ein selbständiges und eigenverantwortliches Leben zu führen – zählen. So nimmt beispielsweise ein Patient, der an terminaler Niereninsuffizienz leidet und deshalb dialysepflichtig ist, Gesundheitsleistungen in sehr viel stärkerem Ausmaß in Anspruch als eine Person mit Tierhaarallergie, die allein wegen dieser Erkrankung womöglich nur ein einziges Mal zur Diagnosestellung mit dem Gesundheitswesen in Berührung kommt und anschließend durch die Vermeidung des Kontakts mit dem Allergen eine Linderung bzw. Beseitigung der Beschwerden erreicht. Auch dürfte es hinsichtlich des Wohlbefindens in den letzten Lebensmonaten sehr wohl einen Unterschied machen, ob man zum Beispiel an einem Bronchialkarzinom erkrankt ist, das bereits Metastasen in andere Organe gestreut hat, oder ob man völlig überraschend an einem Herzinfarkt als Folge einer unbehandelten und subjektiv nicht wahrgenommenen Hypertonie stirbt[3]. Schließlich ist es für die Befähigung zu einem selbständigen und eigenverantwortlichen Leben von immenser Bedeutung, ob eine ältere Person beispielsweise an Alzheimer-Demenz oder an Altersdiabetes bzw. Diabetes vom Typ 2 erkrankt ist.

Eine Sichtweise, die Morbidität alleine auf den medizinischen Begriff reduziert, greift somit in aller Regel zu kurz und wird der Vielschichtigkeit von gesundheitlichen Auswirkungen in den wenigsten Fällen gerecht. Dies gilt insbesondere im Alter mit Blick auf die Tatsache, dass ohnehin nahezu jeder Ältere mindestens eine Erkrankung im medizinischen Sinne aufweist und Multimorbidität ein verbreitetes Phänomen ist (ähnlich Robert Koch-Institut, 2002, S. 14, 16).

Vor diesem Hintergrund verwundert es nicht, dass empirische Ansätze zur Überprüfung auf Morbiditätskompression bzw. -expansion sowie allgemein zur Evaluierung der Volksgesundheit in den seltensten Fällen auf diagnostische Daten zurückgreifen, was natürlich auch an deren grundsätzlicher Nichtverfügbarkeit selbst auf Stichprobenbasis begründet liegt. Stattdessen verwenden diese Studien andere Indikatoren für den Gesundheitszustand, die bevölkerungsrepräsentativ in der benötigten Aufgliederung – insbesondere nach Alter und Geschlecht – vorliegen. In den meisten Fällen werden diese Indikatoren dabei anhand von Angaben ermittelt, welche die Betroffenen selbst bzw. deren Angehörigen im Rahmen von Stichprobenbefragungen machen.

---

[3] Hypertonie verläuft in vielen Fällen über lange Zeit unauffällig und daher von den Betroffenen unbemerkt, weshalb diese Krankheit auch medizinisch häufig unerkannt bleibt und die Dunkelziffer der Erkrankten entsprechend hoch ist (vgl. Wolff, 1986, S. 7, 49; Jahnecke, 1974, S. 31/32).

Besonderer Beliebtheit erfreuen sich insbesondere im angelsächsischen Sprachraum Indikatoren, die das Ausmaß an krankheits- bzw. verletzungsbedingten Einschränkungen und Funktionseinbußen („disability") widerspiegeln. Die Messung dieser Einschränkungen bzw. Funktionseinbußen erfolgt dabei auf verschiedene Arten. Verbreitet ist beispielsweise der sog. ADL-Index (ADL: „activities of daily living"), bei dem man die Befragten (oder ihre Angehörigen) bittet, diejenigen im Rahmen des Interviews vorgegebenen alltäglichen Verrichtungen wie Baden, Anziehen oder selbständigen Toilettengang zu nennen, bei denen sie auf fremde Hilfe angewiesen sind. Aufbauend auf diesen Angaben lässt sich eine ADL-Punktzahl ermitteln, welche die Anzahl der Tätigkeiten, bei denen Hilfebedarf besteht, und somit approximativ den Schweregrad gesundheitsbedingter Beeinträchtigungen im alltäglichen Leben angibt (vgl. Katz et al., 1983, S. 1221). Von einer anderen Möglichkeit der Messung von „disability" macht der US-amerikanische „National Health Interview Survey" (NHIS) Gebrauch, bei dem die Stichprobenteilnehmer u.a. nach ihrer gewöhnlichen Hauptaktivität (z.B. Arbeit, Schulbesuch, Haushaltsführung) befragt werden und anschließend beurteilen sollen, ob sie ihrer jeweils angegebenen Hauptaktivität uneingeschränkt nachgehen können, ob sie dabei gesundheitsbedingt eingeschränkt sind oder ob sie diese Aktivität womöglich überhaupt nicht (mehr) ausüben können (vgl. Crimmins et al., 1989, S. 240, 261). Wiederum lassen sich so Schweregrade bei der Beeinträchtigung der Lebensführung identifizieren.

Neben Fragen zum Themenkomplex „disability" versuchen bevölkerungsrepräsentative Stichprobenbefragungen, auch andere Aspekte bzw. Manifestationen des individuellen Gesundheitszustandes zu erfassen, die sich als Morbiditätsindikatoren eignen. Gefragt wird u.a. direkt nach dem Gesundheitszustand oder dem Vorliegen von Krankheiten, nach der Inanspruchnahme von Gesundheitsleistungen wie zurückliegenden Krankenhausaufenthalten oder Arztbesuchen oder auch nach der allgemeinen Gesundheitszufriedenheit.

Gäbe es einen Datensatz, der alle skizzierten Fragen enthalten würde, ließe sich die Multidimensionalität von Morbidität approximativ befriedigend abbilden; da aber jeder Datensatz allein schon aus Kostengründen nur einzelne Aspekte herausgreift, können die daraus abgeleiteten Ergebnisse die gesamte Morbiditätslast einer Bevölkerung nur fragmentarisch wiedergeben. Ebenso muss auch jede auf diesen Daten aufbauende Überprüfung der Morbiditätskompressions- und -expansionsthesen notgedrungen bruchstückhaft bleiben.

Aber auch aus einer Reihe anderer Gründe sind entsprechende Befragungsdaten und damit die mit ihnen erzielten Ergebnisse mit Vorsicht zu genießen. Weniger problematisch ist dabei die Tatsache, dass die Daten in aller Regel auf Stichprobenbasis gewonnen werden und man ausgehend von diesen Ergebnissen Rückschlüsse auf die Grundgesamtheit ziehen möchte. Denn schließlich lässt sich durch ein geeignetes Stichprobendesign auf Basis einer zufallsabhängigen Auswahl der zu befragenden Erhebungseinheiten sicherstellen, dass die anhand der Stichprobendaten berechneten Kennzahlen (z.B. Prävalenzraten) mit hoher Wahrscheinlichkeit mit den interessierenden, aber unbekannten Kennzahlen der

Erhebungsgesamtheit zusammenfallen (vgl. Stenger, 1986, S. 28). Problematischer ist vielmehr, dass gerade bei Fragen zum Themenbereich Gesundheit sowohl mit Antwortausfällen als auch mit bewussten oder unbewussten Antwortfehlern zu rechnen ist und daher nicht von allen Stichprobenteilnehmern Angaben vorliegen bzw. die Validität vorhandener Angaben zweifelhaft ist.
Die Gründe für Antwortausfälle[4] bei Stichprobenbefragungen sind vielfältig. Beispielsweise werden zu befragende Personen trotz mehrmaliger Versuche nicht erreicht oder sie lehnen eine Befragung bzw. Antworten zu einzelnen Fragen aus Zeitgründen oder aber aus Angst ab, sich durch ihre Auskünfte zu kompromittieren (vgl. ebenda, S. 3, 208). Generell bereiten Antwortausfälle dann Schwierigkeiten, wenn der Grund für die fehlende Angabe mit dem Untersuchungsmerkmal korreliert. Gerade bei Gesundheitsfragen dürfte dies der Fall sein (ähnlich Crimmins et al., 1989, S. 263). So wird ein Stichprobenteilnehmer womöglich deshalb nicht zu Hause angetroffen, weil er aufgrund einer schweren Erkrankung im Krankenhaus liegt oder sich auf einer Kur befindet. Oder eine Person macht bei sensiblen Gesundheitsfragen – etwa zu Geschlechtskrankheiten oder psychischen Erkrankungen – aus einem Schamgefühl heraus keine Angaben.
Noch schwerwiegender für die Berechnung unverzerrter Schätzwerte ist das empirische Phänomen der Antwortfehler bzw. der Falschangaben. Allgemein werden als Gründe hierfür Missverständnisse seitens der Befragten und wiederum deren Befürchtung, eine korrekte Antwort könne Nachteile mit sich bringen, genannt (vgl. Stenger, 1986, S. 3). Während die Stichprobenteilnehmer im ersten Fall somit unbewusst falsche Angaben machen, sind sie sich im zweiten Fall der falschen Antwort bewusst. Insbesondere bei Gesundheitsfragen, die direkt auf den Gesundheitszustand und das Vorliegen von Krankheiten abzielen, treten aber noch mindestens vier weitere, nachfolgend skizzierte Gründe für unbewusst falsche Angaben hinzu.
Zunächst einmal machen Stichprobenteilnehmer, die nach konkreten Krankheitsdiagnosen gefragt werden, womöglich aufgrund fehlenden Fachwissens unbewusst und unbeabsichtigt falsche Angaben. Beispielsweise ist es trotz fast gleich klingender Fachtermini hinsichtlich Behandlung und weiteren Überlebensaussichten ein großer Unterschied, ob jemand an der im Allgemeinen gefährlichen Hypertonie (Bluthochdruck) oder an der häufig nur lästigen Hypotonie (niedriger Blutdruck) leidet[5]. Auch zwischen Arthritis (akute oder chronische Gelenkentzündung) und Arthrose (degenerative, nicht-entzündliche Gelenkerkrankung) gibt es einen medizinischen Unterschied, der Laien oft nicht bekannt ist.

---

[4] In der Praxis beobachtet man zwei Arten von Antwortausfällen („nonresponse"): Zum einen werden von Stichprobenteilnehmern überhaupt keine Daten gewonnen („unit nonresponse"), zum anderen lassen Befragte bzw. deren Angehörigen lediglich einzelne Fragen unbeantwortet („item nonresponse").

[5] In den meisten Ländern wird Hypotonie überhaupt nicht als Krankheit anerkannt (vgl. Reuter, 2004, S. 993).

Darüber hinaus tritt bei Gesundheitsfragen generell das Problem auf, dass die Befragten gerade aufgrund ihrer schlechten gesundheitlichen Verfassung häufig nicht in der Lage sind, überhaupt Angaben zu machen. Stattdessen antworten stellvertretend für sie Angehörige, die Erkrankungssymptome bzw. die Krankheitsschwere möglicherweise anders einschätzen, als sie der eigentlich Befragte tatsächlich empfindet (ähnlich Crimmins et al., 1989, S. 263).
Als dritter Grund für unbewusst (aber auch bewusst) falsche Angaben zum Gesundheitszustand bzw. zum Vorliegen von Krankheiten kommen wirtschaftliche und gesellschaftliche Faktoren infrage. Beispielsweise dürften Arbeitnehmer in einer Rezession, in welcher der Verlust des eigenen Arbeitsplatzes droht, gesundheitliche Beeinträchtigungen eher verdrängen als während eines wirtschaftlichen Aufschwungs, der mit hoher Arbeitsplatzsicherheit einhergeht. Auch Veränderungen oder Unterschiede in der öffentlichen Haltung gegenüber bestimmten Krankheiten können dazu führen, dass es im Zeitablauf oder zwischen Nationen allein deshalb zu Verschiebungen in der Krankheitsprävalenz kommt. Beispielsweise dürfte es in der Vergangenheit zu einem Bewusstseinswandel hinsichtlich psychischer Erkrankungen und Geschlechtskrankheiten gekommen sein, der es den früher unter Umständen stigmatisierten und diskriminierten Betroffenen heute leichter macht, entsprechende Symptome nicht zu verdrängen, sondern stattdessen ernst zu nehmen und psychologische oder ärztliche Hilfe aufzusuchen.
Der Hauptgrund für unbewusst falsche Angaben dürfte jedoch in der Diskrepanz zwischen der tatsächlichen Existenz einer eigenen Erkrankung und dem Wissen darum liegen. Diese Diskrepanz ist besonders bei Erkrankungen wie beispielsweise Hypertonie gegeben, die oft keine spezifischen Beschwerden verursachen und den Erkrankten damit keinen Anlass geben, ärztliche Hilfe in Anspruch zu nehmen (vgl. FN 3). Da sich die diagnostischen Möglichkeiten in der Vergangenheit aber sukzessive verbessert und Früherkennungsmaßnahmen zunehmend an Bedeutung gewonnen haben, ist generell davon auszugehen, dass Individuen im Zeitablauf tendenziell in einem immer früheren Stadium um eigene Erkrankungen wissen (vgl. Verbrugge, 1984, S. 507/508). Auch ohne tatsächliche Veränderungen im Zeitablauf kann dieses verbesserte individuelle Bewusstsein um vorliegende Krankheiten bewirken, dass man allein deswegen im Laufe der Zeit einen Anstieg der altersspezifischen Krankheitsprävalenz beobachtet (vgl. ebenda).

Spezifiziert man Morbidität durch die Inanspruchnahme gesundheitlicher Leistungen[6], ist zu beachten, dass Letztere selbst im Falle einer exakten Messung nicht ausschließlich durch den objektiven Gesundheitszustand, sondern durch eine Vielzahl angebots- und nachfrageseitiger Faktoren, die wiederum in Wechselwirkung zueinander stehen, determiniert wird.

[6] Unter die Inanspruchnahme gesundheitlicher Leistungen seien im Folgenden auch krankheitsbedingte Aktivitätseinschränkungen wie insbesondere Krankheitsfehltage am Arbeitsplatz subsumiert.

So hängt die Inanspruchnahme von Gesundheitsleistungen nicht unwesentlich von der konkreten Ausgestaltung des sozialen Netzes und hier insbesondere vom Umfang des Krankenversicherungsschutzes ab. Beispielsweise wird bei einem umfassenden und zuzahlungsbefreiten Krankenversicherungsschutz die Leistungsinanspruchnahme bei objektiv gleichem Gesundheitszustand in aller Regel größer sein als im Falle eines Versicherungsumfanges, der sich lediglich auf einen Kernleistungskatalog beschränkt und bei einer Leistungsinanspruchnahme Zuzahlungen vorsieht. In diesem Kontext ist auch die „Präventionsfreundlichkeit" eines Leistungskataloges zu erwähnen, die je nach konkreter Ausgestaltung die Leistungsinanspruchnahme (möglicherweise nur scheinbar) noch Gesunder entscheidend determinieren dürfte. In ähnlicher Weise beeinflussen beispielsweise Krankengeldzahlungen bzw. andere finanzielle Unterstützungen im Krankheitsfall Fehlzeiten am Arbeitsplatz (ähnlich Verbrugge, 1984, S. 508). Sind diese großzügig ausgestaltet, werden Erkrankte bei gleicher Krankheitsschwere eher von der Arbeit fern bleiben als im Falle spärlich bemessener finanzieller Unterstützungen. Für krankheitsbedingte Fehlzeiten während der Arbeit dürften darüber hinaus auch die bereits angesprochene gesamtwirtschaftliche Lage sowie die individuelle finanzielle Position eine gewisse Rolle spielen.
Auch das im Zusammenhang mit falschen Angaben zum Gesundheitszustand bzw. zum Vorliegen von Krankheiten bereits erwähnte Wissen um Erkrankungen, das entscheidend vom Diagnosezeitpunkt abhängt, wirkt sich auf die Leistungsinanspruchnahme aus. Aufgrund der im Zeitablauf tendenziell immer früheren Diagnosestellung dürfte auch die Leistungsinanspruchnahme immer früher und gegebenenfalls schon in Krankheitsstadien einsetzen, die von den Betroffenen womöglich noch gar nicht als solche wahrgenommen werden.
Die Leistungsinanspruchnahme wird abgesehen von diagnostischen Möglichkeiten auch nachhaltig vom allgemeinen Stand der Medizin geprägt, der seinerseits wiederum durch den medizinischen Fortschritt ständigen Veränderungen unterworfen ist. Während früher bei vielen schweren Erkrankungen der behandelnde Arzt nur moralischen Beistand leisten und allenfalls palliativ eingreifen konnte, steht ihm heute eine Vielzahl verschiedener Möglichkeiten zur Verfügung, so dass selbst bei objektiv gleichem Gesundheitszustand gegenwärtig die Inanspruchnahme in aller Regel höher sein dürfte als noch vor einigen Dekaden. Der medizinische Fortschritt vergrößert jedoch nicht nur das Spektrum der Handlungsoptionen. Er manifestiert sich sowohl innerhalb der medizinischen Profession als auch bei Laien ebenso in einem gestiegenen Wissen beispielsweise im Hinblick auf den Nutzen präventiver Maßnahmen, was nicht ohne Auswirkung auf die entsprechende Leistungsinanspruchnahme bleibt. Aufgrund des unstrittig bevölkerungsweit verbesserten Wissens um medizinische Zusammenhänge und insbesondere um den eigenen Einfluss auf den weiteren Krankheitsverlauf dürfte sich in diesem Zusammenhang bei vergleichbarem Gesundheitszustand auch die allgemeine Compliance – beispielsweise in Bezug auf eine berufliche Auszeit oder auf die verordnete Medikamenteneinnahme – im Zeitablauf verbessert haben (ähnlich ebenda). Und womöglich werden Krankheiten, die nur in geringem

Umfang Beschwerden verursachen, heute ernster genommen als früher, was ebenfalls eine Zunahme der Leistungsinanspruchnahme induziert (ähnlich ebenda, S. 507/508).
Jenseits medizinischer Faktoren hängt die von den Leistungserbringern veranlasste Inanspruchnahme von Gesundheitsleistungen jedoch auch von systembedingten Anreizstrukturen ab. Beispielsweise neigen Krankenhäuser bei einer Vergütung ihrer Leistungen über Fallpauschalen dazu, die Verweildauer der stationär aufgenommenen Patienten möglichst kurz zu halten, während von festen Tagessätzen ein entgegengesetzter Anreiz ausgeht. In diesem Zusammenhang ist auch zu beachten, dass zwischen den verschiedenen Leistungsbereichen eines Gesundheitswesens sowohl ein substitutives als auch ein komplementäres Beziehungsgeflecht existiert, das wiederum nachhaltig durch politisch gesetzte Anreizmechanismen geprägt wird. Man denke beispielsweise an die derzeitige Abschottung zwischen ambulantem und stationären Sektor und daher an die immer wieder von Politik wie Wissenschaft medizinisch und ökonomisch zu Recht geforderte engere Verzahnung dieser beiden Sektoren.
Wird das Leistungsinanspruchnahmeverhalten als Substitut für den Gesundheitszustand herangezogen, ist jedoch auch zu beachten, dass nicht jeder medizinisch und nach eigenem Befinden Kranke auch tatsächlich ärztliche Hilfe in Anspruch nimmt – etwa aus Angst vor der Diagnose, vor einer unter Umständen schmerzhaften Diagnostik bzw. Behandlung oder vor gesundheitlich unerwünschten Nebenwirkungen. Auch die bereits an anderer Stelle erwähnte gesellschaftliche Haltung gegenüber bestimmten Erkrankungen – insbesondere solchen der Psyche oder der Geschlechtsorgane – dürfte nicht unwesentlich darüber entscheiden, ob ein Betroffener das Gesundheitswesen überhaupt in Anspruch nimmt.
Schließlich gibt es neben den gerade vorgestellten und als besonders wichtig erachteten Determinanten jenseits des konkreten Gesundheitszustandes noch viele andere angebots- und nachfrageseitige Faktoren für die Leistungsinanspruchnahme, so dass vor dem Versuch einer Abbildung des Gesundheitszustandes ausschließlich durch Leistungsinanspruchnahmedaten zu warnen ist. Morbiditätsindikatoren auf Basis der Inanspruchnahme gesundheitlicher Leistungen sind dagegen dann geeignet, wenn der Zweck einer Morbiditätskompressions- bzw. -expansionsanalyse weniger die Beschreibung der Volksgesundheit als vielmehr die Bereitstellung von Informationen beispielsweise für die Planung bzw. Bereitstellung einer gesundheitsrelevanten Infrastruktur ist.

4.1.2 Methodisches Vorgehen

Die grundlegende Idee zur Überprüfung der Morbiditätskompressions- bzw. -expansionsthesen basiert auf dem Konzept der „disability-free life expectancy" (DFLE)[7] von Sullivan (vgl. 1971, S. 347-354), wonach sich die Lebenserwartung bei der Geburt oder in einem beliebigen Alter auf zwei diametral entgegen

7 Streng genommen spricht Sullivan von „expectation of life free of disability". Allerdings hat sich inzwischen die Bezeichnung "disability-free life expectancy" etabliert.

gesetzte Arten von Lebensjahren aufteilen lässt: auf Lebensjahre, die frei von gesundheitsbedingten Einschränkungen bzw. Funktionseinbußen verbracht werden und welche die DFLE bilden, sowie auf Lebensjahre, in denen aufgrund des Gesundheitszustandes nur eine eingeschränkte Lebensführung möglich ist. Da Sullivan sein Konzept jedoch einige Jahre vor den im zweiten Kapitel beschriebenen Morbiditätskompressions- bzw. -expansionsthesen vorstellte, zielte es nicht auf die empirische Überprüfung dieser Thesen ab, sondern auf die Verdichtung von Mortalitäts- und Morbiditätsdaten einer Periode in einer einzigen Maßzahl zur Evaluierung der Volksgesundheit (vgl. ebenda, S. 347, 353). Sullivan verwendete zur Berechnung der DFLE somit Periodendaten und zog die Möglichkeit des Rückgriffs auf Kohortendaten noch gar nicht in Betracht (vgl. ebenda, S. 348). Da er darüber hinaus auf Prävalenzraten (und damit nicht auf Inzidenzraten) zurückgriff und ferner mit den gesundheitsbedingten Einschränkungen und Funktionseinbußen („disability“) einen bestimmten Morbiditätsmaßstab heranzog (vgl. ebenda, S. 347, 351), stellt die DFLE in ihrer ursprünglichen Fassung bereits einen Spezialfall dar. Im Laufe der Zeit erfuhr dieses Konzept daher je nach den Zielsetzungen der betreffenden Autoren Modifikationen, insbesondere wurden neben verschiedenen Morbiditätsmaßen anstelle von Periodendaten Kohortendaten und anstelle von Prävalenzraten Inzidenzraten verwendet. Nichtsdestotrotz blieb die Grundidee von Sullivan und damit die Einbettung von Morbiditätsinformationen in das gewöhnliche Sterbetafelkonzept erhalten. Im Folgenden wird diese Grundidee mit Blick auf die angestrebte empirische Überprüfung der diversen Morbiditätskompressions- bzw. -expansionsthesen genauer beleuchtet sowie diskutiert, ob hierzu eine Kohorten- oder eine Periodenbetrachtung angestellt und ob auf Querschnitts- oder Paneldaten zurückgegriffen werden sollte (vgl. Abschnitt 4.1.2.2 bzw. 4.1.2.3).

4.1.2.1 Die grundlegende Idee

Wie im vorangegangenen Abschnitt bereits angedeutet, besteht die grundlegende Idee bei der empirischen Überprüfung auf Morbiditätskompressions- bzw. -expansionstendenzen darin, in das gewöhnliche Sterbetafelkonzept Morbiditätsinformationen einzuarbeiten, indem die von einer Kohorte durchlebten Jahre mit einem interessierenden Morbiditätsindikator – beispielsweise dem selbst eingeschätzten Gesundheitszustand oder dem Vorliegen bzw. dem Ausmaß von Pflegebedürftigkeit – bewertet werden. In Abbildung 4.1 ist diese Vorgehensweise graphisch veranschaulicht.

l(x) bezeichnet wie schon im vorangegangenen Kapitel die Überlebensfunktion für eine (Geburts-) Kohorte, wobei der unter der dazugehörigen Überlebenskurve liegende Flächeninhalt die mittlere Lebenserwartung der Kohortenmitglieder bei der Geburt angibt (vgl. Formel (3.4) im dritten Kapitel bzw. Formel (A. 17) im Anhang A). Da die Überlebensfunktion bzw. -kurve letztlich die verstorbenen Kohortenmitglieder nach dem Sterbealter in eine Rangfolge bringt, lässt sich der Lebenslauf einzelner Kohortenmitglieder als waagerechte Linien interpretieren. In Abbildung 4.1 ist ein solcher individueller Lebenslauf skizziert. Bis

Abbildung 4.1: Die grundlegende Idee zur Einbettung von Morbiditätsinformationen in das Sterbetafelkonzept

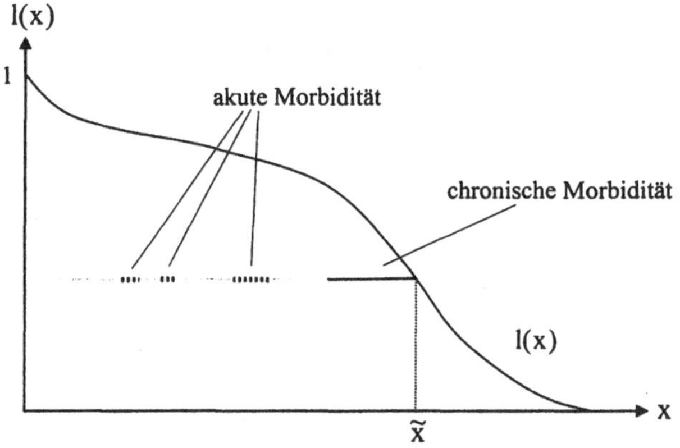

Quelle: Eigene Darstellung

zu seinem Tod im Alter $\tilde{x}$ durchlebt das betreffende Individuum vier „Morbiditätsphasen"[8], wobei drei davon nur vorübergehender Natur sind („akute Morbidität"), während die letzte Phase bis zum späteren Tod andauert („chronische Morbidität").

Identifiziert und bewertet man auf diese Weise sämtliche Lebensläufe der Kohortenmitglieder und ignoriert die akuten Morbiditätsphasen, gelangt man zu Abbildung 4.2, in der die grau hinterlegte Fläche die chronische im Sinne von bis zum späteren Tod andauernde Morbiditätsphase des gesamten Geburtsjahrgangs und damit dessen Lebenserwartung im Zustand der chronischen Morbidität widerspiegelt[9].

Folglich entspricht der Flächeninhalt unter der Morbiditätslinie, welche die Altersstufen der Kohortenmitglieder beim Ausbruch der jeweiligen chronischen Morbidität verbindet, der Lebenserwartung der Kohorte abzüglich der mittleren Anzahl von morbiditätsbelasteten Lebensjahren und damit der morbiditätsfreien Lebenserwartung[10]. Man beachte in diesem Zusammenhang, dass die Morbidi-

---

8 Für die nachfolgenden Ausführungen ist unerheblich, was man sich unter Morbidität vorstellt: Es können je nach Erkenntnisinteresse Krankheiten im medizinischen Sinne sein, aber beispielsweise auch Indikatoren für die Leistungsinanspruchnahme wie Krankenhausaufenthalte (vgl. Abschnitt 4.1.1).

9 In Abbildung 4.2 ist darüber hinaus wiederum der Lebenslauf des Individuums aus Abbildung 4.1 skizziert – allerdings ohne die Phasen akuter Morbidität.

10 Im Laufe der Zeit hat sich je nach der konkreten Spezifizierung von Morbidität ein breites Kaleidoskop von Begriffen für die morbiditätsfreie Lebenserwartung herausgebildet. Wird

Abbildung 4.2: Morbiditätsbelastete und -freie Lebensjahre einer Kohorte

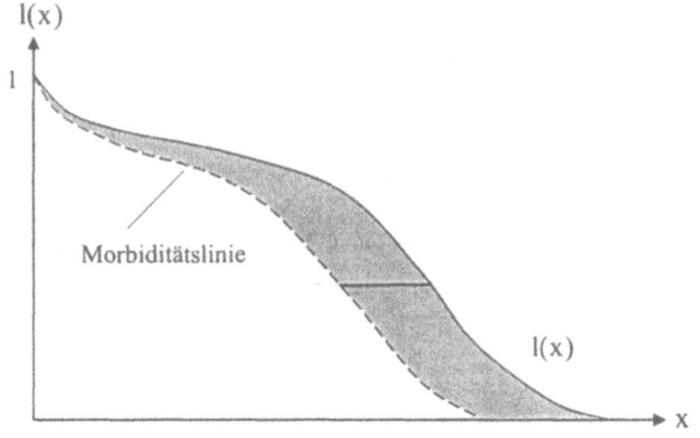

Quelle: Eigene Darstellung

tätslinie nicht notwendigerweise eine Funktion im mathematischen Sinne darstellt: Dies ist – wie in Abbildung 4.2 der Einfachheit halber implizit unterstellt – nur dann der Fall, wenn die Reihenfolge der Kohortenmitglieder beim Morbiditätsausbruch derjenigen beim Absterben entspricht. Andernfalls, d.h. wenn es Kohortenmitglieder gibt, bei denen die chronische Morbiditätsphase im Vergleich zu anderen zwar früher einsetzt, die aber erst später versterben, wird zumindest einigen Ausprägungen der unabhängigen Variable (Alter x) mehr als ein Morbiditätspunkt zugeordnet. Dadurch erfüllt die Morbiditätslinie nicht mehr die Voraussetzung für eine mathematische Funktion[11].

Absolute Morbiditätskompression liegt nun vor, wenn von Kohorte zu Kohorte die grau hinterlegte Fläche kleiner wird und daher die mittlere Zahl morbiditätsbelasteter Lebensjahre abnimmt. Im entgegengesetzten Fall kommt es zu einer absoluten Morbiditätsexpansion. Dann lässt sich auch zwischen den Versionen von Gruenberg und Manton differenzieren, sofern man die durchlebten Jahre der Kohortenmitglieder nicht nur auf die Lebenszeit mit vs. ohne Morbidität aufteilt,

Morbidität durch „disability" gemessen, spricht man anstelle der bereits im vorangegangenen Abschnitt erwähnten DFLE auch von aktiver Lebenserwartung („active life expectancy", abgekürzt ALE) – ein Begriff, der auf Katz et al. (vgl. 1983, S. 1218) zurückgeht. Die WHO benutzt dagegen die Abkürzung DALY („disability-adjusted life years") (vgl. z.B. 2000, S. 5). Ein ebenfalls häufig verwendeter und darüber hinaus für verschiedene Morbiditätsspezifikationen geeigneter Begriff, den beispielsweise Robine und Mathers (vgl. 1993, S. 269) sowie Dinkel (vgl. 1999, S. 64) favorisieren, ist derjenige der gesunden Lebenserwartung („health expectancy" bzw. „healthy life expectancy", abgekürzt HLE).

[11] In diesem Fall stellt die Morbiditätslinie lediglich eine mathematische Relation dar.

sondern darüber hinaus Morbiditätsschweregrade vorgibt und dadurch mehrere Morbiditätslinien definiert. Hat man ferner Informationen darüber, ob die letzte Morbiditätsphase im Leben der Kohortenmitglieder eher von nicht-letalen Krankheiten oder aber von der später zum Tod führenden Erkrankung eingeläutet wird, lässt sich auch eine Aussage hinsichtlich des Morbiditätsexpansionsmechanismus von Verbrugge bzw. von Olshansky et al. treffen.
Darüber hinaus sind auch Aussagen über die relative Variante der Morbiditätskompression bzw. -expansion möglich, wenn die Veränderung der grau hinterlegten Fläche in Relation zur Veränderung der Gesamtfläche unterhalb der Überlebenskurve betrachtet wird.

4.1.2.2 Kohorten- vs. Periodenbetrachtung

Alle vier im zweiten Kapitel vorgestellten Morbiditätskompressions- bzw. -expansionsthesen stellen auf individuelle Lebens- bzw. Krankheitsverläufe ab und beschreiben ausgehend davon mögliche Mechanismen, wie es zu einer Kompression bzw. Expansion der Morbiditätsphase kommen kann. Folglich ist bei einer empirischen Überprüfung auf Morbiditätskompressions- bzw. -expansionstrends eine Kohortenbetrachtung, in deren Rahmen die mittlere Anzahl morbiditätsbelasteter Lebensjahre aufeinander folgender realer Geburtsjahrgänge – entweder alleine oder in Relation zur jeweiligen Lebenserwartung – verglichen wird, logisch zwingend geboten (vgl. Dinkel, 1992a, S. 89/90; 1999, S. 67). Um allerdings diese Kohortenbetrachtung anstellen zu können, benötigt man für eine Abfolge von Geburtskohorten über deren gesamten Lebensverlauf Sterblichkeits- und Morbiditätsinformationen – ein datentechnisches Erfordernis, das für Deutschland und wohl auch für alle anderen Nationen nicht einmal ansatzweise erfüllt ist[12]. Vor diesem Hintergrund verwundert es nicht, dass ebenso wie die empirischen Ansätze zur Überprüfung der Mortalitätskompressionsthese auch die Untersuchungen zur Aufdeckung von Morbiditätskompressions- bzw. -expansionsentwicklungen fast durchweg auf alters(gruppen)spezifischen Periodendaten – i.d.R. auf Kalenderjahresbasis – beruhen, die in Kohortenlogik umgestellt sind (vgl. auch Abschnitt 4.2)[13].
Während jedoch eine empirische Analyse von Mortalitätskompressions- bzw. -expansionstendenzen mittels Periodendaten aus den in Abschnitt 3.3.1.1.1 genannten Gründen m.E. noch vertreten werden kann, ist dies bei einer Überprüfung auf Morbiditätskompressions- bzw. -expansionstrends aus den nachfolgend beschriebenen Gründen nicht der Fall.

---

[12] Wie bereits in FN 17 im dritten Kapitel ausgeführt, scheitert in Deutschland aufgrund historisch bedingter Datenlücken bereits eine Erstellung von vollständigen Kohortensterbetafeln, obwohl hierzu „lediglich" Mortalitätsdaten erforderlich sind.

[13] Derartig in Gesundheitszustände aufgespaltene Lebenserwartungswerte sind folglich nur dann für die Neugeborenen der zu vergleichenden Kalenderjahre relevant, wenn diese während ihres gesamten weiteren Lebens den altersspezifischen Mortalitäts- und Morbiditätsverhältnissen ihres jeweiligen Geburtsjahres ausgesetzt wären (vgl. Sullivan, 1971, S. 348).

Wie im gerade erwähnten Abschnitt 3.3.1.1.1 ausgeführt, ist die Analyse von etwaigen Rektangularisierungstrends nicht Selbstzweck, sondern vielmehr Mittel zum Zweck, nämlich zur Untersuchung der (rein objektiv eigentlich gar nicht zu beantwortenden) Frage, ob das Mortalitätsgeschehen des herangezogenen Untersuchungszeitraums unter dem Einfluss von Obergrenzen der Lebenserwartung stand. Im Gegensatz dazu ist die Aufdeckung einer Morbiditätskompression oder -expansion gleichermaßen Mittel und Zweck. Diese Überlegungen macht man sich am besten durch die Betrachtung der individuellen Ebene klar: Die Feststellung von Mortalitätskompressions- bzw. -expansionstrends sogar entlang der Kohortenebene ist für die in die Untersuchung involvierten Kohortenmitglieder letztlich bedeutungslos und hat keine individuellen Konsequenzen. Dies gilt jedoch nicht für das Vorliegen von Morbiditätskompression bzw. -expansion. Denn wenn Mitglieder einer realen und inzwischen ausgelöschten Geburtskohorte gegenüber den Angehörigen eines älteren Geburtsjahrgangs im Mittel einige Jahre länger lebten, so machte es für das Durchschnittsmitglied der jüngeren Kohorte einen großen Unterschied, ob diese Zunahme der mittleren Lebensdauer von einer Morbiditätskompression oder einer Morbiditätsexpansion begleitet war, da es die Verkürzung oder Verlängerung des morbiditätsbelasteten Lebensabschnitts sprichwörtlich am eigenen Leib spürte. Ob dagegen der Lebenserwartungsanstieg mit einer Mortalitätskompression oder -expansion – beispielsweise gemessen anhand der Standardabweichung des Sterbealters – einherging, war für dasselbe Durchschnittsmitglied völlig bedeutungslos: Bei einer Mortalitätskompression ist zwar die Streuung des Sterbealters verglichen mit der älteren Kohorte geringer bzw. im Fall der Mortalitätsexpansion größer, an der mittleren Zunahme der Lebenslänge – und nur diese „erfährt" das repräsentative Individuum – ändert sich aber nichts. Aus exakt diesem Grunde ist es auch unsinnig und unmöglich, die Lebenslänge zweier Individuen im Hinblick auf Mortalitätskompression bzw. -expansion zu vergleichen. Dagegen ist es sehr wohl möglich und gegebenenfalls sinnvoll, bei zwei Individuen zu fragen, welches von beiden zeitlebens länger krank war. Während somit eine Rektangularisierungsanalyse in keinem Fall auf individueller Ebene von Bedeutung ist, aufgrund ihrer Intention – der Stützung oder Widerlegung von etwaigen Lebenserwartungsobergrenzen – fast schon einen metaphysischen Charakter aufweist und deshalb notfalls auch mit Periodendaten angestellt werden kann, ist diese Vorgehensweise bei einer Morbiditätskompressionsanalyse nicht möglich. Ursächlich hierfür ist, dass Letztere definitionsgemäß einen individuellen Bezug hat und dieser nicht in einem Vergleich von mittels Periodendaten künstlich konstruierten Mortalitäts- und Morbiditätserfahrungen fiktiver Kohorten hervortreten kann. In diesem Zusammenhang ist auch zu beachten, dass die Termini „Kompression" und „Expansion" je nachdem, ob sie sich auf die Mortalität oder die Morbidität beziehen, eine völlig andere Bedeutung haben: Im ersten Fall stellen diese Begriffe auf die Veränderung der *Streuung* von Merkmalsausprägungen einer Variablen (dem Sterbealter), im zweiten Fall dagegen auf die Veränderung eines *Mittelwerts* (der durchschnittlichen Länge der Morbiditätsphase vor dem Tod) ab.

Dass die Anstellung einer Periodenbetrachtung bei der Überprüfung der Mortalitätskompressionsthese vertretbar ist, bei der Analyse auf Morbiditätskompression oder -expansion jedoch nicht, liegt darüber hinaus auch daran, dass sich altersspezifische Sterberaten bzw. -wahrscheinlichkeiten i.d.R. durch eine sehr beständige Entwicklung hin zu immer geringeren Niveaus auszeichnen, die sich auch in der Zukunft fortsetzen sollte. Es spricht somit vieles dafür, dass Entwicklungen, die beim Vergleich von Periodensterbetafeln hervortreten, sich auch entlang der Kohortenebene zeigen. Bei Morbiditätsraten ist eine derart stabile Entwicklung empirisch allerdings nicht zu beobachten. Und selbst wenn man eine kontinuierliche Entwicklung – beispielsweise im Zeitablauf gleichmäßig steigende altersspezifische Prävalenzraten – beobachten sollte, hat dies für die zukünftige Entwicklung deshalb keine Signalwirkung, weil man nicht weiß, wie Mortalitätsreduktionen in der Zukunft zustande kommen werden: Dominiert der Mechanismus von Fries, ist mit fallenden Prävalenzraten zu rechnen[14] – bleibt dagegen der Mechanismus von Gruenberg oder Manton bestehen, wird sich am Anstieg der Prävalenzraten wenig ändern[15].
Da zur Überprüfung der Morbiditätskompressions- bzw. -expansionsthesen somit Periodenbetrachtungen ausscheiden, eine Kohortenbetrachtung bereits ausgelöschter Geburtsjahrgänge datentechnisch allerdings scheitert und man den weiteren Lebensverlauf noch lebender Kohorten nicht kennt, ist es – auch auf absehbare Zeit – nicht möglich festzustellen, ob aufeinander folgende Geburtsjahrgänge im Mittel eine immer kürzere oder aber immer längere Zeitspanne ihres Lebens im Zustand der wie auch immer definierten bzw. gemessenen Morbidität verbringen. Möglich und machbar ist je nach Länge des Zeitraums, für den Mortalitäts- und Morbiditätsdaten gemeinsam verfügbar sind, allerdings eine auf Kohortendaten basierende Analyse für mehr oder weniger große Altersbereiche, beispielsweise für den mittleren Altersbereich oder für Hochbetagte. Sofern die heutigen Anstrengungen zur Sammlung von Mortalitäts- und insbesondere Morbiditätsdaten auch in den kommenden Jahren beibehalten werden, können so im-

---

[14] Man beachte jedoch, dass im Zeitablauf fallende Prävalenzraten bei sinkender Sterblichkeit nicht automatisch auf Morbiditätskompression schließen lassen (vgl. die entsprechenden Ausführungen in Abschnitt 4.1.2.4).

[15] Aus diesem Grund besitzt eine auf einer Periodensterbetafel aufbauende Zerlegung der Lebenszeit auf Morbiditätszustände auch keinerlei prognostischen Gehalt (vgl. Sullivan, 1971, S. 348). Maße wie die DFLE auf Periodenbasis sind somit ausschließlich Indikatoren für das momentane Mortalitäts- und Morbiditätsgeschehen, die keine Anhaltspunkte für die erwartete Zahl morbiditätsfreier bzw. -belasteter Lebensjahre realer Geburtskohorten liefern. Zwar ist auch die periodensterbetafelbasierte Lebenserwartung bei der Geburt vornehmlich ein Indikator für das gegenwärtige Sterblichkeitsmuster, sie eignet sich aber zumindest insofern für Prognosen der wahren Lebenserwartung Neugeborener, als in der Zukunft von weiter fallenden bzw. zumindest von nicht-steigenden altersspezifischen Sterbewahrscheinlichkeiten auszugehen ist und der jeweilige Wert der Lebenserwartung auf Periodenbasis somit wenigstens eine plausible Untergrenze der tatsächlichen Lebenserwartung Neugeborener darstellt.

mer größere Altersbereiche auf Morbiditätskompressions- bzw. -expansionstendenzen hin überprüft werden.

4.1.2.3 Querschnitts- vs. Paneldaten

Unabhängig davon, ob nun die Perioden- oder aber die (allein richtige) Kohortenbetrachtung angestellt wird, kann die Berechnung der morbiditätsfreien bzw. der morbiditätsbelasteten Lebenserwartung und damit die Überprüfung auf Morbiditätskompression bzw. -expansion grundsätzlich mit zwei verschiedenen Datentypen erfolgen, nämlich mit Querschnitts- und mit Paneldaten. Erstere werden zu einem bestimmten Zeitpunkt bzw. in einer kurzen Zeitspanne im Rahmen von Querschnittsuntersuchungen – etwa in Querschnittsbefragungen auf Stichprobenbasis – gewonnen. Erfolgt die Merkmalserhebung in periodischen Zeitabständen, spricht man auch von gepoolten Querschnittsdaten. Obwohl es selbst bei Stichprobenerhebungen möglich ist, dass ein und dieselbe Person in zwei oder mehr aufeinander folgenden Querschnittserhebungen in die Auswahl gelangt, wird eine Verknüpfung personenbezogener Daten zum Zwecke der Untersuchung, wie sich ein interessierendes Merkmal eines Individuums im Zeitablauf entwickelt, grundsätzlich nicht angestrebt. Gerade diese Verknüpfung ist das charakteristische Merkmal von Panelerhebungen, in denen Merkmale für einen festen, i.d.R. auf Stichprobenbasis ausgewählten Personenkreis wiederholt ermittelt werden und die daher erlauben, die Morbiditätsentwicklung eines bestimmten Individuums über einen längeren Zeitraum nachzuvollziehen.
Um nun die Handhabung des jeweiligen Datentyps zur empirischen Beantwortung der Frage nach Morbiditätskompression bzw. -expansion zu erläutern, sei zunächst der Standardfall in der Literatur unterstellt, wonach das interessierende Morbiditätsmerkmal eine überschaubare Zahl von Merkmalsausprägungen aufweist, was i.d.R. dann der Fall ist, wenn es nominal- oder ordinalskaliert ist[16]. Am Ende dieses Abschnitts wird dann kurz auf den in der Literatur gewöhnlich nicht berücksichtigten Fall von metrisch skalierten Leistungsinanspruchnahmedaten eingegangen.
Liegen für ein interessierendes und nur wenige Ausprägungen aufweisendes Morbiditätsmerkmal lediglich Querschnittsdaten vor, bietet sich die Berechnung von Prävalenzraten für die verschiedenen Merkmalsausprägungen bzw. Morbiditätszustände an, d.h. die Bestimmung der Bevölkerungsanteile, die im Zeitpunkt der Erhebung die jeweiligen Merkmalsausprägungen aufweisen (vgl. auch FN 19 im zweiten Kapitel). Kennt man dagegen für einen festen Personenkreis die Merkmalsausprägungen zu zwei verschiedenen Zeitpunkten, lassen sich neben Prävalenz- auch Inzidenzraten und damit diejenigen Bevölkerungsanteile angeben, die entweder ihre Merkmalsausprägung des ersten Erhebungszeitpunkts auch im zweiten Erhebungstermin beibehalten oder aber bei denen zum

[16] Ein Beispiel für ein nominalskaliertes Merkmal ist die Frage nach dem Vorliegen einer Erkrankung, während ein ordinalskaliertes Merkmal beispielsweise dann vorliegt, wenn Befragungsteilnehmer ihren Gesundheitszustand anhand von Schulnoten bewerten sollen.

zweiten Termin das Morbiditätsmerkmal in einer anderen Ausprägung vorliegt (vgl. auch FN 15 im zweiten Kapitel).
Obwohl Prävalenz- wie auch Inzidenzraten bei der Berechnung der morbiditätsfreien bzw. der -belasteten Lebenserwartung und damit bei der empirischen Überprüfung auf Morbiditätskompressions- bzw. -expansionstendenzen in der Literatur sowohl bei Zugrundelegung der Kohortenbetrachtung (Prävalenzraten: vgl. z.B. Dinkel, 1999, S. 61-83; Inzidenzraten: vgl. z.B. Unger, 2003) als auch der Periodenbetrachtung (Prävalenzraten: vgl. z.B. Crimmins et al., 1989, S. 235-267; Inzidenzraten: vgl. z.B. Katz et al., 1983, S. 1218-1224) zum Einsatz kommen, unterstellen die nachfolgenden Ausführungen die ausschließlich zulässige Kohortensichtweise. Daneben sei der Einfachheit halber angenommen, dass sich sowohl die (gepoolte) Querschnitts- als auch die Panelerhebung über einen Zeitraum erstreckt, der die gesamte Lebenszeit mindestens zweier Geburtsjahrgänge abdeckt.

Bei der prävalenzbasierten Vorgehensweise, die auf Sullivan (vgl. 1971, insbes. S. 351) zurückgeht, multipliziert man getrennt für jeden der Morbiditätszustände zunächst die alters(gruppen)spezifischen Prävalenzraten einer Kohorte mit den von dieser Kohorte in jeder Altersstufe bzw. -gruppe durchlebten Lebensjahren, die man einer geeigneten Kohortensterbetafel entnimmt. Dadurch erreicht man eine Aufteilung der in dem entsprechenden Altersintervall durchlebten Zeit auf die verschiedenen Merkmalsausprägungen des herangezogenen Morbiditätsmerkmals. Anschließend addiert man wiederum getrennt für jeden Morbiditätszustand die Zahl der in diesem Zustand durchlebten Jahre, die man in einem letzten Schritt – sofern die Ausgangsgesamtheit der Kohortensterbetafel nicht bereits auf 1 normiert ist – durch die Anzahl der Geburtskohortenangehörigen dividiert. In Gleichung (4.1) ist dieses Vorgehen formal zusammengefasst; e_0^i bezeichnet dabei die erwartete Lebenszeit, die ein Neugeborener im Morbiditätszustand i verbringt, während π_x^i die altersspezifische Prävalenzrate der interessierenden Kohorte für den Morbiditätszustand i im Alter x kennzeichnet und L_x für die im Altersjahr x durchlebte Zeit steht. Die Zahl der Neugeborenen ist in Gleichung (4.1) bereits auf 1 normiert.

(4.1) $$e_0^i = \sum_{x=0}^{\omega} \pi_x^i L_x$$

Die Richtung, in die sich e_0^i von Kohorte zu Kohorte verändert, definiert dabei, ob eine Kompression oder eine Expansion bezüglich des Morbiditätszustandes i auftritt.

Die inzidenzbasierte Vorgehensweise zur empirischen Überprüfung auf Morbiditätskompressions- bzw. -expansionstendenzen betrachtet die Morbiditäts- und Mortalitätsgeschichte eines Geburtsjahrgangs aus der Perspektive eines diskreten[17] Markov-Prozesses, dessen endlicher Zustandsraum aus den berücksichtigten Morbiditätszuständen sowie dem Tod besteht (ähnlich Namboodiri/Suchindran, 1987, S. 137-146). Die verschiedenen Morbiditätszustände stellen dabei Übergangszustände dar, welche die Angehörigen der Geburtskohorte bestenfalls während einer begrenzten Zeitspanne einnehmen. Im Gegensatz dazu ist der Zustand „tot“ ein endgültiger und wird daher auch als absorbierender Zustand bezeichnet. Verfolgt man nun den Lebensverlauf von Angehörigen einer Geburtskohorte bzw. einer Stichprobe daraus in bestimmten, idealerweise festen und nicht zu weit auseinander liegenden Zeitabständen, kann man beobachten, wie diese Personen zwischen den verschiedenen Morbiditätszuständen hin und her wechseln, um nach und nach schließlich den absorbierenden Zustand anzunehmen, d.h. zu versterben. Aus der Anzahl der Wechselvorgänge zwischen zwei nicht notwendigerweise verschiedenen Zuständen und zwei benachbarten Beobachtungszeitpunkten lassen sich nun Inzidenzraten als Schätzwerte für Übergangswahrscheinlichkeiten berechnen. Diese sind als bedingte Wahrscheinlichkeiten dafür zu interpretieren, dass eine beliebige Person, die im ersten Zeitpunkt den einen Zustand annimmt, sich im zweiten Zeitpunkt immer noch in diesem oder aber einem anderen Zustand befindet[18]. Mittels dieser Wahrscheinlichkeiten wird sodann eine sog. „multistate“-Kohortensterbetafel erstellt, welche die Morbiditäts- und Mortalitätserfahrungen des Geburtsjahrgangs dokumentiert und deren grundsätzliche Konstruktionsweise der einer gewöhnlichen (Kohorten-) Sterbetafel entspricht[19]. Ebenso wie eine gewöhnliche Sterbetafel insbesondere über die mittlere Lebenserwartung bei der Geburt oder in einem anderen Alter Auskunft gibt, lässt sich auch anhand einer „multistate“-Sterbetafel leicht berechnen, wie viele Jahre ein Geburtskohortenmitglied im Durchschnitt in den verschiedenen Übergangszuständen verbringt, bis es schließlich im Endzustand des Todes angekommen ist. Durch den Vergleich zweier „multistate“-Kohortensterbetafeln kommt man so für jeden einzelnen Morbiditätszustand zu einer Aussage hinsichtlich des Vorliegens von Morbiditätskompression oder -expansion.

Auch wenn in der Literatur bei Paneldatensätzen die geschilderte inzidenzbasierte Vorgehensweise dominiert, ist es selbstverständlich möglich und – wie weiter unten ausgeführt – eventuell auch sinnvoll, im Datensatz retrospektiv individuelle Lebensverläufe zu identifizieren und dahingehend zu analysieren, wie

---

[17] Selbstverständlich stellt das eigentliche Morbiditätsgeschehen einen stetigen Prozess dar, für dessen vollständige empirische Erfassung allerdings auch permanente Messungen erforderlich wären.

[18] Die Übergangswahrscheinlichkeiten vom absorbierenden Zustand „tot“ zu den verschiedenen Morbiditätszuständen sind dabei jeweils 0.

[19] Auch eine gewöhnliche (Kohorten-) Sterbetafel zur Dokumentation des Absterbeverhaltens eines Geburtsjahrgangs ist letztlich ein Abbild eines Markov-Prozesses, allerdings mit nur zwei Zuständen: einem Übergangszustand („lebend“) sowie einem absorbierenden Zustand („tot“). Zur Modellierung der Sterblichkeit als Markov-Prozess vgl. Namboodiri/Suchindran, 1987, S. 41-47.

viel Zeit das betreffende Individuum in den jeweiligen Morbiditätszuständen verbracht hat. Über alle Panelteilnehmer eines bestimmten Geburtsjahres gemittelt, lässt sich durch diese Vorgehensweise ebenfalls eine Zerlegung der mittleren Lebensdauer einer Kohorte auf die verschiedenen Morbiditätsausprägungen erreichen und darauf aufbauend im Vergleich mit einer anderen Kohorte eine Aussage hinsichtlich kompressiver bzw. expansiver Morbiditätsentwicklungen treffen.

In analytischer Hinsicht weist die Vorgehensweise auf der Grundlage von Paneldaten gegenüber der prävalenzbasierten bzw. querschnittsdatengestützten Analyse eine Reihe von Vorteilen auf.
So vermittelt nur die inzidenzbasierte Vorgehensweise eine unverzerrte Vorstellung von den Wechselwahrscheinlichkeiten zwischen Morbiditätszuständen (vgl. Manton, 1990, S. 73), beispielsweise von der Genesungswahrscheinlichkeit bei schwerer Morbidität oder von der Wahrscheinlichkeit, ausgehend vom morbiditätsfreien Zustand direkt in den absorbierenden Zustand überzuwechseln und damit quasi als Gesunder innerhalb kürzester Zeit zu versterben. Durch diese Informationen lässt sich insbesondere auch überprüfen, ob die im zweiten Kapitel modellhaft unterstellte sukzessive Zunahme der Symptomschwere bei chronisch-irreversibler Morbidität eine realistische Annahme oder aber eine zu starke Vereinfachung ist.
Daneben lässt allein die dank Paneldaten mögliche retrospektive Beobachtung individueller Lebens- und Krankheitsverläufe die Differenzierung zwischen akuter im Sinne von vorübergehender und chronischer im Sinne von bis ans Lebensende andauernder Morbidität zu. Zwar kann man auch bei Querschnittserhebungen versuchen, zwischen akuter und chronischer Morbidität zu unterscheiden – beispielsweise, indem man nach Diagnosen fragt und die angegebenen Erkrankungen hinsichtlich ihrer zu erwartenden Chronizität beurteilt. Ob die so eingestufte chronische Morbidität dann aber tatsächlich bei allen Befragten bis zum späteren Tod andauert oder ob die als akut identifizierte Morbidität nicht doch bei bestimmten Personen eine chronische Verlaufsform annimmt, lässt sich aufgrund der fehlenden Verknüpfung personenbezogener Daten nicht ermitteln.
Die retrospektive Analyse individueller Lebens- und Krankheitsverläufe auf der Grundlage von Paneldaten eröffnet darüber hinaus einen weiteren Vorteil gegenüber der prävalenz-, aber auch gegenüber der inzidenzbasierten Vorgehensweise. Ihr Vorzug besteht darin, dass sie auch einen Eindruck von der Streuung der von der Kohorte in den verschiedenen Morbiditätszuständen im Durchschnitt verbrachten Lebenszeit vermittelt. So ist es zum Beispiel denkbar, dass für eine Expansion der Lebenszeit in einem bestimmten Morbiditätszustand ein relativ kleiner Anteil der Kohortenmitglieder einer jüngeren Kohorte verantwortlich zeichnet, die übrigen Kohortenangehörigen im Mittel jedoch deutlich weniger Lebensjahre in diesem Morbiditätszustand verbringen als die Mitglieder einer älteren Vergleichskohorte.

Die geschilderten Vorteile einer Analyse auf Basis von Paneldaten werden allerdings durch einen im Vergleich zu Querschnittsdaten ungleich höheren Erhebungsaufwand zur Generierung von Paneldatensätzen erkauft, wodurch es nicht verwundert, dass in Paneluntersuchungen i.d.R. nur schwach besetzte Kohorten im Zeitablauf verfolgt werden (vgl. Brody, 1985, S. 465). Dies bringt es mit sich, dass mit Paneldaten statistisch gesicherte Rückschlüsse häufig nicht möglich sind[20].
Am Ende dieser Gegenüberstellung der beiden möglichen Datentypen zur empirischen Beantwortung der Frage nach einer Morbiditätskompression oder -expansion im Ablauf von Kohorten sei allerdings noch einmal explizit betont, dass sich diese Frage auch mit Querschnittsdatensätzen einwandfrei beantworten lässt, sofern vor allem der Beobachtungszeitraum hinreichend groß ist und die Erhebungszeitpunkte nicht zu weit auseinander liegen.

Die bisherigen Ausführungen unterstellten ein nominal- oder ordinalskaliertes Morbiditätsmerkmal mit einer begrenzten Zahl von Merkmalsausprägungen. Wie in Abschnitt 4.1.1 ausgeführt, ist es je nach Erkenntnisinteresse aber auch angezeigt, Morbidität mittels metrisch skalierter Inanspruchnahmedaten zu spezifizieren und zu untersuchen, ob es von Kohorte zu Kohorte Unterschiede im lebenslangen Inanspruchnahmemuster gibt[21]. Beispielsweise könnte man die im Rahmen einer jährlich durchgeführten Querschnitts- oder Panelerhebung gestellte Frage nach der Anzahl der Arztbesuche in den letzten zwölf Monaten dahingehend analysieren, wie sich Kohorten hinsichtlich der durchschnittlichen Anzahl der ambulanten Arztbesuche unterscheiden – insbesondere, ob Mitglieder jüngerer Kohorten zeitlebens im Mittel weniger oft oder öfter als Angehörige älterer Kohorten niedergelassene Ärzte aufsuchen und ob damit für das Morbiditätsmerkmal „Arztbesuch" eine Kompression oder Expansion der Morbidität zu konstatieren ist. Da dieser Morbiditätsindikator als diskret metrisch skaliertes Merkmal aber eine kaum zu überschauende Zahl von Merkmalsausprägungen aufweist, würde die Berechnung von Prävalenz- bzw. Inzidenzraten einen immensen Arbeitsaufwand verursachen. Bei einem stetig metrisch skalierten Merk-

[20] Vgl. in diesem Zusammenhang die Ausführungen zum Sozio-oekonomischen Panel in FN 38.

[21] Anstelle der Ermittlung der lebenslangen Inanspruchnahme wäre es theoretisch denkbar, ein bestimmtes Inanspruchnahmeniveau als Morbiditätsmarker dergestalt festzulegen, dass man das Überschreiten dieses Niveaus als Morbidität wertet. Schlussendlich würde man somit ein metrisch skaliertes Morbiditätsmerkmal (die Leistungsinanspruchnahme) in ein nominalskaliertes umkodieren, das im Rahmen einer Kompressions- bzw. Expansionsanalyse in methodischer Hinsicht dann wie jedes andere nominalskalierte Merkmal (beispielsweise wie das Vorliegen einer Erkrankung) zu behandeln wäre. Da dieses Umkodieren jedoch einen massiven Informationsverlust implizieren würde, sollte es tunlichst unterbleiben. Nominalskalierte Inanspruchnahmedaten sind nur bei einer begrenzten Datenlage zu akzeptieren, beispielsweise wenn man sich für den Arzneikonsum entlang der Kohortenebene interessiert und die einzigen hierzu verfügbaren Daten lediglich darauf abstellen, ob Arzneimittel – egal in welcher Menge – genommen wurden.

mal wäre diese Berechnung überhaupt nicht mehr möglich[22]. Aufgrund der zu erwartenden geringen Beobachtungszahl für jede Merkmalsausprägung dürfte ferner die Validität von auf Stichprobenbasis berechneten Prävalenz- und Inzidenzraten i.d.R. sehr schlecht sein. Und schlussendlich würde die Zerlegung der Lebenserwartung einer Kohorte gerade bei Inanspruchnahmedaten wenig Sinn machen[23].

Da somit eine Berechnung von Inzidenzraten und damit eine Betrachtung des Inanspruchnahmeverhaltens aus der Sicht eines Markov-Prozesses ausscheidet, verbleibt als einzig sinnvolle Alternative bei Panelerhebungen eine retrospektive Vorgehensweise, bei der man für jedes Individuum die lebenslange Inanspruchnahme ermittelt und anschließend den Durchschnitt über alle in der Erhebung berücksichtigten Personen einer Kohorte bildet.

An der auf Querschnittsdaten beruhenden prävalenzbasierten Vorgehensweise ändert sich dagegen im Grundsatz nicht viel: Die auf jeder Altersstufe durchlebte Zeit wird statt mit Prävalenzraten für die verschiedenen Morbiditätszustände mit der durchschnittlichen Inanspruchnahmerate im jeweiligen Alter multipliziert, die für die meisten Querschnittserhebungen ohnehin standardmäßig veröffentlicht wird[24] oder gegebenenfalls durch einfache Mittelwertbildung selbst berechnet werden kann. Nach der Aggregation der so ermittelten altersspezifischen Werte über alle Altersstufen ist gegebenenfalls noch eine Division dieser Summe durch die Besetzungsstärke der Geburtskohorte erforderlich, um am Ende die mittlere Inanspruchnahme im Leben eines Kohortenmitglieds, beispielsweise die durchschnittliche Anzahl der Arztbesuche, zu erhalten.

4.1.2.4 Exkurs: Lässt sich allein anhand der zeitlichen Entwicklung von altersspezifischen Prävalenzraten eine Aussage hinsichtlich absoluter Morbiditätskompressions- bzw. -expansionstendenzen treffen?

Bisweilen versuchen Autoren, die Frage nach einer absoluten Morbiditätskompression bzw. -expansion ausschließlich anhand der Analyse der zeitlichen Trends von altersspezifischen Prävalenzraten[25] zu beantworten. Beispielsweise

[22] Zwar könnte man die Merkmalsausprägungen in Intervalle bzw. Gruppen unterteilen, hätte damit allerdings einen unnötigen Informationsverlust in Kauf zu nehmen.

[23] Man stelle sich – um bei der Zahl der Arztbesuche in den letzten zwölf Monaten zu bleiben – beispielsweise Aussagen vor wie „Die Kohorte XY verbrachte im Mittel 1,2 Lebensjahre mit einer Inanspruchnahmerate von sechs Arztbesuchen pro Jahr".

[24] Vgl. z.B. den mittleren altersgruppenspezifischen Arzneiverbrauch, auf den im Abschnitt 4.3.3 zurückgegriffen wird.

[25] Da altersspezifische Prävalenzraten, sofern sie sich nicht gerade auf den 31. Dezember eines Jahres beziehen, immer die Morbiditätssituation zweier benachbarter Geburtsjahrgänge widerspiegeln, dürften die angesprochenen Analysen streng genommen nur auf alters- *und* kohortenspezifische Prävalenzraten zurückgreifen. Allerdings ist diese Forderung im Rahmen derartiger Analysen in aller Regel weder erfüllt noch scheint deren prinzipielle Notwendigkeit erkannt zu werden. Auf der anderen Seite dürfte die dadurch entstehende Ungenauigkeit vernachlässigbar sein. Aus diesem Grund ignorieren auch die weiteren Ausführungen diese Problematik.

interpretiert Verbrugge (vgl. 1984, S. 475-519) den Anstieg diverser Morbiditätsprävalenzraten, der zwischen 1957 und 1981 bei 45- bis 64jährigen bzw. bei mindestens 65jährigen US-Amerikanern zu beobachten ist (Datensatz: „National Health Interview Survey" (NHIS)), als Resultat einer gestiegenen Krankheitsdauer und damit letztlich als einen Beleg für eine absolute Morbiditätsexpansion. Umgekehrt deuten andere Autoren die in absoluter Hinsicht verstandene Morbiditätskompressionsthese von Fries dahingehend, dass sie eine Abnahme der Krankheitsbelastung in *allen* Altersstufen impliziere (vgl. Hof, 2001, S. 43), dass also beispielsweise „der heute 70jährige viel vitaler und gesünder [sei] als der 70jährige von 1975 und erheblich gesünder als der Gleichaltrige von 1960" (Krämer, 1992, S. 569).
Dass die Interpretation, die Morbiditätskompressionsthese von Fries impliziere eine Prävalenzratenabnahme in *allen* Altersstufen, falsch ist, lässt sich durch ein einfaches Beispiel zeigen: Angenommen, die Angehörigen zweier gleich stark besetzter Geburtsjahrgänge machen bis auf eine Ausnahme die gleichen Morbiditäts- und Mortalitätserfahrungen, d.h. für jeden individuellen Lebensverlauf in der einen Kohorte findet sich in der anderen Kohorte ein Individuum mit identischer Lebenslänge und Krankheitsgeschichte. Die angesprochene Ausnahme besteht nun darin, dass sich zu einem Angehörigen des älteren Geburtsjahrgangs, der im Alter 70 erkrankt und nach zehn Krankheitsjahren als 80jähriger verstirbt, kein entsprechendes Individuum in der jüngeren Kohorte findet, sondern stattdessen eines, das erst ab dem 75. Geburtstag dauerhaft krank ist und nach sieben weiteren Lebensjahren mit 82 Jahren verstirbt. Zwischen beiden Kohorten lässt sich offenbar eine absolute Morbiditätskompression feststellen, die zwar mit geringeren Prävalenzraten der jüngeren Kohorte im Altersbereich zwischen 70 und 74 Jahren, aber höheren Prävalenzraten zwischen dem 80. und dem 82. Lebensjahr einhergeht.
Auch wenn damit die These, eine absolute Morbiditätskompression impliziere auf ausnahmslos allen Altersstufen fallende Prävalenzraten, widerlegt ist, so lässt sich doch umgekehrt fragen, ob fallende altersspezifische Prävalenzraten ihrerseits auf eine absolute Morbiditätskompression schließen lassen bzw. – allgemein ausgedrückt – ob es möglich ist, allein aus dem zeitlichen Verlauf altersspezifischer Prävalenzraten und damit ohne Rückgriff auf Kohortensterbetafeln zwischen einer absoluten Morbiditätskompression und -expansion zu differenzieren. Diese Frage soll nachfolgend beantwortet werden.

Um im Rahmen des in Abschnitt 4.1.2.3 vorgestellten prävalenzbasierten Vorgehens festzustellen, ob es für einen bestimmten Morbiditätszustand i im Ablauf der Kohorten zu einer absoluten Kompression bzw. Expansion kommt, ist – wie in Gleichung (4.2) dargestellt – für je zwei aufeinander folgende Geburtsjahrgänge die mittlere Anzahl der in diesem Morbiditätszustand verbrachten Lebenszeit gegenüberzustellen[26]:

[26] Die in dieser Gleichung enthaltenen Variablen wurden bereits im Zusammenhang mit Glei-

$$(4.2)\qquad \tilde{e}_0^i = \sum_{x=0}^{\omega} \tilde{\pi}_x^i \tilde{L}_x \gtrless \sum_{x=0}^{\omega} \pi_x^i L_x = e_0^i .$$

In Gleichung (4.2) steckt aus Vereinfachungsgründen die Annahme, dass das höchste diskrete Sterbealter (ω) für beide Geburtsjahrgänge identisch ist. Ferner sei realistischerweise unterstellt, dass die jüngere Kohorte in jedem Alter eine längere Zeitdauer durchlebt als die ältere, d. h. dass $\forall x: \tilde{L}_x > L_x$, was in jedem Fall dann gewährleistet ist, wenn alle altersspezifischen Sterberaten bzw. -wahrscheinlichkeiten des jüngeren Geburtsjahrgangs niedriger sind als die des älteren.

Sind nun alle altersspezifischen Prävalenzraten der jüngeren Kohorte größer als bzw. zumindest gleich groß wie die der älteren, d.h. ist $\forall x: \tilde{\pi}_x^i \geq \pi_x^i$, folgt aus Gleichung (4.2) unmittelbar, dass $\tilde{e}_0^i > e_0^i$, dass also der jüngere Jahrgang verglichen mit dem älteren im Mittel eine längere Zeit im Morbiditätszustand i verbringt und es damit zwischen den beiden Kohorten zu einer absoluten Expansion der entsprechenden Morbidität kommt. Im Zeitablauf beständig ansteigende bzw. konstante altersspezifische Prävalenzraten in Verbindung mit fallenden Sterberaten implizieren somit eine absolute Morbiditätsexpansion[27].

Beobachtet man auf der anderen Seite allerdings, dass die jüngere Kohorte in allen Altersstufen niedrigere Prävalenzraten aufweist, folgt daraus nicht zwingend eine absolute Morbiditätskompression. Vielmehr hängt deren Eintreten davon ab, ob die Abstände der altersspezifischen Prävalenzraten zugunsten der jüngeren Kohorte groß genug sind, um den Einfluss der in jedem Alter im Vergleich zur älteren Kohorte zusätzlich durchlebten Zeit ($\forall x: \tilde{L}_x > L_x$) überzukompensieren, denn dieser ruft bei identischen altersspezifischen Prävalenzraten eine absolute Morbiditätsexpansion hervor (s.o.)[28].

---

chung (4.1) im vorangegangenen Abschnitt definiert. Die mit Tilden gekennzeichneten Variablen beziehen sich auf die jüngere der beiden Kohorten. Die Ausgangsgesamtheiten der beiden Geburtsjahrgänge wurden jeweils auf 1 normiert.

[27] Streng genommen kommt es bereits dann zwingend zu absoluter Morbiditätsexpansion, wenn alle altersspezifischen Prävalenzraten gänzlich zeitinvariant sind und von Jahr zu Jahr wenigstens eine altersspezifische Sterberate fällt, sich die Sterbeverhältnisse ansonsten aber nicht ändern. Auf eine absolute Morbiditätsexpansion kann übrigens auch dann geschlossen werden, wenn es im Zeitablauf keine Veränderungen bei der Sterblichkeit gibt, sich aber von Jahr zu Jahr zumindest eine altersspezifische Prävalenzrate erhöht und die anderen Prävalenzraten nicht fallen.

[28] Letztlich handelt es sich bei dieser Argumentation um einen konkreten Anwendungsfall des sog. „Simpson's Paradoxes" – eines in der Statistik bekannten Phänomens. Ein weiteres und den obigen Ausführungen ähnelndes Beispiel hierfür ist die Tatsache, dass geringere altersspezifische Prävalenzraten einer Population im Vergleich zu einer anderen nicht notwendigerweise auch eine geringere Gesamtprävalenzrate bedeuten, sondern bei altersabhängig steigenden Prävalenzraten altersstrukturbedingt auch mit einer höheren Gesamtprävalenzrate einhergehen können (vgl. Krämer, 1992, S. 570).

Dass im Zeitablauf sinkende altersspezifische Prävalenzraten bei gleichzeitig sinkenden altersspezifischen Sterberaten noch kein Garant für eine absolute Morbiditätskompression sind, belegt das nachfolgende Beispiel. Dieses unterstellt, dass in beiden Kohorten sowohl die altersspezifischen Sterbe- als auch Prävalenzraten mit dem Alter exponentiell ansteigen und damit durch die Funktion

(4.3) π_x^i bzw. $\mu^i(x) = ae^{bx}$ mit $a, b > 0$ und $i = 1,2$

beschrieben werden können. Zur Spezifizierung des Sterberatenverlaufs der beiden Kohorten wurde für a jeweils der Wert 0,0001 festgelegt. Um darüber hinaus sicherzustellen, dass die jüngere Kohorte in jedem Alter geringere Sterberaten aufweist als die ältere, wurde für Erstere $b = 0{,}07$ und für Letztere $b = 0{,}085$ gesetzt, wodurch der jüngere Geburtsjahrgang mit 85,94 Jahren eine um 12,78 Jahre höhere Lebenserwartung bei der Geburt aufweist als der ältere Jahrgang[29]. Auch zur Modellierung des Alterspfades der Prävalenzraten wurde für den Parameter a mit $a = 0{,}015$ bei beiden Kohorten jeweils der gleiche Wert herangezogen, wobei wiederum die Festlegung von b (ältere Kohorte: $b = 0{,}036$; jüngere Kohorte: $b = 0{,}035$) gewährleistet, dass die jüngere Kohorte über einen „günstigeren" Prävalenzratenanstieg verfügt als die ältere. Bei Vorgabe dieser Parameter verbringt nun die jüngere Kohorte insgesamt 9,61 Jahre im Zustand der Morbidität, die ältere allerdings nur 6,02 Jahre und damit mehr als drei Jahre weniger. Ursächlich für diese absolute Expansion der Morbidität ist die Tatsache, dass der im Vergleich zum älteren Geburtsjahrgang wesentlich stärkere Zustrom von Mitgliedern der jüngeren Kohorte in hohe und höchste Altersstufen den Effekt der dort verglichen mit der älteren Kohorte zwar niedrigeren, aber dennoch hohen Prävalenzraten überkompensiert.

Zusammenfassend bleibt somit festzuhalten, dass bei im Zeitablauf in allen Altersklassen zurückweichender Sterblichkeit bereits konstante und erst recht steigende altersspezifische Prävalenzraten auf eine absolute Morbiditätsexpansion schließen lassen (allerdings nur für Altersbereiche, die weniger Jahre umfassen als der Beobachtungszeitraum). Insofern kann bei derartigen empirischen Gegebenheiten auf eine explizite Berechnung von Kohortensterbetafeln und damit auf die im vorangegangenen Abschnitt beschriebene prävalenzbasierte Vorgehensweise verzichtet werden[30]. Die Beobachtung fallender altersspezifischer Prävalenzraten und damit von im Zeitablauf im Mittel immer gesünderen Individuen jedes Alters genügt bei gleichzeitigen altersspezifischen Sterblichkeitsreduktio-

---

[29] Zur Berechnung dieser Lebenserwartungswerte wurden die Sterbetafeln durch die Vorgabe einer einheitlichen Sterbewahrscheinlichkeit im Alter 115 von 1 abgebrochen.

[30] Dieser Verzicht ist allerdings nur dann uneingeschränkt möglich, wenn während des gesamten Beobachtungszeitraums kein einziges Mal ein Absinken von Prävalenzraten zu beobachten ist. In jedem anderen Fall sollte zur Vermeidung falscher Rückschlüsse dagegen nach der im vorangegangenen Abschnitt beschriebenen Methodik vorgegangen werden.

nen dagegen noch nicht, um sicher auf absolute Morbiditätskompression schließen zu können[31].

Abschließend sei noch angemerkt, dass sich die Resultate dieses Abschnitts auch auf altersspezifische Inanspruchnahmeraten übertragen lassen: Bei im Zeitablauf sinkender Sterblichkeit auf allen Altersstufen implizieren steigende bzw. wenigstens konstante altersspezifische Inanspruchnahmeraten von Kohorte zu Kohorte eine Zunahme der lebenslangen durchschnittlichen Leistungsinanspruchnahme. Fallende altersspezifische Inanspruchnahmeraten lassen dagegen offen, ob bezüglich des Inanspruchnahmeverhaltens von Gesundheitsleistungen eine absolute Kompression oder Expansion vorliegt.

4.2 Ergebnisse anderer Studien

In der Literatur findet sich eine unüberschaubar große Anzahl von empirischen Studien zur Überprüfung auf Morbiditätskompressions- bzw. -expansionstendenzen, wobei sich diese Untersuchungen hauptsächlich hinsichtlich des verwendeten Morbiditätsindikators, des Untersuchungszeitraums und der Untersuchungspopulation unterscheiden. Allerdings unterstellen diese Studien fast ausnahmslos die Periodensichtweise, die jedoch entsprechend den Ausführungen in Abschnitt 4.1.2.2 nicht geeignet ist, um kohortenbezogene Aussagen zu treffen und Mechanismen zu identifizieren, die in der Vergangenheit zu Lebenserwartungssteigerungen geführt haben. Insofern macht es m.E. auch keinen Sinn, Ergebnisse derartiger Studien hier vorzustellen[32]. Untersuchungen, die dagegen Mortalitäts- und Morbiditätserfahrungen verschiedener realer Kohorten gegenüberstellen und damit die Kohortenbetrachtung zugrunde legen, finden sich nur vereinzelt. Interessanterweise kommen zwei derartige Studien aus Deutschland, die an dieser Stelle kurz vorgestellt werden.

Die eine empirische Studie stammt von Dinkel (vgl. 1999, S. 61-83), der die Frage nach einer Kompression oder Expansion der Morbidität für das frühere Bundesgebiet anhand von Datenmaterial aus Mikrozensus-Ergänzungserhebungen zu Erkrankungen und Unfällen zu beantworten versucht. Die Ergänzungser-

---

31 Dieser Rückschluss ist nur bei im Zeitablauf nicht-fallenden altersspezifischen Sterberaten möglich. Allerdings ist ein derartiges Mortalitätsmuster weder realitätskonform noch in einen sinnvollen epidemiologischen Zusammenhang mit gleichzeitig fallenden altersspezifischen Prävalenzraten zu bringen – es sei denn, das Absinken der altersspezifischen Prävalenzraten kommt ausschließlich durch Erfolge bei der Bekämpfung nicht-letaler Krankheiten zustande oder die Lebenserwartung stößt bereits an eine biologisch bedingte Obergrenze, so dass alle präventiven und medizinischen Anstrengungen nur noch auf der Morbiditätsseite ansetzen können.

32 Eine Meta-Analyse der Ergebnisse derartiger Untersuchungsansätze haben Robine et al. (vgl. 1991, S. 210-226) angestellt. Eine Auflistung auch neuerer Studien, die ebenfalls unangemessenerweise Periodendaten in Kohortenlogik interpretieren, findet sich bei Crimmins et al. (vgl. 1997, S. 556/557).

hebungen begleiten dabei die von der amtlichen Statistik durchgeführten Mikrozensus-Befragungen; im Gegensatz zum Mikrozensus finden sie allerdings nicht jährlich, sondern im zwei- bis vierjährigen Abstand und darüber hinaus mit einem verkleinerten Stichprobenumfang statt[33]. Konkret stützt sich Dinkel auf die Ergänzungserhebungen der Jahre 1978, 1980, 1982, 1986, 1989, 1992 und 1995 und füllt fehlende Werte durch Interpolation auf. Als Morbiditätsindikator zur Aufteilung der von drei ausgewählten Kohorten (1907, 1913 und 1919) im Altersbereich oberhalb des Alters 58 durchlebten Lebensjahre zieht der Autor die in allen Ergänzungserhebungen enthaltene Frage nach dem momentanen Vorliegen einer Krankheit oder Unfallverletzung heran. Da jedoch die Jahrgänge 1907 bzw. 1913 im Jahr 1978 als dem ersten Untersuchungsjahr bereits das Alter 71 bzw. 65 erreicht haben, extrapoliert Dinkel den Anteil der Kranken bzw. Unfallverletzten für diese Kohorten bis zum Alter 59 – eine Vorgehensweise, die grundsätzlich kritisch zu bewerten ist. Die u.a. auf diese Weise erzielten Ergebnisse dieser Studie deuten in den berücksichtigten Altersbereichen bei beiden Geschlechtern auf eine absolute Morbiditätskompression hin: Im Altersbereich von 59 bis einschließlich 82 Jahren durchlebte der Jahrgang 1913 gegenüber dem Jahrgang 1907 insgesamt mehr, allerdings absolut weniger von Krankheit und/oder Unfallverletzung gezeichnete Lebensjahre. Zu ähnlichen Ergebnissen führt der Vergleich der Mortalitäts- und Morbiditätserfahrungen der Kohorte 1919 mit denen der Jahrgänge 1907 und 1913 im Altersbereich von 59 bis einschließlich 76 Jahren: Auch hier durchlebte der jüngste Geburtsjahrgang insgesamt zwar mehr Lebensjahre, war aber gegenüber den beiden älteren Kohorten eine absolut und damit auch relativ kürzere Zeitdauer krank bzw. unfallverletzt.

Eines der Hauptziele der Arbeit von Unger (vgl. 2003, S. 51-93) als der zweiten hier vorgestellten Studie ist darauf gerichtet, die zeitliche Entwicklung der aktiven Lebenserwartung von Deutschland und den USA zu analysieren und miteinander zu vergleichen[34].
Die Untersuchung für Deutschland basiert dabei auf dem Sozio-oekonomischen Panel (SOEP) – einem Paneldatensatz, der bis ins Jahr 1984 zurückreicht und in dem die freiwilligen Panelteilnehmer u.a. um eine eigene Funktionseinschätzung gebeten wurden. Konkret wurden die Teilnehmer gefragt, ob sie – von kurzen Erkrankungen abgesehen – durch ihren Gesundheitszustand bei der Erfüllung alltäglicher Aufgaben wie Haushalt, Beruf oder Ausbildung behindert werden[35]. Mit den Antworten auf diese Frage erstellt Unger für die Kohorten 1917, 1922

[33] Detailliertere Informationen zum Mikrozensus und insbesondere zur angesprochenen Ergänzungserhebung gibt Abschnitt 4.3.1.1.

[34] Weitere Ziele dieser Arbeit liegen in der Aufdeckung sozialer Verursachungsmechanismen der aktiven Lebenserwartung sowie in der Untersuchung des Einflusses makrostruktureller Rahmenbedingungen auf sie. Eine Vorstellung der empirischen Ergebnisse dieser Analysen unterbleibt im Folgenden.

[35] Diese Frage findet sich in den Wellen der Jahre 1984-1987, 1992 und 1995-1998. Zur Auffüllung der jeweiligen Datenlücken verwendet Unger interpolierte Daten.

und 1927 „multistate"-Sterbetafeln und erreicht dadurch eine Aufteilung der von den genannten Kohorten während des Beobachtungszeitraums durchlebten Lebensjahre in den aktiven und inaktiven Zustand. Im Altersbereich von 67 bis einschließlich 70 Jahre ist demnach die durchlebte Zeit bei beiden Geschlechtern von Kohorte zu Kohorte gestiegen. Dennoch sind die inaktiven Lebensjahre absolut und damit auch relativ gesunken. Gleiches gilt auch für den Altersbereich von 71 bis einschließlich 75 Jahren, für den allerdings nur die Mortalitäts- und Morbiditätserfahrungen der Kohorten 1917 und 1922 miteinander verglichen werden konnten. Die von Dinkel festgestellte absolute Morbiditätskompression wird somit auch von Unger anhand eines weiteren Morbiditätsindikators bestätigt.
Für die USA beruht die Analyse von Unger auf der seit 1968 im jährlichen Abstand durchgeführten „Panel Study of Income Dynamics" (PSID)[36]. Auch hier enthält der Fragebogen u.a. eine Frage zum Vorliegen von gesundheitsbedingten Funktionseinbußen, die mit Ausnahme der Jahre 1968 und 1973-1975 durchgängig gestellt wurde. Analog zur oben für das SOEP beschriebenen Vorgehensweise vergleicht Unger auch hier drei verschiedene Kohorten – konkret: die Geburtsjahrgänge 1901, 1911 und 1921 – auf kompressive bzw. expansive Morbiditätstendenzen. Der im Vergleich zum SOEP längere Erhebungszeitraum von insgesamt 26 Jahren (vgl. FN 36) macht es dabei möglich, einen größeren Altersbereich zu analysieren. Während wie in Deutschland jede um zehn Jahre später geborene Kohorte im Altersbereich von 67 bis einschließlich 70 Jahren eine längere Lebenszeit verbrachte, stieg in den USA bei beiden Geschlechtern allerdings auch die Zahl der inaktiven Lebensjahre, bei den Frauen ist darüber hinaus sogar ein relativer Zuwachs zu beobachten. Expansive Tendenzen deckt Unger auch für das Alterssegment von 71 bis einschließlich 80 Jahren auf: Der Jahrgang 1911 verbrachte in diesem Altersbereich zwar mehr Lebensjahre als der zehn Jahre ältere Jahrgang 1901, allerdings auch spürbar mehr inaktive Lebensjahre. Dieser Anstieg war bei beiden Geschlechtern dabei so stark, dass sogar der Anteil der inaktiven an allen Lebensjahren zunahm.

4.3 Ergebnisse für das frühere Bundesgebiet

Ob sich die absoluten wie relativen Morbiditätskompressionstrends, die von den beiden im vorangegangenen Abschnitt vorgestellten Studien für das frühere Bundesgebiet aufgedeckt wurden, auch bis ins Jahr 2003 hinein fortsetzten bzw. ob sie auch für andere Morbiditätsindikatoren gelten, soll nachfolgend empirisch untersucht werden. Im Blickpunkt stehen dabei drei verschiedene Morbiditätsindikatoren: die bereits von Dinkel (vgl. 1999, S. 61-83) herangezogene Selbsteinschätzung des Vorliegens einer Krankheit bzw. Unfallverletzung auf Basis der Mikrozensus-Ergänzungserhebung zu Erkrankungen und Unfallverletzungen

[36] Aus datentechnischen Gründen konnten allerdings nur die Wellen bis 1993 berücksichtigt werden.

(vgl. Abschnitt 4.3.1)[37], das Vorliegen einer Schwerbehinderung (vgl. Abschnitt 4.3.2) sowie der Arzneiverbrauch (vgl. 4.3.3). Zwar existieren für Deutschland bzw. das frühere Bundesgebiet darüber hinaus noch eine Reihe weiterer Morbiditätsindikatoren (beispielsweise zum Vorliegen von Pflegebedürftigkeit oder zur Prävalenz von Krebserkrankungen), allerdings sind die Zeiträume, für die Daten in der gewünschten Tiefe vorliegen, noch zu kurz, um brauchbare Ergebnisse erzielen zu können[38].

Für alle drei ausgewählten Morbiditätsindikatoren sind im Folgenden eigene, identisch aufgebaute Abschnitte vorgesehen:
In einem ersten Unterabschnitt wird zunächst der jeweilige Morbiditätsindikator und sein zugrunde liegender Datensatz vorgestellt („Datenbeschreibung“)[39].
Da alle drei Indikatoren auf Querschnittsbasis vorliegen, ist zur Aufdeckung kompressiver bzw. expansiver Morbiditätstrends nur die prävalenzbasierte Vorgehensweise möglich. Den Ausführungen in Abschnitt 4.1.2.3 zufolge sind daher altersspezifische Prävalenz- bzw. Inanspruchnahmeraten mit der von der jeweiligen Kohorte im berücksichtigten Altersbereich durchlebten Lebenszeit zu multiplizieren. Während die dazu erforderliche Erstellung von entsprechenden Kohortensterbetafeln unproblematisch und an anderer Stelle erläutert ist (vgl. Abschnitt A.2 im Anhang A), bereitet die Gewinnung altersspezifischer Prävalenz- bzw. Inanspruchnahmeraten für Kohorten größere Schwierigkeiten. Wie diese Raten jeweils generiert wurden, ist daher Gegenstand eines zweiten Unterabschnitts („Methodisches Vorgehen“).
In dritten Unterabschnitt („Ergebnisse“) werden dann die empirischen Resultate im Hinblick auf kompressive bzw. expansive Tendenzen vorgestellt und diskutiert.

---

[37] Im Unterschied zu Dinkel stellt der hier verwendete Indikator allerdings nicht nur auf momentan, d.h. zum Zeitpunkt der Befragung vorliegende Krankheiten bzw. Unfallverletzungen ab, sondern berücksichtigt eine Zeitspanne von vier Wochen vor dem eigentlichen Befragungstermin (vgl. die nachfolgenden Ausführungen in Abschnitt 4.3.1.1, insbes. in FN 44).

[38] Ein Datensatz, der zwar auch einen hinreichend großen Zeitraum abdeckt, ist das bereits erwähnte Sozio-oekonomische Panel (SOEP). Da allerdings die im vorangegangenen Abschnitt vorgestellte Arbeit von Unger (vgl. 2003, S. 51-93), die sich ebenfalls auf diesen Datensatz stützt, noch jüngeren Datums ist, sind hinsichtlich des von ihm herausgegriffenen Morbiditätsindikators keine neuen Ergebnisse zu erwarten. Das SOEP hält darüber hinaus zwar noch weitere sinnvolle Morbiditätsindikatoren bereit; allerdings werden diese häufig nur für einige Jahre bzw. erst seit einigen Jahren und damit (noch) nicht lange genug erhoben. Da ferner aufgrund des vergleichsweise geringen Stichprobenumfangs und der freiwilligen Partizipationsmöglichkeit die Repräsentativität des SOEP schlechter als die der drei nachfolgend verwendeten Datensätze sein dürfte, wird in der vorliegenden Arbeit auf eine Auswertung dieses Datensatzes verzichtet.

[39] Die entsprechenden Ausführungen lehnen sich dabei an die einschlägigen Beschreibungen der die Daten zur Verfügung stellenden Institutionen bzw. Personen an.

4.3.1 Morbiditätsindikator: Selbsteinschätzung des Vorliegens einer Krankheit bzw. Unfallverletzung

4.3.1.1 Datenbeschreibung

Als eine in kurzen Zeitabständen seit Oktober 1957 gezogene Stichprobe aller Haushalte Deutschlands vermittelt der vom Statistischen Bundesamt geleitete Mikrozensus, dessen Grundprogramm jährlich mit einem Auswahlsatz von 1% erhoben wird, ein umfassendes und repräsentatives Bild der soziodemographischen und -ökonomischen Lebensumstände der Bevölkerung Deutschlands. Darüber hinaus werden in unterschiedlicher Periodizität alle oder ein bestimmter Teil der im Rahmen des Mikrozensus ausgewählten Haushalte über zusätzliche Themenbereiche befragt.

Eine solche Zusatzbefragung stellt die über Erkrankungen und Unfälle dar, die erstmals 1966 aufgelegt wurde und bis heute in wechselnden Zeitabständen vorgenommen wird. Zwar zeichnen sich die diversen Erhebungen durch unterschiedliche thematische Schwerpunktsetzungen aus[40], beinhalten allerdings allesamt die Bitte um eine eigene Einschätzung hinsichtlich des Vorliegens von Erkrankungen bzw. Unfallverletzungen. Auch hinsichtlich des Auswahlsatzes, der zwischen 0,1% und 1% schwankt, und dem Befragungsmonat, den entweder der Mai oder der Oktober bildet, existieren zwischen den Erhebungen Unterschiede. Schließlich gibt es auch in der Darstellung der Ergebnisse – insbesondere in der Untergliederung nach Geschlecht und der Zahl der herangezogenen Altersklassen – Diskrepanzen: Generell veröffentlicht das Statistische Bundesamt zwar die Befragungsergebnisse in ausreichend tiefer Untergliederung nach Geschlecht und nach fünf Altersjahre umfassenden Altersklassen (mit der nach oben offenen Altersklasse der 75jährigen und Älteren) in einer eigenen Fachserie und stellt darüber hinaus auf Antrag faktisch anonymisierte Datensätze[41] für die Erhebungen der Jahre 1989, 1995, 1999 und 2003 zur eigenen Auswertung zur Verfügung. Für die Erhebungen 1970, 1972, 1973, 1976 und 1980, die auf einem besonders kleinen Auswahlsatz von 0,1% (1970, 1972 und 1973) bzw. 0,25% (1976 und 1980) basierten, nahm das Statistische Bundesamt von einer gesonderten Veröffentlichung der Ergebnisse bzw. von einer Bereitstellung der Datensätze jedoch Abstand. Die entsprechenden Ergebnisse sind heute nur noch in einschlägigen Aufsätzen und insbesondere nicht in der gewünschten Aufglie-

[40] So wurde beispielsweise im Rahmen der 1986er Erhebung nach der Teilnahme an einer Schluckimpfung gegen Kinderlähmung gefragt. Seit 1989 sind dagegen Fragen zum Rauchverhalten fester Bestandteil der Zusatzerhebung zu Krankheiten und Unfallverletzungen.

[41] Zur datenschutzrechtlich vorgeschriebenen faktischen Anonymisierung zieht das Statistische Bundesamt aus den am Mikrozensus teilnehmenden Haushalten u.a. eine 70%ige Unterstichprobe und löscht bestimmte Merkmale. Die sich hieraus ergebenden Abweichungen zwischen dem anonymisierten und dem ursprünglichen Datensatz sind den Angaben des Statistischen Bundesamtes zufolge im Allgemeinen jedoch sehr gering.

derung nach kleineren Altersgruppen zu finden[42] und scheiden nicht zuletzt deshalb für eine Verwertung im Rahmen der vorliegenden Arbeit aus[43].
Für die Berechnung geschlechts-, alters- und kohortenspezifischer Prävalenzraten für das Vorliegen von Krankheiten bzw. Unfallverletzungen eignen sich daher prinzipiell nur die Erhebungen aus den Jahren 1966, 1974, 1978, 1982, 1986, 1989, 1992, 1995, 1999 und 2003. Diese gliedern allesamt die Befragungsergebnisse nach identischen Altersgruppen und Geschlecht auf, wurden jeweils im bzw. um den Mai herum durchgeführt und sind daher auch „saisonal vergleichbar".
Allerdings ist trotz der genannten Gemeinsamkeiten eine Einbeziehung der 1966er Befragung in die Analyse aus mindestens drei Gründen nicht sinnvoll und unterbleibt folgerichtig in dieser Arbeit: Erstens war 1966 die Frage nach dem Vorliegen von Krankheiten und Unfallverletzungen noch anders formuliert (vgl. o.V., 1968, S. 84). Zweitens wurden Krankheiten und Unfälle 1966 noch getrennt erfasst, wodurch Personen, die sich sowohl als krank als auch als unfallverletzt bezeichneten, doppelt gezählt wurden (ähnlich o.V., 1972, S. 570). Und drittens und schlussendlich wurde erst ab der Ergänzungsbefragung 1972 ein gleitender Berichtszeitraum von vier Wochen, der am jeweiligen Befragungstag endet, zugrunde gelegt[44].
Für eine vergleichende Auswertung bleiben somit die Erhebungen der Jahre 1974, 1978, 1982, 1986, 1989, 1992, 1995, 1999 und 2003 übrig. Die drei ersten Erhebungen stützen sich hierbei auf einen Auswahlsatz von 1%: Jeder Mikrozensus-Teilnehmer bekam somit auch den Ergänzungsfragebogen zu Krankheiten und Unfallverletzungen vorgelegt. Bei den Erhebungen von 1986 bis einschließlich 1995 wurde dagegen nur noch jeder zweite Mikrozensus-Haushalt zusätzlich zum Themenbereich Gesundheit befragt, während 1999 und 2003 der Auswahlsatz noch weiter auf 0,45% absank.
Im Gegensatz zur eigentlichen Mikrozensus-Erhebung ist die Teilnahme an der Ergänzungserhebung zu Krankheiten und Unfallverletzungen freiwillig, wobei sich der Anteil der Antwortverweigerer in allen in dieser Arbeit berücksichtigten Erhebungen um einen Wert von etwa 10% bewegt. Er liegt damit deutlich unter der anderer freiwilliger Erhebungen, so dass eine ausreichende Repräsentativität

[42] Diese nur wenige Seiten umfassenden Aufsätze finden sich in der vom Statistischen Bundesamt herausgegebenen Zeitschrift „Wirtschaft und Statistik", konkret in den Ausgaben 10/1972 (o.V., S. 570-576), 1/1974 (o.V., S. 23-27), 7/1975 (o.V., S. 456-459), 2/1978 (o.V., S. 125-129) und 2/1983 (Grillmaier, S. 127-132). Die erstgenannte Quelle tabelliert die Ergebnisse für elf, die anderen vier Veröffentlichungen berücksichtigen in den entsprechenden Tabellen dagegen nur vier – entsprechend große – Altersgruppen.

[43] Darüber hinaus wurden die Befragungen 1970, 1972 und 1973 allesamt im Oktober des jeweiligen Jahres durchgeführt, worunter die Vergleichbarkeit mit den anderen, schwerpunktmäßig im Mai vorgenommenen Erhebungen aufgrund vermuteter saisonaler Schwankungen des Gesundheitszustands leidet.

[44] Da die Interviews überwiegend jeweils im Mai durchgeführt wurden und werden, erstreckt sich der Berichtszeitraum der in dieser Arbeit berücksichtigten Erhebungen jeweils in etwa von Anfang April bis Ende Mai.

der Ergebnisse gegeben sein dürfte und größere systematische Verzerrungen auszuschließen sind (vgl. Gräb, 1991, S. 108)[45].

Dem in den Zusatzerhebungen verwendeten Krankheitsbegriff liegt ein funktionales Krankheitsverständnis zugrunde, das dem im angelsächsischen Sprachraum verwendeten „disability"-Begriff (vgl. Abschnitt 4.1.1) nahe kommt: Im Sinne der Mikrozensus-Zusatzbefragung liegt eine Krankheit bei einem Haushaltsmitglied dann vor, wenn sich dieses während des gleitenden vierwöchigen Berichtszeitraums gesundheitlich so beeinträchtigt fühlte, dass es seiner üblichen Beschäftigung wie beispielsweise Berufstätigkeit, Schulbesuch oder Hausarbeit nicht nachgehen konnte. Der Krankheitsbegriff im Rahmen des Mikrozensus stellt somit auf das subjektive Empfinden der davon betroffenen Person (oder des Auskunft gebenden Haushaltsmitglieds) ab – eine Konsultation eines Arztes ist dagegen nicht erforderlich. Umgekehrt liegt jedoch unabhängig von Beeinträchtigungen eine Krankheit definitionsgemäß immer auch dann vor, wenn im Berichtszeitraum von einem Arzt oder Heilpraktiker eine Diagnose gestellt und eine Behandlung durchgeführt wurde. Auch bei langfristigen Leiden wie beispielsweise Diabetes ist es nicht ausschlaggebend, ob der Befragte in der Ausübung seiner gewöhnlichen Beschäftigung beeinträchtigt war bzw. ist. Als Krankheit gilt darüber hinaus auch ein angeborenes Leiden oder eine Körperbehinderung, sofern diese regelmäßig ärztlich behandelt werden. Für eine Unfallverletzung gelten im Wesentlichen dieselben Kriterien. Seit 1978 sind gleichzeitig kranke und unfallverletzte Stichprobenteilnehmer angehalten, die ihrer Ansicht nach schwerwiegendere Beeinträchtigung anzugeben. Es ist somit nicht mehr möglich, gegebenenfalls sowohl eine Krankheit als auch eine Unfallverletzung zu nennen. Aus diesem Grund ist es im Rahmen dieser Arbeit sinnvoll, nicht zwischen Krankheit und Unfallverletzung zu differenzieren, sondern sie als eine gemeinsame Variable aufzufassen.

4.3.1.2 Methodisches Vorgehen

Die Generierung geschlechts-, alters- und kohortenspezifischer Prävalenzraten für den Morbiditätsindikator „Selbsteinschätzung des Vorliegens einer Krankheit bzw. Unfallverletzung" ist für die Jahre 1989, 1995, 1999 und 2003 unproblematisch, da für diese Erhebungen die jeweiligen Datensätze, die unter anderem die Merkmale Alter, Geburtsjahr und Geschlecht beinhalten, zur Verfügung stehen. Da sich Stichprobenteilnehmer desselben Geburtsjahrgangs zum Befragungszeitpunkt, der schwerpunktmäßig auf den Mai der betreffenden Jahre fiel, in einer von zwei benachbarten Altersstufen befunden haben und da unterstellt wird, dass die Prävalenzrate innerhalb eines jeden Altersjahres konstant ist, liefert jeder der vier Datensätze für jede Kohorte somit zwei altersspezifische Prävalenzraten[46].

---

[45] Das Phänomen der Antwortverweigerung greift der nächste Abschnitt nochmals auf.
[46] Allerdings bleiben alle Prävalenzraten der 2003er Erhebung, die sich auf die jeweils höhe-

Schwieriger stellt sich dagegen die Situation für die Befragungen der Jahre 1974, 1978, 1982, 1986 und 1992 dar, weil für diese Jahre nur nach fünfjährigen Altersgruppen bis zur nach oben offenen Altersklasse der 75jährigen und Älteren tabellierte Prävalenzraten für Männer bzw. Frauen vorliegen. Um Prävalenzraten für einzelne Altersstufen zu ermitteln, müssen deshalb an die veröffentlichten altersgruppenspezifischen Raten Kurven angepasst werden, wozu angenommen wird, dass sich diese Raten jeweils auf die Altersintervallmitte beziehen[47]. Gemessen am Bestimmtheitsmaß ergab sich hierbei ein Polynom sechsten Grades der Gestalt

$$(4.4) \qquad \pi_x = a + bx + cx^3 + dx^6 \qquad \text{mit } a,b,c,d \in \Re$$

als beste Approximation an die vorliegenden Daten, wobei x das Alter und π_x die dazugehörige Prävalenzrate bezeichnet. Durch Herausnahme der Prävalenzraten der drei unteren Altersgruppen, d.h. bis zum Alter 15, konnte der Wert des Bestimmtheitsmaßes nochmals deutlich gesteigert werden, so dass er am Ende bis auf das Jahr 1992 bei beiden Geschlechtern nicht unter 0,987 liegt[48].
Die mittels der jeweiligen Schätzwerte für die Koeffizienten a, b, c und d für den Altersbereich von 15 bis unter 75 Jahren berechneten altersspezifischen Prävalenzraten beziehen sich aufgrund des Befragungstermins im Mai allerdings auf jeweils zwei angrenzende Geburtsjahrgänge. Da eine weitere Aufspaltung dieser geschätzten altersspezifischen Prävalenzraten nach Jahrgangszugehörigkeit jedoch nicht möglich ist, wird unterstellt, dass sich die Prävalenzraten jeweils ausschließlich auf den Jahrgang beziehen, der das betreffende Altersjahr im Kalenderjahr der Befragung erreichte[49].
Ein weiteres datentechnisches Zugeständnis betrifft den regionalen Bezug der Prävalenzraten: Bis einschließlich 1992 beziehen sich diese auf das frühere Bundesgebiet. Für die Raten der Jahre 1995, 1999 und 2003 ist diese regionale Zuordnung aufgrund der nachträglich nicht durchführbaren Unterscheidung zwischen West- und Ost-Berliner Zahlenmaterial jedoch nicht mehr möglich. Statt-

---

re der beiden möglichen Altersstufen der in dieser Befragung involvierten Kohorten beziehen, unberücksichtigt, da diese Altersstufen erst im Jahr 2004 von den Kohorten verlassen wurden, Sterbedaten allerdings nur bis 2003 vorliegen und Kohortensterberaten daher nur für Altersstufen berechnet werden können, die spätestens im Jahr 2002 erreicht wurden.

47 Beispielsweise wird unterstellt, dass die für die Gruppe der 40- bis unter 45jährigen veröffentlichte Prävalenzrate derjenigen für das Alter von 42,5 Jahren entspricht. Da es für die nach oben offene Altersklasse der 75jährigen und Älteren keine Intervallmitte und damit kein Alter gibt, auf das die jeweilige Prävalenzrate bezogen werden könnte, bleibt Letztere im Rahmen der Kurvenapproximation jeweils unberücksichtigt.

48 Bei den Frauen nimmt das Bestimmtheitsmaß im Datensatz 1992 den Wert 0,979 an, bei den Männern beträgt es immerhin noch 0,960.

49 Diese Annahme impliziert beispielsweise, dass sich die geschätzte altersspezifische Prävalenzrate der 34jährigen im Jahr 1992 ausschließlich auf den Geburtsjahrgang 1958 bezieht, obwohl ein Teil der zum Erhebungszeitpunkt 34jährigen Befragungsteilnehmer dem Jahrgang 1957 angehörte.

dessen werden alle Einwohner Berlins und damit fälschlicherweise auch die des Ostteils zum früheren Bundesgebiet gezählt, wodurch allerdings keine systematischen Verzerrungen in die Analyse gelangen dürften.

Bevor nun die Datenlücken für diejenigen Altersjahre aufgefüllt werden, für die aufgrund des Verzichts auf eine jährliche Durchführung des Mikrozensus-Ergänzungsprogramms zum Themenbereich Gesundheit keine Prävalenzraten vorliegen, ist es zweckmäßig, eine Entscheidung dahingehend zu treffen, welche Kohorten hinsichtlich ihrer Mortalitäts- und Morbiditätserfahrungen verglichen werden sollen.
Im Zeitraum von 1974 bis 2003 durchliefen alle Kohorten bis zum Geburtsjahrgang 1974 einen je 29 Altersstufen umfassenden Altersbereich, dessen Startalter allerdings von Kohorte zu Kohorte variiert. Da jedoch ein Vergleich der Mortalitäts- und Morbiditätserfahrungen entlang der Kohortenebene für ein und denselben Altersbereich anzustreben ist, macht es keinen Sinn, für das jeweilige 29 Jahre überspannende Altersintervall die temporäre Lebenserwartung jeder Kohorte an der Intervalluntergrenze zu berechnen und diese dann in morbiditätsbelastete und -freie Lebensjahre zu zerlegen. Wenn schon ein direkter Vergleich für einen 29 Altersstufen umfassenden Altersbereich datentechnisch nicht möglich ist, mag es auf den ersten Blick nun nahe liegen, den untersuchten Altersbereich wenigstens möglichst groß zu wählen, also beispielsweise ein 28 Altersjahre überspannendes Altersintervall heranzuziehen. Allerdings könnten dann lediglich je zwei benachbarte Geburtsjahrgänge hinsichtlich der Zahl ihrer krank bzw. unfallverletzt durchlebten Lebensjahre verglichen werden. Da jedoch die Mortalitäts- als auch Morbiditätserfahrungen zweier benachbarter Kohorten in einem bestimmten Altersbereich sehr ähnlich sein dürften, besteht die Gefahr, dass ein Vergleich durch allfällige Zufallsschwankungen und Datenungenauigkeiten beeinträchtigt wird. Um dies zu vermeiden, sollten daher weiter voneinander entfernt liegende Kohorten gegenübergestellt werden, wodurch sich jedoch der Altersbereich, den beide Jahrgänge gleichermaßen durchlaufen und für den Mortalitäts- bzw. Morbiditätsdaten vorliegen, notwendigerweise verkleinert.
Zur Auflösung des geschilderten Zielkonflikts zwischen einem möglichst großen analysierten Altersbereich auf der einen und einem ebenfalls möglichst großen Kohortenabstand auf der anderen Seite bietet es sich bei der gegebenen Datenlage an, zunächst den Untersuchungszeitraum durch den Einschluss des Jahres 1973 um ein Kalenderjahr zeitlich nach vorne und damit den im Untersuchungszeitraum durchlaufenen Altersbereich um ein Altersjahr auf insgesamt 30 Altersjahre zu verlängern[50]. Auf diese Weise lässt sich der Altersbereich von 15 bis 75 Jahre, für den Prävalenzraten vorliegen, in vier gleich große Altersklassen zerlegen. Die zwei am weitesten voneinander entfernt liegenden Jahrgänge, die im Untersuchungszeitraum die unterste Altersklasse (15 bis unter 30 Jahre)

---

[50] Die Beschreibung, wie diese Verlängerung datentechnisch erreicht wird, folgt an späterer Stelle.

durchliefen, sind die Kohorten 1958 und 1973: Letztgenannter Jahrgang erreichte das Alter 15 im Jahr 1988 und verließ die unterste Altersklasse 2003 im Alters von 30 Jahren. Die Angehörigen des Jahrgangs 1958 stießen dagegen bereits im Jahr 1973 in den untersuchten Altersbereich vor, den sie 1988 als dann 30jährige wieder hinter sich ließen. Danach gelangten sie in die zweite der vier Altersklassen (30 bis unter 45 Jahre), die sie erst im Jahr 2003 als dem letzten Untersuchungsjahr verließen. Der Jahrgang 1958 ist somit der jüngste Jahrgang, der das Altersintervall von 30 bis unter 45 Jahren während des Zeitraums von 1973 bis 2003 vollständig durchlebte. Seine in diesem Alterssegment insgesamt durchlebten bzw. krank und/oder unfallverletzt verbrachten Lebensjahre werden denen des Jahrgangs 1943 gegenübergestellt, der als erster bzw. ältester Jahrgang im Untersuchungszeitraum das Alter 30 erreichte. Gleichzeitig durchlief der Jahrgang 1943 im Zeitraum von 1973 und 2003 als Letzter die Altersspanne von 45 bis unter 60 Jahren und bildet folgerichtig den einen der beiden Jahrgänge, der für den Vergleich in diesem Altersintervall herangezogen wird. Den anderen Jahrgang bilden die im Jahr 1928 Geborenen, deren Mortalitäts- und Morbiditätssituation neben dem Jahrgang 1943 auch mit der des Jahrgangs 1913 verglichen wird – allerdings im Altersbereich von 60 bis unter 75 Jahren. Zur optimalen Ausnutzung des vorliegenden Datenmaterials und zur Auflösung des beschriebenen Zielkonflikts greift die Analyse für den Mikrozensus-Morbiditätsindikator „Selbsteinschätzung des Vorliegens einer Krankheit bzw. Unfallverletzung" somit auf die Kohorten 1913, 1928, 1943, 1958 und 1973 zurück.
Da für diese Kohorten nicht für alle während des Untersuchungszeitraums durchlaufenen Altersstufen Prävalenzraten vorliegen, müssen die jeweiligen Datenlücken aufgefüllt werden. Verschiedene Ansätze zur Kurvenapproximation lieferten hierbei jedoch nicht die gewünscht hohen Werte des Bestimmtheitsmaßes, so dass eine Abbildung der Alterspfade der Prävalenzraten durch mathematische Funktionen ausscheidet. Die fehlenden altersspezifischen Prävalenzraten der fünf Kohorten werden daher als gewichtete arithmetische Mittel der beiden umliegenden vorhandenen Werte berechnet, wobei die Gewichte anhand des jeweiligen Abstandes des aufzufüllenden Alters von den die Daten spendenden Altersstufen bemessen werden[51]. Die bereits angesprochene Verlängerung des Beobachtungszeitraums um das Jahr 1973 wird dadurch erreicht, dass die altersspezifischen Prävalenzraten der fünf Kohorten im Jahr 1974 auf die Altersstufen übertragen werden, welche die fünf Kohorten im Kalenderjahr zuvor erreichten.

Abschließend sei noch kurz auf die Erwartungstreue und die Genauigkeit der Schätzwerte der altersspezifischen Prävalenzraten dieser fünf Geburtsjahrgänge eingegangen.

[51] Beispielsweise liegen für die im Jahr 1943 geborenen Männer aus den Mikrozensen 1995 und 1999 u.a. Prävalenzraten für die Altersstufen 52 und 55 Jahre vor. Um nun die fehlende Prävalenzrate für das Alter 53 zu schätzen, bekommt die Rate für das Alter 52 im Zuge der Berechnung des gewichteten arithmetischen Mittels ein Gewicht von 2/3 und die für das Alter 55 ein Gewicht von 1/3 zugewiesen.

Da der Mikrozensus eine freiwillige Stichprobenbefragung ist, wird seine Datenqualität u.a. durch die bereits in Abschnitt 4.1.1 erläuterten und nicht gänzlich auszuschließenden Phänomene der Antwortausfälle und der Falschangaben unweigerlich beeinträchtigt. Da das vorrangige Ziel der vorliegenden Analyse jedoch weniger in der erwartungstreuen Schätzung der Absolutzahl morbiditätsbelasteter Lebensjahre, sondern vielmehr in deren Vergleich entlang der Kohortenebene besteht, und da es keine stichhaltigen Anhaltspunkte dafür gibt, dass sich Antwortausfälle bzw. fehlerhafte Angaben in ihrer verzerrenden Wirkung im Zeitablauf systematisch in eine bestimmte Richtung verändert haben, dürften die beiden genannten Phänomene vernachlässigbar sein. Darüber hinaus wären statistische Verfahren zum Umgang mit Antwortausfällen[52], deren Ausmaß im Mikrozensus den Ausführungen im vorangegangenen Abschnitt zufolge ohnehin relativ gering ist, nur für die Erhebungen der Jahre 1989, 1995, 1999 und 2003 einsetzbar, da nur für diese Jahre entsprechende Datensätze zur eigenen Auswertung verfügbar sind. Auch die Angabe von Konfidenzintervallen, die eine Vorstellung von der Genauigkeit der geschätzten Prävalenzraten vermitteln, ist nur für diese vier Erhebungen möglich. Entsprechende Konfidenzintervalle zum Sicherheitsgrad 0,95 für die Prävalenzraten der in die Analyse eingeschlossenen Jahrgänge 1928, 1943, 1958 und 1973 sind neben den zugrunde liegenden Schätzwerten und Stichprobenumfängen in den Tabellen B.21 und B.22 im Anhang B aufgeführt[53]. Diese Konfidenzintervalle sind dabei dank der im Allgemeinen relativ hohen Stichprobenumfänge verhältnismäßig klein. Ob auch die altersspezifischen Prävalenzraten der anderen Erhebungen ähnlich vertrauenswürdig sind, kann zwar an dieser Stelle nicht abschließend beurteilt werden. Allerdings gibt es angesichts vergleichbarer Stichprobenumfänge keinen Grund, vom Gegenteil auszugehen.

4.3.1.3 Ergebnisse

Tabelle 4.1 und Tabelle 4.2 führen für die vier berücksichtigten Altersklassen die temporären Lebenserwartungen sowie die durchschnittliche Zahl der Lebensjahre der fünf ausgewählten Jahrgänge auf, die deren Mitglieder nach eigenen Angaben im Zustand der Krankheit bzw. der Unfallverletzung verbrachten. Dabei fällt zunächst auf, dass in allen Altersklassen und bei beiden Geschlechtern die jeweils jüngere der beiden zu vergleichenden Kohorten erwartungsgemäß eine höhere temporäre Lebenserwartung aufweist. Doch trotz dieser längeren, in den diversen Altersklassen durchlebten Zeitdauer waren die Mitglieder des jeweils jüngeren Jahrgangs regelmäßig eine kürzere Zeitspanne krank bzw.

---

52 Hierzu kämen beispielsweise Imputationsverfahren infrage.

53 Vor der Berechnung der in den genannten Tabellen aufgeführten Konfidenzintervalle wurde überprüft, ob die jeweiligen Stichprobenumfänge groß genug sind, um eine Anwendung des der Konfidenzintervallberechnung zugrunde liegenden zentralen Grenzwertsatzes zu rechtfertigen (vgl. hierzu auch FN 91 im vorangegangenen Kapitel). Die erforderlichen Mindeststichprobenumfänge wurden dabei in ausnahmslos allen Fällen zum Teil recht deutlich überschritten.

Tabelle 4.1: Temporäre und morbiditätsbelastete temporäre Lebenserwartungen (in Jahren) der Jahrgänge 1913, 1928, 1943, 1958 und 1973 in ausgewählten Altersklassen für den Morbiditätsindikator „Selbsteinschätzung des Vorliegens einer Krankheit bzw. Unfallverletzung" (Männer)

		Alter von … 15 … bis unter … 30 Jahre	Alter von … 30 … bis unter … 45 Jahre	Alter von … 45 … bis unter … 60 Jahre	Alter von … 60 … bis unter … 75 Jahre
Jg. 1973	temporäre Lebenserwartung insgesamt	14,914			
	davon morbiditätsbelastet	0,984			
Jg. 1958	temporäre Lebenserwartung insgesamt	14,850	14,838		
	davon morbiditätsbelastet	1,164	1,206		
Jg. 1943	temporäre Lebenserwartung insgesamt		14,786	14,411	
	davon morbiditätsbelastet		1,540	1,923	
Jg. 1928	temporäre Lebenserwartung insgesamt			14,199	12,681
	davon morbiditätsbelastet			2,556	2,545
Jg. 1913	temporäre Lebenserwartung insgesamt				12,169
	davon morbiditätsbelastet				3,460

Quelle: Statistisches Bundesamt; eigene Berechnungen

unfallverletzt. Damit ist zumindest für diesen Morbiditätsindikator innerhalb der jeweiligen Altersklassen eindeutig eine absolute und damit notwendigerweise auch relative Morbiditätskompression zu konstatieren. Dieses Ergebnis deckt sich folglich mit dem ebenfalls für diesen Morbiditätsindikator erzielten Resultat von Dinkel (vgl. 1999, S. 61-83 bzw. Abschnitt 4.2), der jedoch einen kürzeren Berichtszeitraum, andere Kohorten und höhere, aber kleinere Altersklassen heranzog.

Auffällig ist auch, dass Frauen im Vergleich zu Männern in allen Altersklassen eine durchweg höhere temporäre Lebenserwartung aufweisen; mit Ausnahme der Altersklasse der 45- bis unter 60jährigen waren sie im Durchschnitt jedoch auch eine längere Zeitspanne krank bzw. unfallverletzt – ein grundsätzliches Phänomen, auf das auch andere Untersuchungen verweisen (vgl. z.B. Crimmins et al., 1989, S. 247/248; Manton, 1988, S. 159-161; Nusselder/ Looman, 2004, S. 324). Als Begründung hierfür bietet Manton (vgl. 1988, insbes. S. 159-161) die im Rahmen einer Paneluntersuchung[54] anhand des Geschlechtsvergleichs

[54] Datengrundlage sind die US-amerikanischen „National Long Term Care Surveys" (NLTCS) der Jahre 1982 und 1984. Die Stichprobenteilnehmer dieser Befragungen rekrutieren sich aus Medicare-Anspruchsberechtigten mit einem Mindestalter von 65 Jahren.

Tabelle 4.2: Temporäre und morbiditätsbelastete temporäre Lebenserwartungen (in Jahren) der Jahrgänge 1913, 1928, 1943, 1958 und 1973 in ausgewählten Altersklassen für den Morbiditätsindikator „Selbsteinschätzung des Vorliegens einer Krankheit bzw. Unfallverletzung" (Frauen)

		Alter von ... 15 ... bis unter ... 30 Jahre	30 ... 45	45 ... 60	60 ... 75
Jg. 1973	temporäre Lebenserwartung insgesamt	14,971			
	davon morbiditätsbelastet	1,011			
Jg. 1958	temporäre Lebenserwartung insgesamt	14,941	14,918		
	davon morbiditätsbelastet	1,242	1,258		
Jg. 1943	temporäre Lebenserwartung insgesamt		14,885	14,688	
	davon morbiditätsbelastet		1,544	1,601	
Jg. 1928	temporäre Lebenserwartung insgesamt			14,584	13,860
	davon morbiditätsbelastet			2,534	2,824
Jg. 1913	temporäre Lebenserwartung insgesamt				13,528
	davon morbiditätsbelastet				4,164

Quelle: Statistisches Bundesamt; eigene Berechnungen

von Inzidenz- und Prävalenzraten für verschiedene Gesundheitszustände gewonnene Erkenntnis an, dass bei Frauen die Morbidität offensichtlich langsamer voranschreitet als bei Männern. Zu diesem Ergebnis gelangt er durch die Beobachtung, dass zum einen Männer aller drei von ihm berücksichtigten Altersgruppen in jedem Gesundheitszustand höhere Sterberisiken als Frauen aufwiesen und dass zum anderen beim Geschlechtsvergleich mortalitätsbereinigter altersklassenspezifischer Inzidenzraten keine systematischen Unterschiede zwischen verschiedenen Krankheitszuständen hervortraten. Frauen verbringen demnach in jedem der verschiedenen Gesundheitszustände eine längere Zeitdauer als Männer, ohne jedoch generell krankheitsanfälliger zu sein. Einen weiteren Erklärungsbeitrag liefern Nusselder und Looman (vgl. 2004, insbes. S. 321-331): Diese zeigen im Zuge der Vorstellung einer Technik zur Zerlegung von Unterschieden der DFLE bzw. der LWD („life expectancy with disability") nach den Beiträgen von Todes- sowie Krankheitsursachen auf Basis von Periodensterbetafeln[55], dass in

[55] Die zu vergleichenden Periodensterbetafeln, deren Startalter jeweils 15 Jahre ist, stützen sich auf Bevölkerungs- und Sterbedaten aus dem Zeitraum von 1990 bis 1994. Die Daten zur Morbidität (besser: zur „disability") stammen aus dem „Netherlands Health Interview Survey 1990-1994".

den Niederlanden die im Vergleich zu den Männern längere Krankheitsphase der Frauen hauptsächlich durch ihre größere Prävalenz an eher nicht- bzw. nur schwach letalen Krankheiten wie zum Beispiel Arthritis sowie durch ihre geringere Sterblichkeit an relativ rasch tödlichen Krankheiten wie beispielsweise Krebs bedingt ist.
Inwieweit die Resultate dieser Studien auch hier relevant sind, kann nicht abschließend beurteilt werden. So ist bei einem Geschlechtsvergleich insbesondere auch zu beachten, dass der hier verwendete Morbiditätsindikator u.a. auf gesundheits- bzw. verletzungsbedingte Beeinträchtigungen bei der Ausübung der *üblichen* Beschäftigung abstellt, es bei Letzterer allerdings geschlechtsspezifische Unterschiede geben dürfte: Während die übliche Beschäftigung der Männer hauptsächlich die Berufsausübung darstellt, dürfte ein vergleichsweise großer Anteil der Frauen die Frage nach dem Vorliegen einer Krankheit bzw. Unfallverletzung mit Blick auf Einschränkungen bei der Hausarbeit oder der Kindererziehung beantworten. Dadurch könnten objektiv vergleichbare gesundheitliche oder verletzungsbedingte Einschränkungen zu einem unterschiedlichen Antwortverhalten der Geschlechter führen (ähnlich Crimmins et al., 1989, S. 247).
Abschließend sei noch darauf hingewiesen, dass der hier verwendete Morbiditätsindikator keine Differenzierung nach der Schwere einer Krankheit bzw. Unfallverletzung vorsieht. Es ist daher nicht auszuschließen, dass anstelle der festgestellten Kompression der Morbidität womöglich eine Expansion derselben zum Vorschein käme, wenn man ausschließlich schwere Morbidität berücksichtigen würde.

4.3.2 Morbiditätsindikator: Vorliegen einer Schwerbehinderung

4.3.2.1 Datenbeschreibung

Seit 1979 erstellt das Statistische Bundesamt auf der Grundlage des Schwerbehindertengesetzes (SchwbG), das 2001 in das Neunte Buch des Sozialgesetzbuchs integriert wurde, alle zwei Jahre jeweils zum 31. Dezember als Stichtag eine Bundesstatistik über Schwerbehinderte. Als solche werden entsprechend der Definition des Schwerbehindertengesetzes in § 3 (1) allgemein Personen mit einer Funktionsbeeinträchtigung bezeichnet, die auf einem regelwidrigen[56] körperlichen, geistigen oder seelischen Zustand beruht und sich über einen Zeitraum von mehr als sechs Monaten erstreckt. Das Ausmaß der Funktionsbeeinträchtigung wird dabei als Behinderungsgrad erfasst, der in Zehnerschritten von 20 bis 100 reicht. Von einer Schwerbehinderung spricht man dann, wenn der zuerkannte Behinderungsgrad mindestens 50 beträgt.
Erstellt werden die Statistiken anhand von Angaben der zur Auskunft verpflichteten Versorgungsämter, die neben der Bearbeitung von Anträgen auf Anerkennung der Behinderteneigenschaft auch über den jeweiligen Behinderungsgrad

[56] Regelwidrig ist der Zustand dann, wenn er von dem für das jeweilige Lebensalter typischen abweicht.

sowie über Ansprüche auf besondere Vergünstigungen – beispielsweise die unentgeltliche Nutzung des öffentlichen Personenverkehrs – entscheiden.
Im Zuge verstärkter Bemühungen der Versorgungsämter um eine Aktualisierung ihrer Dateien, wozu insbesondere der regelmäßige Abgleich mit den Daten der Einwohnermeldeämter zur Aussonderung von vor dem Erhebungsstichtag verstorbenen oder verzogenen Schwerbehinderten zählt, stehen die Ergebnisse erst seit 1987 auf einer statistisch gesicherten Grundlage. Diese wird darüber hinaus dadurch gestärkt, dass bedingt durch eine gesetzliche Neuregelung seit 1987 nur noch solche Schwerbehinderte erfasst werden, die einen gültigen Schwerbehindertenausweis besitzen (vgl. Seewald, 1986, S. 755; 1988, S. 738). Ferner werden ab diesem Zeitpunkt Behinderte mit einem Behinderungsgrad von weniger als 50 nicht mehr berücksichtigt.

Trotz dieser seit 1987 verbesserten Datenlage enthält die Statistik selbstverständlich nach wie vor keine Angaben über die Zahl der tatsächlich Schwerbehinderten, die keinen Antrag auf Anerkennung ihrer Behinderteneigenschaft gestellt haben (vgl. Deininger, 1985, S. 152). Zwar können amtlich anerkannte Schwerbehinderte eine Reihe von finanziellen Vergünstigungen in Anspruch nehmen[57] und haben auch einige arbeitsrechtliche Vorteile[58]. Allerdings kann der aus diesen Sonderregelungen erzielbare Nutzen im Einzelfall so gering sein, dass er in keinem günstigen Verhältnis zum mit der Antragstellung auf Ausstellung eines Schwerbehindertenausweises verbundenen Aufwand steht und dass daher auf eine Antragstellung verzichtet wird. Dies trifft beispielsweise auf viele Nichterwerbstätige zu, was u.a. erklärt, dass die amtliche Statistik bei Frauen im allgemeinen niedrigere altersspezifische Schwerbehindertenanteile ausweist als bei Männern (vgl. Seewald, 1992, S. 815 sowie Abschnitt 4.3.2.3). Es ist sogar denkbar, dass der Besitz eines Schwerbehindertenausweises Nachteile mit sich bringt. Beispielsweise dürfte mancher Arbeitsplatzsuchende von einer möglicherweise erfolgreichen Antragstellung auf Anerkennung der Schwerbehinderteneigenschaft absehen, sofern er davon ausgeht, dass der Schwerbehindertenausweis eine Anstellung aus Furcht des potentiellen Arbeitgebers vor dem besonderen gesetzlichen Schutz für Schwerbehinderte erschwert[59]. Zusammenfassend kann somit nicht davon ausgegangen werden, dass jeder tatsächlich

---

[57] Dazu zählen beispielsweise nach § 33b des Einkommensteuergesetzes (EStG) die Einräumung eines Freibetrages in Abhängigkeit des Behinderungsgrades oder unter bestimmen Voraussetzungen die bereits angesprochene unentgeltliche Inanspruchnahme des öffentlichen Personenverkehrs.

[58] Arbeitsrechtliche Vorteile für Schwerbehinderte sind beispielsweise der Anspruch auf zusätzlichen bezahlten Urlaub oder das Recht auf Freistellung von Mehrarbeit.

[59] Nach vorherrschender Rechtsmeinung darf ein Stellenbewerber vom potentiellen Arbeitgeber uneingeschränkt nach dem Vorliegen einer Schwerbehinderung und dem entsprechenden Behinderungsgrad gefragt werden, da das gesamte künftige Arbeitsverhältnis durch die Schwerbehinderteneigenschaft erheblich beeinflusst wird (vgl. Dörner et al., 2004, S. 228, Ziffer 247).

Schwerbehinderte einen Anreiz hat, seine Behinderung amtlich feststellen zu lassen.
Darüber hinaus liegen auch keine Informationen über jene Personen vor, die keinen Schwerbehindertenausweis bei einem Versorgungsamt beantragt haben, bei denen aber die Schwerbehinderung anderweitig – zum Beispiel durch einen Rentenbescheid oder eine Verwaltungs- oder Gerichtsentscheidung – festgestellt wurde (vgl. ebenda, 1986, S. 755). Auch Schwerbehinderte mit einem Ausweis, dessen Gültigkeitsdauer abgelaufen ist, bleiben unberücksichtigt (vgl. ebenda, 1992, S. 814). Als weiterer Grund für die Vermutung, dass die amtlich veröffentlichten Daten nicht den tatsächlichen Schwerbehindertenbestand wiedergeben, werden zeitliche Verzögerungen bei der Anerkennung von Anträgen genannt (vgl. ebenda, 1986, S. 755).

4.3.2.2 Methodisches Vorgehen

Da das Statistische Bundesamt die Zahl der Schwerbehinderten nicht nach Einzelaltersstufen, sondern nach unterschiedlich breiten Altersklassen[60] veröffentlicht, war es wie schon im Rahmen der Analyse auf Basis des Mikrozensus erforderlich, die gruppierten Daten mittels einer geschätzten Regressionsfunktion nach Einzelaltersstufen aufzuspalten. Hierzu wurden auch hier die für die Altersgruppen veröffentlichten Prävalenzraten zum Zwecke der Kurvenapproximation auf die jeweilige Altersintervallmitte bezogen[61]. Wiederum zeichnete sich ein Polynom sechsten Grades, allerdings der Gestalt

(4.5) $$\pi_x = a + bx + cx^2 + dx^3 + ex^6 \qquad \text{mit } a,b,c,d,e \in \Re,$$

als beste Approximation an die vorhandenen Datenpunkte aus[62]: Nach Ausschluss der Prävalenzrate für die unterste Altersklasse erreichte das Bestimmtheitsmaß beständig hohe Werte von mindestens 0,991, in einigen Fällen sogar von 0,999.
Da sich die so geschätzten altersspezifischen Prävalenzraten jeweils auf den 31. Dezember eines Jahres beziehen, liegen automatisch kohortenspezifische Prävalenzraten vor, d.h. jede geschätzte altersspezifische Prävalenzrate spiegelt den Anteil der Schwerbehinderten einer einzigen Kohorte im entsprechenden Alter wider. Dabei sollte der Umstand, dass die Prävalenzraten ab 1995 die Bevölkerung Ost-Berlins mit einschließen, wiederum keine systematischen Verzerrungen der Analyse bewirken.

---

[60] Die Einteilung sieht zwölf Altersklassen vor: unter 4, 4 bis unter 6, 6 bis unter 15, 15 bis unter 18, 18 bis unter 25, 25 bis unter 35, 35 bis unter 45, 45 bis unter 55, 55 bis unter 60, 60 bis unter 62, 62 bis unter 65 sowie 65 Jahre und älter.

[61] Auch hier bleiben die Werte für die nach oben offene Altersklasse, die hier die 65jährigen und Älteren bilden, unberücksichtigt, da es keine Altersintervallmitte gibt, auf welche die Prävalenzraten bezogen werden könnten (vgl. FN 47).

[62] π_x bezeichnet wiederum die altersspezifische Prävalenzrate, x das Alter.

Da die Schwerbehindertenstatistik im zweijährigen Turnus erscheint, treten auch hier Datenlücken auf. Bevor man an deren Auffüllung herangeht, ist es erneut ratsam, sich zunächst zu überlegen, welche konkreten Geburtsjahrgänge in der weiteren Analyse berücksichtigt werden sollten. Da der Untersuchungszeitraum von 1987 bis 2003 reicht und jeder Geburtsjahrgang bis hin zum Jahrgang 1987 währenddessen 16 volle Altersjahre durchlebte, bietet es sich zur optimalen Austarierung des in Abschnitt 4.3.1.2 ausführlich beschriebenen Zielkonflikts zwischen einem möglichst großen analysierten Altersbereich einerseits und einem ebenfalls möglichst großen Kohortenabstand andererseits an, den Altersbereich, für den Schätzwerte vorliegen, in sechs je acht Altersjahre umfassende Altersklassen – beginnend mit derjenigen der 15- bis unter 23jährigen[63] und endend mit derjenigen der 55- bis unter 63jährigen – zu zerlegen. Auf diese Weise gelangen ausschließlich die Jahrgänge 1932, 1940, 1948, 1956, 1964, 1972 und 1980 in die weitere Analyse, da je zwei benachbarte Kohorten dieser sieben Jahrgänge die berücksichtigten Altersklassen während des Untersuchungszeitraums entweder als erste oder als letzte durchliefen[64].
Um die bereits angesprochenen Datenlücken für diese sieben Jahrgänge zu schließen, wurden versuchsweise mehrere Regressionsfunktionen an die vorhandenen Daten angepasst. Bei beiden Geschlechtern erwies sich hierbei für die Kohorten 1940, 1948, 1956 und 1964 entweder ein Exponentialansatz oder eine quadratische Funktion (Polynom zweiten Grades) am geeignetsten[65]. Die vorhandenen Prävalenzraten der drei verbleibenden Geburtsjahrgänge konnten dagegen durch keine Regressionsfunktion hinreichend gut approximiert werden (Jahrgang 1972, beide Geschlechter) bzw. waren in ihrer Zahl so gering, dass eine Kurvenapproximation ohnehin wenig Sinn macht (Jahrgänge 1932 und 1980, beide Geschlechter). Für die fehlenden altersspezifischen Prävalenzraten dieser drei Kohorten wurden daher die Durchschnittswerte der beiden umliegenden Prävalenzraten angesetzt.

4.3.2.3 Ergebnisse

Wie bereits in den ähnlich aufgebauten Tabellen 4.1 und 4.2 in Abschnitt 4.3.1.3 stellt sich auch für die hier betrachteten Jahrgänge bei beiden Geschlechtern das erwartete Ergebnis ein, wonach in allen Altersklassen die jeweils jüngere Kohorte eine im Allgemeinen höhere, aber zumindest gleich hohe temporäre Le-

---

[63] Eine Analyse für die darunter liegende Altersklasse der 7- bis unter 15jährigen wäre zwar möglich, macht m.E. allerdings keinen Sinn, da in diesem Alterssegment die Sterblichkeit sowie die Schwerbehindertenprävalenz sehr gering ist.

[64] Beispielsweise erreichte der Jahrgang 1972 während des Untersuchungszeitraums als erster die Altersklasse der 15- bis unter 23jährigen. Dagegen durchliefen die im Jahr 1980 Geborenen diese Altersklasse vollständig erst im Zeitraum von 1995 bis 2003 und damit als letzte.

[65] Die Bestimmtheitsmaße nahmen bis auf einen Fall (Jahrgang 1964, Männer: Wert: 0,979) beständig hohe Werte von mindestens 0,996 an.

benserwartung aufweist als der korrespondierende ältere Jahrgang (vgl. Tabelle 4.3 und Tabelle 4.4).

Tabelle 4.3: Temporäre und morbiditätsbelastete temporäre Lebenserwartungen (in Jahren) der Jahrgänge 1932, 1940, 1948, 1956, 1964, 1972 und 1980 in ausgewählten Altersklassen für den Morbiditätsindikator „Vorliegen einer Schwerbehinderung" (Männer)

		Alter von ... 15 ... bis unter ... 23 Jahre	23 / 31	31 / 39	39 / 47	47 / 55	55 / 63
Jg. 1980	temporäre Lebenserwartung insgesamt	7,981					
	davon morbiditätsbelastet	0,128					
Jg. 1972	temporäre Lebenserwartung insgesamt	7,978	7,973				
	davon morbiditätsbelastet	0,127	0,135				
Jg. 1964	temporäre Lebenserwartung insgesamt		7,968	7,966			
	davon morbiditätsbelastet		0,141	0,184			
Jg. 1956	temporäre Lebenserwartung insgesamt			7,956	7,929		
	davon morbiditätsbelastet			0,189	0,341		
Jg. 1948	temporäre Lebenserwartung insgesamt				7,922	7,853	
	davon morbiditätsbelastet				0,351	0,683	
Jg. 1940	temporäre Lebenserwartung insgesamt					7,833	7,698
	davon morbiditätsbelastet					0,759	1,318
Jg. 1932	temporäre Lebenserwartung insgesamt						7,631
	davon morbiditätsbelastet						1,627

Quelle: Statistisches Bundesamt; eigene Berechnungen

Während bei den Männern bis auf die unterste Altersklasse, die aufgrund der relativ geringen Zahl von Gestorbenen bzw. Schwerbehinderten vergleichsweise starken Zufallsschwankungen ausgesetzt ist, wie schon für den vom Mikrozensus bereitgestellten Morbiditätsindikator eindeutig eine absolute und damit auch relative Morbiditätskompression festzustellen ist, lässt sich bei den Frauen keine eindeutige Tendenz ausmachen: In vier Altersklassen (15 bis unter 23, 23 bis unter 31, 47 bis unter 55 und 55 bis unter 63 Jahre) dominieren zwar auch kompressive Tendenzen. In den beiden anderen Alterssegmenten verbrachte dagegen die jeweils jüngere Kohorte eine durchschnittlich längere Zeitspanne im Zustand der Schwerbehinderung, wobei – wie leicht durch die Bildung des jeweiligen Quotienten aus der morbiditätsbelasteten zur gesamten temporären

Tabelle 4.4: Temporäre und morbiditätsbelastete temporäre Lebenserwartungen (in Jahren) der Jahrgänge 1932, 1940, 1948, 1956, 1964, 1972 und 1980 in ausgewählten Altersklassen für den Morbiditätsindikator „Vorliegen einer Schwerbehinderung“ (Frauen)

		Alter von … 15 … bis unter … 23 Jahre	23 – 31	31 – 39	39 – 47	47 – 55	55 – 63
Jg. 1980	temporäre Lebenserwartung insgesamt	7,991					
	davon morbiditätsbelastet	0,095					
Jg. 1972	temporäre Lebenserwartung insgesamt	7,991	7,990				
	davon morbiditätsbelastet	0,100	0,103				
Jg. 1964	temporäre Lebenserwartung insgesamt		7,988	7,983			
	davon morbiditätsbelastet		0,106	0,162			
Jg. 1956	temporäre Lebenserwartung insgesamt			7,978	7,960		
	davon morbiditätsbelastet			0,154	0,306		
Jg. 1948	temporäre Lebenserwartung insgesamt				7,955	7,918	
	davon morbiditätsbelastet				0,288	0,548	
Jg. 1940	temporäre Lebenserwartung insgesamt					7,916	7,855
	davon morbiditätsbelastet					0,552	0,869
Jg. 1932	temporäre Lebenserwartung insgesamt						7,828
	davon morbiditätsbelastet						0,966

Quelle: Statistisches Bundesamt; eigene Berechnungen

Lebenserwartung gesehen werden kann – diese Morbiditätsexpansion auch in relativer Hinsicht bestehen bleibt. Doch trotz dieser beiden Ausnahmen stützt m.E. auch dieser Morbiditätsindikator vor dem Hintergrund der Vermutung, dass die Bereitschaft zur Anerkennung einer Schwerhinderung im Untersuchungszeitraum generell zugenommen haben dürfte (ähnlich Seewald, 1990, S. 854), die These von einer relativ stabilen Morbiditätskompression.
Ein direkter Vergleich der Ergebnisse dieses Abschnitts mit denen, die unter Rückgriff auf den dem Mikrozensus entnommenen Morbiditätsindikator erzielt wurden (vgl. Abschnitt 4.3.1.3), sollte jedoch unterbleiben, da es sich um unterschiedliche Morbiditätsindikatoren handelt, die nur in einer mehr oder weniger losen Verbindung zueinander stehen. Insbesondere dürfte die auf den ersten Blick womöglich vernünftig erscheinende Annahme, bei den Schwerbehinderten handele es sich um eine gesundheitlich besonders angeschlagene Subpopulation all derer, die sich im Falle einer Mikrozensus-Teilnahme als krank bzw. unfall-

verletzt bezeichnen würden, nicht gerechtfertigt sein; denn tatsächlich liegen für einige Altersklassen die altersspezifischen Schwerbehindertenquoten über den entsprechenden Anteilen der Personen, die sich im Rahmen des Mikrozensus als krank oder unfallverletzt bezeichnet haben[66]. Ob diese Beobachtung ein stichprobenbedingtes Artefakt des Mikrozensus ist, kann zwar nicht abschließend beurteilt werden. Allerdings besitzt – wie in Abschnitt 4.3.2.1 ausgeführt – nicht jeder Schwerbehinderte auch einen Anreiz, sich seine Schwerbehinderteneigenschaft amtlich bestätigen zu lassen. Die amtlich veröffentlichten Schwerbehindertenquoten dürften daher die tatsächlichen sogar systematisch unterschätzen. Ferner ist gemäß dem Krankheitsbegriff des Mikrozensus eine Körper- und damit auch eine Schwerbehinderung nur dann als Krankheit zu werten, wenn sie regelmäßig ärztlich behandelt wird (vgl. Abschnitt 4.3.1.1). Im Umkehrschluss bedeutet dies, dass nicht jeder Schwerbehinderte krank im Sinne des Mikrozensus sein muss. Man stelle sich beispielsweise Personen vor, die von Geburt an auf einem Auge blind sind, sich wegen dieser Schwerbehinderung jedoch nicht in ärztlicher Behandlung befinden und darüber hinaus ihre Behinderung auch nicht als gesundheitliche Beeinträchtigung ihrer Lebensführung wahrnehmen, da sie von klein auf gelernt haben, sich mit ihrer Behinderung zu arrangieren. Es bleibt somit festzuhalten, dass die beiden bisher analysierten Morbiditätsindikatoren zwar in gewisser Weise interdependent sein dürften, dass es allerdings ein Trugschluss ist zu glauben, die Schwerbehinderten seien eine Teilmenge aller Kranker bzw. Unfallverletzter[67].
Auch ein direkter Geschlechtsvergleich der morbiditätsbelasteten Lebensjahre von Männern und Frauen macht für diesen Morbiditätsindikator anders als für den vorangegangenen wenig Sinn, da Frauen – wie in Abschnitt 4.3.2.1 erwähnt – tendenziell ein geringeres Interesse an der Anerkennung einer vorhandenen Schwerbehinderung haben dürften als Männer.

[66] Beispielsweise betrug am Ende des Jahres 1989 die Schwerbehindertenquote bei 60- bis unter 65jährigen Männern 32,7%. Im Rahmen der Mikrozensusbefragung desselben Jahres bezeichneten sich jedoch nur 20,5% der Männer dieser Altersklasse als krank bzw. unfallverletzt.

[67] Trotzdem macht es je nach Erkenntnisinteresse Sinn, ein im Zustand der Schwerbehinderung verbrachtes Lebensjahr grundsätzlich als ein morbiditätsbelastetes Lebensjahr aufzufassen, denn Schwerbehinderte sind verglichen mit Nicht-Schwerbehinderten bei ihrer Lebensführung in irgendeiner Weise eingeschränkt, auch wenn sie ihre Schwerbehinderung womöglich gar nicht (mehr) als nachteilig empfinden. Darüber hinaus genießen sie eine Reihe sozialversicherungsrechtlicher Vorteile, beispielsweise die Möglichkeit einer abschlagsfreien früheren Verrentung. Insofern handelt es sich bei diesem Morbiditätsindikator nicht um einen minderwertigen Maßstab, der anderen Indikatoren nachsteht.

4.3.3 Morbiditätsindikator: Arzneiverbrauch

4.3.3.1 Datenbeschreibung

Datenbasis der Analyse, wie sich der Arzneiverbrauch entlang der Kohortenebene darstellt, ist der seit 1985 erscheinende und sich auf den GKV-Fertigarzneimittelmarkt erstreckende Arzneiverordnungs-Report, der von Schwabe und Paffrath in Zusammenarbeit mit dem Wissenschaftlichen Institut der AOK (WIdO) jährlich herausgegeben wird. Erstellt wird der Arzneiverordnungs-Report anhand der von den niedergelassenen Ärzten zu Lasten der GKV ausgestellten Rezepte, die über öffentliche Apotheken abgerechnet werden. Der Selbstmedikationsmarkt bleibt damit ebenso außen vor wie der Arzneiverbrauch von PKV-Versicherten oder von Personen, die überhaupt keinen Krankenversicherungsschutz besitzen. Bis einschließlich 1995 wurde aus der Grundgesamtheit dieser Rezepte eine 1‰-Stichprobe gezogen, zwischen 1996 und 2001 basieren die veröffentlichten Daten dagegen auf einem Auswahlsatz von 4‰ und ab 2002 werden alle Rezeptblätter ausgewertet. Die Auswahlsätze bis 2001 mögen auf den ersten Blick etwas niedrig erscheinen. Da die Grundgesamtheit jedoch aus Rezeptblättern in einer Größenordnung von um die 500 Millionen Einzelrezepten mit etwa 1,7 bis 1,8 Verordnungen je Rezept besteht, stützen sich auch die Stichprobenergebnisse bis einschließlich 2001 auf eine hinreichend große Zahl von Verordnungen und dürften daher entsprechend valide sein[68].

Der jährliche Pro-Kopf-Arzneiverbrauch wird seit 1987 für 5-Jahres-Altersgruppen – allerdings geschlechtsunspezifisch – veröffentlicht. Dabei beziehen sich die Werte bis 1990 ausschließlich auf das frühere Bundesgebiet, ab 1991 dagegen auf Gesamtdeutschland, da ab dann auch in den neuen Bundesländern das gegliederte Sozialversicherungssystem der Bundesrepublik gilt.

Maß für den Arzneiverbrauch ist die sog. definierte Tagesdosis – abgekürzt als DDD („defined daily dose"). Diese entspricht einer typischerweise für die Hauptindikation bei Erwachsenen pro Tag festgelegten Wirkstoff- bzw. Arzneimittelmenge[69]. Hierbei ist zu berücksichtigen, dass die DDD nicht notwendigerweise die tatsächlich verordnete Tagesdosis eines Arzneimittels wiedergibt, sondern hauptsächlich eine technische Maß- und Vergleichseinheit darstellt (vgl. Nink/Schröder, 2004, S. 1116/1117). Zu beachten ist ferner, dass insbesondere bei akuten und daher nur zeitlich begrenzten Erkrankungen die verschriebene Arzneimittelmenge nicht unbedingt der tatsächlich verbrauchten entsprechen muss (vgl. ebenda, S. 1104). Gegenüber anderen potentiellen Verbrauchsmessgrößen wie beispielsweise der Zahl der verordneten Packungen oder dem Arzneimittelumsatz liegt der Vorteil einer Messung des Arzneiverbrauchs anhand von DDD's jedoch vor allem darin, dass Letztere von Modifikationen der Pa-

---

68 Angaben zu Konfidenzintervallen sowie zu Stichprobenvarianzen liegen nicht vor, so dass über die Güte von Arzneiverbrauchswerten an dieser Stelle nur gemutmaßt werden kann.

69 Detaillierte Informationen zur Berechnung von DDD's finden sich bei Nink/Schröder, 2004, S. 1116- 1119.

ckungsgrößen bzw. von Preisänderungen im Zeitablauf unberührt bleiben (vgl. ebenda, S. 1116).

4.3.3.2 Methodisches Vorgehen

Da auch für diesen Morbiditätsindikator die Daten nur nach Altersklassen gruppiert vorliegen, war es zunächst wiederum notwendig, altersspezifische Daten zu generieren. Wie auch bei den beiden anderen Morbiditätsindikatoren gelang dies durch die Anpassung geeigneter Regressionskurven an die vorliegenden Daten, wobei auch hier unterstellt wurde, dass die altersgruppenspezifischen Werte denen der jeweiligen Altersintervallmitte entsprechen. Als funktionale Form, die mit den höchsten Bestimmtheitsmaßen einherging, stellte sich hierbei ein kubischer Ansatz (Polynom dritten Grades) heraus. Ferner erwies es sich mit Blick auf die Güte der Kurvenanpassung als vorteilhaft, nur die altersgruppenspezifischen Verbrauchswerte im Altersbereich von 25 bis unter 85 Jahren zu berücksichtigen. Auf diese Weise konnten die Bestimmtheitsmaße auf Werte von mindestens 0,994 gesteigert werden – für die Jahre 1995, 1996 und 1998-2001 beträgt das Bestimmtheitsmaß am Ende sogar 0,999.

Wie bereits im vorangegangenen Abschnitt erwähnt, geben die Verbrauchsdaten nur den Arzneikonsum von gesetzlich Krankenversicherten wieder, nicht aber den der Bevölkerungsgruppe der anderweitig (i.d.R. privat) bzw. überhaupt nicht Krankenversicherten, zu der etwa 10% der Bevölkerung zählen. In den im Rahmen der weiteren Analyse herangezogenen Kohortensterbetafeln sind dagegen die Mortalitätserfahrungen auch dieser Bevölkerungsgruppe implizit enthalten. Je nachdem, ob man nun eine Aussage hinsichtlich des kohortenspezifischen Arzneikonsums für die Gesamtbevölkerung des früheren Bundesgebiets oder nur für die Untergruppe der GKV-Versicherten anstrebt, muss daher die Annahme lauten, dass entweder das Inanspruchnahmemuster der Nicht-GKV-Versicherten im Wesentlichen dem der gesetzlich Versicherten entspricht bzw. – bei identischen Erstattungsregeln – entsprechen würde, oder aber, dass die Sterblichkeit der GKV-Versicherten hinreichend genau durch die Sterberaten für das frühere Bundesgebiet beschrieben wird. Da im nachfolgenden Abschnitt eine direkte Verbindung zu den Ergebnissen der beiden anderen Morbiditätsindikatoren hergestellt wird, ist hier die erste Annahme relevant. Dadurch, dass sich die Verbrauchsdaten ab 1991 auf alle GKV-Versicherten einschließlich derjenigen aus den neuen Ländern beziehen, ist darüber hinaus noch eine weitere Annahme erforderlich, nämlich dass die Einbeziehung der GKV-Versicherten aus den neuen Ländern die Inanspruchnahmedaten nicht in irgendeine Richtung systematisch verzerrt. Da es zwischen 1990 und 1991 keine auffällige Niveauverschiebung beim Arzneiverbrauch gab, dürfte diese Annahme nicht unbegründet sein.

Da der Arzneiverbrauch nach Altersgruppen jährlich ermittelt wird und damit für jedes der 17 Kalenderjahre des Untersuchungszeitraums von 1987 bis 2003 Daten vorliegen, sind hier im Gegensatz zu den beiden anderen Morbiditätsindikatoren keine aufzufüllenden Datenlücken vorhanden. Allerdings beziehen sich die im Zuge der Kurvenapproximation generierten altersspezifischen Verbrauchswerte eines Kalenderjahres jeweils auf zwei benachbarte Geburtsjahrgänge. Umgekehrt spiegelt sich der altersspezifische Verbrauch einer Kohorte in den Verbrauchswerten zweier benachbarter Kalenderjahre wider. Um die kalenderjahr- und altersspezifischen Verbrauchswerte in solche umzuwandeln, die den altersspezifischen Verbrauch für Kohorten angeben, wurden daher für jede Altersstufe die beiden Verbrauchswerte zweier benachbarter Kalenderjahre gemittelt[70].

Da die vorliegenden Daten zum Arzneiverbrauch denselben Zeitraum wie die Schwerbehindertendaten abdecken, durchlebte auch hier jeder Geburtsjahrgang bis einschließlich dem der 1987 Geborenen 16 volle Altersjahre. Aus diesem Grund sowie mit Blick auf den Zielkonflikt, auf der einen Seite den Arzneiverbrauch von Kohorten für einen möglichst großen Altersbereich zu vergleichen, auf der anderen Seite in diesen Vergleich jedoch nur Kohorten mit einem möglichst weit auseinander liegenden Geburtsjahr aufzunehmen, ist es wiederum sinnvoll, jeweils acht Altersjahre überspannende Altersklassen zu betrachten. Da sich altersspezifische Verbrauchswerte mittels der geschätzten Regressionsfunktionen vernünftigerweise nur für den Altersbereich von 25 bis unter 85 Jahren generieren lassen, diese 60 Altersjahre jedoch nicht ohne Rest in Gruppen zu je acht Altersjahren zerlegt werden können, bleiben die beiden untersten und obersten Altersstufen in der Analyse unberücksichtigt. Im Folgenden werden daher sieben Altersklassen betrachtet, wobei die unterste die der 27- bis unter 35-jährigen und die oberste die der 75- bis unter 83jährigen ist. An der Untersuchung nehmen daher die Jahrgänge 1912, 1920, 1928, 1936, 1944, 1952, 1960 und 1968 teil. Eine von der Analyse der beiden anderen Morbiditätsindikatoren gewohnte weitere Differenzierung nach Geschlecht ist an dieser Stelle datentechnisch nicht möglich.

4.3.3.3 Ergebnisse

Tabelle 4.5 vermittelt für die Jahrgänge 1912, 1920, 1928, 1936, 1944, 1952, 1960 und 1968 einen Überblick über die temporären Lebenserwartungen und den Arzneiverbrauch in den betrachteten Altersklassen. Wie nicht anders erwartet, weist auch hier der jeweils jüngere der beiden zu vergleichenden Jahrgänge regelmäßig eine höhere temporäre Lebenserwartung auf. Überraschend ist dagegen die Tatsache, dass bis auf die unterste Altersklasse die Angehörigen der jeweils jüngeren Kohorte durchschnittlich mehr Arzneimittel verbrauchten. Dass diese absolute Expansion der Morbidität bzw. des Arzneikonsums nicht allein in der von der jüngeren Kohorte länger durchlebten Zeit begründet liegt, belegt Tabelle 4.6, in welcher der altersklassenspezifische Pro-Kopf-Verbrauch jeder Kohorte durch ihre temporäre Lebenserwartung dividiert wurde.

[70] Beispielsweise ergibt sich der Verbrauchswert des Jahrgangs 1960 im Alter 30 als Durchschnittswert der für dieses Alter im Rahmen der Kurvenapproximation geschätzten Verbrauchswerte der Jahre 1990 und 1991.

Tabelle 4.5: Temporäre Lebenserwartungen (in Jahren) und Pro-Kopf-Arzneiverbrauch (in DDD's) für die Jahrgänge 1912, 1920, 1928, 1936, 1944, 1952, 1960 und 1968 in ausgewählten Altersklassen (Männer und Frauen)

		Alter von ... 27 ... bis unter ... 35 Jahre	35 ... 43	43 ... 51	51 ... 59	59 ... 67	67 ... 75	75 ... 83
Jg. 1968	temporäre Lebenserwartung	7,979						
	Pro-Kopf-Arzneiverbrauch	967						
Jg. 1960	temporäre Lebenserwartung	7,974	7,963					
	Pro-Kopf-Arzneiverbrauch	1.069	1.349					
Jg. 1952	temporäre Lebenserwartung		7,956	7,919				
	Pro-Kopf-Arzneiverbrauch		1.250	2.370				
Jg. 1944	temporäre Lebenserwartung			7,909	7,832			
	Pro-Kopf-Arzneiverbrauch			2.169	3.838			
Jg. 1936	temporäre Lebenserwartung				7,819	7,676		
	Pro-Kopf-Arzneiverbrauch				3.598	5.531		
Jg. 1928	temporäre Lebenserwartung					7,606	7,313	
	Pro-Kopf-Arzneiverbrauch					5.235	7.088	
Jg. 1920	temporäre Lebenserwartung						7,256	6,635
	Pro-Kopf-Arzneiverbrauch						6.767	8.061
Jg. 1912	temporäre Lebenserwartung							6,453
	Pro-Kopf-Arzneiverbrauch							7.490

Quelle: Arzneiverordnungs-Report, Statistisches Bundesamt; eigene Berechnungen

Erneut mit Ausnahme der untersten Altersklasse verbrauchten demnach die Angehörigen der jeweils jüngeren Kohorte in jedem durchlebten Altersjahr im Mittel mehr Arzneimittel als die der jeweils älteren Kohorte. Die absolute Verbrauchsexpansion geht zumindest für die hier berücksichtigten Jahrgänge und Altersklassen folglich mit der stärkeren relativen Variante einher.
Dieses Ergebnis ist aus mindestens zwei Gründen erstaunlich.
Zum einen hat der Gesetzgeber während des Untersuchungszeitraums im Rahmen der allgemeinen Kostendämpfungspolitik im Bereich der GKV auch und gerade für den Arzneimittelsektor eine Reihe von Gesetzen und Verordnungen erlassen, die u.a. darauf abzielen, die Menge der zu Lasten der GKV verordneten Arzneimittel einzuschränken. Zu diesen gesetzlichen Maßnahmen zählt beispielsweise die Einführung von Arzneimittelbudgets im Rahmen des am 1. Janu-

Tabelle 4.6: Pro-Kopf-Arzneiverbrauch (in DDD's) je durchlebtes Altersjahr für die Jahrgänge 1912, 1920, 1928, 1936, 1944, 1952, 1960 und 1968 in ausgewählten Altersklassen (Männer und Frauen)

	Alter von ... 27 ... bis unter ... 35 Jahre	35 – 43	43 – 51	51 – 59	59 – 67	67 – 75	75 – 83
Jg. 1968	121						
Jg. 1960	134	169					
Jg. 1952		157	299				
Jg. 1944			274	490			
Jg. 1936				460	721		
Jg. 1928					688	969	
Jg. 1920						933	1.215
Jg. 1912							1.161

Quelle: Arzneiverordnungs-Report, Statistisches Bundesamt; eigene Berechnungen

ar 1993 in Kraft getretenen Gesundheitsstrukturgesetzes (GSG) mit dem Ziel, die Ärzte zu einem sparsameren Verschreibungsverhalten zu veranlassen[71]. Die schrittweise Erhöhung der Zuzahlungen je Verordnung auf mittlerweile 10% des Preises (bzw. mindestens 5 und maximal 10 Euro) soll dagegen die Patienten zu einem bewussteren Inanspruchnahmeverhalten bewegen. Schließlich sind auch diverse Erweiterungen der 1983 eingeführten Negativliste zu nennen, welche diejenigen Arzneimittel aufführt, die aus wirtschaftlichen oder therapeutischen Gründen nicht zu Lasten der GKV verordnet werden dürfen. Dass trotz all dieser Maßnahmen jüngere Kohorten – zumindest die hier betrachteten – in denselben Altersklassen einen höheren Arzneimittelkonsum als ältere Jahrgänge aufweisen, liegt neben einem verstärkten Verbrauch von bewährten bzw. bekannten Medikamenten auch am zusätzlichen Konsum neu eingeführter Arzneimittel – unabhängig davon, ob es sich hierbei in jedem Fall um echte Innovationen mit neuartigen oder solche mit verbesserten Wirkprinzipien, um Analogpräparate

[71] Die Arznei- (und Heilmittel-) Budgets wurden am 31.12.2001 auf der Grundlage des Arzneimittelbudget-Ablösungsgesetzes (ABAG) allerdings durch entsprechende Zielvereinbarungen abgelöst, die von den Kassenärztlichen Vereinigungen und den Verbänden der gesetzlichen Krankenkassen zu treffen sind.

mit keinem oder nur marginalen Unterschieden zu bereits eingeführten Arzneimitteln oder um Mittel ohne erkennbaren therapeutischen Wert bzw. mit fragwürdigem Wirkprinzip handelte[72].
Zum anderen steht die absolute wie relative Morbiditätsexpansion für den Arzneiverbrauch im Gegensatz zu denjenigen Ergebnissen, die für die beiden anderen Morbiditätsindikatoren erzielt wurden. Ignoriert man den Umstand, dass dort andere Kohorten und Altersbereiche betrachtet wurden, und unterstellt man folglich, dass die dort im Großen und Ganzen festgestellte absolute wie relative Morbiditätskompression ein universelles, sich auch auf andere Jahrgänge und Altersintervalle erstreckendes Phänomen ist, so könnten die offenbar immer kleineren Krankheitsphasen aufeinander folgender Jahrgänge u.a. durch einen immer höheren Arzneimittelkonsum „erkauft" worden sein: Möglicherweise bewirkten Arzneimittelinnovationen bzw. eine verstärkte, eventuell auch frühzeitiger einsetzende Verordnungspraxis nicht nur Lebenserwartungssteigerungen, sondern verbesserten gleichzeitig auch die Lebensqualität bzw. reduzierten die Krankheitslast oder ließen Krankheiten erst gar nicht bzw. nur verzögert zum Ausbruch kommen. Vielleicht wurden Arzneimittel aber auch erst nach dem Morbiditätsausbruch konsumiert und konnten weder die Morbidität beseitigen noch spürbare Lebensverlängerungen bewirken. In einem derartigen Szenario hätte dann die Intensität des Arzneikonsums in der anderweitig verursachten Verkürzung der Krankheitsphase zugenommen – und zwar so stark, dass der c.p. reduzierende Effekt der abnehmenden durchschnittlichen Krankheitsdauer überkompensiert wurde. Die Wahrheit dürfte wohl zwischen diesen beiden diametral entgegengesetzten Interpretationsversuchen liegen.

4.4 Zusammenfassung und Ausblick

Vor jeder empirischen Überprüfung der Morbiditätskompressions- bzw. -expansionsthesen steht die Spezifizierung des unscharfen Morbiditätsbegriffs, die zunächst von der Datenverfügbarkeit abhängt. Insbesondere gibt es populationsweit keine Daten zu einem Indikator, der auf das Vorliegen von Krankheiten im medizinischen Sinne abstellt. Doch auch andernfalls wäre er dann unbrauchbar, wenn man sich weniger für Krankheiten an sich, sondern eher für die krankheitsbedingten Konsequenzen und Begleiterscheinungen wie das subjektiv empfundene Krankheitsleid, die Auswirkungen auf die allgemeine Lebensführung oder die Inanspruchnahme von Gesundheitsleistungen interessierte.
Nach der Entscheidung für einen konkreten Morbiditätsindikator hängt das weitere Vorgehen davon ab, ob dieser in Form von Querschnitts- oder Paneldaten vorliegt. Im ersten Fall wird man zunächst Prävalenzraten berechnen und mit diesen die von aufeinander folgenden Kohorten durchlebte Zeit in morbiditätsfreie oder -belastete Lebensjahre aufteilen, wobei Letztere gegebenenfalls in verschiedene Unterkategorien zu zerlegen sind. Bei Paneldatensätzen bietet sich

[72] Die Einteilung neuer Arzneimittel in die vier aufgeführten Gruppen geht auf Fricke und Klaus (vgl. 1994, S. 11) zurück.

dagegen die inzidenzbasierte Vorgehensweise an, in deren Rahmen Übergangswahrscheinlichkeiten zwischen verschiedenen Gesundheitszuständen berechnet werden, um daraus sog. „multistate"-Sterbetafeln zu erstellen. In analytischer Hinsicht besitzt diese Vorgehensweise im Vergleich zu der auf Basis von Prävalenzraten zwar Vorteile, nichtsdestotrotz lässt sich die Frage nach einer Morbiditätskompression bzw. -expansion auch für Morbiditätsindikatoren beantworten, für die lediglich Querschnittsdaten existieren. Im Spezialfall von metrisch skalierten Indikatoren zur Abbildung der Gesundheitsleistungsinanspruchnahme macht die Berechnung von Prävalenz- bzw. Inzidenzraten dagegen wenig Sinn. Vielmehr wird man im Falle von Querschnittsdaten die altersspezifischen Verbrauchsziffern einer Kohorte direkt mit ihrer auf jeder Altersstufe durchlebten Zeit multiplizieren und diese Werte anschließend über die berücksichtigten Altersstufen aufsummieren, während man bei Paneldaten retrospektiv vorgeht, indem man für jeden Panelteilnehmer rückwirkend die Inanspruchnahme ermittelt und im Anschluss daran über alle Personen eines Geburtsjahrgangs mittelt.
Wie bereits in diesen Ausführungen angedeutet, sei hier nochmals ausdrücklich darauf verwiesen, dass eine empirische Überprüfung der Morbiditätskompressions- und -expansionsthesen ausschließlich entlang der Kohortenebene möglich ist, nicht jedoch mit Datenmaterial aus nur einer Periode, beispielsweise einem Kalenderjahr.
Ebenso sei davor gewarnt, eine Aussage hinsichtlich absoluten Morbiditätskompressions- bzw. -expansionstendenzen allein anhand der zeitlichen Veränderungsrichtung von altersspezifischen Prävalenz- oder Leistungsinanspruchnahmeraten treffen zu wollen. Nur wenn bei von Jahr zu Jahr sinkender altersspezifischer Sterblichkeit diese Raten im Zeitablauf nicht-fallend sind, lässt sich auf eine absolute Morbiditätsexpansion schließen. Bei jedem anderen Veränderungsmuster dieser Raten ist ein derartiger Rückschluss jedoch nicht möglich; insbesondere folgt aus beständig sinkenden altersspezifischen Prävalenz- oder Leistungsinanspruchnahmeraten bei gleichzeitig im Zeitablauf zurückweichender Sterblichkeit nicht automatisch eine absolute Morbiditätskompression.

Die eigene empirische Überprüfung auf kompressive bzw. expansive Tendenzen der Morbidität im früheren Bundesgebiet war weniger von einem konkreten Erkenntnisinteresse geleitet, sondern orientierte sich vielmehr daran, was aufgrund der zeitlich wie inhaltlich begrenzten Datenlage möglich war. Vor diesem Hintergrund fiel die Entscheidung auf drei Morbiditätsindikatoren, die sich nach Alter und Kohortenzugehörigkeit über einen längeren Zeitraum hinweg aufgliedern lassen, so dass die Frage nach einer Morbiditätskompression bzw. -expansion zumindest für relativ große Altersbereiche beantwortet werden kann. Konkret sind dies ein dem Mikrozensus entnommener Indikator, der auf die Selbsteinschätzung der Stichprobenteilnehmer hinsichtlich des Vorliegens einer Krankheit bzw. Unfallverletzung abstellt, darüber hinaus die im Rahmen der amtlichen Schwerbehindertenstatistik veröffentlichte Schwerbehindertenquote sowie der GKV-finanzierte Arzneiverbrauch, über den der Arzneiverordnungs-Report jährlich Auskunft gibt. Fast ausnahmslos wurde für die beiden ersten Morbiditätsindikatoren eine absolute und damit auch relative Morbiditätskompression festgestellt: Jüngere Jahrgänge verbrachten in den berücksichtigten Altersklassen trotz ihrer höheren temporären Lebenserwartung eine kürzere Zeitspanne im Zustand der Morbidität als ältere Jahrgänge. Dieses grundlegende Ergebnis steht damit im Einklang mit zwei anderen Untersuchungen. Eine dieser Untersuchungen zieht dabei ebenfalls den obigen Mikrozensus-Indikator heran, konzentriert sich allerdings auf einen kürzeren Untersuchungszeitraum und eher auf höhere Altersstufen, während sich die andere Untersuchung auf die im Rahmen des Sozio-oekonomischen Panels gestellte Frage nach gesundheitsbedingten Einschränkungen bei der Erfüllung alltäglicher Aufgaben stützt. Was den Arzneiverbrauch angeht, lässt sich dagegen bis auf eine Ausnahme (Altersklasse 27 bis unter 35 Jahre) eine nicht nur absolute, sondern auch relative Expansion des Konsums feststellen, obwohl der Gesetzgeber in den letzten Jahren regelmäßig Maßnahmen getroffen hat, um den zu Lasten der GKV verordneten Arzneiverbrauch einzuschränken.

Stellt man für diese Verbrauchsexpansion eine Verbindung zu den Ergebnissen bezüglich der beiden anderen Morbiditätsindikatoren her, so stecken zwei diametral entgegengesetzte Interpretationsansätze das Spektrum ab, in das die richtige, aber an dieser Stelle unbekannte Erklärung fällt: Zum einen kann man zu der Schlussfolgerung gelangen, dass pharmakologische Innovationen sowie der intensivere Einsatz bewährter Arzneimittel nicht nur zu Sterblichkeitsreduktionen, sondern durch einen Aufschub oder gar durch eine Verhinderung des Ausbruchs von Krankheiten auch zu einer Verringerung der bevölkerungsweiten Krankheitslast beigetragen haben. Der andere Erklärungsansatz gesteht dem Arzneimittelsektor jedoch keinen Beitrag bei der Generierung von Lebenserwartungssteigerungen oder Morbiditätssenkungen zu. Stattdessen kamen demnach die Sterblichkeitsreduktion und die Morbiditätskompression anderweitig zustande. Allerdings ist der Arzneikonsum in dieser verkürzten Krankheitsphase so stark gestiegen, dass er den c.p. verbrauchsreduzierenden Effekt der Verkürzung der Morbiditätsphase überkompensierte.

Interessant, aber datentechnisch (noch) nicht möglich wäre in diesem Zusammenhang eine empirische Überprüfung, ob sich die Expansion der Leistungsinanspruchnahme entlang der Kohortenebene auch in anderen Leistungssektoren, insbesondere im ambulanten und stationären Bereich, zeigt. Doch ungeachtet dessen bleibt als ein weiteres wesentliches Ergebnis dieses Abschnitts festzuhalten, dass sich eine Kompression der Krankheitsdauer und eine Expansion der Leistungsinanspruchnahme gegenseitig nicht ausschließen, sondern dass sie miteinander vereinbar sind und möglicherweise sogar in einer kausalen Beziehung zueinander stehen. In diesem Kontext ist allerdings zu beachten, dass eine beobachtete Zunahme der Leistungsinanspruchnahme auch durch eine Vielzahl nichtmedizinischer Faktoren hervorgerufen werden kann wie beispielsweise eine steigende Anspruchshaltung der Bevölkerung.

In den kommenden Jahren wird es datentechnisch möglich sein, kompressive bzw. expansive Morbiditätstrends anhand der drei in dieser Arbeit berücksichtigten Morbiditätsindikatoren für immer größere Altersintervalle empirisch zu identifizieren. Hinzu werden neue Indikatoren – beispielsweise solche zur Pflegebedürftigkeit – kommen, für die eine Analyse aufgrund zu kurzer Zeitreihen momentan noch nicht sinnvoll ist. Ob aber aufeinander folgende Kohorten nicht nur in bestimmten Altersbereichen, sondern während ihrer gesamten Lebenszeit eine immer längere oder aber kürzere Zeitspanne im Zustand der wie auch immer spezifizierten Morbidität verbringen und in welche Richtung sich dabei die Leistungsinanspruchnahme entwickelt, bleibt auf absehbare Zeit empirisch nicht beantwortbar.

Über die Mechanismen, die in den vor uns liegenden Dekaden für – gemäß den Ergebnissen des vorangegangenen Kapitels – durchaus mögliche und zu erwartende Lebenserwartungssteigerungen sorgen, kann an dieser Stelle freilich nur gemutmaßt werden. Auf der einen Seite gibt es unbestreitbar präventives Potential im Sinne von Fries: Beispielsweise hatte jede zehnte Person, die sich im Rahmen des Mikrozensus 2003 als (noch) gesund, d.h. weder als krank noch als unfallverletzt bezeichnete, zum Zeitpunkt der Befragung einen Body-Mass-Index von mindestens 30 und damit einen Wert, ab dem man in der Medizin von Fettleibigkeit bzw. -sucht (Adipositas) spricht; sogar fast jeder Vierte dieser – nach eigener Aussage – weder Kranken noch Unfallverletzten zählte sich zur Gruppe der regelmäßigen Raucher[73]. Ein weiterer Beleg für vorhandenes Präventionspotential bei noch Gesunden ist die unbefriedigende Partizipation von GKV-Versicherten an kassenfinanzierten Untersuchungen zur Früherkennung von Krebs nach § 25 (2) SGB V (vgl. Bundesministerium für Gesundheit, 2001, S. 133). Sollte zumindest ein Teil dieses skizzierten Präventionspotentials in der Zukunft erschlossen werden, wird sich dies sowohl auf die durchschnittliche Zahl von gesunden Lebensjahren als auch auf die gesamte mittlere Lebenslänge günstig auswirken.
Auf der anderen Seite könnte in der Zukunft durch Lebensstiländerungen sowie eine optimierte und flächendeckende medizinische Versorgung das Leben vieler bereits chronisch Kranker verlängert werden, ohne dass es dazu anhaltender Fortschritte in der Medizin bedürfte. Sehr aufschlussreich ist in diesem Zusammenhang der dritte Band des Gutachtens 2000/2001 des Sachverständigenrats für die Konzertierte Aktion im Gesundheitswesen, der für zahlreiche chronische Krankheiten einen erheblichen Bedarf für eine Versorgungsverbesserung sieht, die durch einen Abbau von Über-, Unter- und Fehlversorgung zu erreichen sei. Ob bei einer durch die Beseitigung dieser Versorgungsmängel bewirkten Lebenserwartungssteigerung der Mechanismus von Gruenberg (vgl. Abschnitt 2.4.1) oder der von Manton (vgl. Abschnitt 2.4.2) dominiert, macht zwar inso-

[73] Die genauen und mit den jeweiligen Hochrechnungsfaktoren gewichteten Anteile betragen 10% und 23%. Berücksichtigt sind dabei nur die Stichprobenteilnehmer, die entsprechende Angaben machten.

fern einen gewichtigen Unterschied, als bei Gruenberg die Krankheitsschwere zu-, bei Manton dagegen abnimmt, ist aber für die grundsätzliche Frage nach kompressiven bzw. expansiven Tendenzen der Morbidität zweitrangig, da die gewonnenen Lebensjahre in jedem Fall im Zustand der Krankheit verbracht werden. Insbesondere vor dem Hintergrund, dass sich die chronischen Volkskrankheiten der Gegenwart wie beispielsweise Arteriosklerose, COPD und degenerative Skeletterkrankungen nach Ansicht von Experten (vgl. z.B. Dengler, 1997, S. 27/28) noch für sehr lange Zeit einer kausalen Therapie entziehen und daher weiterhin nur symptomatisch behandelbar sein werden, besteht für Morbiditätsexpansionsmechanismen auch in der näheren Zukunft ausreichender Entfaltungsspielraum.

Da somit einerseits das Wissen um und m.E. auch die Bereitschaft zu Prävention zunehmen dürfte, andererseits aber zu erwarten ist, dass sich die Versorgungslage chronisch Kranker durch Verhaltensansätze, eine optimierte medizinische Versorgung und nicht zuletzt durch den medizinischen Fortschritt verbessern wird, dürfte es m.E. am wahrscheinlichsten sein, dass aufeinander folgende Kohorten im Mittel sowohl mehr gesunde als auch mehr kranke Lebensjahre aufweisen werden[74]. Der Terminologie dieser Arbeit zufolge entspräche dies einer absoluten Morbiditätsexpansion, wobei es allerdings offen bleibt, ob sich diese auch in der stärkeren relativen Variante durchsetzen wird.

In jedem Fall ist im unteren bis mittleren Altersbereich[75] mit einem anhaltenden Absinken der altersspezifischen Prävalenzraten von Krankheiten und mit einer abnehmenden Krankheitsschwere zu rechnen: Die Sterberaten in diesem Alterssegment sind bereits heute so gering, dass sie absolut nur noch geringfügig fallen können. Dadurch hat jeder Lebensverlängerungsmechanismus und damit auch der von Gruenberg oder Manton beschriebene praktisch keine Entfaltungsmöglichkeiten mehr. Wenn aber der Spielraum für spürbare absolute Sterblichkeitsabnahmen im unteren und mittleren Altersabschnitt fast ausgeschöpft ist, kann sich jeder medizinische Fortschritt sowie jede Verbesserung der Versorgungslage chronisch Kranker nur noch in weiteren Reduktionen der Krankheitsprävalenz und -schwere niederschlagen. In welche Richtung sich dagegen die Prävalenzraten im oberen Altersbereich bewegen, aus dem die Hauptbeiträge für wahrnehmbare Lebenserwartungssteigerungen in der Zukunft kommen müssen, ist unbestimmt: Zwar dürfte sich zum einen der altersspezifische Gesundheitszustand der dann chronisch Kranken, die bereits bei der heutigen Versorgungsqualität und dem derzeitigen Stand der Medizin in hohe und höchste Altersstufen gelangen würden, bis in diese Altersstufen hinein positiv entwickeln und zum anderen manches Individuum aufgrund verstärkter präventiver Anstrengungen erst später im Leben erkranken; hinzu kommen allerdings solche Personen, die – durch welchen zukünftigen Lebensverlängerungsmechanismus auch immer –

[74] Dieses Szenario wird bisweilen als bimodales Verteilungsmuster bezeichnet (vgl. FN 6 im zweiten Kapitel).

[75] Die Abgrenzung zwischen dem mittleren und dem oberen Altersbereich ist an dieser Stelle nur schwer zu ziehen, der Schwellenwert dürfte jedoch bei etwa 65 bis 70 Jahren liegen.

chronisch krank in Altersbereiche vordringen, die ihnen ohne diese Mechanismen verschlossen blieben, dort jedoch die altersspezifischen Prävalenzraten c.p. ansteigen lassen (ähnlich Kane et al., 1990, S. 30, 47).
Was die Entwicklung der Leistungsinanspruchnahme insgesamt bzw. für einzelne Leistungsbereiche des Gesundheitswesens entlang der Kohortenebene angeht, ist dagegen eine allgemeingültige Prognose aufgrund der Vielzahl der angebots- und nachfrageseitigen Faktoren, die jenseits des Gesundheitszustandes die Inanspruchnahme gesundheitlicher Leistungen determinieren, sehr viel schwieriger. Wenn allerdings schon die datentechnisch auf Altersbereiche beschränkte Analyse dieses Kapitels eine absolute wie relative Expansion des Arzneiverbrauchs bei gleichzeitiger Kompression bei Krankheiten bzw. Unfällen sowie Schwerbehinderungen aufdeckt, wäre es naiv zu glauben, dass die begründete Vermutung einer absoluten Expansion der Krankheitsdauer im Ablauf der Kohorten mit einer absoluten Kompression der Leistungsinanspruchnahme in *allen* Leistungssektoren des Gesundheits- und Pflegebereichs einhergehen wird.

5 Morbiditätsindikator „Gesundheitsausgaben“: Die Frage nach der Kompression bzw. Expansion der ökonomischen Morbidität[1]

5.1 Besonderheiten des Morbiditätsindikators „Gesundheitsausgaben“

Den Ausführungen in Abschnitt 4.1.1 zufolge kann Morbidität je nach Erkenntnisinteresse und Datenlage auf unterschiedliche Weise definiert und operationalisiert werden. Neben den im erwähnten Abschnitt vorgestellten Möglichkeiten eignen sich als Morbiditätsindikator grundsätzlich auch Gesundheitsausgaben, die als Daten zur Inanspruchnahme von Gesundheitsleistungen metrisch skaliert sind. Insbesondere wenn sich das Erkenntnisinteresse einer Analyse auf die ausgabenseitige Entwicklung des Gesundheitswesens im Allgemeinen bzw. von Krankenversicherungen bzw. -kassen im Besonderen richtet, ist der Morbiditätsindikator „Gesundheitsausgaben“ das Mittel der Wahl. Allerdings weisen Gesundheitsausgaben im Vergleich zu anderen Morbiditätsindikatoren eine Reihe von Besonderheiten auf, die nachfolgend zu diskutieren sind.

Gesundheitsausgaben sind zunächst einmal ein monetäres Äquivalent für die von einer Bevölkerungsgruppe (beispielsweise einer Kohorte) in einem definierten Zeitraum (beispielsweise in einem Kalenderjahr) in Anspruch genommenen Gesundheitsleistungen. Der Vorteil dieser Monetarisierung liegt darin, dass unterschiedliche Leistungen wie beispielsweise ärztliche Untersuchungen auf der einen und verabreichte Arzneimittel auf der anderen Seite mit einem einheitlichen Maßstab bewertet und auf diese Weise aggregiert werden können.
Da die Monetarisierung jedoch über Preise erfolgt und diese bedingt durch die allgemeine Inflation und insbesondere durch den negativen Preisstruktureffekt zuungunsten von Gesundheitsleistungen[2] im Zeitablauf gewöhnlich ansteigen, manifestiert sich ein und dasselbe Inanspruchnahmemuster im Zeitablauf in immer höheren Gesundheitsausgaben. Auch ohne Berufung auf einschlägige empirische Analysen ist folglich allein wegen dieser Preiserhöhungen von Gesundheitsleistungen vorstellbar und wahrscheinlich, dass ein Geburtsjahrgang zeitlebens umso höhere Gesundheitsausgaben verursacht, je jünger er ist – auch wenn

---

1 Der Begriff der *ökonomischen* Morbidität bei der Morbiditätsmessung durch Gesundheitsausgaben geht auf Fries (vgl. 1984, S. 358; 1989, S. 219) zurück.

2 Der negative Preisstruktureffekt zuungunsten von Gesundheitsleistungen bzw. allgemein zuungunsten von Dienstleistungen bzw. dienstleistungsintensiv produzierten Gütern und damit die Tatsache, dass deren Preise im Zeitablauf überdurchschnittlich schnell ansteigen, resultiert aus den in diesen Wirtschaftssektoren schlechten oder sogar fehlenden Substitutionsmöglichkeiten von Arbeit durch Kapital. Dadurch bleibt die Wachstumsrate der Arbeitsproduktivität hinter derjenigen der gezahlten Löhne und Gehälter zurück.

sich im Ablauf der Kohorten möglicherweise sogar eine Kompression der Inanspruchnahme von Gesundheitsleistungen vollzieht. Um allein die Veränderung der Mengenkomponente im Zeitablauf erfassen zu können, ist man daher gezwungen, Preissteigerungen für ein und dieselbe Gesundheitsleistung aus der Analyse möglichst herauszuhalten, indem man die Preise eines Referenzjahres zugrunde legt. Konkret geschieht dies durch die Deflationierung der Ausgaben mittels geeigneter Preisindizes. Idealerweise bedient man sich hierzu sog. Paasche-Preisindizes, bei denen die Preisänderungen zwischen Basis- und Berichtsjahr für den Waren- bzw. Güterkorb des Berichtsjahres gemessen werden. Die Vorteilhaftigkeit eines Paasche-Preisindexes liegt darin, dass man bei der Division der Ausgaben im Berichtsjahr durch diesen Index die Ausgaben für den Güter- bzw. Warenkorb dieses Berichtsjahres zu den Preisen des Basisjahres erhält[3], für das man nach Möglichkeit das erste Jahr des Untersuchungszeitraums heranzieht. Indem man nun getrennt für jedes Berichtsjahr die in ihm entstandenen Ausgaben durch den entsprechenden Paasche-Preisindex dividiert, gelangt man zu einem Ausgabenstrom in Preisen des Basisjahres und damit zu einem monetär bewerteten Strom der Gesundheitsleistungsinanspruchnahme, aus dem Preissteigerungen gänzlich herausgehalten sind (ähnlich Hummel, 1999, S. 94/95). Bei einer Deflationierung anhand eines Laspeyres-Preisindexes, der zur Messung von Preisänderungen zwischen Basis- und Berichtsjahr auf den Waren- bzw. Güterkorb des Basisjahres zurückgreift, stellt sich ein derartiges Ergebnis dagegen nicht ein (ähnlich ebenda)[4]. Da die verschiedenen veröffentlichten Preisindizes für Gesundheitsleistungen aus Gründen der Arbeitserleichterung[5]

---

3 Beweis: Bei n Gütern gilt für den Preisindex nach Paasche definitionsgemäß

$$P^P_{0,t} = \frac{\sum_{i=1}^{n} p_{it} q_{it}}{\sum_{i=1}^{n} p_{i0} q_{it}},$$

wobei p für die Preise und q für die Mengen steht und das Basisjahr (Berichtsjahr) mit 0 (t) gekennzeichnet ist. Da im Zähler dieses Preisindexes die Ausgaben des Berichtsjahres stehen, folgt die Behauptung.

4 Beweis: Werden die Ausgaben des Berichtjahres durch den Preisindex nach Laspeyres, der als $P^L_{0,t} = \frac{\sum_{i=1}^{n} p_{it} q_{i0}}{\sum_{i=1}^{n} p_{i0} q_{i0}}$ definiert ist, dividiert, erhält man den wenig brauchbaren Ausdruck $\sum_{i=1}^{n} p_{it} q_{it} \cdot \frac{\sum_{i=1}^{n} p_{i0} q_{i0}}{\sum_{i=1}^{n} p_{it} q_{i0}}$.

5 Da bei der periodischen Berechnung des Laspeyres-Indexes der Güter- bzw. Warenkorb des Basisjahres jeweils als Referenz dient, sind in jeder Periode lediglich die neuen Preise auf den „alten" Güter- bzw. Warenkorb anzuwenden, wodurch die Bildung von in Wissenschaft und Praxis benötigten langen, vergleichbaren Zeitreihen relativ einfach ist (ähnlich Anderson et al., 1983, S. 183). Da sich die konsumierten Mengen im Zeitablauf i.d.R. ändern, sind dagegen beim Paasche-Index aufeinander folgende Indexwerte meist nicht untereinander vergleichbar, wodurch es zur Erstellung langer Zeitreihen in jedem Berichtsjahr erforderlich wäre, die Indizes für die Vorjahre zu aktualisieren (ähnlich ebenda).

jedoch generell nach der Formel von Laspeyres ermittelt werden, eignen sie sich schon allein deshalb nicht zur sauberen Isolierung der Mengenkomponente der zeitlichen Ausgabenentwicklung (vgl. ebenda, S. 102).
Eine weitere Einschränkung der Eignung vorhandener Preisindizes für gesundheitliche Leistungen zum Zwecke der Ausgabendeflationierung resultiert aus der häufig nicht gegebenen Repräsentativität der Preisentwicklung der in den jeweiligen Indizes berücksichtigten Güter für die Preisentwicklung des den Gesundheitsausgaben zugrunde liegenden Güteraggregats (vgl. ebenda, S. 105)[6]. Verzerrungen entstehen darüber hinaus auch durch i.d.R. nicht bzw. kaum quantifizierbare Qualitätsänderungen im Zeitablauf, denn streng genommen unterstellen die Indexformeln bei den berücksichtigten Gütern zeitlich gleich bleibende Eigenschaften (ähnlich Anderson et al., 1983, S. 280). Unglücklicherweise sind gerade bei Gesundheitsleistungen nicht fassbare Qualitätsänderungen infolge des medizinischen Fortschritts keine Seltenheit. Man denke beispielsweise an Fortschritte in der Röntgendiagnostik, wodurch Röntgenbilder heute eine bessere Qualität aufweisen als noch vor 30 oder 40 Jahren.
Aber selbst wenn man von Qualitätsänderungen sowie der fehlenden Repräsentativität der im Güter- bzw. Warenkorb berücksichtigten Leistungen absieht (beispielsweise indem man bei der Preisindexberechnung eine Berücksichtigung *aller* gesundheitlicher Güter und Leistungen anstrebt) und darüber hinaus eine jährliche Neuberechnung der Paasche-Preisindizes unterstellt, entsteht allein schon dadurch ein Problem, dass sich das gesundheitliche Güter- und Leistungsspektrum im Zeitablauf ändert, die Preisindexformeln diese Änderung jedoch nicht abzubilden vermögen (ähnlich Anderson et al., 1983, S. 185): Zum einen kommen mit der Zeit – vor allem bedingt durch den medizinischen Fortschritt – völlig neue Güter und Leistungen hinzu, für die es zuvor natürlich noch keine Preise gab. Umgekehrt entfallen aber auch Güter und Leistungen aus unterschiedlichen Gründen dem Leistungsspektrum der Medizin. Dies gilt beispielsweise für die Pockenimpfung, die noch bis in die 70er Jahre hinein in vielen Ländern obligatorisch war, nach der weltweiten Ausrottung der zugrunde liegenden Infektionskrankheit aber mittlerweile nicht mehr angeboten wird.

Gerade bei der Verwendung von GKV-Ausgabedaten für eine Analyse zur Aufdeckung von kompressiven bzw. expansiven Trends treten jenseits der geschilderten Schwierigkeiten im Zusammenhang mit der Preisbereinigung dann Probleme auf, wenn sich das eigentliche Erkenntnisinteresse auf die *gesamte* Gesundheitsleistungsinanspruchnahme richtet. Ursächlich hierfür ist, dass der GKV-Leistungskatalog der erstattungsfähigen Leistungen diese Inanspruchnahme zum einen nur fragmentarisch abbildet und zum anderen einem zeitlichen Wandel unterworfen ist. Dieser ist nicht nur medizinisch zu begründen, sondern

---

[6] Dies ist eines der Ergebnisse einer umfassenden Analyse der für das deutsche Gesundheitswesen verfügbaren Preisindizes (vgl. Hummel, 1999, insbes. S. 79-106).

wird auch durch politische Maßnahmen – beispielsweise im Rahmen der Kostendämpfungspolitik – induziert.
So bewirkt insbesondere die Streichung von Leistungen aus dem GKV-Leistungskatalog zum Zwecke der Ausgabenbegrenzung auch im (utopischen) Fall eines generellen Ausbleibens von zeitlich bedingten Preisveränderungen, dass es im Zeitablauf zu Strukturbrüchen bei der Entwicklung der durch die GKV-Ausgaben abgebildeten Gesundheitsleistungsinanspruchnahme kommt[7]. Auch Veränderungen in den Zuzahlungsmodalitäten verursachen derartige Strukturbrüche[8]. Generell müssten zu einer lückenlosen Erfassung der *gesamten* Gesundheitsausgaben daher die Ausgaben aller Finanzierungsträger zusammengeführt werden, was zumindest auf der zur Kompressions- bzw. Expansionsanalyse erforderlichen Alters- bzw. Kohortenebene kaum gelingen dürfte.
Ein besonderes Problem stellt in diesem Zusammenhang das medizinisch eigentlich nicht gerechtfertigte organisatorische Nebeneinander von gesetzlicher Krankenversicherung auf der einen und gesetzlicher Pflegeversicherung (konkret: SPV) auf der anderen Seite dar, denn auch „Pflegekosten sind Gesundheitskosten" (Kruse et al., 2003, S. 107) [9]. Allerdings ist eine einfache Hinzurechnung der Ausgaben der SPV zu denen der GKV nicht zielführend, da die SPV ihrerseits nicht die gesamten Pflegeausgaben ihrer Versichertenklientel abbildet: Anders als die GKV arbeitet die SPV nicht nach dem Bedarfsprinzip, sondern übernimmt die Kosten bei einer durch den Medizinischen Dienst der Krankenkassen festgestellten Pflegebedürftigkeit nur bis zu einer gesetzlich vorgegebenen Obergrenze, die neben der Pflegestufe insbesondere vom Pflegearrangement abhängt. Sofern der Pflegebedürftige ambulante oder stationäre Pflegeleistungen in Anspruch nimmt, ist der jeweilige Restbetrag aus eigener Tasche aufzubringen bzw. wird im Bedarfsfall im Rahmen der Sozialhilfe erstattet. Übernehmen dagegen Angehörige oder Freunde die Pflege, dürfte das ihnen zustehende Pflegegeld, das momentan je nach Pflegestufe zwischen 205 € und 665 € liegt, kaum ihre tatsächlichen Opportunitätskosten widerspiegeln und daher nur ein schlechtes Substitut für die tatsächlichen Pflegekosten darstellen (ähnlich ebenda, S. 108). Aufgrund dieser Umstände ist es de facto unmöglich, die gesamten Pflegekosten auch nur einigermaßen genau zu beziffern. Wegen der verschiedenen Pflegearrangements entsteht darüber hinaus das Problem, dass objektiv ver-

---

[7] Beispielsweise haben Volljährige mit Inkrafttreten des GKV-Modernisierungsgesetzes (GMG) am 1.1.2004 abgesehen von medizinischen Ausnahmetatbeständen keinen Anspruch mehr auf eine Erstattung von Sehhilfen zu Lasten der GKV.

[8] Die Einführung oder Veränderung einer Zuzahlung auf eine bestimmte Gesundheitsleistung manifestiert sich letztlich in einer Preisänderung für die GKV und könnte daher zumindest dann theoretisch durch Preisindizes erfasst und bereinigt werden, wenn die Zuzahlung beim Konsum der Leistung uneingeschränkt fällig wird. Eine derartige Korrektur ist jedoch nicht möglich, wenn die Zuzahlung an bestimmte Voraussetzungen gekoppelt ist, beispielsweise wenn nur Erwachsene dazu verpflichtet, Minderjährige dagegen davon befreit sind.

[9] Auch aus diesem Grund wird häufig eine Integration der beiden genannten Sozialversicherungszweige gefordert (vgl. hierzu die Diskussion in Abschnitt 6.2)

gleichbare Pflegebedarfe mit unterschiedlichen tatsächlichen Kosten einhergehen können[10]. Dadurch können selbst bei einer Erfassung aller Pflegekosten allein durch Verschiebungen in den Anteilen der gewählten Pflegearrangements – beispielsweise aufgrund veränderter Familienstrukturen – zeitlich bedingte Verzerrungen entstehen.
Neben der Nichterfassung von konsumierten Gesundheitsleistungen wird eine Analyse der Kompression bzw. Expansion der ökonomischen Morbidität auf Basis von GKV-Ausgabedaten ferner durch die Existenz sog. krankenversicherungsfremder Leistungen auf der Ausgabenseite[11] gestört. Hierbei handelt es sich um Leistungen wie z.B. Schwangerschafts- und Mutterschaftsgeld, die keinen eindeutigen Morbiditätsbezug aufweisen, sondern primär oder gar ausschließlich sozial- bzw. familienpolitischen Zielen dienen (vgl. Wille, 2003, S. 49/50). Durch die Gewährung derartiger Leistungen kann es im Extremfall sogar vorkommen, dass allein dadurch zwischen zwei Kohorten eine Kompression bzw. Expansion der ökonomischen Morbidität beobachtet wird. Man stelle sich beispielsweise zwei gesetzlich krankenversicherte weibliche Geburtsjahrgänge vor, die hinsichtlich ihrer Mortalitätserfahrung sowie ihrer Gesundheitsleistungsinanspruchnahme identisch sind und sich nur dadurch unterscheiden, dass die Mitglieder der einen Kohorte im Durchschnitt mehr Kinder bekommen und auf diese Weise mehr Schwangerschafts- und Mutterschaftsgeld erhalten als die Angehörigen des anderen Jahrgangs. Zusätzlich verschärft wird die mit versicherungsfremden Kassenleistungen verbundene Problematik dann, wenn diese Leistungen im Zeitablauf wegfallen oder neu hinzukommen bzw. in ihrem Umfang modifiziert werden[12].

Als Fazit dieses Abschnitts bleibt festzuhalten, dass Gesundheitsausgaben durch die Bewertung von Leistungen mit Preisen theoretisch die gesamte Gesundheits-

---

[10] Dieses Problem tritt grundsätzlich auch im Bereich der GKV bzw. bei jeder Krankenversicherungsform auf, da es fast immer mehrere Diagnose- und Therapiemöglichkeiten für ein und dieselbe Erkrankung gibt (vgl. Kruse et al., 2003, S. 109).

[11] Es gibt auch krankenversicherungsfremde Leistungen auf der Einnahmeseite der GKV, beispielsweise die Möglichkeit einer beitragsfreien Mitversicherung von Familienangehörigen (vgl. Wille, 2003, S. 50/51).

[12] Ein Beispiel hierfür sind Krankengeldzahlungen bei der Betreuung und Pflege eines erkrankten Kindes: Mit dem Inkrafttreten des Gesetzes zur Verbesserung von Leistungen in der gesetzlichen Krankenversicherung (Leistungsverbesserungsgesetz – KLVG) wurde diese versicherungsfremde Leistung im Jahre 1974 in den Leistungskatalog der GKV aufgenommen, mit Wirkung vom 1.1.1989 durch das Gesundheitsreformgesetz (GRG) allerdings insofern wieder eingeschränkt, als der Krankengeldanspruch fortan nur bei einer Versicherung des Kindes in der GKV bestehen blieb (vgl. Kostorz, 1998, S. 191). Seit dem 1.1.2004 wird diese versicherungsfremde Leistung aufgrund des GKV-Modernisierungsgesetzes (GMG) nicht mehr länger von der GKV, sondern über Steuern finanziert. (Für die Versicherten ändert sich aber im Wesentlichen nichts, da diese Leistung weiterhin zum GKV-Leistungskatalog zählt und auch weiterhin über die Krankenkasse abgerechnet wird. Allerdings sind hierfür anfallende Ausgaben nicht mehr länger in den beitragssatzwirksamen Gesundheitsausgaben der GKV enthalten.)

leistungsinanspruchnahme etwa eines Jahres in einer einzigen Zahl abzubilden vermögen. Allerdings erschweren die Unmöglichkeit einer sauberen Herausrechnung der Inflationskomponente sowie Modifikationen des Leistungskatalogs einen intertemporalen Vergleich der monetarisierten Inanspruchnahme insbesondere im Bereich der GKV. Sofern nicht besonders erwähnt, blenden die nachfolgenden Ausführungen diese durchaus gewichtigen Probleme jedoch aus, um das Augenmerk ungetrübt auf andere Aspekte zu lenken.

5.2 Die Gesundheitsausgaben als Funktion der Restlebensdauer – Beleg für eine Kompression der ökonomischen Morbidität?

5.2.1 Die Gesundheitsausgaben zwischen kalendarischem Alter und Todesnähe

Die Tatsache, dass Versterbende in ihrem letzten Lebensjahr im Durchschnitt höhere Gesundheitsausgaben verursachen als andere Personen während eines Lebensjahres, ist ein allgemein bekanntes Phänomen, das für verschiedene Länder bzw. Gesundheitssysteme und für unterschiedliche Untersuchungsperioden empirisch nachgewiesen wurde.
So kommen beispielsweise Lubitz und Prihoda (vgl. 1984, insbes. S. 119, 124) nach einer Auswertung des „Continuous Medicare History Sample“ (CMHS) – einem Längsschnittdatensatz, der seit 1974 eine 5%-Zufallsstichprobe aller Medicare-Anspruchsberechtigten begleitet – zu dem Ergebnis, dass die im Jahr 1978 in einem Alter von mindestens 67 Jahren verstorbenen Anspruchsberechtigten in ihrem letzten Lebensjahr 6,2-mal so hohe Erstattungen wie Überlebende während des Jahres 1978 verursachten. Bei Krankenhausleistungen waren die Erstattungen für Versterbende sogar 7,3-mal so hoch, bei den Erstattungen für ambulant erbrachte ärztliche Leistungen betrug der Faktor immerhin noch 3,9. Yang et al. (vgl. 2003, insbes. S. 4-9) konzentrieren sich zwar auch auf Medicare-Anspruchsberechtigte, berücksichtigen allerdings nicht nur Erstattungen von Medicare[13], sondern auch Ausgaben von anderen Finanzierungsträgern wie beispielsweise von Medicaid und Selbstzahlern[14]. Am grundlegenden Ergebnis ändert sich freilich nichts: Zwischen 1992 und 1998 in einem Alter von mindestens 65 Jahren Verstorbene wiesen gegenüber Personen, die sich nicht im letzten Lebensjahr befanden, in allen berücksichtigten Leistungsbereichen (stationär, ambulant, Pflege, häusliche Gesundheitsfürsorge) unabhängig von der Art der

[13] Medicare erstattet einen Großteil der stationären Kosten, dagegen nur etwa die Hälfte der Ausgaben für niedergelassene Ärzte, während für Pflege- und ambulant verordnete Arzneimittelausgaben nahezu vollständig andere Finanzierungsträger aufzukommen haben.

[14] Datengrundlage ist mit den „Medicare Current Beneficiary Survey Cost and Use Files“ ebenfalls ein repräsentativer Längsschnittdatensatz, der in diesem Fall mehr als 10.000 über Medicare versicherte US-Bürger umfasst.

Finanzierung für nahezu alle Altersstufen höhere monatliche Durchschnittsausgaben auf.
Auch für Deutschland belegen verschiedene Studien die These von den überproportional hohen Sterbekosten. So hat eine Untersuchung von Rodrig und Wiesemann (vgl. 2004, insbes. S. 32/33) u.a. ergeben, dass im Jahr 1999 die durch einen stationären Vollkostentarif abgedeckten Kopfschäden des Gesamtbestandes der privat bei der „Deutschen Krankenversicherung" (DKV) versicherten Personen eines Mindestalters von 40 Jahren in allen berücksichtigten Altersklassen höher waren als die des Bestandes ohne die in diesem Kalenderjahr verstorbenen Versicherten[15]. Im Bereich der GKV deuten die Ergebnisse von Seidler et al. (1996, insbes. S. 319/320) ebenfalls darauf hin, dass Versterbende höhere stationäre Ausgaben verursachen als Überlebende: Zumindest bringt eine Auswertung eines repräsentativen Stichprobenpanels von 87.109 bei der „Gmünder Ersatz-Kasse" (GEK) Versicherten u.a. das Ergebnis hervor, dass die 1.395 zwischen 1991 und 1995 verstorbenen Stichprobenteilnehmer während ihres letzten Lebensjahres im Mittel deutlich mehr Tage im Krankenhaus verbrachten als überlebende Stichprobenteilnehmer vergleichbaren Alters während des Jahres 1994.
Die an sich nicht weiter verwunderliche und unstrittige Tatsache der überdurchschnittlich hohen Sterbekosten veranlasste bereits im Jahr 1984 den US-Amerikaner Fuchs (vgl. S. 151-154) dazu, den – mit Ausnahme der unteren Altersstufen – im Querschnitt gemeinhin beobachtbaren stetigen Anstieg der Pro-Kopf-Gesundheitsausgaben mit dem Alter, der auch für die GKV festzustellen ist (vgl. Abbildung 5.1[16]), als ein statistisches Artefakt abzutun. Demnach komme der Anstieg des Ausgabenprofils mit dem Alter durch das Zusammenspiel von altersabhängig steigenden Sterberaten und den im Vergleich zu Überlebenden hohen Pro-Kopf-Ausgaben für Versterbende zustande. Im Falle einer Bereinigung des Ausgabenprofils um altersspezifische Unterschiede in den Anteilen der sich im besonders ausgabenintensiven letzten (und gegebenenfalls im vorletzten) Lebensjahr befindenden Personen verschwinde dagegen die scheinbare Altersabhängigkeit der Pro-Kopf-Ausgaben. In diesem Sinne haben beispielsweise Lubitz und Prihoda (vgl. 1984, S. 121) in ihrer bereits erwähnten Untersuchung u.a. gezeigt, dass bei einer Bereinigung der Pro-Kopf-Ausgaben um altersbe-

---

[15] Dieses Ergebnis ist insofern bemerkenswert, als die Verstorbenen im Durchschnitt in der Mitte des Jahres 1999 verstarben und ihre 99er Kopfschäden daher in nur einem halben Kalenderjahr zustande kamen, während die Kopfschäden der Überlebenden des Jahres 1999 das ganze Kalenderjahr abdecken.

[16] Die beiden Profile in Abbildung 5.1 wurden mittels der im Zuge der Durchführung des Risikostrukturausgleichs (RSA) ermittelten standardisierten Leistungsausgaben der gesetzlichen Krankenkassen berechnet (zur Motivation des RSA vgl. Abschnitt 6.2, insbes. FN 3). Die auffälligen Ausschläge im Alter 35 resultieren dabei aus dem Umstand, dass unter 35-jährige GKV-Mitglieder (RSA-Versichertengruppen 4-6), die eine Erwerbsminderungsrente beziehen und im Allgemeinen überdurchschnittlich hohe altersspezifische Ausgaben verursachen, allesamt zur Gruppe der 35jährigen gezählt werden. Durch diese verfahrenstechnische Regelung werden die tatsächlichen Pro-Kopf-Ausgaben im Alter 35 über- und in den Altersstufen darunter tendenziell unterschätzt.

Abbildung 5.1: Pro-Kopf-Ausgabenprofil (ohne Krankengeld) in der GKV im Jahr 2003 für die alten Bundesländer einschließlich Berlin nach Geschlecht

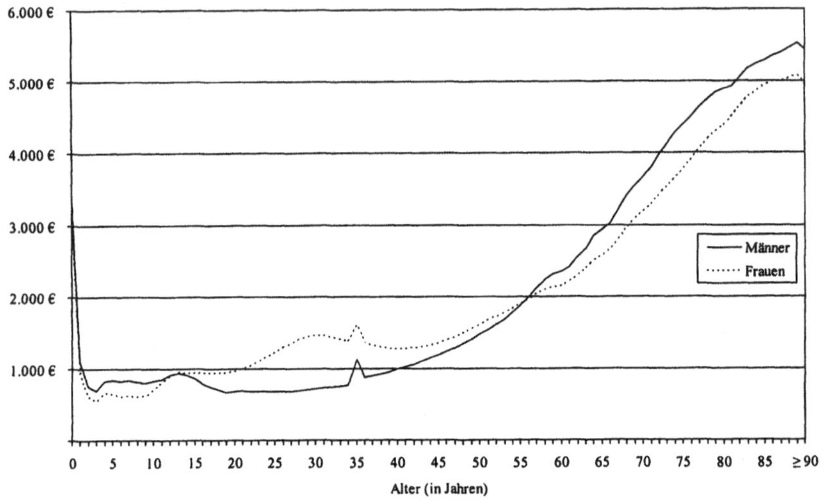

Quelle: Bundesversicherungsamt; eigene Berechnungen

dingte Sterberatenunterschiede[17] der altersabhängige Anstieg der Pro-Kopf-Erstattungen zwar nicht gänzlich verschwindet, aber dennoch spürbar abgeschwächt wird.

Begünstigt wird diese Abschwächung oder sogar Eliminierung des Alterseinflusses auf das Ausgabenprofil ferner durch die Tatsache, dass zumindest die stationären Pro-Kopf-Ausgaben ihrerseits eine Altersabhängigkeit aufweisen – allerdings dergestalt, dass mit zunehmendem Alter die stationären Sterbekosten fallen. Dies belegen zumindest drei der vier bisher angeführten Studien zu den überdurchschnittlich hohen Ausgaben im letzten Lebensjahr (vgl. Yang et al., 2003, S. 7; Rodrig/Wiesemann, 2004, S. 32/33; Seidler et al., 1996, S. 319/320). Begründet wird dieser Umstand zum einen damit, dass ältere Personen weniger imstande seien, von umfassenden Behandlungen zu profitieren, und deshalb nicht mehr so aggressiv wie vergleichbar kranke Jüngere therapiert würden (vgl. Lubitz/Prihoda, 1984, S. 129; Lubitz et al., 1995, S. 1002; Miller, 2001, S. 217). Zum anderen sei bei Älteren die Zeitspanne zwischen derjenigen Krankheitsschwere, die eine intensive stationäre Behandlung erfordere, und dem späteren Tod womöglich kürzer als bei Jüngeren (ähnlich Lubitz/Prihoda, 1984, S. 129).

[17] Die Autoren erreichen diese Bereinigung durch eine Gewichtung der altersspezifischen Medicare-Erstattungen für Versterbende bzw. Überlebende mit der Sterbe- bzw. Überlebensrate der untersten berücksichtigten Altersklasse der 67-69jährigen.

Ob die relativ starke inverse Beziehung zwischen den Sterbekosten und dem Sterbealter allerdings in dieser Form bestehen bleibt, wenn neben stationären auch andere Leistungsausgaben berücksichtigt werden, ist zu bezweifeln. Zwar sinken beispielsweise Medicare-Pro-Kopf-Erstattungen im letzten Lebensjahr ebenfalls spürbar mit dem Sterbealter (vgl. z.B. Lubitz/Prihoda, 1984, 119-121; Lubitz/Riley, 1993, S. 1094; Yang et al., 2003, S. 7), allerdings wird dieses Phänomen dadurch nachhaltig begünstigt, dass ein großer Ausgabenblock bei Medicare auf stationäre Leistungen entfällt (vgl. FN 13). Schließt man dagegen auch andere Leistungsarten in die Analyse ein, kann das altersabhängige Muster der Ausgaben für Versterbende anders aussehen (vgl. Lubitz/ Prihoda, 1984, S. 129; Lubitz et al., 1995, S. 1002). So haben verschiedene Untersuchungen für unterschiedliche Populationen und Zeiträume beispielsweise gezeigt, dass insbesondere Pflegeausgaben bzw. -inanspruchnahmeraten im letzten Lebensjahr positiv mit dem Sterbealter korrelieren (vgl. z.B. Yang et al., 2003, S. 8; Roos et al., 1987, S. 237-240; Bickel, 1998, S. 196; Scitovsky, 1988, S. 647/648).
Ob und wenn ja wie stark die Durchschnittsausgaben in der GKV im letzten Lebensjahr mit dem Sterbealter fallen und wie dieses Muster aussähe, wenn daneben auch Ausgaben anderer Finanzierungsträger gesundheitlicher Leistungen, insbesondere solche für die Pflege, berücksichtigt würden, bleibt zwar offen. Nichtsdestotrotz ist davon auszugehen, dass der altersabhängige Anstieg der Pro-Kopf-Ausgabenprofile in Abbildung 5.1 zumindest spürbar schwächer wäre, wenn man die Profile um Sterblichkeitsunterschiede zwischen den Altersstufen bereinigen würde.

Die den bisherigen Ausführungen zugrunde liegende Dichotomie zwischen den Gesundheitsausgaben von Personen in ihrem letzten Lebensjahr und denen anderer Individuen greift zu kurz, um die gesamte sterblichkeitsinduzierte Leistungsinanspruchnahme bzw. ihr monetäres Äquivalent zu erfassen, denn in vielen konkreten Fällen dürfte die ausgabenintensive letzte Lebensphase länger als zwölf Monate andauern. Wenn aber der Tod – möglicherweise unabhängig vom konkreten Sterbealter – bereits Jahre zuvor das Ausgabengeschehen beeinflusst und so einen Ausgabenblock absorbiert, der weitaus größer ist als „lediglich" derjenige während des letzten Lebensjahres[18], dann stellt sich die Anschlussfrage, ob die Gesundheitsausgaben eines Individuums nicht generell bzw. schwerpunktmäßig eine Funktion seiner Restlebensdauer sind und sein kalendarisches Alter per se irrelevant bzw. zweitrangig ist. Sowohl mit der Frage, wie viele Jahre vor dem Tod der sterblichkeitsinduzierte Ausgabenanstieg im Durchschnitt einsetzt, als auch mit der damit verwobenen Frage, ob die Gesundheitsausgaben eines Individuums eher von seinem Abstand zum Tod oder vom Alter abhängen, hat sich eine Reihe empirischer Studien auseinander gesetzt. Deren Ergebnisse sollen nachfolgend vorgestellt werden.

[18] Wie groß der Anteil der Ausgaben im letzten Lebensjahr an den gesamten Gesundheitsausgaben während des Lebens ist, lässt sich nicht allgemeingültig beantworten. Bei Personen mit einem durchschnittlichen Sterbealter dürfte er jedoch deutlich unter 50% liegen.

Eine Studie, welche die These einer Abhängigkeit der Gesundheitsausgaben von der Todesnähe anstelle einer Altersabhängigkeit empirisch stützt, ist die von Zweifel et al. (vgl. 1996, S. 29-46). Die im Rahmen dieser regressionsanalytischen Untersuchung verwendeten Paneldaten kommen dabei von zwei großen schweizerischen Krankenkassen und enthalten insbesondere Angaben zu Alter, Geschlecht und den Quartalskosten in den letzten beiden Lebensjahren von Versicherten, die entweder im Zeitraum 1983 bis 1992 (Stichprobe 1) oder in den Jahren 1993 und 1994 (Stichprobe 2) verstorben sind. Da die Quartalskosten, die in der Regressionsanalyse als abhängige bzw. zu erklärende Variable fungieren, hochgradig linkssteil verteilt sind, wurden sie von den Autoren logarithmiert. Als unabhängige bzw. erklärende Variablen dienen dagegen insbesondere das kalendarische Alter, das zum einen direkt, zum anderen in quadrierter Form zur Abbildung von Nicht-Linearitäten in die zu schätzende Regressionsgleichung eingeht, sowie Dummyvariablen, die den jeweiligen Quartalsbezug der abhängigen Variable angeben. Da die Autoren das eine Mal alle Stichprobenteilnehmer unabhängig vom Sterbealter in die Schätzung einbeziehen, das andere Mal jedoch nur solche mit einem Mindeststerbealter von 65 Jahren, und da ferner zwei verschiedene Stichproben vorliegen, schätzen Zweifel et al. insgesamt vier Gleichungen. Der Koeffizient für das Alter ist demnach nur in der Stichprobe 1 auf dem 5%-Niveau statistisch signifikant positiv, sofern alle Verstorbenen berücksichtigt werden, in der Stichprobe 2 sogar signifikant negativ. Lässt man dagegen alle in einem Alter von unter 65 Jahren Verstorbenen außen vor, verschwindet der statistisch signifikante Einfluss des Alters. Die Tatsache jedoch, dass auf der anderen Seite die Werte der Koeffizienten der Dummyvariablen (und damit die Quartalskosten) mit zunehmender Todesnähe in allen vier Schätzgleichungen fast durchweg ansteigen und für die Quartale unmittelbar vor dem Tod sogar statistische Signifikanz auf dem 1%- bzw. 5%-Niveau erreichen, werten die Autoren als eindeutigen Beleg für die These eines funktionalen Zusammenhangs zwischen den Gesundheitsausgaben und der Todesnähe. Am grundlegenden Ergebnis dieser Studie ändert sich übrigens auch nichts, wenn für eine Unterstichprobe von Stichprobe 2, die ferner nur mindestens 65 Jahre alte Verstorbene umfasst, eine Reihe sozioökonomischer Variablen wie beispielsweise solche zur Pflegebedürftigkeit oder zum Rauchverhalten zusätzlich in die Schätzgleichung eingebaut werden – es erhöht sich lediglich das (korrigierte) Bestimmtheitsmaß der Schätzung.

Kritikwürdig an der Vorgehensweise bzw. an der Datengrundlage von Zweifel et al. ist die Tatsache, dass mit der ausschließlichen Berücksichtigung der Ausgaben in den letzten acht Lebensquartalen nur ein verhältnismäßig kleiner Lebensabschnitt betrachtet wird. Wie Breyer (vgl. 1996, S. 48) in einem Korreferat richtig bemerkt, weisen Zweifel et al. somit lediglich nach, dass die unmittelbar dem Tod vorausgehenden Ausgaben nicht vom konkreten Sterbealter abhängen – ein Kritikpunkt, den übrigens auch Zweifel et al. (vgl. 1996, S. 42) eingestehen.

Um diese Kritik zu entkräften, haben dieselben Autoren in einer weiteren Schätzung, die sich auf die mit mindestens 65 Jahren verstorbenen Teilnehmer der Stichprobe 1 beschränkt, auch die (logarithmierten) Quartalsausgaben für zwölf weitere Quartale aufgenommen und somit die Gesundheitsausgaben der letzten fünf Lebensjahre erfasst (vgl. ebenda, 1999[19], insbes. S. 491/492). Neben den ersten sieben Quartalen vor dem Tod wird von diesen zusätzlich berücksichtigten Quartalen lediglich beim zehntletzten Quartal statistische Signifikanz zum Sicherheitsgrad 0,95 erzielt. Am grundsätzlichen Ergebnis einer Altersneutralität der Gesundheitsausgaben, wenn zusätzlich die Todesnähe als exogene Variable in die Schätzung aufgenommen wird, ändert sich jedoch nichts.
Ebenfalls Unterstützung erfährt die These einer vorrangigen Determinierung der Gesundheitsausgaben durch die Restlebenszeit und weniger durch das Alter von einer Studie von Seshamani und Gray (vgl. 2004, S. 217-235). Diese Untersuchung stützt sich auf einen 29 Kalenderjahre umfassenden Paneldatensatz („Oxford Record Linkage Study" (ORLS)), der u.a. Informationen zum Geburts- und Sterbedatum sowie zur stationären Krankheitsgeschichte der Stichprobenteilnehmer enthält[20]. Nach der Vornahme von Dateneditierungen konnten die Autoren letztlich 90.929 Personen berücksichtigen, die allesamt am Ende von 1970 mindestens 65 Jahre alt waren und spätestens 1999 verstarben. Dem zentralen Ergebnis dieser Studie zufolge bleiben die durchschnittlichen stationären Kosten bis zum 15. Jahr vor dem Tod relativ stabil, um danach jedoch exponentiell anzusteigen, wobei die Koeffizienten der die Restlebensdauer anzeigenden Dummyvariablen für die 14 letzten Lebensjahre allesamt statistisch signifikant auf dem 1%- bzw. 5%-Niveau sind. Vom kalendarischen Alter geht zwar auch ein auf dem 5%-Niveau statistisch signifikanter positiver Effekt auf die (logarithmierten) Krankenhausausgaben aus, der Wert des Koeffizienten bleibt jedoch deutlich hinter denen für die erwähnten Dummyvariablen zurück. Insgesamt ist somit zu folgern, dass der Restlebenszeiteffekt den Alterseinfluss zumindest für den stationären Sektor, der einen beträchtlichen Teil des britischen Gesundheitsbudgets absorbiert, bei weitem übertrifft.
Während alle drei vorangegangenen Untersuchungen die Vorstellung einer Determinierung der individuellen Gesundheitsausgaben durch die restliche Lebenslänge stützen, gibt es auch Studien, die scheinbar belegen, dass der Einfluss der Todesnähe überschätzt und der des kalendarischen Alters entsprechend unterschätzt wird. Allerdings weisen diese Untersuchungen gravierende methodische Webfehler auf, weshalb die darin erzielten Ergebnisse m.E. gerade nicht die These der Dominanz des Einflusses des kalendarischen Alters auf die Höhe der Gesundheitsausgaben belegen.

---

[19] In dieser Veröffentlichung sind die Ergebnisse aus dem 1996er Aufsatz erneut aufgeführt.

[20] Im Unterschied zur ökonometrischen Vorgehensweise von Zweifel et al., welche die Ansammlung von Längsschnittbeobachtungen für ein und dasselbe Individuum nicht berücksichtigen, sondern die Paneldaten wie (gepoolte) Querschnittsdaten behandeln, wählen Seshamani und Gray einen Paneldatenansatz, der robustere Ergebnisse erwarten lässt.

Eine derartige Analyse ist die bereits zu Beginn dieses Abschnitts erwähnte von Rodrig und Wiesemann (vgl. 2004, S. 17-46). Das an dieser Stelle relevante methodische Vorgehen der beiden Autoren besteht u.a. darin, DKV-Versicherte, bei denen zwischen Anfang 1993 und Ende 1999 bzw. dem Todeszeitpunkt im Jahr 1999 kein Tarifwechsel erfolgte, in zwei Gruppen zu unterteilen, nämlich in im Jahr 1999 Verstorbene und in solche, welche die Jahrtausendwende erlebten („Überlebende“). Für diese beiden Gruppen analysieren Rodrig und Wiesemann sodann die zeitliche Entwicklung sowie das 1999er Altersprofil des Anteils der Versicherten mit Schadenbehaftung. Dabei werten sie die Beobachtungen, dass bei den Überlebenden zum einen der Anteil der stationär bzw. ambulant Schadenbehafteten im Zeitablauf, d.h. von 1993 bis 1999, zunahm und dass zum anderen auch die Wahrscheinlichkeit der ambulanten wie stationären Schadenbehaftung im Jahr 1999 mit zunehmendem Alter anstieg, als Beleg dafür, dass der alterskorrelierte Anstieg der Gesundheitsausgaben in erster Linie vom kalendarischen Alter und nicht von der zeitlichen Nähe zum Tod abhängt. Der methodische Denkfehler von Rodrig und Wiesemann besteht nun darin zu glauben, durch die Aufteilung der Versicherten nach dem Überlebensstatus im Jahr 1999 sei bei den Überlebenden der Einfluss der Todesnähe gänzlich herausgehalten und ermögliche so eine Analyse des reinen Alterseffekts. Diese Auffassung ist jedoch vor dem Hintergrund der Tatsache, dass die Daten der Überlebenden rechtsseitig zensiert sind, unhaltbar: Zunächst einmal ist davon auszugehen, dass sich auch ein Teil der Überlebenden des Jahres 1999 im letzten Lebensjahr befand, ihr von den Autoren unbeobachteter Tod allerdings erst im Laufe des Jahres 2000 eintrat. Ebenfalls ist davon auszugehen, dass dieser Prozentsatz altersbedingt anstieg, womit sich die alterskorrelierte Zunahme des Anteils der schadenbehafteten Überlebenden im Jahr 1999 wiederum im Sinne von Fuchs durch das Zusammenspiel eines im letzten Lebensjahr überproportional hohen Anteils Schadenbehafteter und einer altersbedingt steigenden Sterblichkeit erklären ließe. Aber auch wenn man davon absieht, dass sich ein Teil der Überlebenden des Jahres 1999 ebenfalls im letzten Lebensjahr befand, bleibt das Vorgehen von Rodrig und Wiesemann angreifbar. Denn tatsächlich beeinflusst der Tod den vorangegangenen Untersuchungen zufolge bereits mehr als ein Jahr vor seinem Eintreten die Ausgaben, wodurch sich die Vermutung geradezu aufdrängt, dass die Überlebenden des Jahres 1999 im Hinblick auf ihre Restlebenszeit trotzdem noch eine heterogene Gruppe waren, auch wenn ihre Todesnähe in jedem Fall mehr als ein Jahr betrug. Auch unter der Annahme, dass bei keinem der Überlebenden des Jahres 1999 das letzte Lebensjahr bereits angebrochen war, ist die zu beobachtende alterskorrelierte Zunahme der Schadenbehaftung somit noch kein Beleg für eine Altersabhängigkeit per se, sondern kann (und dürfte) allein dadurch zustande kommen, dass bei dieser Untersuchungsgruppe nach wie vor die (mehr als ein Jahr betragende) Todesnähe mit dem Alter im Durchschnitt zunahm. Die andere o.a. Beobachtung der beiden Autoren, wonach bei den Überlebenden des Jahres 1999 der Anteil der schadenbehafteten Versicherten im Zeitablauf, d.h. von 1993 bis 1999, wuchs, belegt auch keinen isolierten Alterseffekt auf die Gesundheitsausgaben. Zwar sind alle Überlebenden während dieses Zeitraums um exakt sieben Kalenderjahre älter geworden, gleichzeitig haben sie sich allerdings auch alle um exakt die gleiche Anzahl von Jahren ihrem späteren Tod genähert, womit aufgrund der Zensierung weiterhin offen bleibt, ob es nun das steigende kalendarische Alter oder aber die zunehmende Todesnähe ist, die den steigenden Anteil der schadenbehafteten Überlebenden zwischen 1993 und 1999 bewirkt hat.

Die zur Feststellung eines reinen Alterseffektes auf die Gesundheitsausgaben unangemessene isolierte Betrachtung der Personen eines Datensatzes, die sich zu einem bestimmten Zeitpunkt nicht im letzten Lebensjahr befanden, findet sich auch in der bereits mehrmals in diesem Abschnitt zitierten Studie von Yang et al. (vgl. 2003, S. 2-10). So ziehen die Autoren allein aus der Beobachtung, dass die Pro-Kopf-Pflegeausgaben für Überlebende mit dem Alter ansteigen, fälschlicherweise die Schlussfolgerung, dass es vor allem das kalendarische Alter und weniger die Todesnähe sei, die für den alterskorrelierten Anstieg der gesamten Pro-Kopf-Pflegeausgaben (d.h. für Verstorbene und Überlebende zusammengenommen) verantwortlich zeichnet (vgl. ebenda, insbes. S. 8-10). Sie ignorieren hierbei wie bereits Rodrig und Wiesemann jedoch die Möglichkeit, dass der Anstieg des Pro-Kopf-Ausgabenprofils der Überlebenden mit dem Alter auch durch das Zusammenwirken zweier Phänomene resultieren kann: dem Umstand, dass der spätere Tod hohe Pflegeausgaben nicht nur während des letzten Lebensjahres, sondern bereits davor induziert[21], sowie der Tatsache, dass mit zunehmendem Alter die durchschnittliche Todesnähe auch derjenigen, die sich noch nicht im letzten Lebensjahr befinden, ansteigt.

Wenn man schon wie Rodrig und Wiesemann sowie Yang et al. auf eine ökonometrische Analyse zur Aufdeckung eines möglichen Einflusses des Alters auf die Gesundheitsausgaben verzichten möchte, ist ein zweckmäßiges methodisches Vorgehen das nachfolgend beschriebene, das wie die in diesem Abschnitt vorgestellten ökonometrischen Arbeiten nur die Ausgaben von bereits verstorbenen Personen berücksichtigt und damit die Zensierungsproblematik umgeht: Man gruppiert die in den Jahren vor dem Tod angefallenen Gesundheitsausgaben von unterschiedlich alt verstorbenen Mitgliedern einer Panelpopulation nach ihrem Abstand vom Sterbezeitpunkt und untersucht für jede Gruppe – beispielsweise für die Gesundheitsausgaben im viertletzten Lebensjahr –, ob ein Zusammenhang mit dem Alter besteht. Zeichnet sich hierbei ein positiv alterskorrelierter Ausgabenanstieg bei konstanter Restlebenslänge ab, ist ein reiner Alterseffekt auf die Pro-Kopf-Gesundheitsausgaben identifiziert. Damit ist belegt, dass die gemeinhin beobachtbare Zunahme der Pro-Kopf-Gesundheitsausgaben mit dem Alter nicht nur durch den unbestreitbaren Einfluss der Todesnähe, sondern zumindest partiell auch durch das kalendarische Alter per se bewirkt wird. Zwar

[21] Auf diesen Umstand weisen die Autoren übrigens sogar selbst hin (vgl. ebenda, S. 8): Während der letzten 36 Lebensmonate – noch weiter zurück gehen die Autoren nicht – steigen die durchschnittlichen monatlichen Pflegeausgaben mit zunehmender Todesnähe relativ gleichmäßig an.

finden sich in der Literatur (noch) keine derartig konzipierten Studien. Allerdings weist eine Untersuchung anhand einer Stichprobe von zwischen 1989 und 1990 verstorbenen Medicare-Anspruchsberechtigten (vgl. Lubitz et al., 1995, S. 999-1003) – jedoch mit einer anderen Zielsetzung[22] – u.a. nach, dass die gesamten Medicare-Zahlungen vom dritt- bis zum zehntletzten Lebensjahr zumindest bei Verstorbenen eines Alters von mindestens 75 Jahren nicht mit dem Alter ansteigen, sondern eher schwach fallen (vgl. ebenda, S. 1001/1002, insbes. Abb. 4 auf S. 1002).

Zusammenfassend lässt sich festhalten, dass die mit dem Alter ansteigenden Pro-Kopf-Gesundheitsausgaben eher durch die ebenfalls altersbedingt zunehmende Todesnähe determiniert werden als durch das Alter an sich. Insbesondere können diejenigen Studien, die auch einen eigenständigen Alterseffekt propagieren, in methodischer Hinsicht nicht überzeugen, womit freilich nicht bewiesen ist, dass das kalendarische Alter für sich genommen überhaupt keinen Einfluss auf die Höhe der Gesundheitsausgaben hat.

5.2.2 Epidemiologische Schlussfolgerungen im Hinblick auf eine Kompression bzw. Expansion der ökonomischen Morbidität

Das empirische Ergebnis, wonach die Gesundheitsausgaben eher eine Funktion der Todesnähe als des kalendarischen Alters sind, wird in der Literatur implizit oder explizit als ein Beleg für eine Kompression der ökonomischen Morbidität gewertet (vgl. Fries, 1984, S. 358; 1989, S. 218/219; 1990, S. 42/43; Seidler et al., 1996, S. 320; Zweifel et al., 1996, S. 41/42; 1999; S. 493; Erbsland et al., 1999, S. 178): Demnach komme es bei Lebenserwartungssteigerungen lediglich zu einem äquivalenten Aufschub der (hohen) Gesundheitsausgaben am Lebensende, was der Terminologie dieser Arbeit zufolge zumindest dann einer relativen Kompression der (ökonomischen) Morbidität entspricht, wenn man eine beliebige Höhe der Gesundheitsausgaben als Morbiditätsmarker herausgreift (vgl. Abschnitt 2.2)[23]. Hängt dagegen der Einfluss der Todesnähe auf die Gesund-

[22] Schwerpunktmäßiges Ziel dieser Studie ist es, die durchschnittlichen „Lebensausgaben" ab dem Eintritt in das Medicare-Programm mit 65 Jahren in Abhängigkeit vom Sterbealter zu berechnen und zu analysieren.

[23] Um zu einer Aussage hinsichtlich einer Kompression bzw. Expansion der ökonomischen Morbidität zu gelangen, müsste man ebenso wie bei anderen metrisch skalierten Leistungsinanspruchnahmeindikatoren als Maßstab streng genommen die lebenslange „Inanspruchnahme", d.h. konkret die Lebensausgaben für Gesundheit heranziehen und nicht – wie hier – die Anzahl der Lebensjahre, in denen die Gesundheitsausgaben einer Person ein bestimmtes, als ökonomischen Morbiditätsmarker gewähltes Niveau überschreiten (zur Kompressions- bzw. Expansionsanalyse für metrisch skalierte Indikatoren der Leistungsinanspruchnahme vgl. Abschnitt 4.1.2.3, insbes. FN 21). Da dann jedoch die nachfolgende Argumentation ohne nennenswerten zusätzlichen Erkenntnisgewinn weitaus schwieriger und eine graphisch eingängige Veranschaulichung in der hier gewählten Art nicht möglich wäre, werden im Folgenden die metrisch skalierten Gesundheitsausgaben de facto in ein no-

heitsausgaben insofern vom Alter ab, als sich die durch den späteren Tod induzierte Lebensphase hoher Ausgaben (d.h. solcher Ausgaben, die über der als Morbiditätsmarker fungierenden Ausgabenhöhe liegen) mit steigendem Alter verkürzt, so wäre dies in den Augen der genannten Autoren sogar als eine *absolute* Kompression der Morbidität zu werten. Dass es sich in beiden Fällen jedoch um schwerwiegende Fehlinterpretationen handelt, soll nachfolgend gezeigt werden.

Der Einfachheit halber sei zunächst unterstellt, dass die Gesundheitsausgaben ausschließlich durch die Restlebenszeit determiniert werden und daher vollkommen altersunabhängig sind. Das Ergebnis einer Untersuchung im Sinne von Seshamani und Gray, welche die Gesundheitsausgaben von in der Untersuchungsperiode Verstorbenen anhand von Paneldaten zurückverfolgt, lässt sich daher graphisch wie in Abbildung 5.2 darstellen, wobei aus Gründen der Übersichtlichkeit nur zwei Verstorbene (bzw. zwei Gruppen von Verstorbenen) unterschiedlichen Alters berücksichtigt sind[24].
Bezogen auf Abbildung 5.2 unterstellen die eingangs zitierten Autoren nun implizit, dass ein Teil der im Untersuchungszeitraum im Alter x_1 Verstorbenen im Falle einer späteren Geburt bis zum Alter x_2 leben würde und dabei das Ausgabenprofil derjenigen übernähme, die bereits in der Untersuchungsperiode im Alter x_2 verstarben. Diese Unterstellung ist jedoch gleichbedeutend mit der Annahme, dass die Zunahme der Lebenslänge ausschließlich durch den Mechanismus von Fries (vgl. Abschnitt 2.3) zustande kommt, dass also die Morbiditätsphase um die Zunahme der Lebenslänge aufgeschoben wird. Dabei übersehen die genannten Autoren jedoch den Umstand, dass der Fries'sche Mechanismus nicht der einzige ist, der zu Lebensverlängerungen führen kann. So ist es beispielsweise auch denkbar, dass diejenigen im Alter x_1 Verstorbenen, die bei späterer Geburt das Alter x_2 erreichen würden, auch vom Mechanismus von Manton (vgl. Abschnitt 2.4.2) profitieren könnten. In diesem Fall, der in Abbildung 5.3 skizziert ist, würde sich das Alter beim „Ausbruch" der ökonomischen Morbidität jedoch nicht ändern, sich dafür aber der statistisch signifikant mit der Todesnähe in Bezug stehende Ausgabenanstieg über einen längeren Zeitraum bis zum Sterbealter x_2 hinziehen – mit der Folge einer Verlängerung der ökonomischen Morbiditätsphase. Alternativ kann man sich auch (vgl. Abschnitt 2.4.1) vorstellen, bei dem sich der Anstieg der Gesundheitsausgaben jenseits des Alters x_1 bis zum Todesalter x_2 fortsetzen würde.

minalskaliertes Merkmal umgewandelt.

24 In Abbildung 5.2 spiegeln die beiden exponentiell bis zum Sterbealter x_1 bzw. x_2 ansteigenden Kurven nur die Ausgaben wider, die in statistisch signifikanter Beziehung zum späteren Tod stehen. Für die Lebensjahre davor kann man sich beispielsweise vorstellen, dass die entsprechenden Ausgaben konstant auf einem Niveau verharren oder richtungslos um dieses Niveau schwanken.

Abbildung 5.2: Die Gesundheitsausgaben als reine Funktion der Restlebenszeit

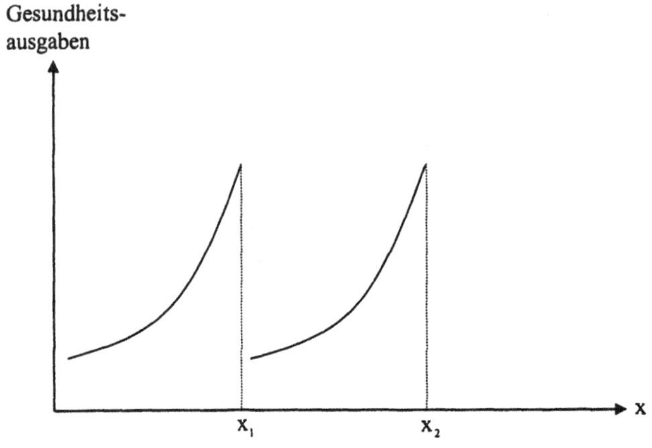

Quelle: Eigene Darstellung

Abbildung 5.3: Die Gesundheitsausgaben als reine Funktion der Restlebenszeit vor und nach einer Verlängerung der ökonomischen Morbiditätsphase im Sinne von Manton

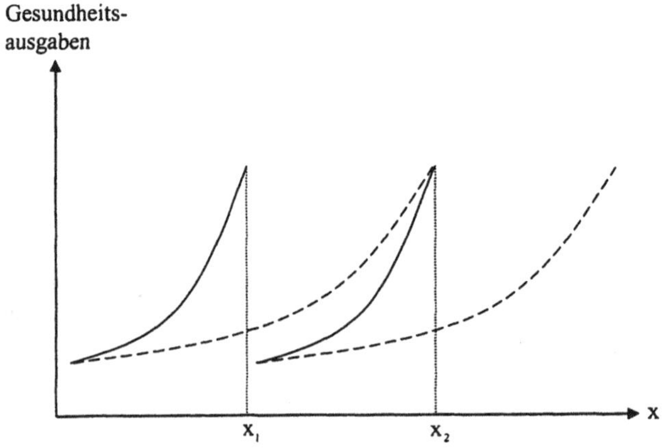

Quelle: Eigene Darstellung

Entscheidend ist nun, dass auch in diesem Fall die Eingangsannahme, wonach die Gesundheitsausgaben ausschließlich eine Funktion der Restlebenslänge sind, nicht verletzt sein muss. Unterstellt man wie beispielsweise in Abbildung 5.3, dass im Zeitablauf allein der Mechanismus von Manton in allen Altersstufen für gleich große Lebenserwartungszunahmen sorgt, wird eine erneute Analyse in der Methodik von Seshamani und Gray – allerdings für eine um $x_2 - x_1$ Jahre später beginnende Untersuchungsperiode – weiterhin ausschließlich einen funktionalen Zusammenhang zwischen den Gesundheitsausgaben und der Todesnähe feststellen. Der einzige Unterschied zur vorangegangenen Analyse besteht darin, dass die Phase ökonomischer Morbidität in der neuen Untersuchungsperiode im Durchschnitt länger geworden ist.
Die empirisch begründete Vermutung, dass die Gesundheitsausgaben wohl eher eine Funktion der Todesnähe als des kalendarischen Alters sind, mag zwar insofern interessant sein, als sie die Vorstellung eines allzu deterministischen und alle Individuen gleichermaßen erfassenden Alterungsprozesses in Frage stellt und stattdessen die Plastizität des Alterns betont (sofern man den Alterungsprozess eines Individuums durch die Entwicklung seiner Gesundheitsausgaben abbildet); sie hat aber mit einer Kompression oder Expansion der ökonomischen Morbidität nichts zu tun. Insbesondere beweist ein nachgewiesener funktionaler Zusammenhang zwischen den Gesundheitsausgaben und der Todesnähe nicht die Gültigkeit einer (relativen) Kompression der ökonomischen Morbidität[25].

Ähnliches würde übrigens auch gelten, wenn die Gesundheitsausgaben ausschließlich eine ansteigende Funktion des kalendarischen Alters wären. Zwar kann dieser Fall aufgrund des unbestreitbaren Einflusses der mehr oder weniger altersunabhängigen hohen Sterbekosten keine empirische Relevanz beanspruchen, nichtsdestotrotz ist es lohnend, sich auch für ihn klar zu machen, dass er trotz gegenteiliger Behauptungen (vgl. z.B. Rodrig/Wiesemann, 2004, S. 41-43) keinen Beleg für eine (absolute) Expansion der ökonomischen Morbidität darstellt.
In Abbildung 5.4 ist diese rein hypothetische alleinige Abhängigkeit der Gesundheitsausgaben vom Alter, die wiederum eine Untersuchung in der Art von Seshamani und Gray aufgedeckt haben soll, graphisch umgesetzt (vgl. durchgezogene Kurve). Als (ökonomischen) Morbiditätsmarker kann man sich wieder-

[25] Würde die Abhängigkeit der Gesundheitsausgaben von der Todesnähe eine (relative) Morbiditätskompression beweisen, befände sich dieser Umstand darüber hinaus in einem logischen Widerspruch zur Morbiditätskompressionsthese von Fries, denn dann würde bei jeder Sterblichkeitsreduktion eine (relative) Kompression der ökonomischen Morbidität quasi automatisch eintreten – Lebenserwartungszunahmen wären sogar eine notwendige Bedingung für eine Morbiditätskompression. Fries zufolge kommt Letztere jedoch nicht *wegen*, sondern *trotz* Lebenserwartungszunahmen zustande. Gerade weil Mortalitätsreduktionen eine „Gefahr" für eine Morbiditätskompression darstellen, versucht Fries ja auch zu belegen, dass die Lebenserwartung schon bald an eine Obergrenze stößt und weiteren Sterblichkeitsabnahmen daher enge Grenzen gesetzt sind (vgl. Abschnitt 2.3.1).

Abbildung 5.4: Die Gesundheitsausgaben als reine Funktion des kalendarischen Alters vor und nach einer Verkürzung der ökonomischen Morbiditätsphase im Sinne von Fries

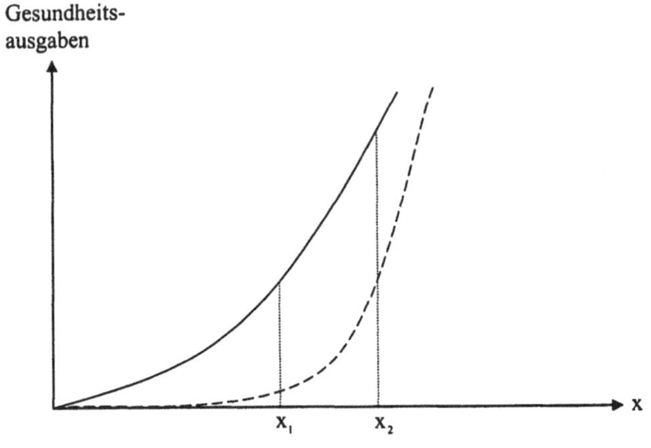

Quelle: Eigene Darstellung

um der Einfachheit halber eine beliebige Höhe der Gesundheitsausgaben vorstellen: Unabhängig von der Niveaufestlegung ist die Phase ökonomischer Morbidität bei den während der Untersuchungsperiode im Alter x_1 Verstorbenen kürzer als bei denjenigen, die im Alter x_2 verstarben.

Würde man nun die ausschließliche Determinierung der Gesundheitsausgaben durch das kalendarische Alter als einen Beweis für eine Expansion der ökonomischen Morbidität bewerten, so würde man unterstellen, dass derjenige Teil der im Alter x_1 Verstorbenen, der im Falle einer späteren Geburt über dieses Alter hinaus bis zum Alter x_2 leben würde, in der zusätzlichen Lebenszeit sukzessive weiter ansteigende Ausgaben verursachen und damit das Ausgabenprofil der bereits im Untersuchungszeitraum als x_2-jährige Verstorbene übernehmen würde. Wie in Abbildung 5.4 durch die gestrichelte Ausgabenkurve skizziert, ist es jedoch auch möglich, dass diese Lebensverlängerung durch den in schematischer Hinsicht verstandenen Mechanismus von Fries zustande kommt (vgl. Abschnitt 2.3.1, insbes. Abbildung 2.3) – mit der Folge, dass bei den in Zukunft im Alter x_2 Versterbenden die ökonomische Morbiditätsphase kürzer wäre als bei denjenigen, die bereits während des Untersuchungszeitraums im Alter x_2 verstarben. Trotzdem wird man auch in einer späteren Untersuchung feststellen, dass die Gesundheitsausgaben weiterhin ausschließlich eine Funktion des kalendarischen Alters sind.

Es bleibt somit festzuhalten, dass die Frage, ob und wenn ja bis zu welchem Grade die Gesundheitsausgaben eine Funktion der Restlebenslänge oder des kalendarischen Alters sind, völlig irrelevant im Hinblick auf eine Kompression oder Expansion der ökonomischen Morbidität ist, denn man kann nicht davon ausgehen, dass ein einmal vorgefundenes Ausgabenprofil unberührt von Mortalitätsveränderungen bleibt. An dieser Aussage ändert sich auch nichts, wenn man dieses Ausgabenprofil und damit den funktionalen Zusammenhang zwischen den Gesundheitsausgaben auf der einen und der Restlebenslänge bzw. dem kalendarischen Alter auf der anderen Seite nicht wie Seshamani und Gray durch die retrospektive Analyse der Gesundheitsausgaben aller in einem bestimmten Zeitraum unterschiedlich alt Verstorbener ermittelt: Auch wenn man stattdessen einen bestimmten Geburtsjahrgang herausgreift und bestimmt, ob die Gesundheitsausgaben seiner zu verschiedenen Zeitpunkten und daher in unterschiedlichen Altersstufen verstorbenen Jahrgangsangehörigen durch ihren Abstand von der Geburt oder aber vom Tod abhängen, lässt sich darauf aufbauend keine Aussage für oder gegen eine Kompression bzw. Expansion der ökonomischen Morbidität ableiten. Ursächlich hierfür ist letztlich, dass es sich bei beiden Untersuchungsansätzen insofern um statische Ansätze handelt, als sie sich nicht an die Voraussetzung jeder empirischen Überprüfung auf kompressive oder expansive Tendenzen der Morbidität halten, nämlich die zu unterschiedlichen Zeiten gemachten Erfahrungen *zweier* Kohorten gegenüberzustellen. Erst dann können Lebensverlängerungsmechanismen sichtbar und hinsichtlich ihres epidemiologischen Gewichts eingeordnet werden. Wie nun konkret ein methodisch einwandfreies Vorgehen für den Morbiditätsindikator „Gesundheitsausgaben" aussehen könnte, ist Gegenstand des nachfolgenden Abschnitts.

5.3 Richtige Vorgehensweise zur Überprüfung auf eine Kompression bzw. Expansion der ökonomischen Morbidität

Das methodisch richtige Vorgehen einer Kompressions- bzw. Expansionsanalyse für den Morbiditätsindikator „Gesundheitsausgaben" muss im Vergleich der Ausgaben entlang der Kohortenebene bestehen. Insofern unterscheidet sich die Analyse nicht von der für andere Morbiditätsindikatoren. Allerdings ist mit der Wahl eines Morbiditätsindikators i.d.R. ein bestimmtes Erkenntnisinteresse verbunden. Bei einer Spezifizierung der Morbidität durch Gesundheitsausgaben dürfte dieses hauptsächlich darin liegen, über die Aufdeckung vergangener empirischer Entwicklungen Krankenversicherungen bei der gegenwärtigen und zukünftigen Beitragskalkulation zu unterstützen. Da die Beitragskalkulation jedoch entscheidend davon abhängt, ob eine Versicherung nach dem Kapitaldeckungs- oder dem Umlageverfahren arbeitet, sollte eine Analyse im Hinblick auf eine Kompression bzw. Expansion der ökonomischen Morbidität diesen Umstand angemessen berücksichtigen.

5.3.1 Kapitaldeckungsverfahren als Organisationsprinzip der Krankenversicherung

Beim Kapitaldeckungsverfahren – dem für private Kranken- und Pflegepflichtversicherungen in Deutschland maßgeblichen Organisationsprinzip – wird auf individueller Ebene zumindest im Erwartungswert eine Äquivalenz zwischen dem diskontierten Beitrags- und Ausgabenstrom dergestalt angestrebt, dass der mittels der Versicherungsbeiträge (einschließlich der Zinsen darauf) in jungen Jahren aufgebaute Kapitalstock ausreicht, um die hauptsächlich erst im Alter anfallenden Ausgaben zu decken. Zur Beitragskalkulation ist bei Vertragsabschluss somit eine hinreichend genaue Vorstellung seitens der Versicherung von der Restlebenserwartung des jeweiligen Versicherungsnehmers sowie von dem durch ihn verursachten zukünftigen Ausgabenstrom erforderlich. Insbesondere müssen sich kapitalgedeckte Versicherungen im Rahmen der Beitragskalkulation fragen, ob die durchschnittlichen Tarife, die sie Vorgängergenerationen angeboten haben, auch für nachfolgende Jahrgänge zum Aufbau eines adäquaten Kapitalstocks ausreichend hoch bemessen sind oder aber angepasst werden müssen. Eine empirische Analyse, in welche Richtung sich die ökonomische Morbidität und damit die Gesundheitsausgaben in der Vergangenheit in der Abfolge von Kohorten entwickelt haben, kann daher die Informationsbasis verbessern, auf deren Grundlage die Beiträge kalkuliert werden, und damit die jeder Beitragskalkulation immanent anhaftende Unsicherheit zurückdrängen (sofern eine Fortsetzung vergangener Entwicklungen wahrscheinlich ist).
Da nach dem Kapitaldeckungsverfahren organisierte Versicherungsformen bei ihrer Beitragskalkulation somit eine Kohortensichtweise zugrunde legen, ergibt sich bei einer Kompressions- bzw. Expansionsanalyse für den Morbiditätsindikator „Gesundheitsausgaben“ in methodischer Hinsicht grundsätzlich[26] kein Unterschied zu der im vorangegangenen Kapitel erläuterten und für den Arzneiverbrauch konkret angewandten Vorgehensweise bei metrisch skalierten Inanspruchnahmedaten.

5.3.2 Umlageverfahren als Organisationsprinzip der Krankenversicherung

Wie bereits im Einleitungskapitel (vgl. Abschnitt 1.1) ausgeführt, wird beim Umlageverfahren, nach dem in Deutschland die GKV und die SPV arbeiten, eine Deckung der Ausgaben eines Kalenderjahres durch die Einnahmen desselben angestrebt, so dass derartig konzipierte Versicherungsformen ausgabentechnisch quasi von der Hand in den Mund leben. Bei der zur Beitragskalkulation erforderlichen Abschätzung der Ausgaben müssen umlage- anders als kapitalgedeckte Versicherungen idealerweise daher zwei zentrale Besonderheiten beachten.

---

[26] Die in Abschnitt 5.1 behandelten spezifischen Probleme des Morbiditätsindikators „Gesundheitsausgaben“ sind selbstverständlich zusätzlich zu berücksichtigen.

Da zum einen die jährlichen Pro-Kopf-Ausgaben entscheidend von der Altersstruktur des Versichertenkollektivs bzw. – bei Unterstellung einer ausschließlichen Abhängigkeit der Gesundheitsausgaben von der Todesnähe – von der Verteilung der Restlebensdauern der Versicherten determiniert werden, haben umlagegedeckte Versicherungsformen idealerweise eine Vorstellung vom Altersaufbau bzw. der Verteilung der Todesnähe ihrer Versichertengemeinschaft. Für die Beitragskalkulation von kapitalgedeckten Versicherungstypen spielt dieser Aspekt dagegen keine Rolle.
Zum anderen können nach dem Umlageverfahren organisierte Versicherungen im Rahmen ihrer Beitragskalkulation weit in der Zukunft liegende Ausgabenentwicklungen unberücksichtigt lassen – entscheidend ist nur das Wissen um die Ausgabensituation im betreffenden Kalenderjahr. Damit ist jedoch anders als bei kapitalgedeckten Versicherungsformen eine Kohortenbetrachtung ebenso redundant wie eine Vorstellung davon, ob es in der Abfolge von Geburtsjahrgängen zu einer Kompression oder Expansion der ökonomischen Morbidität kommt. Orientieren sich umlagegedeckte Versicherungen bei der Abschätzung der jährlichen Ausgaben ihres Versichertenstammes an denen der Vorjahre bzw. des zurückliegenden Jahres, müssen sie lediglich Annahmen über die Entwicklungsrichtung der Pro-Kopf-Ausgaben treffen bzw. – sofern sie von einer alleinigen Abhängigkeit der Gesundheitsausgaben von der Todesnähe ausgehen und Erwartungen bezüglich der Entwicklung der Restlebensdauerverteilung im Versichertenkollektiv gebildet haben – eine Vorstellung von der Veränderung der restlebenszeitspezifischen Ausgaben haben. Was folglich für umlagefinanzierte Versicherungsformen von besonderem Interesse ist, ist weniger das Wissen um kompressive bzw. expansive Morbiditätsentwicklungen entlang der Kohortenebene, sondern vielmehr Informationen über die den verschiedenen Kompressions- bzw. Expansionsthesen zugrunde liegenden Mechanismen, die zu Lebensverlängerungen führen bzw. diese begleiten: Bei Ausblendung der in Abschnitt 5.1 erläuterten Problematik sowie der Tatsache, dass die Leistungsinanspruchnahme auch durch nicht-medizinische Faktoren determiniert wird, bestimmen allein diese Mechanismen die Veränderung der restlebenszeitspezifischen Ausgaben im Zeitablauf. Dominiert in Bezug auf den Morbiditätsindikator „Gesundheitsausgaben" beispielsweise der Mechanismus von Fries und kann damit der schematisch in Abbildung 2.3 (vgl. Abschnitt 2.3.1) dargestellte Morbiditätsverlauf auch auf den Indikator „Gesundheitsausgaben" übertragen werden, sinken von Jahr zu Jahr die restlebenszeitspezifischen Ausgaben. Überwiegt dagegen ein Mechanismus im Sinne von Gruenberg (vgl. Abbildung 2.4 in Abschnitt 2.4.1) bzw. Manton (vgl. Abbildung 2.5 in Abschnitt 2.4.2) oder werden wie auch immer bewirkte Lebenserwartungszunahmen von einer Expansion der ökonomischen Morbidität im Sinne von Verbrugge bzw. Olshansky et al. begleitet, tritt diese entlastende Wirkung nicht ein. Stattdessen dehnt sich zum einen die durch die Todesnähe determinierte Lebensphase erhöhter Gesundheitsausgaben aus und zum anderen steigen die restlebenszeitspezifischen Ausgaben. Für umlagefinanzierte Versicherungsformen ist für die Beitragskalkulation daher eine

hinreichend präzise Vorstellung über die Mechanismen, die Lebensdauerzunahmen bewirken bzw. sie begleiten, essentiell, wozu eine empirische Analyse der zurückliegenden Entwicklung der restlebenszeitspezifischen Gesundheitsausgaben beitragen kann.
Anstelle einer „klassischen" Kompressions- bzw. Expansionsanalyse ist es an dieser Stelle somit zielführender, die Veränderung der restlebenszeitspezifischen Gesundheitsausgaben im Zeitablauf zu untersuchen, sofern man unterstellt, dass sich die aufgedeckten Entwicklungen auch in der Zukunft fortsetzen werden. Da jedoch eine Zuordnung der Ausgaben eines Versicherten zu seiner Restlebenszeit nur posthum erfolgen kann, ist diese Art der Analyse je nach der Zahl der zu berücksichtigenden Lebensjahre vor dem Tod[27] nur für entsprechend weit zurückliegende Kalenderjahre möglich.

5.4 Die impliziten epidemiologischen Annahmen sog. rein demographischer Ausgabenvorausberechnungen

Vorausberechnungen[28] der Gesundheitsausgaben im Allgemeinen und der GKV-Ausgaben im Besonderen erfreuen sich vor dem Hintergrund einer nahezu unausweichlichen demographischen Alterung Deutschlands einer großen Beliebtheit[29]. Vornehmliches Ziel derartiger Simulationsrechnungen ist es, die *rein demographisch* bedingte zukünftige Veränderung der Gesamt- bzw. der Pro-Kopf-Gesundheitsausgaben zu bestimmen, um eine Vorstellung der allein durch die demographische Alterung induzierten finanziellen Belastung der GKV zu vermitteln. Zu beachten ist in diesem Zusammenhang, dass sich Vorausberechnungen – egal welchen Typs – durch die Berücksichtigung von i.d.R. nur sehr wenigen Determinanten und dem ebenfalls bewussten Ignorieren von Interaktionen zwischen den verschiedenen Einflussfaktoren nach ihrem eigenen Selbstverständnis nicht als Prognosen verstehen, welche die Zukunft vorhersagen wollen (ähnlich Statistisches Bundesamt, 2003, S. 9; Kruse et al., 2003, S. 13; Knappe/Rubart, 2001, S. 103); vielmehr intendieren sie, quasi als Frühwarnsysteme Handlungsbedarf aufzuzeigen und entsprechende Reformen frühzeitig in Gang zu setzen, so dass es erst gar nicht zu den vorausberechneten und i.d.R. unerwünschten Entwicklungen kommt.

---

[27] Die Anzahl der Jahre vor dem Tod und damit die maximal berücksichtigte Restlebenszeit sollte ausreichend bemessen sein, wozu eine ungefähre Vorstellung davon nötig ist, wie viele Jahre vor dem Lebensende der spätere Tod erhöhte Ausgaben hervorruft.

[28] Anstelle von Vorausberechnungen spricht man auch von Modellrechnungen, Hochrechnungen und (Status quo-) Projektionen (vgl. z.B. DIW, 2001, S. 118, Knappe/Rubart, 2001, S. 103; Erbsland/Wille, 1995, S. 675).

[29] Ähnliches gilt auch für Beitragssatzvorausberechnungen. Da hierzu jedoch auch die demographisch bedingte Veränderung der epidemiologisch bestenfalls nur indirekt beeinflussten Einnahmenseite beachtet werden muss, bleiben Beitragssatzvorausberechnungen im Folgenden unberücksichtigt.

Die methodisch und datentechnisch am einfachsten zu realisierende Variante solcher *rein demographischer* Ausgabenvorausberechnungen besteht darin, das zu einem bestimmten Zeitpunkt im Querschnitt beobachtete Altersprofil der Gesundheitsausgaben auf in die Zukunft projizierte Altersstrukturen der Untersuchungspopulation zu übertragen (vgl. z.B. Erbsland/Wille, 1995, S. 661-686; Erbsland et al., 1999, S. 173-196; DIW, 2001, insbes. S. 98-100; Prognos, 1995, S. 121-130). Da den Ausführungen in Abschnitt 5.2.1 zufolge der Zusammenhang zwischen dem Alter und den Gesundheitsausgaben jedoch – zumindest in einem hohen Grade – nur ein scheinbarer ist und entsprechende Hochrechnungen insbesondere den großen Einfluss der Todesnähe auf die Gesundheitsausgaben ignorieren, sind sie in der Vergangenheit zunehmend in Kritik geraten[30] (vgl. z.B. Fuchs, 1984, S. 151; Fries, 1984, S. 358; 1989, S. 218/219; 1990, S. 42; Breyer, 1999, S. 53/54; Miller, 2001, S. 215; Knappe/Rubart, 2001, S. 105, 107). Stattdessen wird gefordert, anstelle eines konstanten Ausgabenprofils in Abhängigkeit des kalendarischen Alters ein festes Ausgabenmuster in Abhängigkeit der Todesnähe heranzuziehen und dieses auf die projizierte und im Hinblick auf die Restlebenszeit definierte Bevölkerungsstruktur anzuwenden[31] – eine Forderung, der beispielsweise Miller (vgl. 2001, insbes. S. 220-225) für den Bereich der vom umlagefinanzierten Medicare-Programm abgedeckten Gesundheitsausgaben nachkommt. Im Gegensatz zu Hochrechnungen auf der Grundlage eines festen Altersprofils der Ausgaben stellen derartige Ausgabenvorausberechnungen freilich höhere Anforderungen an die Ausgangsdaten: Nicht nur ein Ausgabenprofil in Abhängigkeit der Todesnähe dürfte in aller Regel schwieriger zu ermitteln sein als eines in Abhängigkeit des kalendarischen Alters – auch gängige Bevölkerungsprojektionen wie beispielsweise die koordinierten Bevölkerungsvorausberechnungen des Statistischen Bundesamtes führen zukünftige Bevölkerungsbestände standardmäßig nur nach dem Alter, nicht aber nach der Nähe zum Tod auf[32].

Auch wenn in der Literatur der Zusatz „rein demographisch" für Ausgabenvorausberechnungen reserviert ist, die ein festes Altersprofil der Ausgaben unterstellen, sind nichtsdestotrotz auch auf dem Restlebenszeiteffekt der Ausgaben aufbauende Projektionen insofern rein *demographisch*, als für ein in einem bestimmten Zeitpunkt lebendes Individuum sowohl sein kalendarisches Alter als

[30] Breyer (vgl. 1999, S. 55) bezeichnet derartige Hochrechnungen deshalb als „naiv".

[31] Breyer (vgl. 1999, S. 55) spricht in diesem Fall von „expliziten" im Gegensatz zu „naiven" Hochrechnungen (vgl. auch FN 30).

[32] Projektionen zukünftiger Bevölkerungsstrukturen in Abhängigkeit zur Todesnähe sind darüber hinaus rechenaufwendiger als solche in Abhängigkeit vom kalendarischen Alter. Um beispielsweise die Anzahl der am Ende des Jahres 2050 – des letzten Projektionsjahres der 10. koordinierten Bevölkerungsvorausberechnung – noch lebenden und dann 60 Jahre alten Mitglieder des Jahrgangs 1990 zu bestimmen, sind „lediglich" Annahmen über deren Sterblichkeit bis zum Alter 60 erforderlich. Um darüber hinaus noch deren Verteilung im Hinblick auf die Restlebenszeit zu ermitteln, müssen Annahmen über die Sterberaten dieses Jahrgangs jenseits des 60. Geburtstags getroffen werden, wodurch der "eigentliche" Projektionszeitraum weit über 2050 hinausreichen muss.

auch seine (eventuell noch unbekannte) Todesnähe eindeutig definiert sind. In diesem Sinne lässt sich auch eine Population zu einem bestimmten Zeitpunkt äquivalent sowohl anhand ihrer Alters- als auch anhand ihrer Restlebensdauerverteilung beschreiben. Die im Gegensatz zur Restlebensdauer herausragende Bedeutung des Alters in der Demographie resultiert vielmehr u.a.[33] daraus, dass es sich hierbei um einen retrospektiven Maßstab handelt, der problemlos – etwa bei Kenntnis des Geburtsdatums oder durch Befragung entsprechender Personen – bestimmbar ist und darüber hinaus einen sehr hohen Objektivierungsgrad aufweist. Letzteres gilt zwar auch für die Restlebenszeit einer noch lebenden Person zu einem bestimmten Zeitpunkt – allerdings kann dieser Parameter aufgrund seines prospektiven Charakters erst nach Ableben dieser Person exakt bestimmt werden und erweist sich deshalb insbesondere zur Beschreibung einer aktuellen Bevölkerung als gänzlich unpraktikabel.
Im Kontext dieses Abschnitts ist jedoch weniger das Nichterkennen bzw. Ignorieren der Tatsache problematisch, dass auch Ausgabenprojektionen in Abhängigkeit der Restlebensdauer ihrem Wesen nach demographisch sind, als vielmehr die terminologisch angedeutete Vorstellung, man könne *rein* demographische Vorausberechnungen der Ausgaben anstellen. Zwar abstrahieren Hochrechnungen dieser Art tatsächlich von zeitlichen Entwicklungen einer Vielzahl von Ausgabendeterminanten wie beispielsweise dem negativen Preisstruktureffekt zuungunsten von Gesundheitsleistungen oder von politischen Reformmaßnahmen etwa im Bereich der Zuzahlungen oder des Leistungskatalogs. In Wirklichkeit impliziert jedoch jede Ausgabenvorausberechnung, die auf einer von zukünftigen Sterberatenreduktionen ausgehenden Bevölkerungsprojektion fußt, eine spezifische epidemiologische Annahme im Hinblick auf eine Kompression bzw. Expansion der ökonomischen Morbidität. Sie unterstellt damit auch einen ganz bestimmten, populationsweit agierenden Mechanismus zur Generierung von Lebenserwartungszunahmen.
So gehen Ausgabenvorausberechnungen auf der Grundlage eines konstanten Altersprofils der Ausgaben implizit von einer Expansion der ökonomischen Morbidität aus (vgl. Miller, 2001, S. 218, 225): Da im Zuge von Sterblichkeitsreduktionen sukzessiv größere Anteile jüngerer Kohorten in gegebene Altersstufen vordringen, impliziert die Unterstellung einer streng monoton steigenden und zeitlich stabilen Ausgabenfunktion in Abhängigkeit vom Alter, dass die Ausgaben in den zusätzlich verbrachten Lebensjahren höher sind als die in den vorangegangenen. Dies entspricht in schematischer Hinsicht jedoch exakt der Morbidi-

[33] Auch wenn im Bereich des Gesundheitswesens das Alter ein schlechterer Indikator für den Gesundheitszustand bzw. für die Ausgaben einer Person ist als deren Restlebensdauer (vgl. Miller, 2001, S. 215) und deshalb beispielsweise eine Bevölkerungsprojektion in Abhängigkeit der Todesnähe aufschlussreicher als in Abhängigkeit des Alters wäre, ist für den überwiegenden Teil anderer Zwecke, in denen auch die Struktur einer Bevölkerung von Interesse ist, allein das kalendarische Alter relevant (z.B. Erfassung des Bevölkerungsanteils der schulpflichtigen Personen). Auch dadurch erklärt sich die herausragende Bedeutung dieses Parameters in der Demographie.

tätsexpansionsthese von Gruenberg (vgl. Abschnitt 2.4.1, Abbildung 2.4), sofern man Morbidität durch Gesundheitsausgaben misst.
Hochrechnungen, die auf einem zeitlich stabilen funktionalen Zusammenhang zwischen den Gesundheitsausgaben und der verbleibenden Lebenszeit aufbauen, unterstellen dagegen implizit einen Aufschub der sterbebedingten hohen Ausgaben und damit der ökonomischen Morbidität in der Größenordnung der Lebensdauerzunahme (vgl. Miller, 2001, S. 217/218). Entsprechend der Definitionen in Abschnitt 2.2 entspricht dies einer relativen, wegen der unveränderten Dauer der Morbiditätsphase aber keiner absoluten Kompression der ökonomischen Morbidität. Dadurch, dass das durch die Restlebensdauer determinierte Ausgabenmuster um die gewonnene Lebenszeit lediglich aufgeschoben wird, muss dieser Aufschub durch Präventionsmechanismen im Sinne von Fries zustande kommen, d.h. durch präventive Ansätze wie Verhaltensmodifikationen und Risikofaktorvermeidungen, die nicht mit (zusätzlichen) Gesundheitsausgaben im engeren Sinne einhergehen (vgl. Abschnitt 2.3.1).

Als Fazit dieses Abschnitts bleibt festzuhalten, dass jede demographisch angelegte Ausgabenvorausberechnung dann eine epidemiologische Annahme im Hinblick auf eine Kompression oder Expansion der ökonomischen Morbidität impliziert, wenn man davon ausgeht, dass zukünftige Entwicklungen in der Bevölkerungsstärke und -struktur (auch) durch Mortalitätsreduktionen zustande kommen. Insofern ist das Attribut „rein demographisch" bei Ausgabenvorausberechnungen irreführend. Nur wenn Bevölkerungsprojektionen eine im Zeitablauf konstante Sterblichkeit unterstellen[34], sind auf diesen Projektionen aufbauende Ausgabenhochrechnungen wirklich *rein demographisch.*
Zur Vermeidung von Missverständnissen sei an dieser Stelle noch auf einen wesentlichen Unterschied zwischen den Ergebnissen dieses Abschnitts und denen des Abschnitts 5.2.2 verwiesen, wobei dieser Unterschied in gewisser Weise eine Synthese dieser beiden Abschnitte darstellt: Die empirische Beobachtung, wonach die Gesundheitsausgaben eine Funktion des Alters (der Todesnähe) sind, beweist nicht die Gültigkeit einer Expansion (relativen Kompression) der ökonomischen Morbidität. Unterstellt dagegen eine demographisch angelegte Ausgabenvorausberechnung einen funktionalen Zusammenhang zwischen den Gesundheitsausgaben und dem Alter (der Restlebenszeit) dergestalt, dass sie sich auf ein festes Ausgabenprofil in Abhängigkeit des Alters (der Todesnähe) stützt, so ist diese Unterstellung gleichbedeutend mit der einer Expansion (relativen Kompression) der ökonomischen Morbidität, sofern die der Ausgabenvorausberechnung zugrunde liegende Bevölkerungsprojektion von zukünftigen Sterblichkeitsabnahmen ausgeht.

[34] Eine derartige Bevölkerungsprojektion ist die sog. Variante „Status Quo" im Rahmen der 10. koordinierten Bevölkerungsvorausberechnung des Statistischen Bundesamtes. Neben Sterblichkeitsveränderungen sieht diese Variante übrigens auch von Außenwanderungsbewegungen ab (vgl. auch FN 10 im Einleitungskapitel).

5.5 Exkurs: Ist es möglich, die Kosten einer Lebenserwartungszunahme um ein Jahr zu beziffern?

In einer im Jahr 1999 erschienenen Veröffentlichung versucht Breyer (vgl. S. 53-65), den Fehler zu quantifizieren, der bei Gesamtausgabenprojektionen auf Basis eines festen Altersprofils der Gesundheitsausgaben durch die Nichtberücksichtigung der hohen Sterbekosten dann entstünde, wenn die anhand der deutschen Sterblichkeitsverhältnisse des Jahres 1995 gemessene und in Kohortenlogik interpretierte fernere Lebenserwartung im Alter 60 um ein Jahr zunehmen würde. Sollte diese Quantifizierung gelingen bzw. Breyers Methodik angemessen sein, könnte man ausgehend von einer demographisch angelegten Ausgabenprojektion, die von einem festen Zusammenhang zwischen Alter und Gesundheitsausgaben ausgeht, die „wahren" Kosten einer Zunahme der Lebenserwartung um ein Jahr mühelos bestimmen: Man müsste nur das Ergebnis der Ausgabenvorausberechnung entsprechend korrigiert. Ob dieser auf den ersten Blick vielversprechende Ansatz den angestrebten Erfolg bringt, ist Gegenstand dieses Exkurses. Zuvor sollen jedoch die Vorgehensweise Breyers in ihren Grundzügen sowie seine wesentlichen empirischen Ergebnisse vorgestellt werden.

In einem ersten Schritt generiert Breyer aus altersgruppenspezifischen Sterberaten des Jahres 1995 bzw. GKV-Ausgabendaten des Jahres 1996 mittels geeigneter Kurvenapproximationsverfahren für beide Geschlechter Daten für Einzelaltersstufen. Um aus den altersspezifischen Ausgaben die sterbebedingten herauszurechnen, greift Breyer auf anderweitig veröffentlichte Daten zur durchschnittlichen Zahl der im Krankenhaus verbrachten Tage von Überlebenden vs. von Personen in ihren drei letzten Lebensjahren zurück[35]. Dabei unterstellt er, dass das Ausgabenverhältnis zwischen Versterbenden und Überlebenden dem ihrer Krankenhausinanspruchnahme entspricht[36].
Mit Hilfe der Sterberaten konstruiert Breyer anschließend Kohortensterbetafeln für eine Ausgangsgesamtheit von je 1.000 60jährigen Männern und Frauen, wobei er unterstellt, dass als mögliche Todeszeitpunkte nur die Geburtstage infrage kommen. Auf diese Weise errechnet der Autor eine fernere Lebenserwartung 60jähriger Männer bzw. Frauen von 18,4 bzw. 22,6 Jahren.
Werden nun die alters- und geschlechtsspezifischen Ausgabenwerte – gleichgültig ob mit oder ohne explizite Berücksichtigung des Überlebensstatus – auf die Sterbetafelpopulationen angewendet, so belaufen sich die Ausgaben für die Gesamtkohorte von 2.000 Personen bis zum Zeitpunkt des Ablebens ihres letzten Kohortenmitglieds auf ca. 250 Mio. DM.

---

[35] Da auch die mittlere Zahl stationär verbrachter Tage nur nach größeren Altersklassen gruppiert vorliegt, ermittelt Breyer auch hier zunächst altersspezifische Daten.

[36] Streng genommen betrachtet Breyer die Krankenhaustage von Versterbenden in deren zweit- und drittletztem Lebensjahr nur dann als sterbebedingt, wenn sie über dem Durchschnittswert für Nicht-Versterbende liegen.

Um nun zu ermitteln, wie sich eine Zunahme der Lebenserwartung 60jähriger um ein Jahr auf diese Gesamtausgaben auswirkt, unterstellt Breyer, dass sich alle altersspezifischen Sterberaten der Ausgangssituation um je ein Altersjahr nach oben verschieben. Ohne Differenzierung nach dem Überlebensstatus errechnet sich eine Zunahme der Gesamtausgaben infolge dieser Lebenserwartungssteigerung von knapp 15 Mio. DM bzw. von 5,65%. Berücksichtigt man dagegen die Ausgabendiskrepanz zuungunsten der Versterbenden sowie den Umstand, dass die Sterbekosten mit dem Alter fallen, liegen die Gesamtausgaben mit fast 256 Mio. DM nur noch um etwa 2,2% über denen vor Zunahme der Lebenserwartung. Die „tatsächliche" Ausgabensteigerung beträgt somit nur etwa ein Drittel derjenigen, die sich bei der Hochrechnung ohne Berücksichtigung des Überlebensstatus ergibt. Hieraus folgert Breyer, dass das Ignorieren des Ausgabengefälles zwischen Versterbenden und Überlebenden *pro* Jahr zusätzlicher Lebenserwartung zu einer Überschätzung der Ausgabensteigerung um ca. 3,5% (≈ 5,65% - 2,2%) führt. Bei einer unterstellten Zunahme der ferneren Lebenserwartung 60jähriger von 1,5 Jahren betrüge die Überschätzung somit etwa 5,25%. Da eine die hohen Sterbekosten ignorierende Ausgabenvorausberechnung[37] im Rahmen eines Prognos-Gutachtens (vgl. 1995, insbes. S. 121-130) eine Lebenserwartungszunahme der 60jährigen bis 2040 in dieser Größenordnung unterstellt und so für dieses Jahr einen GKV-Beitragssatz von 16% vorhersagt, geht Breyer unter der Annahme eines Ausgabenanteils 60jähriger und Älterer von 60% von einer Überschätzung dieses Beitragssatzes um 0,5 Prozentpunkte aus[38] – ein Ergebnis, das an anderer Stelle unreflektiert zitiert wird (vgl. Kruse et al., 2003, S. 26; Ulrich, 2001, S. 34).

Eine nähere Betrachtung der Untersuchung von Breyer deckt jedoch eine Reihe von methodischen Schwächen auf.
Zunächst einmal bleibt unklar, warum der Autor ausgehend von gruppierten Sterbe- und Ausgabendaten mittels ökonometrischer Schätzungen Daten für Einzelaltersstufen generiert, die das Statistische Bundesamt und das Bundesversicherungsamt im jährlichen Rhythmus ohnehin standardmäßig veröffentlichen.
Darüber hinaus ist die Annahme unglücklich, wonach als mögliche Todeszeitpunkte nur die Geburtstage und damit die Zeitpunkte unmittelbar nach Vollendung der verschiedenen Lebensjahre infrage kommen. Im Mittel stirbt jedoch jedes Individuum etwa ein halbes Jahr nach seinem letzten Geburtstag, so dass das

---

37 Prognos legt bei der Projektion kein starres Ausgabenprofil zugrunde, sondern berücksichtigt altersgruppenspezifische Unterschiede in der realen Wachstumsrate der jeweiligen Pro-Kopf-Ausgaben.

38 Dadurch, dass der unterstellte Ausgabenanteil der mindestens 60jährigen etwa 60% beträgt, schlägt sich eine Überschätzung der Ausgaben dieser Personen um ca. 5,25% in um ungefähr 3,2% zu hohen Gesamtausgaben für alle Versicherten nieder (60% von 5,25% entspricht etwa 3,2%). Ein projizierter Beitragssatz von 16% würde dann um 0,5 Prozentpunkte (≈ 16 - (16/1,032)) über dem bei expliziter Berücksichtigung der Sterbekosten liegen.

letzte Lebensjahr zu etwa gleichen Teilen auf zwei benachbarte Altersjahre fällt. Um die daraus resultierende Unterschätzung der Lebenserwartungswerte um etwa ein halbes Jahr zu vermeiden, wäre es angebrachter, wie in üblichen Sterbetafelberechnungen eine zumindest halbwegs realistische Annahme über den mittleren Abstand zwischen dem letzten Geburtstag und dem Todeszeitpunkt zu treffen und entsprechend dieser Festlegung die Ausgaben einer versterbenden Person während ihres letzten Lebensjahres auf die beiden infrage kommenden Altersjahre aufzuteilen. Aber selbst unter der Annahme, dass nur die Geburtstage Sterbezeitpunkte sein können, ist es unverständlich, warum Breyer die gesamten sterbebedingten Ausgaben dem Altersjahr des Todes zuordnet, obwohl die Versterbenden doch ihr gesamtes letztes Lebensjahr auf der vorangehenden Altersstufe verbringen.
Daneben weist Breyer selbst auf die Angreifbarkeit seiner Annahme hin, wonach sich die altersspezifischen Gesundheitsausgaben im gleichen Verhältnis auf Sterbende und Überlebende aufteilen wie die Krankenhaustage: Auf der einen Seite werde dadurch der Anteil der auf Versterbende entfallenden Gesundheitsausgaben überzeichnet, da Versterbende verglichen mit Überlebenden einen überproportional hohen Anteil ihrer Leistungen im Krankenhaus empfingen; auf der anderen Seite spiegele die Anzahl der Krankenhaustage allerdings dann nicht den wahren Behandlungsaufwand Versterbender in ausreichendem Maße wider, wenn diese einen besonders hohen Anteil an teuren intensivmedizinischen Leistungen in Anspruch nähmen. Immerhin wirken diese beiden Effekte in unterschiedliche Richtungen und dürften sich – zumindest auf einigen Altersstufen – möglicherweise kompensieren. Allerdings erscheint das von Breyer berechnete altersabhängige Absinken der Pro-Kopf-Ausgaben Versterbender von knapp 89.000 DM bei einem Sterbealter von 60 Jahren auf einen Wert von etwa 8.600 DM bei einem Tod im Alter von 108 Jahren (vgl. Breyer, 1999, Tabelle 3, Spalte 9 auf S. 61) zu extrem und dürfte innerhalb der GKV in Wirklichkeit weniger stark ausgeprägt sein.
Zu kritisieren ist ferner die wohl aller Wahrscheinlichkeit nach zu kurz greifende Unterscheidung zwischen Personen im letzten Lebensjahr und Überlebenden. Möglicherweise ist daher der von Breyer ermittelte alterskorrelierte Anstieg der Ausgaben der Überlebenden (vgl. ebenda, Tabelle 3, Spalte 11 auf S. 61) eher ein Reflex einer altersbedingt zunehmenden Todesnähe dieser Personen und weniger die Folge eines unabhängigen Alterseffekts.
Aufgrund der unterstellten Konstanz der altersspezifischen Ausgabenprofile von Versterbenden und Überlebenden trifft Breyer auch eine implizite, in seiner Arbeit allerdings unerwähnte epidemiologische Annahme, nämlich die einer Expansion der ökonomischen Morbidität, denn nach der Mortalitätsreduktion verursacht jeder Kohortenangehörige im Mittel höhere „Lebensausgaben" als zuvor[39]: Zwar sinken mit zunehmendem Sterbealter die sterbebedingten Ausgaben

[39] Diese Aussage gilt natürlich nur für den Altersbereich ab 60 Jahre.

– allerdings reicht diese Abnahme nicht aus, um die Kosten eines zusätzlichen Lebensjahres jenseits des Alters 60 zu kompensieren[40].

Der Hauptkritikpunkt am methodischen Vorgehen von Breyer betrifft allerdings die Modellierung einer (ferneren) Lebenserwartungssteigerung um ein Jahr dergestalt, dass sich alle altersspezifischen Sterberaten um je ein Altersjahr nach oben verschieben und sich die Sterbealterverteilung damit in unveränderter Form entsprechend nach rechts bewegt. Diese Modellierung impliziert jedoch zwei unrealistische Annahmen: zum einen die einer Sterberate im Alter 60 von Null, zum anderen die eines Anstiegs der ferneren Lebenserwartung in jedem Altersjahr jenseits des 60. Lebensjahres um exakt ein Jahr. Die Realitätsferne einer altersspezifischen Sterbewahrscheinlichkeit von Null erklärt sich von selbst. Die zweite implizite Modellannahme ist insofern nicht realitätskonform, als selbst bei sich auf alle Altersstufen erstreckenden Mortalitätsreduktionen damit zu rechnen ist, dass zwar die ferneren Lebenserwartungen in allen Altersstufen zunehmen, sich die absoluten Zuwächse mit steigendem Alter jedoch abschwächen[41]. Die Problematik von Breyers spezifischer Modellierung der Lebenserwartungszunahme liegt jedoch weniger in deren geringem Realitätsgehalt, als vielmehr im Umstand begründet, dass eine Lebenserwartungssteigerung um ein Jahr durch unendlich viele Sterberatenkombinationen und nicht nur durch die von Breyer unterstellte zustande kommen kann. Eigene Modellrechnungen auf Basis der Ausgabenprofile von Breyer haben aber ergeben, dass andere Sterberatenkombinationen, die ebenfalls zu einer um ein Jahr höheren Lebenserwartung als in der Ausgangssituation führen, auch andere „tatsächliche" Gesamtausgaben bewirken und dass eine auf diesen Sterberaten aufbauende Hochrechnung ohne Berücksichtigung des Überlebensstatus ebenso zu abweichenden Ergebnissen führt. Mit diesen alternativen Sterblichkeitsszenarien variiert auch das Ausmaß der Überschätzung der „wahren" Gesamtausgabenzunahme durch Hochrechnungen, welche die Ausgabendiskrepanz zwischen Versterbenden und Überlebenden ignorieren. Das von Breyer als allgemeingültig herausgestellte Resultat, wonach eine Ausgabenvorausberechnung auf Basis eines konstanten Altersprofils der Pro-Kopf-Ausgaben zu einer Überschätzung der „wahren" Ausgabensteigerung um ca. 3,5% *pro* Jahr zusätzlicher Lebenserwartung führt, gilt somit neben den anderen, teils problematischen Annahmen Breyers nur un-

---

[40] Beispielsweise verursacht ein im Alter 65 Versterbender nach den von Breyer ermittelten Profilen (vgl. 1999, Tabelle 3 auf S. 61) Gesamtausgaben jenseits des 60. Lebensjahres in Höhe von 101.307,98 DM, für einen 66jährigen Versterbenden betragen die Gesamtausgaben dagegen 101.652,45 DM. Eigenen Proberechnungen auf der Basis von Breyers Profilen zufolge steigen die Gesamtausgaben bis zu einem Sterbealter von 108 Jahren monoton an. Dagegen sind die Gesamtausgaben eines 109jährigen Versterbenden etwas niedriger als die eines im Alter von 108 Jahren Versterbenden, was daher rührt, dass bei Breyer ein überlebender 108jähriger ebenso wie ein versterbender 109jähriger überhaupt keine Ausgaben verursacht.

[41] Dieses Phänomen konnte auch bei der Analyse der Sterblichkeitsentwicklung für das frühere Bundesgebiet von 1964 bis 2003 beobachtet werden (vgl. Abschnitt 3.3.3.3.1.1, insbes. Tabelle 3.4).

ter der sehr restriktiven und darüber hinaus realitätsfernen Voraussetzung, dass sich alle altersspezifischen Sterberaten um je ein Altersjahr nach oben verschieben.
Doch selbst wenn man alle bisher angeführten Kritikpunkte außer Acht lässt und damit insbesondere unterstellt, dass Lebenserwartungszunahmen nur in der von Breyer modellierten Art und Weise zustande kommen können, ist die von ihm vorgenommene Korrektur der Ergebnisse der Prognos-Hochrechnung nur unter einer wiederum sehr restriktiven Bedingung zulässig, deren empirische Gültigkeit jedoch ungeprüft bleibt und abgesehen davon auch kaum gegeben sein dürfte: Die im Rahmen der Prognos-Vorausberechnung unterstellte Altersstruktur der Gruppe der 60jährigen und Älteren im Jahr 2040 müsste exakt derjenigen der stationären Sterbetafelpopulation von Breyer entsprechen, die sich nach der von ihm modellierten Lebenserwartungszunahme herausstellt[42]. Die einzige Korrekturmöglichkeit der Prognos-Schätzung besteht bei Zugrundelegung der von Breyer ermittelten Ausgabenprofile von Versterbenden und Überlebenden jedoch darin, diese Profile auf die prognostizierte Altersstruktur der Versterbenden und Überlebenden des Jahres 2040 zu übertragen.

Es bleibt somit festzuhalten, dass der Versuch Breyers, die Kosten einer Zunahme der Lebenserwartung um ein Jahr ex ante zu beziffern und darauf aufbauend Hochrechnungen auf Basis eines konstanten altersabhängigen Ausgabenprofils entsprechend zu korrigieren, als gescheitert anzusehen ist. Die tatsächlichen Kosten einer Lebenserwartungssteigerung lassen sich vielmehr nur retrospektiv ermitteln, weil sie durch zwei erst ex post beobachtbare Faktoren entscheidend geprägt werden: einerseits durch den Mechanismus, der zur Lebenserwartungssteigerung führt, und damit durch den Umstand, ob die Lebenserwartungssteigerung von einer Verkürzung oder Verlängerung der ökonomischen Morbiditätsphase begleitet wird, und andererseits – sofern das Alter wie bei Breyer einen eigenständigen Einfluss auf die Gesundheitsausgaben ausübt – durch den spezifischen Beitrag einer jeden Altersstufe zur Lebenserwartungszunahme.

5.6 Zusammenfassung und Ausblick

Bei den Gesundheitsausgaben handelt es sich um einen besonderen metrisch skalierten Indikator für die Inanspruchnahme von Gesundheitsleistungen. Der Vorzug dieses Indikators gegenüber anderen für die Leistungsinanspruchnahme besteht zweifelsohne darin, dimensionsverschiedene Arten von Gesundheitsleistungen im Zuge der Monetarisierung vergleich- und damit aggregierbar zu machen. Dieser Vorzug wird jedoch insbesondere durch den Nachteil erkauft, dass die Monetarisierung über Preise erfolgt, diese jedoch nur schwer herausrechenbaren Schwankungen im Zeitablauf unterworfen sind. Gerade im Bereich der GKV-Ausgaben treten noch weitere Probleme hinzu: Zum einen spiegelt der GKV-Leistungskatalog die gesamte Gesundheitsleistungsinanspruchnahme nur

[42] Zur Definition einer stationären Bevölkerung vgl. FN 48 im dritten Kapitel.

fragmentarisch wider, umfasst darüber hinaus aber auch Leistungen, die ihrer Natur nach versicherungsfremd sind. Zum anderen ist der Umfang des Leistungskatalogs zeitlichen Schwankungen unterworfen, wobei insbesondere die Streichung von Leistungen und damit die Übertragung der entsprechenden Leistungsfinanzierung auf andere Financiers erhebliche datentechnische Schwierigkeiten bereitet.

Sieht man von den geschilderten Besonderheiten und der damit verbundenen Problematik dieses Morbiditätsindikators ab, so fällt bei einer Durchsicht der Literatur auf, dass es dort gerade im Hinblick auf das Zusammenspiel zwischen den Gesundheitsausgaben, dem Alter und der Mortalität große Missverständnisse und Fehlinterpretationen gibt.
Eine derartige Fehlinterpretation betrifft die empirisch als gesichert geltende Tatsache, dass die Gesundheitsausgaben einer Person eher durch ihre Restlebenszeit als durch ihr kalendarisches Alter bestimmt werden – jedenfalls überzeugen Studien, die das Gegenteil zu beweisen vorgeben, in methodischer Hinsicht kaum. Dieser positive funktionale Zusammenhang zwischen der Todesnähe und den Gesundheitsausgaben sowie die bestenfalls geringe Bedeutung des Alters wird in der Literatur implizit oder explizit als ein Beleg für eine (relative) Kompression der ökonomischen Morbidität gewertet: Im Zuge von Lebenserwartungszunahmen komme es demnach lediglich zu einem Aufschub der hohen Gesundheitsausgaben am Lebensende. In Wirklichkeit hat die Tatsache einer vornehmlichen Determinierung der Gesundheitsausgaben durch den Abstand zum Tod überhaupt nichts mit einer Morbiditätskompression zu tun und kann – wie in diesem Kapitel gezeigt – genauso gut mit einer Verlängerung der ökonomischen Morbiditätsphase einhergehen. Genauso wenig beweist übrigens eine vermeintliche Abhängigkeit der Gesundheitsausgaben vom kalendarischen Alter eine Expansion der ökonomischen Morbidität. Die Frage, bis zu welchem Grad die Gesundheitsausgaben eine Funktion der Restlebenslänge oder des kalendarischen Alters sind, ist daher völlig irrelevant im Hinblick auf eine Kompression oder Expansion der ökonomischen Morbidität.
Die methodisch richtige Vorgehensweise muss dagegen wie auch für jeden anderen Indikator im Vergleich der Ausgaben entlang der Kohortenebene bestehen. Da allerdings das Erkenntnisinteresse bei der Verwendung der Gesundheitsausgaben als Morbiditätsindikator hauptsächlich darin bestehen dürfte, Krankenversicherungen ausgehend von der Aufdeckung vergangener Entwicklungen bei ihrer Beitragsgestaltung zu unterstützen, und da die Beitragskalkulation maßgeblich vom Organisationsprinzip einer Versicherungsform abhängt, sollte dieser Umstand bei einer empirischen Analyse in angemessener Weise Berücksichtigung finden. Beim Kapitaldeckungsverfahren, das im Mittel eine Deckung des diskontierten zukünftigen Ausgabenstroms durch entsprechende Beiträge anstrebt und daher im Rahmen der Beitragskalkulation eine Kohortensichtweise annimmt, ergibt sich kein Unterschied zur allgemeinen Definition von und zur empirischen Überprüfung auf Morbiditätskompression bzw. -expansion. Die

Beitragskalkulation eines umlagefinanzierten Versicherungsunternehmens hat dagegen einen starken Gegenwartsbezug, da sie eine Deckung der gesamten Ausgaben ihres Versichertenbestandes während eines Kalenderjahres ausschließlich durch die Einnahmen desselben Jahres zu erreichen versucht. Die Gesamtausgaben bzw. die zu ihrer Finanzierung erforderlichen Gesamtbeitragseinnahmen während eines Jahres hängen daher – sofern man eine ausschließliche Abhängigkeit der Gesundheitsausgaben von der Todesnähe unterstellt – entscheidend von der Verteilung der Restlebenszeit im Versichertenpool sowie von den restlebenszeitspezifischen Durchschnittsausgaben ab. Auch wenn damit die Frage in den Hintergrund gerät, ob sich in der Abfolge von Kohorten eher eine Kompression oder aber eine Expansion der ökonomischen Morbidität herausstellt, kann das Aufdecken der zeitlichen Entwicklung der restlebenszeitspezifischen Durchschnittsausgaben sehr aufschlussreich sein. Denn diese Entwicklung steht in enger Verbindung zu den Mechanismen, welche den Morbiditätskompressions- und expansionsthesen innewohnen bzw. sie begleiten.
Im Zentrum wissenschaftlicher Diskussionen zum Zusammenhang zwischen der Lebenserwartung, dem Alter und den Gesundheitsausgaben steht aufgrund einer als unausweichlich betrachteten demographischen Alterung momentan die Frage nach der allein dadurch bewirkten zukünftigen Entwicklung der Gesundheits- bzw. der GKV-Ausgaben. Die methodisch und datentechnisch am einfachsten umsetzbare Variante entsprechender Ausgabenvorausberechnungen besteht darin, auf die in die Zukunft projizierte Altersstruktur der Bevölkerung ein heute im Querschnitt beobachtetes Altersprofil der Pro-Kopf-Gesundheitsausgaben zu übertragen. Methodisch anspruchsvoller und vom Datenerfordernis her schwieriger umzusetzen ist dagegen eine Ausgabenvorausberechnung auf Basis eines festen Pro-Kopf-Ausgabenprofils in Abhängigkeit der Restlebenszeit – eine Methode, die ihre Rechtfertigung aus der Aufdeckung eines stärkeren Zusammenhangs zwischen den Gesundheitsausgaben und der Todesnähe anstelle des Alters ableitet. Auch wenn beide Hochrechnungsvarianten insofern demographischer Natur sind, als sie ein Querschnittsprofil der Pro-Kopf-Ausgaben auf zukünftige Bevölkerungsstrukturen anwenden, ist es dennoch ein Irrtum zu glauben, derartigen Vorausberechnungen gelinge es, den zukünftigen Einfluss der demographischen Alterung auf das Gesamtausgabenvolumen bzw. auf die Pro-Kopf-Gesundheitsausgaben zu isolieren. Vielmehr impliziert jede als *rein demographisch* titulierte Ausgabenprojektion zumindest dann eine sehr spezifische Annahme hinsichtlich einer zukünftigen Kompression oder Expansion der ökonomischen Morbidität, wenn die zugrunde liegende Bevölkerungsvorausberechnung von Mortalitätsreduktionen in der Zukunft ausgeht. Konkret unterstellt eine Ausgabenvorausberechnung auf der Grundlage eines festen und ansteigenden Altersprofils der Pro-Kopf-Ausgaben eine Expansion der ökonomischen Morbidität, während eine auf dem Restlebenszeiteffekt aufbauende Hochrechnung von einer konstant bleibenden Phase ökonomischer Morbidität und damit von einer relativen Morbiditätskompression ausgeht.

In einem Exkurs wurde schließlich gezeigt, dass es unmöglich ist, ex ante die Kosten einer Lebenserwartungszunahme zu beziffern. Genauso wenig kann man im Voraus abschätzen, wie groß der Fehler einer Ausgabenvorausberechnung auf Basis eines festen funktionalen Zusammenhangs zwischen dem Alter und den Gesundheitsausgaben und damit ohne Rücksicht auf den Einfluss der Restlebenszeit ist.

Die zukünftige Entwicklung des Gesundheitswesens im Allgemeinen und der GKV und SPV im Besonderen wird gewiss von vielen interagierenden Faktoren geprägt. Alles andere als eine im Zeitablauf steigende Gesundheitsquote und – bei Beibehaltung der gegenwärtigen Finanzierungsstruktur von GKV und SPV – weiterhin zunehmende Beitragssätze wären jedoch eine sehr große Überraschung. Nimmt man die demographische Alterung, die sich sehr wahrscheinlich auch in einer wachsenden durchschnittlichen Todesnähe der Bevölkerung manifestieren wird, als gegeben hin, so wird die Steigerungsrate des vom Gesundheitswesen absorbierten Anteils der volkswirtschaftlich produzierten Ressourcen entscheidend von der Art und Weise abhängen, wie sich in Zukunft die restlebenszeitspezifischen Gesundheitsausgaben entwickeln. Insbesondere dem zukünftigen Gewicht des lebensverlängernden medizinischen Fortschritts kommt in diesem Zusammenhang große Bedeutung zu. Daneben darf jedoch nicht übersehen werden, dass die restlebenszeitspezifischen Durchschnittsausgaben und damit auch die Gesundheitsquoten und Beitragssätze der Zukunft aller Voraussicht nach auch von mortalitätsirrelevanten Faktoren in die Höhe getrieben werden. Als Beispiele seien der negative Preisstruktureffekt zuungunsten von Gesundheits- und Pflegeleistungen sowie derjenige medizinische Fortschritt genannt, der sich „nur“ auf die Lebensqualität auswirkt.

6 Politische Empfehlungen zur Vermeidung eines Zusammenbruchs der Sozialversicherungssysteme

Auch wenn jede Prognose ihrem Wesen nach mit Unsicherheit behaftet ist, deutet den Ausführungen in Abschnitt 5.6 zufolge alles darauf hin, dass sich GKV und SPV in den kommenden Jahrzehnten einem gewaltigen Ausgabendruck gegenüber sehen werden. Dieser geht nicht nur von der demographischen Alterung bzw. der damit vermutlich einhergehenden Verkürzung des Durchschnittsabstandes zum Tod sowie von der begründeten Vermutung einer Verlängerung des in Krankheit verbrachten Lebensabschnitts aus, sondern wird darüber hinaus von anderen ausgabeseitigen Faktoren forciert[1]. Ohne gestalterische Eingriffe seitens der Entscheidungsträger in Politik und im Gesundheitswesen ist es sogar sehr wahrscheinlich, dass der Gesundheits- und Pflegebereich einen immer größeren Anteil aller volkswirtschaftlich produzierten Güter und Dienste beansprucht und die Gesundheitsquote – verstanden als Quotient aus Gesundheitsausgaben und BIP – entsprechend nach oben getrieben wird. Bei einem im Zeitablauf wachsenden Pro-Kopf-BIP dürften zwar weite Teile der Bevölkerung mit einer Ausdehnung des Gesundheits- und Pflegebereichs dann einverstanden sein, wenn für andere mit dem Gesundheitswesen konkurrierende Verwendungsmöglichkeiten des Sozialprodukts wie beispielsweise für Bildung, öffentliche Infrastruktur oder für den privaten Konsum ebenfalls ein – wenn auch unterdurchschnittlich – wachsender Ressourcenvorrat zur Verfügung steht. Diese Akzeptanz dürfte jedoch spätestens dann auf breiter Front schwinden, wenn der Gesundheits- und Pflegebereich einen so großen Anteil der zur Verfügung stehenden volkswirtschaftlichen Ressourcen absorbiert, dass alternative Verwendungsmöglichkeiten nicht nur relativ, sondern auch absolut zurückstecken müssen. Insbesondere der den umlagefinanzierten sozialen Sicherungssystemen inhärente Generationenvertrag, dem zufolge jüngere, erwerbstätige Bevölkerungsschichten die Renten, Pensionen sowie Gesundheits- und Pflegeausgaben Älterer mitzufinanzieren haben, läuft in einem derartigen Szenario Gefahr, von den erwerbstätigen Gesellschaftsmitgliedern aufgekündigt zu werden.

[1] Einen detaillierten Überblick über angebots- und nachfrageseitige Determinanten der Gesundheitsausgabenentwicklung gibt beispielsweise der Sachverständigenrat für die Konzertierte Aktion im Gesundheitswesen in seinem Sondergutachten 1995 (vgl. S. 39-45). Dieser listet als angebotsseitige Einflussgröße übrigens auch den vor allem in Gestalt von Produktinnovationen auftretenden medizinischen Fortschritt auf (vgl. ebenda, S. 40). Da der medizinische Fortschritt jedoch gleichzeitig ein Mechanismus für Lebenserwartungssteigerungen ist und gewöhnlich für eine Morbiditätsexpansion mitverantwortlich gemacht wird (vgl. die entsprechenden Thesen von Gruenberg und Manton in den Abschnitten 2.4.1 und 2.4.2), ist er an dieser Stelle nur insoweit als eigenständiger Einflussfaktor zu betrachten, als er – beispielsweise in Gestalt neuer Medikamente – unmittelbar und direkt Ausgaben verursacht (vgl. hierzu auch FN 13).

Welche Handlungsoptionen haben nun die Entscheidungsträger in Politik und Gesellschaft, um einen drohenden Kollaps der Sozialversicherungssysteme – insbesondere des Gesundheits- und Pflegebereichs – abzuwenden?
Letzten Endes lassen sich alle Handlungsalternativen und damit auch die im Raum stehenden Reformvorschläge idealtypisch drei teilweise sich überlagernden Strategieansätzen zuordnen (ähnlich Hohmeier, 2000, S. 78):
Erstens kann versucht werden, den steigenden Bedarf an gesundheitsrelevanten Leistungen abzufangen, indem die Volkswirtschaft entsprechend mehr Ressourcen produziert, so dass alternative Verwendungsmöglichkeiten des Sozialprodukts zumindest nicht absolut begrenzt werden müssen.
Ein zweiter Ansatzpunkt besteht darin, Wirtschaftlichkeitsreserven bei der Erstellung gesundheitlicher Güter und Leistungen zu erschließen und auf diese Weise zu versuchen, mit gegebenem Mitteleinsatz einen höheren gesundheitlichen Outcome bzw. denselben Outcome mit weniger Mitteln oder eine Mischung aus beidem zu realisieren.
Und drittens und schlussendlich können Reformen an der Bedarfsseite ansetzen. Zum einen können sie sich zum Ziel setzen, dass ein Bedarf erst gar nicht entsteht bzw. artikuliert wird. Zum anderen kann der Gesetzgeber dafür sorgen, dass ein in der Vergangenheit von der Solidargemeinschaft der gesetzlich Kranken- bzw. Pflegeversicherten möglicherweise noch getragener Leistungsbedarf nicht mehr länger von ihr finanziert wird. Dies würde einer Rationierung des Angebots an oder der Nachfrage nach Gesundheitsleistungen gleichkommen, wodurch es dem einzelnen Individuum selbst überlassen bleibt, im Rahmen seiner Zahlungsbereitschaft und -fähigkeit eine Befriedigung seines Bedarfes zu Lasten anderer konsumptiver Verwendungen anzustreben.
Eine Auflistung und Bewertung aller momentan diskutierter Handlungsempfehlungen und Reformoptionen würde den gebotenen Umfang dieser Arbeit bei weitem sprengen. Nichtsdestotrotz sollen im Folgenden einige konkrete Vorschläge, die in enger Beziehung zu den in dieser Arbeit erzielten Ergebnissen stehen, genauer betrachtet werden, wobei selbstverständlich auch hier eine umfassende Diskussion und detaillierte Bewertung nicht möglich ist. Stattdessen beschränken sich die nachfolgenden Ausführungen auf einzelne Aspekte mit dem Ziel, entsprechende Diskussionen in Gang zu setzen bzw. mit weiteren Argumenten zu bereichern.
Konkret beschäftigen sich die nachfolgenden Ausführungen mit den folgenden Reformvorschlägen:

- Verlängerung der Lebensarbeitszeit (vgl. Abschnitt 6.1)
- Aufhebung der organisatorischen Trennung zwischen GKV und SPV (vgl. Abschnitt 6.2)
- Senkung der Sterbekosten (vgl. Abschnitt 6.3)
- Präventionsförderung (vgl. Abschnitt 6.4)
- Beeinflussung und Begleitung des medizinischen Fortschritts (vgl. Abschnitt 6.5)
- Rationierung (vgl. Abschnitt 6.6)

Der Vorschlag, die Lebensarbeitszeit zu verlängern, zielt darauf ab, die von der Volkswirtschaft produzierte Ressourcenmenge zu erhöhen, während die organisatorische Zusammenfassung des Gesundheits- und Pflegebereichs sowie die Senkung der Sterbekosten hauptsächlich die Effizienz und Effektivität der Leistungserstellung zu verbessern sucht. Die drei anderen Reformansätze intendieren dagegen schwerpunktmäßig eine Beeinflussung oder Begrenzung des Bedarfs und damit der Inanspruchnahme gesundheitlicher Leistungen.

6.1 Verlängerung der Lebensarbeitszeit

Die Verlängerung der Lebensarbeitszeit und damit die Vergrößerung der von jedem Individuum zeitlebens produzierten Gütermenge kann grundsätzlich auf drei Wegen erreicht werden (ähnlich Ulrich, 2002, S. 64): durch eine Verkürzung der Ausbildungszeiten, durch eine Erhöhung der Jahresarbeitszeit, indem die Wochenarbeitszeit angehoben, der Jahresurlaub gekürzt und/oder Sonn- und Feiertage gestrichen werden, oder durch eine Anhebung des faktischen Eintrittsalters in den Ruhestand.

Diverse Maßnahmen zur Verkürzung der Ausbildungszeiten wie beispielsweise die Erlangung des Abiturs nach bereits zwölf Schuljahren oder die Einführung von im Vergleich zu Diplomstudiengängen zeitlich wie inhaltlich gestrafften Bachelor-Abschlüssen sind bereits ergriffen worden bzw. befinden sich gerade im Zuge der Umsetzung. Aus volkswirtschaftlicher Sicht ist allerdings darauf zu achten, dass derartigen Maßnahmen keine produktivitätsrelevanten Wissensinhalte zum Opfer fallen. Nicht zuletzt vor diesem Hintergrund dürfte das Potential für weitere Reduktionen der Ausbildungsdauer gering sein. Noch knapper bemessen dürfte freilich der politische Spielraum für eine Verlängerung der Jahresarbeitszeit durch die oben beschriebenen Ansätze sein, da sie letztlich über einen langen Zeitraum gewerkschaftlich erkämpfte Arbeitnehmerrechte beschneiden würden.

Während somit die ersten beiden Wege zur Verlängerung der Lebensarbeitszeit nahezu ausgereizt bzw. nicht begehbar sind, stellt die Heraufsetzung des faktischen Alters bei Antritt des Ruhestandes, das momentan bei etwa 60 Jahren liegt, eine sinnvolle und vor allem ergiebige Option dar – insbesondere vor dem Hintergrund, dass die bestehenden Ruhestandsregelungen eher historisch bedingt sind und sich unter den heutigen Umständen normativ nicht mehr begründen lassen. Vor allem den Argumenten, die sich gegen eine langfristige Anhebung der Altersgrenze für den abschlagsfreien Bezug von Renten und Pensionen jenseits des momentan gültigen gesetzlichen Schwellenwerts von 65 Jahren richten, fehlt es bei näherem Hinsehen an Stichhaltigkeit.

So überzeugt mit Blick auf die Ergebnisse dieser Arbeit das Argument, der schlechte Gesundheitszustand Älterer lasse eine Anhebung des gesetzlichen Alters beim Ruhestandsbeginn nicht zu (vgl. z.B. Deutscher Gewerkschaftsbund, 2003, S. 6), im Zeitablauf immer weniger, denn bei beiden Geschlechtern ließ sich anhand der in dieser Arbeit verwendeten Gesundheitszustandsindikatoren

im mittleren bis oberen Altersbereich eine absolute Kompression der Krankheitsdauer feststellen (vgl. Abschnitte 4.3.1.3 und 4.3.2.3). Darüber hinaus ist für die Zukunft zu erwarten, dass sich bis auf die unsichere Entwicklung am oberen Ende des Altersspektrums das Absinken der Krankheitsprävalenzraten fortsetzen wird, da sich die Sterblichkeit im unteren und mittleren Altersbereich kaum noch weiter reduzieren lässt. Jeder medizinische Fortschritt sowie jede Verbesserung der Versorgungslage chronisch Kranker kann daher nur noch an einer weiteren Reduktionen der Krankheitsprävalenz und -schwere ansetzen (vgl. Abschnitt 4.4). Ferner übersieht das o.a. Argument den sich bereits seit langem vollziehenden und auch in Zukunft vermutlich anhaltenden Wandel in der Berufsstruktur weg von physisch stark beanspruchenden hin zu eher sitzenden und geistig fordernden Tätigkeiten (vgl. Fuchs, 1984, S. 155).
Ein weiteres, insbesondere von Seiten der Gewerkschaften häufig angeführtes Argument gegen eine Erhöhung des Alters beim Wechsel in den Ruhestand verweist auf die derzeit schlechte Arbeitsmarktlage für Ältere und die damit verbundene hohe Altersarbeitslosigkeit, wodurch eine Verlängerung der Lebensarbeitszeit gleichbedeutend mit einer Verlängerung der Arbeitslosigkeitsdauer sei (vgl. z.B. Wiesehügel, 2004, S. 33). Das Problem der Arbeitslosigkeit unter Älteren dürfte jedoch nicht im Fehlen von Arbeit begründet sein, sondern vielmehr in der nicht-produktivitätsgerechten Entlohnung Älterer. Eine stärkere Orientierung der Lohnhöhe an der tatsächlichen Arbeitsproduktivität und weniger an der Dauer der stark alterskorrelierten Betriebszugehörigkeit könnte dem Umstand Rechnung tragen, dass die Produktivität mit dem Alter stagniert bzw. eventuell sogar sinkt, zumindest aber nicht in dem Maße ansteigt wie in den ersten Jahren der Erwerbstätigkeit. Daneben sollte ein weniger abrupter, sondern eher fließender Übergang in den Ruhestand angestrebt werden, denn die heute trotz aller gegenteiliger Bemühungen immer noch vorherrschende Praxis, mit dem Ausscheiden aus dem Erwerbsleben die Arbeitszeit praktisch von 100% auf 0% zu reduzieren, steht in scharfem Kontrast zur eher langsamen Abnahme der physischen und kognitiven Leistungsfähigkeit Älterer. In noch schärferem Kontrast steht sie zur Tatsache, dass Altern nicht nur Leistungsfähigkeitsverlust bedeutet, sondern in einigen produktivitätsrelevanten Aspekten auch mit positiven Entwicklungen einhergeht. So dürfte sich insbesondere bei erfahrungsbasierten Tätigkeiten die Leistungsfähigkeit mit dem Alter verbessern (vgl. Robert Koch-Institut, 2002, S. 8; Börsch-Supan et al., 2005, S. 2).

Eine der Kernaufgaben zur Bewältigung der zukünftigen finanziellen Belastungen der sozialen Sicherungssysteme muss somit darin bestehen, das durchaus vorhandene produktive Potential Älterer zu nutzen (ähnlich Manton, 1982, S. 235-239). Insbesondere die vergleichsweise hohe Altersarbeitslosigkeit sowie die immer noch lukrativen gesetzlichen Möglichkeiten eines frühzeitigen Austritts aus dem Erwerbsleben bewirken eine Vergeudung dieses Produktivitätspotentials, die bereits heute und erst recht in der Zukunft nicht zu rechtfertigen ist. Zwar ist die im Koalitionsvertrag der derzeitigen Regierungskoalition vorgesehene schrittweise Anhebung des gesetzlichen Eintrittsalters in den Ruhestand bis auf 67 Jahre zu begrüßen; kurzfristig ist jedoch eine Anpassung des faktischen an das gesetzliche Schwellenalter eine unumgängliche und in jedem Fall anzustrebende Zielvorgabe, der angesichts der begründeten Vermutung eines sich populationsweit nicht verschlechternden, sondern sich eher verbessernden Gesundheitszustandes Älterer zumindest epidemiologisch nichts im Wege stehen dürfte.

6.2 Aufhebung der organisatorischen Trennung zwischen GKV und SPV

Die organisatorische Trennung zwischen GKV und SPV stellt ein deutschlandspezifisches, in anderen Ländern mit abweichenden sozialstaatlichen Traditionen hingegen nicht vorzufindendes Phänomen dar, das insbesondere medizinisch nicht zu rechtfertigen ist (vgl. Kruse et al., 2003, S. 107). So wird der enge Bezug zu Krankheiten bereits durch die gesetzliche Definition von Pflegebedürftigkeit angedeutet. Demnach sind Personen dann pflegebedürftig, wenn sie „wegen einer körperlichen, geistigen oder seelischen Krankheit oder Behinderung für die gewöhnlichen und regelmäßig wiederkehrenden Verrichtungen im Ablauf des täglichen Lebens auf Dauer (...) in erheblichem oder höherem Maße (...) der Hilfe bedürfen" (§ 14 (1) SGB XI). Die Legaldefinition von Pflegebedürftigen weist somit richtigerweise darauf hin, dass neben Behinderungen Krankheiten wie beispielsweise Demenz und Osteoporose einen Pflegebedarf auslösen können, wodurch sich im Umkehrschluss eine Vermeidung entsprechender Krankheiten bzw. eine Abschwächung deren Verlaufs günstig auf die Wahrscheinlichkeit einer Pflegebedürftigkeit auswirkt. Reüssiert somit das Gesundheitswesen bei der Bekämpfung bestimmter Krankheiten, wirkt sich dies auch und gerade auf den Verbrauch volkswirtschaftlicher Ressourcen im Pflegebereich aus. Auf der anderen Seite erweckt die oben zitierte Legaldefinition jedoch den falschen Eindruck, dass die Beziehung zwischen Krankheiten und Pflegebedürftigkeit nur in einer Richtung kausaler Natur ist, d.h. dass es keine Rückkopplung der Pflegebedürftigkeit ihrerseits auf den Krankheitsverlauf gibt. In Wirklichkeit aber kann Letzterer von einer aktivierenden Pflege positiv beeinflusst werden, wodurch der Pflegebereich auf die Allokation in der GKV Einfluss nimmt (ähnlich ebenda, S. 113)[2].

Neben diesen wechselseitigen Abhängigkeiten kommt verschärfend hinzu, dass insbesondere bei multimorbiden, chronisch kranken Menschen im Einzelfall die Unterscheidung zwischen Krankenbehandlungs- und Pflegebedürftigkeit oft nicht eindeutig zu treffen ist (vgl. SVRBEiG, 2005, S. 430). Es ist daher nicht weiter verwunderlich, dass es bei älteren Versicherten oft zu Überschneidungen der Ansprüche aus beiden Versicherungszweigen kommt (vgl. ebenda, S. 478).

---

[2] Beispielsweise reduziert eine angemessene pflegerische Aufmerksamkeit die Gefahr des Wundliegens bettlägeriger Pflegebedürftiger, was im Falle des Eintretens medizinische Maßnahmen erforderlich macht und damit Ressourcen der GKV bindet (ähnlich Pschyrembel, 2004, S. 374-376).

Allein vor dem Hintergrund dieser Ausführungen erscheint die momentane organisatorische Trennung zwischen der GKV auf der einen und der SPV auf der anderen Seite unbegründet. Besonders problematisch ist in diesem Kontext allerdings der Umstand, dass es sich bei der GKV und der SPV um unterschiedlich ausgestaltete Systeme handelt, die ihre eigenen, aber nicht notwendigerweise miteinander kompatiblen Entscheidungslogiken haben. Als Folge der unterschiedlichen Zielsetzungen und Rahmenbedingungen der beiden Systeme besteht somit die Gefahr von Resultaten, die für (chronisch) Kranke bzw. Pflegebedürftige suboptimal sind und darüber hinaus mit der Verschwendung knapper volkswirtschaftlicher Ressourcen einhergehen (vgl. Kruse et al., 2003, S. 112).
Der an dieser Stelle gewichtigste Unterschied in der Konstruktion von GKV und SPV liegt in der jeweiligen wettbewerblichen Ausrichtung der beiden Systeme. Die GKV ist vom Ansatz her insofern als ein wettbewerbliches System konzipiert, als die Krankenkassen in einem Beitragssatzwettbewerb zueinander stehen, der zum Zwecke der Eindämmung von Risikoselektionsstrategien und zur Schaffung vergleichbarer wettbewerblicher Ausgangsbedingungen zusätzlich von einem Risikostrukturausgleich flankiert wird[3]. Die bei den einzelnen Krankenkassen eingerichteten Pflegekassen haben dagegen keine wettbewerbliche Ausrichtung. Ein kassenartenübergreifender Finanzausgleich sichert einen gesetzlich vorgegebenen bundeseinheitlichen Beitragssatz aller Pflegekassen, wodurch deren Motivation zu wirtschaftlichem Verhalten naturgemäß begrenzt ist (vgl. IGES et al., 2001, S. 10; SVRBEiG, 2005, S. 433).
Durch diese systembedingten Unterschiede haben Krankenkassen nun einen Anreiz, Leistungen, die in beiden Versicherungssystemen erstattungsfähig sind, ihren angegliederten Pflegekassen zuzuschieben, um sich auf diese Weise einen Vorteil im Wettbewerb um den günstigsten GKV-Beitragssatz zu sichern (vgl. SVRBEiG, 2005, S. 432, 435). Da aber das Gesamtvolumen der SPV zum Zwecke der Sicherung eines konstanten Beitragssatzes de facto budgetiert ist, verletzt diese Kostenverlagerung insofern die Interessen der Pflegebedürftigen, als ihnen somit nur noch ein reduziertes Leistungsvolumen verbleibt (vgl. ebenda, S. 435).
Bedingt durch den Wettbewerbsdruck innerhalb der GKV haben Krankenkassen auch keinen pekuniären Anreiz, Maßnahmen zu ergreifen, die sich ausschließlich bzw. hauptsächlich auf die Pflegebedürftigkeit und damit auf das Ausgaben-

---

[3] Der Risikostrukturausgleich gleicht die finanziellen Auswirkungen unterschiedlicher kassenspezifischer Versichertenstrukturen aus, sofern sie Alter, Geschlecht, den Bezug einer Erwerbsminderungsrente und eine Reihe weiterer Merkmale betreffen. Der Ausgleich auf der Ausgabenseite erfolgt dabei durch die Erstattung sog. standardisierter Leistungsausgaben, die den GKV-weiten Durchschnittsausgaben von Personen mit einer bestimmten RSA-relevanten Merkmalskombination entsprechen. Dadurch, dass im Rahmen des RSA nur die standardisierten, nicht aber die tatsächlichen Leistungsausgaben einer Kasse erstattet werden, bleibt der Anreiz der Kassen zu wirtschaftlichem Verhalten bestehen. Erstattungsfähig sind hierbei nur Leistungsausgaben, nicht aber Verwaltungskosten und Satzungsleistungen (sog. Kannleistungen), die somit vollständig von den Krankenkassen beitragswirksam zu finanzieren sind.

volumen ihrer Pflegekassen günstig auswirken (vgl. IGES et al., 2001, S. 15/16; SVRBEiG, 2005, S. 483). Ein prominentes Beispiel sind in diesem Zusammenhang Rehabilitationsleistungen, deren Träger bei Nicht-Erwerbstätigen i.d.R. die Krankenkassen sind. Es gilt in den Pflegewissenschaften als ausgemacht, dass sich eine Rehabilitation im Allgemeinen günstig auf die Pflegebedürftigkeit und damit auf die Inanspruchnahme von Leistungen der SPV auswirkt (vgl. IGES et al., 2001, S. 14; Kruse et al., 2003, S. 112). Vor diesem Hintergrund verwundert es nicht, dass im Sozialgesetzbuch der Rehabilitation Vorrang vor der Pflege eingeräumt wird (vgl. § 31 SGB XI). Da aber auf Rehabilitationsleistungen kein Rechtsanspruch seitens der Pflegebedürftigen besteht und eine Gewährung damit im Ermessensspielraum einer Krankenkasse liegt, werden Rehabilitationsleistungen nach § 266 (4) S. 1 SGB V im RSA nicht ausgeglichen. Dadurch wird das ohnehin schon relativ geringe Interesse von Krankenkassen an einer Genehmigung von Rehabilitationsanträgen und damit an einer Finanzierung von Leistungen, die eher der Pflegeversicherung zu Gute kommen, zusätzlich geschwächt (vgl. SVRKAiG, 2003, S. 470/471; SVRBEiG, 2005, S. 440). Verschärfend kommt hinzu, dass eine Krankenkasse, die sich dieser Entscheidungslogik widersetzt und stattdessen großzügig bei der Genehmigung von Rehabilitationsanträgen ihrer pflegebedürftigen Versicherten verfährt, auch für Pflegebedürftige anderer Kassen an Attraktivität gewinnen und dadurch entsprechende Krankenkassenwechsel induzieren würde. Da aber diese potentielle Kassenwechslergruppe und damit rehabilitationswillige Pflegebedürftige i.d.R. schlechte Risiken in dem Sinne sein dürften, dass ihre Leistungsausgaben über den standardisierten Leistungsausgaben von GKV-Mitgliedern mit vergleichbaren RSA-relevanten Merkmalen liegen, verschlechtert sich durch diese selektiven Kassenwechsel die am GKV-Beitragssatz gemessene Wettbewerbsfähigkeit der aufnehmenden Krankenkasse noch mehr (vgl. IGES et al., 2001, S. 16).

Zusammenfassend bleibt festzuhalten, dass eine Zusammenführung von GKV und SPV die Effizienz und Effektivität der gesundheitlichen und pflegerischen Versorgung steigern könnte und deshalb aus ökonomischer Sicht zu begrüßen ist[4]. Lehnt die Politik diesen Weg der Integration allerdings ab, so bestünde ein sinnvoller Schritt zur Eingrenzung der derzeitigen Schnittstellenproblematik darin, Rehabilitationsleistungen für Pflegebedürftige auch durch die SPV finanzieren zu lassen und damit Nutznießer und Financier dieser Leistungsart zusammenzuführen. Sofern diese Zuständigkeitsverlagerung nicht angestrebt wird, sollten Ausgaben der Krankenkassen für Rehabilitationsleistungen zumindest im Rahmen des Risikostrukturausgleichs der GKV ausgeglichen werden. Ferner sollte angesichts der strukturell vergleichbaren Versicherungsrisiken „Krankheit“ und „Pflegebedürftigkeit“ auch in der SPV ein mit der GKV vergleichbarer und durch einen eigenen Risikostrukturausgleich begleiteter (Beitragssatz-)

---

[4] Zu diesem Ergebnis und den nachfolgenden Empfehlungen kommen auch der Sachverständigenrat zur Begutachtung der Entwicklung im Gesundheitswesen (vgl. 2005, insbes. S. 476-487) sowie die Gutachtergruppe IGES, Igl und Wasem (vgl. 2001, insbes. S. 75-78).

Wettbewerb auf der Ebene der Pflegekassen initiiert werden, um Wirtschaftlichkeitspotentiale auch im Pflegebereich zu erschließen.

6.3 Senkung der Sterbekosten

Angesichts der in Abschnitt 5.2.1 ausgeführten Tatsache, dass die Ausgaben für Versterbende häufig um ein Mehrfaches über denen von gleichaltrigen Nicht-Versterbenden liegen, könnte der zukünftige Ausgabendruck spürbar abgefedert werden, wenn es gelänge, die Ausgaben für Versterbende entsprechend zu reduzieren und dieser Personengruppe „nur" noch palliative und pflegerische Leistungen zukommen zu lassen. Da bei diesem Patientenkreis ein baldiger Tod trotz des Aufbringens hoher Ausgaben offensichtlich ohnehin nicht verhindert werden kann, ginge eine Kostensenkung daher mit einer Effektivitätssteigerung einher, denn der medizinische Outcome, nämlich der Tod, bliebe bei reduziertem Ressourceneinsatz unverändert.
In diesem Sinne behauptet beispielsweise Fries, dass „these large terminal costs undoubtedly include many futile and expensive expenditures that could be targeted for cost-cutting measures" (1990, S. 42). Auch Kruse et al. scheinen bei der Versorgung Sterbender Kostensenkungspotential zu vermuten, denn ihnen zufolge wäre es „interessant zu untersuchen, ob unter den ‚Sterbekosten' ein besonders hoher Anteil durch Fehl- und Überversorgung verursacht ist" (2003, S. 39).

Bei der Forderung nach einer Sterbekostensenkung wird jedoch möglicherweise übersehen, dass es zwar *retrospektiv* ein Leichtes ist, Sterbekosten als solche zu identifizieren und ihre Angemessenheit kritisch zu hinterfragen – eine vollkommen andere Sache ist es jedoch, *prospektiv* eine Person als todkrank und versterbend einzuordnen und ihr potentiell lebensverlängernde und teure Behandlungsmaßnahmen wegen fehlender Erfolgsaussichten vorzuenthalten (ähnlich Scitovsky, 1984, S. 591). Denn ärztliche Prognosen sind bekanntlich unsicher, woran auch der medizinische Fortschritt in der Vergangenheit nichts geändert hat – vielmehr dürfte dieser sogar die Schwierigkeit und Unsicherheit medizinischer Prognosen noch zusätzlich gesteigert haben, da er die Handlungsoptionen des Arztes sukzessive erweitert hat (vgl. ebenda, S. 592, 604). Jede Analyse des angemessenen Ressourceneinsatzes am Lebensende darf sich folglich nicht nur auf die Art und Menge der Leistungen für Verstorbene richten, sondern muss auch diejenigen Personen betrachten, die nur dank dieser möglicherweise intensivmedizinischen Maßnahmen überlebt haben (vgl. Lubitz/Prihoda, 1984, S. 129).
Sehr aufschlussreich ist in diesem Zusammenhang eines der Ergebnisse einer Untersuchung von Lubitz und Riley (vgl. 1993, insbes. S. 1094). Die beiden Autoren zeigen auf Basis einer 5%-Zufallsstichprobe von Medicare-Anspruchsberechtigten, dass sich in den Jahren 1976, 1980, 1985 und 1988 unter dem einen Prozent der Versicherten mit den höchsten jährlichen Erstattungen ohne zeitliche Tendenz nur zwischen 43 und 50% Verstorbene befanden.

Zu erwähnen ist darüber hinaus auch eine Studie von Scitovsky (vgl. 1988, insbes. S. 649-658) zur Aufdeckung des Zusammenhangs zwischen dem funktionellen Zustand und der Inanspruchnahme von bestimmten medizinischen Leistungen im letzten Lebensjahr. Zwar berücksichtigt diese Untersuchung ausschließlich Verstorbene, wodurch kein Vergleich mit der Leistungsinanspruchnahme vergleichbar kranker Überlebender möglich ist, dennoch räumt sie mit manch einem Vorurteil auf. Konkret besteht die Untersuchungspopulation aus 261 zwischen Januar 1983 und August 1984 verstorbenen PAMC-Patienten[5], für die u.a. Angaben zur Leistungsinanspruchnahme und dem anhand einer ADL-Skala gemessenen funktionellen Zustand vorliegen. Diejenigen Verstorbenen, die während ihres letzten Lebensjahres teure technologieintensive Gesundheitsleistungen in Anspruch nahmen, wiesen dabei überwiegend einen guten funktionellen Zustand und daher möglicherweise auch gute Heilungsprognosen auf. Sie bildeten also die Art von Patienten, bei denen es ein Arzt nicht als gerechtfertigt empfinden würde, eine aggressive Therapie zu unterlassen. Demgegenüber erhielten Patienten mit schlechtem funktionellen Status größtenteils nur pflegerische Leistungen. Es scheint folglich, dass teure medizinische Leistungen auf eine medizinisch rationalere Art gewährt werden, als gemeinhin angenommen wird. Insbesondere ein intensiver Einsatz hochtechnologischer Maßnahmen am Lebensende dürfte in Palo Alto nur bei solchen Patienten in Erwägung gezogen worden sein, bei denen die Ärzte noch eine berechtigte Hoffnung auf Heilung hatten. Es ist zwar unklar, inwieweit diese Ergebnisse auf aktuelle deutsche Verhältnisse übertragbar sind. Trotzdem spricht beispielsweise das in Abschnitt 5.2.1 thematisierte Absinken der stationären Leistungsausgaben mit dem Sterbealter und daher wohl mit sich verschlechternder Überlebensprognose dafür, dass auch in Deutschland i.d.R. keine exzessive und unüberlegte Mittelverschwendung am Lebensende an der Tagesordnung ist.
Als Fazit aus diesen beiden Untersuchungen lässt sich somit festhalten, dass (Schwer-) Kranken, die dann doch versterben, i.d.R. diejenige Art der Behandlung gewährt wird, die generell (Schwer-) Kranken zugestanden wird – und diese Behandlung ist nun einmal i.d.R. teuer und eignet sich angesichts der Unsicherheit medizinischer Prognosen kaum für Rationalisierungsmaßnahmen (ähnlich Scitovsky, 1984, S. 604). Eine Einschränkung unterstützender, möglicherweise palliativer Behandlungsleistungen für solche Patienten, denen die Ärzte kaum noch Überlebenschancen einräumen, käme dagegen einer Rationierung gleich und würde ernsthafte ethische Probleme mit sich bringen (vgl. Scitovsky, 1988, S. 658 sowie allgemein zur Rationierung medizinischer Leistungen Abschnitt 6.6).

[5] Die Abkürzung PAMC steht für „Palo Alto Medical Clinic". Dabei handelt es sich allerdings nicht – wie vielleicht der Name suggeriert – um ein Krankenhaus, sondern um einen Zusammenschluss ambulant arbeitender Ärzte in Palo Alto (Kalifornien). PAMC arbeitet aber im Bedarfsfall mit stationären Einrichtungen zusammen.

6.4 Präventionsförderung

Angesichts der Tatsache, dass die Gesundheitsausgaben für Prävention deutlich hinter denen für die Kuration zurückbleiben[6], verwundert die allgemeine und immer lautere Forderung nach einer Stärkung der präventiven Seite der Gesundheitsversorgung nicht. In diesem Sinne hatte der Gesetzgeber im Jahre 2005 ein Präventionsgesetz in die Wege geleitet, das durch die Neuwahl im Herbst desselben Jahres jedoch erst einmal zurückgestellt wurde. Die Krankenkassen ihrerseits legen seit geraumer Zeit diverse Bonusprogramme auf, um ihre Versicherten zu einem gesundheitsbewussten Verhalten anzuregen. Die positive Grundhaltung gegenüber Prävention reicht in der gesundheitspolitischen Diskussion sogar so weit, dass einzelne Akteure Malus-Regelungen für nicht-präventives Verhalten einfordern. So hält beispielsweise die Deutsche Krankenhausgesellschaft in einem Positionspapier zur Weiterentwicklung des Gesundheitswesens (vgl. 2003, S. 13) eine private obligatorische Unfallversicherung für Risikosportler für diskussionswürdig.

Wie ist nun eine stärkere Präventionsförderung vor dem Hintergrund der Ergebnisse dieser Arbeit allgemein zu beurteilen? Um einen Antwortversuch auf diese Frage zu wagen, ist es zuallererst erforderlich, sich die beiden Hauptziele präventiver Maßnahmen bewusst zu machen.

Das eine Ziel liegt darin, den Ressourcenverbrauch insbesondere zu Lasten der GKV und der SPV einzudämmen. Da eine Analyse der finanziellen Aspekte von Prävention der Natur nach nur in dynamischer Hinsicht Sinn macht, lässt sich das finanzielle Ziel von Prävention dahingehend konkretisieren, dass durch sie der Gegenwartswert des zukünftigen Ausgabenstroms von Personen, die in den Genuss der präventiven Maßnahme kommen bzw. aktiv Prävention betreiben, c.p. reduziert werden soll: Auch wenn die Präventionsmaßnahme ihrerseits möglicherweise Kosten verursacht und damit knappe Ressourcen bindet, soll sie gleichwohl eine diese Kosten überkompensierende Ausgabenersparnis in der Zukunft nach sich ziehen.

Die Ausformulierung des zweiten Ziels von Prävention fällt dagegen nicht nur in quantitativer, sondern vor allem in qualitativer Hinsicht schwieriger und ist – wie im weiteren Verlauf dieses Abschnitts ausgeführt – m.E. auch nicht abschließend und allgemeingültig möglich. Dieses Ziel bleibt daher an dieser Stelle bewusst unscharf formuliert stehen. Es lautet, dass sich Prävention durch die Beeinflussung der Eintrittswahrscheinlichkeit und des Verlaufs von Krankheiten vorteilhaft auf die „Gesundheit" einer Person auswirken soll.

---

[6] Nach der Gesundheitsausgabenrechnung des Statistischen Bundesamtes entfielen im Jahr 2003 11,096 Mrd. € und damit etwa 4,6% der gesamten Gesundheitsausgaben auf Prävention und Gesundheitsschutz. Für ärztliche, pflegerische und therapeutische Leistungen, für den Ausgleich krankheitsbedingter Folgen sowie für Arznei- und Hilfsmittel, Zahnersatz und sonstigen medizinischen Bedarf wurden dagegen insgesamt 185,989 Mrd. € ausgegeben, was etwa 77,6% der Gesamtausgaben entspricht.

Welche „harten Fakten“ lassen sich nun präventiven Maßnahmen zuschreiben? Zunächst einmal ist es unstrittig, dass durch wirkungsvolle präventive Maßnahmen der Ausbruch bestimmter Krankheiten verhindert oder zumindest hinausgezögert werden kann (vgl. Abschnitt 2.3.1). Erfolgreiche Prävention hat somit einen positiven Einfluss auf die Zahl der gesunden Lebensjahre eines Individuums. Sieht man von etwaigen Kosten der Präventionsmaßnahme ab, so dürfte sie daher in aller Regel auch in finanzieller Hinsicht zumindest für diejenige Anzahl von Jahren sinnvoll sein, die ein entsprechendes Individuum auch ohne Prävention gelebt hätte. Wenn Prävention allerdings eine Lebensverlängerung bewirkt und damit zusätzliche Lebensjahre generiert, ist der Gesundheitszustand sowie der Ressourcenverbrauch in dieser zusätzlichen Lebenszeit dem c.p. verbesserten Gesundheitszustand und den eingesparten Ausgaben in den Lebensjahren davor gegenüberzustellen. Entscheidend für die abschließende finanzielle und epidemiologische ex ante-Beurteilung präventiver Maßnahmen ist somit letztlich die Frage, ob sich diese „nur“ auf den Ausbruch und Verlauf nicht-letaler Krankheiten auswirken oder ob sie auch auf letale Krankheiten abzielen und damit Lebensverlängerungen induzieren können.
Sofern Prävention wirksam ist und sich auf nicht-letale Krankheiten beschränkt, reduziert sie automatisch die Zahl der morbiditätsbelasteten Lebensjahre eines Individuums und führt so zu einer absoluten Kompression der Morbidität. Gleichzeitig dämmt sie den lebenslangen Verbrauch gesundheitlicher Ressourcen des betreffenden Individuums ein. Prävention stellt in diesem Fall daher sowohl in gesundheitlicher als auch in finanzieller Hinsicht einen „Nettogewinn“ dar (ähnlich Fries, 1987, S. 62; 1988, S. 421). Eine ideelle und finanzielle Belohnung von Personen, die derartige Präventionsangebote nutzen, ist daher grundsätzlich zu befürworten. Bei Zugrundelegung einer paternalistischen Sichtweise und damit letztlich der Auffassung, staatliche Organe wüssten besser als das einzelne Individuum, was wirklich gut für es ist, lässt sich an dieser Stelle sogar ein Zwang zur Prävention rechtfertigen. Zumindest aber ist es m.E. legitim, den Verzicht auf die Nutzung präventiver Angebote finanziell zu sanktionieren. Ein Beispiel aus der Praxis, in welcher der Staat bzw. die GKV präventives Verhalten belohnt, das die Mortalitätsseite unberührt lässt, betrifft die Inanspruchnahme von zahnärztlichen Vorsorgeuntersuchungen durch volljährige GKV-Versicherte[7]: Auf der einen Seite ist bei der Nutzung dieses Angebots keine Praxisgebühr fällig, auf der anderen Seite erhalten Versicherte, die für die zurückliegenden fünf (zehn) Jahre nachweislich mindestens einmal im Jahr an der Vorsorgeuntersuchung teilgenommen haben, im Falle einer Versorgung mit Zahnkronen oder Zahnersatz einen um 20% (30%) höheren Festzuschuss von ihrer Krankenkasse.
Während somit präventive Maßnahmen ohne Mortalitätsrelevanz sowohl finanziell als auch epidemiologisch grundsätzlich sinnvoll sind, bleibt die Bewertung

[7] (Volljährige) GKV-Versicherte haben einen Anspruch auf jährlich zwei zahnärztliche Vorsorgeuntersuchungen, die jedoch mindestens vier Monate auseinander liegen müssen.

anderer Präventionsansätze, die darüber hinaus auch lebensverlängernd wirken können, ex ante offen. Sowohl in Bezug auf den Gesundheitszustand als auch auf die finanzielle Zielkomponente ist es zwar durchaus möglich, dass verstärkte Präventionsanstrengungen auch in diesem Fall eine Verkürzung des von Krankheit begleiteten Lebensabschnitts sowie eine Reduktion des Gegenwartswerts des Ausgabenstroms eines Individuums nach sich ziehen und damit einen Morbiditätskompressionsmechanismus im Sinne von Fries (vgl. Abschnitt 2.3) in Gang setzen. Ebenso denkbar ist aber auch, dass ein Individuum gerade durch den Präventionserfolg in anderweitig nicht erreichbare Altersbereiche vorstößt, dort allerdings schwer krank oder pflegebedürftig ist und entsprechend hohe Ausgaben verursacht, welche die vorübergehende Kostenersparnis infolge des Präventionserfolgs mehr als aufwiegen (ähnlich Fries, 1987, S. 62; 1988, S. 420-423). Lebensverlängernde Prävention ist somit kein Garant für eine absolute Kompression der wie auch immer definierten Morbidität[8] – man denke in diesem Zusammenhang insbesondere an den Morbiditätsexpansionsmechanismus von Verbrugge bzw. Olshansky et al. (vgl. Abschnitt 2.4.3). An dieser Stelle wird auch deutlich, warum es objektiv nahezu unmöglich ist, den gesundheitlichen Erfolg einer lebensverlängernden Präventionsmaßnahme einzuschätzen: Die gestiegene Zahl von gesunden Lebensjahren und damit die Substitution von ohne Prävention kranken durch nun gesunde Jahre ist zwar uneingeschränkt positiv zu bewerten. Die zusätzliche Lebenszeit stellt jedoch noch keinen Wert an sich dar, sondern wird erst dann wertvoll, wenn das einzelne Individuum ihr einen wie auch immer definierten Sinn zuweist. Es ist nun zu vermuten, dass diese Sinnfindung und -gebung ganz entscheidend vom gesundheitlichen Zustand in den zusätzlichen Lebensjahren abhängt, letztlich bewerten kann dies allerdings nur das betreffende Individuum selbst[9].

Im Lichte dieser Argumentationsführung darf es dann allerdings weder einen finanziell noch einen paternalistisch motivierten Grund für den Staat geben, Individuen, die mortalitätsrelevante Präventionsangebote nutzen, ökonomisch zu belohnen oder bei gegenteiligen Verhaltensweisen entsprechend zu bestrafen. Insbesondere der Zwang zu Prävention oder das Verbot von (potentiell) gesundheitsschädlichen Verhaltensweisen ist als eine möglicherweise präferenzverletzende staatliche Bevormundung zumindest dann strikt abzulehnen, wenn vom individuellen Verhalten keine negativen externen Effekte auf andere Gesellschaftsmitglieder ausgehen (ähnlich Krämer, 1997, S. 15). Gerade mit Blick auf den gesundheitlichen Aspekt von Prävention sollte der Staat daher die Entscheidung dem einzelnen Individuum selbst überlassen, wie es leben will und insbesondere wie es potentiell kranke und gesunde Lebensjahre gegeneinander ab-

---

8 Damit soll jedoch nicht behauptet werden, dass „unter reinen Kostenaspekten (...) Prävention in der Regel ein Verlustgeschäft [ist]" (Krämer, 1997, S. 14), sondern nur, dass man es zumindest bei potentiell lebensverlängernden präventiven Maßnahmen ex ante gewöhnlich nicht weiß.

9 Aus der Perspektive des einzelnen Individuums können damit auch kranke und mit Schmerzen verbundene Lebensjahre lebenswert und „sinnvoll" erscheinen.

wägt sowie welchen Wert es einer potentiellen Lebensverlängerung beimisst (ähnlich ebenda, S. 16).

Vor dem Hintergrund dieser Ausführungen ist der allseits verbreitete Präventionsoptimismus, der bisweilen schon in eine Präventionsgläubigkeit ausartet, in dieser undifferenzierten Form m.E. unbegründet – und zwar sowohl in epidemiologischer als auch in finanzieller Hinsicht. Auch viele Studien, die scheinbar die finanzielle Vorteilhaftigkeit von Prävention belegen, greifen i.d.R. nicht weit genug. Insbesondere ist es kurzsichtig, nur die direkten finanziellen Folgen von Prävention zu betrachten und die indirekten Konsequenzen außer Acht zu lassen. Letztere lassen sich aber nur in (wirklich) retrospektiven Kohortenstudien nach dem Ableben *aller* Studienteilnehmer erfassen, denn nur dann ist eine zweifelsfreie Abschätzung des finanziellen Saldos einer Präventionsmaßnahme uneingeschränkt möglich. In diesem Sinne wäre es beispielsweise kurzsichtig, die finanziellen Auswirkungen des Tabakkonsums nur daran festzumachen, dass er zum Beispiel die Wahrscheinlichkeit eines Bronchialkarzinoms erhöht und im Falle einer entsprechenden Erkrankung Gesundheitsausgaben wie solche für Operationen oder Chemotherapien induziert. Auf der anderen Seite erspart aber ein relativ früher, durch Lungenkrebs hervorgerufener Tod den Sozialversicherungsträgern auch Ausgaben, zum Beispiel in Form von Rentenzahlungen oder einer (Mit-) Finanzierung eines langjährigen Pflegeheimaufenthalts am Ende eines langen Lebens. Diese Argumentation soll freilich nicht einem „sozialverträglichen Frühableben"[10] das Wort reden, sondern vielmehr die logische Inkonsistenz verdeutlichen, die darin besteht, Individuen finanziell quasi dafür bestrafen zu wollen, dass sie der Gesellschaft womöglich Ausgaben ersparen, und umgekehrt solche zu belohnen, die auf kurze Sicht vielleicht weniger Gesundheitsausgaben verursachen, langfristig aber umso mehr gesellschaftliche Ressourcen absorbieren.
Auf der anderen Seite ist es allerdings nicht gerechtfertigt, mortalitätsrelevante Prävention oder gesunde Lebensweisen generell abzulehnen. Auch hier gilt, dass jeder nach seiner eigenen Façon leben sollte und insbesondere die Sozialversicherungsträger auch präventionsfreudige Individuen in angemessener Weise unterstützen sollten. Insofern ist gegen entsprechende Präventionsangebote sowie die Finanzierung von Vorsorgeuntersuchungen seitens der Krankenkassen grundsätzlich nichts einzuwenden. Vor allem gibt es auch keinen Grund, Prävention zu Gunsten der Kuration zu diskriminieren. Nicht zu rechtfertigen ist es m.E. allerdings, wenn Krankenkassen ihre Versicherten für die Teilnahme an so unspezifischen Präventionsprogrammen wie Kursen zur vollwertigen Ernährung oder zur Raucherentwöhnung finanziell belohnen, da diese Belohnungen letztlich über einen erhöhten Beitragssatz vom Versichertenkollektiv zu tragen

[10] Dieser provokante und zynischen Begriff erlangte zweifelhafte Berühmtheit, als ihn der frühere Präsident der Bundesärztekammer Karsten Vilmar in einem Radiointerview verwendete. Im Anschluss daran wurde dieser Ausdruck sogar zum Unwort des Jahres 1998 gewählt.

sind[11]. Die Aufgabe von Krankenkassen sollte vielmehr darin liegen, ihren Versicherten gesundheitsrelevante Informationen über die Konsequenzen von präventivem oder nicht-präventivem Verhalten und den Sinn und Zweck von Vorsorgeuntersuchungen zukommen zu lassen und ihnen dadurch ein fundiertes eigenverantwortliches Entscheiden zu ermöglichen.

Es bleibt somit zusammenfassend festzuhalten, dass eine Präventionsförderung uneingeschränkt nur dann Sinn macht und daher zu unterstützen ist, wenn die Prävention keinen Einfluss auf die Sterblichkeit hat. Ansonsten ist es zweifelhaft, ob eine populationsweite Stärkung der Prävention der Schlüssel ist, um einerseits die drohende finanzielle Schieflage der gesetzlichen Sozialversicherung – insbesondere der GKV und SPV – abzuwenden und andererseits die Bevölkerung „gesund" zu halten.
Allerdings unterliegen die Empfehlungen dieses Abschnitts zum staatlichen Umgang mit Prävention auch diversen Einschränkungen.
So ging die bisherige Argumentation insbesondere in Bezug auf mortalitätsrelevante Präventionsansätze von volljährigen Versicherten aus, die sich ihrer Präferenzen bewusst sind und sich eigenverantwortlich für oder gegen die Nutzung präventiver Maßnahmen sowie für oder gegen „gesunde" Lebensstile entscheiden können. Bei Minderjährigen dagegen dürften diese „Fähigkeiten" noch nicht (vollständig) ausgereift sein. Insofern ist es m.E. gerechtfertigt, wenn der Staat in paternalistischer Manier – etwa durch Rauchverbote oder durch obligatorische Vorsorgeuntersuchungen – dafür sorgt, Minderjährige in möglichst gesundem Zustand an die Volljährigkeit heranzuführen, wo sie dann selbst über ihre weitere gesundheitsbezogene Lebensführung und -planung befinden können.
Wie an früherer Stelle bereits angedeutet, ist darüber hinaus auch die Tatsache zu berücksichtigen, dass von präventiven Maßnahmen positive externe Effekte auf andere Individuen ausgehen können, die das einzelne Individuum bei seiner Entscheidung für oder gegen Prävention möglicherweise aber nicht in ausreichendem Maße internalisiert mit der Folge, dass seine Präventionsanstrengungen unterhalb des gesellschaftlichen Optimums liegen. Prominentes Beispiel in diesem Zusammenhang ist die Impfung gegen eine ansteckende Krankheit, die nicht nur den Impfling, sondern auch die Personen seines Umfeldes vor der betreffenden Erkrankung schützt. In einem derartigen Fall ist ein Eingreifen des Staates – beispielsweise in Gestalt der Verordnung einer Impfpflicht – wohlfahrtstheoretisch durchaus zu begründen (vgl. Krämer, 1997, S. 15). Ein staatlicher Eingriff kann auch bei negative externe Effekte auslösenden gesundheitsrelevanten Verhaltensweisen angezeigt sein. So können beispielsweise Nichtraucher durch den Zigarettenkonsum von Rauchern in ihrem Wohlbefinden massiv

[11] Hierbei darf allerdings nicht übersehen werden, dass Krankenkassen ihre Bonusprogramme möglicherweise aus einer gänzlich anderen Motivation heraus anbieten, nämlich um bei versicherungstechnisch guten Risiken (mit unterdurchschnittlichen RSA-relevanten Leistungsausgaben) an Attraktivität zu gewinnen und Anreize zu entsprechenden Kassenwechseln zu setzen.

beeinträchtigt werden, wodurch sich staatliche Maßnahmen zum Schutze von Nichtrauchern – zum Beispiel durch Rauchverbote in sensiblen Bereichen – wohlfahrtstheoretisch rechtfertigen lassen.
Bei der finanziellen Bestrafung von gesundheitsschädlichem Verhalten durch den Staat ist abschließend zu beachten, dass dieser mit derartigen Maßnahmen häufig nur vordergründig Präventionsziele verfolgt, in Wirklichkeit aber andere Ziele vor Augen hat. Beispielsweise ist die Steuer auf Tabak oder alkoholische Getränke nicht nur als Strafsteuer konzipiert, sondern dient auch und vor allem der staatlichen Einnahmenerzielung (vgl. Wellisch, 2000, S. 36/37)[12]: Da die genannten Güter unelastisch nachgefragt werden, kann der Staat hier mit relativ geringen Steuersätzen ein vergleichsweise hohes Steueraufkommen erzielen. Ferner genügt die Besteuerung von Tabak und Alkoholika auch wohlfahrtsökonomischen Anforderungen: Da jede Verbrauchssteuer, welche die Relativpreise in der Volkswirtschaft verzerrt, unter Normalbedingungen einen gesellschaftlichen Wohlfahrtsverlust verursacht (vgl. ebenda, S. 27-31), sollte der Staat bei der Erzielung von Steuereinnahmen darauf bedacht sein, diese Wohlfahrtsverluste möglichst gering zu halten. Dies gelingt ihm gemäß der in der Finanzwissenschaft bekannten Inverse-Elastizitäten-Regel dann, wenn er in einem Verbrauchssteuersystem die Steuersätze so wählt, dass deren Verhältnis reziprok zu dem der Preiselastizitäten der Nachfrage für die betrachteten Güter ist (vgl. ebenda, S. 35/36). Da nun die Nachfrage nach Rauchwaren und Alkoholika verglichen mit anderen Verbrauchsgütern eher preisunelastisch sein dürfte, handelt der Staat im Sinne der Inverse-Elastizitäten-Regel wohlfahrtstheoretisch richtig, wenn er diese Güter verhältnismäßig hoch besteuert. Dass bei diesen Gütern eine möglicherweise präventionspolitisch motivierte Verbrauchsreduktion durch Besteuerung kaum erreicht werden kann, liegt auf der Hand.

6.5 Beeinflussung und Begleitung des medizinischen Fortschritts

Der medizinische Fortschritt ist Gruenbergs These zufolge (vgl. Abschnitt 2.4.1) der entscheidende Faktor bei der Generierung von Lebensverlängerungen für chronisch Kranke. Da er annahmegemäß allerdings das Voranschreiten der Morbidität nicht aufhalten kann, sondern nur die Todesschwelle heraufsetzt, führt er dem genannten Autor zufolge zwangsläufig zu einer absoluten Expansion der Morbidität. Auch wenn man über die empirische Relevanz von Gruenbergs These insbesondere vor dem Hintergrund der Ergebnisse dieser Arbeit (vgl. Abschnitt 4.3) geteilter Meinung sein und Gruenberg darüber hinaus vorhalten kann, dass medizinischer Fortschritt nicht nur im Bereich der Kuration, sondern in allen vier Phasen medizinischer Intervention (Prävention, Kuration, Rehabili-

---

12 Insofern birgt gerade die Besteuerung von Tabak und von Alkoholika einen Zielkonflikt, da beide mit ihr angestrebten Ziele – die Einschränkung des Tabak- bzw. Alkoholkonsums auf der einen und die Erzielung möglichst hoher Steuereinnahmen auf der anderen Seite – nicht gleichzeitig zu erreichen sind.

tation und Palliation) ansetzt (ähnlich SVRKAiG, 1998, S. 60), ist dennoch ein Aspekt unstrittig: Der medizinische Fortschritt im Gesundheitswesen manifestiert sich hauptsächlich in Form von zusätzliche Ressourcen bindenden, outcome-steigernden Zusatztechnologien bzw. Produktinnovationen – auch als „Add on-Technologien" bezeichnet – und ist daher ein wesentlicher Ausgabentreiber (vgl. Borchardt/Farhauer, 2003, S. 666; Hohmeier, 2000; S. 59; Krämer, 1997, S. 11), der einen Ausgabenanstieg sowohl auf direktem als auch auf indirektem Wege[13] induziert. Insofern bietet er sich grundsätzlich als ein zentraler Ansatzpunkt an, um einem ungebremsten zukünftigen Ausgabenwachstum im Gesundheitswesen einen Riegel vorzuschieben.

Es existieren vielfältige Gründe dafür, dass im Gesundheitswesen anders als in anderen Wirtschaftssektoren ausgabensteigernde Produktinnovationen Ersatztechnologien bzw. Prozessinnovationen, die das mengenmäßige Output-Input-Verhältnis bei der Leistungserstellung verbessern und damit die Produktivität erhöhen[14], in den Hintergrund drängen. Sie erklären sich aus den Rahmenbedingungen des Gesundheitswesens im Allgemeinen und der GKV im Besonderen sowie aus den jeweiligen Interessen, welche die verschiedenen Akteure dieses Systems verfolgen.

Auf der Nachfrager- und insbesondere der Patientenseite wird der nahezu eigenbeteiligungsfreie Zugang zu Gesundheitsleistungen genannt, wodurch die Patienten ein Interesse haben, outcome-steigernde Leistungen und Innovationen quasi bis zu einem Grenznutzen von Null nachzufragen und die dafür anfallenden Kosten dem Versichertenkollektiv aufzubürden (vgl. SVRKAiG, 1998, S. 72, 74, 76, 83). Das Interesse von Patienten an Prozessinnovationen ist vor diesen Hintergrund naturgemäß begrenzt.

Da die Nachfrage nach Add on-Technologien einen nachhaltigen Einfluss auf die Forschungs- und Entwicklungstätigkeit der Anbieter, beispielsweise der forschenden Pharmahersteller oder der Produzenten von medizinischen Geräten be-

---

[13] Direkte Ausgaben infolge des medizinischen Fortschritts sind beispielsweise solche für neue Therapien oder verbesserte Diagnosemöglichkeiten. Indirekte Ausgaben entstehen dagegen dadurch, dass viele medizinische Innovationen für andernfalls verstorbene Patienten zusätzliche Lebensjahre generieren, in denen die vom Tod Geretteten und möglicherweise immer noch Kranken weiterhin auch nicht-innovative medizinische oder pflegerische Leistungen konsumieren (ähnlich Hohmeier, 2000, S. 63).

[14] Man beachte, dass Prozessinnovationen Gesundheitsausgaben nicht zwingend reduzieren: Zum einen können sie eine Steigerung der Produktivität auch dadurch bewirken, dass sie mit dem gleichen Ressourceneinsatz eine Outputerhöhung zu realisieren helfen (vgl. SVRKAiG, 1998, S. 59). Zum anderen können selbst faktorsparende Prozessinnovationen, die mit einem geringeren Faktoreinsatz den gleichen Output erzeugen, dann zu höheren Gesamtausgaben führen, wenn sie – etwa durch eine Verringerung gesundheitsbeeinträchtigender Nebenwirkungen – eine Ausweitung der Indikation der betreffenden Leistung bewirken und die Einsparungen pro Fall durch die Ausdehnung der Fallzahl überkompensiert werden (vgl. ebenda, S. 90; Hohmeier, 2000, S. 64). Im zweiten Fall liegt dann allerdings keine Prozessinnovation in Reinform vor, sondern eine, die auch Eigenschaften einer Produktinnovation aufweist (vgl. Hohmeier, 2000, S. 60, 64).

sitzt, verwundert es nicht, dass diese den Wünschen der Patienten mit entsprechenden Produktinnovationen nachzukommen versuchen (ähnlich ebenda, S. 75/76). Durch die fehlende Kostenbeteiligung der Patienten bzw. Nachfrager kann die Anbieter- bzw. Produzentenseite ferner davon ausgehen, dass praktisch jede Produktinnovation auch angenommen wird, solange sie einen (womöglich marginalen) positiven Nutzen für die Patienten verspricht. Das Innovationsrisiko im Gesundheitswesen ist daher nicht mit den Risiken innovierender Unternehmungen in anderen Wirtschaftssektoren zu vergleichen, weshalb auf eine gesteigerte Innovationstätigkeit im Gesundheitssektor geschlossen werden kann (vgl. Borchardt/Farhauer, 2003, S. 667).
Auch der Arzt, der als Bindeglied zwischen innovierenden Unternehmungen und Patienten fungiert und aufgrund seines Informationsvorsprungs gegenüber den Patienten letztlich uno actu sowohl das Angebot an als auch die Nachfrage nach Gesundheitsleistungen bestimmt, dürfte allein aufgrund seiner medizinisch-ethischen Berufsausfassung grundsätzlich ein größeres Interesse an Zusatz- als an Ersatztechnologien haben. So geloben Ärzte entsprechend der zuletzt 1994 revidierten Genfer Deklaration des Weltärztebundes, die eine zeitgemäße Version des Eides von Hippokrates darstellen soll, bei der Aufnahme in ihren Berufsstand u.a., dass die Gesundheit des Patienten oberstes Gebot ihres Handelns sein soll (vgl. Weltärztebund, 2004, S. 116) – ein Gelöbnis, mit knappen Ressourcen sparsam umzugehen, taucht in dieser Deklaration bezeichnenderweise dagegen nicht auf. Mit Blick auf diese Berufsethik erklärt es sich auch, warum forschende Mediziner eher an einer Outcome-Steigerung als an einer höheren Wirtschaftlichkeit der Leistungserstellung bei unverbessertem medizinischen Outcome interessiert sind, denn „hohes Ansehen in Fachkreisen versprechen nur Produkt- und nicht Prozessinnovationen" (Wille, 1997, S. 14).
Neben medizinischen Sachzielen dürften gerade niedergelassene Ärzte auch finanzielle Eigeninteressen vor allem in Bezug auf ihr Einkommen bzw. die Rendite ihrer Praxis besitzen. Da sich der medizinische Fortschritt in Gestalt von Add on-Technologien in hohem Maße mengensteigernd auswirkt, die Gesamtvergütung für die gesamte vertragsärztliche Versorgung im Rahmen der GKV zumindest in der näheren Vergangenheit bis einschließlich heute de facto budgetiert ist[15], impliziert eine Implementierung innovativer Diagnose- und Therapieansätze eine geringere durchschnittliche Vergütung pro Leistungseinheit (vgl. SVRKAiG, 1998, S. 90/91). Wenigstens im Hinblick auf eine kollektive Rationalität der Ärzteschaft sollte daher ihr Anreiz an einer fortschrittsbedingten Mengenausweitung begrenzt sein. Allerdings kann der einzelne, individuell rational handelnde Vertragsarzt die skizzierte und c.p. einkommensmindernde

[15] Die von den Krankenkassen mit befreiender Wirkung an die Kassenärztlichen Vereinigungen gezahlte Gesamtvergütung errechnet sich größtenteils aus Pauschalen, welche die jeweilige Krankenkasse für jeden ihrer Versicherten zu zahlen hat – unabhängig davon, ob ein Versicherter Leistungen in Anspruch nimmt oder nicht. Lediglich bestimmte Leistungen wie beispielsweise Früherkennungsuntersuchungen oder Impfungen werden außerhalb dieser Pauschale vergütet.

Wirkung einer Erhöhung der Mengenkomponente bei einer gedeckelten Gesamtvergütung kompensieren, indem er – sofern seine Kapazitäten nicht bereits ausgelastet sind – noch stärker in die Menge geht, so dass auch unter einem fixen Globalbudget eine Diffusion von Add on-Technologien gewährleistet ist (vgl. ebenda, S. 91). Darüber hinaus hat ein Leistungserbringer im Allgemeinen und ein Arzt im Besonderen auch dann einen (womöglich rein) finanziellen Anreiz an einer Diffusion derartiger Innovationen und damit an einer entsprechenden Mengenausweitung, wenn die Anschaffung und der Einsatz einer neuen Technologie mit hohen Fixkosten verbunden und eine Amortisation dieser Investition nur ab einer gewissen Auslastung zu erreichen sind (ähnlich Schwartz/Busse, 1995, S. 84). Und schließlich verbessert ein dem medizinischen Fortschritt aufgeschlossener Arzt auch seine Position im Wettbewerb um Patienten (vgl. ebenda).

Das Verständnis der Gründe für die Dominanz von ausgabensteigernden Produktinnovationen und für das stiefmütterliche Dasein von Prozessinnovationen im deutschen Gesundheitswesen ist deshalb so wichtig, weil Letztere nur durch eine Modifikation der Anreizstrukturen eine Aufwertung erfahren können. Diese Aufwertung ist insofern volkswirtschaftlich geboten, als insbesondere faktorsparende Prozessinnovationen Ressourcen freisetzen, die an anderer Stelle – beispielsweise zur Finanzierung weiterer Produktinnovationen – wohlfahrtssteigernd eingesetzt werden können (vgl. Wille, 1997, S. 14; SVRKAiG, 1998, S. 94).

Welche anreizkompatiblen Maßnahmen lassen sich nun ergreifen, um Prozessinnovationen zu fördern und das Gewicht solche Produktinnovationen, die unter sehr hohen Kosten nur marginale Outcome-Verbesserungen bewirken, zumindest ein wenig zurückzudrängen?

Auf Seiten der Patienten könnte die Einführung bzw. Erhöhung von sozial abgefederten Eigenbeteiligungen bei der Inanspruchnahme von Produktinnovationen eine Reduzierung der Nachfrage zumindest nach sehr teuren, allerdings kaum zusätzlichen Nutzen stiftenden Technologien bewirken. Diese Maßnahme dürfte für sich genommen auch das Innovationsgebaren entsprechender Unternehmungen beeinflussen. Zusätzlich verstärkt werden könnte deren Anreiz zur Suche nach bzw. zur Entwicklung von Prozessinnovationen durch die Gewährung einer längeren Patentlaufzeit für derartige neue Produkte[16].

Was das pekuniäre Anreizsystem für niedergelassene Ärzte angeht, so dürften zwar die Möglichkeiten, die Richtung des Fortschritts über Vergütungsverfahren systematisch zu steuern, begrenzt sein (vgl. SVRKAiG, 1998, S. 94). Allerdings ginge wohl von einem Wechsel weg von der derzeit praktizierten und in ein Globalbudget eingebetteten Einzelleistungsvergütung hin zu diagnosebezogenen

[16] Die Forderung nach einer Verlängerung der Patentlaufzeit beschränkt sich natürlich nur auf physische Prozessinnovationen wie beispielsweise effizientere Diagnosegeräte. Prozessinnovationen, die organisatorische Abläufe wirtschaftlicher gestalten, sind dagegen i.d.R. nicht patentfähig (vgl. Rebscher, 1997, S. 61/62).

Fallpauschalen ein Druck in Richtung kostengünstigerer Behandlungsmethoden aus (vgl. ebenda, S. 92). Insofern ist die geplante Einführung von arztgruppenbezogenen, morbiditätsorientierten Regelleistungsvolumina in der vertragsärztlichen Versorgung[17] zumindest ein erster Schritt in Richtung einer Förderung von Prozessinnovationen, der mit den DRG's im stationären Sektor[18] und den arztgruppenspezifischen Richtgrößen im Arzneimittelbereich[19] bereits vollzogen wurde. Im letztgenannten Sektor sorgt darüber hinaus die für wirkstoffgleiche bzw. -ähnliche Arzneimittel erlassene Festbetragsregelung dafür, dass aus Sicht der pharmazeutischen Industrie die Entwicklung von Produktinnovationen mit vergleichbarer therapeutischer Wirkung trotz Patentschutzes unattraktiv ist, da auch für sie Festbeträge als GKV-erstattungsfähige und damit als faktische Preisobergrenzen vorgegeben sind. Lediglich Arzneimittel mit solchen patentgeschützten Wirkstoffen, die eine therapeutische Verbesserung – auch wegen geringerer Nebenwirkungen – garantieren und damit in gewissem Sinne „echte" Produktinnovationen darstellen, sind von der Festbetragsregelung ausgenommen. Der Umstand, dass die Hersteller derartiger Innovationen daher in ihrer Preissetzung frei sind, gewährleistet, dass auch weiterhin ein Anreiz zur Entwicklung von wirklich innovativen Arzneimitteln erhalten bleibt.
Auch auf allen anderen Ebenen der Leistungserbringung ist eine konsequentere Evaluation von neuen Technologien anzustreben, denn die meisten Technologien werden Schwartz und Busse zufolge (vgl. 1995, S. 83/84) nicht aufgrund kritischer Begutachtungen und Empfehlungen von Expertenkomitees oder Fachgesellschaften, sondern eher informell eingeführt. Sofern überhaupt eine Evaluation erfolge, dauere dieser Prozess häufig so lange, dass Empfehlungen erst nach der Einführung vorlägen. Dies sei auch[20] darin begründet, dass die entsprechenden Komitees sehr stark auf Forschungsergebnisse angewiesen seien, die gerade

---

[17] Beim System der morbiditätsorientierten Regelleistungsvolumina ergibt sich die von einer Krankenkasse an die Kassenärztlichen Vereinigungen zu zahlende Gesamtvergütung (der sog. Behandlungsbedarf) aus der Zahl und der Morbiditätsstruktur ihrer Versicherten. Dieser Behandlungsbedarf wird sodann nach Vereinbarung zwischen den Kassenärztlichen Vereinigungen und den Krankenkassen auf einzelne Arztgruppen herunter gebrochen. Der einzelne Arzt erhält in diesem Vergütungssystem für seine Leistungen einen festen Vergütungspunktwert – allerdings nur, solange seine Leistungsmenge sein Regelleistungsvolumen nicht überschreitet. Zusätzliche Leistungen werden dagegen grundsätzlich nur mit 10% des Regelpunktwertes vergütet.

[18] Krankenhausleistungen werden auf Grundlage sog. diagnosebezogener Fallgruppen („diagnosis related groups" bzw. abgekürzt „DRG's") vergütet, bei denen jeder Behandlungsfall nach bestimmten Kriterien (z.B. Diagnose, Schweregrad der Erkrankung, Alter) einer Fallgruppe zugewiesen wird, für die eine feste Vergütungspauschale vorgegeben ist.

[19] Arztgruppenspezifische Richtgrößen legen das Volumen der je Vertragsarzt verordnungsfähigen Arzneimittel (und Verbandmittel) fest. Bei Überschreitungen um mehr als 25% trägt der Arzt den Mehraufwand selbst, es sei denn, er kann diesen mit Praxisbesonderheiten begründen.

[20] Generell ist zwar eine ex ante-Evaluation wünschenswert, häufig jedoch nicht abschließend und vollständig möglich, da die Wirkungen einer Innovation prospektiv oft nur schwer abgeschätzt werden können (vgl. SVRKAiG, 1998, S. 96; Dengler, 1997, S. 21).

diejenigen Institutionen lieferten, von denen auch die Innovationen stammten. Ein Problem stelle darüber hinaus auch die Tatsache dar, dass selbst bei geprüften neuen Technologien an überholten Techniken und Verfahren weiterhin festgehalten werde und damit keine Substitution erfolge (vgl. auch SVRKAiG, 1998, S. 69, 76). Schwartz und Busse gehen in ihren Ausführungen sogar so weit zu behaupten, „dass nicht so sehr die Einführung neuer Techniken und Verfahren an sich die Kosten im Gesundheitswesen zwingend steigen lässt, sondern vielmehr ihr ungeprüfter, nicht-standardisierter und zumeist auch individuell nicht hinreichend reflektierter Einsatz zusätzlich zu herkömmlichen Technologien“ (ebenda, S. 84). Um die Forderungen von Schwartz und Busse zusammenzufassen: Eine Stärkung und Förderung von „Health Technology Assessment“ (HTA)[21] ist im Gesundheitswesen dringend geboten. Zwar hat der Gesetzgeber HTA in Deutschland seit Beginn des Jahres 2000 institutionalisiert, indem er das Deutsche Institut für Medizinische Dokumentation und Information (DIMDI) mit dem Aufbau eines HTA-Systems betraut hat. Allerdings kann dieses Institut aufgrund begrenzter Mittel jährlich nur Aufträge zur Erstellung von derzeit rund 15 standardisierten HTA-Berichten vergeben, die auf Basis einer Prioritätenliste ausgewählt werden.

6.6 Rationierung

Die Diskussion um eine Rationierung von Gesundheitsleistungen wird ähnlich ideologisch geführt wie die um eine Stärkung der Präventionsebene – allerdings ungleich emotionsgeladener, erweckt doch allein schon der Terminus „Rationierung“ bei vielen die Befürchtung, die Gesellschaft im Allgemeinen und der Arzt im Besonderen verweigere einem sterbenskranken Patienten die alleinig mögliche, unmittelbar verfügbare und rettende Behandlung ausschließlich aus Kostengründen. Dabei könnte der Diskussion ein Großteil ihrer Brisanz entzogen werden, wenn sich die Diskutanten die Tatsache vor Augen halten würden, dass es in einer Welt knapper Ressourcen, aber nahezu unbegrenzter Bedürfnisse Rationierungen in allen Wirtschaftssektoren und allen Bereichen des täglichen Lebens immer schon gegeben hat und auch weiterhin stets geben wird (ähnlich Hohmeier, 2000, S. 7/8). Die von jeder Gesellschaft normativ zu beantwortende Frage in Bezug auf Rationierung ist daher nicht die nach dem „Ob“, sondern vielmehr die nach dem „Wie“.

Um das aus der ubiquitären Ressourcenknappheit resultierende Allokationsproblem zu lösen und damit festzulegen, welche der verschiedenen und miteinander konkurrierenden Verwendungsmöglichkeiten zum Zuge kommen und welche

[21] Unter „Health Technology Assessment“ (HTA) „wird eine umfassende und systematische Bewertung der direkten und indirekten Folgen der Anwendung neuer oder bereits auf dem Markt befindlicher medizinischer Technologien hinsichtlich ihrer physikalischen, biologischen, medizinischen und ökonomischen, aber auch ihrer psychologischen und sozialen, gesellschaftlichen und ökologischen, juristischen und ethischen Wirkungen im Rahmen einer strukturierten Analyse verstanden“ (SVRKAiG, 1998, S. 95).

nicht, haben sich im Laufe der Menschheitsgeschichte verschiedene Allokationsmechanismen herausgebildet. Ein besonders beliebter und erfolgreicher war und ist dabei der Markt- und Preismechanismus, der freilich auch rationiert – und zwar nach der Zahlungsbereitschaft der Nachfrager, die ihrerseits wiederum eng mit deren Zahlungsfähigkeit korreliert (vgl. Hohmeier, 2000, S. 91). Da der Markt- und Preismechanismus unter bestimmten Voraussetzungen, die sich auch auf die Eigenschaften der gehandelten Güter erstrecken, Pareto-effiziente Allokationen hervorbringt, wäre er auch für die meisten Gesundheitsgüter und -leistungen, welche die erforderlichen Eigenschaften ebenfalls erfüllen, ein grundsätzlich positiv zu bewertender Allokations- und damit Rationierungsmechanismus. Vor allem aber aufgrund der Tatsachen, dass „Gesundheit" in interpersoneller Hinsicht sehr ungleich verteilt ist und darüber hinaus die Gesellschaft eine ursächliche Abhängigkeit der Nachfrage nach Gesundheitsleistungen von der Zahlungsfähigkeit eines Individuums als „ungerecht" empfindet, haben sich in vielen Ländern und auch in Deutschland mit Solidargemeinschaften wie beispielsweise der GKV wohlfahrtsstaatliche Systeme herausgebildet. In diesen Systemen erfolgt die Zuteilung und damit die Rationierung der knappen Ressourcen explizit[22] nach gesetzlich verankerten und korporatistisch festgelegten Kriterien oder aber implizit[23] durch den einzelnen Leistungserbringer. Auch und gerade im Bereich der GKV konnten daher sowohl implizite als auch explizite Rationierungsmaßnahmen bei genauerem Hinsehen stets beobachtet werden und sind auch heute gang und gäbe. Insofern ist die auf den ersten Blick provokant erscheinende These von Krämer (vgl. 1997, S. 7), wonach die Medizin in der Zukunft unweigerlich rationiert werden wird, bereits längst Realität und war es auch schon immer – zumindest so lange eine leistungsfähige Medizin existiert.
Die Tatsache, dass Rationierungen im deutschen Gesundheitswesen dennoch erst seit relativ kurzer Zeit wahrgenommen und thematisiert werden, hängt hauptsächlich damit zusammen, dass das System der GKV in der jüngeren Vergangenheit immer stärker unter finanziellen Druck geraten ist und gerade das Zusammenspiel zwischen demographischer Alterung und medizinischem Fortschritt in Zukunft aller Wahrscheinlichkeit nach diesen Druck spürbar verstärken wird. Insbesondere der anhaltende Strom von immer neuen Produktinnovati-

---

[22] Bei *expliziten* Rationierungsmaßnahmen ist in genauen und transparenten Richtlinien festgelegt, welche Personen unter welchen Voraussetzungen welche medizinischen Leistungen beanspruchen können (vgl. Breyer/Schultheiss, 2002, S. 125; 2003, S. 175). Man denke beispielsweise an die seit kurzem bestehende gesetzliche Regelung, wonach volljährige GKV-Versicherte Sehhilfen i.d.R. selbst zu finanzieren haben (vgl. FN 7 im vorangegangenen Kapitel).

[23] Bei der *impliziten* Rationierung existiert zwar keine gesetzliche Vorgabe, welche Leistungen nach welchen Kriterien auszuschließen sind, trotzdem erfordert die allgegenwärtige Ressourcenknappheit eine Entscheidung der Leistungserbringer, welcher Bedarf befriedigt wird und welcher nicht (ähnlich Hohmeier, 2000, S. 100/101). Ein Beispiel hierfür ist die in der GKV praktizierte einnahmenorientierte Ausgabenpolitik, welche die Leistungszuteilung im Wesentlichen den einzelnen Ärzten überlässt (vgl. Breyer/Schultheiss, 2002, S. 125; 2003, S. 174/175).

onen erzeugt einen zuvor allenfalls latent vorhandenen Bedarf und führt auf diese Weise dazu, dass das medizinisch Machbare allen Finanzierungsmöglichkeiten immer weiter davon läuft (vgl. Krämer, 1992, S. 565; 1997, S. 11). Eine bei gegebenem Wissensstand optimale Medizin für alle ist vor diesem Hintergrund heute illusorisch und wird es erst recht in Zukunft sein (ähnlich Krämer, 1992, S. 565; 1997, S. 9).

Bisher konnte diesem Druck noch relativ leicht nachgegeben werden. Verschiedene vom Gesetzgeber implementierte Kostendämpfungsinstrumente, die im Grunde genommen nichts anderes als Rationierungsmaßnahmen waren, akzeptierten die GKV-Versicherten nur deshalb zähneknirschend, weil diese Maßnahmen noch verhältnismäßig „sanft" daherkamen. Ob diese staatlichen Eingriffe auch weiterhin eher „kosmetischer Natur" bleiben werden und können, darf vor dem Hintergrund der obigen Ausführungen jedoch stark bezweifelt werden. Vielmehr werden in noch größerem Umfang als bisher in der GKV „Maßnahmen (...) [erforderlich sein], die eine limitierende Wirkung auf die Inanspruchnahme von gesundheitlich notwendigen und gewünschten effektiven und kostenminimalen Präventions-, Diagnose- und Therapieverfahren ausüben"[24] und die – zumindest von durchschnittlich einkommensstarken bzw. vermögenden Personen – nicht anderweitig wie beispielsweise durch private Kostenübernahme der entsprechenden Leistungen umgangen werden können.

Nachfolgend sollen zwei konkrete, die Überlebenschancen beeinflussende Rationierungsvorschläge auf ihre praktische Umsetzbarkeit sowie auf ihre Gerechtigkeits- und Effizienzkompatibilität hin überprüft werden. Konkret sind dies die Forderung nach einer expliziten Rationierung lebensverlängernder Leistungen bei Älteren sowie die Empfehlung einer Rationierung durch eine Kapazitätsverknappung bzw. durch einen Technologieverzicht im Gesundheitswesen[25].

6.6.1 Explizite Rationierung lebensverlängernder Leistungen bei Älteren

Die ARD-Sendung „Report Mainz" brachte am 2. Juni 2003 unter dem Titel „Keine Medizin für Alte? – Provokante Vorschläge zur Gesundheitsreform" einen Beitrag, in dem sich der Ökonomieprofessor Friedrich Breyer sowie der Theologieprofessor Joachim Wiemeyer dafür aussprachen, Patienten eines Mindestalters von 75 Jahren vorrangig nur noch palliative Leistungen zu gewähren,

[24] Dies ist die von Hohmeier verwendete Definition von Rationierung im Gesundheitswesen (vgl. 2000, S. 92).

[25] Breyer und Schultheiss (vgl. 2002, S. 132/133) bezeichnen den letztgenannten Rationierungsansatz als implizit, was sich m.E. jedoch nicht mit ihrer Definition von impliziter Rationierung deckt (vgl. FN 23). Deshalb soll hier der begrifflichen Einordnung von Hohmeier (vgl. 2000, S. 99) gefolgt werden, der eine Rationierung durch eine Kapazitätsverknappung bzw. durch einen Technologieverzicht als *indirekt* bezeichnet, da davon prinzipiell alle Versicherten und nicht nur bestimmte Personengruppen oder konkrete und identifizierbare Patienten betroffen sind.

aber keine teuren lebensverlängernden Gesundheitsleistungen mehr[26]. Dem Vorschlag dieser beiden Wissenschaftler folgte ein Aufschrei der Empörung, der quer durch Parteien, Kirchen, Ärzte- und Sozialverbände ging. Die Tatsache, dass der Sturm der Entrüstung nicht sofort wieder abebbte, sondern mehrere Wochen in den Medien tobte, belegt eindruckvoll, dass Altersrationierung ein höchst sensibles Thema ist, das den sozialen Frieden in Deutschland zu gefährden droht. Da aber Rationierungsmaßnahmen im Gesundheitswesen generell und erst recht in der Zukunft unausweichlich sind und eine implizite, von den Ärzten quasi nach eigenem Gutdünken veranlasste Rationierung intransparent und ethisch zweifelhaft ist (vgl. Arnold, 1995, S. 65), wird die Gesellschaft um verschärfte explizite Rationierungsregeln nicht umhinkommen. Die Argumente, welche die Vertreter einer expliziten Altersrationierung von potentiell lebensverlängernden Leistungen vorbringen, sollten daher losgelöst von jeglicher und durchaus nachvollziehbarer Emotionalität sachlich bewertet werden. Eine detaillierte und ausführliche Auflistung dieser Argumente, die nachfolgend kurz vorgestellt werden sollen, findet sich bei Breyer und Schultheiss (vgl. 2002, S. 134-147; 2003, S. 177-187)[27].

Als praktischer Grund für eine explizite Altersrationierung wird die unbestreitbare Tatsache genannt, dass das kalendarische Alter ein objektiv beobachtbarer und manipulationssicherer Maßstab sei, der darüber hinaus im konkreten Fall leicht ermittelt werden könne. Durch diese Transparenz werde sowohl für den Arzt als auch für den Patienten Rechtssicherheit hergestellt, die es Letzterem ermögliche, rechtzeitig vor dem Überschreiten der fraglichen Altersgrenze Vorsorge zu treffen, beispielsweise durch den Abschluss einer privaten Zusatzversicherung, die anstelle der Solidargemeinschaft im Bedarfsfall lebensverlängernde Maßnahmen finanziert.

Vor dem Hintergrund einer gerechtigkeitsorientierten Betrachtungsweise ließe sich der nicht-diskriminierende Charakter einer expliziten Altersrationierung anführen, da ausnahmslos jeder nach dem Überschreiten der Altersgrenze vom Ausschluss lebensverlängernder Leistungen betroffen sei. Bei anderen Rationierungskriterien wie beispielsweise dem Geschlecht oder der Rasse wäre dies nicht der Fall.
Ferner wird argumentiert, dass nach Ablauf einer ausreichend bemessenen Lebensdauer der Tod eines älteren Menschen bei aller Bedauernswürdigkeit als ein vergleichsweise akzeptables Ereignis aufgefasst werden sollte, da die betreffende Person in ihrem Leben die Chance gehabt hätte, jene Möglichkeiten weitgehend auszuschöpfen, die sich einem Durchschnittsindividuum böten und die das

[26] Ein chronologischer Abriss der Ereignisse sowie eine Auswahl von Reaktionen auf diesen Vorschlag sind in einer eigens dafür erstellten Broschüre des Bundesministeriums für Gesundheit und Soziale Sicherung (vgl. 2003) aufgeführt.

[27] In diesen beiden Veröffentlichungen finden sich auch Quellenhinweise, die in den obigen Ausführungen allerdings unberücksichtigt bleiben.

Leben aus der Sicht der meisten Individuen lebenswert machten. Indem lebenserhaltende Ressourcen für jüngere Patienten eingesetzt würden, könne man ihnen ebenfalls die Chance geben, all diese Möglichkeiten auszunutzen und (Lebens-) Erfahrungen zu machen, die den Älteren bereits zuteil geworden seien.
Als Gerechtigkeitsargument für eine explizite Altersrationierung wird auch eine generationsbezogene Rechtfertigung ins Feld geführt, die auf die Idee einer generationsübergreifenden Äquivalenz zwischen Geben und Nehmen abstellt: Da Ältere bereits von Transfers durch frühere Generationen profitiert hätten, komme ihnen die Pflicht zu, ihrerseits für das Wohlergehen nachfolgender Generationen zu sorgen – insbesondere sei es im Sinne der Generationengerechtigkeit nicht gerechtfertigt, wenn Jüngere zugunsten Älterer auf lebensverlängernde Maßnahmen verzichten müssten.
Auch eine Kosten-Nutzwert-Analyse auf der Grundlage sog. „quality-adjusted life years" („QALY's")[28] legt eine Wahl des Alters als Rationierungskriterium nahe. Bei einer begrenzten Ressourcenmenge seien dann diejenigen Maßnahmen zu bevorzugen, bei denen der Quotient aus den Kosten und den gewonnenen QALY's am geringsten sei. Der Maximierung der QALY's bei endlicher Ressourcenausstattung liege dabei insofern eine Gerechtigkeitsperspektive zugrunde, als es unbedeutend sei, welcher Patient in den Genuss der positiven Auswirkungen der medizinischen Maßnahme komme. Da nun intuitiv klar sei, dass von einer lebensrettenden medizinischen Maßnahme ein jüngerer Patient im Hinblick auf die Lebensqualität und die weiteren Überlebensaussichten in aller Regel mehr bzw. eher profitiere als ein älterer, ließe sich bei einer derartigen Maßnahme eine Prima-facie-Bevorzugung jüngerer Patienten ableiten. Hierfür spreche überdies auch die Tatsache, dass die in QALY's gewöhnlich nicht berücksichtigten positiven externen Effekte bei einer Favorisierung jüngerer Patienten größer seien, beispielsweise weil Ältere typischerweise keine Erziehungsaufgaben mehr wahrnähmen.

Die effizienzorientierte Fundierung der Forderung nach einer altersbezogenen Rationierung geht davon aus, dass ein optimaler Krankenversicherungsvertrag aus der Sicht eines repräsentativen Individuums, das die Kosten der Erfüllung des Vertrags mit eigenen Prämienzahlungen abdecken muss, nur solche Leistungen umfasst, deren Kosten geringer sind als der monetär bewertete Nutzen. Um den Nutzen zu monetarisieren, stelle man sich beispielsweise eine medizinische Maßnahme vor, die ausschließlich eine Verringerung des Sterberisikos bewirkt. Der in Geldeinheiten bewertete Nutzen der Maßnahme entspricht dann dem Produkt aus dieser Sterbewahrscheinlichkeitsreduzierung und der marginalen Zahlungsbereitschaft des betreffenden Individuums für diese Reduktion. Es wird nun von den Verfechtern dieses Arguments behauptet, dass dieses Produkt umso

[28] QALY's bringen die heterogenen Auswirkungen einer medizinischen Maßnahme, die sich beim einzelnen Individuum in einer Lebensverlängerung und/oder in einer Verbesserung der Lebensqualität niederschlagen können, auf einen gemeinsamen Nenner und repräsentieren so den Nutzwert einer medizinischen Maßnahme.

geringer sei, je älter das Individuum beim Krankheitseintritt sei: Dass die Verringerung des Sterberisikos und damit die Erfolgswahrscheinlichkeit der medizinischen Maßnahme mit dem Alter falle, sei offensichtlich. Die Argumentation, wonach auch die Zahlungsbereitschaft für die Risikoreduktion altersabhängig abnehme, sei analytisch zwar schwieriger[29], aber insofern plausibel, als das noch zu erwartende Einkommen wie auch der zukünftige Konsum, auf den sich ein intertemporal agierendes Individuum freuen könne[30], mit dem Alter und damit mit sich verringernden Überlebensaussichten sinke. Sind nun die Kosten des medizinischen Eingriffs nicht-fallend mit dem Alter, so existiert dieser Argumentation zufolge ein Grenzalter, von dem an der Nutzen die Kosten unterschreitet, so dass ein ex ante abgeschlossener optimaler Versicherungsvertrag Leistungen oberhalb dieses Grenzalters nicht mehr enthalten würde.

M.E. sind diese auf den ersten Blick plausiblen Argumente jedoch nicht überzeugend genug, um damit eine explizite Rationierung lebensverlängernder Maßnahmen bei Älteren zu rechtfertigen.
So ignorieren alle Argumente für eine Rationierung anhand des kalendarischen Alters ein zentrales Paradigma der modernen Gerontologie, nämlich die in den Abschnitten 3.2 und 5.2.2 erwähnte Plastizität des Alterns und damit die gemeinhin akzeptierte Tatsache, dass Altern eben kein interindividuell homogener, starrer und gleichförmiger Prozess ist. Insofern verwundert es nicht, dass sich Altern und Alter nicht nur kalendarisch, sondern auch biologisch und funktionell messen lassen und je nach Erkenntnisinteresse ein anderer Maßstab präferiert wird (vgl. Schramm, 1996, S. 14/15). Die geriatrische Medizin beispielsweise geht vom biologischen oder funktionellen Alter des Patienten aus (vgl. ebenda, S. 14). Die in diesem gerontologischen Paradigma immanente Unterstellung, dass das kalendarische Altern nicht deckungsgleich mit dem biologischen oder funktionellen Alterungsprozess eines Individuums ist, bedeutet aber, dass beispielsweise die in einigen der obigen Argumenten implizierte Annahme, die Erfolgsaussichten einer medizinischen Maßnahme verringere sich mit dem kalendarischen Alter, in dieser allgemeingültigen Form nicht zu akzeptieren ist: Womöglich profitiert im Einzelfall ein – kalendarisch betrachtet – jüngeres Individuum, welches sich im gleichen Krankheitsstadium wie eine ältere Person befindet, aufgrund seines höheren biologischen Alters mit geringerer Wahrscheinlichkeit von einem bestimmten medizinischen Eingriff. Zwar betonen Breyer und Schultheiss (vgl. 2002, S. 134; 2003, S. 184) als Verfechter einer Rationierung anhand des kalendarischen Alters zu Recht, dass eine Bevorzugung des biologischen Alters als Auswahlkriterium in scharfem Gegensatz zum kalendarischen Alter mit großen ärztlichen Ermessensspielräumen verknüpft wäre und daher eine Planungssicherheit des Patienten beispielsweise im Hinblick auf den Ab-

---

29 Für eine detaillierte Darstellung vgl. Breyer/Schultheiss, 2002, S. 141-143; 2003, S. 182/183 sowie die dort angegebenen Literaturquellen.

30 Diese Argumentation basiert auf der Annahme, dass die Erwartungen auf zukünftigen Konsum die entscheidende Quelle für Lebensfreude und damit Nutzen sind.

schluss einer privaten Zusatzversicherung verhindern würde. Allerdings belegt eine daraus abzuleitende Ablehnung des biologischen Alters als Rationierungskriterium m.E. per se noch keine Rechtfertigung für eine explizite Rationierung anhand des Auswahlkriteriums „kalendarisches Alter".
Favorisiert man aus Praktikabilitätsgesichtspunkten dennoch eine explizite Rationierung in Abhängigkeit des kalendarischen Alters, so ist noch die Frage zu beantworten, bei welchem Alter die Grenze zu ziehen ist. Selbst wenn man interindividuelle Unterschiede beim biologischen oder funktionellen Altern außer Acht lässt, so ist es trotzdem unstrittig, dass der biologische oder funktionelle Alterungsprozess nicht sprunghaft verläuft, sondern sich stetig vollzieht. Jede Grenzziehung wäre daher in gewisser Weise biologisch oder medizinisch willkürlich. Darüber hinaus ist das biologische oder funktionelle Altern auch in einem generationsbezogenen Kontext zu betrachten: Misst man die biologische oder funktionelle Alterung beispielsweise anhand von Sterberisiken und sieht wiederum von interindividueller Heterogenität ab, dann würde der säkulare Rückgang der Sterbewahrscheinlichkeiten quer durch alle (kalendarischen) Altersstufen nahe legen, die an einem bestimmten Sterbewahrscheinlichkeitsniveau festgemachte (kalendarische) Altersgrenze kontinuierlich nach oben anzupassen. Und schlussendlich berücksichtigt das Argument, wonach die Festsetzung eines bestimmten kalendarischen Alters als Rationierungsgrenze die Transparenz und daher Rechtssicherheit dadurch fördere, dass sie dem Einzelnen eine anderweitige Vorsorge für den Eventualfall ermögliche, nicht den Umstand, dass die Möglichkeit einer aktiven Vorsorge nicht jedem Individuum in gleichem Maße offen steht. Beispielsweise dürften es versicherungstechnisch schlechte Risiken schwer haben, einen bezahlbaren Versicherungsschutz für die Zeit nach der Überschreitung der festgesetzten Altersschwelle zu erlangen. Hinzu tritt das Problem, dass das gesamte Spektrum lebensverlängernder Maßnahmen der Zukunft aufgrund der Unsicherheit bezüglich der Art und des Umfangs des künftigen medizinischen Fortschritts momentan naturgemäß noch nicht abzuschätzen ist. Wie soll aber angesichts dessen ein Individuum bereits heute eine angemessene Vorsorge – sei es durch den Abschluss eines privaten Versicherungsvertrags oder durch den Aufbau eines entsprechenden Kapitalstocks – betreiben, um nach Überschreiten der Altersgrenze weiterhin in den Genuss lebenserhaltender Maßnahmen zu kommen (ähnlich Breyer/ Schultheiss, 2002, S. 147/148; 2003; S. 188; Krämer, 2003, S. 198/199)?

Auch die gerechtigkeitsorientierte Motivation für eine explizite Altersrationierung überzeugt selbst bei Ausblendung der gerade aufgeführten Gegenargumente m.E. nicht: Bei genauerem Hinsehen rechtfertigen diese Gerechtigkeitsargumente trotz gegenteiliger Behauptungen gerade keine explizite Altersrationierung, sondern c.p. nur die Priorisierung Jüngerer, wenn ausschließlich eine nicht für alle Patienten ausreichende Menge lebensverlängernder Maßnahmen zu allozieren ist. Wenn aber ein Leistungskatalog – wie beispielsweise derjenige der GKV – auch Leistungen ohne direkten Mortalitätsbezug enthält, so versagt die gerechtigkeitsorientierte Argumentationskette: Wie ist beispielsweise ein medizinischer Eingriff, der möglicherweise einem Älteren ein zusätzliches Lebensjahr beschert, gegenüber einer Zahnersatzleistung bei einem Jungen zu bewerten? Oder – sofern man den Anteil der für das Gesundheitswesen zur Verfügung stehenden Ressourcen als variabel betrachtet – wie sind eine lebensverlängernde Maßnahme bei einer älteren Person und eine staatliche Investition im Bildungsbereich gegeneinander abzuwägen? Die gerechtigkeitsorientierten Argumente für eine Altersrationierung sind vor dem Hintergrund einer momentanen Gesundheitsquote von „gerade einmal" knapp über 10%[31] bestenfalls dann berechtigt, wenn die für lebensverlängernde Maßnahmen zur Verfügung stehenden Ressourcen physisch dergestalt begrenzt sind, dass damit nicht alle medizinisch berechtigten Ansprüche befriedigt werden können. Dies trifft beispielsweise auf den Bereich der Transplantationsmedizin zu. Andernfalls sind diese Gerechtigkeitsargumente – zumindest auf absehbare Zeit – jedoch ethisch höchst fragwürdig.

Auch das effizienzorientierte Argument für eine Altersrationierung ist angreifbar. So hat Krämer (vgl. 2003, S. 199/200) zu Recht darauf verwiesen, dass die Unterstellung einer mit dem Alter abnehmenden Zahlungsbereitschaft für eine Sterbewahrscheinlichkeitsreduktion dann nicht zutrifft, wenn in einer konkreten Situation die Sterbewahrscheinlichkeit ohne medizinischen Eingriff bei 1 liegt und damit der Tod sicher eintritt, denn in einem derartigen Fall ist die absolute wie relative Zahlungsbereitschaft eines gewöhnlichen Individuums unendlich groß. Vor dem Hintergrund dieser Überlegung ist es m.E. fraglich, ob ein intertemporal optimierendes Individuum einem vertraglichen Leistungsausschluss im Alter zustimmen würde, wenn dieser im Bedarfsfall zwingend den Tod bedeuten würde.

Als Fazit bleibt somit festzuhalten, dass eine Rationierung, die auf das kalendarische Alter als Auswahlkriterium abstellt, ethisch höchst fragwürdig ist und auch sonst mehr Probleme schafft, als sie löst.

6.6.2 Indirekte Rationierung durch eine Kapazitätsverknappung bzw. durch einen Technologieverzicht im Gesundheitswesen

Als humanen Weg aus der Fortschrittsfalle der modernen Medizin sieht Krämer (vgl. 1992, S. 577/578; 1997, S. 17-19) den generellen Verzicht auf bestimmte lebensrettende Technologien, da dadurch (anders als bei der Altersrationierung) keine konkreten und identifizierbaren Menschenleben betroffen sind, sondern stattdessen lediglich für jeden Menschen ex ante das Risiko zunimmt, im Bedarfsfall nicht von diesen Technologien profitieren zu können. Dadurch, dass somit im Vorfeld eine Kapazitätsverknappung bzw. -ausschaltung vorgenommen

[31] Die Gesundheitsquote betrug im Jahr 2003 in Deutschland nach Angaben des Statistischen Bundesamtes 11,3%.

wird, steigt für jeden Menschen die allgemeine Sterbewahrscheinlichkeit bzw. es erfolgt keine Senkung derselben durch den Einsatz der jeweiligen Technologie bzw. durch die Schaffung der entsprechenden Kapazität. Tatsächlich waren und sind solche sterblichkeitsrelevanten Entscheidungen schon immer Gegenstand der Gesundheitspolitik, aber auch anderer Politikbereiche – beispielsweise der Verkehrs- und der Umweltpolitik – gewesen (vgl. Breyer et al., 2003, S. 19/20). Dabei liegt das Erfordernis derartiger politischer Entscheidungen nicht in allen Fällen in der ubiquitären Ressourcenknappheit begründet, sondern auch in konfligierenden gesellschaftlichen Zielen[32].
Dadurch, dass bereits vor dem Ereigniseintritt das Bündel der zur Verfügung stehenden Maßnahmen beschnitten wird, genügt eine derartige indirekte Rationierung über den Weg einer Kapazitätsverknappung im Gesundheitswesen anders als die im vorangegangenen Abschnitt diskutierte explizite Altersrationierung dem ethischen Imperativ, im Bedarfsfall alle Maßnahmen zur Rettung eines konkreten Menschenlebens zu ergreifen. Darüber hinaus erscheint diese Form der Rationierung neben der unstrittigen Notwendigkeit m.E. auch insofern ethisch legitim, als das einzelne Individuum ebenfalls zeitlebens Entscheidungen trifft, die sich negativ auf seine Überlebenschancen auswirken (vgl. Abschnitt 3.2).

Nichtsdestoweniger wirft auch dieser Vorschlag Fragen und Probleme auf – insbesondere vor dem Hintergrund, dass bei einer Beibehaltung dieser indirekten Rationierungspraktik in der Zukunft weiterreichende und empfindlichere Entscheidungen nötig sein werden als in der Vergangenheit. Problematisch ist in diesem Zusammenhang insbesondere die Bestimmung, *welche* Kapazitäten beschränkt werden sollten bzw. in *welche* Technologien nicht investiert werden sollte.
Gewiss dürfte die gesellschaftliche Zustimmung für einen Verzicht auf bestimmte medizinische Kapazitäten dann groß sein, wenn zum einen die Kosteneinsparung spürbar und zum anderen die dadurch unterbleibende Sterbewahrscheinlichkeitssenkung für jeden Bürger gleichermaßen gering ist. Das von Krämer (vgl. 1997, S. 17/18) angeführte Beispiel, wonach in New York in den 80er Jahren eine geplante Spezialklinik zur Behandlung von Brandverletzungen mit der Begründung abgelehnt wurde, für die dadurch pro Jahr gerade einmal 12 geretteten Menschenleben wäre das Projekt zu teuer, erfüllt jedenfalls diese Kriterien. Um es plakativ auszudrücken: Wohl kein Bürger würde es für erstrebenswert halten, dass an jeder deutschen Straßenecke eine derartige Spezialklinik in ständiger Alarmbereitschaft steht, auch wenn durch diese Maßnahme unzweifel-

[32] Man denke beispielsweise an die politische Entscheidung, von einem generellen Tempolimit auf deutschen Autobahnen abzusehen. Dadurch wird dem Wunsch vieler Gesellschaftsmitglieder, nach eigenem Ermessen die Fahrgeschwindigkeit zu wählen und damit in Grenzen die Zeitdauer zur Zurücklegung einer bestimmten Entfernung festzulegen, Vorrang vor dem Ziel eingeräumt, die Wahrscheinlichkeit schwerer Unfälle mit möglichen Todesfolgen zu reduzieren.

haft momentan noch nicht identifizierbare Menschenleben gerettet werden könnten.
Eine Kapazitätsverknappung oder ein genereller Technologieverzicht wird jedoch selbst bei Aussicht auf eine hohe Kosteneinsparung dann schwieriger, wenn dadurch eine spürbare Sterbewahrscheinlichkeitsreduktion unterbleiben bzw. wenn für jeden die Sterbewahrscheinlichkeit stark ansteigen würde. Man denke beispielsweise an den Vorschlag, die Kapazitäten in der Notfallmedizin spürbar abzubauen, beispielsweise durch eine Auflockerung des gegenwärtig engmaschigen Netzes stationierter Rettungswagen mit der Folge, dass die Überlebenschancen bei einem akuten Myokardinfarkt, einem Schlaganfall oder einer lebensgefährlichen Unfallverletzung drastisch sinken würden.
Gerade an diesem Beispiel lässt sich auch anschaulich ein interregionales Gerechtigkeitsproblem aufzeigen, das eine Kapazitätsverknappung mit sich bringen kann: Der Rettungsdienst in Deutschland ist Ländersache und wird daher durch Ländergesetze geregelt. Dies hat zur Folge, das die Hilfsfristen für den Notfallrettungsdienst nach der Alarmierung durch die Rettungsleitstelle unterschiedlich bemessen sind. Stimmen sich die Länder bei einer Kapazitätsverknappung nicht ab, bestünde die Gefahr einer weiteren Ausdifferenzierung der jeweils gesetzlich vorgeschriebenen Eintreffzeiten. Auch andere staatliche Entscheidungen – beispielsweise in Bezug auf Investitionen im stationären Sektor im Rahmen der dualen Krankenhausfinanzierung – werden auf Länderebene getroffen. Es dürfte daher in einem föderativen Staatsgebilde wie der Bundesrepublik kaum gelingen, die Knappheitsrelationen in allen Regionen auf genau den gleichen Stand zu bringen (vgl. Breyer/Schultheiss, 2002, S. 132/133). Aber auch abgesehen davon würde eine Politik, die Kapazitäten verknappt, sie aber trotzdem noch in vermindertem Umfang vorhält, entweder sehr schnell auf eine unerwünschte implizite Rationierung durch die medizinischen Leistungserbringer hinauslaufen oder aber Wartezeiten induzieren. Gerade bei Wartezeiten besteht jedoch wiederum die Gefahr, quasi durch die Hintertür eine Altersrationierung herbeizuführen, sofern man davon ausgeht, dass Ältere aufgrund ihrer gewöhnlich geringeren Restlebenserwartung von Wartezeiten stärker getroffen werden als Jüngere (vgl. ebenda, S. 135).
Vor dem Hintergrund dieser Ausführungen sollte daher von einem Kapazitätsverknappungsansatz Abstand genommen werden. Demgegenüber weist ein genereller Technologieverzicht weniger Gerechtigkeitsdefizite auf, ist aber gleichwohl problembehaftet.
Probleme gibt es beispielsweise dann, wenn insbesondere EU-Nachbarstaaten einen derartigen Verzicht nicht üben. Entscheidet sich Deutschland zum Beispiel, bestimmte kostspielige Diagnosegeräte wie verbesserte Kernspintomographen bundesweit nicht anzuschaffen, würde dieser Verzicht Wanderungsbewegungen vorrangig in diejenigen EU-Nachbarländer induzieren, welche die jeweils neueste Gerätegeneration vorhalten. Nichtsdestotrotz müssten deutsche Krankenkassen nach europäischer Rechtsprechung die dafür anfallenden Kosten zumindest teilweise übernehmen, sofern eine Leistungsinanspruchnahme außer-

halb eines Krankenhauses erfolgt[33]. Darüber hinaus bestünde wiederum ein Gerechtigkeitsproblem, nämlich dergestalt, dass Patienten im Hinblick auf die Mobilität nicht die gleichen Ausgangsvoraussetzungen haben: Einkommensstarke und relativ gesunde – eben mobile – Bevölkerungsschichten sowie Bewohner von Grenzregionen wären von einem Technologieverzicht weniger betroffen, während Ältere, Kranke und finanziell Schwache und somit immobile Personen auf der Strecke blieben.
Eine ethische Dimension bekommt die Frage nach der Art der (vollständig) auszuschließenden Kapazitäten auch dann, wenn von diesem Technologieverzicht hauptsächlich eine kleine Bevölkerungsgruppe betroffen wäre, die große Allgemeinheit dagegen kaum und die daher in einem demokratischen Prozess derartigen Maßnahmen zustimmen könnte, ohne deren Konsequenzen tragen zu müssen. Man stelle sich beispielsweise den Vorschlag vor, sämtliche tropenmedizinischen Abteilungen in deutschen Krankenhäusern zu schließen, wodurch fast ausschließlich Tropenreisende bzw. Bürger, die in sensiblen Weltregionen arbeiten, tangiert wären.

Es bleibt festzuhalten, dass eine Kapazitätsverknappung bzw. ein Technologieverzicht nur unter bestimmten Voraussetzungen gerechtigkeitskonform ist und sich der Zustimmung der Bevölkerung sicher sein kann. Aus gerechtigkeitsorientierten Erwägungen ist hierbei ein genereller – idealerweise weltweiter – Technologieverzicht einer bloßen Kapazitätsverknappung überlegen. Gesellschaftspolitische Aufgabe der Zukunft wird sein, „verzichtbare“ Technologien zu identifizieren und hierüber einen bevölkerungsweiten Konsens herbeizuführen.

6.7 Zusammenfassung und Ausblick

Gegenstand dieses abschließenden Kapitels war die Frage, wie dem zukünftigen und hauptsächlich durch das Zusammenspiel zwischen demographischer Alterung und medizinischem Fortschritt bewirkten Ausgabendruck auf die sozialen Sicherungssysteme im Allgemeinen und auf die GKV und SPV im Besonderen begegnet werden kann. Unter den in diesem Kapitel diskutierten Reformvorschlägen zählen m.E. zu den sinnvollen eine Verlängerung der Lebensarbeitszeit durch eine Heraufsetzung des faktischen Renteneintrittsalters, eine bessere Ver-

---

[33] Ein Erstattungsanspruch bei einer außerhalb eines Krankenhauses in Anspruch genommenen Leistung gegenüber der zuständigen gesetzlichen Krankenkasse in Deutschland besteht gemäß § 13 (4) S. 3 SGB V höchstens in Höhe derjenigen Vergütung, welche die Krankenkasse bei Erbringung als Sachleistung im Inland zu tragen hätte. Ein etwaiger überschießender Betrag muss vom Patienten selbst getragen werden. Bei Leistungen, die in EU-ausländischen Krankenhäusern erbracht werden, benötigt der Versicherte zuvor eine Genehmigung seiner deutschen Krankenkasse, die nur für solche Leistungen möglich ist, die im GKV-Leistungskatalog enthalten sind (vgl. Fuchs, 2005, S.253). Eine Übersicht über die entsprechende europäische Rechtsprechung und deren Umsetzung im deutschen Sozialrecht gibt Rixen (2004, S. 24-31).

zahnung von GKV und SPV sowie eine gleichmäßigere Austarierung von Produkt- und Prozessinnovationen. Eine Senkung der hohen Sterbekosten bliebe dagegen zwar wünschenswert, erscheint jedoch angesichts der Unsicherheit medizinischer Prognosen nicht möglich. Dagegen dürfte eine verstärkte Präventionsförderung nur auf den ersten Blick den zukünftigen Ausgabendruck abfedern: Ob präventive Maßnahmen bzw. eine Stärkung gesundheitsbewusster Lebensstile wirklich die lebenslangen Gesundheits- und Pflegeausgaben eines Individuums reduzieren und gleichzeitig eine Kompression der Morbidität bewirken, ist zumindest dann eine offene Frage, wenn diese Maßnahmen auch die Überlebenschancen verbessern. Aber selbst wenn eine Kompression belegt wäre und eine verstärkte Präventionsförderung in Gang gesetzt werden würde, kämen zukünftige Generationen nicht um verstärkte Leistungsrationierungen umhin (ähnlich Krämer, 1997, S. 16). Eine vereinzelt vorgeschlagene explizite Altersrationierung lebensverlängernder Maßnahmen ist jedoch ein ethisch fragwürdiges Unterfangen. Überlegen erscheint dagegen ein genereller Technologieverzicht. Vielleicht liegt der Schlüssel zur Aufrechterhaltung der Finanzierbarkeit des Gesundheitswesens Deutschlands und anderer führender Industrieländer darin, gemeinsam diejenigen Bereiche der medizinischen (Grundlagen-) Forschung zu identifizieren, auf deren staatliche Förderung verzichtet wird. Möglicherweise gelingt es nur dann, die Tür, die zu immer neuen, immer teureren und aller Voraussicht nach gesundheitlich immer weniger bewirkenden Behandlungsansätzen führt, von vornherein verschlossen zu halten. Wird diese Tür – um bei der Metapher zu bleiben – jedoch nur einen Spalt breit geöffnet, besteht die Gefahr, dass neue und bis dato allenfalls latent vorhandene Bedarfe artikuliert und deren Befriedigung gefordert wird. Es ist jedenfalls ein Irrtum zu glauben, ein breiteres Diagnose- und Therapieangebot bewirke automatisch eine Wohlfahrtssteigerung oder führe zumindest zu keiner Wohlfahrtsbeschneidung. Im Gegenteil kann dieses Angebot sogar zu einem Mehr an Unzufriedenheit und zu gesellschaftlichen Konflikten führen – zumindest dann, wenn es wegen knapper Ressourcen nicht für jeden zur Verfügung gestellt werden kann.
Im Leben hat bekanntlich alles seinen Preis, auch und gerade das eigentliche Leben selbst sowie der Gesundheitszustand, in dem es verbracht wird. Zukünftige Gesellschaften werden noch dringender als heutige eine Antwort auf die Frage finden müssen, welchen Preis sie hierfür zu zahlen bereit sind.

Anhang A Mathematische Grundlagen und spezielle Aspekte des Sterbetafelkonzepts

A.1 Grundlegende Konstruktion einer Sterbetafel

Eine vollständige, d.h. den gesamten Altersbereich überspannende Sterbetafel dokumentiert das Absterbeverhalten eines realen oder fiktiven Geburtsjahrgangs beliebiger Größe, wobei man häufig von 100.000 Neugeborenen ausgeht. Wird das Absterbeverhalten eines realen Geburtsjahrgangs beschrieben, handelt es sich um eine sog. Kohortensterbetafel. Überträgt man dagegen die in einer bestimmten Periode – i.d.R. einem Kalenderjahr – beobachteten Sterblichkeitsverhältnisse auf einen fiktiven Geburtsjahrgang, spricht man von einer Periodensterbetafel.

Die stetige und monoton fallende Funktion, die das jeweilige Abgangsverhalten beschreibt, bezeichnet man mit $l(x)$, den zugehörigen Graph als Überlebenskurve. Sie gibt an, wie viele Geburtskohortenmitglieder das Alter x erleben. Setzt man – wie in der vorliegenden Arbeit – für $l(0)$ den Wert 1, lässt sich $l(x)$ dagegen als (unbedingte) Wahrscheinlichkeit interpretieren, dass ein Neugeborener das Alter x erreicht[1]. In diesem Fall bezeichnet man $l(x)$ auch als (unbedingte) Überlebenswahrscheinlichkeit bis zum Alter x.

Für die Anzahl der Sterbefälle im Altersintervall $[x, x + \Delta x)$, $d(x, x + \Delta x)$, gilt somit

$$(A.1) \qquad d(x, x + \Delta x) = l(x) - l(x + \Delta x).$$

Die Expositionsdauer, d.h. die Zeitdauer, in der jeder der $l(x)$ Überlebenden des Alters x dem Sterberisiko im betrachteten Altersintervall ausgesetzt ist, beträgt dabei Δx. Den Grenzwert, gegen den der Quotient aus der Anzahl der Sterbefälle im Altersintervall $[x, x + \Delta x)$ und der dazugehörigen Expositionsdauer für $\Delta x \to 0$ strebt, interpretiert man allgemein als Hazard- bzw. im vorliegenden Fall als Sterberate („mortality rate", „death rate" bzw. „force of mortality") $\mu(x)$ (vgl. Keyfitz, 1977a, S. 5):

---

[1] Dem Verständnis der nachfolgenden Ausführungen ist es m.E. förderlich, wenn man sich zunächst eine entsprechend große Geburtskohorte (d.h. $l(0) > 1$) vorstellt. Daher wird bei den aufgeführten Formeln dieses Abschnitts $l(0)$ explizit mitgeführt. Da die Wahl von $l(0)$ allerdings absolut willkürlich ist (sofern $l(0) > 0$) und man in der mathematischen Demographie deshalb aus Vereinfachungsgründen i.d.R. $l(0) = 1$ setzt, wird ab dem nächsten Abschnitt dieser Konvention gefolgt. Ebenfalls zu dieser Konvention gehört, dass man die für diese Normierung abgeleiteten Formeln nichtsdestotrotz so interpretiert, als würden sie sich auf eine hinreichend stark besetzte Kohorte beziehen.

(A.2) $$\mu(x) = \lim_{\Delta x \to 0} \frac{l(x) - l(x + \Delta x)}{l(x)\Delta x}.$$

Zieht man $[l(x)]^{-1}$ vor den Grenzwertoperator, lässt sich die Sterberate auch als

(A.3) $$\mu(x) = -\frac{dl(x)/dx}{l(x)}$$

bzw. als

(A.4) $$\mu(x) = -\frac{d\ln l(x)}{dx}$$

ausdrücken und damit als nicht-negativ definierte Schrumpfungsrate interpretieren.

Ausgehend von Gleichung (A.3) kommt man zum Wert der Sterbealterverteilung im Alter x:

(A.5) $$d(x) = -\frac{dl(x)}{dx} = \mu(x)l(x).$$

Löst man die Differentialgleichung (A.3) dagegen nach $l(x)$ auf, gelangt man zu

(A.6) $$l(x) = l(0)\exp\left[-\int_0^x \mu(t)dt\right].$$

Beweis: Wegen Gleichung (A.3) erhält man $\frac{dl(x)/dx}{l(x)} = -\mu(x)$.

Bildet man auf beiden Seiten das unbestimmte Integral über x, gelangt man zu $\int [l(x)]^{-1} dl = -\int \mu(x)dx$.

Das unbestimmte Integral bzw. die Stammfunktion von $[l(x)]^{-1}$ ist $\ln l(x)$. Damit erhält man schließlich $\ln l(x) = -[F(x) + c]$, wobei $F'(x) = \mu(x)$ und c eine beliebige Integrationskonstante ist.

Exponiert man diese Gleichung, hat man $l(x) = e^{-c}e^{-F(x)}$.

Da $l(0) = e^{-c}e^{-F(0)}$ und damit $e^{-c} = l(0)e^{F(0)}$, gelangt man zu $l(x) = l(0)e^{F(0)}e^{-F(x)}$ und damit schließlich zu Gleichung (A.6).

Für $l(0) = 1$ hat man entsprechend

(A.7) $$l(x) = \exp\left[-\int_0^x \mu(t)dt\right].$$

Im Gegensatz zur Sterberate $\mu(x)$, die als Grenzwert gewissermaßen das „augenblickliche" Sterblichkeitsgeschehen in einem exakten Alter x widerspiegelt, gibt $q(x, x+n)$ die (bedingte) Wahrscheinlichkeit an, im Altersbereich $[x, x+n)$ zu sterben, wobei das Erreichen des Altersintervalls und damit das Erleben des Alters x die Bedingung darstellt. Es ist

(A.8) $$q(x, x+n) = \frac{d(x, x+n)}{l(x)}$$

bzw. unter Verwendung von Gleichung (A.1) und (A.6)

(A.9) $$q(x, x+n) = 1 - \exp\left[-\int_x^{x+n} \mu(t)dt\right],$$

während für die zu $q(x, x+n)$ komplementäre Wahrscheinlichkeit, d.h. die (bedingte) Wahrscheinlichkeit, ausgehend vom Erreichen des Alters x das Alter $x+n$ zu erreichen,

(A.10) $$\frac{l(x+n)}{l(x)} = 1 - q(x, x+n) = \exp\left[-\int_x^{x+n} \mu(t)dt\right]$$

gilt.

Eine Sterbetafelfunktion, die bei der Berechnung der Lebenserwartung eine wichtige Rolle spielt, ist $L(x, x+n)$, was für die Anzahl der Jahre steht, die von den $l(x)$ Überlebenden des Alters x bis zum Alter $x+n$ durchlebt werden. Es gilt

(A.11) $$L(x, x+n) = \int_x^{x+n} l(t)dt.$$

$L(x, x+n)$ kann daher als Flächeninhalt unter der $l(x)$-Kurve im Intervall $[x, x+n)$ dargestellt werden.

Wie aus Abbildung A.1 hervorgeht, lässt sich der mit $L(x, x+n)$ korrespondierende Flächeninhalt in zwei Teilflächen zerlegen, wovon die untere, rechteckige Teilfläche die Anzahl der Lebensjahre darstellt, die von den $l(x+n)$ Personen durchlebt werden, die das Alter $x+n$ erreichen, während die obere Teilfläche der Anzahl der von den $d(x, x+n)$ im Altersintervall $[x, x+n)$ Gestorbenen durchlebten Lebensjahre entspricht[2]. Bezeichnet man die Zeitdauer, die ein im betrachteten Altersintervall Versterbender bis zu seinem Tod im Durchschnitt in diesem Intervall verbringt, mit $k(x, x+n)$, lässt sich $L(x, x+n)$ alternativ und anschaulicher darstellen:

(A.12) $$L(x, x+n) = nl(x+n) + k(x, x+n)d(x, x+n),$$

wobei

(A.13) $$k(x, x+n) = \frac{\int_x^{x+n} l(t)dt - nl(x+n)}{d(x, x+n)}.$$

Abbildung A.1: Durchlebte Lebensjahre im Altersintervall $[x, x+n)$

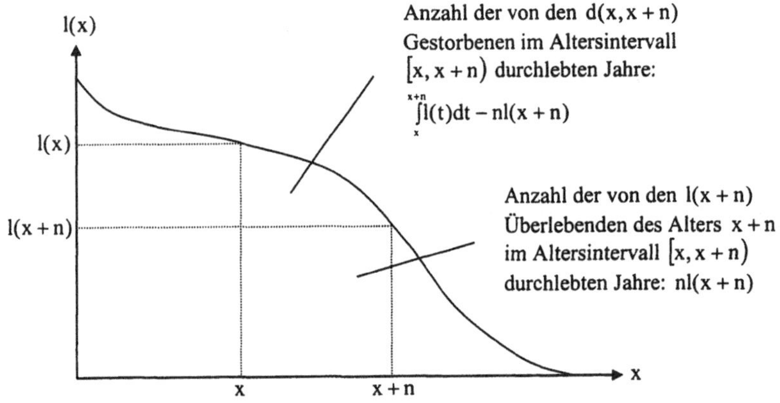

Quelle: Eigene Darstellung

Entsprechend zu $L(x, x+n)$ definiert man $T(x)$ als die Anzahl der Jahre, die von den $l(x)$ Überlebenden des Alters x bis zu ihrem Tod durchlebt werden:

(A.14) $$T(x) = \int_x^{\omega} l(t)dt,$$

---

2 Die $l(x)$ das Alter x Überlebenden setzen sich aus zwei Gruppen zusammen, nämlich den $d(x, x+n)$ im Altersinterintervall $[x, x+n)$ Sterbenden und den $l(x+n)$ Kohortenmitgliedern, die das Intervallende erleben (vgl. auch Gleichung (A.1)).

wobei ω eine übliche Notation für das höchste, nicht notwendigerweise ganzzahlige Sterbealter darstellt.
Teilt man nun diese Gesamtzahl der Lebensjahre bis zum Tod des letzten Kohortenmitglieds auf die Überlebenden des Alters x auf, erhält man die sog. fernere Lebenserwartung im Alter x, also die durchschnittliche Zahl der Jahre, welche die $l(x)$ Überlebenden des Alters x noch zu leben haben:

(A.15) $$e(x) = \frac{T(x)}{l(x)}.$$

Für die Lebenserwartung bei der Geburt gilt damit

(A.16) $$e(0) = \frac{T(0)}{l(0)}$$

bzw. im Fall von $l(0) = 1$ und unter Rückgriff auf Gleichung (A.14)

(A.17) $$e(0) = \int_0^{\omega} l(t)dt.$$

Im Falle dieser Normierung entspricht $e(0)$ dem Flächeninhalt unter der Überlebenskurve.

A.2 Empirische Sterbetafelberechnung

Beim Versuch, für konkrete Bevölkerungen Sterbetafeln zu berechnen, sei es als Kohorten- oder als Periodentafel, stößt man auf eine datentechnische Einschränkung, die sich darin manifestiert, dass die Gestorbenen aus nahe liegenden Gründen nicht nach ihrem exakten Sterbealter, sondern nach dem Alter bei ihrem letzten Geburtstag erfasst werden[3].
Aufgrund dieser Einschränkung muss eine Annahme über die Sterblichkeitsintensität innerhalb eines Altersjahres getroffen werden. Da die Sterblichkeit von Altersjahr zu Altersjahr gewöhnlich nur moderat ansteigt, besteht eine vernünftige und bis auf das erste Lebensjahr i.d.R. hinreichend genaue Annahme darin, für jedes Altersjahr eine konstante Sterberate zu unterstellen (vgl. Vincent, 1951, S. 196). Bezeichnet man die im Altersintervall $[x, x+1)$ konstante Sterberate mit μ_x, verändert sich Gleichung (A.9) zu

(A.18) $$q(x, x+1) = q_x = 1 - e^{-\mu_x},$$

[3] Darüber hinaus erfolgt in Deutschland sowie einer Reihe anderer Länder eine Aufspaltung der in einem beliebigen Kalenderjahr in einem Alter x Gestorbenen nach den beiden infrage kommenden Geburtsjahren.

wobei das tief gestellte x als diskrete Variable aufzufassen ist und im Folgenden die Unterstellung einer im Altersintervall $[x, x+1)$ konstanten Sterblichkeit kennzeichnet[4].
q_x gibt somit die Wahrscheinlichkeit dafür an, dass ein exakt x-jähriger vor Erreichen des exakten Alters $x+1$ stirbt.
Entsprechend gilt für die Wahrscheinlichkeit, dass ein exakt x-jähriger das Alter $x+1$ erlebt:

(A.19) $$\frac{l_{x+1}}{l_x} = 1 - q_x = e^{-\mu_x},$$

wobei l_x das diskrete Gegenstück zu $l(x)$ ist.
Die Anzahl der im Alter x Verstorbenen errechnet sich nach

(A.20) $$d_x = q_x l_x = l_x - l_{x+1},$$

während für L_x und damit für die Anzahl der von den l_x das Alter x Erlebenden in diesem Altersjahr durchlebten Lebensjahre gilt:

(A.21) $$L(x, x+1) = L_x = \int_x^{x+1} l(t)dt = \frac{l_x}{\mu_x}\left(1 - e^{-\mu_x}\right).$$

Beweis: In Anlehnung an Gleichung (A.6) hat man zunächst:
$l(x+t) = l(x)e^{-t\mu_x}$ für $t \in [0,1]$.

Somit gilt: $\int_x^{x+1} l(t)dt = \int_0^1 l(x+t)dt = \int_0^1 l(x)e^{-t\mu_x}dt$.

Durch Integration über das Intervall $[0,1]$ und entsprechendes Ausklammern kommt man schließlich zu Gleichung (A.21), wobei man $l(x)$ durch l_x ersetzt.

Entsprechend den Überlegungen zu Abbildung A.1 lässt sich L_x anschaulich als

(A.22) $$L_x = l_{x+1} + k_x d_x$$

ausdrücken, wobei

[4] Man beachte, dass trotz des diskreten Charakters der Sterberate μ_x (und damit der Sterbewahrscheinlichkeit q_x) diese dennoch eine spezifische stetige Verteilung der Gestorbenen innerhalb des Altersintervalls $[x, x+1)$ bewirkt – ein Umstand, den sich die nachfolgenden Ausführungen zunutze machen.

(A.23) $$k_x = \frac{1}{\mu_x} - \frac{1-q_x}{q_x} \qquad \text{für endliches } \mu_x > 0$$

(vgl. ebenda). Gleichung (A.23) wird nachfolgend bewiesen.

Beweis: Das diskrete Pendant zu Gleichung (A.13) lautet: $k_x = \frac{L_x - l_{x+1}}{d_x}$.

Wegen (A.20) hat man $k_x = \frac{L_x}{q_x l_x} - \frac{l_{x+1}}{q_x l_x}$.

Unter Verwendung von Gleichung (A.21) gelangt man zu

$$k_x = \frac{l_x \mu_x^{-1}\left(1-e^{-\mu_x}\right)}{q_x l_x} - \frac{l_{x+1}}{q_x l_x} = \frac{1-e^{-\mu_x}}{\mu_x q_x} - \frac{l_{x+1}}{q_x l_x}.$$

Durch Einsetzen der Gleichungen (A.18) und (A.19) und entsprechendes Kürzen gelangt man schließlich zu Gleichung (A.23).

Die Annahme einer konstanten Sterblichkeit in jedem Altersjahr bewirkt, dass vom Geburtstag der Gestorbenen eines Altersjahres bis zu ihrem Tod im Mittel weniger als ein halbes Jahr verstreicht, d.h. dass $k_x < 0{,}5$ ist.

Beweis: $k_x \overset{?}{<} 0{,}5$ ist wegen (A.23), (A.18) und (A.19) äquivalent zu

$$\frac{1}{\mu_x} - \frac{e^{-\mu_x}}{1-e^{-\mu_x}} \overset{?}{<} 0{,}5.$$

Nach einigen algebraischen Umformungen gelangt man zu

$$(2-\mu_x)e^{\mu_x} \overset{?}{<} 2+\mu_x.$$

Dass diese Ungleichung erfüllt ist, lässt sich zeigen, indem man die beiden Seiten der Ungleichung als eigenständige Funktionen $h(\mu_x) = (2-\mu_x)e^{\mu_x}$ und $g(\mu_x) = 2+\mu_x$ auffasst und zeigt, dass die Funktion h für positives μ_x (für $\mu_x = 0$ ist k_x nicht definiert) stets unterhalb von g verläuft:

Die Funktion g ist eine Gerade mit Ordinatenabschnitt 2 und (konstanter) Steigung 1.

Die Funktion h hat ebenfalls einen Ordinatenabschnitt von 2. Für die Steigung von h gilt: $h'(\mu_x) = e^{\mu_x}(1-\mu_x)$ und damit $h'(0) = 1$.

Da $h''(\mu_x) = -\mu_x e^{\mu_x} < 0$, nimmt die Steigung von h mit wachsendem μ_x ab und ist daher stets kleiner 1. Damit liegt h für positives μ_x unterhalb von g, woraus die Behauptung folgt.

Ferner gilt, dass k_x mit steigender Sterblichkeit fällt, was insbesondere bei hochbetagten Gestorbenen angesichts der in diesen Altersklassen vorzufindenden hohen Sterblichkeit ein vernünftiges Resultat ist.

Beweis: Gleichung (A.23) lautet unter Verwendung von (A.18) und (A.19)

$$k_x = \frac{1}{\mu_x} - \frac{e^{-\mu_x}}{1-e^{-\mu_x}}.$$

Damit hat man $\frac{dk_x}{d\mu_x} = -\frac{1}{(\mu_x)^2} + \frac{e^{-\mu_x}}{(1-e^{-\mu_x})^2}$.

Um zu beweisen, dass diese Ableitung tatsächlich negativ ist, nimmt man zunächst einige algebraische Umformungen vor und gelangt schließlich zu $\mu_x e^{-0,5\mu_x} \overset{?}{<} 1-e^{-\mu_x}$.

Analog zur Beweisführung, dass $k_x < 0,5$ ist, definiert man zwei Funktionen $h(\mu_x) = \mu_x e^{-0,5\mu_x}$ sowie $g(\mu_x) = 1-e^{-\mu_x}$ und zeigt, dass h für positives μ_x stets unter g verläuft:

Zunächst hat man $h(0) = g(0) = 0$ sowie für $\mu_x > 0$: $h(\mu_x) > 0$ und $g(\mu_x) > 0$, d.h. beide Funktionen verlaufen durch den Ursprung und sodann im ersten Quadranten.

Die Gegenüberstellung der beiden Kurvensteigungen $h'(\mu_x) = e^{-0,5\mu_x}(1-0,5\mu_x)$ sowie $g'(\mu_x) = e^{-\mu_x}$ lässt zumindest für $\mu_x < 2$ zunächst offen, ob $g'(\mu_x) = e^{-\mu_x} \overset{?}{>} e^{-0,5\mu_x}(1-0,5\mu_x) = h'(\mu_x)$.

Formt man diese Ungleichung allerdings zu $e^{-0,5\mu_x} \overset{?}{>} 1-0,5\mu_x$ um und definiert erneut zwei Funktionen $u(\mu_x) = e^{-0,5\mu_x}$ sowie $v(\mu_x) = 1-0,5\mu_x$, so liegt u für positives μ_x streng über v, da $u'(\mu_x) > v'(\mu_x)$ sowie $u(0) = v(0) = 1$. Damit ist $g'(\mu_x)$ für positives μ_x größer als $h'(\mu_x)$ und folglich liegt h wegen $h(0) = g(0) = 0$ für positives μ_x stets unter g.

Für T_x, das diskrete Gegenstück zu $T(x)$, hat man entsprechend

(A.24) $$T(x) = T_x = \sum_{t=x}^{\omega} L_t,$$

wobei ω jetzt für das höchste ganzzahlige Sterbealter steht.

Für die fernere Lebenserwartung eines exakt x-jährigen gilt analog zu Gleichung (A.15)

(A.25) $$e(x) = e_x = \frac{T_x}{l_x},$$

während ein Neugeborener im Durchschnitt

(A.26) $$e(0) = e_0 = \frac{T_0}{l_0}$$

bzw. im Fall von $l_0 = 1$ und wegen (A.24)

(A.27) $$e_0 = \sum_{t=0}^{\omega} L_t$$

Jahre lebt.

Aus den bisherigen Ausführungen geht hervor, dass die zentrale Beziehung zur Berechnung einer Sterbetafel anhand konkreter Daten Gleichung (A.18) ist: Hat man einen Wert für μ_x, lässt sich mit diesem q_x berechnen. Umgekehrt gelangt man bei Kenntnis von q_x durch Umformung von Gleichung (A.18) zu μ_x:

(A.28) $$\mu_x = \ln \frac{1}{1-q_x}.$$

Entscheidend ist somit entweder das Wissen um q_x oder um μ_x. Wie im Folgenden ausgeführt, lässt sich q_x bei Kohortensterbetafeln direkt empirisch ermitteln und man gelangt via Gleichung (A.28) zu μ_x, während man bei Periodensterbetafeln umgekehrt vorgeht.

Die Berechnung altersspezifischer Sterbewahrscheinlichkeiten für reale Geburtsjahrgänge bzw. Kohorten lässt sich am besten mit Hilfe des nachfolgenden LEXIS-Diagramms verdeutlichen (vgl. Abbildung A.2), in dem $D_x^{j,\alpha}$ ($D_x^{j+1,\beta}$) der Anzahl der im Alter x Gestorbenen entspricht, die im Jahr j ($j+1$) und damit im Kalenderjahr des Erreichens (nach dem Erreichen) dieses Alters starben, während P_x^j für den Endbestand x-jähriger des Jahres j steht[5].
Bei der Ermittlung altersspezifischer Sterbewahrscheinlichkeiten für Kohorten dividiert man demnach die einer Kohorte zurechenbaren Sterbefälle im Alter x, die sich in zwei Kalenderjahren ereignen können (hier: in den Jahren j und $j+1$), durch die Anzahl der Kohortenmitglieder, die das Alter x erreichten und damit dem Risiko, im Alter x zu sterben, ausgesetzt waren. Während dank der in Deutschland vorgenommenen Zuordnung der Gestorbenen jeden Alters zu den beiden in Frage kommenden Geburtsjahrgängen die Berechnung des Zählers der Sterbewahrscheinlichkeit (hier: $D_x^{j,\alpha} + D_x^{j+1,\beta}$) unproblematisch ist, tritt beim Nenner ein datentechnisches Problem auf, denn die amtliche Statistik weist die

[5] Der Endbestand x-jähriger des Jahres j entspricht dem Anfangsbestand x-jähriger des Jahres j+1.

Abbildung A.2: LEXIS-Diagramm zur Berechnung altersspezifischer Sterbewahrscheinlichkeiten für Kohorten

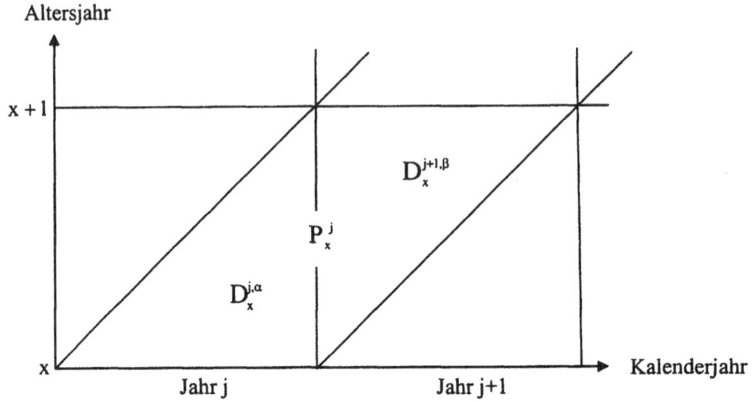

Quelle: Eigene Darstellung in Anlehnung an Wunsch/Termote, 1978, Abb. 3.9, S. 91

Zahl der Personen, die innerhalb eines Kalenderjahres das Alter x erreichen und daher demselben Geburtsjahrgang angehören, mit Ausnahme des ersten Lebensjahres nicht aus. In Abwesenheit von Wanderungen[6] (was gleichbedeutend ist mit einem in jedem Zeitpunkt ausgeglichenen Wanderungssaldo derart, dass jedem Einwanderer ein exakt gleichaltriger Auswanderer gegenübersteht) lässt sich die Anzahl der das Alter x erreichenden Kohortenmitglieder jedoch als Summe aus dem veröffentlichten Endbestand x-jähriger des Jahres j, der sich ausschließlich aus Mitgliedern des interessierenden Geburtsjahrgangs zusammensetzt (P_x^j), und der Anzahl der bereits im Jahr j gestorbenen Kohortenmitgliedern ($D_x^{j,\alpha}$) bestimmen (vgl. Wunsch/Termote, 1978, S. 92).

---

[6] Der aufgrund vorliegender Daten eigentlich nicht erforderliche Verzicht auf eine explizite Berücksichtigung von Wanderungen bei der Berechnung von Sterbewahrscheinlichkeiten liegt in dieser Arbeit weniger in der (m.E. vernünftigen) Erwartung begründet, dass tatsächliche Wanderungsbewegungen die numerischen Werte der Sterbewahrscheinlichkeiten nicht systematisch verzerren, noch erfolgt er gar aus Gründen einer rechentechnischen Arbeitserleichterung. Dieser Verzicht resultiert vielmehr aus der begründeten Vermutung, dass insbesondere die veröffentlichten Daten zur Anzahl der Auswanderer die tatsächlichen Werte systematisch unterschätzen (vgl. die Ausführungen in Abschnitt 3.3.3.1.2 im Hauptteil).

Für die altersspezifische Sterbewahrscheinlichkeit einer Kohorte gilt somit

(A.29) $$q_x = \frac{D_x^{j,\alpha} + D_x^{j+1,\beta}}{P_x^j + D_x^{j,\alpha}}.$$

Bei Periodensterbetafeln bietet sich als Schätzwert für μ_x die jeweilige altersspezifische Sterberate M_x an (vgl. Keyfitz, 1977a, S. 14), die man durch Division der Zahl der in der interessierenden Periode als x-jährige Gestorbene durch den Bevölkerungsbestand x-jähriger zur Periodenmitte erhält. Dass sich eine derartig berechnete Größe tatsächlich als Schätzwert für μ_x eignet, wird im Folgenden motiviert (vgl. Feichtinger, 1973, S. 55/56).
Definitionsgemäß bezieht man bei einer demographischen Rate die Anzahl der Ereignisse in einem gegebenen Zeitintervall auf die Anzahl der Einheiten, die während desselben Zeitintervalls dem Risiko des Ereigniseintritts ausgesetzt waren. Im Fall einer altersspezifischen Sterberate für ein Kalenderjahr setzt man somit die Anzahl der in diesem Kalenderjahr Gestorbenen eines bestimmten Alters in Beziehung zur Anzahl der Personen, die sich während desselben Kalenderjahres dem Sterberisiko im interessierenden Alter gegenüber sahen. Nun sind diese Personen dem Sterberisiko im betreffenden Altersjahr i.d.R. nicht während des gesamten Kalenderjahres ausgesetzt. Die einzige Ausnahme bilden Personen, die zum Jahreswechsel Geburtstag haben (und dadurch in das interessierende Altersjahr vorstoßen) und die im Falle eines Ausscheidens aus der untersuchten Bevölkerung – sei es durch Tod oder durch Auswanderung – die Untersuchungspopulation unmittelbar vor dem Erreichen des nächsten Altersjahres (und damit zum nächsten Jahreswechsel) verlassen. Daher ist der Nenner der altersspezifischen Sterberate und damit die Anzahl der während des betreffenden Kalenderjahres dem Sterberisiko ausgesetzten Personen durch die Anzahl der im Kalenderjahr verlebten Personenjahre zu spezifizieren. Hierzu ist jede Person mit der Zeitdauer zu gewichten, in der sie dem Sterberisiko ausgesetzt war. Diese theoretisch wünschenswerte Spezifikation scheitert jedoch aus nahe liegenden Gründen an der begrenzten Datengrundlage, so dass die Anzahl der im Kalenderjahr verlebten Personenjahre geschätzt werden muss. Unter der Annahme, dass sowohl die Zugänge zur Population (in Gestalt des Erreichens des interessierenden Alters oder der Einwanderung) als auch die Abgänge aus der Bevölkerung (durch Tod oder Auswanderung) im betreffenden Kalenderjahr (annähernd) symmetrisch verteilt sind[7], bietet sich als brauchbare Approximation für den Nenner der altersspezifischen Sterberate der Bevölkerungsbestand zur Jahresmitte an. Da die amtliche Statistik den Bevölkerungsbestand zum 1. Juli an-

---

7 Gemeint ist damit z. B., dass jedem Todesfall am 15.1. ein anderer Sterbefall am 16.12. gegenübersteht. Feichtinger (vgl. 1973, S. 56) spricht in diesem Zusammenhang irrtümlicherweise von „gleichmäßiger" Verteilung der Zu- und Abgänge, es genügt jedoch eine symmetrische Verteilung zur Jahresmitte.

ders als zum Jahresende jedoch nicht ausweist, kann Erstgenannter durch das arithmetische Mittel der beiden umliegenden Jahresendbestände approximiert werden (vgl. Spiegelman, 1970, S. 121)[8].
Bei der Berechnung einer Sterbetafel nimmt das erste Lebensjahr in doppelter Hinsicht eine Sonderstellung ein.
Wie schon bei der Vorstellung der Formel für kohorten- und altersspezifische Sterbewahrscheinlichkeiten (vgl. (A.29)) erwähnt, ist das erste Lebensjahr das einzige Altersjahr, für das die amtliche Statistik mit der Veröffentlichung der Anzahl der Neugeborenen die Zahl der Personen angibt, die während eines Kalenderjahres in ein Altersjahr (hier das Alter 0) vorstoßen und damit derselben Kohorte angehören. Somit ist es nicht erforderlich, diese Größe wie im Falle der Berechnung altersspezifischer Sterbewahrscheinlichkeiten von Kohorten zu approximieren. Die in dieser Arbeit zur Berechnung von Periodensterbetafeln[9] verwendete Formel für die Sterbewahrscheinlichkeit Nulljähriger (d.h. Säuglinge) lässt sich wiederum mit Hilfe eines LEXIS-Diagramms verdeutlichen (vgl. Abbildung A.3). N^j (N^{j+1}) bezeichnet dabei die Anzahl der Neugeborenen des Kalenderjahres j ($j+1$), während $D_0^{j+1,\alpha}$ ($D_0^{j+1,\beta}$) für die Anzahl der gestorbenen Säuglinge des Kalenderjahres $j+1$ steht, die im gleichen Jahr (im Vorjahr) geboren wurden; $D_0^{j,\alpha}$ ist entsprechend definiert.

Die Säuglingssterbewahrscheinlichkeit eines Kalenderjahres (hier: des Kalenderjahres $j+1$) setzt sich aus zwei Komponenten zusammen (vgl. Wunsch/Termote, 1978, S. 80): der Wahrscheinlichkeit p_0', dass ein Neugeborener des Jahres $j+1$ das Ende des Kalenderjahres erlebt, sowie der Wahrscheinlichkeit p_0'', dass ein Neugeborener des Vorjahres, der den Beginn des Jahres $j+1$ erlebte, im Verlauf dieses Kalenderjahres sein erstes Lebensjahr vollendet. Für die Säuglingssterbewahrscheinlichkeit q_0 des Jahres $j+1$ gilt bei Vernachlässigung von Wanderungsbewegungen (vgl. FN 6) somit:

(A.30) $$q_0 = 1 - p_0' p_0''$$

---

[8] Eine andere, m.E. noch bessere Approximation für den Bevölkerungsbestand zur Jahresmitte stellt der vom Statistischen Bundesamt veröffentlichte jahresdurchschnittliche Bevölkerungsbestand dar, der dem Mittelwert der zwölf Monatsendbestände entspricht. Soweit dieser für Einzelaltersstufen vorliegt und in höheren Altersstufen nicht durch auf Basis der Methode der „Extinct Generations" berechnete mittlere Bevölkerungsbestände substituiert wurde (zur Motivation dieser Methode vgl. Abschnitt 3.3.3.1.2.1 im Hauptteil), ging er in die empirische Analyse dieser Arbeit ein.

[9] Auf die entsprechende Formel für Kohortensterbetafeln kann verzichtet werden, da in der vorliegenden Arbeit nur Kohortensterbetafeln berechnet wurden, die erst in höheren Altersstufen beginnen.

Abbildung A.3: LEXIS-Diagramm zur Berechnung der Säuglingssterbewahrscheinlichkeit auf Periodenbasis

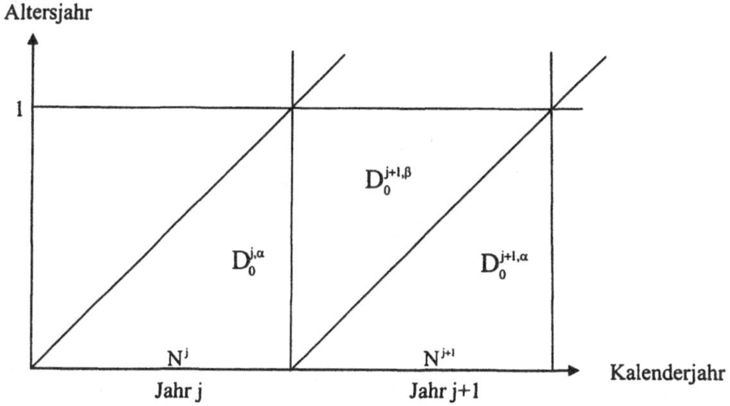

Quelle: Eigene Darstellung in Anlehnung an Wunsch/Termote, 1978, Abb. 3.1, S. 79

mit

(A.31) $$p_0' = \frac{N^{j+1} - D_0^{j+1,\alpha}}{N^{j+1}}$$

sowie

(A.32) $$p_0'' = \frac{N^j - D_0^{j,\alpha} - D_0^{j+1,\beta}}{N^j - D_0^{j,\alpha}}.$$

Man beachte, dass sich (A.30) ausschließlich mit Hilfe von Daten aus dem Kalenderjahr $j+1$ berechnen lässt (vgl. ebenda)[10].
Die zweite Sonderstellung des ersten Lebensjahres bei der Berechnung einer Sterbetafel manifestiert sich darin, dass sich die für die anderen Altersstufen plausible Annahme einer konstanten altersspezifischen Sterblichkeit wegen der geburtsnahen Mortalität im Säuglingsalter auch näherungsweise nicht aufrecht erhalten lässt, weshalb sich die durchschnittliche Lebensdauer der gestorbenen

[10] Die in Gleichung (A.32) und damit auch in Gleichung (A.30) enthaltenen Variablen stammen zwar aus zwei Kalenderjahren, die Differenz $N^j - D_0^{j,\alpha}$ kann allerdings durch den von der amtlichen Statistik veröffentlichten Jahresanfangsbestand Nulljähriger des Jahres $j+1$ (der dem Jahresendbestand des Vorjahres entspricht) approximiert werden.

Säuglinge nicht durch Gleichung (A.23) approximieren lässt. Stattdessen greift das in dieser Arbeit gewählte empirische Vorgehen auf die von der amtlichen Statistik für das erste Altersjahr bereitgestellte Tabellierung der Gestorbenen eines Kalenderjahres in die beiden Gruppen „in den ersten 7 Lebenstagen gestorben" und „in den ersten 28 Lebenstagen gestorben" zurück und teilt hiermit die gestorbenen Säuglinge jedes Kalenderjahres nach der Lebensdauer auf die drei exklusiven Gruppen „in den ersten 7 Lebenstagen gestorben", „zwischen dem 8. und dem 28. Lebenstag gestorben" und „nach dem 28. Lebenstag gestorben" auf. Unter der Annahme, dass die durchschnittliche Lebensdauer in den drei Gruppen jeweils dem arithmetischen Mittel der Intervallgrenzen entspricht, lässt sich die durchschnittliche Lebensdauer der in einem Kalenderjahr gestorbenen Säuglinge mittels des gewichteten Durchschnittswerts dieser Intervallmittelwerte näherungsweise bestimmen, wobei die anteiligen Besetzungsstärken der Gruppen als Gewichte dienen.

Abschließend sei noch erwähnt, dass man eine Sterbetafel selbstverständlich auch mit einem beliebigen Startalter a beginnen kann. Am methodischen Vorgehen ändert sich dabei nichts. Wird $a \geq 1$ gewählt, sind bei empirischen Sterbetafel-Berechnungen die gerade angestellten Überlegungen zur Sterblichkeit im ersten Lebensjahr freilich hinfällig.

A.3 Spezielle Aspekte des Sterbetafelkonzepts

A.3.1 Mittelwert, Streuung und Perzentile des Sterbealters

Aufgrund von Gleichung (A.5) definiert die $l(x)$-Kurve eine spezifische Sterbealterverteilung der Sterbetafelpopulation.
Es kann nun gezeigt werden, dass der Erwartungswert des Sterbealters bei einem Startalter der Sterbetafel von a Jahren, $\bar{d}(a)$, der Summe aus dem jeweiligen Startalter und der ferneren Lebenserwartung in diesem Alter entspricht[11], d.h. dass

(A.33) $$\bar{d}(a) = \int_a^\omega x d(x) dx = a + e(a).$$

Beweis: Wegen (A.5) hat man $\int_a^\omega x d(x) dx = \int_a^\omega x l(x) \mu(x) dx$.

Setzt man $u(x) = x$ und $v'(x) = l(x)\mu(x)$, bekommt man $u'(x) = 1$ und wegen (A.3) $v(x) = -l(x)$, wodurch sich $\int_a^\omega x l(x)\mu(x) dx$ partiell

[11] Bei einem Sterbetafel-Startalter von 0 Jahren entspricht somit das mittlere Sterbealter der Sterbetafelpopulation gerade der Lebenserwartung bei der Geburt.

integrieren lässt: $\int_a^\omega xl(x)\mu(x)dx = -xl(x)\Big|_a^\omega + \int_a^\omega l(x)dx$.

Da definitionsgemäß $l(\omega)=0$ sowie annahmegemäß $l(a)=1$ und damit der erste Term gleich a ist, folgt wegen (A.17) die Behauptung.

Empirisch einfach berechnen lässt sich das durchschnittliche Sterbealter für eine Sterbetafelpopulation mit dem Startalter a nach der diskreten Formel

(A.34) $$\overline{d_a} = \sum_{x=a}^{\omega} x d_x \,.$$

Ursächlich dafür, dass nach Formel (A.34) $\overline{d_a}$ strikt unter $a+e_a$ liegt, ist die Tatsache, dass bei der Berechnung von $\overline{d_a}$ die durch die Annahme einer konstanten altersspezifischen Sterberate determinierte Verteilung der Sterbefälle innerhalb eines jeden Altersjahres anders als bei der Berechnung von e_a nicht berücksichtigt wird[12]. Stattdessen unterstellt Gleichung (A.34) durch die Einbeziehung ausschließlich diskreter Variablen implizit, dass sich sämtliche Sterbefälle jedes Altersjahres jeweils zu Beginn desselben ereignen, was zu einer systematischen Unterschätzung des tatsächlichen mittleren Sterbealters der Sterbetafelpopulation führt. Da aber die Summe aus dem Startalter der Sterbetafel und der empirisch berechneten ferneren Lebenserwartung, bei deren Berechnung die stetige Verteilung der Gestorbenen innerhalb jeder Altersklasse berücksichtigt wird, das exakte durchschnittliche Sterbealter der Sterbetafelpopulation angibt, kann auf eine explizite Berechnung von $\overline{d_a}$ im Rahmen der Mortalitätsanalyse verzichtet werden.

Für die Standardabweichung des Sterbealters der Sterbetafelbevölkerung gilt allgemein

(A.35) $$\sigma_{\bar{d}(a)} = \sqrt{\int_a^\omega x^2 d(x)dx - \left[\bar{d}(a)\right]^2}\,,$$

wobei man anstelle von $\bar{d}(a)$ entsprechend Gleichung (A.33) auch $a+e(a)$ bzw. $a+e_a$ setzen kann.

---

[12] Bei der empirischen Berechnung der Lebenserwartung eines exakt a-jährigen wird die Verteilung der Sterbefälle in jeder Altersklasse dadurch explizit berücksichtigt, dass für jede Altersklasse die durchschnittliche Lebensdauer der in ihr Verstorbenen ermittelt wird (vgl. insbes. die Gleichungen (A.21), (A.22) und (A.23)).

Das diskrete Gegenstück zu (A.35) lautet entsprechend

$$\text{(A.36)} \qquad \sigma_{\overline{d_a}} = \sqrt{\sum_{x=a}^{\omega} x^2 d_x - \left[\overline{d_a}\right]^2} \,,$$

wobei auch diese Formel wiederum die – falsche – Annahme impliziert, alle Sterbefälle ereigneten sich jeweils zu Beginn jedes Altersjahres.
Prinzipiell könnte man die Standardabweichung des Sterbealters zwar auch durch eine explizite Berücksichtigung der durch μ_x determinierten Sterbefallverteilung in jedem Altersintervall nach der Formel

$$\text{(A.37)} \qquad \sigma_{\overline{d(a)}} = \sqrt{\sum_{x=a}^{\omega} \int_0^1 (x+t)^2 \left[-\frac{dl(x+t)}{dt}\right] dt - (a+e_a)^2}$$

exakt berechnen, der damit einhergehende hohe Rechenaufwand steht allerdings in eklatantem Missverhältnis zur Verbesserung der Ergebnisqualität: Proberechnungen anhand konkreter Sterbetafeln ergaben im ungünstigsten Fall eine Abweichung zwischen (A.36) und (A.37) ab der zweiten Nachkommastelle und damit eine Unschärfe von $\sigma_{\overline{d_a}}$ (berechnet nach (A.36)), die angesichts des vornehmlichen Interesses der empirischen Untersuchung im dritten Kapitel des Hauptteils an zeitlichen Veränderungen der Standardabweichung und weniger an deren absoluter Höhe vertretbar ist. An dieser Stelle sei noch darauf verwiesen, dass die diskrete Formel zur Berechnung der Standardabweichung (Gleichung (A.36)) mathematisch folgerichtig $\overline{d_a}$, nicht jedoch $a+e_a$ enthält. Obwohl $\overline{d_a}$ den Wert von $a+e_a$ recht deutlich unterschätzt (Proberechnungen zufolge um ungefähr ein halbes Jahr), wird auf die Substitution von $\overline{d_a}$ durch $a+e_a$ und damit durch das exakte mittlere Sterbealter der Sterbetafelpopulation in Gleichung (A.36) verzichtet, da andernfalls die Differenz zwischen $\sigma_{\overline{d_a}}$ und $\sigma_{\overline{d(a)}}$ unnötigerweise zunehmen würde.

Das Ignorieren der tatsächlichen Verteilung der gestorbenen Sterbetafelmitglieder innerhalb jeder Altersklasse im Falle der Berechnung der Standardabweichung ist zum einen im Hinblick auf die Diskrepanz zwischen dem anderweitig hohen Rechenaufwand und der nur marginalen Verbesserung der Ergebnisqualität, zum anderen angesichts des Hauptinteresses an temporalen Veränderungen und nicht an absoluten Werten vernünftig. Umgekehrt ist die explizite Berücksichtigung dieser durch μ_x determinierten altersspezifischen Sterbealterverteilung jedoch dann sinnvoll, wenn man sich für Perzentile der Sterbealterverteilung und damit für das jeweilige Sterbealter interessiert, unterhalb dessen sich $\alpha \cdot 100\%$ der Todesfälle der Sterbetafelpopulation ereignen ($\alpha \in [0,1]$). Ander-

weitig, d.h. bei der Behandlung des Alters als diskrete Variable, wäre es durchaus möglich, dass gerade bei den höheren Perzentilen das jeweilige Perzentilsterbealter über einen längeren Zeitraum hinweg unverändert bleibt und damit eine scheinbare Konstanz widerspiegelt, die jedoch in Wirklichkeit nicht besteht und nur dadurch zustande kommt, dass sich das tatsächliche bzw. exakte Perzentilsterbealter im Zeitablauf ausschließlich innerhalb eines bestimmten Altersintervalls – möglicherweise systematisch und beständig – bewegt.
Da das Sterbealter $x+\beta$ $(\beta \in [0,1])$, unterhalb dessen sich $\alpha \cdot 100\%$ der Sterbefälle ereignen, dem Alter entspricht, das $(1-\alpha)\cdot 100\%$ der Ausgangsgesamtheit erreichen, ist zur Bestimmung des $\alpha \cdot 100\%$-Perzentilsterbealters $x+\beta$ somit die Gleichung

(A.38) $$l(x+\beta)=\exp\left[-\left(\sum_{t=a}^{x-1}\mu_t + \int_x^{x+\beta}\mu_x dt\right)\right]=1-\alpha$$

nach $x+\beta$ zu lösen[13].

A.3.2 Keyfitz′ H

Die auf dem Sterbetafelkonzept aufbauende Kennziffer Keyfitz′ H gibt Auskunft darüber, wie sich eine gleichmäßig proportionale Veränderung aller Sterberaten auf die Lebenserwartung bei der Geburt auswirkt. Ausgangspunkt für die Herleitung dieser Kennziffer[14] (bzw. einer diskreten und empirisch leicht ermittelbaren Variante davon) ist somit

(A.39) $$\mu^*(x)=(1+\delta)\mu(x),$$

wobei $100\,\delta$ angibt, wie groß die prozentuale Veränderung der Sterberaten ist.
Damit hat man

(A.40) $$l^*(x)=[l(x)]^{1+\delta}.$$

Beweis: Durch Einsetzen von Gleichung (A.39) in (A.7) kommt man zum Ausdruck $l^*(x)=\left\{\exp\left[-\int_0^x \mu(t)dt\right]\right\}^{1+\delta}$ und damit erneut über (A.7) zum gewünschten Ergebnis.

---

[13] Allgemein gilt unter der Voraussetzung $l(a)=1$:
$l(x)=l_x=\prod_{t=a}^{x-1}\exp\left[-\int_t^{t+1}\mu_t dy\right]=\exp\left[-\sum_{t=a}^{x-1}\mu_t\right]$.

[14] Die nachfolgende Herleitung von Keyfitz′ H orientiert sich im Wesentlichen an Keyfitz (vgl. 1985, S. 62-64 sowie 1977b, S. 412/413).

Mit Hilfe der Taylor-Entwicklung an der Stelle $\delta = 0$ lässt sich $[l(x)]^{1+\delta}$ ausdrücken als

(A.41) $$[l(x)]^{1+\delta} \approx l(x) + \delta l(x) \ln l(x).$$

Beweis: Sei $f(\delta) = [l(x)]^{1+\delta}$.
Wird nur die erste Ableitung berücksichtigt (was für kleine δ i.d.R. ausreichend ist), gilt nach Taylor in einer Umgebung von $\delta = 0$:
$f(\delta) \approx f(0) + \delta f'(0)$.

Aus $f'(\delta) = [l(x)]^{1+\delta} \ln l(x)$ folgt die Behauptung.

Die Lebenserwartung bei der Geburt nach der proportional identischen Veränderung aller Sterberaten erhält man durch Kombination der Gleichungen (A.17), (A.40) und (A.41):

(A.42) $$e^{*}(0) \approx \int_0^{\omega} [l(x) + \delta l(x) \ln l(x)]\, dx .$$

Damit ändert sich die Lebenserwartung bei der Geburt infolge einer prozentual gleichen Veränderung aller Sterberaten approximativ um den Faktor

(A.43) $$\frac{e^{*}(0)}{e(0)} \approx 1 + \frac{\int_0^{\omega} l(x) \ln l(x) dx}{\int_0^{\omega} l(x) dx} \delta$$

bzw.

(A.44) $$\frac{e^{*}(0)}{e(0)} \approx 1 - \delta H(0),$$

wobei

(A.45) $$H(0) = -\frac{\int_0^{\omega} l(x) \ln l(x) dx}{\int_0^{\omega} l(x) dx}.$$

Letztgenannten Ausdruck bezeichnet man als Keyfitz′ H. Er gibt an, um wie viel Prozent die Lebenserwartung bei der Geburt infolge einer einprozentigen Abnahme (Zunahme) aller Sterberaten steigt (fällt). Man beachte, dass Keyfitz′ H wegen $\ln l(x) \leq 0$ nicht-negativ definiert ist.

Für empirische Messungen bietet es sich an, Keyfitz' H in anderer Form auszudrücken (vgl. Goldman/Lord, 1986, S. 278):

$$\text{(A.46)} \qquad H(0) = \frac{\int_0^{\omega} d(x)e(x)dx}{\int_0^{\omega} l(x)dx}.$$

Die Übereinstimmung der beiden Darstellungsformen von Keyfitz' H wird nachfolgend bewiesen[15].

Beweis: Einschließlich des Minuszeichens lautet der Zähler von Gleichung (A.45) $\int_0^{\omega}[-l(x)]\ln l(x)dx$.

Setzt man $u'(x) = -l(x)$ und $v(x) = \ln l(x)$, lässt sich dieser Zähler partiell integrieren:

Da $u(x) = \int_x^{\lambda} l(t)dt$, wobei λ eine beliebige reelle Zahl ist[16], und ferner $v'(x) = \frac{l'(x)}{l(x)}$, gilt:

$$\int_0^{\omega}[-l(x)]\ln l(x)dx = \left(\ln l(x)\right)\int_x^{\lambda} l(t)dt\Big|_0^{\omega} - \int_0^{\omega}\frac{l'(x)}{l(x)}\left(\int_x^{\lambda} l(t)dt\right)dx$$

$$\int_0^{\omega}[-l(x)]\ln l(x)dx$$

$$= \left(\lim_{x\to\omega}\ln l(x)\right)\int_{\omega}^{\lambda} l(t)dt - \left(\ln l(0)\right)\int_0^{\lambda} l(t)dt - \int_0^{\omega}\frac{l'(x)}{l(x)}\left(\int_x^{\lambda} l(t)dt\right)dx.$$

Da annahmegemäß $l(0) = 1$ und daher $\ln l(0) = 0$, fällt der mittlere Term auf der rechten Seite der Gleichung weg und man erhält:

$$\int_0^{\omega}[-l(x)]\ln l(x)dx = \left(\int_{\omega}^{\lambda} l(t)dt\right)\left(\lim_{x\to\omega}\ln l(x)\right) - \int_0^{\omega}\frac{l'(x)}{l(x)}\left(\int_x^{\lambda} l(t)dt\right)dx.$$

Da $\lim_{x\to\omega}\ln l(x) = \lim_{x\to\omega}[\ln l(x) - \ln l(0)] = \lim_{x\to\omega}\int_0^{x}\frac{l'(t)}{l(t)}dt = \int_0^{\omega}\frac{l'(t)}{l(t)}dt$, gelangt man zu

---

[15] Die Beweisführung orientiert sich grundsätzlich am Vorgehen von Goldman und Lord (vgl. 1986, S. 277/278) – allerdings mit einer wesentlichen Ausnahme, auf die gesondert hingewiesen wird (vgl. FN 16). Ein alternativer Beweis findet sich bei Vaupel (vgl. 1986, S. 148).

[16] Im Unterschied dazu setzen Goldman und Lord (vgl. 1986, S. 277) für die beliebig wählbare, obere Integrationsschranke das Maximalsterbealter ω. Dadurch geht der Beweis in eine andere Richtung und erfordert u.a. die Anwendung der Regel von L'Hôpital (vgl. ebenda, S. 278). Wie oben gezeigt, ist diese Spezifikation der oberen Integrationsgrenze für den Beweis allerdings nicht erforderlich.

$$\int_0^\omega [-l(x)]\ln l(x)dx = \left(\int_\omega^\lambda l(t)dt\right)\left(\int_0^\omega \frac{l'(t)}{l(t)}dt\right) - \int_0^\omega \frac{l'(x)}{l(x)}\left(\int_x^\lambda l(t)dt\right)dx$$

$$\int_0^\omega [-l(x)]\ln l(x)dx = \int_0^\omega \frac{l'(x)}{l(x)}\left(\int_\omega^\lambda l(t)dt\right)dx - \int_0^\omega \frac{l'(x)}{l(x)}\left(\int_x^\lambda l(t)dt\right)dx$$

$$\int_0^\omega [-l(x)]\ln l(x)dx = \int_0^\omega \frac{l'(x)}{l(x)}\left(\int_\omega^\lambda l(t)dt - \int_x^\lambda l(t)dt\right)dx$$

$$\int_0^\omega [-l(x)]\ln l(x)dx = \int_0^\omega \frac{l'(x)}{l(x)}\left(\int_\omega^\lambda l(t)dt + \int_\lambda^x l(t)dt\right)dx$$

$$\int_0^\omega [-l(x)]\ln l(x)dx = \int_0^\omega \left[-\frac{l'(x)}{l(x)}\right]\left(\int_x^\omega l(t)dt\right)dx .$$

Wegen (A.5), (A.14) und (A.15) und aufgrund der Tatsache, dass der Nenner in (A.45) und (A.46) identisch ist, folgt die Behauptung.

Gleichung (A.46) eröffnet eine weitere Interpretationsmöglichkeit von Keyfitz' H (vgl. Vaupel, 1986, S. 148): Demnach gibt H(0) die prozentuale Zunahme der Lebenserwartung bei der Geburt an, die entstünde, wenn der „erste" Tod eines jeden verhindert werden würde und jedes so gerettete Individuum statt dessen noch entsprechend der ferneren Lebenserwartung in diesem „ersten" Sterbealter leben würde.
Mit

(A.47) $$\eta(x) = \frac{d(x)e(x)}{\int_0^\omega l(x)dx}$$

lässt sich Gleichung (A.46) auch ausdrücken als

(A.48) $$H(0) = \int_0^\omega \eta(x)dx ,$$

wobei $\eta(x)$ angibt, um wie viel Prozent die Lebenserwartung bei der Geburt steigen würde, wenn ausschließlich die Sterbefälle im Alter x verhindert werden würden (vgl. ebenda, S. 149)[17].

Das diskrete und empirisch leicht berechenbare Gegenstück zu Gleichung (A.46) ist

---

[17] Entsprechend gibt $\eta(x)\int_0^\omega l(x)dx = \eta(x)e(0)$ an, um wie viele Jahre die Lebenserwartung bei der Geburt infolge einer alleinigen Eliminierung aller Sterbefälle im Alter x ansteigen würde.

(A.49) $$H_0 = \frac{\sum_{x=0}^{\omega} d_x e_x}{e_0} = \sum_{x=0}^{\omega} \eta_x$$

mit

(A.50) $$\eta_x = \frac{d_x e_x}{e_0}$$

(ähnlich Nusselder/Mackenbach, 1996, S. 774), wobei diese diskrete Version ebenso wie die diskreten Rechenformeln für den Mittelwert (vgl. (A.34)) und die Standardabweichung (vgl. (A.36)) implizit eine ausschließliche Konzentration der altersspezifischen Sterbefälle auf den Beginn des jeweiligen Altersjahres unterstellt. Da sich die Sterbefälle der Sterbetafelpopulation jedoch infolge der unterstellten Konstanz der Mortalität innerhalb eines Altersjahres tatsächlich über das gesamte Altersjahr erstrecken und die fernere Lebenserwartung innerhalb eines Altersjahres (leicht) abnimmt, überschätzt Gleichung (A.49) den tatsächlichen Wert von Keyfitz' H geringfügig. Allerdings wird aus den gleichen Gründen, aus denen die aufwendige Berechnung der tatsächlichen Standardabweichung des Sterbealters durch eine expliziten Berücksichtigung der stetigen Sterbealterverteilung innerhalb eines jeden Altersjahres unterbleibt, auch zur Berechnung von Keyfitz' H die entsprechende Approximationsformel und damit Gleichung (A.49) verwendet.

Wie alle anderen bisher vorgestellten sterbetafelbasierten Kennziffern lässt sich Keyfitz' H auch für $l(x)$-Kurven und damit für Sterbetafeln berechnen, deren Startalter ein beliebiges Alter a ist[18]. Setzt man $l(a) = 1$, ändert sich am methodischen Vorgehen nichts und man erhält entsprechend zu (A.45), (A.46) und (A.49)

(A.51) $$H(a) = -\frac{\int_a^{\omega} l(x) \ln l(x) dx}{\int_a^{\omega} l(x) dx},$$

(A.52) $$H(a) = \frac{\int_a^{\omega} d(x) e(x) dx}{\int_a^{\omega} l(x) dx},$$

[18] Keyfitz' H lässt sich in diesem Fall interpretieren als die prozentuale Veränderung der ferneren Lebenserwartung im Alter a infolge einer einprozentigen Veränderung aller Sterberaten ab dem Alter a.

(A.53) $$H_a = \frac{\sum_{x=a}^{\omega} d_x e_x}{e_a}.$$

Abschließend soll an dieser Stelle die in Abschnitt 3.3.1.1.4 im Hauptteil aufgestellte Behauptung, dass H(0) bei einer linear fallenden Überlebenskurve den Wert 0,5 annimmt (vgl. auch Keyfitz, 1985, S. 64/65), bewiesen werden[19].

Beweis: Eine linear fallende Überlebenskurve der Form $l(x) = 1 - ax$ mit $a > 0$ schneidet die Abszisse an der Stelle $x = a^{-1}$, d.h. $\omega = a^{-1}$. Darüber hinaus erhält man wegen Gleichung (A.5) $d(x) = a$.
Da der Flächeninhalt unter der Überlebenskurve der Lebenserwartung bei der Geburt entspricht (vgl. Gleichung (A.17)), kommt man entweder durch Integration oder unter Rückgriff auf die bei einer linear fallenden Überlebenskurve anwendbare Dreiecksformel zu $e(0) = (2a)^{-1}$.
Für die fernere Lebenserwartung im Alter x gilt nach (A.14) und (A.15) allgemein $e(x) = [l(x)]^{-1} \int_x^{\omega} l(t)dt$, wobei $\int_x^{\omega} l(t)dt$ bei einer linear fallenden Überlebenskurve mit $\omega = a^{-1}$ wiederum einer Dreiecksfläche – nun jedoch mit der Grundseite $a^{-1} - x$ und der Höhe $l(x)$ – entspricht, so dass auf eine entsprechende Integration verzichtet werden kann. Für die fernere Lebenserwartung im Alter x hat man damit:
$e(x) = 0{,}5[l(x)]^{-1} l(x)(a^{-1} - x) = (2a)^{-1} - 0{,}5x$.
Setzt man diese Formel zusammen mit $d(x) = a$, $e(0) = (2a)^{-1}$ und $\omega = a^{-1}$ in Gleichung (A.46) ein, gelangt man nach Integration des Zählers und entsprechendem Kürzen schließlich zu $H(0) = 0{,}5$.

A.3.3 Zerlegung der Lebenserwartungsdifferenz zweier Zeitpunkte nach Arriaga[20]

Der Beitrag von Mortalitätsveränderungen in der Altersgruppe $[x, x+n)$ auf die Gesamtveränderung der mittels Periodendaten berechneten Lebenserwartung bei der Geburt[21] zwischen den beiden Jahren bzw. Zeitpunkten t_1 und t_2 lässt sich

[19] Keyfitz (vgl. ebenda) überlässt diesen Beweis dem Leser.

[20] Die nachfolgenden Ausführungen orientieren sich im Wesentlichen an Arriaga (vgl. 1984, S. 86-89).

[21] Die im Folgenden dargestellte Zerlegungstechnik lässt sich auch auf die Differenz zwischen ferneren Lebenserwartungen anwenden. Ebenso kann sie eingesetzt werden, um Lebenserwartungsdifferenzen zwischen realen Kohorten zu analysieren. Auf beides wurde in der vorliegenden Arbeit allerdings verzichtet.

Arriaga zufolge in drei Teileffekte zerlegen: einen direkten Effekt ($DE_{x,x+n}$), einen indirekten Effekt ($IE_{x,x+n}$) sowie einen Interaktionseffekt ($I_{x,x+n}$).
Der direkte Effekt bildet die ausschließlich durch die Sterblichkeitsveränderungen in der betreffenden Altersklasse bewirkte Veränderung der Zahl der in dieser Altersklasse durchlebten Lebensjahre ab. Er lässt sich nach der Formel

$$\text{(A.54)} \qquad DE_{x,x+n} = l_x^{t_1}(e_{x,x+n}^{t_2} - e_{x,x+n}^{t_1})$$

mit

$$\text{(A.55)} \qquad e_{x,x+n}^{t_i} = \frac{T_x^{t_i} - T_{x+n}^{t_i}}{l_x^{t_i}} \qquad \forall i = 1,2$$

berechnen, wobei $e_{x,x+n}^{t_i}$ als temporäre Lebenserwartung bezeichnet wird und die Anzahl von Jahren angibt, die ein das exakte Alter x Erlebender ausgehend von diesem Alter bis zum Alter $x+n$ im Mittel durchlebt. Der direkte Effekt entspricht damit dem Produkt aus der Zahl der Überlebenden des Alters x im Zeitpunkt t_1 ($l_x^{t_1}$) und der Differenz der temporären Lebenserwartungen in dieser Altersklasse, d.h. der veränderten Zahl der Lebensjahre, die ein Überlebender des Alters x in dieser Altersklasse infolge von Sterblichkeitsveränderungen in derselben Altersklasse im Durchschnitt zusätzlich bzw. weniger durchlebt ($e_{x,x+n}^{t_2} - e_{x,x+n}^{t_1}$). Bei Sterblichkeitsreduktionen ist diese Differenz und damit auch der direkte Effekt positiv.
Der indirekte Effekt hat seinen Ursprung zwar in Mortalitätsveränderungen in der Altersklasse $[x, x+n)$, wird aber letztlich in den darüber liegenden Altersklassen produziert. Er kommt dadurch zustande, dass infolge der Sterblichkeitsveränderungen im Altersintervall $[x, x+n)$ eine veränderte Zahl von Personen das Alter $x+n$ erreicht und anschließend durch die nachfolgenden Altersklassen schreitet, wobei eine zeitlich unveränderte Mortalität in diesen Altersklassen unterstellt wird. Für die Veränderung der Zahl der Überlebenden des Alters $x+n$ gilt dabei

$$\text{(A.56)} \qquad CS_{x,x+n} = \frac{l_x^{t_1}}{l_x^{t_2}} l_{x+n}^{t_2} - l_{x+n}^{t_1}.$$

Der Quotient $l_x^{t_1}/l_x^{t_2}$ in Gleichung (A.56) stellt dabei sicher, dass die Zahl der das Alter $x+n$ im Zeitpunkt t_2 Erlebenden ausschließlich aus Sterblichkeitsveränderungen im Altersintervall $[x, x+n)$ resultiert. Unabhängig von der Richtung der Mortalitätsveränderungen in den Altersstufen unterhalb des Alters x

wird $CS_{x,x+n}$ im Falle einer Verbesserung der Überlebensverhältnisse im Alters intervall $[x, x+n)$ daher positiv sein, andernfalls 0 bzw. negativ.
Da sich beim indirekten Effekt die Sterblichkeit nach dem Alter $x+n$ annahmegemäß nicht ändert und die bei Sterblichkeitsreduktionen im Altersintervall $[x, x+n)$ zusätzlichen Überlebenden dieses Alters ($CS_{x,x+n} > 0$) damit im Mittel noch $e_{x+n}^{t_1}$ Jahre leben bzw. die bei Sterblichkeitszunahmen im Altersintervall $[x, x+n)$ weggefallenen Überlebenden dieses Alters ($CS_{x,x+n} < 0$) anderweitig noch durchschnittlich $e_{x+n}^{t_1}$ Jahre gelebt hätten, gilt für den indirekten Effekt der Mortalitätsveränderungen im Altersbereich $[x, x+n)$

(A.57) $$IE_{x,x+n} = CS_{x,x+n} e_{x+n}^{t_1}.$$

Im Gegensatz zum indirekten Effekt berücksichtigt der Interaktionseffekt dagegen die Tatsache, dass sich die zusätzlichen (weggefallenen) $CS_{x,x+n}$ das Alter $x+n$ Erlebenden in ihrem weiteren Leben nicht den Sterblichkeitsbedingungen des Jahres t_1 gegenübersehen werden (gegenübergesehen hätten), sondern dass für sie jenseits des Alters $x+n$ in Wirklichkeit die i.d.R. vom Jahr t_1 abweichende Sterblichkeit des Jahres t_2 maßgebend sein wird (gewesen wäre) und sie daher durchschnittlich noch $e_{x+n}^{t_2}$ Lebensjahre leben werden (gelebt hätten). Man hat damit

(A.58) $$I_{x,x+n} = CS_{x,x+n}\left(e_{x+n}^{t_2} - e_{x+n}^{t_1}\right) = CS_{x,x+n} e_{x+n}^{t_2} - IE_{x,x+n}.$$

Der Gesamteffekt ($GE_{x,x+n}$) als Summe aus diesen drei Effekten, d.h.

(A.59) $$GE_{x,x+n} = DE_{x,x+n} + IE_{x,x+n} + I_{x,x+n},$$

ergibt den Beitrag von Mortalitätsveränderungen im Altersintervall $[x, x+n)$ auf die Gesamtveränderung der Lebenserwartung bei der Geburt.
Eine Besonderheit bildet das oberste Altersintervall, für das es lediglich einen direkter Effekt gibt, der folglich dem Gesamteffekt entspricht. Es ist daher

(A.60) $$GE_{x,\cdot} = DE_{x,\cdot} = l_x^{t_1}\left(e_x^{t_2} - e_x^{t_1}\right),$$

wobei im Vergleich zu (A.54) zu beachten ist, dass die temporären Lebenserwartungen für das Altersintervall $[x,\cdot]$ den ferneren Lebenserwartungen im Alter x entsprechen.

Abschließend bleibt noch zu beweisen, dass die Aufsummierung des Gesamteffektes über alle Altersklassen tatsächlich der Differenz der Lebenserwartung bei der Geburt zwischen den beiden Zeitpunkten t_1 und t_2 entspricht[22].

Beweis: Der Einfachheit halber werden bis auf die oberste Altersgruppe im Folgenden nur jeweils ein Altersjahr umfassende Altersintervalle betrachtet. Das oberste Altersintervall $[\omega,\cdot]$, dessen untere Grenze das höchste ganzzahlige Sterbealter bildet, wird dagegen kürzer sein: Seine Länge entspricht dem Anteil eines Altersjahres, den das langlebigste Mitglied der Sterbetafelpopulation jenseits des Alters ω noch durchlebt.

Setzt man die Gleichungen (A.25) sowie (A.54) bis (A.58) in (A.59) ein, erhält man für den Gesamteffekt in den Altersintervallen $[x-1,x]$ und $[x,x+1]$ am Ende:

$$GE_{x-1,x} = \frac{l_{x-1}^{t_1}}{l_{x-1}^{t_2}} T_{x-1}^{t_2} - T_{x-1}^{t_1} + T_x^{t_1} - \frac{l_x^{t_1}}{l_x^{t_2}} T_x^{t_2} \text{ bzw.}$$

$$GE_{x,x+1} = \frac{l_x^{t_1}}{l_x^{t_2}} T_x^{t_2} - T_x^{t_1} + T_{x+1}^{t_1} - \frac{l_{x+1}^{t_1}}{l_{x+1}^{t_2}} T_{x+1}^{t_2}.$$

Für den Gesamteffekt im Altersintervall $[\omega,\cdot]$ gilt dagegen:

$$GE_{\omega,\cdot} = \frac{l_\omega^{t_1}}{l_\omega^{t_2}} T_\omega^{t_2} - T_\omega^{t_1}.$$

Da sich beim Aufsummieren über alle Altersklassen die beiden letzten Terme jeder Altersklasse mit den beiden ersten Termen der nächst höheren Altersklasse gegenseitig aufheben, bekommt man schließlich

$$\sum_{x=0}^{\omega-1} GE_{x,x+1} + GE_{\omega,\cdot} = \frac{l_0^{t_1}}{l_0^{t_2}} T_0^{t_2} - T_0^{t_1}.$$

Wegen $l_0^{t_1} = l_0^{t_2} = 1$ und wegen (A.26) gelangt man schließlich zum gewünschten Ergebnis, wonach $\sum_{x=0}^{\omega-1} GE_{x,x+1} + GE_{\omega,\cdot} = e_0^{t_2} - e_0^{t_1}$.

A.3.4 Messung der „Geschwindigkeit" altersgruppenspezifischer Mortalitätsveränderungen nach Arriaga[23]

Das im vorangegangenen Abschnitt vorgestellte Konzept der temporären Lebenserwartung (vgl. (A.55)) lässt sich auch zur Berechnung der „Geschwindigkeit" von altersgruppenspezifischen Sterblichkeitsveränderungen verwenden. Dazu bietet es sich an, die zwischen zwei Zeitpunkten t_1 und t_2 beobachtete Veränderung der temporären Lebenserwartung in Relation zur maximal mögli-

---

[22] Arriaga verzichtet auf einen entsprechenden Beweis.

[23] Die nachfolgenden Ausführungen richten sich im Wesentlichen nach Arriaga (vgl. 1984, S. 84/85).

chen Zunahme zu setzen, die dann realisiert werden würde, wenn im Zeitpunkt t_2 überhaupt niemand mehr im interessierenden Altersintervall stirbt.

Mathematisch lässt sich die „Geschwindigkeit" von Mortalitätsveränderungen in der Altersgruppe $[x, x+n)$ zwischen zwei Zeitpunkten t_1 und t_2 als

$$(A.61) \qquad RC_{x,x+n}^{t_1 \to t_2} = \frac{e_{x,x+n}^{t_2} - e_{x,x+n}^{t_1}}{n - e_{x,x+n}^{t_1}}$$

ausdrücken.

Für das oberste Altersintervall $[x,\cdot]$ substituiert man die temporären Lebenserwartungen durch die ferneren Lebenserwartungen im Alter x und hat somit

$$(A.62) \qquad RC_{x,\cdot}^{t_1 \to t_2} = \frac{e_x^{t_2} - e_x^{t_1}}{(\omega - x) - e_x^{t_1}},$$

wobei für ω das (nicht notwendigerweise ganzzahlige) Alter zu setzen ist, das man als nicht überschreitbare Obergrenze betrachtet – unabhängig davon, ob dieses Alter bereits in der Realität beobachtet wurde.

A.3.5 Die Theorie heterogener Populationen nach Vaupel et al.[24]

Zentrale Annahme der Theorie heterogener Populationen ist, dass Mitglieder derselben (Geburts-) Kohorte unterschiedliche altersspezifische Sterberaten und damit -wahrscheinlichkeiten besitzen. Die Sterberaten eines jeden Individuums werden dabei relativ zu den eines frei wählbaren Standardindividuums nach der Formel

$$(A.63) \qquad \mu(x,z) = z\mu(x) \qquad \text{mit } z > 0$$

definiert, wobei $\mu(x) = \mu(x,1)$ die Sterberate des Standardindividuums im Alter x bezeichnet, während z, das gemeinhin als Gebrechlichkeit („frailty") interpretiert wird, den Faktor angibt, um den sich die Sterberate des Individuums mit der Gebrechlichkeit z von der des Standardindividuums, dessen Gebrechlichkeitsfaktor 1 entspricht, unterscheidet. Annahmegemäß behält jedes Individuum zeitlebens sein Gebrechlichkeitsniveau, das nicht direkt beobachtbar oder messbar ist.

Bezeichnet man mit $f(z|x)$ die Verteilung der Gebrechlichkeit der im Alter x noch lebenden Kohortenmitglieder, gilt für die durchschnittliche Gebrechlich-

---

[24] Die nachfolgenden Schilderungen sind im Wesentlichen aus Vaupel et al. (vgl. 1979, S. 440-442, 451-454) sowie Vaupel/Yashin (vgl. 1983, S. 5-8, 10/11) entnommen, allerdings nur insoweit, als sie für die vorliegende Arbeit von Bedeutung sind. Darüber hinaus gibt es auch kleinere Unterschiede in der Beweisführung.

keit in diesem Alter:

(A.64) $$\bar{z}(x) = \int_0^\infty z f(z|x) dz .$$

Entsprechend erhält man als beobachtbare Kohortensterberate

(A.65) $$\bar{\mu}(x) = \int_0^\infty \mu(x,z) f(z|x) dz .$$

Setzt man (A.63) in (A.65) ein, gelangt man unter Rückgriff auf (A.64) zum sog. fundamentalen Theorem der Heterogenitätstheorie, wonach die Kohortensterberate im Alter x dem Produkt aus der Sterberate des Standardindividuums und der durchschnittlichen Gebrechlichkeit in diesem Alter entspricht:

(A.66) $$\bar{\mu}(x) = \mu(x)\bar{z}(x) .$$

Um die nachfolgenden Formeln etwas übersichtlicher zu gestalten, wird eine kumulierte Sterberate $M(x,z)$ mit

(A.67) $$M(x,z) = \int_0^x \mu(t,z) dt$$

definiert[25], so dass für die Wahrscheinlichkeit eines mit der Gebrechlichkeit z geborenen Individuums, das Alter x zu erreichen, entsprechend Gleichung (A.7)

(A.68) $$l(x,z) = e^{-M(x,z)}$$

gilt.
Da wegen Gleichung (A.63)

(A.69) $$M(x,z) = zM(x) ,$$

wobei $M(x)$ die kumulierte Sterberate des Standardindividuums bezeichnet, lässt sich $l(x,z)$ alternativ zu (A.68) auch wie folgt ausdrücken:

(A.70) $$l(x,z) = [l(x)]^z .$$

$l(x)$ steht dabei für die Überlebenswahrscheinlichkeit des Standardindividuums bis zum Alter x. Individuen mit einer Gebrechlichkeit, die größer (kleiner) als 1

[25] M ist im griechischen Alphabet der Großbuchstabe von μ. Man beachte, dass M hier nicht die Stammfunktion von μ bezeichnet.

und damit größer (kleiner) als die des Standardindividuums ist, erreichen folglich mit einer im Vergleich zum Standardindividuum geringeren (höheren) Wahrscheinlichkeit jedes beliebige Alter x.

Die bisherigen Ausführungen gelten unabhängig davon, wie die Gebrechlichkeit in einem beliebigen Alter und insbesondere bei der Geburt verteilt ist. Um jedoch eine genauere Vorstellung davon zu haben, wie sich die durchschnittliche Gebrechlichkeit in der Kohorte mit steigendem Alter entwickelt und – mit Blick auf Gleichung (A.66) – damit auch, wie sich der Alterspfad der individuellen bzw. gebrechlichkeitsspezifischen Sterberaten von dem der Kohorte unterscheidet, sind Annahmen über die Verteilung der Gebrechlichkeit erforderlich. Als vorteilhaft hat sich dabei die Annahme einer bei der Geburt (mit den positiven Parametern) k und λ gamma-verteilten Gebrechlichkeit erwiesen[26], d.h.

$$(A.71) \qquad f(z|x=0) = \frac{\lambda^k z^{k-1} e^{-\lambda z}}{\Gamma(k)}.$$

Um die Entwicklung der durchschnittlichen Gebrechlichkeit der Kohorte mit dem Alter und damit den Verlauf von $\bar{z}(x)$ zu bestimmen, sind mehrere Schritte notwendig.
Zunächst ist zu zeigen, dass bei der im Folgenden unterstellten Gammaverteilung der Gebrechlichkeit bei der Geburt auch die Gebrechlichkeit derjenigen, die ein beliebiges Alter x erreichen, gamma-verteilt ist, allerdings mit den Parametern k und $\lambda + M(x)$, d.h.

$$(A.72) \qquad f(z|x) = \frac{[\lambda + M(x)]^k z^{k-1} e^{-z[\lambda + M(x)]}}{\Gamma(k)} \qquad \text{für } x \geq 0.$$

Hierfür sei zunächst die Funktion $g(a,z)$ als gemeinsame Dichte des Sterbealters a und der Gebrechlichkeit z definiert. Für die Verteilung der Gebrechlichkeit im Alter x hat man damit definitionsgemäß

$$(A.73) \qquad f(z|x) = \frac{\int_x^\infty g(a,z)\, da}{\int_x^\infty \left(\int_0^\infty g(a,z) dz \right) da},$$

wobei im Zähler von (A.73) der Anteil derjenigen Mitglieder der Geburtskohorte steht, die ein Gebrechlichkeitsniveau von z haben und das Alter x erleben,

---

[26] Die Vorteile der Gammaverteilung liegen in ihrer guten analytischen Handhabbarkeit, ihrer großen Flexibilität durch die jeweilige Festlegung der beiden Parameter k und λ sowie in der Tatsache begründet, dass sie nur für positive Gebrechlichkeitsniveaus definiert ist.

d.h. erst nach diesem Alter sterben, während der Nenner von (A.73) den Anteil aller Neugeborenen, die das Alter x erreichen (und somit erst danach versterben), unabhängig vom jeweiligen Gebrechlichkeitsniveau angibt.
Da der Anteil derjenigen Neugeborenen, die ein Gebrechlichkeitsniveau von z haben und das Alter x erleben, dem Produkt aus dem Anteil der mit einem Gebrechlichkeitsniveau von z geborenen Individuen ($f(z|x=0)$) und der Wahrscheinlichkeit für diese Individuen, das Alter x zu erreichen ($l(x,z)$), entspricht, gilt wegen (A.68), (A.69) und (A.71) für den Zähler von (A.73):

$$\text{(A.74)} \qquad \int_x^\infty g(a,z)da = \frac{\lambda^k z^{k-1} e^{-z[\lambda+M(x)]}}{\Gamma(k)}.$$

Ungleich schwieriger ist dagegen zu zeigen, dass man für den Nenner von (A.73)

$$\text{(A.75)} \qquad \int_x^\infty \left(\int_0^\infty g(a,z)dz \right) da = \left[\frac{\lambda}{\lambda + M(x)} \right]^k$$

hat.

Beweis: Zunächst soll in einem ersten Schritt gezeigt werden, dass für den Anteil der im Alter a Gestorbenen $\int_0^\infty g(a,z)dz = \frac{\mu(a)k\lambda^k}{[\lambda+M(a)]^{k+1}}$ gilt:

Für $g(a,z)$ gilt wegen (A.5): $g(a,z) = f(z|x=0)\left[-\frac{\partial l(a,z)}{\partial a}\right]$.

Mit $\frac{\partial l(a,z)}{\partial a} = -z\mu(a)e^{-zM(a)}$ sowie mit Gleichung (A.71) erhält man damit $g(a,z) = \frac{\mu(a)\lambda^k z^k e^{-z[\lambda+M(a)]}}{\Gamma(k)}$. Erweitert man Zähler und Nenner von $g(a,z)$ mit $[\lambda+M(a)]^{k+1}$ und bildet das Integral über z von 0 bis ∞, gelangt man zunächst zu

$$\int_0^\infty g(a,z)dz = \frac{\mu(a)\lambda^k [\lambda+M(a)]^k}{[\lambda+M(a)]^{k+1}\Gamma(k)} \int_0^\infty z^k [\lambda+M(a)] e^{-z[\lambda+M(a)]} dz.$$

Da das Integral rechts des Gleichheitszeichens dem k-ten Moment einer Exponentialverteilung mit dem Parameter $[\lambda+M(a)]$ entspricht, gilt somit $\int_0^\infty z^k [\lambda+M(a)] e^{-z[\lambda+M(a)]} dz = \frac{k!}{[\lambda+M(a)]^k}$ (vgl. Müller, 1991, S. 110).

Da ferner $k! = k(k-1)!$ und $(k-1)! = \Gamma(k)$ (vgl. Bronstein et al.,

2001, S. 478), hat man $\int_0^\infty z^k[\lambda+M(a)]e^{-z[\lambda+M(a)]}dz = \frac{k\Gamma(k)}{[\lambda+M(a)]^k}$ und

damit $\int_0^\infty g(a,z)dz = \frac{\mu(a)\lambda^k[\lambda+M(a)]^k}{[\lambda+M(a)]^{k+1}\Gamma(k)} \cdot \frac{k\Gamma(k)}{[\lambda+M(a)]^k}$ sowie nach entsprechendem Kürzen schließlich $\int_0^\infty g(a,z)dz = \frac{\mu(a)k\lambda^k}{[\lambda+M(a)]^{k+1}}$.

In einem zweiten Schritt ist letztgenannter Ausdruck über a von x bis ∞ zu integrieren, d.h. es ist nachfolgender Ausdruck zu berechnen:

$$\int_x^\infty\left(\int_0^\infty g(a,z)dz\right)da = \int_x^\infty \frac{\mu(a)k\lambda^k}{[\lambda+M(a)]^{k+1}}da = \lambda^k\int_x^\infty \frac{\mu(a)k}{[\lambda+M(a)]^{k+1}}da.$$

Durch Ableiten kann leicht überprüft werden, dass $-[\lambda+M(a)]^{-k}$ eine Stammfunktion von $\frac{\mu(a)k}{[\lambda+M(a)]^{k+1}}$ ist, man somit zu

$$\int_x^\infty\left(\int_0^\infty g(a,z)dz\right)da = \lambda^k\left(-[\lambda+M(a)]^{-k}\Big|_x^\infty\right)$$

und schließlich zu $\int_x^\infty\left(\int_0^\infty g(a,z)dz\right)da = \frac{\lambda^k}{[\lambda+M(x)]^k} = \left[\frac{\lambda}{\lambda+M(x)}\right]^k$

kommt.

Teilt man nun Gleichung (A.74) durch (A.75), gelangt man nach Kürzen und Umformen schließlich zu (A.72), womit bewiesen worden ist, dass die Gebrechlichkeit der Individuen, die ein beliebiges Alter x erreichen, mit den Parametern k und $\lambda+M(x)$ gamma-verteilt ist.

Allgemein hat eine mit k und λ gamma-verteilte Zufallsvariable den Erwartungswert k/λ und die Varianz k/λ^2 (vgl. Müller, 1991, S. 131). Ohne Verlust der Allgemeingültigkeit kann man nun für die mittlere Gebrechlichkeit bei der Geburt und damit z(0) den Wert 1 setzen und folglich unterstellen, dass die durchschnittliche Gebrechlichkeit bei der Geburt gerade der Gebrechlichkeit des Standardindividuums entspricht. Dies impliziert, dass $k=\lambda$ ist und damit die Varianz $1/k$ entspricht[27]. Entsprechend gilt für die mittlere Gebrechlichkeit der Kohorte im Alter x:

[27] Für $k\to\infty$ geht somit die Varianz gegen Null, was bedeutet, dass es in der Geburtskohorte praktisch keine Gebrechlichkeitsunterschiede und damit auch keine Heterogenität hinsichtlich der Sterberaten gibt. Folglich fallen in jedem Alter alle individuellen Sterberaten und die der Kohorte zusammen. Umgekehrt ist die Heterogenität umso ausgeprägter, je kleiner k ist.

(A.76) $$\bar{z}(x) = \frac{k}{\lambda + M(x)} = \frac{k}{k + M(x)}.$$

Wie problemlos gezeigt werden kann, ist die erste Ableitung von $\bar{z}(x)$ nach x negativ. Folglich sinkt mit steigendem Alter die durchschnittliche Gebrechlichkeit der überlebenden Kohortenmitglieder, was daher rührt, dass gebrechlichere Personen tendenziell (d.h. mit einer größeren Wahrscheinlichkeit) früher sterben als weniger gebrechliche Personen (mit kleinen z-Werten) (vgl. (A.70)).
Alternativ zu (A.76) lässt sich $\bar{z}(x)$ auch ausdrücken als

(A.77) $$\bar{z}(x) = \left[\bar{l}(x)\right]^{1/k},$$

wobei $\bar{l}(x)$ dem Anteil aller Neugeborenen, die das Alter x erreichen, und damit der durchschnittlichen Überlebenswahrscheinlichkeit bis zum Alter x entspricht.

Beweis: Da das Erreichen des Alters x gleichbedeutend mit einem Tod jenseits dieses Alters ist, muss der Anteil aller, die das Alter x erreichen ($\bar{l}(x)$), genau dem Anteil aller Kohortenmitglieder entsprechen, deren Sterbealter über x liegt, wobei letztgenannter Anteil durch (A.75) bereits gegeben ist. Folglich bekommt man

$$\bar{l}(x) = \int_x^\infty \left(\int_0^\infty g(a,z)dz \right) da = \left[\frac{\lambda}{\lambda + M(x)} \right]^k.$$

Durch Umformen gelangt man zu $\lambda + M(x) = \lambda\left[\bar{l}(x)\right]^{-(1/k)}$. Setzt man diesen Ausdruck in (A.76) ein und berücksichtigt, dass $k = \lambda$, kommt man nach entsprechendem Kürzen schließlich zu (A.77).

Unter der Annahme, dass die Gebrechlichkeit bei der Geburt gamma-verteilt mit dem Mittelwert 1 ist, lässt sich ausgehend vom beobachteten bzw. vorgegebenen Verlauf der Kohortensterberate anhand (A.77) über (A.66) auch die altersabhängige Entwicklung der individuellen bzw. gebrechlichkeitsspezifischen Sterberaten ableiten. Dies soll im Folgenden für zwei konkrete Verläufe von Kohortensterberaten, die im Hauptteil in den Abschnitten 2.6 und 3.3.3.3.2 von Interesse sind, geschehen.
Zunächst sei unterstellt, dass die Kohortensterberate dem Gompertz-Gesetz folgt, dass also

(A.78) $$\bar{\mu}(x) = ae^{bx} \qquad \text{mit } a,b > 0$$

(vgl. Abschnitt 2.6 im Hauptteil).

Für die Sterberate des Standardindividuums[28] erhält man in diesem Fall:

(A.79) $$\mu(x) = a \exp\left[bx + \frac{a}{kb}\left(e^{bx} - 1\right)\right].$$

Beweis: Wegen (A.7) gilt für den Anteil der Geburtskohortenmitglieder, die das Alter x erreichen: $\bar{l}(x) = \exp\left[-\int_0^x \bar{\mu}(t)dt\right] = \exp\left[-\frac{a}{b}\left(e^{bx} - 1\right)\right]$.

Eingesetzt in (A.77) gelangt man zu $\bar{z}(x) = \exp\left[-\frac{a}{kb}\left(e^{bx} - 1\right)\right]$.

Setzt man letzteren Ausdruck sowie (A.78) in (A.66) ein und löst nach $\mu(x)$ auf, gelangt man schließlich zu (A.79).

Beobachtet man wie in Abschnitt 3.3.3.3.2 des Hauptteils dagegen eine konstante, altersunabhängige Sterberate

(A.80) $$\bar{\mu}(x) = a \qquad \text{mit } a > 0,$$

so folgt die (nicht beobachtbare) Sterberate des Standardindividuums und damit die jedes Kohortenmitglieds dem im Rahmen des Gompertz-Gesetzes postulierten, exponentiellen Anstieg, d.h.

(A.81) $$\mu(x) = ae^{bx} \qquad \text{mit } b = a/k.$$

Beweis: Wiederum ist zunächst $\bar{l}(x)$ zu berechnen, was im Falle einer konstanten, altersunabhängigen Sterberate unproblematisch ist: Wegen (A.7) erhält man zunächst $\bar{l}(x) = e^{-ax}$. Damit haben die das Alter x überlebenden Kohortenmitglieder aufgrund von (A.77) eine durchschnittliche Gebrechlichkeit von $\bar{z}(x) = e^{-(a/k)x}$. $\bar{z}(x)$ sowie (A.80) eingesetzt in (A.66) und nach $\mu(x)$ aufgelöst liefert schließlich (A.81).

---

[28] Um den Sterberatenverlauf jedes anderen Individuums zu erhalten, muss (A.79) gemäß (A.63) lediglich mit dem jeweiligen Gebrechlichkeitsniveau multipliziert werden.

Anhang B Tabellen

Tabelle B.1: Mittlere Quotienten aus der jeweiligen Anzahl der tatsächlich gestorbenen Männer und dem korrespondierenden Rosenwaike-Schätzwert

Letztes vollendetes Alter der jeweiligen Kohorte	Mittlerer Quotient aus der Anzahl der tatsächlich Gestorbenen und dem nach Rosenwaike geschätzten Wert im Kalendarjahr nach der Vollendung des																						
	91.	92.	93.	94.	95.	96.	97.	98.	99.	100.	101.	102.	103.	104.	105.	106.	107.	108.	109.	110.	111.	112.	113.
	Lebensjahres (oberer, fett gedruckter Wert) (mittlerer Wert: Standardabweichung; unterer Wert: Anzahl der Beobachtungen)																						
91	**1,03** 0,05 39	**1,08** 0,09 38	**1,12** 0,12 37	**1,18** 0,15 36	**1,25** 0,17 35	**1,34** 0,25 34	**1,43** 0,27 33	**1,48** 0,27 32	**1,57** 0,33 31	**1,84** 0,43 30	**2,09** 0,84 29	**2,27** 1,15 28	**3,50** 2,39 25	**3,06** 2,47 22	**2,39** 1,34 15	**3,00** 1,41 5	**1,00** 0,00 1	**1,00** 0,89 5	**0,17** 0,17 2	**n. def.** n. def. 0	**0,00** 0,00 1	**n. def.** n. def. 0	**n. def.** n. def. 0
92		**1,04** 0,08 39	**1,08** 0,09 38	**1,13** 0,12 37	**1,21** 0,16 36	**1,28** 0,20 35	**1,36** 0,22 34	**1,42** 0,25 33	**1,48** 0,31 32	**1,76** 0,47 31	**2,01** 1,02 30	**2,18** 1,12 29	**2,86** 1,58 26	**3,10** 2,34 23	**2,43** 2,79 16	**2,28** 1,51 6	**0,67** 0,00 1	**1,20** 0,40 5	**0,75** 0,25 2	**n. def.** n. def. 0	**0,00** 0,00 1	**n. def.** n. def. 0	**n. def.** n. def. 0
93			**1,04** 0,07 39	**1,09** 0,10 38	**1,15** 0,12 37	**1,22** 0,18 36	**1,30** 0,20 35	**1,36** 0,23 34	**1,43** 0,33 33	**1,66** 0,42 32	**1,86** 0,77 31	**2,31** 2,64 30	**2,97** 2,22 27	**2,79** 2,35 24	**2,24** 1,30 17	**1,90** 1,53 7	**1,67** 1,33 2	**1,30** 1,54 5	**0,75** 0,75 2	**n. def.** n. def. 0	**0,00** 0,00 1	**n. def.** n. def. 0	**n. def.** n. def. 0
94				**1,04** 0,06 39	**1,10** 0,11 38	**1,17** 0,16 37	**1,24** 0,17 36	**1,30** 0,21 35	**1,36** 0,29 34	**1,57** 0,33 33	**1,71** 0,74 32	**2,02** 1,34 31	**2,64** 2,21 28	**2,37** 2,14 25	**2,07** 1,07 18	**2,54** 1,75 8	**1,17** 0,85 3	**0,40** 0,80 5	**0,17** 0,17 2	**n. def.** n. def. 0	**0,00** 0,00 1	**n. def.** n. def. 0	**n. def.** n. def. 0
95					**1,05** 0,09 39	**1,12** 0,14 38	**1,17** 0,15 37	**1,24** 0,18 36	**1,30** 0,28 35	**1,46** 0,30 34	**1,63** 0,70 33	**1,94** 1,44 32	**2,26** 1,35 29	**2,54** 2,59 26	**2,06** 1,82 19	**2,11** 1,66 9	**0,67** 0,47 3	**0,17** 0,37 6	**0,25** 0,25 2	**n. def.** n. def. 0	**0,00** 0,00 1	**n. def.** n. def. 0	**n. def.** n. def. 0
96						**1,06** 0,11 39	**1,12** 0,12 38	**1,18** 0,16 37	**1,23** 0,21 36	**1,36** 0,21 35	**1,51** 0,56 34	**1,82** 1,28 33	**2,34** 1,85 30	**2,16** 1,59 27	**1,67** 1,10 20	**2,10** 1,12 10	**1,08** 0,90 4	**0,14** 0,35 7	**0,00** 0,00 2	**n. def.** n. def. 0	**0,00** 0,00 1	**n. def.** n. def. 0	**n. def.** n. def. 0
97							**1,06** 0,13 39	**1,12** 0,14 38	**1,19** 0,26 37	**1,31** 0,29 36	**1,41** 0,60 35	**1,61** 0,81 34	**2,21** 1,66 31	**2,24** 2,55 28	**1,73** 1,38 21	**1,68** 1,18 11	**0,40** 0,49 5	**0,36** 0,69 7	**0,00** 0,00 3	**n. def.** n. def. 0	**0,00** 0,00 1	**n. def.** n. def. 0	**n. def.** n. def. 0
98								**1,06** 0,11 39	**1,13** 0,21 38	**1,25** 0,31 37	**1,36** 0,57 36	**1,66** 1,53 35	**1,88** 1,27 32	**1,92** 1,56 29	**1,51** 1,16 22	**2,03** 1,32 12	**1,63** 2,70 5	**0,31** 0,43 8	**0,11** 0,16 3	**n. def.** n. def. 0	**0,00** 0,00 1	**n. def.** n. def. 0	**n. def.** n. def. 0
99									**1,07** 0,19 39	**1,17** 0,26 38	**1,28** 0,47 37	**1,66** 1,71 36	**1,73** 1,52 33	**1,77** 1,75 30	**1,63** 1,31 23	**1,79** 1,38 13	**0,94** 1,25 6	**0,67** 0,67 9	**0,13** 0,22 4	**n. def.** n. def. 0	**0,00** 0,00 1	**n. def.** n. def. 0	**n. def.** n. def. 0
100										**1,09** 0,23 39	**1,25** 0,60 38	**1,36** 0,65 37	**1,65** 1,26 34	**1,71** 1,84 31	**1,50** 1,17 24	**1,61** 1,17 14	**0,67** 1,02 7	**1,28** 1,27 9	**0,50** 0,87 4	**n. def.** n. def. 0	**0,00** 0,00 1	**n. def.** n. def. 0	**n. def.** n. def. 0
101											**1,13** 0,40 39	**1,38** 1,08 38	**1,29** 0,83 35	**1,54** 1,11 32	**1,37** 1,01 25	**1,61** 1,20 15	**1,00** 1,22 7	**0,78** 0,75 9	**0,79** 1,28 4	**n. def.** n. def. 0	**0,00** 0,00 1	**n. def.** n. def. 0	**n. def.** n. def. 0
102												**1,24** 0,66 39	**1,34** 0,73 36	**1,43** 0,99 33	**1,39** 1,43 26	**1,38** 1,01 16	**0,98** 0,85 7	**0,67** 0,67 9	**0,13** 0,22 4	**n. def.** n. def. 0	**0,00** 0,00 1	**n. def.** n. def. 0	**n. def.** n. def. 0
103													**1,24** 1,06 37	**1,38** 1,28 34	**1,12** 0,80 27	**1,38** 0,90 17	**0,26** 0,37 8	**0,70** 1,27 10	**0,20** 0,40 5	**n. def.** n. def. 0	**0,00** 0,00 1	**n. def.** n. def. 0	**n. def.** n. def. 0
104														**1,41** 1,55 35	**1,31** 1,26 28	**1,26** 1,06 18	**0,91** 1,37 8	**0,23** 0,58 11	**0,63** 1,19 5	**n. def.** n. def. 0	**0,00** 0,00 1	**n. def.** n. def. 0	**n. def.** n. def. 0
105															**1,34** 1,34 29	**1,40** 1,20 19	**1,58** 2,15 8	**0,13** 0,30 12	**0,00** 0,00 6	**n. def.** n. def. 0	**0,00** 0,00 1	**n. def.** n. def. 0	**n. def.** n. def. 0
106																**1,25** 1,15 20	**0,56** 0,93 9	**0,31** 0,46 13	**0,14** 0,35 7	**n. def.** n. def. 0	**0,00** 0,00 1	**n. def.** n. def. 0	**n. def.** n. def. 0
107																	**0,75** 0,84 10	**0,54** 1,13 13	**0,14** 0,35 7	**0,00** 0,00 1	**0,00** 0,00 1	**n. def.** n. def. 0	**n. def.** n. def. 0
108																		**0,63** 0,80 13	**0,45** 1,04 7	**0,00** 0,00 1	**0,00** 0,00 1	**n. def.** n. def. 0	**n. def.** n. def. 0
109																			**0,14** 0,24 7	**0,00** 0,00 1	**0,00** 0,00 1	**n. def.** n. def. 0	**n. def.** n. def. 0
110																				**0,00** 0,00 1	**0,00** 0,00 1	**n. def.** n. def. 0	**n. def.** n. def. 0
111																					**0,00** 0,00 1	**n. def.** n. def. 0	**n. def.** n. def. 0
112																						**n. def.** n. def. 0	**n. def.** n. def. 0
113																							**n. def.** n. def. 0

Quelle: Statistisches Bundesamt; eigene Berechnungen

Tabelle B.2: Geschätzte Zahl der in den Kalenderjahren nach 2003 versterbenden Männer der Kohorten 1890 bis 1912

Alter am Jahresende 2003 (in Klammern: dazugehöriger Jahrgang)	Geschätzte Zahl der Gestorbenen im Kalenderjahr nach der Vollendung des Lebensjahres																							Schätzung der nach 2003 noch Lebenden
	91.	92.	93.	94.	95.	96.	97.	98.	99.	100.	101.	102.	103.	104.	105.	106.	107.	108.	109.	110.	111.	112.	113.	
91 (1912)	4.627	3.791	3.082	2.305	1.782	1.349	988	648	374	296	162	85	74	34	17	5	3	0	0	0	0	0	0	19.623
92 (1911)	0	3.673	2.976	2.215	1.717	1.288	941	624	354	283	156	81	60	34	7	5	3	0	0	0	0	0	0	14.417
93 (1910)	0	0	2.862	2.124	1.636	1.229	898	595	341	267	144	37	63	31	16	5	3	0	0	0	0	0	0	10.251
94 (1909)	0	0	0	2.035	1.566	1.176	853	568	324	251	133	75	56	26	15	5	3	0	0	0	0	0	0	7.087
95 (1908)	0	0	0	0	1.500	1.126	809	545	310	235	126	72	48	11	14	5	3	0	0	0	0	0	0	4.804
96 (1907)	0	0	0	0	0	1.070	771	520	292	219	118	68	49	24	12	5	3	0	0	0	0	0	0	3.151
97 (1906)	0	0	0	0	0	0	732	493	283	210	109	60	47	11	12	8	3	0	0	0	0	0	0	1.968
98 (1905)	0	0	0	0	0	0	0	466	269	200	105	62	40	21	11	10	3	0	0	0	0	0	0	1.188
99 (1904)	0	0	0	0	0	0	0	0	255	188	99	37	36	20	11	9	3	0	0	0	0	0	0	660
100 (1903)	0	0	0	0	0	0	0	0	0	175	97	50	35	11	10	8	3	0	0	0	0	0	0	390
101 (1902)	0	0	0	0	0	0	0	0	0	0	88	51	27	17	10	8	3	0	0	0	0	0	0	204
102 (1901)	0	0	0	0	0	0	0	0	0	0	0	46	28	16	7	7	3	0	0	0	0	0	0	107
103 (1900)	0	0	0	0	0	0	0	0	0	0	0	0	26	15	8	7	3	0	0	0	0	0	0	59
104 (1899)	0	0	0	0	0	0	0	0	0	0	0	0	0	11	7	6	3	0	0	0	0	0	0	27
105 (1898)	0	0	0	0	0	0	0	0	0	0	0	0	0	0	7	7	3	0	0	0	0	0	0	17
106 (1897)	0	0	0	0	0	0	0	0	0	0	0	0	0	0	0	6	3	0	0	0	0	0	0	9
107 (1896)	0	0	0	0	0	0	0	0	0	0	0	0	0	0	0	0	3	0	0	0	0	0	0	3
108 (1895)	0	0	0	0	0	0	0	0	0	0	0	0	0	0	0	0	0	0	0	0	0	0	0	0
109 (1894)	0	0	0	0	0	0	0	0	0	0	0	0	0	0	0	0	0	0	0	0	0	0	0	0
110 (1893)	0	0	0	0	0	0	0	0	0	0	0	0	0	0	0	0	0	0	0	0	0	0	0	0
111 (1892)	0	0	0	0	0	0	0	0	0	0	0	0	0	0	0	0	0	0	0	0	0	0	0	0
112 (1891)	0	0	0	0	0	0	0	0	0	0	0	0	0	0	0	0	0	0	0	0	0	0	0	0
113 (1890)	0	0	0	0	0	0	0	0	0	0	0	0	0	0	0	0	0	0	0	0	0	0	0	0

Quelle: Statistisches Bundesamt; eigene Berechnungen

Tabelle B.3: Entwicklung der Lebenserwartung bei der Geburt und in ausgewählten Altersstufen von 1964 bis 2003 (Männer)

Jahr	Alter									
	0	10	20	30	40	50	60	70	80	90
1964	67,60	60,07	50,55	41,33	32,09	23,30	15,64	9,83	5,55	2,95
1965	67,58	59,93	50,38	41,08	31,83	23,02	15,36	9,55	5,33	2,83
1966	67,57	59,92	50,41	41,13	31,88	23,10	15,39	9,57	5,36	2,89
1967	67,71	59,99	50,47	41,21	31,96	23,19	15,48	9,61	5,42	2,85
1968	67,35	59,61	50,09	40,78	31,51	22,74	15,00	9,17	5,08	2,66
1969	67,09	59,40	49,91	40,61	31,36	22,63	14,89	9,14	5,25	2,73
1970	67,20	59,52	50,05	40,83	31,61	22,88	15,15	9,28	5,35	2,84
1971	67,46	59,75	50,28	41,08	31,85	23,12	15,37	9,39	5,34	2,84
1972	67,57	59,76	50,30	41,08	31,85	23,13	15,41	9,39	5,40	2,91
1973	67,80	60,02	50,51	41,22	31,97	23,25	15,49	9,40	5,36	2,88
1974	68,25	60,31	50,78	41,43	32,16	23,42	15,65	9,51	5,44	2,94
1975	68,06	59,98	50,48	41,16	31,90	23,23	15,49	9,36	5,32	2,87
1976	68,57	60,31	50,79	41,47	32,22	23,53	15,76	9,54	5,42	2,92
1977	69,20	60,77	51,24	41,94	32,66	23,94	16,14	9,83	5,64	3,09
1978	69,17	60,68	51,14	41,83	32,55	23,85	16,06	9,73	5,54	2,99
1979	69,66	61,07	51,50	42,18	32,86	24,12	16,35	9,95	5,68	3,15
1980	69,90	61,21	51,62	42,27	32,93	24,19	16,41	10,01	5,70	3,21
1981	70,15	61,35	51,74	42,36	33,02	24,25	16,45	10,02	5,63	3,13
1982	70,48	61,62	51,99	42,60	33,24	24,44	16,63	10,17	5,74	3,24
1983	70,72	61,79	52,15	42,75	33,37	24,52	16,71	10,23	5,69	3,17
1984	71,29	62,29	52,60	43,14	33,73	24,85	16,97	10,47	5,88	3,27
1985	71,50	62,43	52,72	43,22	33,79	24,89	17,03	10,47	5,84	3,19
1986	71,79	62,71	53,00	43,50	34,07	25,14	17,23	10,62	5,90	3,24
1987	72,17	63,06	53,34	43,83	34,39	25,43	17,49	10,92	6,06	3,28
1988	72,44	63,30	53,56	44,06	34,64	25,67	17,69	11,06	6,16	3,32
1989	72,57	63,38	53,64	44,12	34,70	25,74	17,73	11,12	6,11	3,18
1990	72,69	63,46	53,70	44,21	34,80	25,82	17,78	11,12	6,12	3,17
1991	72,82	63,55	53,81	44,33	34,95	26,00	17,93	11,27	6,23	3,26
1992	73,23	63,90	54,14	44,65	35,26	26,29	18,19	11,49	6,44	3,37
1993	73,30	63,94	54,19	44,67	35,26	26,29	18,17	11,46	6,39	3,30
1994	73,60	64,20	54,45	44,92	35,52	26,55	18,41	11,67	6,51	3,40
1995	73,71	64,30	54,54	45,01	35,58	26,60	18,44	11,68	6,55	3,37
1996	73,99	64,53	54,76	45,23	35,77	26,77	18,59	11,81	6,61	3,40
1997	74,40	64,94	55,18	45,62	36,14	27,12	18,90	12,04	6,76	3,45
1998	74,77	65,27	55,50	45,93	36,41	27,37	19,11	12,17	6,84	3,46
1999	75,01	65,52	55,75	46,19	36,65	27,60	19,32	12,29	6,96	3,42
2000	75,30	65,80	56,00	46,43	36,89	27,84	19,55	12,48	7,02	3,47
2001	75,70	66,20	56,41	46,80	37,25	28,17	19,87	12,71	7,19	3,53
2002	75,88	66,34	56,54	46,93	37,35	28,26	19,97	12,75	7,18	3,55
2003	75,96	66,44	56,63	47,02	37,44	28,34	20,03	12,78	7,17	3,51

Quelle: Statistisches Bundesamt; eigene Berechnungen

Tabelle B.4: Entwicklung der Lebenserwartung bei der Geburt und in ausgewählten Altersstufen von 1964 bis 2003 (Frauen)

Jahr	Alter									
	0	10	20	30	40	50	60	70	80	90
1964	73,53	65,61	55,84	46,17	36,69	27,59	19,07	11,67	6,27	3,29
1965	73,39	65,36	55,59	45,91	36,41	27,30	18,79	11,43	6,07	3,14
1966	73,52	65,46	55,71	46,03	36,54	27,43	18,90	11,50	6,09	3,18
1967	73,78	65,66	55,89	46,22	36,70	27,60	19,05	11,63	6,19	3,22
1968	73,40	65,27	55,51	45,83	36,31	27,19	18,66	11,24	5,85	2,92
1969	73,31	65,22	55,49	45,80	36,29	27,22	18,71	11,36	6,04	3,08
1970	73,53	65,42	55,68	46,02	36,49	27,40	18,90	11,46	6,07	3,09
1971	73,83	65,73	56,00	46,33	36,80	27,68	19,15	11,64	6,14	3,12
1972	74,10	65,93	56,21	46,52	36,99	27,85	19,31	11,77	6,24	3,15
1973	74,32	66,13	56,38	46,70	37,15	28,01	19,46	11,88	6,29	3,16
1974	74,64	66,34	56,56	46,86	37,31	28,17	19,59	11,97	6,34	3,19
1975	74,64	66,26	56,51	46,82	37,27	28,10	19,53	11,91	6,29	3,19
1976	75,14	66,59	56,84	47,15	37,57	28,41	19,84	12,16	6,43	3,22
1977	75,83	67,15	57,39	47,71	38,14	28,95	20,34	12,58	6,73	3,36
1978	75,88	67,15	57,39	47,71	38,14	28,95	20,30	12,53	6,67	3,31
1979	76,31	67,48	57,69	47,99	38,41	29,18	20,54	12,75	6,82	3,43
1980	76,62	67,75	57,95	48,23	38,64	29,39	20,70	12,88	6,90	3,49
1981	76,79	67,82	58,04	48,31	38,72	29,45	20,76	12,91	6,89	3,42
1982	77,10	68,07	58,26	48,53	38,93	29,66	20,94	13,10	7,02	3,51
1983	77,35	68,27	58,45	48,72	39,09	29,79	21,05	13,18	7,05	3,47
1984	77,91	68,77	58,94	49,18	39,55	30,22	21,45	13,55	7,31	3,67
1985	78,05	68,87	59,03	49,26	39,61	30,29	21,50	13,56	7,28	3,59
1986	78,28	69,06	59,21	49,43	39,78	30,44	21,61	13,68	7,36	3,61
1987	78,70	69,43	59,57	49,78	40,12	30,78	21,95	14,03	7,60	3,77
1988	78,94	69,62	59,76	49,98	40,33	30,99	22,14	14,15	7,71	3,83
1989	79,02	69,70	59,82	50,04	40,38	31,04	22,19	14,18	7,68	3,74
1990	79,03	69,68	59,81	50,03	40,38	31,04	22,15	14,12	7,62	3,63
1991	79,24	69,88	60,01	50,22	40,57	31,22	22,34	14,32	7,77	3,75
1992	79,64	70,20	60,34	50,55	40,88	31,54	22,64	14,56	7,96	3,85
1993	79,58	70,12	60,27	50,47	40,80	31,48	22,58	14,49	7,93	3,78
1994	79,87	70,40	60,54	50,73	41,05	31,70	22,80	14,69	8,06	3,87
1995	80,00	70,50	60,64	50,84	41,15	31,80	22,90	14,78	8,12	3,89
1996	80,14	70,60	60,73	50,93	41,24	31,89	22,97	14,82	8,14	3,88
1997	80,49	70,96	61,08	51,26	41,55	32,20	23,28	15,07	8,32	3,96
1998	80,74	71,18	61,31	51,48	41,76	32,38	23,43	15,19	8,40	3,99
1999	80,89	71,33	61,46	51,64	41,91	32,52	23,59	15,31	8,48	4,00
2000	81,12	71,55	61,67	51,84	42,11	32,72	23,79	15,49	8,57	4,06
2001	81,40	71,83	61,95	52,11	42,36	32,96	24,02	15,68	8,70	4,12
2002	81,43	71,86	61,97	52,13	42,37	32,97	24,03	15,66	8,66	4,09
2003	81,49	71,91	62,01	52,17	42,41	32,98	24,05	15,64	8,61	4,10

Quelle: Statistisches Bundesamt; eigene Berechnungen

Tabelle B.5: Entwicklung der Standardabweichung des Sterbealters von 1964 bis 2003 bei sukzessivem Ausschluss unterer Altersgruppen (Männer)

Jahr	Alter									
	0	10	20	30	40	50	60	70	80	90
1964	19,28	14,70	13,86	12,60	11,58	10,32	8,55	6,29	4,16	2,51
1965	18,83	14,38	13,57	12,43	11,42	10,17	8,39	6,15	4,02	2,46
1966	18,91	14,49	13,62	12,45	11,43	10,15	8,41	6,19	4,06	2,42
1967	18,84	14,53	13,68	12,48	11,47	10,17	8,42	6,21	4,07	2,50
1968	18,55	14,23	13,35	12,21	11,22	9,91	8,18	5,98	3,84	2,27
1969	18,70	14,34	13,43	12,28	11,27	9,95	8,23	6,09	3,94	2,36
1970	18,93	14,61	13,67	12,42	11,37	10,03	8,29	6,16	4,04	2,42
1971	18,94	14,67	13,73	12,44	11,41	10,05	8,29	6,16	4,05	2,41
1972	18,80	14,67	13,74	12,48	11,44	10,08	8,29	6,19	4,09	2,45
1973	18,70	14,46	13,59	12,42	11,42	10,04	8,26	6,16	4,07	2,43
1974	18,37	14,35	13,51	12,43	11,44	10,08	8,30	6,21	4,13	2,50
1975	18,19	14,45	13,56	12,44	11,44	10,03	8,22	6,12	4,06	2,43
1976	17,92	14,48	13,62	12,50	11,50	10,09	8,28	6,20	4,13	2,49
1977	17,71	14,58	13,74	12,58	11,60	10,22	8,42	6,35	4,27	2,59
1978	17,54	14,51	13,69	12,54	11,56	10,16	8,35	6,27	4,21	2,50
1979	17,36	14,46	13,70	12,57	11,63	10,27	8,43	6,37	4,31	2,64
1980	17,11	14,40	13,66	12,57	11,66	10,31	8,47	6,38	4,34	2,64
1981	16,82	14,29	13,56	12,52	11,61	10,27	8,44	6,33	4,27	2,60
1982	16,69	14,27	13,58	12,55	11,66	10,34	8,51	6,40	4,35	2,70
1983	16,48	14,17	13,49	12,48	11,61	10,33	8,49	6,36	4,30	2,66
1984	16,22	14,02	13,41	12,48	11,64	10,40	8,61	6,47	4,39	2,73
1985	15,97	13,87	13,31	12,44	11,63	10,39	8,57	6,44	4,35	2,71
1986	15,95	13,88	13,31	12,44	11,62	10,40	8,60	6,47	4,37	2,72
1987	15,92	13,90	13,36	12,49	11,68	10,51	8,73	6,57	4,45	2,77
1988	15,90	13,94	13,43	12,56	11,72	10,54	8,79	6,64	4,51	2,83
1989	15,76	13,89	13,40	12,54	11,70	10,50	8,76	6,57	4,43	2,70
1990	15,69	13,91	13,43	12,54	11,66	10,49	8,77	6,60	4,41	2,60
1991	15,75	14,08	13,58	12,66	11,76	10,55	8,84	6,65	4,47	2,68
1992	15,63	14,09	13,61	12,72	11,83	10,64	8,95	6,79	4,60	2,78
1993	15,49	13,99	13,50	12,65	11,78	10,58	8,90	6,74	4,53	2,70
1994	15,47	14,06	13,58	12,74	11,85	10,65	8,98	6,81	4,60	2,76
1995	15,38	14,00	13,52	12,69	11,85	10,64	8,98	6,83	4,61	2,73
1996	15,24	13,95	13,49	12,66	11,85	10,66	9,01	6,85	4,63	2,76
1997	15,23	13,93	13,46	12,65	11,88	10,71	9,06	6,93	4,69	2,75
1998	15,07	13,83	13,37	12,58	11,85	10,69	9,05	6,95	4,70	2,76
1999	15,08	13,85	13,38	12,55	11,85	10,69	9,05	6,97	4,70	2,75
2000	15,05	13,84	13,42	12,62	11,91	10,75	9,11	7,03	4,76	2,79
2001	15,05	13,80	13,37	12,63	11,94	10,81	9,15	7,10	4,82	2,80
2002	14,88	13,74	13,31	12,58	11,93	10,80	9,12	7,09	4,82	2,83
2003	14,89	13,68	13,27	12,54	11,88	10,76	9,09	7,06	4,80	2,82

Quelle: Statistisches Bundesamt; eigene Berechnungen

Tabelle B.6: Entwicklung der Standardabweichung des Sterbealters von 1964 bis 2003 bei sukzessivem Ausschluss unterer Altersgruppen (Frauen)

Jahr	Alter									
	0	10	20	30	40	50	60	70	80	90
1964	17,88	13,22	12,71	12,07	11,23	10,04	8,51	6,59	4,49	2,75
1965	17,55	13,08	12,58	11,95	11,13	9,95	8,41	6,47	4,37	2,61
1966	17,54	13,13	12,58	11,95	11,12	9,93	8,40	6,48	4,38	2,65
1967	17,41	13,11	12,59	11,95	11,16	9,97	8,45	6,53	4,43	2,67
1968	17,24	12,93	12,38	11,75	10,97	9,79	8,23	6,31	4,18	2,46
1969	17,47	13,13	12,54	11,92	11,13	9,92	8,37	6,44	4,30	2,60
1970	17,44	13,15	12,56	11,90	11,13	9,93	8,35	6,45	4,33	2,59
1971	17,48	13,13	12,53	11,88	11,11	9,93	8,36	6,47	4,35	2,59
1972	17,36	13,14	12,53	11,90	11,13	9,97	8,40	6,52	4,40	2,61
1973	17,28	13,09	12,53	11,89	11,14	9,97	8,41	6,54	4,41	2,61
1974	17,00	12,99	12,48	11,88	11,13	9,96	8,41	6,56	4,43	2,62
1975	16,88	13,02	12,45	11,84	11,09	9,94	8,38	6,53	4,43	2,66
1976	16,55	13,06	12,49	11,86	11,14	10,00	8,43	6,59	4,47	2,69
1977	16,37	13,16	12,60	11,96	11,22	10,10	8,55	6,73	4,61	2,78
1978	16,21	13,09	12,53	11,88	11,15	10,03	8,51	6,70	4,59	2,78
1979	15,92	13,01	12,51	11,89	11,18	10,10	8,58	6,77	4,66	2,78
1980	15,77	12,91	12,43	11,86	11,15	10,09	8,60	6,79	4,69	2,82
1981	15,54	12,89	12,38	11,81	11,10	10,06	8,57	6,76	4,66	2,85
1982	15,40	12,86	12,41	11,85	11,15	10,11	8,65	6,82	4,73	2,88
1983	15,18	12,75	12,31	11,75	11,09	10,08	8,64	6,81	4,72	2,83
1984	15,02	12,73	12,32	11,81	11,15	10,17	8,74	6,94	4,87	3,01
1985	14,85	12,62	12,24	11,75	11,12	10,12	8,70	6,90	4,83	2,96
1986	14,70	12,57	12,20	11,73	11,09	10,12	8,74	6,93	4,84	2,96
1987	14,63	12,62	12,26	11,81	11,20	10,22	8,84	7,02	4,97	3,06
1988	14,54	12,67	12,31	11,84	11,21	10,23	8,86	7,08	5,02	3,08
1989	14,46	12,57	12,26	11,80	11,16	10,19	8,81	7,02	4,96	3,02
1990	14,35	12,54	12,22	11,74	11,10	10,10	8,76	6,98	4,89	2,94
1991	14,38	12,60	12,27	11,81	11,18	10,19	8,84	7,05	4,96	2,99
1992	14,23	12,64	12,30	11,83	11,22	10,22	8,89	7,13	5,05	3,09
1993	14,16	12,63	12,27	11,84	11,23	10,20	8,86	7,10	4,99	3,00
1994	14,10	12,58	12,24	11,82	11,23	10,23	8,89	7,14	5,04	3,06
1995	14,05	12,61	12,27	11,83	11,25	10,27	8,91	7,16	5,07	3,06
1996	13,90	12,56	12,23	11,80	11,23	10,22	8,88	7,15	5,06	3,06
1997	13,87	12,52	12,21	11,81	11,26	10,27	8,91	7,21	5,13	3,09
1998	13,74	12,43	12,11	11,72	11,20	10,24	8,90	7,22	5,15	3,12
1999	13,76	12,46	12,13	11,72	11,21	10,25	8,88	7,22	5,15	3,14
2000	13,71	12,46	12,15	11,75	11,24	10,28	8,91	7,25	5,21	3,19
2001	13,66	12,40	12,09	11,72	11,24	10,30	8,92	7,27	5,25	3,23
2002	13,62	12,32	12,04	11,66	11,20	10,26	8,87	7,25	5,23	3,19
2003	13,51	12,23	11,96	11,60	11,13	10,23	8,83	7,22	5,23	3,22

Quelle: Statistisches Bundesamt; eigene Berechnungen

Tabelle B.7: Entwicklung des Variationskoeffizienten des Sterbealters von 1964 bis 2003 bei sukzessivem Ausschluss unterer Altersgruppen (Männer)

Jahr	Alter									
	0	10	20	30	40	50	60	70	80	90
1964	0,287	0,211	0,198	0,178	0,162	0,142	0,114	0,079	0,049	0,027
1965	0,281	0,207	0,194	0,176	0,160	0,140	0,112	0,078	0,047	0,027
1966	0,282	0,209	0,195	0,176	0,160	0,140	0,112	0,078	0,048	0,026
1967	0,280	0,209	0,196	0,177	0,160	0,140	0,112	0,079	0,048	0,027
1968	0,277	0,206	0,192	0,174	0,158	0,137	0,110	0,076	0,045	0,025
1969	0,281	0,208	0,194	0,175	0,159	0,138	0,111	0,077	0,047	0,026
1970	0,284	0,212	0,197	0,177	0,160	0,139	0,111	0,078	0,048	0,026
1971	0,283	0,212	0,197	0,176	0,160	0,138	0,111	0,078	0,048	0,026
1972	0,280	0,212	0,197	0,177	0,160	0,139	0,111	0,078	0,048	0,026
1973	0,278	0,208	0,194	0,176	0,160	0,138	0,110	0,078	0,048	0,026
1974	0,271	0,206	0,192	0,175	0,160	0,138	0,110	0,079	0,049	0,027
1975	0,269	0,208	0,194	0,176	0,160	0,138	0,110	0,078	0,048	0,026
1976	0,263	0,207	0,194	0,176	0,160	0,138	0,110	0,078	0,049	0,027
1977	0,258	0,207	0,194	0,176	0,161	0,139	0,111	0,080	0,050	0,028
1978	0,255	0,207	0,194	0,176	0,160	0,138	0,111	0,079	0,049	0,027
1979	0,251	0,205	0,193	0,175	0,161	0,139	0,111	0,080	0,051	0,028
1980	0,247	0,204	0,192	0,175	0,161	0,140	0,112	0,080	0,051	0,028
1981	0,242	0,202	0,190	0,174	0,160	0,139	0,111	0,080	0,050	0,028
1982	0,238	0,201	0,190	0,174	0,160	0,140	0,112	0,080	0,051	0,029
1983	0,235	0,199	0,188	0,173	0,159	0,140	0,111	0,080	0,050	0,029
1984	0,229	0,195	0,186	0,172	0,159	0,140	0,113	0,081	0,051	0,029
1985	0,225	0,193	0,184	0,171	0,159	0,140	0,112	0,081	0,051	0,029
1986	0,224	0,192	0,184	0,170	0,158	0,139	0,112	0,081	0,051	0,029
1987	0,222	0,192	0,183	0,170	0,158	0,140	0,113	0,082	0,052	0,030
1988	0,221	0,192	0,184	0,171	0,158	0,140	0,114	0,082	0,053	0,030
1989	0,219	0,191	0,183	0,170	0,158	0,140	0,113	0,081	0,052	0,029
1990	0,217	0,191	0,183	0,170	0,157	0,139	0,113	0,082	0,052	0,028
1991	0,218	0,193	0,185	0,172	0,158	0,140	0,114	0,082	0,052	0,029
1992	0,215	0,192	0,185	0,172	0,158	0,140	0,115	0,084	0,053	0,030
1993	0,213	0,190	0,183	0,170	0,158	0,140	0,115	0,083	0,053	0,029
1994	0,212	0,191	0,184	0,171	0,158	0,140	0,115	0,084	0,053	0,030
1995	0,210	0,190	0,183	0,170	0,158	0,140	0,115	0,084	0,054	0,029
1996	0,207	0,188	0,182	0,169	0,157	0,140	0,115	0,084	0,054	0,030
1997	0,206	0,187	0,180	0,168	0,157	0,140	0,116	0,085	0,054	0,030
1998	0,203	0,185	0,178	0,167	0,156	0,139	0,115	0,085	0,054	0,030
1999	0,202	0,185	0,178	0,166	0,156	0,139	0,115	0,085	0,054	0,030
2000	0,201	0,184	0,178	0,166	0,156	0,139	0,115	0,086	0,055	0,030
2001	0,200	0,182	0,176	0,166	0,156	0,139	0,115	0,086	0,056	0,030
2002	0,197	0,181	0,175	0,165	0,155	0,139	0,115	0,086	0,056	0,030
2003	0,197	0,180	0,174	0,164	0,154	0,138	0,114	0,086	0,055	0,030

Quelle: Statistisches Bundesamt; eigene Berechnungen

Tabelle B.8: Entwicklung des Variationskoeffizienten des Sterbealters von 1964 bis 2003 bei sukzessivem Ausschluss unterer Altersgruppen (Frauen)

Jahr	Alter									
	0	10	20	30	40	50	60	70	80	90
1964	0,245	0,176	0,169	0,160	0,147	0,130	0,108	0,081	0,052	0,030
1965	0,241	0,175	0,167	0,158	0,147	0,130	0,107	0,080	0,051	0,028
1966	0,240	0,175	0,167	0,158	0,146	0,129	0,107	0,080	0,051	0,029
1967	0,238	0,174	0,167	0,158	0,146	0,129	0,108	0,081	0,052	0,029
1968	0,236	0,173	0,165	0,156	0,145	0,128	0,105	0,078	0,049	0,027
1969	0,240	0,176	0,167	0,158	0,147	0,129	0,107	0,080	0,050	0,028
1970	0,239	0,175	0,167	0,158	0,146	0,129	0,107	0,080	0,051	0,028
1971	0,238	0,175	0,166	0,157	0,146	0,129	0,106	0,080	0,051	0,028
1972	0,236	0,174	0,166	0,156	0,145	0,129	0,107	0,080	0,051	0,028
1973	0,234	0,173	0,165	0,156	0,145	0,129	0,106	0,080	0,051	0,028
1974	0,229	0,171	0,164	0,156	0,145	0,128	0,106	0,080	0,052	0,028
1975	0,228	0,172	0,164	0,155	0,144	0,128	0,106	0,080	0,052	0,029
1976	0,222	0,172	0,164	0,155	0,145	0,128	0,106	0,081	0,052	0,029
1977	0,217	0,172	0,164	0,155	0,145	0,129	0,107	0,082	0,053	0,030
1978	0,215	0,171	0,163	0,154	0,144	0,128	0,107	0,082	0,053	0,030
1979	0,210	0,169	0,162	0,153	0,143	0,128	0,107	0,082	0,054	0,030
1980	0,207	0,167	0,160	0,153	0,143	0,128	0,107	0,082	0,054	0,030
1981	0,204	0,167	0,160	0,152	0,142	0,127	0,107	0,082	0,054	0,031
1982	0,201	0,166	0,160	0,152	0,142	0,128	0,108	0,083	0,055	0,031
1983	0,198	0,164	0,158	0,150	0,141	0,127	0,107	0,082	0,055	0,030
1984	0,194	0,163	0,157	0,150	0,141	0,127	0,108	0,084	0,056	0,032
1985	0,191	0,161	0,156	0,149	0,140	0,127	0,107	0,083	0,056	0,032
1986	0,189	0,160	0,155	0,149	0,140	0,127	0,108	0,083	0,056	0,032
1987	0,187	0,160	0,155	0,149	0,141	0,127	0,109	0,084	0,057	0,033
1988	0,185	0,160	0,155	0,149	0,140	0,127	0,109	0,085	0,058	0,033
1989	0,184	0,159	0,155	0,148	0,140	0,126	0,108	0,084	0,057	0,032
1990	0,183	0,158	0,154	0,148	0,139	0,125	0,107	0,083	0,056	0,032
1991	0,183	0,159	0,154	0,148	0,140	0,126	0,108	0,084	0,057	0,032
1992	0,180	0,159	0,154	0,148	0,140	0,126	0,108	0,085	0,058	0,033
1993	0,179	0,159	0,154	0,148	0,140	0,126	0,108	0,085	0,057	0,032
1994	0,178	0,157	0,153	0,147	0,139	0,126	0,108	0,085	0,058	0,033
1995	0,177	0,158	0,153	0,147	0,139	0,126	0,108	0,085	0,058	0,033
1996	0,174	0,157	0,152	0,147	0,139	0,126	0,108	0,085	0,058	0,033
1997	0,173	0,156	0,151	0,146	0,139	0,126	0,108	0,085	0,058	0,033
1998	0,171	0,154	0,150	0,145	0,138	0,125	0,107	0,085	0,059	0,033
1999	0,171	0,154	0,150	0,144	0,138	0,125	0,107	0,085	0,058	0,034
2000	0,170	0,154	0,150	0,144	0,138	0,125	0,107	0,085	0,059	0,034
2001	0,169	0,152	0,148	0,144	0,137	0,125	0,107	0,085	0,060	0,034
2002	0,168	0,151	0,148	0,143	0,137	0,124	0,106	0,085	0,059	0,034
2003	0,167	0,150	0,147	0,142	0,136	0,124	0,106	0,085	0,059	0,034

Quelle: Statistisches Bundesamt; eigene Berechnungen

Tabelle B.9: Entwicklung des 90%-Perzentilsterbealters von 1964 bis 2003 bei sukzessivem Ausschluss unterer Altersgruppen (Männer)

Jahr	Alter									
	0	10	20	30	40	50	60	70	80	90
1964	85,91	86,10	86,14	86,22	86,32	86,53	87,12	88,60	91,48	96,43
1965	85,45	85,62	85,66	85,74	85,84	86,05	86,63	88,11	91,05	96,12
1966	85,49	85,67	85,71	85,80	85,90	86,12	86,68	88,20	91,18	96,30
1967	85,61	85,78	85,83	85,91	86,01	86,23	86,81	88,30	91,18	96,30
1968	84,89	85,05	85,09	85,16	85,25	85,46	86,02	87,53	90,55	95,78
1969	84,91	85,09	85,13	85,21	85,31	85,54	86,12	87,70	90,86	96,05
1970	85,18	85,35	85,40	85,48	85,59	85,83	86,42	87,98	91,12	96,17
1971	85,34	85,50	85,55	85,64	85,75	85,98	86,54	88,04	91,14	96,22
1972	85,38	85,55	85,60	85,68	85,79	86,03	86,60	88,11	91,27	96,40
1973	85,43	85,60	85,64	85,72	85,82	86,06	86,61	88,04	91,18	96,30
1974	85,66	85,81	85,85	85,92	86,03	86,25	86,81	88,25	91,33	96,44
1975	85,36	85,50	85,55	85,62	85,73	85,97	86,54	87,95	91,13	96,35
1976	85,74	85,87	85,91	85,99	86,09	86,33	86,90	88,27	91,30	96,45
1977	86,31	86,43	86,47	86,55	86,64	86,87	87,41	88,74	91,77	96,73
1978	86,11	86,21	86,25	86,33	86,42	86,65	87,20	88,54	91,60	96,53
1979	86,48	86,58	86,62	86,70	86,79	87,02	87,56	88,86	91,87	96,93
1980	86,57	86,66	86,70	86,77	86,86	87,08	87,62	88,91	91,98	96,95
1981	86,58	86,67	86,70	86,77	86,86	87,07	87,57	88,83	91,78	96,74
1982	86,85	86,93	86,96	87,03	87,11	87,30	87,81	89,07	91,98	96,94
1983	86,90	86,97	87,01	87,06	87,14	87,33	87,83	89,02	91,87	96,89
1984	87,36	87,43	87,45	87,51	87,58	87,77	88,25	89,42	92,13	97,12
1985	87,39	87,45	87,48	87,53	87,60	87,78	88,25	89,35	92,00	96,98
1986	87,59	87,65	87,67	87,72	87,79	87,97	88,42	89,51	92,12	97,08
1987	88,06	88,11	88,13	88,18	88,25	88,41	88,86	89,95	92,37	97,20
1988	88,32	88,37	88,39	88,44	88,51	88,67	89,11	90,19	92,55	97,28
1989	88,34	88,39	88,41	88,46	88,53	88,69	89,13	90,15	92,38	96,97
1990	88,37	88,42	88,44	88,49	88,56	88,72	89,14	90,17	92,43	96,84
1991	88,59	88,64	88,66	88,71	88,79	88,95	89,36	90,38	92,61	97,04
1992	89,06	89,11	89,13	89,17	89,25	89,40	89,81	90,79	93,02	97,28
1993	88,98	89,03	89,05	89,09	89,16	89,31	89,70	90,68	92,90	97,05
1994	89,28	89,32	89,34	89,39	89,46	89,61	90,01	90,98	93,07	97,29
1995	89,38	89,42	89,44	89,48	89,55	89,70	90,08	91,02	93,13	97,19
1996	89,55	89,58	89,60	89,65	89,71	89,86	90,22	91,16	93,20	97,22
1997	89,96	89,99	90,01	90,05	90,11	90,25	90,60	91,50	93,47	97,26
1998	90,15	90,19	90,20	90,24	90,29	90,43	90,78	91,62	93,53	97,38
1999	90,37	90,40	90,41	90,45	90,50	90,63	90,96	91,74	93,63	97,32
2000	90,64	90,67	90,69	90,72	90,77	90,91	91,21	91,96	93,74	97,38
2001	91,04	91,07	91,08	91,11	91,15	91,27	91,57	92,28	94,01	97,46
2002	91,07	91,10	91,11	91,14	91,18	91,30	91,60	92,30	93,97	97,53
2003	91,04	91,07	91,08	91,11	91,15	91,27	91,56	92,25	93,90	97,48

Quelle: Statistisches Bundesamt; eigene Berechnungen

Tabelle B.10: Entwicklung des 90%-Perzentilsterbealters von 1964 bis 2003 bei sukzessivem Ausschluss unterer Altersgruppen (Frauen)

Jahr	Alter									
	0	10	20	30	40	50	60	70	80	90
1964	89,23	89,35	89,37	89,40	89,45	89,58	89,86	90,57	92,61	97,19
1965	88,86	88,98	89,00	89,03	89,08	89,19	89,46	90,20	92,25	96,84
1966	88,92	89,03	89,05	89,07	89,12	89,24	89,51	90,23	92,29	96,89
1967	89,16	89,27	89,28	89,31	89,36	89,48	89,75	90,46	92,47	97,08
1968	88,50	88,61	88,63	88,65	88,70	88,82	89,09	89,76	91,75	96,41
1969	88,71	88,83	88,85	88,88	88,93	89,05	89,32	90,07	92,11	96,76
1970	88,87	88,98	89,00	89,03	89,08	89,20	89,47	90,18	92,21	96,73
1971	89,12	89,22	89,24	89,26	89,31	89,42	89,68	90,36	92,30	96,80
1972	89,35	89,45	89,47	89,50	89,54	89,66	89,92	90,57	92,49	96,82
1973	89,48	89,58	89,60	89,63	89,67	89,79	90,05	90,69	92,55	96,83
1974	89,61	89,70	89,72	89,74	89,79	89,90	90,15	90,78	92,62	96,86
1975	89,52	89,62	89,63	89,66	89,70	89,81	90,07	90,68	92,53	96,93
1976	89,86	89,94	89,96	89,99	90,03	90,13	90,36	90,95	92,71	97,08
1977	90,51	90,58	90,60	90,62	90,67	90,77	91,00	91,55	93,20	97,31
1978	90,44	90,51	90,53	90,55	90,59	90,69	90,92	91,46	93,11	97,17
1979	90,78	90,85	90,86	90,89	90,93	91,03	91,25	91,78	93,40	97,40
1980	90,95	91,02	91,03	91,05	91,09	91,18	91,39	91,93	93,50	97,52
1981	90,91	90,97	90,98	91,00	91,04	91,12	91,33	91,85	93,38	97,45
1982	91,19	91,24	91,25	91,27	91,31	91,40	91,61	92,13	93,66	97,64
1983	91,30	91,35	91,36	91,38	91,42	91,50	91,70	92,20	93,67	97,50
1984	91,83	91,88	91,89	91,91	91,95	92,03	92,22	92,69	94,09	97,91
1985	91,79	91,83	91,84	91,86	91,89	91,97	92,16	92,62	94,01	97,74
1986	91,92	91,97	91,98	91,99	92,02	92,10	92,28	92,77	94,11	97,79
1987	92,40	92,44	92,45	92,46	92,49	92,57	92,75	93,22	94,49	98,12
1988	92,63	92,67	92,68	92,69	92,73	92,81	92,99	93,43	94,72	98,22
1989	92,56	92,60	92,61	92,62	92,65	92,73	92,91	93,33	94,55	98,03
1990	92,44	92,47	92,48	92,49	92,52	92,60	92,76	93,18	94,37	97,76
1991	92,74	92,77	92,78	92,80	92,83	92,90	93,07	93,48	94,64	98,00
1992	93,09	93,11	93,12	93,14	93,16	93,23	93,39	93,80	94,94	98,23
1993	93,00	93,02	93,03	93,05	93,08	93,15	93,31	93,72	94,85	98,05
1994	93,24	93,27	93,28	93,29	93,32	93,39	93,55	93,95	95,04	98,19
1995	93,36	93,39	93,39	93,41	93,44	93,50	93,66	94,06	95,13	98,18
1996	93,38	93,41	93,41	93,43	93,45	93,52	93,68	94,06	95,13	98,19
1997	93,72	93,74	93,75	93,76	93,79	93,86	94,01	94,36	95,38	98,33
1998	93,86	93,88	93,89	93,90	93,92	93,99	94,13	94,47	95,48	98,42
1999	93,95	93,98	93,98	94,00	94,02	94,08	94,22	94,57	95,56	98,42
2000	94,13	94,15	94,16	94,17	94,20	94,26	94,40	94,75	95,72	98,57
2001	94,34	94,36	94,37	94,38	94,40	94,46	94,61	94,94	95,89	98,71
2002	94,31	94,33	94,34	94,35	94,37	94,43	94,57	94,89	95,79	98,61
2003	94,28	94,30	94,31	94,32	94,34	94,40	94,54	94,85	95,77	98,64

Quelle: Statistisches Bundesamt; eigene Berechnungen

Tabelle B.11: Entwicklung des 99%-Perzentilsterbealters von 1964 bis 2003 bei sukzessivem Ausschluss unterer Altersgruppen (Männer)

Jahr	Alter									
	0	10	20	30	40	50	60	70	80	90
1964	94,11	94,20	94,22	94,27	94,32	94,43	94,75	95,57	97,46	100,78
1965	93,51	93,60	93,62	93,66	93,71	93,82	94,13	95,00	96,79	101,06
1966	93,75	93,85	93,87	93,92	93,98	94,09	94,37	95,19	97,00	100,57
1967	93,78	93,87	93,89	93,93	93,99	94,10	94,41	95,26	97,09	100,44
1968	92,85	92,95	92,97	93,01	93,06	93,17	93,47	94,33	96,14	100,13
1969	93,08	93,17	93,20	93,24	93,29	93,42	93,75	94,65	96,61	100,09
1970	93,47	93,56	93,59	93,63	93,69	93,82	94,14	94,98	96,88	100,55
1971	93,60	93,70	93,73	93,77	93,83	93,97	94,27	95,10	97,00	100,36
1972	93,73	93,82	93,84	93,89	93,94	94,07	94,38	95,22	97,22	100,61
1973	93,75	93,84	93,86	93,90	93,96	94,08	94,38	95,18	97,02	100,49
1974	93,99	94,07	94,09	94,13	94,18	94,30	94,61	95,41	97,29	100,90
1975	93,68	93,76	93,79	93,83	93,89	94,03	94,35	95,18	97,07	100,30
1976	94,03	94,10	94,12	94,16	94,21	94,33	94,63	95,41	97,29	100,54
1977	94,66	94,72	94,74	94,78	94,83	94,95	95,23	95,97	97,88	101,12
1978	94,40	94,46	94,48	94,52	94,57	94,70	94,99	95,73	97,54	100,66
1979	94,91	94,97	94,99	95,03	95,08	95,19	95,48	96,22	98,11	101,20
1980	95,07	95,11	95,13	95,17	95,21	95,32	95,60	96,31	98,11	101,28
1981	94,89	94,94	94,96	94,99	95,04	95,14	95,41	96,08	97,88	101,35
1982	95,25	95,29	95,31	95,34	95,38	95,48	95,74	96,40	98,26	101,35
1983	95,15	95,19	95,21	95,24	95,28	95,38	95,66	96,33	98,03	101,40
1984	95,61	95,64	95,66	95,68	95,72	95,82	96,08	96,76	98,52	101,66
1985	95,47	95,50	95,51	95,54	95,58	95,69	95,97	96,61	98,20	101,86
1986	95,65	95,69	95,70	95,73	95,77	95,87	96,14	96,78	98,53	101,58
1987	96,02	96,06	96,07	96,10	96,14	96,23	96,50	97,17	98,80	101,83
1988	96,28	96,32	96,33	96,36	96,40	96,49	96,75	97,41	99,06	102,33
1989	96,03	96,06	96,07	96,10	96,13	96,22	96,46	97,07	98,59	101,58
1990	95,97	96,00	96,01	96,03	96,07	96,15	96,37	96,94	98,33	101,11
1991	96,25	96,28	96,29	96,32	96,36	96,45	96,68	97,25	98,70	101,47
1992	96,76	96,78	96,79	96,82	96,86	96,95	97,18	97,78	99,10	101,81
1993	96,53	96,55	96,56	96,58	96,62	96,69	96,90	97,46	98,87	101,53
1994	96,91	96,93	96,94	96,96	97,00	97,08	97,29	97,85	99,15	101,83
1995	96,87	96,89	96,90	96,93	96,96	97,04	97,24	97,76	99,03	101,65
1996	96,98	97,00	97,01	97,03	97,06	97,14	97,34	97,89	99,18	101,91
1997	97,24	97,25	97,26	97,28	97,31	97,38	97,55	98,01	99,18	101,72
1998	97,46	97,48	97,48	97,50	97,53	97,60	97,78	98,24	99,32	101,73
1999	97,49	97,50	97,51	97,53	97,55	97,61	97,75	98,16	99,27	101,62
2000	97,70	97,72	97,73	97,75	97,77	97,84	98,00	98,45	99,51	101,97
2001	97,97	97,98	97,99	98,01	98,03	98,09	98,25	98,63	99,65	101,90
2002	98,07	98,08	98,09	98,11	98,13	98,19	98,34	98,72	99,72	102,19
2003	98,02	98,04	98,04	98,06	98,08	98,14	98,28	98,64	99,60	102,03

Quelle: Statistisches Bundesamt; eigene Berechnungen

Tabelle B.12: Entwicklung des 99%-Perzentilsterbealters von 1964 bis 2003 bei sukzessivem Ausschluss unterer Altersgruppen (Frauen)

Jahr	Alter									
	0	10	20	30	40	50	60	70	80	90
1964	96,73	96,80	96,81	96,83	96,86	96,93	97,10	97,58	99,00	102,00
1965	96,19	96,25	96,26	96,28	96,31	96,37	96,53	96,96	98,26	101,22
1966	96,26	96,33	96,34	96,35	96,38	96,45	96,61	97,03	98,25	101,43
1967	96,60	96,67	96,68	96,69	96,72	96,79	96,94	97,34	98,53	101,19
1968	95,52	95,58	95,59	95,60	95,63	95,70	95,85	96,27	97,53	100,67
1969	96,05	96,11	96,12	96,14	96,16	96,23	96,38	96,80	98,13	101,21
1970	96,11	96,17	96,18	96,19	96,22	96,28	96,43	96,84	98,08	101,43
1971	96,29	96,35	96,36	96,38	96,40	96,47	96,62	97,01	98,21	100,98
1972	96,45	96,51	96,52	96,54	96,57	96,63	96,78	97,16	98,30	101,31
1973	96,55	96,60	96,61	96,63	96,65	96,72	96,86	97,22	98,35	101,24
1974	96,65	96,70	96,71	96,72	96,75	96,81	96,95	97,30	98,44	101,20
1975	96,67	96,72	96,73	96,75	96,77	96,83	96,97	97,32	98,49	101,06
1976	97,01	97,06	97,06	97,08	97,10	97,16	97,29	97,62	98,68	101,26
1977	97,61	97,65	97,66	97,68	97,70	97,76	97,91	98,24	99,23	101,85
1978	97,45	97,49	97,50	97,52	97,54	97,61	97,75	98,11	99,17	101,67
1979	97,80	97,84	97,84	97,86	97,88	97,93	98,06	98,39	99,37	101,71
1980	98,02	98,05	98,06	98,07	98,10	98,15	98,28	98,59	99,53	101,90
1981	98,00	98,03	98,04	98,05	98,07	98,13	98,25	98,57	99,51	102,32
1982	98,32	98,35	98,36	98,37	98,39	98,44	98,56	98,87	99,66	102,39
1983	98,24	98,27	98,27	98,28	98,30	98,35	98,46	98,76	99,60	102,06
1984	98,92	98,95	98,96	98,97	98,99	99,04	99,15	99,44	100,30	102,77
1985	98,78	98,80	98,81	98,82	98,84	98,89	99,01	99,31	100,23	102,66
1986	98,89	98,91	98,92	98,93	98,95	98,99	99,10	99,38	100,20	102,55
1987	99,43	99,45	99,45	99,46	99,48	99,53	99,63	99,92	100,67	103,03
1988	99,62	99,64	99,65	99,66	99,67	99,71	99,81	100,06	100,74	103,19
1989	99,48	99,50	99,50	99,51	99,53	99,57	99,68	99,96	100,67	102,91
1990	99,20	99,22	99,22	99,23	99,25	99,30	99,40	99,67	100,39	102,54
1991	99,47	99,49	99,50	99,51	99,52	99,57	99,67	99,92	100,63	102,85
1992	99,88	99,89	99,90	99,91	99,92	99,96	100,06	100,28	100,98	103,22
1993	99,60	99,62	99,62	99,63	99,65	99,69	99,78	100,01	100,67	102,82
1994	99,90	99,91	99,92	99,92	99,94	99,98	100,07	100,28	100,94	103,09
1995	99,99	100,00	100,01	100,02	100,03	100,07	100,15	100,36	100,99	103,13
1996	100,02	100,03	100,03	100,04	100,05	100,09	100,18	100,39	101,03	103,06
1997	100,27	100,28	100,28	100,29	100,30	100,34	100,42	100,62	101,20	103,12
1998	100,38	100,39	100,40	100,41	100,42	100,45	100,53	100,73	101,33	103,26
1999	100,51	100,53	100,53	100,54	100,55	100,59	100,68	100,89	101,51	103,43
2000	100,75	100,76	100,76	100,77	100,78	100,82	100,91	101,11	101,70	103,56
2001	101,01	101,02	101,02	101,03	101,04	101,07	101,16	101,34	101,90	103,69
2002	100,86	100,88	100,88	100,89	100,90	100,93	101,02	101,20	101,75	103,56
2003	100,91	100,92	100,93	100,93	100,94	100,98	101,06	101,24	101,81	103,80

Quelle: Statistisches Bundesamt; eigene Berechnungen

Tabelle B.13: Entwicklung des Zählers von Keyfitz' H von 1964 bis 2003 bei sukzessivem Ausschluss unterer Altersgruppen (Männer)

Jahr	Alter									
	0	10	20	30	40	50	60	70	80	90
1964	13,64	11,65	11,27	10,66	10,11	9,32	8,01	6,11	4,17	2,56
1965	13,31	11,41	11,05	10,51	9,97	9,18	7,87	5,98	4,04	2,51
1966	13,37	11,47	11,08	10,52	9,97	9,17	7,89	6,02	4,07	2,47
1967	13,35	11,50	11,12	10,54	10,00	9,18	7,90	6,04	4,09	2,54
1968	13,06	11,23	10,84	10,30	9,77	8,96	7,68	5,83	3,87	2,32
1969	13,23	11,36	10,96	10,41	9,86	9,03	7,77	5,94	3,97	2,41
1970	13,39	11,52	11,10	10,50	9,93	9,09	7,81	6,02	4,05	2,47
1971	13,37	11,52	11,10	10,48	9,92	9,07	7,79	6,01	4,07	2,46
1972	13,32	11,54	11,12	10,51	9,95	9,10	7,81	6,04	4,11	2,50
1973	13,20	11,39	11,00	10,45	9,91	9,05	7,77	6,01	4,09	2,49
1974	13,02	11,34	10,97	10,46	9,92	9,08	7,80	6,06	4,14	2,55
1975	12,94	11,38	10,98	10,45	9,91	9,03	7,72	5,98	4,08	2,48
1976	12,82	11,40	11,01	10,49	9,94	9,06	7,77	6,05	4,14	2,54
1977	12,77	11,48	11,10	10,55	10,03	9,17	7,89	6,19	4,28	2,64
1978	12,65	11,41	11,05	10,51	9,98	9,11	7,82	6,12	4,22	2,55
1979	12,58	11,41	11,07	10,54	10,04	9,19	7,89	6,21	4,32	2,69
1980	12,47	11,39	11,06	10,55	10,06	9,22	7,92	6,22	4,35	2,70
1981	12,28	11,28	10,96	10,48	9,99	9,17	7,87	6,16	4,28	2,66
1982	12,23	11,28	10,98	10,50	10,03	9,22	7,93	6,23	4,36	2,74
1983	12,08	11,19	10,90	10,43	9,97	9,19	7,89	6,18	4,31	2,71
1984	11,96	11,13	10,87	10,45	10,01	9,25	7,99	6,28	4,40	2,77
1985	11,81	11,03	10,79	10,40	9,97	9,22	7,94	6,24	4,35	2,76
1986	11,77	11,00	10,77	10,37	9,95	9,21	7,95	6,26	4,38	2,77
1987	11,79	11,04	10,82	10,43	10,00	9,30	8,05	6,34	4,45	2,82
1988	11,79	11,07	10,86	10,46	10,03	9,32	8,10	6,40	4,51	2,88
1989	11,68	11,00	10,79	10,40	9,97	9,25	8,04	6,31	4,42	2,75
1990	11,63	10,98	10,78	10,38	9,93	9,23	8,04	6,33	4,40	2,66
1991	11,71	11,09	10,88	10,47	10,00	9,28	8,09	6,38	4,46	2,74
1992	11,70	11,14	10,94	10,53	10,07	9,36	8,20	6,50	4,58	2,83
1993	11,59	11,04	10,84	10,46	10,01	9,30	8,15	6,45	4,51	2,75
1994	11,60	11,09	10,89	10,51	10,06	9,35	8,20	6,51	4,58	2,81
1995	11,55	11,06	10,86	10,49	10,05	9,34	8,21	6,52	4,58	2,78
1996	11,48	11,02	10,83	10,46	10,04	9,35	8,22	6,53	4,60	2,81
1997	11,44	10,99	10,79	10,44	10,05	9,36	8,24	6,59	4,65	2,81
1998	11,33	10,89	10,71	10,37	10,00	9,32	8,22	6,60	4,65	2,81
1999	11,29	10,87	10,68	10,32	9,96	9,29	8,20	6,61	4,65	2,80
2000	11,29	10,87	10,70	10,35	10,00	9,33	8,23	6,64	4,70	2,84
2001	11,26	10,83	10,66	10,34	10,00	9,34	8,25	6,69	4,75	2,85
2002	11,16	10,77	10,61	10,30	9,97	9,32	8,22	6,68	4,75	2,88
2003	11,12	10,71	10,55	10,24	9,92	9,27	8,18	6,65	4,73	2,87

Quelle: Statistisches Bundesamt; eigene Berechnungen

Tabelle B.14: Entwicklung des Zählers von Keyfitz' H von 1964 bis 2003 bei sukzessivem Ausschluss unterer Altersgruppen (Frauen)

Jahr	Alter									
	0	10	20	30	40	50	60	70	80	90
1964	11,98	10,23	10,04	9,77	9,37	8,71	7,74	6,31	4,48	2,80
1965	11,78	10,12	9,93	9,66	9,27	8,63	7,65	6,20	4,36	2,66
1966	11,76	10,12	9,91	9,65	9,25	8,60	7,63	6,20	4,37	2,70
1967	11,71	10,13	9,93	9,66	9,29	8,63	7,67	6,25	4,42	2,72
1968	11,51	9,93	9,72	9,46	9,09	8,44	7,46	6,04	4,18	2,52
1969	11,75	10,13	9,91	9,65	9,27	8,60	7,61	6,16	4,30	2,65
1970	11,70	10,11	9,89	9,61	9,24	8,58	7,59	6,17	4,32	2,65
1971	11,67	10,06	9,83	9,56	9,20	8,55	7,57	6,18	4,34	2,65
1972	11,62	10,07	9,84	9,57	9,21	8,58	7,60	6,22	4,38	2,66
1973	11,56	10,03	9,82	9,55	9,20	8,57	7,59	6,23	4,40	2,66
1974	11,41	9,97	9,78	9,53	9,18	8,55	7,59	6,24	4,41	2,68
1975	11,36	9,97	9,76	9,51	9,15	8,54	7,57	6,22	4,41	2,71
1976	11,21	9,98	9,77	9,51	9,17	8,56	7,59	6,25	4,45	2,73
1977	11,17	10,03	9,83	9,57	9,22	8,62	7,68	6,37	4,58	2,83
1978	11,06	9,97	9,77	9,50	9,17	8,57	7,64	6,35	4,56	2,82
1979	10,95	9,95	9,77	9,52	9,19	8,62	7,69	6,40	4,62	2,83
1980	10,86	9,88	9,71	9,48	9,16	8,60	7,70	6,41	4,65	2,87
1981	10,73	9,84	9,66	9,43	9,11	8,56	7,66	6,38	4,63	2,90
1982	10,69	9,85	9,69	9,47	9,14	8,60	7,72	6,43	4,69	2,93
1983	10,56	9,76	9,60	9,38	9,09	8,56	7,69	6,41	4,67	2,88
1984	10,53	9,79	9,64	9,44	9,14	8,64	7,78	6,53	4,82	3,05
1985	10,41	9,69	9,56	9,37	9,09	8,58	7,73	6,48	4,78	3,01
1986	10,34	9,66	9,53	9,35	9,07	8,57	7,75	6,49	4,79	3,01
1987	10,36	9,72	9,60	9,42	9,15	8,65	7,83	6,57	4,90	3,11
1988	10,33	9,74	9,62	9,43	9,16	8,65	7,85	6,62	4,94	3,13
1989	10,24	9,65	9,54	9,36	9,08	8,59	7,78	6,55	4,88	3,07
1990	10,15	9,58	9,47	9,29	9,00	8,50	7,71	6,50	4,81	2,99
1991	10,19	9,64	9,52	9,35	9,07	8,57	7,78	6,55	4,87	3,04
1992	10,15	9,66	9,55	9,37	9,10	8,59	7,82	6,63	4,96	3,14
1993	10,11	9,64	9,51	9,35	9,08	8,56	7,78	6,59	4,89	3,05
1994	10,08	9,61	9,50	9,33	9,08	8,57	7,80	6,62	4,95	3,11
1995	10,06	9,62	9,50	9,34	9,08	8,59	7,81	6,63	4,96	3,11
1996	9,98	9,58	9,47	9,30	9,05	8,55	7,78	6,61	4,95	3,11
1997	9,96	9,55	9,44	9,30	9,06	8,56	7,79	6,65	5,00	3,14
1998	9,88	9,48	9,38	9,23	9,01	8,53	7,77	6,66	5,02	3,16
1999	9,86	9,47	9,36	9,21	8,99	8,52	7,75	6,64	5,02	3,19
2000	9,85	9,48	9,37	9,22	9,00	8,53	7,76	6,67	5,08	3,24
2001	9,81	9,44	9,33	9,20	8,99	8,53	7,75	6,68	5,11	3,27
2002	9,76	9,37	9,28	9,14	8,94	8,48	7,71	6,65	5,09	3,24
2003	9,69	9,32	9,23	9,10	8,90	8,46	7,68	6,64	5,10	3,27

Quelle: Statistisches Bundesamt; eigene Berechnungen

Tabelle B.15: Entwicklung von Keyfitz' H von 1964 bis 2003 bei sukzessivem Ausschluss unterer Altersgruppen (Männer)

Jahr	Alter									
	0	10	20	30	40	50	60	70	80	90
1964	0,2017	0,1939	0,2229	0,2580	0,3150	0,3999	0,5118	0,6222	0,7511	0,8690
1965	0,1970	0,1904	0,2193	0,2558	0,3131	0,3986	0,5121	0,6266	0,7584	0,8869
1966	0,1979	0,1915	0,2199	0,2558	0,3129	0,3972	0,5122	0,6291	0,7603	0,8554
1967	0,1971	0,1917	0,2203	0,2559	0,3128	0,3959	0,5101	0,6286	0,7543	0,8894
1968	0,1940	0,1884	0,2164	0,2527	0,3101	0,3939	0,5123	0,6361	0,7609	0,8719
1969	0,1972	0,1913	0,2195	0,2563	0,3145	0,3993	0,5218	0,6504	0,7556	0,8835
1970	0,1993	0,1936	0,2217	0,2571	0,3141	0,3972	0,5159	0,6486	0,7574	0,8707
1971	0,1982	0,1928	0,2207	0,2551	0,3115	0,3924	0,5070	0,6401	0,7615	0,8684
1972	0,1972	0,1931	0,2210	0,2560	0,3124	0,3934	0,5066	0,6436	0,7604	0,8601
1973	0,1946	0,1898	0,2178	0,2535	0,3099	0,3892	0,5013	0,6394	0,7627	0,8626
1974	0,1908	0,1880	0,2160	0,2524	0,3085	0,3877	0,4983	0,6374	0,7617	0,8664
1975	0,1902	0,1897	0,2175	0,2538	0,3106	0,3886	0,4989	0,6389	0,7667	0,8640
1976	0,1870	0,1890	0,2169	0,2528	0,3086	0,3852	0,4931	0,6338	0,7635	0,8699
1977	0,1845	0,1889	0,2167	0,2516	0,3070	0,3833	0,4888	0,6295	0,7581	0,8540
1978	0,1829	0,1881	0,2160	0,2512	0,3066	0,3818	0,4870	0,6287	0,7619	0,8529
1979	0,1806	0,1869	0,2150	0,2499	0,3056	0,3812	0,4825	0,6237	0,7611	0,8529
1980	0,1784	0,1860	0,2142	0,2495	0,3056	0,3813	0,4825	0,6213	0,7622	0,8400
1981	0,1750	0,1839	0,2118	0,2473	0,3026	0,3781	0,4783	0,6147	0,7596	0,8484
1982	0,1735	0,1831	0,2113	0,2466	0,3018	0,3773	0,4765	0,6123	0,7596	0,8474
1983	0,1708	0,1812	0,2090	0,2440	0,2988	0,3748	0,4723	0,6045	0,7572	0,8550
1984	0,1678	0,1787	0,2066	0,2421	0,2966	0,3723	0,4708	0,5997	0,7473	0,8494
1985	0,1651	0,1766	0,2048	0,2406	0,2951	0,3704	0,4666	0,5960	0,7453	0,8649
1986	0,1640	0,1755	0,2031	0,2385	0,2919	0,3665	0,4617	0,5897	0,7427	0,8568
1987	0,1633	0,1751	0,2028	0,2379	0,2908	0,3656	0,4603	0,5807	0,7342	0,8607
1988	0,1628	0,1749	0,2027	0,2375	0,2895	0,3631	0,4578	0,5782	0,7316	0,8671
1989	0,1609	0,1735	0,2012	0,2358	0,2873	0,3596	0,4534	0,5677	0,7242	0,8646
1990	0,1601	0,1731	0,2008	0,2349	0,2854	0,3575	0,4520	0,5691	0,7193	0,8382
1991	0,1608	0,1746	0,2023	0,2361	0,2861	0,3568	0,4513	0,5655	0,7161	0,8406
1992	0,1597	0,1743	0,2020	0,2359	0,2856	0,3562	0,4507	0,5660	0,7101	0,8394
1993	0,1581	0,1727	0,2000	0,2341	0,2839	0,3538	0,4484	0,5627	0,7053	0,8320
1994	0,1577	0,1728	0,2001	0,2341	0,2833	0,3523	0,4455	0,5576	0,7029	0,8281
1995	0,1567	0,1720	0,1991	0,2330	0,2826	0,3512	0,4449	0,5585	0,6994	0,8272
1996	0,1551	0,1707	0,1977	0,2312	0,2808	0,3491	0,4421	0,5535	0,6954	0,8268
1997	0,1538	0,1692	0,1956	0,2288	0,2781	0,3452	0,4361	0,5470	0,6874	0,8152
1998	0,1515	0,1669	0,1930	0,2257	0,2747	0,3406	0,4303	0,5422	0,6803	0,8126
1999	0,1506	0,1658	0,1915	0,2233	0,2719	0,3368	0,4244	0,5378	0,6674	0,8182
2000	0,1499	0,1651	0,1910	0,2228	0,2710	0,3350	0,4211	0,5326	0,6697	0,8189
2001	0,1488	0,1636	0,1890	0,2210	0,2685	0,3317	0,4151	0,5264	0,6602	0,8065
2002	0,1471	0,1624	0,1876	0,2194	0,2670	0,3298	0,4115	0,5243	0,6620	0,8124
2003	0,1465	0,1613	0,1863	0,2177	0,2648	0,3272	0,4084	0,5208	0,6590	0,8184

Quelle: Statistisches Bundesamt; eigene Berechnungen

Tabelle B.16: Entwicklung von Keyfitz' H von 1964 bis 2003 bei sukzessivem Ausschluss unterer Altersgruppen (Frauen)

Jahr	Alter									
	0	10	20	30	40	50	60	70	80	90
1964	0,1630	0,1560	0,1798	0,2116	0,2553	0,3157	0,4058	0,5404	0,7146	0,8493
1965	0,1605	0,1548	0,1786	0,2105	0,2547	0,3159	0,4068	0,5422	0,7182	0,8483
1966	0,1600	0,1546	0,1780	0,2096	0,2533	0,3135	0,4036	0,5391	0,7177	0,8481
1967	0,1588	0,1542	0,1777	0,2090	0,2530	0,3129	0,4029	0,5373	0,7143	0,8441
1968	0,1568	0,1521	0,1751	0,2064	0,2503	0,3105	0,4000	0,5371	0,7155	0,8625
1969	0,1602	0,1553	0,1786	0,2107	0,2554	0,3159	0,4069	0,5427	0,7124	0,8605
1970	0,1592	0,1545	0,1775	0,2089	0,2532	0,3131	0,4015	0,5387	0,7120	0,8548
1971	0,1581	0,1530	0,1756	0,2064	0,2499	0,3088	0,3954	0,5305	0,7072	0,8466
1972	0,1568	0,1527	0,1750	0,2058	0,2490	0,3081	0,3937	0,5281	0,7022	0,8466
1973	0,1556	0,1516	0,1742	0,2046	0,2477	0,3057	0,3902	0,5239	0,6992	0,8406
1974	0,1529	0,1503	0,1729	0,2034	0,2461	0,3035	0,3875	0,5208	0,6963	0,8379
1975	0,1522	0,1504	0,1726	0,2030	0,2457	0,3038	0,3876	0,5228	0,7010	0,8498
1976	0,1493	0,1498	0,1718	0,2017	0,2441	0,3012	0,3825	0,5144	0,6912	0,8491
1977	0,1473	0,1494	0,1712	0,2006	0,2418	0,2979	0,3773	0,5066	0,6808	0,8411
1978	0,1458	0,1485	0,1702	0,1992	0,2403	0,2960	0,3764	0,5063	0,6832	0,8517
1979	0,1435	0,1475	0,1693	0,1984	0,2394	0,2953	0,3744	0,5020	0,6773	0,8239
1980	0,1417	0,1459	0,1676	0,1966	0,2370	0,2925	0,3718	0,4980	0,6737	0,8222
1981	0,1398	0,1451	0,1664	0,1952	0,2352	0,2907	0,3691	0,4944	0,6713	0,8501
1982	0,1387	0,1447	0,1662	0,1950	0,2349	0,2900	0,3687	0,4911	0,6684	0,8352
1983	0,1365	0,1430	0,1642	0,1926	0,2324	0,2874	0,3655	0,4867	0,6635	0,8291
1984	0,1351	0,1423	0,1636	0,1919	0,2312	0,2857	0,3628	0,4819	0,6598	0,8322
1985	0,1334	0,1408	0,1619	0,1903	0,2294	0,2832	0,3595	0,4780	0,6562	0,8371
1986	0,1321	0,1399	0,1610	0,1891	0,2279	0,2814	0,3585	0,4745	0,6505	0,8323
1987	0,1316	0,1400	0,1611	0,1893	0,2281	0,2810	0,3569	0,4685	0,6449	0,8234
1988	0,1309	0,1399	0,1609	0,1888	0,2271	0,2792	0,3546	0,4682	0,6409	0,8165
1989	0,1296	0,1385	0,1595	0,1871	0,2249	0,2767	0,3505	0,4620	0,6354	0,8223
1990	0,1284	0,1375	0,1583	0,1856	0,2230	0,2738	0,3482	0,4601	0,6313	0,8241
1991	0,1286	0,1379	0,1587	0,1861	0,2235	0,2743	0,3481	0,4577	0,6271	0,8108
1992	0,1275	0,1376	0,1582	0,1853	0,2226	0,2724	0,3453	0,4550	0,6225	0,8149
1993	0,1270	0,1374	0,1579	0,1852	0,2225	0,2718	0,3445	0,4545	0,6172	0,8070
1994	0,1262	0,1365	0,1569	0,1840	0,2211	0,2704	0,3421	0,4504	0,6137	0,8032
1995	0,1258	0,1365	0,1567	0,1837	0,2207	0,2701	0,3409	0,4485	0,6116	0,8001
1996	0,1246	0,1357	0,1559	0,1826	0,2195	0,2680	0,3386	0,4463	0,6084	0,8022
1997	0,1237	0,1346	0,1546	0,1813	0,2179	0,2659	0,3345	0,4411	0,6012	0,7924
1998	0,1223	0,1332	0,1530	0,1793	0,2157	0,2634	0,3318	0,4382	0,5981	0,7927
1999	0,1219	0,1328	0,1524	0,1784	0,2146	0,2618	0,3283	0,4339	0,5923	0,7955
2000	0,1214	0,1325	0,1520	0,1779	0,2138	0,2607	0,3263	0,4308	0,5924	0,7967
2001	0,1205	0,1314	0,1507	0,1765	0,2122	0,2587	0,3227	0,4261	0,5878	0,7941
2002	0,1198	0,1304	0,1497	0,1753	0,2111	0,2573	0,3207	0,4246	0,5879	0,7919
2003	0,1189	0,1296	0,1488	0,1744	0,2098	0,2564	0,3192	0,4246	0,5922	0,7971

Quelle: Statistisches Bundesamt; eigene Berechnungen

Tabelle B.17: Entwicklung des absoluten Rektangularisierungsgrads „absRgrad" von 1964 bis 2003 bei sukzessivem Ausschluss unterer Altersgruppen (Männer)

Jahr	Alter									
	0	10	20	30	40	50	60	70	80	90
1964	34,94	32,52	32,05	31,28	30,54	29,39	27,19	23,65	22,45	15,05
1965	35,35	33,05	32,60	32,92	32,21	31,08	28,93	25,27	20,03	16,17
1966	34,92	32,61	32,14	31,44	30,71	29,55	27,42	23,61	18,54	17,11
1967	34,59	32,37	31,91	31,20	30,49	29,34	27,29	24,28	25,58	18,15
1968	33,85	31,63	31,15	30,48	29,77	28,60	26,48	22,70	17,90	11,22
1969	34,87	32,62	32,12	31,43	30,70	29,49	27,36	23,53	18,48	19,27
1970	35,81	33,51	32,98	32,22	31,45	30,21	28,02	24,12	18,61	15,16
1971	34,48	32,24	31,71	30,95	30,21	29,01	26,96	23,50	19,46	14,10
1972	35,40	33,24	32,72	31,95	31,20	29,95	27,78	24,07	18,75	12,49
1973	34,76	32,61	32,13	31,46	30,75	29,56	27,54	24,03	18,96	12,68
1974	34,26	32,23	31,78	31,14	30,43	29,23	27,15	23,68	18,96	12,06
1975	33,96	32,08	31,60	30,94	30,24	28,99	26,93	23,59	19,51	13,13
1976	34,06	32,36	31,90	31,25	30,54	29,32	27,32	24,21	21,58	14,08
1977	34,19	32,67	32,22	31,54	30,86	29,68	27,70	25,42	21,09	14,91
1978	33,95	32,46	32,02	31,34	30,64	29,38	27,29	23,92	19,52	12,83
1979	33,85	32,48	32,07	31,43	30,79	29,62	27,65	24,28	19,18	16,85
1980	34,23	32,94	32,54	31,90	31,26	30,05	27,95	24,67	19,70	16,46
1981	33,35	32,16	31,78	31,17	30,53	29,34	27,24	23,93	19,30	11,98
1982	33,40	32,29	31,92	31,33	30,71	29,57	28,10	28,83	23,26	15,76
1983	34,45	33,41	33,05	32,48	31,88	30,79	28,77	25,66	20,64	14,06
1984	33,10	32,13	31,82	31,29	30,73	29,67	27,71	24,61	20,18	13,73
1985	33,49	32,59	32,31	31,83	31,29	30,27	28,36	25,47	22,16	14,81
1986	32,67	31,78	31,50	31,03	30,49	29,49	27,62	25,01	21,12	14,65
1987	33,02	32,17	31,91	31,44	30,92	30,00	28,23	26,24	21,94	14,72
1988	32,98	32,13	31,88	31,39	30,82	29,83	27,90	24,77	21,28	15,68
1989	32,16	31,37	31,12	30,65	30,10	29,13	27,40	25,00	20,55	16,21
1990	31,13	30,37	30,13	29,64	29,06	28,10	26,28	23,38	19,28	15,35
1991	31,99	31,29	31,04	30,54	29,95	28,98	27,17	24,15	20,47	16,74
1992	32,35	31,69	31,45	30,95	30,36	29,37	27,55	24,49	20,31	14,52
1993	31,35	30,71	30,47	30,00	29,42	28,42	26,63	23,55	19,08	14,15
1994	31,53	30,94	30,71	30,25	29,67	28,71	26,99	24,11	20,92	15,08
1995	31,73	31,17	30,94	30,49	29,95	29,01	27,36	24,51	20,42	15,37
1996	31,40	30,87	30,64	30,19	29,67	28,73	27,06	24,30	22,57	16,51
1997	31,43	30,90	30,67	30,24	29,75	28,82	27,21	24,67	23,24	16,55
1998	30,15	29,65	29,43	29,01	28,54	27,61	25,95	23,11	18,99	14,30
1999	31,19	30,69	30,47	30,03	29,59	28,68	27,06	24,36	20,10	13,98
2000	30,38	29,89	29,70	29,27	28,83	27,94	26,34	23,94	20,06	13,94
2001	30,32	29,82	29,62	29,23	28,80	27,90	26,27	23,62	19,62	14,47
2002	31,66	31,22	31,02	30,66	30,26	29,42	27,89	25,25	20,82	14,45
2003	31,06	30,59	30,40	30,02	29,61	28,76	27,18	24,69	20,83	14,49

Quelle: Statistisches Bundesamt; eigene Berechnungen

Tabelle B.18: Entwicklung des absoluten Rektangularisierungsgrads „absRgrad" von 1964 bis 2003 bei sukzessivem Ausschluss unterer Altersgruppen (Frauen)

Jahr	Alter									
	0	10	20	30	40	50	60	70	80	90
1964	30,53	28,46	28,23	27,90	27,39	26,49	25,03	22,47	18,02	11,39
1965	30,63	28,68	28,45	28,13	27,63	26,75	25,29	22,72	18,30	11,85
1966	32,48	30,54	30,29	29,97	29,46	28,57	27,10	24,50	19,91	12,82
1967	30,56	28,71	28,48	28,15	27,68	26,81	25,41	22,98	20,81	13,78
1968	30,04	28,21	27,98	27,67	27,21	26,38	25,02	22,75	18,82	13,49
1969	30,83	28,96	28,71	28,40	27,93	27,05	25,67	23,31	19,30	12,92
1970	30,76	28,90	28,64	28,31	27,85	26,97	25,54	23,16	19,09	13,27
1971	31,80	29,95	29,69	29,37	28,92	28,10	26,76	24,42	20,20	14,88
1972	30,57	28,78	28,51	28,20	27,76	26,94	25,57	23,42	19,98	14,27
1973	30,09	28,30	28,05	27,73	27,29	26,44	25,03	22,71	18,62	12,91
1974	30,31	28,65	28,44	28,14	27,71	26,87	25,51	23,29	19,44	14,81
1975	31,35	29,74	29,49	29,18	28,73	27,90	26,47	24,09	19,71	12,81
1976	30,38	28,96	28,72	28,42	28,00	27,21	25,88	23,80	23,57	16,78
1977	30,09	28,80	28,57	28,26	27,85	27,10	25,85	23,97	21,27	16,09
1978	36,12	34,85	34,61	34,29	33,86	33,05	31,70	29,47	25,33	18,69
1979	28,88	27,73	27,52	27,23	26,82	26,07	24,76	22,69	19,04	16,61
1980	28,95	27,85	27,65	27,38	26,99	26,28	25,07	23,13	19,55	14,37
1981	30,08	29,06	28,85	28,58	28,18	27,48	26,23	24,28	20,95	16,24
1982	28,93	27,98	27,80	27,54	27,16	26,48	25,30	23,40	20,33	15,49
1983	28,56	27,65	27,47	27,21	26,85	26,17	25,97	23,94	20,42	14,53
1984	31,09	30,23	30,06	29,82	29,45	28,78	27,55	25,45	21,69	15,33
1985	30,11	29,30	29,14	28,92	28,56	27,90	26,71	24,71	21,19	16,41
1986	29,95	29,18	29,03	28,81	28,46	27,81	26,66	24,65	21,17	15,71
1987	29,72	29,00	28,86	28,65	28,31	27,66	26,51	24,50	21,11	15,38
1988	30,06	29,38	29,24	29,02	28,67	28,01	26,86	24,85	21,29	15,17
1989	30,06	29,40	29,28	29,07	28,74	28,13	27,07	25,31	22,32	16,26
1990	28,66	28,04	27,92	27,71	27,38	26,78	25,79	24,10	21,39	16,16
1991	28,26	27,64	27,51	27,31	26,97	26,34	25,29	23,48	20,47	17,25
1992	28,96	28,41	28,28	28,07	27,75	27,11	26,08	24,32	21,23	16,23
1993	27,87	27,34	27,20	27,00	26,68	26,03	24,98	23,22	20,21	16,09
1994	27,79	27,26	27,13	26,94	26,63	25,99	24,94	23,15	20,18	16,44
1995	27,89	27,40	27,26	27,06	26,75	26,12	25,05	23,25	20,11	15,03
1996	28,01	27,55	27,42	27,23	26,92	26,27	25,21	23,39	20,17	14,80
1997	28,14	27,68	27,56	27,39	27,10	26,47	25,43	23,73	21,73	16,61
1998	27,48	27,04	26,92	26,75	26,48	25,88	24,87	23,23	20,38	16,01
1999	27,23	26,79	26,66	26,48	26,22	25,61	24,57	22,91	19,94	15,06
2000	28,24	27,83	27,71	27,54	27,28	26,70	25,72	24,20	21,52	16,84
2001	27,39	26,98	26,87	26,71	26,47	25,91	24,94	23,44	20,89	18,59
2002	28,00	27,58	27,47	27,31	27,08	26,50	25,48	23,96	21,30	17,50
2003	27,60	27,19	27,10	26,95	26,72	26,21	25,27	23,97	21,51	16,74

Quelle: Statistisches Bundesamt; eigene Berechnungen

Tabelle B.19: Entwicklung des relativen Rektangularisierungsgrads „relRgrad" von 1964 bis 2003 bei sukzessivem Ausschluss unterer Altersgruppen (Männer)

Jahr	Alter									
	0	10	20	30	40	50	60	70	80	90
1964	0,659	0,649	0,612	0,569	0,512	0,442	0,365	0,293	0,198	0,164
1965	0,657	0,645	0,607	0,555	0,497	0,426	0,347	0,274	0,210	0,149
1966	0,659	0,648	0,611	0,567	0,509	0,439	0,360	0,288	0,224	0,145
1967	0,662	0,650	0,613	0,569	0,512	0,441	0,362	0,284	0,175	0,136
1968	0,666	0,653	0,617	0,572	0,514	0,443	0,362	0,288	0,221	0,192
1969	0,658	0,646	0,608	0,564	0,505	0,434	0,352	0,280	0,221	0,124
1970	0,652	0,640	0,603	0,559	0,501	0,431	0,351	0,278	0,223	0,158
1971	0,662	0,650	0,613	0,570	0,513	0,443	0,363	0,285	0,215	0,167
1972	0,656	0,643	0,606	0,562	0,505	0,436	0,357	0,281	0,224	0,189
1973	0,661	0,648	0,611	0,567	0,510	0,440	0,360	0,281	0,220	0,185
1974	0,666	0,652	0,615	0,571	0,514	0,445	0,366	0,286	0,223	0,196
1975	0,667	0,652	0,615	0,571	0,513	0,445	0,365	0,284	0,214	0,180
1976	0,668	0,651	0,614	0,570	0,513	0,445	0,366	0,283	0,201	0,172
1977	0,669	0,650	0,614	0,571	0,514	0,446	0,368	0,279	0,211	0,172
1978	0,671	0,651	0,615	0,572	0,515	0,448	0,370	0,289	0,221	0,189
1979	0,673	0,653	0,616	0,573	0,516	0,449	0,372	0,291	0,228	0,158
1980	0,671	0,650	0,613	0,570	0,513	0,446	0,370	0,289	0,224	0,163
1981	0,678	0,656	0,620	0,576	0,520	0,452	0,376	0,295	0,226	0,207
1982	0,678	0,656	0,620	0,576	0,520	0,452	0,372	0,261	0,198	0,170
1983	0,672	0,649	0,612	0,568	0,511	0,443	0,367	0,285	0,216	0,184
1984	0,683	0,660	0,623	0,580	0,523	0,456	0,380	0,298	0,226	0,192
1985	0,681	0,657	0,620	0,576	0,519	0,451	0,375	0,291	0,209	0,177
1986	0,687	0,664	0,627	0,584	0,528	0,460	0,384	0,298	0,218	0,181
1987	0,686	0,662	0,626	0,582	0,527	0,459	0,383	0,294	0,217	0,182
1988	0,687	0,663	0,627	0,584	0,529	0,463	0,388	0,309	0,225	0,175
1989	0,693	0,669	0,633	0,590	0,535	0,469	0,393	0,308	0,229	0,164
1990	0,700	0,676	0,641	0,599	0,545	0,479	0,404	0,322	0,241	0,171
1991	0,695	0,670	0,634	0,592	0,539	0,473	0,398	0,318	0,233	0,163
1992	0,694	0,668	0,633	0,591	0,537	0,472	0,398	0,319	0,241	0,188
1993	0,700	0,676	0,640	0,598	0,545	0,481	0,406	0,327	0,251	0,189
1994	0,700	0,675	0,639	0,598	0,545	0,480	0,406	0,326	0,237	0,184
1995	0,699	0,674	0,638	0,596	0,543	0,478	0,403	0,323	0,243	0,180
1996	0,702	0,676	0,641	0,600	0,547	0,482	0,407	0,327	0,227	0,171
1997	0,703	0,678	0,643	0,601	0,548	0,485	0,410	0,328	0,225	0,172
1998	0,713	0,688	0,653	0,613	0,561	0,498	0,424	0,345	0,265	0,195
1999	0,706	0,681	0,647	0,606	0,553	0,490	0,417	0,335	0,257	0,197
2000	0,713	0,688	0,653	0,613	0,561	0,499	0,426	0,343	0,259	0,199
2001	0,714	0,689	0,656	0,616	0,564	0,502	0,431	0,350	0,268	0,196
2002	0,706	0,680	0,646	0,605	0,552	0,490	0,417	0,335	0,256	0,197
2003	0,710	0,685	0,651	0,610	0,558	0,496	0,424	0,341	0,256	0,195

Quelle: Statistisches Bundesamt; eigene Berechnungen

Tabelle B.20: Entwicklung des relativen Rektangularisierungsgrads „relRgrad" von 1964 bis 2003 bei sukzessivem Ausschluss unterer Altersgruppen (Frauen)

Jahr	Alter									
	0	10	20	30	40	50	60	70	80	90
1964	0,707	0,697	0,664	0,623	0,573	0,510	0,432	0,342	0,258	0,224
1965	0,706	0,695	0,661	0,620	0,569	0,505	0,426	0,335	0,249	0,209
1966	0,694	0,682	0,648	0,606	0,554	0,490	0,411	0,319	0,234	0,199
1967	0,707	0,696	0,662	0,621	0,570	0,507	0,428	0,336	0,229	0,189
1968	0,710	0,698	0,665	0,624	0,572	0,508	0,427	0,331	0,237	0,178
1969	0,704	0,692	0,659	0,617	0,565	0,502	0,422	0,328	0,238	0,193
1970	0,705	0,694	0,660	0,619	0,567	0,504	0,425	0,331	0,241	0,189
1971	0,699	0,687	0,654	0,612	0,560	0,496	0,417	0,323	0,233	0,174
1972	0,708	0,696	0,663	0,623	0,571	0,508	0,430	0,334	0,238	0,181
1973	0,712	0,700	0,668	0,627	0,576	0,514	0,437	0,344	0,252	0,197
1974	0,711	0,698	0,665	0,625	0,574	0,512	0,434	0,340	0,246	0,177
1975	0,704	0,690	0,657	0,616	0,565	0,502	0,425	0,331	0,242	0,199
1976	0,712	0,697	0,664	0,624	0,573	0,511	0,434	0,338	0,214	0,161
1977	0,716	0,700	0,668	0,628	0,578	0,517	0,440	0,344	0,240	0,173
1978	0,678	0,658	0,624	0,582	0,530	0,467	0,390	0,298	0,208	0,151
1979	0,725	0,709	0,677	0,638	0,589	0,528	0,453	0,360	0,264	0,171
1980	0,726	0,709	0,677	0,638	0,589	0,528	0,452	0,358	0,261	0,195
1981	0,719	0,700	0,668	0,628	0,579	0,517	0,442	0,347	0,247	0,174
1982	0,727	0,709	0,677	0,638	0,589	0,528	0,453	0,359	0,257	0,185
1983	0,730	0,712	0,680	0,642	0,593	0,532	0,448	0,355	0,256	0,193
1984	0,715	0,695	0,662	0,623	0,573	0,512	0,438	0,347	0,252	0,193
1985	0,722	0,702	0,670	0,630	0,581	0,521	0,446	0,354	0,256	0,180
1986	0,723	0,703	0,671	0,632	0,583	0,523	0,448	0,357	0,258	0,187
1987	0,726	0,705	0,674	0,635	0,586	0,527	0,453	0,364	0,265	0,197
1988	0,724	0,703	0,671	0,633	0,584	0,525	0,452	0,363	0,266	0,202
1989	0,724	0,703	0,671	0,633	0,584	0,525	0,450	0,359	0,256	0,187
1990	0,734	0,713	0,682	0,644	0,596	0,537	0,462	0,369	0,263	0,183
1991	0,737	0,717	0,686	0,648	0,601	0,542	0,469	0,379	0,275	0,179
1992	0,733	0,712	0,681	0,643	0,596	0,538	0,465	0,374	0,273	0,192
1993	0,741	0,720	0,689	0,651	0,605	0,547	0,475	0,384	0,282	0,190
1994	0,742	0,721	0,691	0,653	0,607	0,550	0,478	0,388	0,285	0,190
1995	0,741	0,720	0,690	0,653	0,606	0,549	0,478	0,389	0,287	0,206
1996	0,741	0,719	0,689	0,652	0,605	0,548	0,477	0,388	0,288	0,208
1997	0,741	0,719	0,689	0,652	0,605	0,549	0,478	0,388	0,277	0,192
1998	0,746	0,725	0,695	0,658	0,612	0,556	0,485	0,395	0,292	0,199
1999	0,748	0,727	0,697	0,661	0,615	0,559	0,490	0,401	0,298	0,210
2000	0,742	0,720	0,690	0,653	0,607	0,551	0,481	0,390	0,285	0,194
2001	0,748	0,727	0,697	0,661	0,615	0,560	0,491	0,401	0,294	0,181
2002	0,744	0,723	0,693	0,656	0,610	0,554	0,485	0,395	0,289	0,189
2003	0,747	0,726	0,696	0,659	0,613	0,557	0,488	0,395	0,286	0,197

Quelle: Statistisches Bundesamt; eigene Berechnungen

Tabelle B.21: Geschätzte altersspezifische Prävalenzraten für den Morbiditätsindikator „Selbsteinschätzung des Vorliegens einer Krankheit bzw. Unfallverletzung" (Mikrozensus) für ausgewählte Altersstufen und Kohorten (Männer)

	Alter	Stichprobenumfang	Prävalenzrate	95%-Konfidenzintervall
Jahrgang 1928	60	786	0,218	[0,189; 0,247]
	61	415	0,228	[0,188; 0,268]
	66	788	0,172	[0,146; 0,198]
	67	442	0,164	[0,129; 0,199]
	70	1.306	0,187	[0,166; 0,208]
	71	663	0,205	[0,174; 0,236]
	74	1.081	0,249	[0,223; 0,275]
Jahrgang 1943	45	812	0,129	[0,106; 0,152]
	46	462	0,117	[0,088; 0,146]
	51	915	0,147	[0,124; 0,170]
	52	479	0,125	[0,095; 0,155]
	55	1.772	0,137	[0,121; 0,153]
	56	1.029	0,129	[0,109; 0,149]
	59	1.713	0,162	[0,145; 0,179]
Jahrgang 1958	30	1.003	0,085	[0,068; 0,102]
	31	545	0,094	[0,069; 0,119]
	36	1.018	0,089	[0,072; 0,106]
	37	621	0,086	[0,064; 0,108]
	40	2.008	0,064	[0,053; 0,075]
	41	1.040	0,063	[0,048; 0,078]
	44	2.017	0,089	[0,077; 0,101]
Jahrgang 1973	15	667	0,048	[0,032; 0,064]
	16	390	0,027	[0,011; 0,043]
	21	802	0,082	[0,063; 0,101]
	22	389	0,095	[0,066; 0,124]
	25	1.595	0,070	[0,057; 0,083]
	26	852	0,054	[0,039; 0,069]
	29	1.569	0,085	[0,071; 0,099]

Quelle: Statistisches Bundesamt; eigene Berechnungen

Tabelle B.22: Geschätzte altersspezifische Prävalenzraten für den Morbiditätsindikator „Selbsteinschätzung des Vorliegens einer Krankheit bzw. Unfallverletzung" (Mikrozensus) für ausgewählte Altersstufen und Kohorten (Frauen)

	Alter	Stichprobenumfang	Prävalenzrate	95%-Konfidenzintervall
Jahrgang 1928	60	778	0,168	[0,142; 0,194]
	61	400	0,202	[0,163; 0,241]
	66	861	0,213	[0,186; 0,240]
	67	407	0,234	[0,193; 0,275]
	70	1.513	0,197	[0,177; 0,217]
	71	770	0,203	[0,175; 0,231]
	74	1.281	0,233	[0,210; 0,256]
Jahrgang 1943	45	762	0,074	[0,055; 0,093]
	46	423	0,102	[0,073; 0,131]
	51	943	0,115	[0,095; 0,135]
	52	470	0,106	[0,078; 0,134]
	55	1.696	0,123	[0,107; 0,139]
	56	863	0,105	[0,085; 0,125]
	59	1.705	0,123	[0,107; 0,139]
Jahrgang 1958	30	948	0,091	[0,073; 0,109]
	31	502	0,093	[0,068; 0,118]
	36	1.014	0,078	[0,061; 0,095]
	37	529	0,113	[0,086; 0,140]
	40	2.060	0,081	[0,069; 0,093]
	41	967	0,065	[0,049; 0,081]
	44	1.913	0,079	[0,067; 0,091]
Jahrgang 1973	15	748	0,042	[0,028; 0,056]
	16	378	0,056	[0,033; 0,079]
	21	773	0,057	[0,041; 0,073]
	22	426	0,080	[0,054; 0,106]
	25	1.452	0,079	[0,065; 0,093]
	26	715	0,087	[0,066; 0,108]
	29	1.553	0,065	[0,053; 0,077]

Quelle: Statistisches Bundesamt; eigene Berechnungen

Literaturverzeichnis

Abdolvahab-Emminger, H. (2004): Psychiatrie, in: Emminger, H. A. (Hrsg.): EXAPLAN – Das Kompendium der klinischen Medizin, 4. Aufl., München, Jena, S. 1399-1466.

Anderson, O., Popp, W., Schaffranek, M., Steinmetz, D., Stenger, H. (1997): Schätzen und Testen – Eine Einführung in Wahrscheinlichkeitsrechnung und schließende Statistik, 2. Aufl., Berlin et al..

Anderson, O., Schaffranek, M., Stenger, H., Szameitat, K. (1983): Bevölkerungs- und Wirtschaftsstatistik: Aufgaben, Probleme und beschreibende Methoden, Berlin et al..

Arnold, M. (1995): Zum Umgang mit Knappheit in der medizinischen Versorgung – Ethische, medizinische und rechtliche Fragen der Rationierung, PKV-Dokumentation 18, Köln.

Arriaga, E. E. (1984): Measuring and explaining the change in life expectancies, in: Demography, vol. 21, no. 1, S. 83-96.

Baltes, P. B., Baltes, M. M. (1992): Gerontologie: Begriff, Herausforderung und Brennpunkte, in: Baltes, P. B., Mittelstraß, J. (Hrsg.): Zukunft des Alterns und gesellschaftliche Entwicklung, Berlin, New York, S. 1-34.

Bergamini, E. (2003): Letter to the editor: in response to „Is there an antiaging medicine?", in: Journal of Gerontology: Biological Sciences, vol. 58A, no. 6, S. 483.

Bickel, H. (1998): Das letzte Lebensjahr: Eine Repräsentativstudie an Verstorbenen – Wohnsituation, Sterbeort und Nutzung von Versorgungsangeboten, in: Zeitschrift für Gerontologie und Geriatrie, Bd. 31, Heft 3, S. 193-204.

Bickel, H. (2003): Demenz-Erkrankungen – Hinweise zur Prävention und Risikofaktor-Beeinflussung, in: Füsgen, I. (Hrsg.): Demenz – Prävention und Erkennung von Risikofaktoren, 8. Workshop des „Zukunftsforum Demenz", Bd. 4, S. 31-35.

Börsch-Supan, A., Düzgün, I., Weiss, M. (2005): Altern und Produktivität: Zum Stand der Forschung, MEA Discussion Paper 73-2005, Mannheim.

Borchardt, K., Farhauer, O. (2003): Der kausale Zusammenhang zwischen demografischer Entwicklung, medizinisch-technischem Fortschritt und den Wirkungen auf die Ausgabenseite der Gesetzlichen Krankenversicherung (GKV), in: WiSt, Heft 11, S. 665-667.

Breyer, F. (1996): Korreferat: Demographische Alterung und Gesundheitskosten – eine Fehlinterpretation?, in: Oberender, P. (Hrsg.): Alter und Gesundheit, Baden-Baden, S. 47/48.

Breyer, F. (1999): Lebenserwartung, Kosten des Sterbens und die Prognose der Gesundheitsausgaben, in: Jahrbuch für Wirtschaftswissenschaften, Ausg. 50, S. 53-65.

Breyer, F. (2000): Kapitaldeckungs- versus Umlageverfahren, in: Perspektiven der Wirtschaftspolitik, Bd. 1, Heft 4, S. 383-405.

Breyer, F., Schultheiss, C. (2002): „Alter" als Kriterium bei der Rationierung von Gesundheitsleistungen – Eine ethisch-ökonomische Analyse, in: Gutmann, T., Schmidt, V. H. (Hrsg.): Rationierung und Allokation im Gesundheitswesen, Weilerswist, S. 121-153.

Breyer, F., Schultheiss, C. (2003): Altersbezogene Rationierung von Gesundheitsleistungen? in: Wille, E. (Hrsg.): Rationierung im Gesundheitswesen und ihre Alternativen, Baden-Baden, S. 169-193.

Breyer, F., Zweifel, P. S., Kifmann, M. (2003): Gesundheitsökonomie, 4. Aufl., Berlin et al..

Brix, D., Altrock, G. (2004): Innere Medizin – Herz und Gefäße, in: Emminger, H. A. (Hrsg.): EXAPLAN – Das Kompendium der klinischen Medizin, 4. Aufl., München, Jena, S. 1-76.

Brody, J. A. (1985): Prospects for an aging population, in: Nature, vol. 315, S. 463-466.

Brody, J. A., Schneider, E. L. (1986): Diseases and disorders of aging: an hypothesis, in: Journal of Chronic Diseases, vol. 39, no. 11, S. 871-876.

Bronstein, I. N., Semendjajew, K. A., Musiol, G., Mühlig, H. (2001): Taschenbuch der Mathematik, 5. Aufl., Thun, Frankfurt am Main.

Brückner, G. (1993): Todesursachen 1990/91 im vereinten Deutschland, in: Wirtschaft und Statistik, Ausg. 4, S. 257-278.

Bundesministerium für Gesundheit (2001): Daten des Gesundheitswesens – Ausgabe 2001, Schriftenreihe des Bundesministeriums für Gesundheit, Bd. 137, Baden-Baden.

Bundesministerium für Gesundheit und Soziale Sicherung (2003): Denk-Anstöße – Rationierung medizinischer Leistungen, Berlin.

Butler, R. N., Fossel, M., Harman, S. M., Heward, C. B., Olshansky, S. J., Perls, T. T., Rothman, D. J., Rothman, S. M., Warner, H. R., West, M. D., Wright, W. E. (2002): Is there an antiaging medicine? in: Journal of Gerontology: Biological Sciences, vol. 57A, no. 9, S. 333-338.

Crimmins, E. M., Saito, Y., Ingegneri, D. (1989): Changes in life expectancy and disability-free life expectancy in the United States, in: Population and Development Review, vol. 15, no. 2, S. 235-267.

Crimmins, E. M., Saito, Y., Ingegneri, D. (1997): Trends in disability-free life expectancy in the United States, 1970-90, in: Population and Development Review, vol. 23, no. 3, S. 555-572.

Deininger, D. (1985): Behinderte 1983, in: Wirtschaft und Statistik, Ausg. 2, S. 152-157.

Dengler, H. J. (1997): Überlegungen zum Begriff der medizinischen Innovation, in: Albring, M., Wille, E. (Hrsg.): Innovationen in der Arzneimitteltherapie, Frankfurt am Main et al., S. 16-30.

Deutsche Krankenhausgesellschaft (2003): Positionen zur Weiterentwicklung des Gesundheitswesens, Berlin.

Deutscher Gewerkschaftsbund (2003): DGB-Bewertung: Eckpunkte für die Weiterentwicklung der Rentenreform des Jahres 2001 und zur Stabilisierung des Beitragssatzes in der Gesetzlichen Rentenversicherung, Berlin.

Dinkel, R. H. (1984): Sterblichkeit in Perioden- und Kohortenbetrachtung, in: Zeitschrift für Bevölkerungswissenschaft, Jg. 10, Ausg. 4, S. 477-500.

Dinkel, R. H. (1989): Demographie, Band 1: Bevölkerungsdynamik, München.

Dinkel, R. H. (1992a): Demographische Alterung: Ein Überblick unter besonderer Berücksichtigung der Mortalitätsentwicklungen, in: Baltes, P. B., Mittelstrass, J. (Hrsg.): Zukunft des Alterns und gesellschaftliche Entwicklung, Berlin, New York, S. 62-93.

Dinkel, R. H. (1992b): Kohortensterbetafeln für die Geburtsjahrgänge ab 1900 bis 1962 in den beiden Teilen Deutschlands, in: Zeitschrift für Bevölkerungswissenschaft, Jg. 18, Ausg. 1, S. 95-116.

Dinkel, R. H. (1996): Kohortensterbetafeln: Ein Überblick über Logik, Konstruktionsverfahren und Anwendungsmöglichkeiten, in: Dinkel, R. H., Höhn, C., Scholz, R. D. (Hrsg.): Sterblichkeitsentwicklung – unter besonderer Berücksichtigung des Kohortenansatzes, München, S. 27-44.

Dinkel, R. H. (1999): Demographische Entwicklung und Gesundheitszustand – Eine empirische Kalkulation der Healthy Life Expectancy für die Bundesrepublik auf der Basis von Kohortendaten, in: Häfner, H. (Hrsg.): Gesundheit – unser höchstes Gut? Berlin et al., S. 61-83.

DIW (2001): Wirtschaftliche Aspekte der Märkte für Gesundheitsdienstleistungen, Gutachten im Auftrag des Bundesministeriums für Wirtschaft und Technologie, Endbericht, Berlin.

Dörner, K., Luczak, S., Wildschütz, M. (2004): Handbuch Arbeitsrecht, 4. Aufl., Neuwied.

Erbsland, M., Ried, W., Ulrich, V. (1999): Die Auswirkungen der Bevölkerungsstruktur auf Ausgaben und Beitragssatz der gesetzlichen Krankenversicherung, in: Wille, E. (Hrsg.): Entwicklung und Perspektiven der Sozialversicherung, Baden-Baden, S. 173-196.

Erbsland, M., Wille, E. (1995): Bevölkerungsentwicklung und Finanzierung der Gesetzlichen Krankenversicherung, in: Zeitschrift für die gesamte Versicherungswissenschaft, Bd. 84, Ausg. 4, S. 661-686.

Feichtinger, G. (1973): Bevölkerungsstatistik, Berlin, New York.

Fricke, U., Klaus, W. (1994): Neue Arzneimittel 1993, Stuttgart.

Fries, J. F. (1980): Aging, natural death, and the compression of morbidity, in: The New England Journal of Medicine, vol. 303, no. 3, S. 130-135.

Fries, J. F. (1983): The compression of morbidity, in: Milbank Memorial Fund Quarterly/ Health and Society, vol. 61, no. 3, S. 397-419.

Fries, J. F. (1984): The compression of morbidity: miscellaneous comments about a theme, in: The Gerontologist, vol. 24, no. 4, S. 354-359.

Fries, J. F. (1987): Reduction of the national morbidity, in: Gerontologica Perspecta, vol. 1, S. 54-65.

Fries, J. F. (1988): Aging, illness, and health policy: implications of the compression of morbidity, in: Perspectives in Biology and Medicine, vol. 31, no. 3, S. 407-428.

Fries, J. F. (1989): The compression of morbidity: near or far? in: The Milbank Quarterly, vol. 67, no. 2, S. 208-232.

Fries, J. F. (1990): Medical perspectives upon successful aging, in: Baltes, P. B., Baltes, M. M. (eds.): Successful aging – Perspectives from the behavioral sciences, Cambridge et al., S. 35-49.

Fuchs, M. (2005): Europäisches Sozialrecht, 4. Aufl., Baden-Baden.

Fuchs, V. R. (1984): „Though much is taken": reflections on aging, health, and medical care, in: Milbank Memorial Fund Quarterly/Health and Society, vol. 62, no. 2, S. 143-166.

Füsgen, I. (2003): Alzheimer-Demenz – Prävention und Diagnose, in: Füsgen, I. (Hrsg.): Demenz – Prävention und Erkennung von Risikofaktoren, 8. Workshop des „Zukunftsforum Demenz", Bd. 4, S. 9-14.

Giampapa, V. C. (1996): A new model of a clinical anti-aging diagnostic and treatment center, in: Klatz, R. M. (ed.): Advances in anti-aging medicine, vol. 1, New York, S. 235-242.

Go, C. G., Brustrom, J. E., Lynch, M. F., Aldwin, C. M. (1995): Ethnic trends in survival curves and mortality, in: The Gerontologist, vol. 35, no. 3, S. 318-326.

Goldman, N., Lord, G. (1986): A new look at entropy and the life table, in: Demography, vol. 23, no. 2, S. 275-282.

Gräb, C. (1991): Gesundheitszustand der Bevölkerung – Ergebnis des Mikrozensus 1989, in: Wirtschaft und Statistik, Ausg. 2, S. 108-115.

Grillmaier, G. (1983): Fragen zur Gesundheit – Ergebnis des Mikrozensus April 1980, in: Wirtschaft und Statistik, Ausg. 3, S. 127-132.

Grossman, M. (1972): On the concept of health capital and the demand for health, in: The Journal of Political Economy, vol. 80, no. 2, S. 223-255.

Grossman, M. (2000): The human capital model, in: Culyer, A. J., Newhouse, J. P. (eds.): Handbook of health economics, vol. 1A, Amsterdam et al., S. 347-408.

Gruenberg, E. M. (1977): The failures of success, in: Milbank Memorial Fund Quarterly/ Health and Society, vol. 55, no. 1, S. 3-24.

Guinness World Records Ltd. (2006): Guinness World Records 2007 – Das original Buch der Rekorde, Mannheim.

Hauner, H. (1996): Gesundheitsrisiken von Übergewicht und Gewichtszunahme, in: Deutsches Ärzteblatt, Jg. 93, Heft 51-52, S. 3405-3409.

Hayflick, L. (1965): The limited in vitro lifetime of human diploid cell strains, in: Experimental Cell Research, vol. 37, S. 614-636.

Hirche, T. O., Smaczny, C., Mallinckrodt, C. v., Krüger, S., Wagner, T. O. F. (2003): Pulmonale Manifestation der Mukoviszidose im Erwachsenenalter, in: Deutsches Ärzteblatt, Jg. 100, Heft 5, S. 264-270.

Hof, B. (2001): Auswirkungen und Konsequenzen der demographischen Entwicklung für die gesetzliche Kranken- und Pflegeversicherung, Gutachten im Auftrag des Gesamtverbandes der Deutschen Versicherungswirtschaft e.V. und des Verbandes der privaten Krankenversicherung e.V., PKV-Dokumentation 24, Köln.

Hoffmann, G. (2002): Prävention durch Bewegung und Sport, in: Deutsches Ärzteblatt, Jg. 99, Heft 9, S. 577-580.

Hohmeier, J. (2000): Gerechtigkeit bei der Verteilung und der Rationierung von Gesundheitsleistungen – eine wirtschaftsethische Analyse der Gesetzlichen Krankenversicherung, Frankfurt (Main).

Holliday, R. (2004): Aging: the reality – the multiple and irreversible causes of aging, in: Journal of Gerontology: Biological Sciences, vol. 59A, no. 6, S. 568-572.

Hummel, K. (1999): Möglichkeiten und Grenzen der Ermittlung von Preis- und Mengenindizes für das deutsche Gesundheitswesen, Frankfurt am Main et al..

IGES, Igl, G., Wasem, J. (2001): Potentiale und Grenzen der Integration von Gesetzlicher Krankenversicherung (SGB V) und Sozialer Pflegeversicherung (SGB XI), Expertise im Auftrag der Enquête-Kommission Demographischer Wandel des Deutschen Bundestags.

Jahnecke, J. (1974): Risikofaktor Hypertonie, Mannheim.

Jellinger, K. A. (2003): Demenzen, Morbus Alzheimer und Morbus Parkinson beim alternden Mann, in: Blickpunkt der Mann – wissenschaftliches Journal für Männergesundheit, Ausg. 3, S. 34-42.

Kane, R. L., Radosevich, D. M., Vaupel, J. W. (1990): Compression of morbidity: issues and irrelevancies, in: Kane, R. L., Evans, J. G., Macfadyen, D. (eds.): Improving the health of older people: a world view, Oxford et al., S. 30-49.

Katz, S., Branch, L. G., Branson, M. H., Papsidero, J. A., Beck, J. C., Greer, D. S. (1983): Active life expectancy, in: The New England Journal of Medicine, vol. 309, no. 20, S. 1218-1224.

Keyfitz, N. (1977a): Introduction to the mathematics of population (with revisions), Reading/Mass. et al..

Keyfitz, N. (1977b): What difference would it make if cancer were eradicated? An examination of the Taeuber paradox, in: Demography, vol. 14, no. 4, S. 411-418.

Keyfitz, N. (1985): Applied mathematical demography, 2. ed., New York et al..

Keyfitz, N., Flieger, W. (1971): Population – facts and methods of demography, San Francisco.

Keyfitz, N., Littman, G. (1979): Mortality in a heterogeneous population, in: Population Studies, vol. 33, issue 2, S. 333-342.

Klatz, R. M. (1996): The new beginning: the war on aging has begun, in: Klatz, R. M. (ed.): Advances in anti-aging medicine, vol. 1, New York, S. xiii-xviii.

Klein, T. (1988): Mortalitätsveränderungen und Sterbetafelverzerrungen, in: Zeitschrift für Bevölkerungswissenschaft, Jg. 14, Ausg. 1, S. 49-67.

Knappe, E., Rubart, T. (2001): Auswirkungen des demographischen Wandels – Gesetzliche Pflege- und Krankenversicherung im Vergleich, in: Schmähl, W., Ulrich, V. (Hrsg.): Soziale Sicherungssysteme und demographische Herausforderungen, Tübingen, S. 95-120.

Kohn, R. R. (1982): Cause of death in very old people, in: Journal of the American Medical Association, vol. 247, no. 20, S. 2793-2797.

Kostorz, P. (1998): Versicherungsfremde Leistungen in der Gesetzlichen Krankenversicherung, Frankfurt am Main et al..

Krämer, W. (1992): Altern und Gesundheitswesen: Probleme und Lösungen aus der Sicht der Gesundheitsökonomie, in: Baltes, P. B., Mittelstraß, J. (Hrsg.): Zukunft des Alterns und gesellschaftliche Entwicklung, Berlin, New York, S. 563-580.

Krämer, W. (1997): Hippocrates und Sisyphus – die moderne Medizin als das Opfer ihres eigenen Erfolges, in: Kirch, W., Kliemt, H. (Hrsg.): Rationierung im Gesundheitswesen, 2. Aufl., Berlin, New York, S. 7-19.

Krämer, W. (2003): Koreferat zu: „Altersbezogene Rationierung Gesundheitsleistungen“, in: Wille, E. (Hrsg.): Rationierung im Gesundheitswesen und ihre Alternativen, Baden-Baden, S. 195-201.

Kruse, A., Knappe, E., Schulz-Nieswandt, F., Schwartz, F.-W., Wilbers, J. (2003): Kostenentwicklung im Gesundheitswesen: Verursachen ältere Menschen höhere Gesundheitskosten? Expertise – erstellt im Auftrag der AOK Baden-Württemberg, Heidelberg.

LaCroix, A. Z., Leveille, S. G., Hecht, J. A., Grothaus, L. C., Wagner, E. H. (1996): Does walking decrease the risk of cardiovascular disease hospitalizations and death in older adults? in: Journal of the American Geriatrics Society, vol. 44, S. 113-120.

Larson, E. B., Shadlen, M.-F., Wang, L., McCormick, W. C., Bowen, J. D., Teri, L., Kukull, W. A. (2004): Survival after initial diagnosis of Alzheimer disease, in: Annals of Internal Medicine, vol. 140, S. 501-509.

Lubitz, J., Beebe, J., Baker, C. (1995): Longevity and Medicare expenditures, in: The New England Journal of Medicine, vol. 332, no. 15, S. 999-1003.

Lubitz, J., Prihoda, R. (1984): The use and costs of Medicare services in the last 2 years of life, in: Health Care Financing Review, vol. 5, no. 3, S. 117-131.

Lubitz, J. D., Riley, G. F. (1993): Trends in Medicare payments in the last year of life, in: The New England Journal of Medicine, vol. 328, no. 15, S. 1092-1096.

Ludwig, R. (2004): Hygiene, in: Emminger, H. A. (Hrsg.): EXAPLAN – Das Kompendium der klinischen Medizin, 4. Aufl., München, Jena, S. 1743-1776.

Manton, K. G. (1982): Changing concepts of morbidity and mortality in the elderly population, in: Milbank Memorial Fund Quarterly/Health and Society, vol. 60, no. 2, S. 183-244.

Manton, K. G. (1988): A longitudinal study of functional change and mortality in the United States, in: Journal of Gerontology: Social Sciences, vol. 43, no. 5, S. 153-161.

Manton, K. G. (1989): Life-style risk factors, in: The Annals of the American Academy of Political and Social Science, vol. 503. S. 72-88.

Manton, K. G. (1990): Mortality and morbidity, in: Binstock, R. H., George, L. K. (eds.): Handbook of aging and the social sciences, 3. ed., San Diego et al., S. 64-90.

Manton, K. G., Singer, B. (1994): What's the fuss about compression of mortality? in: Chance, vol. 7, no. 4, S. 21-30.

Manton, K G., Stallard, E. (1996): Longevity in the United States: age and sex-specific evidence on life span limits from mortality patterns 1960-1990, in: Journal of Gerontology: Biological Sciences, vol. 51A, no. 5, S. 362-375.

Manton, K. G., Stallard, E., Tolley, H. D. (1991): Limits to human life expectancy: evidence, prospects, and implications, in: Population and Development Review, vol. 17, no. 4, S. 603-637.

Miller, T. (2001): Increasing longevity and Medicare expenditures, in: Demography, vol. 38, no. 2, S. 215-226.

Müller, P. H. (1991): Wahrscheinlichkeitsrechnung und mathematische Statistik: Lexikon der Stochastik, 5. Aufl., Berlin.

Myers, G. C., Manton, K. G. (1984a): Compression of mortality: myth or reality? in: The Gerontologist, vol. 24, no. 4, S. 346-353.

Myers, G. C., Manton, K. G. (1984b): Recent changes in the U.S. age at death distribution: further observations, in: The Gerontologist, vol. 24, no. 6, S. 572-575.

Namboodiri, K., Suchindran, C. M. (1987): Life table techniques and their applications, Orlando et al..

Niebauer, J., Hambrecht, R., Velich, T., Hauer, K., Marburger, C., Kälberer, B., Weiss, C., Hodenberg, E. v., Schlierf, G., Schuler, G., Zimmermann,

R., Kübler, W. (1997): Attenuated progression of coronary artery disease after 6 years of multifactorial risk intervention – role of physical exercise, in: Circulation, vol. 96, no. 8, S. 2534-2541.

Nink, K., Schröder, H. (2004): Arzneimittelverordnungen nach Alter und Geschlecht, in: Schwabe, U., Paffrath, D. (Hrsg.): Arzneiverordnungs-Report 2004, Berlin et al., S. 1099-1111.

Nink, K., Schröder, H. (2004): Ergänzende statistische Übersicht, in: Schwabe, U., Paffrath, D. (Hrsg.): Arzneiverordnungs-Report 2004, Berlin et al., S. 1115-1212.

Nusselder, W. J., Looman, C. W. N. (2004): Decomposition of differences in health expectancy by cause, in: Demography, vol. 41, no. 2, S. 315-334.

Nusselder, W. J., Mackenbach, J. P. (1996): Rectangularization of the survival curve in the Netherlands, 1950-1992, in: The Gerontologist, vol. 36, no. 6, S. 773-782.

Nusselder, W. J., Mackenbach, J. P. (1997): Rectangularization of the survival curve in the Netherlands: An analysis of underlying causes of death, in: Journal of Gerontology: Social Sciences, vol. 52B, no. 3, S. 145-154.

o.V. (1968): Kranke Personen im April 1966 nach Altersgruppen und Beteiligung am Erwerbsleben – Ergebnis der Zusatzbefragung zum Mikrozensus April 1966, in: Wirtschaft und Statistik, Ausg. 2, S. 84-86.

o.V. (1972): Krankheiten und Unfälle 1970 – Ergebnis der Zusatzbefragung des Mikrozensus, Oktober 1970, in: Wirtschaft und Statistik, Ausg. 10, S. 570-576.

o.V. (1974): Kranke und unfallverletzte Personen – Ergebnis einer Mikrozensus-Zusatzerhebung Oktober 1972, in: Wirtschaft und Statistik, Ausg. 1, S. 23-27.

o.V. (1975): Kranke und unfallverletzte Personen – Ergebnis einer Mikrozensus-Zusatzbefragung im Oktober 1973, in: Wirtschaft und Statistik, Ausg. 7, S. 456-459.

o.V. (1978): Kranke und unfallverletzte Personen 1976 – Ergebnis des Mikrozensus Mai 1976, in: Wirtschaft und Statistik, Ausg. 2, S. 125-129.

Oeppen, J., Vaupel, J. W. (2002): Broken limits to life expectancy, in: Science, vol. 296, S. 1029-1031.

Olshansky, S. J., Ault, A. B. (1986): The fourth stage of the epidemiologic transition: the age of delayed degenerative diseases, in: The Milbank Quarterly, vol. 64, no. 3, S. 355-391.

Olshansky, S. J., Carnes, B. A., Cassel, C. (1990): In search of Methuselah: Estimating the upper limits to human longevity, in: Science, vol. 250, S. 634-640.

Olshansky, S. J., Carnes, B. A., Désesquelles, A. (2001): Prospects for human longevity, in: Science, vol. 291, S. 1491-1492.

Olshansky, S. J., Rudberg, M. A., Carnes, B. A., Cassel, C. K., Brody, J. A. (1991): Trading off longer life for worsening health – the expansion of morbidity hypothesis, in: Journal of Aging and Health, vol. 3, no. 2, S. 194-216.

Omran, A. R. (1971): The epidemiologic transition – a theory of the epidemiology of population change, in: Milbank Memorial Fund Quarterly/Health and Society, vol. 49, no. 4, S. 509-538.

Paccaud, F., Sidoti Pinto, C., Marazzi, A., Mili, J. (1998): Age at death and rectangularisation of the survival curve: trends in Switzerland, 1969-1994, in: Journal of Epidemiological Community Health, vol. 52, S. 412-415.

Papke, K. (2004): Innere Medizin – Verdauungsorgane, in: Emminger, H. A. (Hrsg.): EXAPLAN – Das Kompendium der klinischen Medizin, 4. Aufl., München, Jena, S. 147-181.

Prognos (1995): Perspektiven der gesetzlichen Rentenversicherung für Gesamtdeutschland vor dem Hintergrund veränderter politischer und ökonomischer Rahmenbedingungen, DRV-Schriften, Bd. 4, Frankfurt am Main.

Pschyrembel, W. (2004): Klinisches Wörterbuch, 260. Aufl., Berlin, New York.

R+V-Infocenter für Sicherheit und Vorsorge (2003): Die Ängste der Deutschen 2003, Wiesbaden (Seitenangaben nicht vorhanden).

Rebscher, H. (1997): Arzneimittelinnovationen aus der Perspektive der Krankenkassen, in: Albring, M., Wille, E. (Hrsg.): Innovationen in der Arzneimitteltherapie, Frankfurt am Main et al., S. 59-65.

Reuter, P. (2004): Springer Lexikon Medizin, Berlin et al..

Rixen, S. (2004): Das europäisierte SGB V – Zur Rezeption EG-rechtlicher Vorgaben für das Leistungs(erbringer)recht der gesetzlichen Krankenversicherung durch das GKV-Modernisierungsgesetz (GMG) –, in: Zeitschrift für Europäisches Sozial- und Arbeitsrecht, Ausg. 1, S. 24-31.

Robert Koch-Institut (2002): Gesundheit im Alter, in: Gesundheitsberichterstattung des Bundes, Heft 10, Berlin.

Robine, J.-M., Bucquet, D., Ritchie, K. (1991): L'espérance de vie sans incapacité, un indicateur de l'évolution des conditions de santé au cours du temps: vingt ans de calcul, in: Cahiers québécois de démographie, vol. 20, no. 2, S. 205-235.

Robine, J.-M., Mathers, C. D. (1993): Measuring the compression or expansion of morbidity through changes in health expectancy, in: Robine, J.-M., Mathers, C. D., Bone, M. R., Romieu, I. (eds.): Calculation of health expectancies: harmonization, consensus achieved and future perspectives, Montrouge, S. 269-286.

Rodrig, S., Wiesemann, H.-O. (2004): Der Einfluss des demographischen Wandels auf die Ausgaben der Krankenversicherung, in: Zeitschrift für die gesamte Versicherungswissenschaft, Ausg. 1, S. 17-46.

Roos, N. P., Montgomery, P., Roos, L. L. (1987): Health care utilization in the years prior to death, in: The Milbank Quarterly, vol. 65, no. 2, S. 231-254.

Rosenwaike, I. (1968): On measuring the extreme aged in the population, in: Journal of the American Statistical Association, vol. 63, no. 321, S. 29-40.

Rosenwaike, I. (1979): A new evaluation of United States census data on the extreme aged, in: Demography, vol. 16, no. 2, S. 279-288.

Rosenwaike, I. (1981): A note on new estimates of the mortality of the extreme aged, in: Demography, vol. 18, no. 2, S. 257-266.

Rothenberg, R., Lentzner, H. R., Parker, R. A. (1991): Population aging patterns: the expansion of mortality, in: Journal of Gerontology: Social Sciences, vol. 46, no. 2, S. 66-70.

Sacks, F. M., Pfeffer, M. A., Moye, L. A., Rouleau, J. L., Rutherford, J. D., Cole, T. G., Brown, L., Warnica, J. W., Arnold, J. M. O., Wun, C.-C., Davis, B. R., Braunwald, E. (1996): The effect of pravastatin on coronary events after myocardial infarction in patients with average cholesterol levels, in: The New England Journal of Medicine, vol. 335, no. 14, S. 1001-1009.

Schneider, E. L., Brody, J. A. (1983): Aging, natural death, and the compression of morbidity: another view, in: The New England Journal of Medicine, vol. 309, no. 14, S. 854-856.

Schramm, A. (1996): Altern und Gesundheit aus der Sicht der Geriatrie, in: Oberender, P. (Hrsg.): Alter und Gesundheit, Gesundheitsökonomische Beiträge, Bd. 26, S. 11-28.

Schwartz, F. W., Busse, R. (1995): Morbidität, Demographie und technischer Fortschritt als Determinanten künftiger Entwicklungen im Gesundheitswesen, in: Die Betriebskrankenkasse, Ausg. 2, S. 80-86.

Schwartz, F. W., Walter, U., Robra, B.-P., Schmidt, T. (2000): Prävention, in: Schwartz, F. W., Badura, B., Leidl, R., Raspe, H., Siegrist, J. (Hrsg.): Das Public Health Buch – Gesundheit und Gesundheitswesen, München, Jena, S. 151-170.

Scitovsky, A. A. (1984): "The high cost of dying": What do the data show? in: Milbank Memorial Fund Quarterly/Health and Society, vol. 62, no. 4, S. 591-608.

Scitovsky, A. A. (1988): Medical care in the last twelve months of life: the relation between age, functional status, and medical care expenditures, in: The Milbank Quarterly, vol. 66, no. 4, S. 640-660.

Seewald, H. (1986): Schwerbehinderte 1985, in: Wirtschaft und Statistik, Ausg. 9, S. 755-759.

Seewald, H. (1988): Schwerbehinderte 1987, in: Wirtschaft und Statistik, Ausg. 10, S. 738-742.

Seewald, H. (1990): Schwerbehinderte 1989, in: Wirtschaft und Statistik, Ausg. 12, S. 854-858.

Seewald, H. (1992): Schwerbehinderte 1991, in: Wirtschaft und Statistik, Ausg. 11, S. 814-818.

Seidler, A., Busse, R., Schwartz, F. W. (1996): Auswirkungen einer weiteren Steigerung der Lebenserwartung auf den medizinischen Versorgungsbedarf, in: Die Ersatzkasse, Ausg. 9, S. 317-322.

Seshamani, M., Gray, A. M. (2004): A longitudinal study of the effects of age and time to death on hospital costs, in: Journal of Health Economics, vol. 23, S. 217-235.

Shepard, D. S., Zeckhauser, R. J. (1980): Long-term effects of interventions to improve survival in mixed populations, in: Journal of Chronic Diseases, vol. 33, S. 413-433.

Shryock, H. S., Siegel, J. S., Stockwell, E. G. (1976): The methods and materials of demography, New York et al..

Siegrist, J., Pauli, P., Birbaumer, N. (2003): Entstehung und Verlauf von Krankheiten, in: Schmidt, R. F., Unsicker, K. (Hrsg.): Lehrbuch Vorklinik – Teil D: Medizinische Psychologie und Medizinische Soziologie, S. 3-24.

Spiegelman, M. (1970): Introduction to demography, rev. ed. 3. pr., Cambridge/ Mass..

Statistisches Bundesamt (2003): Bevölkerung Deutschlands bis 2050 – 10. koordinierte Bevölkerungsvorausberechnung, Presseexemplar, Wiesbaden.

Steering Committee of the Physicians' Health Study Research Group (1989): Final report on the aspirin component of the ongoing Physicians' Health Study, in: The New England Journal of Medicine, vol. 321, no. 3, S. 129-135.

Stenger, H. (1986): Stichproben, Heidelberg, Wien.

Strehler, B. L. (1977): Time, cells, and aging, 2. ed., New York et al..

Strehler, B. L., Mildvan, A. S. (1960): General theory of mortality and aging, in: Science, vol. 132, S. 14-21.

Sullivan, D. F. (1971): A single index of mortality and morbidity, in: HSMHA Health Reports, vol. 86, no. 4, 347-354.

SVRBEiG (2005): Koordination und Qualität im Gesundheitswesen, Gutachten 2005, Bonn.

SVRKAiG (1990): Herausforderungen und Perspektiven der Gesundheitsversorgung – Vorschläge für die Konzertierte Aktion im Gesundheitswesen, Jahresgutachten 1990, Baden-Baden.

SVRKAiG (1995): Gesundheitsversorgung und Krankenversicherung 2000 – Mehr Ergebnisorientierung, mehr Qualität und mehr Wirtschaftlichkeit, Sondergutachten 1995, Baden-Baden.

SVRKAiG (1996): Gesundheitswesen in Deutschland – Kostenfaktor und Zukunftsbranche, Sondergutachten 1996, Band I: Demographie, Morbidität, Wirtschaftlichkeitsreserven und Beschäftigung, Baden-Baden.

SVRKAiG (1998): Gesundheitswesen in Deutschland – Kostenfaktor und Zukunftsbranche, Sondergutachten 1997, Band II: Fortschritt und Wachstumsmärkte, Finanzierung und Vergütung, Baden-Baden.

SVRKAiG (2000): Bedarfsgerechtigkeit und Wirtschaftlichkeit, Gutachten 2000/2001, Band I: Zielbildung, Prävention, Nutzerorientierung und Partizipation, Bonn.

SVRKAiG (2001): Bedarfsgerechtigkeit und Wirtschaftlichkeit, Gutachten 2000/2001, Band III: Über-, Unter- und Fehlversorgung, ausführliche Zusammenfassung, Bonn.

SVRKAiG (2003): Finanzierung, Nutzerorientierung und Qualität, Gutachten 2003, Band II: Qualität und Versorgungsstrukturen, Bonn.

Ulrich, V. (2001): Demographische Alterung und medizinischer Fortschritt Mehr als ein potentieller Sprengsatz für die GKV? in: Schmähl, W., Ulrich, V. (Hrsg.): Soziale Sicherungssysteme und demographische Herausforderungen, Tübingen, S. 23-43.

Ulrich, V. (2002): Demographische Effekte auf Ausgaben und Beitragssatz der GKV, in: Albring, M., Wille, E. (Hrsg.): Die GKV zwischen Ausgabendynamik, Einnahmenschwäche und Koordinierungsproblemen, Frankfurt am Main et al., S. 59-83.

Unger, R. (2003): Soziale Differenzierung der aktiven Lebenserwartung im internationalen Vergleich, Wiesbaden.

Vaupel, J. W. (1986): How change in age-specific mortality affects life expectancy, in Population Studies, vol. 40, no. 1, S. 147-157.

Vaupel, J. W., Manton, K. G., Stallard, E. (1979): The impact of heterogeneity in individual frailty on the dynamics of mortality, in: Demography, vol. 16, no. 3, S. 439-454.

Vaupel, J. W., Yashin, A. I. (1983): The deviant dynamics of death in heterogeneous populations, IIASA Research Report RR-83-1, International Institute for Applied Systems Analysis (IIASA), Laxenburg.

Verbrugge, L. M. (1984): Longer life but worsening health? Trends in health and mortality of middle-aged and older persons, in: Milbank Memorial Fund Quarterly/Health and Society, vol. 62, no. 3, S. 475-519.

Vincent, P. (1951): La mortalité des vieillards, in: Population, 6, S. 181-204.

Wellisch, D. (2000): Finanzwissenschaft II: Theorie der Besteuerung, München.
Weltärztebund (2004): Handbuch der Deklarationen, Erklärungen und Entschließungen, Deutsche Fassung, Köln.

Wiesehügel, K. (2004): Reformschritte um die Rente, in: Gewerkschaftliche Monatshefte, Ausg. 1, S. 26-34.

Wille, E. (2003): Die wesentlichen Determinanten der Ausgabendynamik, in: Albring, M., Wille, E. (Hrsg.): Die GKV zwischen Ausgabendynamik, Einnahmenschwäche und Koordinierungsproblemen, Frankfurt am Main et al., S. 39-58.

Wille, E. (1997): Zur aktuellen Bedeutung von Arzneimittelinnovationen, in: Albring, M., Wille, E. (Hrsg.): Innovationen in der Arzneimitteltherapie, Frankfurt am Main et al., S. 10-15.

Wilson, J. L. (1996): The anti-aging effects of liquid thymus extracts, in: Klatz, R. M. (ed.): Advances in anti-aging medicine, vol. 1, New York, S. 349-355.

Wirth, A. (2004): Lebensstiländerung zur Prävention und Therapie von arteriosklerotischen Krankheiten, in: Deutsches Ärzteblatt, Jg. 101, Heft 24, S. 1745-1752.

Wolff, H. P. (1986): Sprechstunde Bluthochdruck, 5. Aufl., München.

World Health Organization (2000): The World Health Report 2000 – Health systems: improving performance, Genf.

Wunsch, G. J., Termote, M. G. (1978): Introduction to demographic analysis – principles and methods, New York.

Yang, Z., Norton, E. C., Stearns, S. C. (2003): Longevity and health care expenditures: the real reasons older people spend more, in: Journal of Gerontology: Social Sciences, vol. 58B, no. 1, S. 2-10.

Zimbardo, P. G., Gerrig, R. J. (1999): Psychologie, 7. Aufl., Berlin et al..

Zweifel, P., Felder, S., Meier, M. (1996): Demographische Alterung und Gesundheitskosten: Eine Fehlinterpretation, in: Oberender, P. (Hrsg.): Alter und Gesundheit, Baden-Baden, S. 29-46.

Zweifel, P., Felder, S., Meier, M. (1999): Ageing of population and health care expenditure: a red herring? in: Health Economics, vol. 8, issue 6, S. 485-496.

STAATLICHE ALLOKATIONSPOLITIK IM MARKTWIRTSCHAFTLICHEN SYSTEM

Band 1 Horst Siebert (Hrsg.): Umweltallokation im Raum. 1982.

Band 2 Horst Siebert (Hrsg.): Global Environmental Resources. The Ozone Problem. 1982.

Band 3 Hans-Joachim Schulz: Steuerwirkungen in einem dynamischen Unternehmensmodell. Ein Beitrag zur Dynamisierung der Steuerüberwälzungsanalyse. 1981.

Band 4 Eberhard Wille (Hrsg.): Beiträge zur gesamtwirtschaftlichen Allokation. Allokationsprobleme im intermediären Bereich zwischen öffentlichem und privatem Wirtschaftssektor. 1983.

Band 5 Heinz König (Hrsg.): Ausbildung und Arbeitsmarkt. 1983.

Band 6 Horst Siebert (Hrsg.): Reaktionen auf Energiepreissteigerungen. 1982.

Band 7 Eberhard Wille (Hrsg.): Konzeptionelle Probleme öffentlicher Planung. 1983.

Band 8 Ingeborg Kiesewetter-Wrana: Exporterlösinstabilität. Kritische Analyse eines entwicklungspolitischen Problems. 1982.

Band 9 Ferdinand Dudenhöfer: Mehrheitswahl-Entscheidungen über Umweltnutzungen. Eine Untersuchung von Gleichgewichtszuständen in einem mikroökonomischen Markt- und Abstimmungsmodell. 1983.

Band 10 Horst Siebert (Hrsg.): Intertemporale Allokation. 1984.

Band 11 Helmut Meder: Die intertemporale Allokation erschöpfbarer Naturressourcen bei fehlenden Zukunftsmärkten und institutionalisierten Marktsubstituten. 1984.

Band 12 Ulrich Ring: Öffentliche Planungsziele und staatliche Budgets. Zur Erfüllung öffentlicher Aufgaben durch nicht-staatliche Entscheidungseinheiten. 1985.

Band 13 Ehrentraud Graw: Informationseffizienz von Terminkontraktmärkten für Währungen. Eine empirische Untersuchung. 1984.

Band 14 Rüdiger Pethig (Ed.): Public Goods and Public Allocation Policy. 1985.

Band 15 Eberhard Wille (Hrsg.): Öffentliche Planung auf Landesebene. Eine Analyse von Planungskonzepten in Deutschland, Österreich und der Schweiz. 1986.

Band 16 Helga Gebauer: Regionale Umweltnutzungen in der Zeit. Eine intertemporale Zwei-Regionen-Analyse. 1985.

Band 17 Christine Pfitzer: Integrierte Entwicklungsplanung als Allokationsinstrument auf Landesebene. Eine Analyse der öffentlichen Planung der Länder Hessen, Bayern und Niedersachsen. 1985.

Band 18 Heinz König (Hrsg.): Kontrolltheoretische Ansätze in makroökonometrischen Modellen. 1985.

Band 19 Theo Kempf: Theorie und Empirie betrieblicher Ausbildungsplatzangebote. 1985.

Band 20 Eberhard Wille (Hrsg.): Konkrete Probleme öffentlicher Planung. Grundlegende Aspekte der Zielbildung, Effizienz und Kontrolle. 1986.

Band 21 Eberhard Wille (Hrsg.): Informations- und Planungsprobleme in öffentlichen Aufgabenbereichen. Aspekte der Zielbildung und Outputmessung unter besonderer Berücksichtigung des Gesundheitswesens. 1986.

Band 22 Bernd Gutting: Der Einfluß der Besteuerung auf die Entwicklung der Wohnungs- und Baulandmärkte. Eine intertemporale Analyse der bundesdeutschen Steuergesetze. 1986.

Band 23 Heiner Kuhl: Umweltressourcen als Gegenstand internationaler Verhandlungen. Eine theoretische Transaktionskostenanalyse. 1987.

Band 24 Hubert Hornbach: Besteuerung, Inflation und Kapitalallokation. Intersektorale und internationale Aspekte. 1987.

Band 25 Peter Müller: Intertemporale Wirkungen der Staatsverschuldung. 1987.

Band 26 Stefan Kronenberger: Die Investitionen im Rahmen der Staatsausgaben. 1988.

Band 27 Armin-Detlef Rieß: Optimale Auslandsverschuldung bei potentiellen Schuldendienstproblemen. 1988.

Band 28 Volker Ulrich: Preis- und Mengeneffekte im Gesundheitswesen. Eine Ausgabenanalyse von GKV-Behandlungsarten. 1988.

Band 29 Hans-Michael Geiger: Informational Efficiency in Speculative Markets. A Theoretical Investigation. Edited by Ehrentraud Graw. 1989.

Band 30 Karl Sputek: Zielgerichtete Ressourcenallokation. Ein Modellentwurf zur Effektivitätsanalyse praktischer Budgetplanung am Beispiel von Berlin (West). 1989.

ALLOKATION IM MARKTWIRTSCHAFTLICHEN SYSTEM

Band 31 Wolfgang Krader: Neuere Entwicklungen linearer latenter Kovarianzstrukturmodelle mit quantitativen und qualitativen Indikatorvariablen. Theorie und Anwendung auf ein mikroempirisches Modell des Preis-, Produktions- und Lageranpassungsverhaltens von deutschen und französischen Unternehmen des verarbeitenden Gewerbes. 1991.

Band 32 Manfred Erbsland: Die öffentlichen Personalausgaben. Eine empirische Analyse für die Bundesrepublik Deutschland. 1991.

Band 33 Walter Ried: Information und Nutzen der medizinischen Diagnostik. 1992.

Band 34 Anselm U. Römer: Was ist den Bürgern die Verminderung eines Risikos wert? Eine Anwendung des kontingenten Bewertungsansatzes auf das Giftmüllrisiko. 1993.

Band 35 Eberhard Wille, Angelika Mehnert, Jan Philipp Rohweder: Zum gesellschaftlichen Nutzen pharmazeutischer Innovationen. 1994.

Band 36 Peter Schmidt: Die Wahl des Rentenalters. Theoretische und empirische Analyse des Rentenzugangsverhaltens in West- und Ostdeutschland. 1995.

Band 37 Michael Ohmer: Die Grundlagen der Einkommensteuer. Gerechtigkeit und Effizienz. 1997.

Band 38 Evamaria Wagner: Risikomanagement rohstoffexportierender Entwicklungsländer. 1997.

Band 39 Matthias Meier: Das Sparverhalten der privaten Haushalte und der demographische Wandel: Makroökonomische Auswirkungen. Eine Simulation verschiedener Reformen der Rentenversicherung. 1997.

Band 40 Manfred Albring / Eberhard Wille (Hrsg.): Innovationen in der Arzneimitteltherapie. Definition, medizinische Umsetzung und Finanzierung. Bad Orber Gespräche über kontroverse Themen im Gesundheitswesen 25.-27.10.1996. 1997.

Band 41 Eberhard Wille / Manfred Albring (Hrsg.): Reformoptionen im Gesundheitswesen. Bad Orber Gespräche über kontroverse Themen im Gesundheitswesen 7.-8.11.1997. 1998.

Band 42 Manfred Albring / Eberhard Wille (Hrsg.): Szenarien im Gesundheitswesen. Bad Orber Gespräche über kontroverse Themen im Gesundheitswesen 5.-7.11.1998. 1999.

Band 43 Eberhard Wille / Manfred Albring (Hrsg.): Rationalisierungsreserven im deutschen Gesundheitswesen. 2000.

Band 44 Manfred Albring / Eberhard Wille (Hrsg.): Qualitätsorientierte Vergütungssysteme in der ambulanten und stationären Behandlung. 2001.

Band 45 Martin Pfaff / Dietmar Wassener / Astrid Sterzel / Thomas Neldner: Analyse potentieller Auswirkungen einer Ausweitung des Pharmaversandes in Deutschland. 2002.

Band 46 Eberhard Wille / Manfred Albring (Hrsg.): Konfliktfeld Arzneimittelversorgung. 2002.

Band 47 Udo Schneider: Theorie und Empirie der Arzt-Patient-Beziehung. Zur Anwendung der Principal-Agent-Theorie auf die Gesundheitsnachfrage. 2002.

Band 48 Manfred Albring / Eberhard Wille: Die GKV zwischen Ausgabendynamik, Einnahmenschwäche und Koordinierungsproblemen. 2003.

Band 49 Uwe Jirjahn: X-Ineffizienz, Managementanreize und Produktmarktwettbewerb. 2004.

Band 50 Stefan Resch: Risikoselektion im Mitgliederwettbewerb der Gesetzlichen Krankenversicherung. 2004.

Band 51 Paul Marschall: Lebensstilwandel in Ostdeutschland. Gesundheitsökonomische Implikationen. 2004.

Band 52 Eberhard Wille / Manfred Albring (Hrsg.): Paradigmenwechsel im Gesundheitswesen durch neue Versorgungsstrukturen? 8. Bad Orber Gespräche. 6. - 8. November 2003. 2004.

Band 53 Eberhard Wille / Manfred Albring (Hrsg.): Versorgungsstrukturen und Finanzierungsoptionen auf dem Prüfstand. 9. Bad Orber Gespräche. 11.–13. November 2004. 2005.

Band 54 Brit S. Schneider: Gesundheit und Bildung. Theorie und Empirie der Humankapitalinvestitionen. 2007.

Band 55 Klaus Knabner / Eberhard Wille (Hrsg.): Qualität und Nutzen medizinischer Leistungen. 10. Bad Orber Gespräche, 10.-12. November 2005. 2007.

Band 56 Holger Cischinsky: Lebenserwartung, Morbidität und Gesundheitsausgaben. 2007.

www.peterlang.de

Stefan Fetzer

Zur nachhaltigen Finanzierung des gesetzlichen Gesundheitssystems

Frankfurt am Main, Berlin, Bern, Bruxelles, New York, Oxford, Wien, 2006.
XVI, 252 S., 62 Abb., 42 Tab.
Sozialökonomische Schriften. Herausgegeben von Bert Rürup. Bd. 28
ISBN 978-3-631-55590-3 · br. € 45.50*

Die langfristige Finanzierung des gesetzlichen Gesundheitssystems ist aufgrund des bevorstehenden doppelten Alterungsprozesses und des medizinisch-technischen Fortschritts massiv gefährdet. Der Autor quantifiziert unter Anwendung der Methode der Generationenbilanzierung die langfristige finanzielle Schieflage des gesamten Staatshaushalts unter besonderer Berücksichtigung gesundheitsspezifischer Faktoren. Darüber hinaus werden auch die Nachhaltigkeitskonsequenzen sowie die intergenerativen Verteilungswirkungen aktueller Gesundheitsreformmodelle (GKV-Modernisierungsgesetz, Freiburger Agenda, Kopfpauschale und Bürgerversicherung sowie die vollständige Privatisierung) analysiert.

Aus dem Inhalt: Demographischer Wandel · Medizinisch-technischer Fortschritt · Nachhaltigkeit · Generationenbilanzierung · Gesundheitssystem · Krankenversicherung · Gesundheitsreformen · Bürgerversicherung · Gesundheitsprämie

FSC
www.fsc.org
MIX
Papier | Fördert gute Waldnutzung
FSC® C083411

Kolibri 360 GmbH
Ferdinand-Jühlke-Straße 7
99095 Erfurt, Deutschland
produktsicherheit@kolibri360.de

Druck:
CPI Druckdienstleistungen GmbH
im Auftrag der
Kolibri 360 GmbH
Ferdinand-Jühlke-Str. 7
99095 Erfurt